Objectif Professeur des écoles

Collection dirigée par Philippe-Jean Quillien

Tout-en-un

Réussir le CRPE

2e édition

Carole ASDIH – Manuel BÄCHTOLD – Philippe BRUN – Manuelle DUSZYNSKI – Sabine ÉVRARD – Dominique HABELLION – Sylvie JOUAN – Laurent KUHR – Catherine LAPIERRE – Virginie LE MEN – Jean-Michel MARTINEZ – Gabriel MOUAHID – Michel RAMOS – Pierre-Marc RENAUDEAU – Christian RIGAL – Catherine SÉLIMANOVSKI – Sylvain WAGNON

Sous la direction de Philippe-Jean QUILLIEN

ellipses

Retrouvez les autres ouvrages de la collection sur notre site internet :

ISBN 9782340-026667

32, rue Bargue 75740 Paris cedex 15

www.editions-ellipses.fr

Introduction générale[1]

1. Introduction rédigée par Philippe-Jean QUILLIEN, directeur de la collection Objectif Professeur des écoles.

Selon le statut particulier fixé par le décret n° 90-680 du 1er août 1990, les **professeurs des écoles** sont des fonctionnaires de l'État chargés de participer aux actions d'éducation, principalement en assurant un service d'enseignement dans les écoles maternelles et élémentaires. Ils peuvent également être appelés à exercer leurs fonctions dans les établissements d'enseignement spécialisé, dans les établissements régionaux d'enseignement adapté, dans les écoles régionales du premier degré, dans les sections d'éducation spécialisée des collèges ainsi que dans les écoles supérieures du professorat et de l'éducation (ESPE).

Conformément à un principe traditionnel de la fonction publique française, les professeurs des écoles sont normalement recrutés par **voie de concours**. Dans l'ensemble, les épreuves du concours externe, du concours externe spécial, du second concours interne, du second concours interne spécial et du troisième concours auxquels cet ouvrage est consacré sont identiques. De même, les épreuves des concours de l'enseignement public et des concours de l'enseignement privé sous contrat sont identiques.

Cet **ouvrage** a pour objet de vous préparer efficacement au concours de recrutement de professeur des écoles (CRPE), quelle que soit l'académie dans laquelle vous allez passer ce concours et que vous le prépariez seul ou dans le cadre d'un master Métiers de l'enseignement, de l'éducation et de la formation (MEEF).

I. Conditions d'inscription aux CRPE

Les professeurs des écoles sont des **fonctionnaires de l'État** de catégorie A. Tout candidat au CRPE doit donc remplir les **cinq conditions générales** requises pour avoir la qualité de fonctionnaire.

CINQ CONDITIONS GÉNÉRALES

- Posséder la nationalité française ou celle d'un autre État membre de l'Union européenne ou partie à l'accord sur l'Espace économique européen.
- Jouir des droits civiques.
- Ne pas avoir été condamné pour des infractions incompatibles avec l'exercice des fonctions (vérification du bulletin n° 2 du casier judiciaire).
- Être en position régulière au regard du Code du service national (double obligation du recensement et de la journée Défense et citoyenneté).
- Être physiquement apte à l'exercice des fonctions (mais possibilité pour les handicapés, sous certaines conditions, de devenir professeur des écoles et, s'ils en font la demande lors de l'inscription, de bénéficier d'un aménagement des épreuves).

Par ailleurs, il existe des **conditions d'inscription spécifiques** pour le concours externe, le concours interne et le troisième concours.

Le candidat au **concours externe (spécial)** doit :

- être inscrit en première année d'études (M1) en vue de l'obtention d'un master ou d'un titre ou diplôme reconnu équivalent par le ministre chargé de l'éducation ;
- ou justifier des conditions pour s'inscrire en dernière année d'études en vue de l'obtention d'un master ou d'un titre ou diplôme reconnu équivalent par le ministre chargé de l'éducation ;
- ou être inscrit en dernière année d'études en vue de l'obtention d'un master ou d'un titre ou diplôme jugé équivalent par le ministre chargé de l'éducation ;
- ou justifier d'un master (M2) ou d'un titre ou diplôme reconnu équivalent par le ministre chargé de l'éducation (titre ou diplôme classé au niveau I du répertoire national des certifications professionnelles ou sanctionnant un cycle d'études post-secondaires d'au moins cinq années).

Sont toutefois dispensés de condition de diplôme :

- les mères et les pères d'au moins trois enfants qu'ils élèvent ou ont élevés effectivement ;
- les sportifs de haut niveau figurant sur la liste publiée l'année du concours par le ministre chargé des sports.

Le second concours interne (spécial) est ouvert :

- aux agents titulaires et non titulaires de l'État, des collectivités territoriales et des établissements publics locaux ou hospitaliers, ainsi qu'aux militaires justifiant, les uns et les autres, de trois années de services publics ;
- aux agents non titulaires ayant exercé dans des établissements d'enseignement publics ou privés sous contrat d'association des fonctions d'enseignement, d'éducation ou d'information et d'orientation pendant tout ou partie de la période comprise entre le 1er septembre de l'une des six dernières années scolaires et la date de publication des résultats d'admissibilité et justifiant, les uns et les autres, de trois années de services publics ;
- aux enseignants non titulaires exerçant dans les établissements scolaires français à l'étranger qui, à la date de publication des résultats d'admissibilité, justifient de trois années de services publics ou de services d'enseignement dans les établissements scolaires français à l'étranger ;
- aux candidats ayant accompli trois années de services publics dans une administration, un organisme ou un établissement d'un État membre de l'Union européenne ou d'un État partie à l'accord sur l'Espace économique européen autre que la France.

De plus, les candidats au second concours interne (spécial) doivent justifier de la détention d'une licence ou d'un titre ou diplôme reconnu équivalent par le ministre chargé de l'éducation.

Enfin, le **troisième concours** est ouvert aux candidats qui justifient, pendant une durée de cinq ans au moins, d'une ou de plusieurs activités professionnelles de quelque nature que ce soit accomplies dans le cadre d'un contrat de droit privé. En revanche, les activités professionnelles accomplies en qualité de fonctionnaire, de magistrat, de militaire, d'agent public, de maître ou de documentaliste des établissements d'enseignement privés sous contrat d'association avec l'État ne peuvent pas être prises en compte.

Aucune condition de titre ou diplôme n'est exigée pour le troisième concours.

QUALIFICATIONS EN NATATION ET SECOURISME

Tout candidat doit justifier de deux qualifications :

- une attestation certifiant qu'un parcours d'au moins 50 mètres a été réalisé dans une piscine placée sous la responsabilité d'un service public, établie soit par un service universitaire (STAPS, SCAPS), soit par une autorité d'un service public territorial des activités physiques et sportives (piscine municipale), soit par une autre autorité publique habilitée à assurer une formation dans le domaine de la **natation ;**
- une attestation certifiant la qualification en **secourisme** reconnue de niveau au moins égal à celui de l'unité d'enseignement « prévention et secours civiques de niveau 1 » (PSC1) par le ministère de l'Intérieur (sécurité civile). Les candidats détenteurs de l'AFPS (Attestation de formation aux premiers secours) n'ont pas à justifier du PSC1.

Pour ces deux qualifications, les attestations délivrées par une autorité compétente d'un État membre de l'Union européenne ou d'un autre État partie à l'accord sur l'Espace économique européen sont également admises.

À la date de publication des résultats d'admissibilité, le candidat admissible mais ne justifiant pas de ces deux qualifications ne sera pas admis à se présenter aux épreuves d'admission.

Cette obligation s'impose à tous les candidats, à ceux du troisième concours comme aux mères et pères d'au moins trois enfants et aux sportifs de haut niveau dispensés de diplôme dans le cadre du concours externe. En effet, l'administration doit vérifier que les intéressés seront en mesure de porter secours aux élèves placés sous leur responsabilité.

II. Modalités d'inscription aux CRPE

Les dates des inscriptions et des épreuves ainsi que les modalités d'inscription sont fixés par le ministre chargé de l'éducation.

L'inscription à un concours est un acte personnel. Il est impératif que les candidats effectuent eux-mêmes cette opération.

L'inscription aux CRPE se fait par **voie électronique** en une phase unique d'inscription et de validation à l'adresse suivante : *http://www.devenirenseignant.gouv.fr*.

En cas d'impossibilité de s'inscrire par internet, les candidats ont la possibilité de le faire à l'aide d'un **dossier imprimé**. La demande est adressée, obligatoirement par voie postale et en recommandé simple, au service académique chargé de l'inscription. Pour l'envoi du dossier, un recommandé avec accusé de réception est fortement conseillé.

Deux sites incontournables

- *http://www.devenirenseignant.gouv.fr* : Textes officiels de référence des CRPE, Épreuves des CRPE, Calendrier des CRPE, Notes de commentaire et sujets des épreuves écrites, Conseils des jurys, Données statistiques, Foire aux questions…
- *http://eduscol.education.fr,* rubrique « Contenus et pratiques d'enseignement » : École maternelle, École élémentaire et collège…

Des écrans d'informations qui rappellent notamment les conditions exigées par la réglementation de chaque concours sont mis à la disposition des candidats sur le site *http://www.devenirenseignant.gouv.fr*. Il est recommandé de les consulter avant de procéder à l'inscription.

De même, les candidats doivent préalablement vérifier qu'ils sont **en possession de toutes les informations** qu'ils devront saisir concernant leurs données personnelles ou le recrutement choisi (l'option pour la première épreuve orale par exemple).

Par ailleurs, les professeurs des écoles sont recrutés par voie de concours déconcentrés au **niveau académique**. Les candidats au CRPE doivent donc s'inscrire au titre d'une académie. Aucune modification de l'académie d'inscription ne peut être acceptée postérieurement à la clôture des inscriptions car elle équivaudrait à une inscription hors délai.

Une fois la validation opérée, un écran indique aux candidats le **numéro d'inscription** qui est définitif et personnel ainsi que la date et l'heure de l'enregistrement. Tant que ce numéro n'est pas affiché à l'écran, l'inscription n'est pas enregistrée. En cas de déconnexion avant l'obtention de celui-ci, le candidat doit reprendre la totalité de la procédure.

Après validation de l'inscription ou de la modification, les candidats doivent imprimer ou enregistrer **deux documents au format PDF** :

- le récapitulatif de leur inscription sur lequel leur numéro d'inscription est mentionné. Ce numéro permet aux candidats d'accéder à leur dossier pour le vérifier et le modifier, si nécessaire ;
- la liste des pièces justificatives qu'ils devront fournir ultérieurement.

Enfin, les candidats reçoivent un **courriel** rappelant les caractéristiques de leur inscription et leur numéro d'inscription. Ce courriel comprend, en pièces jointes, l'attestation de l'inscription accompagnée d'autres documents liés aux concours choisis. Il précise également les modalités pour consulter ou modifier leur inscription pendant la période d'ouverture des serveurs d'inscription.

Il est fortement conseillé de ne pas attendre les derniers jours pour s'inscrire car la **date limite** est impérative. Les candidats qui souhaitent modifier leur dossier peuvent le faire directement en reprenant la même procédure que pour accéder au service d'inscription. Mais aucune modification d'inscription (un changement d'option pour la première épreuve orale par exemple) ne peut être acceptée après la clôture des serveurs d'inscription.

Les **listes des candidats autorisés à prendre part aux concours** sont arrêtées par les recteurs d'académie. Les candidats sont convoqués individuellement pour les épreuves.

LES 5 ÉTAPES DU CONCOURS		
1re étape août-septembre	Collecte des informations	– Site *http://www.devenirenseignant.gouv.fr* : Conditions et modalités d'inscription, Calendrier des concours, Nature des épreuves…
2e étape : mi-septembre – mi-octobre	Procédure d'inscription	– Voie électronique à l'adresse *http://www.devenirenseignant.gouv.fr* – Dossier imprimé en cas d'impossibilité d'inscription par internet
3e étape : avril	Épreuves d'admissibilité	Après avoir reçu une convocation individuelle au plus tard dix jours avant, vous passez les épreuves écrites dans un centre de votre académie
4e étape : juin	Épreuves d'admission	Si vous êtes admissible, vous passez les épreuves orales en juin dans un centre de votre académie
5e étape : fin juin	Proclamation des résultats	Les listes principales et complémentaires d'admission : – sont affichées dans les services académiques organisateurs – sont consultables sur le site internet de l'académie

REMARQUES

- Le **calendrier** suivi lors des dernières sessions pourrait faire dans l'avenir l'objet de modifications. Il vous appartient donc de prendre connaissance des prochaines dates sur le site :
http://www.devenirenseignant.gouv.fr.
- Lors des concours externes supplémentaires de recrutement de professeur des écoles organisés en 2015, 2016 et 2017 dans l'académie de Créteil ainsi que, en 2018, dans les **académies de Créteil et de Versailles**, les inscriptions se sont faites en février-avril, tandis que les épreuves écrites se sont déroulées en avril-mai et les épreuves orales fin juin-début juillet.

III. Épreuves des CRPE

L'ensemble des épreuves du concours vise à évaluer les capacités des candidats au regard des dimensions disciplinaires, scientifiques et professionnelles de l'acte d'enseigner et des situations d'enseignement. Profondément remaniées en 2013 dans le cadre de la refondation de l'école de la République, elles visent à assurer un équilibre entre un haut niveau d'exigence scientifique et disciplinaire et le développement des compétences professionnelles.

De manière classique, le concours comporte **deux phases**, l'une d'admissibilité, l'autre d'admission.

REMARQUES

- Lors des concours externes supplémentaires de recrutement de professeur des écoles organisés dans les **académies de Créteil ou de Versailles**, les épreuves sont les mêmes que celles du concours externe des sessions « classiques ». Les lauréats remplissant les conditions requises sont nommés stagiaires dans l'académie de Créteil ou de Versailles.
- Dans le cadre du concours externe **spécial** et du second concours interne spécial, les candidats subissent également une épreuve écrite d'admissibilité et une épreuve orale d'admission portant chacune sur une des **langues à extension régionale délimitée** dont la liste est arrêtée par chaque recteur parmi les langues suivantes : basque, corse, breton, catalan, créole, occitan-langue d'oc, langues régionales d'Alsace et des pays mosellans, en fonction de l'importance de leur usage dans l'académie ainsi que des besoins liés à l'accueil des enfants et à leur enseignement. Les candidats indiquent au moment de leur inscription la langue dans laquelle ils désirent subir ces deux épreuves supplémentaires.

A. Phase d'admissibilité

Cette phase comprend **deux épreuves** écrites obligatoires, l'une portant sur le français, l'autre sur les mathématiques.

Ces deux épreuves sont d'importance égale (40 points chacune) et de durée identique (4 heures). Une **note** globale égale ou inférieure à 10 à l'une des épreuves est éliminatoire.

Le cadre de référence des épreuves est celui des **programmes pour l'école primaire**. Les connaissances attendues des candidats sont celles que nécessite un enseignement maîtrisé de ces programmes. Le niveau attendu correspond à celui exigé par la maîtrise des programmes de collège. Certaines questions portent sur le programme et le contexte de l'école primaire et nécessitent une connaissance approfondie des cycles d'enseignement de l'école primaire, des éléments du socle commun de connaissances, de compétences et de culture ainsi que des contextes de l'école maternelle et de l'école élémentaire.

Les sujets des épreuves de français et de maths sont différents dans les **trois groupements académiques** :

- groupement 1 : académies d'Amiens, Caen, Lille, Nancy-Metz, Reims, Rennes, La Réunion, Rouen, Strasbourg, Paris, Créteil, Versailles ;
- groupement 2 : académies d'Aix-Marseille, Besançon, Bordeaux, Clermont-Ferrand, Corse, Dijon, Grenoble, Limoges, Lyon, Montpellier, Nantes, Nice, Orléans-Tours, Poitiers, Toulouse ;
- groupement 3 : académies de Guadeloupe, Guyane, Martinique.

Par ailleurs, les concours externes supplémentaires organisés dans les **académies de Créteil ou de Versailles** donnent lieu à des sujets spécifiques.

CONSEILS PRATIQUES POUR LE JOUR J

Après avoir préparé les épreuves pendant plusieurs mois, il faut savoir **cesser de réviser**. Consacrez le jour ou les deux jours précédant chaque épreuve à vous reposer et à vous décontracter en allant au cinéma, à la piscine, à la plage ou en forêt, au lieu de relire fébrilement vos fiches jusqu'au dernier moment. C'est le plus sûr moyen d'être en forme le jour J.

Le jour de l'épreuve, vous vous efforcez d'arriver au moins 30 minutes avant l'heure indiquée sur votre convocation : c'est le seul moyen d'éviter toute précipitation, source de stress, et bien sûr tout retard, cause d'élimination. Dans cette perspective, le repérage du lieu d'épreuve dans les jours précédents favorise la tranquillité d'esprit. Et calculez largement le temps de transport. Même en France, il arrive que les trains aient du retard !

Si vous habitez loin du centre d'épreuves, l'option la plus judicieuse peut consister à passer la nuit précédente dans un hôtel situé à proximité. Assurez-vous avant toute réservation qu'il n'est pas situé au bord d'une autoroute ou d'un grand carrefour et n'oubliez pas d'emporter des bouchons d'oreille.

Enfin, dans son sac ou cartable, le candidat doit emporter :

- la convocation à l'épreuve et une pièce d'identité en cours de validité avec photographie ;
- de l'argent (pensez à la monnaie pour les distributeurs éventuels de boissons) ;
- des feutres ou stylos en bon état de marche (évitez le stylo-plume qu'on vous a offert pour votre baccalauréat et qui a une fâcheuse tendance à fuir) ;
- une bouteille d'eau (s'il n'y a pas de distributeur de boissons ou si celui-ci est vide) ;
- quelque chose de sucré en cas de fringale (barre de céréales ou chocolatée) ;
- s'il est sujet à des problèmes de santé (migraine, asthme, etc.), le médicament dont il a l'habitude (en revanche, même s'il n'y a pas de contrôle lors des concours, il évite les stimulants et autres produits dopants dont les effets peuvent facilement se montrer contre-productifs).

1. Français

L'épreuve vise à évaluer la maîtrise de la langue française des candidats (correction syntaxique, morphologique et lexicale, niveau de langue et clarté d'expression) ainsi que leurs connaissances sur la langue ; elle doit aussi évaluer leur capacité à comprendre et à analyser des textes (dégager des problématiques, construire et développer une argumentation) ainsi que leur capacité à apprécier les intérêts et les limites didactiques de pratiques d'enseignement du français.

L'épreuve comporte **trois parties**.

- La production d'une réponse, construite et rédigée, à une question portant sur un ou plusieurs textes littéraires ou documentaires.
- Une partie portant sur la connaissance de la langue (grammaire, orthographe, lexique et système phonologique) ; le candidat peut avoir à répondre à des questions de façon argumentée, à une série de questions portant sur des connaissances ponctuelles, à procéder à des analyses d'erreurs-types dans des productions d'élèves, en formulant des hypothèses sur leurs origines.
- Une analyse d'un dossier composé d'un ou plusieurs supports d'enseignement du français, choisis dans le cadre des programmes de l'école primaire qu'ils soient destinés aux élèves ou aux enseignants (manuels scolaires, documents à caractère pédagogique), et de productions d'élèves de tous types, permettant d'apprécier la capacité du candidat à maîtriser les notions présentes dans les situations d'enseignement.

L'épreuve est notée sur **40 points** :

- 11 points pour la première partie ;
- 11 points pour la deuxième partie ;
- 13 points pour la troisième partie ;
- 5 points permettent d'évaluer la correction syntaxique et la qualité écrite de la production du candidat.

2. Mathématiques

L'épreuve vise à évaluer la maîtrise des savoirs disciplinaires nécessaires à l'enseignement des mathématiques à l'école primaire et la capacité à prendre du recul par rapport aux différentes notions. Dans le traitement de chacune des questions, le candidat est amené à s'engager dans un raisonnement, à le conduire et à l'exposer de manière claire et rigoureuse.

L'épreuve comporte **trois parties**.

- Une première partie constituée d'un problème portant sur un ou plusieurs domaines des programmes de l'école ou du collège, ou sur des éléments du socle commun de connaissances, de compétences et de culture, permettant d'apprécier particulièrement la capacité du candidat à rechercher, extraire et organiser l'information utile.
- Une deuxième partie composée d'exercices indépendants, complémentaires à la première partie, permettant de vérifier les connaissances et compétences du candidat dans différents domaines des programmes de l'école ou du collège. Ces exercices pourront être proposés sous

forme de questions à choix multiples, de questions à réponse construite ou bien d'analyses d'erreurs-types dans des productions d'élèves, en formulant des hypothèses sur leurs origines.
- Une analyse d'un dossier composé d'un ou plusieurs supports d'enseignement des mathématiques, choisis dans le cadre des programmes de l'école primaire qu'ils soient destinés aux élèves ou aux enseignants (manuels scolaires, documents à caractère pédagogique), et de productions d'élèves de tous types, permettant d'apprécier la capacité du candidat à maîtriser les notions présentes dans les situations d'enseignement.

L'épreuve est notée sur **40 points** :
- 13 points pour la première partie ;
- 13 points pour la deuxième partie ;
- 14 points pour la troisième ;
- 5 points au maximum peuvent être retirés pour tenir compte de la correction syntaxique et de la qualité écrite de la production du candidat.

3. Résultats

Le fait de ne pas participer à une épreuve ou à une partie d'épreuve, de s'y présenter en retard après l'ouverture des enveloppes contenant les sujets, de rendre une copie blanche ou d'omettre de rendre la copie à la fin de l'épreuve entraîne l'élimination du candidat.

ATTENTION

L'accès aux salles de composition écrite est strictement interdit à tout candidat qui se présente après l'ouverture des enveloppes contenant les sujets, *quel que soit le motif du retard.*

Les épreuves écrites des candidats sont rendues **anonymes**. Cet anonymat n'est levé qu'après la délibération du jury.

Hormis sur l'en-tête, la copie qui est rendue ne doit, conformément au principe d'anonymat, comporter aucun signe distinctif, signature, nom, établissement, origine, etc. Tout manquement à cette règle entraîne l'élimination du candidat.

Dans le même ordre d'idées, les candidats aux concours de recrutement de professeur des écoles dans les établissements d'enseignement privés sous contrat doivent uniquement mentionner sur leur copie « concours interne », « concours externe » ou « troisième concours ».

Les copies font l'objet d'une **double correction**.

À l'issue de la correction des épreuves d'admissibilité, le jury fixe, après délibération, les **listes des candidats admis à subir les épreuves d'admission**.

Ces listes sont affichées dans les services académiques chargés de l'organisation du concours et peuvent être consultées sur le site internet de l'académie.

Après la proclamation des résultats de l'admissibilité, seuls les candidats qui n'ont pas été déclarés admissibles peuvent consulter sur internet et imprimer les **notes** qu'ils ont obtenues aux épreuves écrites. Aucun relevé de notes n'est adressé par voie postale.

B. Phase d'admission

Les deux épreuves orales d'admission comportent un entretien avec le jury qui permet d'évaluer la capacité du candidat à s'exprimer avec clarté et précision, à réfléchir aux enjeux scientifiques, didactiques, épistémologiques, culturels et sociaux que revêt l'enseignement des champs disciplinaires du concours, et des rapports qu'ils entretiennent entre eux.

1. Première épreuve orale : mise en situation professionnelle dans un domaine choisi par le candidat

Cette épreuve vise à évaluer les compétences scientifiques, didactiques et pédagogiques du candidat dans un domaine d'enseignement relevant des missions ou des programmes de l'école élémentaire ou de l'école maternelle, choisi au moment de l'inscription au concours parmi les **domaines suivants** : sciences et technologie, histoire, géographie, histoire des arts, arts plastiques (arts visuels dans les anciens programmes), éducation musicale, enseignement moral et civique.

Chaque candidat détermine l'option de son choix au moment de son inscription. Aucune modification de l'option choisie ne peut être acceptée après la clôture du registre des inscriptions.

Le candidat remet préalablement au jury un **dossier de 10 pages au plus** portant sur le sujet qu'il a choisi. Ce dossier peut être conçu à l'aide des différentes possibilités offertes par les technologies de l'information et de la communication usuelles, y compris audiovisuelles (format Compact Disc prévu par le règlement du concours ou tout autre support choisi par le rectorat comme la clé USB). Il est adressé au président du jury sous format papier accompagné le cas échéant d'un support numérique, dans un délai et selon des modalités fixées par le jury.

Ce dossier se compose de **deux ensembles** :

- une synthèse des fondements scientifiques relatifs au sujet retenu ;
- la description d'une séquence pédagogique, relative au sujet choisi, accompagnée des documents se rapportant à cette dernière.

L'épreuve qui dure 1 heure comporte **deux parties** :
- la présentation du dossier par le candidat (20 minutes) ;
- un entretien avec le jury portant, d'une part, sur les aspects scientifiques, pédagogiques et didactiques du dossier et de sa présentation, et, d'autre part, sur un élargissement et/ou un approfondissement dans le domaine considéré (40 minutes), pouvant notamment porter sur sa connaissance réfléchie des différentes théories du développement de l'enfant.

L'épreuve est notée sur **60 points** :
- 20 points pour la présentation du dossier par le candidat ;
- 40 points pour l'entretien avec le jury.

2. Deuxième épreuve orale : entretien à partir d'un dossier

L'épreuve comporte **deux parties**.
- La **première partie** permet d'évaluer les compétences du candidat pour l'enseignement de l'éducation physique et sportive (EPS) ainsi que sa connaissance de la place de cet enseignement dans l'éducation à la santé à l'école primaire.
- La **deuxième partie** de l'épreuve vise à apprécier les connaissances du candidat sur le système éducatif français, et plus particulièrement sur l'école primaire (organisation, valeurs, objectifs, histoire et enjeux contemporains), sa capacité à se situer comme futur agent du service public (éthique, sens des responsabilités, engagement professionnel) ainsi que sa capacité à se situer comme futur professeur des écoles dans la communauté éducative.

Pour chaque session, le recteur d'académie établit un **programme de quatre activités physiques, sportives et artistiques** (APSA) parmi celles les plus couramment enseignées à l'école primaire (maternelle et élémentaire) :
- activités athlétiques,
- arts du cirque,
- danse,
- activités aquatiques,
- jeux et sports collectifs,
- activités d'orientation,
- activités gymniques,
- jeux de lutte.

Ce programme est publié sur le site internet de l'académie et communiqué au directeur de l'école supérieure du professorat et de l'éducation de l'académie.

Dans le cadre de la **première partie**, le jury propose au candidat un **sujet** relatif à une activité physique, sportive et artistique praticable à l'école élémentaire ou au domaine des activités physiques et expériences corporelles réalisables à l'école maternelle. Le sujet pourra être présenté à l'aide des différentes possibilités offertes par les technologies de l'information et de la communication usuelles, y compris audiovisuelles. Le sujet se rapporte soit à la progression au sein d'un cycle d'activités portant sur l'APSA ou la pratique physique et corporelle considérée, soit à une situation d'apprentissage adossée au développement d'une compétence motrice relative à cette même APSA ou pratique physique et corporelle.

Le candidat expose ses **réponses** (10 minutes) et s'entretient avec le jury (20 minutes). Le jury élargit le **questionnement** aux pratiques sportives personnelles du candidat ou encore au type d'activités sportives qu'il peut animer ou encadrer.

La **deuxième partie** consiste en un exposé du candidat (15 minutes) à partir d'un dossier de 5 pages maximum fourni par le jury et portant sur une situation professionnelle inscrite dans le fonctionnement de l'école primaire, suivi d'un entretien avec le jury (30 minutes).

L'**exposé du candidat** présente une analyse de cette situation et des questions qu'elle pose, en lui permettant d'attester de compétences professionnelles en cours d'acquisition d'un professeur des écoles.

L'**entretien** permet également d'évaluer la capacité du candidat à prendre en compte les acquis et les besoins des élèves, en fonction des contextes des cycles de l'école maternelle et de l'école élémentaire, et à se représenter de façon réfléchie la diversité des conditions d'exercice du métier, ainsi que son contexte dans ses différentes dimensions (classe, équipe éducative, école, institution scolaire, société), et les valeurs qui le portent dont celles de la République.

En ce qui concerne la **durée**, chaque candidat dispose de 3 heures pour préparer une épreuve qui dure 1 heure 15.

L'épreuve est notée sur **100 points** :

- 40 points pour la première partie ;
- 60 points pour la deuxième partie (20 points pour l'exposé et 40 pour l'entretien).

En termes de notation, cette épreuve est donc la plus importante du concours.

3. Résultats

À l'issue des épreuves d'admission et après délibération, le jury, en fonction du nombre total de points que les candidats ont obtenus à l'ensemble des deux séries d'épreuves et dans la limite des places mises au concours, fixe par ordre de mérite la liste des candidats sur la **liste principale** et établit, dans le même ordre, une **liste complémentaire**. Cette liste complémentaire permet notamment de remplacer les candidats inscrits sur la liste principale qui ne peuvent pas être nommés.

Si plusieurs candidats ont obtenu le même nombre de points, la priorité est accordée à celui qui a obtenu la note la plus élevée à la première épreuve d'admission ; en cas d'égalité de points à la première épreuve d'admission, la priorité est donnée au candidat ayant obtenu la meilleure note à la première épreuve d'admissibilité ; si l'égalité subsiste, ils sont départagés par la meilleure note obtenue à la deuxième épreuve d'admissibilité.

Les listes d'admission sont affichées dans les services académiques chargés de l'organisation du concours et peuvent être consultées sur le site internet de l'académie.

Après la proclamation des résultats d'admission, les candidats peuvent consulter sur internet et imprimer les **notes** qu'ils ont obtenues aux épreuves du CRPE, qu'ils soient admis ou non admis. Aucun relevé de notes n'est adressé par voie postale.

L'appréciation de la qualité des prestations des candidats à un concours relève de la **compétence souveraine du jury**. Ses décisions sont insusceptibles de recours devant les juridictions administratives dès lors que les jurys ont fonctionné et délibéré de façon régulière. Le principe de souveraineté du jury ne peut être mis en cause quand bien même les notes qu'il a attribuées apparaîtraient très différentes d'autres résultats obtenus par le candidat au cours de sa formation.

Après la proclamation des résultats d'admission, les candidats peuvent obtenir la **copie** d'une ou de plusieurs de leurs épreuves écrites en adressant leur demande au service académique chargé de l'organisation du concours. Mais la communication des copies n'est pas de nature à entraîner la remise en cause de la note ni du résultat final du concours. Il n'existe aucune procédure permettant d'en obtenir une nouvelle correction.

Les jurys ne sont pas tenus d'établir des **appréciations** sur les prestations des candidats, leur jugement étant concrétisé par la seule attribution d'une note chiffrée. Les candidats qui ont reçu communication de la note définitive ne tiennent d'aucune disposition le droit de recevoir également communication des appréciations provisoires des correcteurs et des motifs sur lesquels s'est fondé le jury pour l'arrêter.

IV. Préparation des CRPE

Vous devez impérativement prendre conscience que le concours n'est pas une simple formalité, quels que soient vos diplômes ou votre niveau d'études.

Lors d'un concours, le but n'est jamais d'avoir la moyenne, mais de figurer parmi les meilleurs, puisque le nombre de postes ouverts est arrêté avant les épreuves. Pour chacun des concours, le **nombre de places offertes** pour l'ensemble des académies et celui des emplois à pourvoir pour chaque académie pour chacun des concours sont fixés par arrêté du ministre chargé de l'éducation, après avis conforme du ministre chargé de la fonction publique.

À l'issue des épreuves d'admission, les jurys arrêtent, dans la limite des places mises aux concours, une **liste des candidats** admis pour chacun des concours. La barre d'admission peut s'élever à 12 ou 13 par exemple.

De plus, en fonction des résultats, un jury peut admettre moins de candidats qu'il n'y a de places disponibles.

Résultats des CRPE de l'enseignement public en 2017						
	Postes offerts	Candidats présents	Candidats admissibles	Candidats admis	Candidats inscrits sur liste complémentaire	Admis / présents à l'admissibilité
Concours externe	11 722	29 010	17 974	11 241	1 550	38,75 %
Concours externe / académie de Créteil	500	9 711	2 339	500	350	21,37 %
Concours externe spécial	200	251	167	135	9	53,78 %
Troisième concours	764	3 558	1 407	781	72	21,95 %
Premier concours interne	147	291	130	99	–	61,88 %
Second concours interne	301	628	449	273	18	43,47 %
Second concours interne spécial	14	4	3	2	–	50 %

Cette situation ne doit pas vous décourager, mais au contraire vous encourager à préparer le concours avec sérieux et régularité.

Dès le début de la rentrée universitaire, il vous appartient de vous organiser en mettant en place un véritable **programme de travail**, certes difficile à concilier avec la vie estudiantine et personnelle, mais indispensable pour assurer la réussite du concours.

En effet, la préparation du CRPE s'apparente plus à un marathon qu'à un sprint. Elle ne saurait se réduire à la lecture hâtive, voire fébrile, de quelques ouvrages dans les semaines précédant les épreuves.

Il est ainsi important d'assimiler la méthodologie des épreuves écrites, ce qui demande du temps, et de la mettre régulièrement en pratique sur des sujets d'annales. De même, la régularité du travail favorise l'assimilation des connaissances. L'oral demande également un entraînement spécifique.

Pour chaque épreuve écrite ou orale, cet **ouvrage** vous propose une analyse des épreuves du concours et des attentes du jury, des conseils pédagogiques et pratiques, des sujets de concours corrigés pour l'écrit, des exemples de sujet pour l'oral… De cette façon, vous pourrez acquérir une maîtrise tout à la fois théorique et pratique des exigences du concours.

Enfin, chacune des sept options de la première épreuve orale est présentée par un spécialiste de la matière. Et tous les auteurs (sauf l'auteur de cette introduction) enseignent dans des écoles supérieures du professorat et de l'éducation.

Première partie : Français[1]

1. Partie rédigée par Manuelle DUSZYNSKI, normalienne et agrégée de Lettres modernes, en poste à l'ESPE de Créteil.

Introduction

L'épreuve vise à évaluer la maîtrise de la langue française des candidats (correction syntaxique, morphologique et lexicale, niveau de langue et clarté d'expression) ainsi que leurs connaissances sur la langue ; elle doit aussi évaluer leur capacité à comprendre et à analyser des textes (dégager des problématiques, construire et développer une argumentation) ainsi que leur capacité à apprécier les intérêts et les limites didactiques de pratiques d'enseignement du français.

L'épreuve qui dure 4 heures comporte **trois parties**.

- ♦ La production d'une réponse, construite et rédigée, à une question portant sur un ou plusieurs textes littéraires ou documentaires.
- ♦ Une partie portant sur la connaissance de la langue (grammaire, orthographe, lexique et système phonologique) ; le candidat peut avoir à répondre à des questions de façon argumentée, à une série de questions portant sur des connaissances ponctuelles, à procéder à des analyses d'erreurs-types dans des productions d'élèves, en formulant des hypothèses sur leurs origines.
- ♦ Une analyse d'un dossier composé d'un ou plusieurs supports d'enseignement du français, choisis dans le cadre des programmes de l'école primaire qu'ils soient destinés aux élèves ou aux enseignants (manuels scolaires, documents à caractère pédagogique), et de productions d'élèves de tous types, permettant d'apprécier la capacité du candidat à maîtriser les notions présentes dans les situations d'enseignement.

L'épreuve est notée sur **40 points** :

- 11 points pour la première partie ;
- 11 points pour la deuxième partie ;
- 13 points pour la troisième partie ;
- 5 points permettent d'évaluer la correction syntaxique et la qualité écrite de la production du candidat.

Une note globale égale ou inférieure à 10 est éliminatoire.

Chapitre 1 : Production d'une réponse, construite et rédigée, à une question portant sur un ou plusieurs textes littéraires ou documentaires

Plus couramment, on appelle cette première partie de l'épreuve « analyse de textes », sans perdre de vue deux aspects : le premier, c'est que l'analyse demandée n'est pas une fin en soi : elle constitue la recherche d'éléments de réponse dans un corpus de textes ; le deuxième, c'est qu'il ne s'agit pas d'une analyse au sens où on analyserait finement les mots et le style du texte : s'il y a analyse, elle concerne principalement les idées exposées dans les textes.

I. La préparation à cet exercice

Aucune connaissance préalable spécifique n'est requise pour cet exercice, mais une bonne culture générale s'impose pour comprendre les enjeux des textes et de la question posée (connaissances historiques, connaissance des mouvements littéraires en lien avec l'évolution de la pensée).

Il faut savoir :

- lire un texte complexe et en comprendre les enjeux ;
- comprendre l'implicite d'un texte, mais aussi sa portée symbolique ;
- extraire d'un texte des arguments, et notamment savoir repérer l'argumentation indirecte à l'œuvre dans un texte de fiction ;
- composer un texte de manière structurée et construite ; le rédiger intégralement sans erreur, dans la langue la plus correcte possible.

Les attentes du jury portent sur un développement organisé, avec la mise en évidence des rapprochements, complémentarités ou divergences entre les textes et une conclusion. Le tout doit être construit de manière équilibrée et le guidage du lecteur assuré (annonces, articulations logiques, identification des sources).

A. La gestion du temps

Cet exercice étant noté sur 11 points et exigeant une rédaction complète, il est nécessaire de lui consacrer au moins une heure ½ voire 1h45, mais surtout pas davantage (à moins que vous ne soyez très à l'aise sur la partie « Connaissance de la langue », alors vous pourrez gagner du temps pour l'analyse de textes).

1	Découverte des textes et de la question posée à leur sujet	5 min
2	Lecture approfondie de chaque texte et reformulation des idées	40 min
3	Confrontation des textes et élaboration d'un plan	15 min
4	Rédaction	30 min
5	Relecture	5 min

1. Découverte des textes et début de réflexion sur la question (5 min)

Il s'agit d'une lecture fonctionnelle rapide, de manière à avoir un premier aperçu des éléments du dossier. Les indices que vous relevez doivent vous permettre de savoir rapidement :

- quels sont les textes qui constituent le dossier : textes littéraires, textes documentaires ? Les deux ?
- à quelle époque ces textes ont-ils été écrits ?
- qui sont les auteurs ? Si vous les connaissez, quelles sont leur particularités (leur statut, leur style…) ?

Ces indices figurent dans le paratexte, c'est-à-dire les éléments qui entourent le texte : dates, titres, mentions diverses.

Réfléchir aux termes de la question, préalablement à la lecture des textes présente deux avantages :

- La question cible un certain type d'informations dans les textes : elle vous permet de « faire le tri » dès votre première lecture. Vous gagnez ainsi du temps.
- Souvent, la question s'articule en deux axes qui seront les deux axes de votre plan. Cela vous évite des recherches longues et vaines : il ne vous est pas demandé d'être original, mais de construire, de structurer votre réponse. Elle peut tout à fait l'être selon les lignes suggérées dans l'énoncé.

Ainsi, dans nos corrigés, nous nous attacherons à suivre les plans suggérés par les concepteurs des sujets, ce qui donne, pour l'exemple de sujet zéro n° 1 (à trouver sur le site SIAC 1, dans les « exemples de sujets » pour la session 2014) : « Vous analyserez comment la mémoire inscrit l'homme dans le temps et donne sens à son existence » > I) La mémoire inscrit l'homme dans le temps ; 2) La mémoire donne du sens à l'existence humaine.

La difficulté apparaîtra à l'étape n° 2, lorsqu'il faudra trouver, dans des textes littéraires ; des arguments pour démontrer, pour prouver la validité de ces deux axes.

2. Une lecture approfondie de chaque texte pour en extraire les idées (40 min)

Cette étape doit être particulièrement soignée : il semble évident qu'une bonne maîtrise des textes ou documents vous fera gagner en temps et en efficacité. Vous consacrerez sans doute davantage de temps à la lecture du dossier qu'à la rédaction de votre texte. Il est intéressant de bien comprendre les textes, et de parvenir à naviguer dans le dossier ; cela peut faciliter la rédaction elle-même : lorsqu'on a bien les idées des auteurs à l'esprit, il est plus aisé de les reformuler et de trouver une forme de détachement qui rendra votre expression claire et personnelle.

En ayant à l'esprit la question posée, vous devez lire attentivement chaque texte, crayon en main, en **reformulant** tous les arguments et idées des textes. N'oubliez pas que la synthèse doit être rédigée dans vos propres mots : elle ne doit pas accumuler des morceaux empruntés aux textes initiaux.

La lecture approfondie articule deux tâches :

- un travail sur **la structure** de chaque texte, ses articulations logiques. Pour mener à bien ce travail, l'habitude de lire des textes de différentes natures est une aide précieuse. Sinon, les indices qui permettent d'entrer dans l'argumentation d'un texte sont le découpage en paragraphes et les connecteurs logiques.
- un travail de reformulation : la reformulation est capitale : elle allège la masse d'informations des textes, ce qui est utile puisque vous devez produire un écrit bref. Et elle permet d'y voir plus clair dans les données à traiter.

3. La confrontation des textes et l'élaboration d'un plan (15 min)

♦ Au fur et à mesure de l'étape 2, vous devez commencer à avoir une idée de plan à suivre. Ce plan doit comporter deux ou trois grandes lignes :
  - Regroupez selon ces lignes les différents arguments.
  - Trouvez des titres aux parties : ce sont ces titres que vous allez transformer en annonce de plan et en attaque de partie.

♦ Quelquefois, le plan est suggéré (lorsque la question s'articule en plusieurs axes) ; d'autres fois, mais plus rarement, il est à construire totalement : à partir d'un terme comme « enjeux », par exemple (Quels sont les enjeux d'une maîtrise assurée de la parole ? »), il s'agit de déterminer si ces enjeux sont sociaux, politiques, éducatifs… et de faire de chacun de ces qualificatifs l'intitulé d'une partie (I. La maîtrise de la parole comme enjeu politique, II. La maîtrise de la parole comme enjeu éducatif, enjeu pour l'école).

Les plans à proscrire

- Problème/solutions : peu de questions, peu de dossiers se prêtent à ce type de plan.
- Texte 1/texte 2/texte 3 : ce n'est alors pas un plan mais une juxtaposition de résumés : cela ne permet pas de faire « dialoguer » les textes entre eux.
- Points communs/divergences : ce plan concentre dans la première partie surtout la comparaison attendue des textes ; il ne permet pas de répondre spécifiquement à la question posée.

4. La rédaction (45 min)

Le temps imparti à l'épreuve ne permet pas de passer par le brouillon : vous pouvez rédiger à partir du plan détaillé, ce que vous devez apprendre à faire durant votre temps de préparation. N'oubliez pas les références incessantes aux auteurs et la fidélité aux idées des textes initiaux. Une bonne maîtrise de la terminologie pédagogique devrait vous éviter faux sens (donner au texte un sens qu'il n'a pas) et contresens (aller à l'inverse du sens du texte, défaut très lourdement sanctionné).

5. La relecture (5 min)

Étape déterminante : un jour de concours, on fait beaucoup d'erreurs d'inattention. Il serait dommage qu'elles vous fassent perdre des points. Prenez toujours le temps de réaliser cette étape.

Les pièges à éviter

♦ **l'abus de citations :** ne tombez pas dans le piège d'un « montage de citations » ou de citations trop longues, qui ne laisseraient pas place à un discours « personnel », dans vos propres mots. Car l'essentiel de votre travail doit être une **reformulation** des textes lus, reformulation lors de laquelle vous transformez les éléments de récit des textes en arguments pour répondre à la question posée ; vous attestez d'une compréhension juste et précise des textes du dossier.

♦ **le manque ou l'absence de référence** au(x) texte(s) du dossier : chaque élément de réponse, chaque argument, chaque idée exposé doit être provenir du dossier, et être identifié comme tel par une mention de type « Comme le soutient l'auteur X… »/« Alors que l'auteur Y développe plutôt l'idée selon laquelle… » Ce travail de rédaction est lourd, mais il faut apprendre à le faire de manière efficace, car il vous est bien demandé, avant toute chose, de **faire dialoguer les textes entre eux,** en soulignant la complémentarité et les contrastes entre les différents points de vue.

- **les développements personnels :** certes, vous avez des idées sur les questions posées ; certes, vous allez lire de nombreux textes au fil de votre préparation, et vous aurez ainsi un bagage qui facilitera et enrichira la lecture des documents qui vous seront soumis. Or, il ne vous est pas demandé d'en faire étalage, et surtout pas dans le corps du développement à titre d'argument qui viendrait rivaliser avec ceux des auteurs. Si vous détenez des éléments de comparaison ou de mise en perspective utiles pour le traitement d'une question, seule la conclusion – éventuellement l'introduction – sera le lieu pour en faire état (de manière légère, utile et judicieuse).
- **une énonciation personnelle :** évitez le « je », mais aussi le « nous » et le « on ». Ce sont des formulations indirectes, et une énonciation neutre et distanciée qui sont préconisées.
- **la juxtaposition de « résumés » de chacun des textes** en guise de réponse à la question posée : soit la question posée s'articule en deux éléments, et alors ce sont les deux axes de votre plan (exemple : « Vous analyserez comment la mémoire inscrit l'homme dans le temps et donne sens à son existence »), soit la question posée ne présente qu'un seul terme (exemple : « Vous analyserez les enjeux d'une maîtrise assurée de la parole »), et il convient alors de « décliner » le terme-clé (chercher différents types d'enjeux : sociaux, psychologiques, individuels…).
- **une rédaction trop longue :** cet exercice a un caractère synthétique, et vous êtes également évalués sur la compétence à sélectionner uniquement l'information utile et à formuler de manière précise, claire et concise. En aucun cas votre texte ne doit dépasser les trois pages.

B. Les connaissances nécessaires

Cet exercice est **un exercice de lecture :** les textes officiels sont très clairs sur ce point. Ils rappellent que le futur professeur des écoles devra :

- « assurer un enseignement suffisamment précis de la compréhension en lecture, qu'il s'agisse de textes de fiction ou à caractère documentaire ».
- « accéder à des ressources qui facilitent leur formation professionnelle dans l'ensemble des disciplines ».

Quels sont les savoirs à maîtriser ? **Quel est le « programme » de cette épreuve ?** On ne peut pas délimiter de manière sûre et exhaustive un programme à maîtriser – contrairement aux deux autres exercices. En revanche, il est certain que de bonnes qualités de lecture et une solide culture sont nécessaires pour interroger les corpus de textes et les questions soumis à votre jugement. Ainsi, les textes officiels indiquent seulement, et de manière plutôt large, que la question concerne **« la formation de la personne »,** il est clair que se dégage, depuis quelques années, une « culture » de cette épreuve.

Cette culture mélange textes littéraires, classiques et contemporains (qui, pour certains, ont pu être rencontrés au lycée, en classes de seconde et de première) et textes de réflexion (textes d'écrivains qui réfléchissent à leur art ou à leur rapport à la langue française, textes à dimension pédagogique...), au service d'une réflexion sur le dire (la parole, la langue), le lire et l'écrire. La meilleure façon de vous préparer à cet exercice est donc – sans parler des nécessaires entraînements en temps limité – de vous faire (ou refaire) une petite culture.

Vous pouvez relire, à profit, une anthologie de français pour la classe de seconde ou de première, quelles que soient la date de parution et l'édition. L'objectif est de vous habituer à relire des textes littéraires, si vous n'êtes pas particulièrement lecteur : une anthologie scolaire restitue les textes dans leur contexte historique et oriente la lecture par des questions de compréhension. Une anthologie de textes autour du *Plaisir de la lecture,* dans « La Bibliothèque Gallimard », ou encore *Au bonheur de lire : les plaisirs de la lecture* chez Folio vous mèneront également sur la voie de la lecture littéraire.

II. Guide pour la rédaction de l'analyse de textes

INTRODUCTION (3/4 DE PAGE ENVIRON)	
1	Présentation d'ensemble du dossier : thème, nombre de textes. (Pas d'amorce)
2	Présentation de chacun des textes du dossier : – références bibliographiques complètes et rédigées. Les titres d'ouvrages sont soulignés ; les titres d'extraits, de chapitres... sont entre guillemets. – éléments d'intérêt de chaque texte (liés au genre, à l'auteur, à la date de parution) et résumé de chacun.
3	Reprise de la question posée, sans transposer ni déformer les termes d'origine.
4	En lien étroit avec cette question, annonce de plan.
DÉVELOPPEMENT	
1	Chaque partie s'ouvre par le rappel de l'intitulé de la partie, qui correspond étroitement avec l'élément de plan annoncé en fin d'introduction.
2	Sous cet intitulé, tous les textes du dossier sont mis en dialogue : il s'agit de voir comment chacun se positionne par rapport à la question, et s'il y a des convergences, divergences ou des nuances d'un texte à l'autre à l'intérieur du dossier.
3	Chaque partie se présente sous la forme d'un seul paragraphe. S'il y a nécessité de faire des sous-parties, car il y aurait des éclairages différents à apporter à la question, cela nécessite de créer des paragraphes, caractérisés par des alinéas.
4	Une transition est nécessaire d'une partie à l'autre : elle peut s'amalgamer à la partie déjà rédigée, ou se situer entre les deux parties.

CONCLUSION	
	Elle est nécessaire, car il s'agit de répondre à la question posée en montrant ce que le dossier vous a appris. Elle est brève (une phrase ou deux).
LES RÈGLES DE LA RÉDACTION	
1	Pas d'apport personnel, comme des références qui seraient puisées dans la culture personnelle du candidat, ou une prise de position par rapport à la question débattue.
2	Toutes les idées sont reformulées (pas de citation) ; toutes les idées sont attribuées à leur auteur.
3	L'énonciation est distanciée : vous vous effacez au profit des auteurs des textes.
4	Correction syntaxique, orthographique et richesse lexicale (pour les connecteurs et les verbes de parole et d'opinion qui servent à marquer le rapport de l'auteur à son idée, et les rapports des textes entre eux).
5	Il faut viser la concision, la synthèse : ne jamais dépasser les trois pages manuscrites.

III. Un sujet corrigé

A. Question portant sur plusieurs textes, littéraires ou documentaires

À partir de ce dossier, vous montrerez comment les auteurs explorent l'acte de lire et quelle valeur ils lui donnent.

Texte 1 : Marcel Proust

Il n'y a peut-être pas de jours de notre enfance que nous ayons si pleinement vécus que ceux que nous avons cru laisser sans les vivre, ceux que nous avons passés avec un livre préféré. Tout ce qui, semblait-il, les remplissait pour les autres et que nous écartions comme un obstacle vulgaire à un plaisir divin ; le jeu pour lequel un ami venait nous chercher au passage le plus intéressant, l'abeille ou le rayon de soleil gênants qui nous forçaient à lever les yeux de sur la page ou à changer de place, les provisions de goûter qu'on nous avait fait emporter et que nous laissions à côté de nous sur le banc, sans y toucher, tandis qu'au-dessus de notre tête le soleil diminuait de force dans le ciel bleu, le dîner pour lequel il avait fallu rentrer et où nous ne pensions qu'à monter tout de suite après, finir le chapitre interrompu, tout cela, dont la lecture aurait dû nous empêcher de percevoir autre chose que l'importunité, elle en gravait au contraire en nous un souvenir tellement doux, tellement plus précieux – à notre jugement actuel – que ce que nous lisions alors avec tant d'amour que, s'il nous arrive encore aujourd'hui de feuilleter ces livres d'autrefois, ce n'est plus que comme les seuls calendriers que nous ayons gardés des jours enfuis, et avec l'espoir de voir reflétés sur leurs pages les demeures et les étangs qui n'existent plus.

« Sur la lecture », préface à *Sésame et les lys* de John Ruskin, Mercure de France, 1908.

Texte 2 : Italo Calvino

Tu vas commencer le nouveau roman d'Italo Calvino, *Si par une nuit d'hiver un voyageur.* Détends-toi. Concentre-toi. Écarte-toi de toute autre pensée. Laisse le monde qui t'entoure s'estomper dans le vague. La porte, il vaut mieux la fermer ; de l'autre côté, la télévision est toujours allumée. Dis-le tout de suite aux autres : « Non, je ne veux pas regarder la télévision ! » Parle plus fort s'ils ne t'entendent pas : « Je lis ! Je ne veux pas être dérangé. » Avec tout ce chahut, ils ne t'ont peut-être pas entendu : dis-le plus fort, crie : « Je commence le nouveau roman d'Italo Calvino ! » Ou, si tu préfères, ne dis rien ; espérons qu'ils te laisseront en paix.

Prends la position la plus confortable : assis, étendu, pelotonné, couché ; Couché sur le dos, sur le ventre. Dans un fauteuil, un sofa, un fauteuil à bascule, une chaise longue, un pouf. Ou dans un hamac, si tu en as un. Sur ton lit naturellement, ou dedans. Tu peux aussi te mettre la tête en bas, en position de yoga. En tenant le livre à l'envers, évidemment.

Il n'est pas facile de trouver la position idéale pour lire. Autrefois, on lisait devant un lutrin. Se tenir debout, c'était l'habitude. […]

Bien, qu'est-ce que tu attends ? Allonge les jambes, pose les pieds sur un coussin, sur deux coussins, sur les bras du canapé, sur les oreilles du fauteuil, sur la table à thé, sur le bureau, le piano, la mappemonde. Mais, d'abord, ôte tes chaussures si tu veux rester les pieds levés ; sinon, remets-les. Mais ne reste pas là, tes chaussures dans une main et le livre dans l'autre. […]

Donc, tu as lu dans un journal que venait de paraître *Si par une nuit d'hiver un voyageur*, le nouveau livre d'Italo Calvino, qui n'avait rien publié depuis quelques années. Tu es passé dans une librairie, et tu as acheté le volume. Tu as bien fait.

Italo Calvino, *Si par une nuit d'hiver un voyageur*, trad. de Danièle Sallenave et François Wahl, Paris, © éditions Gallimard, 1981.

Texte 3 : Michèle Petit

L'appel du lointain

Dans les récits des lecteurs, ce redéploiement des possibles, cet émerveillement devant la diversité, sont souvent associés à la découverte d'un espace radicalement autre, *lointain*. Comme pour Ridha qui évoquait au fil des phrases : « celui qui habite au Brésil ou celui qui habite là-bas ». C'est ce « là-bas », cet appel d'un autre lieu, cette ouverture à l'inconnu, qui éveillent leur désir, leur curiosité, leur intériorité.

C'est ce que disent aussi des écrivains, tel Pierre Bergounioux, qui, enfant, se rendait chaque samedi à la bibliothèque municipale, pour se plonger dans des ouvrages dont l'intérêt tenait « à l'éloignement des choses qu'ils disaient » : « la bibliothèque permettait d'étendre nos pensées aux antipodes, à la Chine, au Mexique. » « Il y avait d'autres choses que celles que nous avions touchées, d'autres manières de faire, aussi [...] Les lectures du samedi ne me procuraient pas seulement l'oubli passager de la salle où je lisais, du livre fourbu que je tenais. Je ne rentrais pas les mains vides des lointains où je m'étais porté pendant l'après-midi. La pièce silencieuse, la clarté trouble, âgée, du vitrage à plomb où je reprenais pied n'étaient plus tout à fait les mêmes. On s'en accommodait moins mal pour s'en être, un moment, absenté. Elles n'étaient pas les seules même si les contrées où l'on avait marché, vécu avaient tiré leurs prestiges et leurs cieux, leurs oiseaux, leurs palmes, leurs neiges et leurs eaux, leur sol même, du volume poudreux où l'on avait le nez plongé. »

On retrouve là cette découverte essentielle : il existe d'autres choses que celles qui nous entourent, liées aux contrées lointaines, à ce que P. Bergounioux appelle *« la ferveur du dehors » ;* c'est ce que l'on retrouve aussi dans les souvenirs de J.-M. Le Clézio : « Grandir dans une culture, c'est en principe accepter toutes ses limites. Cependant, il se pourrait bien que la littérature n'existe que pour mieux nous obliger à transgresser ces limites [...] La littérature m'apportait donc la liberté : était-il vraiment impossible d'être à la fois français, élevé dans la discipline presque militaire d'un lycée de province, dans cet après-guerre hésitant entre la voie laïque et républicaine et la monarchique et catholique, et au même instant, troublé, hanté comme par un rêve, celui d'une île si lointaine [...] une île d'où nous avions été irrémédiablement et définitivement exclus, et qui pourtant restait toujours en arrière-pensée, en nostalgie, en référence, en mémoire. »

Éloge de la lecture, Belin, 2002.

B. Corrigé

Ce dossier évoque la question de la lecture à travers trois textes. Les deux premiers sont écrits par de grands écrivains du XXe siècle, alors que le troisième est un essai issu de la recherche. D'abord, l'extrait de « Sur la lecture » provient de la préface de Marcel Proust au texte de J. Ruskin, *Sésame et les lys*. Dans cet essai à portée autobiographique, l'écrivain se souvient de ses journées de lecture, alors qu'il était enfant – même s'il présente son vécu avec une portée générale. Puis vient l'incipit du roman d'Italo Calvino, *Si par une nuit d'hiver un voyageur...*, roman réflexif sur la lecture, dans lequel le narrateur interpelle le lecteur ou la lectrice. Enfin se trouve un passage d'*Éloge de la lecture*, essai anthropologique de Michèle Petit qui étudie le rôle des bibliothèques auprès des publics en voie d'exclusion. Ces trois textes permettent donc de réfléchir à l'acte même que constitue la lecture, acte mental autant que physique. Il sera intéressant d'analyser comment chacun des auteurs explore l'acte de lire, et quelle valeur il lui donne.

L'acte de lecture se trouve exploré de manières bien différentes dans ces textes aux visées si divergentes. Pour Marcel Proust, il s'agit de réfléchir explicitement à une définition de la lecture, dans un essai qui annonce cette réflexion dès le titre (« Sur la lecture »). Le romancier et conteur Italo Calvino, au contraire, surprend son lecteur par la mise en place d'un narrateur qui engage le lecteur dans un pseudo-dialogue : ainsi, *Si par une nuit d'hiver un voyageur...* ne commence pas par la traditionnelle présentation de l'action et des personnages, mais par un « tu » qui désigne chaque nouveau lecteur du texte et évoque de manière réflexive sa situation – l'achat du livre, la préparation physique et mentale à sa découverte. Cette deuxième exploration de l'acte de lecture est donc plus déroutante, car non annoncée. Quant à Michèle Petit, son étude exige qu'elle fasse entendre la voix, l'expérience d'autres lecteurs : lecteurs anonymes ou lecteurs célèbres, comme les romanciers Pierre Bergounioux et J.-M G. Le Clézio. Ces deux écrivains abordent le rapport entre les lointains évoqués par le livre et leur vécu propre. Mais c'est également dans le style et le registre que ces explorations s'opposent : Proust remonte à la source de ses souvenirs personnels pour amener des réflexions sur une expérience universelle, constitutive de la personne. Et pour cela, il s'appuie sur les ressources de la syntaxe : après un constat initial rapide, sa deuxième phrase, s'étirant pour énumérer tous les souvenirs liés aux jours de lecture, semble tourner les pages du « calendrier de ces jours enfuis ». L'incipit du roman de Calvino ne présente pas du tout ce ton nostalgique : ce pseudo-dialogue avec le lecteur présente même des aspects humoristiques. En revanche, les extraits se rejoignent sur des invariants, des éléments universels de l'acte de lecture.

Ainsi, lorsqu'il s'agit de décrire l'acte de lecture, les auteurs abordent à la fois la question du corps (la posture physique pour Calvino et les auteurs interrogés par Michèle Petit, les éléments perturbateurs pour tous) et celle de l'esprit : la lecture est une activité physique et cognitive à la fois. Elle exige concentration, et une position confortable. Calvino conseille ainsi son lecteur, sur le mode humoristique ; P. Bergounioux évoque le pouvoir de la lecture, qui fait disparaître un environnement peu intéressant ; Proust passe en revue tous les « inconvénients » liés aux moments de lecture comme autant d'aspects devenus mémorables, et appréciables. Lorsque les paramètres permettant la découverte du livre sont réunis, alors la lecture paraît comme un plaisir – le terme apparaît dans « Sur la lecture » -, plaisir cognitif chez Calvino qui retrace le parcours depuis l'annonce de la parution du livre jusqu'à sa découverte, en passant par son acquisition. La particularité de la vision de Proust est de considérer que la lecture n'est pas tant un plaisir pour elle-même que pour le souvenir qu'elle grave en nous, et qui permet ultérieurement de retrouver le temps perdu, à l'occasion de réminiscences.

Dans leur registre propre – la nostalgie et la recherche du temps perdu pour Proust, la facétie et l'invention formelle pour Calvino, l'étude des expériences des autres dans l'essai de Michèle Petit – chacun des auteurs montre l'acte de lecture comme un acte digne du plus grand intérêt, car constitutif de la formation de l'individu : la lecture construit la mémoire, elle détermine aussi notre rapport au monde.

Chapitre 2 : Connaissance de la langue (grammaire, orthographe, lexique et système phonologique)

I. Nature de l'exercice

Dans cette partie de l'épreuve, vous êtes évalués sur des connaissances ponctuelles portant sur la grammaire, l'orthographe, le lexique et la phonologie. La plupart des questionnaires (de quatre à huit questions) portent sur l'ensemble de ces domaines. Vous devez pouvoir compter sur des savoirs précis, aussi bien pour répondre à des questions « de cours » que pour vous « déplacer » dans la langue française : conjuguer des verbes, trouer les synonymes d'un mot, analyser une phrase… Si vous devez rafraîchir ou compléter vos connaissances, ou encore vous exercer, vous pouvez prendre appui sur une grammaire de la classe de 3e. Il faut alors veiller à ce que l'ouvrage soit récent (par exemple, *Nouvelle grammaire du français*, chez Magnard) et, sans doute, acquérir le livre du professeur pour disposer des corrigés des exercices. Vous devez encore apprendre à manipuler l'Alphabet phonétique international.

II. Les connaissances

A. L'énonciation

Tout **énoncé** est produit dans des circonstances précises, particulières, qui constituent la situation d'énonciation. **L'énonciation** est par conséquent un acte individuel par lequel un locuteur produit, dans un contexte donné, un énoncé.

Pour être communicables, de nombreux énoncés nécessitent que leur récepteur reçoive quelques informations sur la situation d'énonciation. En effet, en dehors de leur contexte, certains énoncés ne font pas sens *(Je suis là* ne peut se comprendre que si le récepteur est « là » aussi, en présence ou à proximité de *je)*.

Écrire et parler correspondent à des situations de communication différentes ; ce faisant, ils donnent lieu à **des énoncés différents**.

1. La langue orale

a. La langue orale est en situation, ancrée dans une situation d'énonciation

Elle est en jeu dans des situations de communication directes. La communication orale se caractérise par l'immédiateté : aucun écart d'espace ni délai de temps entre l'émission du message et sa réception.

Les interlocuteurs ont également accès à des référents communs, ce qui permet une économie de moyens linguistiques. Dans ce contexte, les déictiques permettent de désigner les interlocuteurs (par les pronoms nominaux *je* et *tu*), l'espace, le temps et les éléments auxquels il est fait référence.

À l'oral, la situation est pourvoyeuse par elle-même d'éléments explicites, ne serait-ce que la part d'informations non verbales qu'elle comporte. Les énoncés produits peuvent donc être allusifs et ne se comprendre qu'en fonction de la situation.

Exemple : *Peux-tu fermer cette fenêtre-là ?*

Il faut, bien entendu, exclure de ces remarques des situations de « faux oral » comme la communication téléphonique ou un cas d'oral différé : le fait de laisser un message sur un répondeur, par exemple (cela peut d'ailleurs donner lieu à d'intéressants exercices d'oral différé entre élèves).

Le message oral est délivré au moment même de sa production. Tout changement, toute correction à l'oral s'entend : « Lorsque nos produisons des discours non préparés, nous les composons au fur et à mesure de leur production, en laissant des traces de cette production » (C. Blanche-Benveniste, *Le Français parlé, études grammaticales*, 1990, p. 17).

En effet, la production du discours oral a lieu directement face à son récepteur, d'où des reprises, des répétitions, des ruptures de construction…

b. Le fonctionnement de la langue orale

Le fonctionnement de la langue orale est particulier :

- le **découpage en unités** n'est pas le même : l'énoncé oral n'est pas scindé en mots comme la langue écrite.

  Exemple : *Il fait très beau.* Cet énoncé se code, à l'oral, [ilfetrRebo]

  À quatre unités de langue écrite n'en correspond qu'une seule à l'oral.
- **les coordonnées du réel :** la compréhension d'un énoncé oral exige que l'on sache en quel lieu et en quel temps se situe le locuteur.

  Exemple : *Je reviens dans 20 minutes.*

Cet énoncé n'a pas de sens si l'on ignore ses conditions d'énonciation, et plus précisément le lieu et le moment de l'énonciation, qui permettent de déterminer dans quelles conditions le locuteur a produit son énoncé.

Le repérage dans l'espace et les déictiques spatiaux :

On nomme ainsi les termes qui prennent en compte la position du locuteur ainsi que ses gestes, renvoyant aux coordonnées du réel et non à un élément de l'énoncé : *ici, là* sont des déictiques spatiaux.

Quand le repérage se fait grâce à un nom de lieu ou toponyme, on parle de repérage spatial objectif :

Elles prennent le train ***pour Lyon.***

Le repérage dans le temps et les déictiques temporels :

Le temps s'organise autour du locuteur, à partir de la situation d'énonciation :

On nomme déictiques temporels des termes qui prennent en compte le moment de l'énonciation et renvoient aux coordonnées du réel et non à un élément de l'énoncé : *aujourd'hui*, *demain* sont des déictiques temporels.

Cependant :

- le repérage temporel peut être relatif :

  Elles repartirent ***le lendemain de ce jour mémorable.***

  Le repérage se fait à partir de *ce jour mémorable*, grâce à une expression non déictique (*le lendemain*).
- le repérage temporel peut être objectif ou absolu :

  Elles prirent le train ***le 9 juillet à 9 heures.***

Tableau des repérages temporels déictiques et non déictiques

	Déictiques La référence est le moment de l'énonciation	Non-déictiques La référence est un moment de l'énoncé
Coïncidence	*maintenant* *aujourd'hui* *ce mois-ci*	*alors* *ce jour-là* *ce mois-là*
Antériorité	*hier* *il y a deux jours*	*la veille* *deux jours plus tôt*
Postériorité	*demain*	*le lendemain*

- **les marques d'accord** sont différentes. Elles sont moins nombreuses à l'oral :

  Exemple : *Les petites filles chant***ent** *bien.*

  L'écrit montre quatre marques de pluriel ; l'oral n'en fait entendre qu'une seule, sur le déterminant.
- Certains phénomènes grammaticaux sont typiques d'un discours oral : **L'abondance des éléments déictiques** et des présentatifs (notamment pour mettre en relief, souligner le propos) : ***C'est*** *cet endroit* ***que*** *je préfère entre tous.*

  L'emploi du pronom *on* comme un pronom de première personne du pluriel :

  On *n'est pas venus ici pour discuter de ce dossier.*

- **les simplifications syntaxiques :**
  Omission fréquente d'une partie de la négation : *On va pas s'énerver pour ça.*
  L'interrogation se fait uniquement sur une courbe intonative montante, sans inversion sujet-verbe : *Tu viens ?*
- **l'emploi de phatèmes :**
  Les phatèmes sont tous les petits mots ou tous les procédés qui permettent de réactiver l'attention de l'interlocuteur, très explicitement :
  Vous m'écoutez, n'est-ce pas ?
  Ou encore par des interjections *hein, bon, euh*. Ce sont ces petits mots qui ponctuent abondamment la prise de parole d'une personne intimidée face à un groupe.
- **les mises en relief** par :
  - des structures emphatiques (***C'est** un énorme travail **que** vous avez fourni là*),
  - la modification de l'ordre des mots et des groupes de mots (*Demain soir, tu viendras ?*) et l'usage de phrases nominales (*Quelle surprise !*).
- les marques de subordination sont moins nombreuses qu'à l'écrit :
  Tu manges ton goûter et après tu pourras aller jouer dehors.
  Tu pourras aller jouer dehors après que tu auras mangé ton goûter.
- les **répétitions** sont fréquentes à l'oral : il n'est pas rare qu'un même terme soit répété dans des positions semblables. Par exemple en position sujet : *Cette fille, **elle** s'exprime vraiment bien.*

2. La langue écrite

À l'écrit, en revanche, la communication est différée et hors situation : les conditions de productions de l'énoncé ne peuvent pas être une aide pour l'émetteur ou le récepteur… La langue écrite doit donc comporter plus d'informations pour éviter les problèmes de compréhension et les confusions. Par exemple, concernant les moyens linguistiques, le pronom personnel ne peut plus avoir une référence déictique, à l'écrit ; il est nécessairement anaphorique : il ne peut s'appuyer que sur des éléments du texte (le contexte d'écriture différant pour les deux interlocuteurs).

Les conditions de la communication créent des différences dans **l'acte de production :** l'écrit prend du temps et permet aussi d'amender son texte pour le corriger, le modifier, l'augmenter…

3. Les registres de langue

Les énoncés dépendent de la situation dans laquelle ils sont produits. Pour transmettre le même message, un locuteur utilisera des **registres différents** selon son interlocuteur, les circonstances et la nature du message.

On distingue trois grands registres : le registre **familier,** le registre **courant** et le registre **soutenu.**

- Le **registre familier** est celui de la conversation amicale, du parler populaire.
  Exemple : *On lui a chapardé des pommes, au vieux !*
- Le **registre courant** correspond au français standard, où le vocabulaire et la syntaxe sont normés.
  Exemple : *Nous avons dérobé des pommes au vieux monsieur.*
- Le **registre soutenu** est celui des discours solennels, de la littérature classique : le vocabulaire est riche et la syntaxe complexe.
  Exemple : *Nous avons dérobé des pommes à ce monsieur âgé.*

B. Le nom et le groupe nominal

1. Le nom commun

C'est le noyau du groupe nominal.

Nécessairement accompagné d'un déterminant, il varie en genre et en nombre.

Il peut recevoir une ou plusieurs expansions (des compléments d'information, sous la forme d'un adjectif, d'un complément du nom ou d'une proposition subordonnée relative)

a. Noms comptables et non comptables

- Certains noms désignent des éléments que l'on peut dénombrer, par un déterminant numéral notamment (*un, deux, trois*...). Exemple : *Il promène trois* ***chiens*** *à la fois.*
- Certains noms désignent des éléments massifs (on peut les peser), que l'on ne peut pas compter : ils sont précédés du déterminant partitif (*du, de la*). Exemple : *Dans la pâte à crêpes, il y a du* ***lait****, de la* ***farine****, de la* ***levure****...*

b. Noms animés et non animés

- Les noms animés désignent les êtres humains et les animaux : leur genre est défini par leur sexe. Exemple : *un homme/une femme ; le cheval/la jument.*
- Les noms non animés désignent des objets (*une table, une chaise*), des actions (*la course*), des notions (*la liberté, l'égalité*), des sentiments (*l'amour, la haine*).

c. Noms concrets et abstraits

- Les noms concrets désignent tout ce qui est relatif aux cinq sens : il s'agit des objets, des personnes, des animaux mais aussi des sons, des couleurs, des odeurs.

d. Noms communs issus d'un transfert

Il s'agit de mots qui, par transfert de catégorie (on dit aussi dérivation impropre), sont devenus des noms à part entière (accompagnés d'un déterminant, ils s'accordent en nombre) :

- de la catégorie du verbe : *Le **toucher** est un des cinq sens.*
- de la catégorie de l'adjectif : *Le **pauvre** ! Il n'a pas de chance !*
- de la catégorie du pronom : *Regarde ces **deux-là** ! Ils ne travaillent jamais !*
- de la catégorie du nom propre : *Les **Européens** sont très mobiles.*

On dit que ces noms communs sont des verbes, adjectifs, pronoms ou noms propres **substantivés**.

e. Genre et nombre du nom

Le nom est pourvu d'un **genre**, masculin ou féminin ; il le transmet, à l'intérieur du groupe nominal, au déterminant et à l'adjectif épithète.

☛ Remarques :

- Les mots *amour, délice et orgue* sont masculins au singulier et féminins au pluriel (*des amours anciennes, de vraies délices, les grandes orgues)*
- Le mot *après-midi* peut être masculin ou féminin.

Mais l'opposition en genre est effacée dans la majorité des déterminants au pluriel : *le, la > les ; un, une > des.*

À l'oral, l'expression du **nombre** est presque exclusivement marquée par la forme des déterminants. Le nombre des noms se marque à l'écrit par l'addition d'un -s- ou d'un -x (noms en -eu, -au, -eau…) ou par une modification de la finale (-al, -ail > aux).

Certains noms n'existent qu'au singulier : *le bétail, la botanique*. Ou qu'au pluriel : *les obsèques, des arrhes.*

Certains noms ont deux pluriels : les cieux (connotation sacrée)/les ciels (pluriel poétique ou comptable) : *des ciels de lit ; les ciels de Raphaël.*

Certains noms au singulier désignent un pluriel : ***L'homme** est un roseau pensant. **L'ennemi** est aux portes de la ville.*

f. Les diverses fonctions du nom dans la phrase

- **Sujet :** ***Le chien** aboie.*
- **Complément du verbe :** *Il nourrit **son chien.** (COD)/Il parle **à son chien.** (COI)*
- **Complément d'agent :** *Il a été mordu **par son chien.***
- **Attribut du sujet :** *Son meilleur ami est **un chien.***
- **Attribut du COD :** Il l'a reconnu comme **son chien.**
- **Apposition :** *Médor, **notre chien**, n'a pas de niche.*
- **Complément du nom :** *J'ai acheté un collier **pour chien.***
- **Complément de l'adjectif :** *Il a toujours été amoureux **des chiens.***
- **Complément facultatif :** *Il se promène tous les jours **avec son chien**. (CC d'accompagnement)*

2. Le nom propre

Le **nom propre** désigne un seul élément.

En principe, il ne nécessite pas de déterminant, sauf pour :

- les noms de villes et de pays : *la France ;*
- les cours d'eau : *le Rhône, la Seine…*
- l'ensemble d'une même famille : *les Dupont, les Martin ;*
- un nom propre devenant, par antonomase, un nom commun : *un Harpagon.*

3. Le groupe nominal

Le groupe nominal est donc l'ensemble constitué par le nom et les éléments susceptibles de le déterminer, de le spécifier.

Exemple : {le petit **lapin** blanc} = GN
dét adjectif adjectif

Le groupe nominal minimal est : déterminant + nom. Ces deux éléments sont solidaires et dépendants.

Exemple : *Elle porte un manteau.*

Souvent, le nom reçoit des **expansions**, éléments facultatifs qui lui apportent un complément sémantique. Dans ce cas, **le GN est étendu ou expansé**.

Exemple : *Elle poste un petit manteau blanc en lapin*.

C. Le déterminant

C'est le premier (dans l'ordre syntaxique) des deux éléments **obligatoires** du groupe nominal. La substitution permet de reconnaître les termes constituant le paradigme des déterminants.

Le déterminant porte les marques de genre et de nombre du GN.

Il a pour fonction de faire passer le nom de la langue au discours. Il dit, par exemple, quelle quantité de l'élément désigné par le nom on prélève.

Il actualise le nom en le faisant passer de la notion générale et abstraite, en langue, à ce que le GN désigne dans le discours.

Il différencie des homonymes (le *voile* et la *voile*).

☛ **Attention !** Dans le dictionnaire, nous pouvons trouver le mot *craie,* nom commun féminin. L'extension du mot est alors maximale : *craie* est une entité quasi abstraite, qui recouvre tout le champ possible du nom.

Pour préciser, dans un discours, la référence à ce nom, on a besoin du déterminant qui permet d'exprimer : de quelle craie il s'agit (*une/la/de la/cette/sa*), en précisant si la notion renvoie à des entités massives ou comptables, de quelle quantité il s'agit (*une/des/deux/beaucoup de/énormément de…*).

Ainsi :

*Il apporte de la craie (*ou *un bloc de craie)* > le déterminant indique une certaine masse, dont on peut déterminer le poids > la *craie* est ici une entité massive, et *de la* ou *un bloc de* est ce que l'on appelle le déterminant partitif.

En revanche, dans l'énoncé *Le maître prend sa (ou une) craie*, *craie* est une entité comptable (il s'agit d'un seul bâton de craie).

On dit que le déterminant participe à **l'actualisation du nom**.

Classement des déterminants

Il existe six catégories de déterminants.

1. Les « articles »

	singulier		pluriel
	masculin	*féminin*	
Articles indéfinis	un	une	des
Articles définis	le – l'	la – l'	les
Articles définis contractés	au (=à le) du (= de le)		aux (= à les) des (= de les)
Articles partitifs	du – de l'	de la – de l'	des

a. L'article indéfini : un, une, des

Il introduit un nom en le présentant comme distinct des autres, mais sans le caractériser.

Un vase est rempli de fleurs.

Dans un texte, l'article indéfini sert à présenter des éléments pour la première fois au lecteur. Ce sont des outils de ***première actualisation*** du nom.

Il était ***un*** *brave homme qui vivait dans* **un** *pays lointain.*
Il avait ***une*** *belle maison et* ***une*** *ravissante fille.*
Il lui donnait tout ce qu'il pouvait.
Alors pour lui faire plaisir, il épousa ***une*** *veuve qui avait deux filles.*

Voici le début du conte de *Cendrillon.* Dans la suite du récit, chacun de ces personnages sera nommé car il a déjà fait l'objet de cette première présentation.

☛ **Attention !**

♦ Dans deux cas de figure, l'article indéfini pluriel « des » devient *« de »*.

Lorsque l'adjectif passe devant le nom (il lui est « antéposé »).

On dit : *J'ai rencontré des étudiants remarquables ;* mais *J'ai rencontré de remarquables étudiants.*

Lorsque le GN est nié :

J'ai des feuilles > Je n'ai pas de feuilles.

Dans ces deux cas, il ne faut donc par confondre « de » qui est un article indéfini pluriel, élidé (c'est-à-dire qu'il a perdu la lettre « s ») et la préposition « de ».

♦ Employé derrière la préposition *de*, l'article indéfini s'efface :

Il nous abreuve de paroles. (car il serait incorrect de dire **Il nous abreuve de des paroles*)

Dans ce cas, « de » est bien la préposition, et l'article indéfini qui aurait dû se trouver derrière s'est effacé. On parle alors d'article zéro. Si vous pratiquez l'anglais, vous devez connaître cet article zéro, ou la « détermination zéro ».

b. L'article défini : le, la, les

Il introduit des noms déjà connus du lecteur. Dans un texte, ils permettent une **deuxième actualisation du nom :**

Ainsi avec une nouvelle maman et deux sœurs, ***sa*** *fille aurait tout pour être heureuse. Mais hélas,* ***le*** *brave homme mourut peu après. Tout changea pour* ***la*** *fillette. (Cendrillon)*

Il détermine de façon précise le nom, et peut avoir la valeur :

♦ d'un déterminant démonstratif : *Prends le cadeau que je t'ai offert. (= ce cadeau)*

♦ d'un déterminant possessif : *J'ai mal à* ***la*** *tête. (= ma tête)*

Il a une valeur généralisante qui lui permet de désigner une espèce :

L'homme est un loup pour l'homme.

c. L'article défini contracté

Il est fréquent que l'article défini, devant être employé après une préposition, s'amalgame à celle-ci.

Ainsi, *de+le = du* et *de + les = des,* comme dans *Le vent vient du nord. Le vent descend des montagnes.*

a+ le = au et *à + les = aux : Nous n'irons plus au bois. La chasse aux canards.*

☛ Attention ! Pour ne pas confondre l'article défini contracté *des* et le déterminant indéfini *des* (pluriel de *un*), il faut mettre le GN au singulier : *Le vent descend des montagnes/de la montagne* (article défini contracté), alors que : *Il gravit des montagnes/une montagne* (article indéfini).

Ne pas confondre *du* article défini contracté et *du* déterminant partitif : *Donnez-moi du café !* (partitif : une certaine quantité de café). *C'est un habitué du café.* (= *de le café, article défini contracté. D'ailleurs, le nom ne désigne plus ici une boisson mais un lieu)

d. Le déterminant partitif : du, de la, de l'

Il s'utilise avec les noms non-comptables (que l'on ne peut dénombrer), et désigne une quantité indéterminée. Il accompagne ainsi des noms qui désignent des objets qu'on pourrait peser plutôt que compter.

Exemples : *Il manque du pain, du vin et de la farine.*

Remarques :

On utilise la préposition *de* seule au lieu de l'article partitif :

- avec un adverbe de quantité : *J'ai ramené beaucoup de vin.*

☛ Attention à certains emplois du partitif :

- dans une phrase négative, « de » ou « de la » devient « de » : *Je n'ai pas de pain ni de moutarde.*
- derrière la préposition *sans*, on n'exprime pas l'article partitif : *Je prends mon café sans Ø lait.*

2. Le déterminant possessif

a. Morphologie

Le déterminant possessif varie à la fois en fonction du possesseur (un seul ou plusieurs ?) et de l'objet possédé. Il varie :

– en personne, avec le possesseur ;
– en genre et en nombre selon l'objet possédé.

possesseur	singulier			pluriel		
	1re pers	2e pers	3e pers	1re pers	2e pers	3e pers
un seul objet	mon (masc) ma/mon (f)	ton ta/ton	son sa/son	notre notre	votre votre	leur leur
plusieurs objets	mes	tes	ses	nos	vos	leurs

☛ **Attention !**

- *Déterminant démonstratif* et *déterminant possessif* se nommaient respectivement, dans une ancienne terminologie, *adjectif démonstratif* et *adjectif possessif*. En raison de l'ambiguïté de ces termes (risque de confusion avec ce qui est vraiment un adjectif, l'adjectif qualificatif ou l'adjectif verbal), cette terminologie n'est plus en vigueur).
- Ne confondez pas le déterminant possessif, qui accompagne bien un nom (*Ce sont mes livres*) et le pronom possessif, qui le remplace (*Ce sont les miens*).

b. Emplois

Le déterminant possessif renvoie au possesseur de l'élément désigné par le nom.

Il marque la possession (*ma maison*), l'habitude (*Je vais prendre mon train*), l'affection (*ma chérie*)…

Il possède les mêmes valeurs d'emploi que le complément du nom. Exemple : *L'homme retournait à la voiture. Il tenait dans sa main ses clés. = les clés de sa voiture.*

3. Le déterminant démonstratif

a. Morphologie des formes simples

	Singulier	Pluriel
Masculin	***ce*** *tableau* ***cet*** *escalier* ***cet*** *harmonica*	***ces*** *tableaux* ***ces*** *escaliers* ***ces*** *harmonicas*
Féminin	***cette*** *chemise*	***ces*** *chemises*

On emploie *ce* devant un nom masculin commençant par une consonne ou un h aspiré : *ce hibou, ce haricot.*

On emploie *cet* devant un nom masculin commençant par une voyelle ou un h muet : *cet arbre, cet homme.*

b. Morphologie des formes composées

Les formes de l'adjectif démonstratif peuvent être renforcées par des adverbes. Ces formes composées se créent par l'ajout de *-ci* ou *-là* au nom déterminé par le démonstratif.

	Singulier	Pluriel
Masculin	***ce*** *tableau-**ci*** ***ce*** *tableau-**là*** ***cet*** *escalier-**ci*** ***cet*** *escalier-**là***	***ces*** *tableaux-**ci*** ***ces*** *tableaux-**là*** ***ces*** *escaliers-**ci*** ***ces*** *escaliers-**là***
Pluriel	***cette*** *chemise-**ci*** ***cette*** *chemise-**là***	***ces*** *chemises-**ci*** ***ces*** *chemises-**là***

c. Emplois

♦ Dans le discours oral, le déterminant démonstratif accompagne le geste de montrer : *Fermez cette fenêtre.*

Il sert spécifiquement à localiser dans l'espace et dans le temps, en relation étroite avec le contexte d'énonciation : on dit que ce type de mots a un emploi ***déictique.***

♦ Dans un texte, il accompagne un nom déjà actualisé : *La reine attendait **un** enfant. **Cette** enfant aurait le teint plus blanc que la neige, les cheveux plus noirs que l'ébène et la bouche…* (*Blanche-Neige*)

C'est un article de ***seconde actualisation***.

4. Les déterminants exclamatifs et interrogatifs

a. Morphologie

	singulier	pluriel

masculin	quel	quels
féminin	quelle	quelles

b. Emplois

♦ **Le déterminant interrogatif :**

- entre dans l'interrogation directe : *Quelle heure est-il ?* où il exprime l'interrogation partielle, car il porte sur la détermination du nom uniquement.
- entre dans l'interrogation indirecte : *Je lui demande quelle heure il est.*

♦ **Le déterminant exclamatif peut exprimer** une assez large palette de sentiments, mais sa valeur est, le plus souvent, affective.

Quelle nouvelle ! (positive, négative, atterrante…)

On le trouve dans des phrases nominales (*Quelle fillette ravissante !*) ou dans des phrases verbales (*Quelle fillette ravissante vous avez !*)

5. Les déterminants indéfinis

a. Morphologie

	Formes variables			Formes invariables
Quantité	nul(s), nulle(s) tout, tous, toutes	aucun(e) différent(e)s	quelque(s)	chaque, plusieurs
Qualité	tel(s), telle(s) n'importe quel(le)s		même(s) autre(s)	

On range sous cette dénomination une assez large palette de mots indiquant, soit une quantité non chiffrée, soit une identification imprécise ou même un refus d'identification.

b. Emplois

♦ **Les déterminants proprement dits :**

aucun, chaque, maint, nul, plusieurs, tel s'emploient à l'exclusion de tout autre déterminant.

Il n'a eu ***aucun*** *mal à trouver le chemin.*

quelques, divers, différents peuvent, comme les déterminants numéraux, être précédés d'un article défini, d'un démonstratif ou d'un possessif.

Il avait ***quelques*** *tableaux.* ***Les quelques*** *tableaux qu'il avait accrochés.*

certain peut être précédé ou non d'un article indéfini sans que le sens change.

♦ **Les déterminants occasionnels :**

Des locutions formées d'un adverbe de quantité (*peu, beaucoup, tant, trop, plus*, etc.) suivi de la préposition *de* :

J'y ai passé beaucoup d'heures.

♦ *la plupart de* + déterminant, locution nominale, dans laquelle le nom a cessé d'être senti comme tel :

Il a fait beau la plupart du temps.

♦ Les indéfinis exprimant la quantité

On les regroupe parfois avec les numéraux sous le nom de quantifiants.

- La quantité nulle : *aucun, nul* et *pas un* accompagnent d'ordinaire la négation *ne*.
- L'unité : *aucun* s'emploie dans la langue littéraire sans la valeur négative signalée ci-dessus. *Tout* et *chaque* s'emploient comme distributifs, c'est-à-dire que l'on considère en particulier les divers éléments d'un ensemble.

  À chaque jour suffit sa peine.

  Tout travail mérite salaire.

6. Les déterminants numéraux cardinaux

Ce sont les déterminants qui précisent le nombre. Ils forment une suite illimitée (*un, deux, trois, trente-sept, trois cent onze, six milliards*…).

Ils sont invariables : un, deux, trois, quatre…

☛ Attention à leur orthographe :

♦ *vingt et cent* s'accordent lorsqu'ils sont multipliés et non suivis d'un autre adjectif numéral :

Deux cents/deux cent un/deux cent quatre-vingts/quatre-vingt deux

♦ les déterminants numéraux prennent un trait d'union s'ils sont composés et inférieurs à cent (*vingt-quatre*), mais pas s'ils sont coordonnés (*vingt et un*).

☛ **Attention !**

Il n'y a pas de déterminant devant un nom propre et dans certains groupes prépositionnels (par exemple : *Il sort son étui à Ø lunettes)*

D. L'adjectif

Il s'accorde en genre et en nombre avec le nom qu'il qualifie : il peut s'effacer, sauf en position d'attribut ; il est placé avant ou après le nom, et il peut être intensifié par un adverbe (*assez, très, beaucoup*…).

1. Définition

a. L'adjectif apporte un complément sémantique au nom

Il dit « comment est le nom » (qualité, nature, couleur, caractéristiques physiques). Il s'accorde en genre et en nombre avec le nom qu'il qualifie.

b. L'adjectif est un constituant facultatif du GN quand il est épithète (= placé à côté du sujet), mais constituant obligatoire du GV quand il est attribut du sujet.

On distinguera ainsi :

[La concierge loquace] m'a retenue pendant plusieurs dizaines de minutes.

et *Ma concierge est loquace.*

Dans ce deuxième cas, aucune réduction n'est possible, sous peine d'incomplétude grammaticale et sémantique de la phrase.

c. La place de l'adjectif épithète

En français, la plupart des adjectifs se placent après le nom.

Une voiture rouge, une fille formidable

Certains adjectifs changent de sens en changeant de place : un *sale* gamin/un gamin *sale* ; un *grand* homme/un homme *grand.*

L'antéposition de l'adjectif a pour effet d'apporter une qualification subjective au nom, tandis que sa postposition concerne une qualité objective (*la couleur, l'aspect...)*

Mais certains adjectifs se placent *nécessairement* après le nom =

- ♦ lorsque l'adjectif reçoit un complément : *Il est compétent en mathématiques.*
- ♦ lorsque l'adjectif fait partie des adjectifs relationnels :

☛ **Attention !**

Les adjectifs relationnels ont un comportement tout à fait particulier :

Observons :

*La lecture magistrale> * la voiture très magistrale > * la magistrale lecture [...]*

Par ce test, on s'aperçoit que l'adjectif « magistrale » ne peut pas être modifié par un adverbe, et qu'il ne peut être antéposé au nom qu'ils qualifient.

En fait, les adjectifs relationnels mettent en relation un nom avec un autre ; ils équivalent à un groupe complément du nom (*La lecture magistrale = du maître*) et ne peuvent donc admettre le degré et sont toujours placés après le nom. Leur comportement est donc très différent de celui d'un adjectif qualificatif.

d. L'accord de l'adjectif qualificatif

Dans presque tous les cas, l'adjectif prend les marques de genre et de nombre des noms auxquels il se rapporte. Signalons toutefois les règles d'accord :

- ♦ avec plusieurs noms :

Une feuille et un stylo bleu

Une feuille et une pochette bleues

L'adjectif est au masculin pluriel lorsque l'un des noms au moins est masculin.

- ♦ dans un groupe nominal avec complément de nom, l'accord de l'adjectif s'effectue selon le sens : *un mur de pierre blanche/un mur de pierre blanc.*

- de plusieurs adjectifs et un nom pluriel : les adjectifs se mettent au pluriel, sauf s'ils ne qualifient qu'un élément de l'ensemble.

  Les nations européennes et africaines (toutes les nations européennes et toutes les nations africaines)

  Les nations française et allemande (la nation française et la nation allemande)
- de l'adjectif composé :
  - D'un adverbe ou d'une préposition suivi d'un adjectif : le premier mot reste invariable, seul l'adjectif prend, généralement, la marque du pluriel :

    des amis bien-aimés, des oisillons nouveau-nés, des jeunes filles court-vêtues, des signes avant-coureurs.
  - L'adverbe *tout*, dans cette situation, suit sa règle d'accord habituelle.

    Une assemblée toute puissante ; des assemblées toutes-puissantes

    Un gouvernement tout-puissant, des gouvernements tout-puissants.
- des adjectifs de couleur : les adjectifs de couleur qui ne comportent qu'un seul mot s'accordent en genre et en nombre.

  Des bottes beiges, jaunes, rouges, noires...

  Restent invariables :
- les adjectifs qui désignent des couleurs par référence à une chose ou un objet : *acajou, marron, kaki, indigo, orange, pervenche...*
- les adjectifs formés de plusieurs mots (les adjectifs de couleur composés) : *bleu roi, gris perle, vert olive, rouge sang...*

  Des cahiers jaune clair, des cheveux poivre et sel.

☛ **Attention !** On appelle adjectif **épicène** un adjectif dont les formes de masculin et de féminin sont identiques : rouge est épicène ; malade également.

Il est malade/elle est malade.

e. Adjectif et dérivation impropre

En discours, l'adjectif peut se trouver dans d'autres emplois que ceux de sa classe grammaticale :

- Il peut se comporter comme un adverbe : *Il parle* ***fort****. Il est* ***fort*** *impoli***.** Dans ce cas, il suit la règle d'invariabilité de l'adverbe. (*Elle parle* ***fort****. Elle est* ***fort*** *impolie*).
- Il peut devenir préposition : *plein* et *sauf* ne sont même plus sentis comme des adjectifs :

  Ils sont tous reconnaissants, ***sauf*** *ma sœur.*

  Ils sont revenus, des caisses de vin ***plein*** *leur coffre.*

f. Le groupe adjectival : le complément de l'adjectif

À la manière du nom qui peut recevoir des expansions, l'adjectif peut se voir complété par :

– un nom (*large d'**épaules***),
– un pronom (*ouvert à **tous***),
– un infinitif (*impossible à **ouvrir***),
– une proposition introduite par que (*un candidat sûr **qu'il va réussir***).

Le complément de l'adjectif est toujours construit avec une préposition, le plus souvent à et de :

*un homme prêt **à** tout pour réussir ; un spectacle digne **d'**intérêt.*

Mais il se construit également avec les prépositions suivantes (en gras) : *laxiste **avec** les élèves, sérieux **dans** son travail, heureux **en** amour, généreux **envers** ses proches, amoureux **par** dépit, bon **pour** la toux, incollable **sur** les animaux.*

L'ensemble formé par l'adjectif et ses compléments se nomme **groupe adjectival**.

2. Les fonctions de l'adjectif

a. Fonction épithète liée

Exemple : *Il a lu [un livre rouge].*

L'adjectif « rouge » est compris dans les limites du groupe nominal, tel que nous l'avons défini plus haut.

Sa **fonction** est **épithète** du nom « livre ».

b. Fonction épithète détachée

Exemple : *Le livre [, rouge,] est bien visible sur la table.*

L'adjectif est dans l'environnement direct du nom, mais il en est séparé par une virgule.

Il apporte une précision de sens non indispensable. L'identification du référent (*le livre*) peut se passer de cette mention de couleur. En revanche, l'adjectif apporte une explication : C'est <u>parce que</u> le livre est rouge qu'il est bien visible.

Généralement, l'épithète détachée énonce des nuances circonstancielles ou une qualité transitoire de « l'objet » qualifié :

*Le corbeau, **honteux et confus**,*
Jura, mais un peu tard, qu'on ne l'y prendrait plus. (La Fontaine)

Il est déplaçable : ***Rouge**, le livre est bien visible sur la table.*

c. Fonction attribut (du sujet et du COD)

Exemple : *Le livre est [rouge].*

L'adjectif *rouge* n'accompagne pas un nom, il n'est apparemment compris dans aucun groupe : il suit le verbe.

Sa seule relation avec les autres mots de la phrase s'effectue par l'intermédiaire du verbe *être*, qui attribue sa qualité, *rouge* au sujet *le livre*.

La structure de cette phrase a pour rôle d'attribuer une qualité – ici, une couleur – au nom du GN sujet. On dit que l'adjectif, dans ce cas, est **attribut du sujet.**

☛ **Attention !** L'attribut est un constituant à part entière du groupe verbal. Mais l'adjectif peut aussi attribuer une qualité au complément d'objet :

Je trouve ton fils [rouge].

On voit bien que *rouge* ne fait pas partie d'un groupe nominal qui serait *ton fils rouge* La relation sous-entendue est : *Je vois ton fils. Je le trouve* *rouge* *= Je trouve qu'il est rouge.*

L'adjectif se rapporte donc au complément d'objet direct par une relation attributive (c'est-à-dire par l'intermédiaire d'un verbe d'état) sous-entendue.

On parle d'**attribut de l'objet.**

Tableau récapitulatif des fonctions de l'adjectif

Épithète	Épithète détachée	Attribut
1) fait partie du groupe nominal. 2) précède suit immédiatement le nom, dont il ne peut être séparé que par un adverbe. 3) exprime une qualité durable du nom.	1) encadrée par des virgules. 2) mobile dans la phrase. 3)exprime une propriété transitoire du nom.	1) membre essentiel du groupe verbal. 2) relié au GN sujet par un verbe d'état dans le cas de l'attribut du sujet (après les verbes attributifs : *être, paraître, demeurer, rester, sembler, avoir l'air, passer pour, naître, vivre, tomber*). 3) directement accolé au nom dans le cas de l'attribut de l'objet.

3. Le degré de l'adjectif

L'adjectif qualifie le nom selon un grand nombre de nuances et de degrés de précision possibles :

a. L'intensité

Elle est marquée lorsque l'adjectif est déterminé par un adverbe comme : *assez, trop, beaucoup, peu, à peine...*

b. La comparaison

♦ **Le comparatif**

La comparaison est le rapprochement effectué entre deux éléments de référence. Établissant des qualités, l'adjectif est un outil privilégié d'expression de la comparaison.

Les degrés de comparaison :

- la supériorité : *Il est plus grand que son frère.*
- l'égalité : *Il est aussi grand que son frère.*
- l'infériorité : *Il est moins grand que son frère.*

Le complément du comparatif est introduit par la conjonction *que*. *Que* est suivi du comparant, de l'élément de comparaison. Il ouvre une séquence de type subordonnée, mais elliptique du verbe :

Il est plus grand que [ne l'est] son frère.

On sous-entend dans ce deuxième élément le verbe être ; mais celui-ci n'est pas répété.

- **Le superlatif relatif** introduit un rapport comparatif avec d'autres éléments, mais présenté comme le plus bas ou le plus haut degré.

Exemple : *Miroir, mon beau miroir, dis-moi que je suis la plus belle.*

Il exprime la supériorité (*C'est moi le plus fort*) ou l'infériorité (*Le moins rapide de la classe*).

E. Le verbe

1. La conjugaison

- **Trois groupes de conjugaison :** premier groupe (les verbes en -er, sauf aller), deuxième groupe (les verbes en -ir qui font leur participe présent en -issant), le troisième groupe avec tous les autres verbes.
- **Trois voix :** la voix active (*lire*), la voix passive (*être lu*) et la voix pronominale (*se lire*).
- **Cinq modes :** l'indicatif, le subjonctif, l'impératif, l'infinitif et le participe. On distingue les modes personnels du verbe (l'indicatif, le subjonctif et l'impératif se conjuguent en personne) et les modes impersonnels (l'infinitif, le participe et le gérondif).

> ☛ **Attention !** Le conditionnel, qui était un mode dans la grammaire traditionnelle, est désormais considéré comme un temps de l'indicatif.

2. Morphologie du verbe

Le **radical verbal** (ou base verbale) est l'élément commun à toutes les formes verbales du paradigme d'un même verbe. Il porte le sens lexical du verbe. Si les verbes des deux premiers groupes connaissent une régularité certaine du radical, ceux du troisième groupe font alterner de nombreuses bases. On n'en compte pas moins de huit pour le verbe *être*. Les verbes *avoir, aller, faire* sont très variables également. Pour connaître le nombre de bases d'un verbe, il faut conjuguer celui-ci, retirer les désinences de conjugaison et comptabiliser le nombre de formes différentes.

La **désinence (ou terminaison)** est comparable à un suffixe. Elle porte les informations grammaticales de mode, éventuellement personne, temps et nombre. On parle ainsi de morphème de temps et de morphème de personne. Exemple : pour *tu marchas* (passé simple de l'indicatif).

Radical ou base	Terminaison	
Partie lexicale du verbe	Morphème de temps (lettre caractéristique du passé simple, 1er groupe de conjugaison)	Morphème de personne
march-	-a-	-s

☛ **Attention !**

Des formes particulières de conjugaison ont pour outil les semi-auxiliaires :

- **de temps :** la forme aller + verbe à l'infinitif pour exprimer le **futur proche :** *Je vais partir*.
  Venir de + verbe à l'infinitif pour exprimer un **passé récent :** *Le train vient de partir.*
- **d'aspect :**
  - être en train de exprime la durée, l'aspect **duratif** : *Je suis en train de travailler.*
  - aller + gérondif marque l'aspect **progressif** d'une action : *Je lis en marchant.*
  - se mettre à, commencer à : l'aspect **inchoatif** : *Je me mets à travailler.* C'est le début de l'action qui est indiqué.
  - faire et laisser sont des auxiliaires **factitifs** : *Je fais construire ma maison.*

Ils notent l'idée de faire faire quelque chose par quelqu'un.

3. Construction du verbe

a. Les verbes transitifs : ils régissent un complément d'objet

- un COD : le verbe est **transitif direct.**
- un COI : le verbe est **transitif indirect.**

Exemples :

Philippe assiste au spectacle.
V COI
Groupe verbal

Marianne travaille à une nouvelle sculpture.
V COI
Groupe verbal

Si le verbe régit un COD et un COI, il est **à double complémentation (ou à double construction) :**

Pierre adresse une lettre à sa voisine.
V COD COI
Groupe verbal

b. Les verbes intransitifs

Ils n'admettent pas de complément dans leur groupe verbal : le verbe n'a pas de complément essentiel.

La Terre tourne./La Terre tourne autour du soleil. (*autour du soleil* ne change rien à la construction du verbe. Celui-ci présente bien une construction intransitive ici, puisque *autour du soleil* est un CC de lieu)

Remarques :

- Des verbes transitifs directs et indirects peuvent être employés de façon absolue :

  Exemple : *prendre/La colle a pris.*

En revanche, la plupart des verbes transitifs ne peut se passer de son complément : sans le complément d'objet, la phrase paraît incomplète : *Pierre prépare.*

- Le sens des verbes est étroitement lié à leur construction : Par exemple, le champ sémantique du verbe jouer se dessine selon ses constructions :
  - intransitive : *Le bois joue* ;
  - transitive directe : *Il joue un rôle/Il joue sa vie ;*
  - transitive indirecte : *Il joue aux cartes/Il joue d'un instrument ;*
  - pronominale réfléchie : *Il s'est joué de son adversaire.*

c. Autres constructions verbales possibles

- **La construction attributive :** les verbes d'état (devenir, rester, demeurer, paraître) régissent un attribut du sujet :

  Sylvie est ***brune****.*

  Sylvie est devenue ***professeur des écoles****.*

L'attribut de l'objet intervient dans des structures de type : <u>sujet + verbe + COD + attribut du COD</u>

Les critiques ont jugé la mise en scène ***excellente****.*

Je vous ai trouvée ***éblouissante****.*

Elle prend toujours son café ***noir****. (= Elle le prend noir)*

- **L'objet interne**

Dans des expressions comme : *vivre sa vie, pleurer des larmes* (*de joie, de crocodile*). Le sens du complément reproduit l'essentiel du procès encodé dans le sémantisme du verbe.

- **La tournure impersonnelle**

À la phrase : *Un train passe toutes les deux heures* correspond la tournure impersonnelle : *Il passe un train toutes les deux heures.*

4. Les emplois du verbe

a. Voix et tournures

Voix active	L'action est envisagée dans son déroulement : le sujet est agent de l'action.	*Le chat mange la souris.* L'agent de l'action
Voix passive	L'action est envisagée du point de vue du résultat.	*La souris est mangée par le chat.*
Tournure impersonnelle	Concerne des verbes qui n'existent qu'à la troisième personne du singulier.	*Il neige.*
Construction impersonnelle (*il* comme sujet grammatical + sujet réel exprimé après le verbe)	– Verbes à la voix active ; – Verbes pronominaux de sens passif ; – Verbes *être, avoir* (dans *il y a*) et *faire*.	*Il reste des pommes.* *Il se vend beaucoup de pommes.* *Il fait chaud, il y a de l'orage.*
Tournure pronominale :		
– verbes essentiellement pronominaux	N'existent qu'à cette forme.	*Il s'enfuit.* *Je me souviens de ce rêve.*
– verbes pronominaux de sens passif	Peuvent être remplacés par la voix passive correspondante.	*Deux mille exemplaires du journal se sont vendus.*
– verbes pronominaux de sens réfléchi	L'action est exercée par le sujet sur lui-même.	*Je me lave ; ils se lavent.* *Il se ment.*
– verbes pronominaux de sens réciproque	Le verbe décrit une interaction. Le sujet est forcément au pluriel.	*Elles se sont regardées puis elles se sont parlé à voix basse.*

b. L'accord du participe passé des verbes pronominaux

♦ **1er cas : les verbes essentiellement pronominaux**

Le participe passé d'un verbe essentiellement pronominal s'accorde avec le sujet :

Elle s'est évanouie. Elles se sont évanouies.

Sauf :

- avec *s'arroger*, le participe passé s'accorde avec le COD s'il est placé avant. *Les privilèges qu'elle s'est arrogés.*
- suivent la règle de l'accord avec le sujet des verbes non essentiellement pronominaux : *s'apercevoir, s'attaquer, s'attendre, s'aviser, se battre, se connaître, se départir, se défier, se douter, s'échapper, s'ennuyer, s'ima-*

giner, se jouer, se moquer, se plaindre, se porter, s'en prendre, se prévaloir, se railler, se refuser, se résoudre, se saisir, se servir, se faire.

♦ **2e cas : les verbes transitifs et intransitifs employés comme pronominaux**

Le participe passé suit la règle de l'accord avec *avoir*, lorsque le COD est placé avant. Il faut donc déterminer si le pronom réfléchi représente un COD ou non.

Si le pronom est COD, le participe passé s'accorde avec ce pronom :

Ils se sont vus. > *Ils ont vus qui ? Eux.* Le réfléchi est mis pour *eux* (construction directe> COD > donc il y a accord). Mais : *Ils se sont parlé* car *ils ont parlé... à qui ? à eux* > construction indirecte > COI > donc, pas d'accord.

Si le pronom n'est pas COD, le participe passé s'accorde avec le COD lorsque celui-ci est placé avant :

Ils se sont rasé la barbe. (COD après)
La barbe qu'ils se sont rasée. (COD avant)

☛ **Remarque :** les verbes transitifs indirects en emploi pronominal sont donc invariables : *se complaire, se déplaire, se mentir, se nuire, se parler, se rendre compte, se ressembler, se rire, se sourire, se succéder, se suffire, se survivre.*

3e cas : verbe pronominal suivi d'un infinitif

Il faut se demander si le sujet implicite de l'infinitif est co-référent à la personne désignée par le pronom réfléchi. Si c'est le cas, il y a accord du participe passé :

Elle s'est entendue chanter. La personne qui s'entend soi-même est bien la personne qui chante.

Elle s'est laissé emmener par la police. La personne qui se laisse faire n'est pas la personne qui *emmène.* C'est la police qui exécute cette action.

c. Les modes

♦ **Les modes personnels du verbe**

Le verbe connaît **trois modes personnels :** c'est-à-dire qu'il se conjugue en temps et en personne, contrairement aux modes impersonnels où il ne varie qu'en temps. Ce sont l'indicatif, le subjonctif et l'impératif.

♦ **Les modes : emploi libre et emploi imposé**

On peut avoir le choix du mode dans une phrase, selon ce que l'on veut exprimer :

Il viendra demain. Il viendrait demain. Qu'il vienne demain !

En emploi libre, le mode exprime l'attitude du sujet à l'égard de son énoncé ; sa façon d'envisager le procès :

- **L'indicatif** est le mode du réel. Il situe des faits dans le réel, selon l'axe chronologique passé-présent-futur.
- **Le subjonctif** est une interprétation de l'action ; elle est présentée comme pouvant ou non se réaliser.

Le subjonctif ne situe pas le procès dans le temps : « on l'emploie chaque fois que l'interprétation l'emporte sur la prise en compte de l'actualisation du procès, lorsque s'interpose entre le procès et sa verbalisation l'écran d'un acte psychique (sentiment, volonté, jugement) qui empêche le procès d'aboutir à son actualisation totale » (*Grammaire méthodique du français* de Riegel, Pellat et Rioul).

On emploie principalement le subjonctif présent et le subjonctif passé.

- **Le conditionnel** présente l'action comme subordonnée à la réalisation d'une autre. Elle est seulement possible. On classe, actuellement, le conditionnel parmi les temps de l'indicatif.
- **L'impératif** est le mode de l'ordre, de la prière, du conseil.

Conditionnel et impératif sont limités dans l'expression du temps, puisqu'ils ne comprennent que le présent et le passé.

Emploi imposé

En proposition subordonnée, l'emploi du **subjonctif** peut être imposé par le verbe de la principale ou par le terme introducteur :

♦ après les verbes de volonté, de doute, d'attente, d'ordre, de défense et de sentiment : *J'exige qu'il* ***prenne*** *ces vieilles affaires.*

♦ dans les circonstancielles introduites par *avant que, jusqu'à ce que, pour que, sans que, bien que, quoique* : *Quoiqu'il* ***fasse*** *chaud, l'eau de la mer est froide.* (concession)

Tu peux attendre longtemps avant qu'il ***soit*** *là !*

♦ le **conditionnel**, dans la concordance des temps, peut exprimer le futur du passé par rapport au moment passé de la principale : *J'étais sûr qu'il réussirait.*

♦ **Les modes impersonnels du verbe**

Ce sont les modes qui ne connaissent pas de variation en personne, comme l'infinitif et le participe.

Ils sont également inaptes à situer le procès dans le temps, car ils ne disposent que de formes de présent et de passé.

♦ **L'infinitif et ses emplois**

– **L'infinitif comme forme nominale du verbe**

On dit que l'infinitif est la « forme nominale du verbe » car il a des comportements relatifs à ces deux catégories :

- il peut remplir une fonction caractéristique du nom, dans la phrase :
  Tuer est interdit par la loi.
  sujet
  L'idée de tuer effraie le soldat.
  Cpt du nom
- tout en utilisant ses prérogatives verbales, il peut régir des compléments :
  Tuer des hommes est la règle en temps de guerre.
  COD

– **L'infinitif en emploi verbal, comme centre de proposition**

L'infinitif qui constitue le centre d'une proposition est une forme purement verbale. On le trouve :

° En proposition indépendante :

. de type impérative : *Dissoudre deux cachets dans de l'eau.*

. de type interrogative : *Où courir ? Où ne pas courir ?*

. de type exclamative : *Elle, renoncer à ce procès ?*

. l'infinitif de narration : *Et X de rajouter. Et tous d'applaudir...*

– En proposition subordonnée :

. proposition interrogative indirecte : *Il se demande quand partir et où aller.*

. proposition relative : *J'ai trouvé un endroit où cueillir des cerises.*

♦ **Le participe**

Le participe présent est formé par le radical auquel on adjoint la terminaison -ant. Il est invariable.

Chanter > chantant, prendre > prenant

Le participé passé est composé de l'auxiliaire au participe présent + le participe passé

Chanter > ayant chanté, prendre > ayant pris

Les emplois du participe :

– **Le participe, centre de proposition**

Le participe est une forme verbale, centre d'une proposition participiale. Cette proposition exprime les circonstances :

<u>Hercule ayant accompli ses douze travaux</u>, vint se reposer à Omphale.
<u>Hercule combattant vigoureusement</u>, tous ses ennemis furent bientôt vaincus.

– **Le participe employé comme adjectif**

L'adjectif verbal est un adjectif formé à partir d'un verbe à l'aide d'un suffixe (-ant)

Exemple : crier> l'adjectif « criant ».

une injustice criante/des succès criants

En raison de sa formation, l'adjectif verbal partage donc beaucoup de formes communes avec le participe présent.

Comme tous les adjectifs, l'adjectif verbal exprime non pas une action momentanée, mais une qualité permanente, une propriété durable.

☛ **Attention !**

Distinguer l'adjectif verbal et le participe présent

La forme orthographique diffère souvent pour l'adjectif verbal et le participe présent issus d'un même verbe.

Cette différence peut être :

- de terminaison : participe présent en -ant et adjectif verbal en -ent : convergeant/convergent, différant/différent, précédant/précédent…
- de radical c/qu, g/gu :

Participe présent	Adjectif verbal	Participe présent	Adjectif verbal
communiquant *convainquant* *intoxiquant*	*communicant* *convaincant* *intoxicant*	*provoquant* *suffoquant* *vaquant*	*provocant* *suffocant* *vacant*

Opposition *fatiguant/fatigant, naviguant/navigant…*

☛ **Attention !**

Comment reconnaître l'adjectif verbal et le participe présent ?

Cette reconnaissance est parfois délicate. Le test le plus efficace est celui qui consiste, à partir d'une phrase, à essayer de mettre la forme en question au féminin. Si c'est possible, alors on a affaire à un adjectif verbal.

Exemple : *Je regardais le garçon convainquant son père de lui acheter une petite voiture.*
> Le féminin est impossible : *Je regardais la fille […]*

5. Définition syntaxique du verbe

Avec le groupe nominal sujet, le groupe verbal constitue le **deuxième constituant obligatoire de la phrase.**

On appelle **groupe verbal** le verbe et ses compléments essentiels, ou compléments du verbe : COD, COI, attribut, compléments essentiels de lieu et de temps.

Le verbe est le noyau de la phrase verbale :

- il est affecté par des variations morphologiques en temps, mode, personne et nombre ;
- il n'a pas de fonction propre dans la phrase ;
- conjugué, il est précédé d'un pronom personnel, sauf au mode impératif où seule la désinence de personne indique le rang de conjugaison : *Sortez !*

F. Temps et aspect verbaux

Le verbe décrit un procès qui peut être envisagé de deux manières : le temps et l'aspect.

Si le temps affecte le procès du point de vue externe (la chronologie), l'aspect correspond à la manière dont le procès est considéré.

1. L'aspect

Il peut être exprimé par un temps verbal ou par un auxiliaire. On distingue par exemple :

a. L'aspect ponctuel *vs* l'aspect duratif

Il ouvrit la porte pendant qu'ils dormaient.

Le passé simple marque une action ponctuelle dans le passé ; l'imparfait une action qui dure dans le passé.

Cela ne s'explique pas par le temps, puisqu'il s'agit de deux procès passés, mais parce que :

- au passé simple, le point de vue sur l'action est extérieur. L'ensemble du procès, dans sa globalité, avec début, milieu et fin, est présenté d'emblée.
- à l'imparfait, l'action n'est pas limitée ; elle n'est pas bornée. Elle est montrée comme un procès en cours, dans la succession de ses moments.

On oppose ainsi passé simple et imparfait en disant que le premier est borné et le second non (présence ou absence des bornes du début ou de la fin de l'action ou de l'état exprimés par le verbe).

b. L'aspect accompli *vs* l'aspect inaccompli

Le bateau qu'ils avaient construit ensemble se détériorait au fil des ans.
inaccompli
↑
accompli

Les temps simples marquent l'inaccompli (le procès est vu en cours d'accomplissement, mais n'a pas encore atteint son terme) ; les formes composées l'accompli.

Exemples :
Je souhaite terminer ce travail ce soir. (non accompli)
Je souhaite avoir terminé ce travail demain soir. (accompli)
Après avoir terminé mon travail, je vais me promener. (non accompli)
Après avoir terminé mon travail, je suis allé me promener. (accompli)

c. L'aspect itératif (le procès est vu dans la répétition)/semelfactif (le procès est présenté comme se produisant une seule fois).

Quand il était jeune, il voyageait. / Cette année-là, il partit à Londres.

2. Valeurs des temps

On distinguera les temps du discours et les temps du récit.

a. Les temps du discours

Ils s'organisent autour du temps de référence qu'est le présent de l'indicatif.

♦ **Le présent** exprime les actions qui se déroulent dans le temps de l'énonciation. Il présente l'action dans son déroulement, dans sa durée :

Il fait beau. Je vais au Palais-Royal.

Mais, dans la langue orale, le présent prend également une valeur de passé ou de futur proche.

Il sort à l'instant ! (Il est déjà sorti)

Vous êtes prêts ? Vous êtes partis ? (= sur le point de partir)

☛ **Attention ! Le présent peut prendre d'autres valeurs**

Exprimer des vérités générales, valables de manière atemporelle. Il le trouve donc dans les définitions, les proverbes et dictons.

La Terre tourne autour du soleil.

L'eau bout à cent degrés.

On trouve ainsi des morceaux de narration au présent dans des contextes au passé : *Il marcha rapidement comme* <u>*on marche*</u> *quand on n'a plus d'espoir.*

♦ **Le passé composé** caractéristique du discours et du récit oral, exprime une action achevée (aspect accompli) : *Nous sommes arrivés un peu après midi.*

L'action présentée au passé composé a des effets dans le présent : *Il a ouvert la fenêtre* (elle est toujours dans cet état).

Le futur proche peut être marqué par ce temps : *J'ai bientôt terminé* (= j'aurai terminé dans quelques minutes).

Sa seule valeur temporelle, comparée à celle du présent, fait apparaître l'antériorité : *J'ai travaillé ; je me repose maintenant.*

♦ **Le futur** situe l'action dans l'avenir du locuteur.
- il exprime souvent la certitude que le procès adviendra : *Ce spectacle sera très agréable, j'en suis sûr !*
- il se substitue parfois à l'impératif : *Vous me lirez deux chapitres pour demain.*

♦ **Le futur antérieur :**
- exprime une action qui sera achevée à un moment quelconque du futur.

  Dans un mois, elle l'aura rejoint en Sicile. (aspect accompli)
- exprime la supposition : *Il se sera trompé d'adresse.*

♦ exprime l'antériorité par rapport au futur : *Quand le cinéma aura fermé, tu me donneras l'affiche ?*

b. Les temps du récit

♦ Le **passé simple** est le temps de référence

Le passé simple est un temps réservé à l'écrit et, qui plus est, en raison de la difficulté de sa conjugaison, qui est de plus en plus supplanté par le passé composé à l'écrit.

Il sert pourtant à présenter les actions passées dans leur globalité et ponctuelles.

C'est pour cette raison que le passé simple est apte à dire des suites, des séquences d'actions dans le passé.

☛ **Attention ! Le procès souligné par le passé simple peut être d'une durée longue :** *Année après année, Alexandre le Grand conquit tout le bassin méditerranéen.*

♦ **L'imparfait** situe le procès dans le passé et le montre de l'intérieur, dans leur durée (aspect duratif). C'est pour ces raisons que l'imparfait est si adéquat pour monter l'arrière-plan, le décor d'un récit : imparfait de description : *La mer était d'encre et un vol de goélands accompagnait notre bateau...*

Il peut aussi évoquer les événements dans leur répétition : *Il prenait son vélo, partait par le sentier étroit et se lançait pour une matinée de bonheur.*

Le passé simple présente les actions et l'imparfait les présente dans leur durée. Comparons ces deux énoncés :

Il y a plusieurs siècles, Louis XIV construisait le château de Versailles.
Il y a plusieurs siècles, Louis XIV construisit le château de Versailles.

Le passé simple présente le procès comme achevé et résumé.

☛ **Attention !** Ces deux temps s'accordent pour exprimer le déroulement d'événements dans le passé. Mais ce n'est pas ce qu'on nomme concordance des temps : la concordance des temps concerne les phrases complexes. Il s'agit de l'articulation des temps entre verbe de la subordonnée et verbe de la principale.
Il dit qu'il viendra.
Il a dit qu'il viendrait.

♦ **Le plus-que-parfait et le passé antérieur**

Le plus-que-parfait exprime une action achevée (l'aspect est accompli) et envisage l'action dans la durée.

Il était résolu à ne pas revenir en arrière.

Il exprime l'antériorité par rapport au plus-que-parfait. Comme le passé simple, le passé antérieur, temps de l'écrit, présente une action comme achevée, ponctuelle, et antérieure au plan du récit.

♦ **Le futur du passé**

Dans un contexte passé, les temps du conditionnel servent à établir une action future : le conditionnel présent se substitue au futur, le conditionnel passé au futur antérieur :

Exemple : *D'avance, ils s'organisaient. Bouvard **emporteraient** ses meubles, Pécuchet sa grande table noire ; on **tirerait** parti des rideaux et avec un peu de batterie de cuisine ce **serait** bien suffisant.* (Flaubert)

G. Le pronom

Étymologiquement, le *pronom, ou pro-nom* est tout mot susceptible de remplacer un nom. Par delà ce fonctionnement commun, cette catégorie comprend une grande variété de types.

1. Les pronoms fonctionnent de deux manières différentes

♦ Soit ils reprennent effectivement un nom et le remplacent dans l'énoncé. Cela permet d'éviter les répétitions, tout en faisant progresser le texte :

Le petit chaperon rouge prit son panier. ***Elle*** (reprise de « le petit chaperon rouge ») *salua sa mère qui* ***la*** (reprise de « le petit chaperon rouge ») *mit en garde contre les mauvaises rencontres.*

Les pronoms, dans ce cas, sont dits ***représentants*** : ils remplacent un nom évoqué dans le contexte.

Les pronoms représentants ont un mode de référence (ou un emploi) ***anaphorique***.

♦ Soit ils fonctionnent seuls, de manière autonome. Ils désignent directement quelqu'un ou quelque chose sans remplacer le moindre mot. Ce sont :

- les pronoms de première et deuxième personne, : *je/tu, nous/vous*. Exemple : *Je t'appellerai demain.*
- le pronom personnel indéfini *on : On s'appelle ?*
- certains pronoms indéfinis : *personne, rien, quelqu'un : Personne ne viendra.*

On dit que ces pronoms ont un emploi nominal (dans le dialogue, ils dispensent de l'emploi des noms des personnes de l'interlocution) : ce sont des **pronoms nominaux**.

Les pronoms nominaux ont un mode de référence (ou un emploi) ***déictique***.

☛ **Attention !**

Le pronom personnel indéfini : *on* vient du mot *homme*, donc historiquement c'est un mot masculin singulier, à portée très générale. Il a une plasticité particulière, puisqu'il en vient à désigner :

- le locuteur au sein d'un groupe, *nous* (*On passait par là*),
- la deuxième personne du singulier ou du pluriel (*Alors, on s'ennuie ?*)
- une personne indéfinie ou un groupe indéfini de personnes (*On [= Quelqu'un, mais qui ?] a dormi dans la grange cette nuit)*
- une personne ou un groupe de personnes précis *(À la mairie, on [= quelqu'un qui travaille là] pourra te renseigner*)

2. Classement des pronoms

a. Le pronom personnel

♦ On classe ici d'abord les personnes de la conjugaison (*je, tu, il, elle, nous, vous, ils, elles*), mais il varie aussi en forme selon sa fonction dans la phrase (*elle*, pronom sujet devient *la* en fonction de COD/*lui* en fonction COI).

♦ Le pronom personnel est dit réfléchi quand il renvoie au sujet :

Exemple : *Je me lève. Les animaux se terrent.*

me et *se* sont des **pronoms personnels réfléchis**.

Les verbes *se lever* et *se terrer*, employés avec le pronom réfléchi, sont des verbes **pronominaux.**

♦ Il existe des formes conjointes du pronom, étroitement associées au verbe, et **des formes disjointes**, (toniques ou accentuées comme *moi*, *toi*, *lui*), séparées du verbe par une pause (virgule, préposition) :
- en apostrophe : *Toi, viens ici !*
- en complément de l'impératif : *Appelle-moi.*
- après une préposition : *Je parle de toi.*

☛ **Attention !**

Des mots peuvent renforcer **le pronom disjoint :** *lui-même, eux-mêmes, nous autres, vous deux…*

Dans le cas de la forme *même*, elle se met au pluriel dans *nous-mêmes, eux-mêmes…*

Le pronom personnel se décline selon le genre ; cependant, de nombreuses différences de genre sont effacées : *je, me, moi, nous, tu, te, toi, lui, vous, lui, leur, soi, se.*

☛ **Remarque : Les pronoms adverbiaux *en* et *y* :**

Ils remplacent des groupes prépositionnels introduits par *de* et *à,* exprimant :
- le lieu : *Nous allons à Paris. Nous **y** allons.*
  *Nous venons de la plage. Nous **en** venons.*
- des éléments non animés ou des idées :
  *Il s'est posé des questions > Il s'**en** est posé.*
  *Il pense souvent à son passé de Résistant > Il **y** pense.*

Les pronoms personnels et adverbiaux : classement

	formes conjointes			formes disjointes
	fonction			
personnes	sujet	complément d'objet	complément indirect	
1re singulier	je	me		moi
2e singulier	tu	te		toi
3e singulier	il, elle, on	le, la	lui, en, y	lui, elle
	se			soi
1re pluriel	nous			
2e pluriel	vous			
3e pluriel	ils, elles	les	leur, en	eux, elles
	se			

b. Le pronom possessif

Il varie en personne selon le possesseur et en genre et nombre selon l'objet possédé.

Relation avec la personne	avec un antécédent singulier		avec un antécédent pluriel	
	masculin	féminin	masculin	féminin
1re 2e 3e	le mien le tien le sien	la mienne la tienne la sienne	les miens les tiens les siens	les miennes les tiennes les siennes
4e 5e 6e	le nôtre le vôtre le leur	la nôtre la vôtre la leur	les nôtres les vôtres les leurs	

c. Le pronom démonstratif

Il présente des formes simples et des formes renforcées par un élément déictique (*-ci/-là*).

variables					invariables
	singulier		pluriel		
	masculin	féminin	masculin	féminin	
formes composées	celui-ci celui-là	celle-ci celle-là	ceux-ci ceux-là	celles-ci celles-là	ceci, cela, ça
formes simples	celui	celle	ceux	celles	ce

d. Le pronom relatif

Il change de forme selon sa fonction dans la phrase.

Formes simples		
	Antécédent animé	Antécédent non-animé
Sujet	qui *C'est le train* ***qui*** *va à Bruxelles.*	
Complément d'objet direct et attribut	que *C'est le train* ***que*** *tu dois prendre.*	
Complément prépositionnel	préposition + qui *Je cherche une personne* ***à qui*** *m'adresser.* dont *C'est une personne* ***dont*** *je me méfie.*	préposition + quoi dont *C'est le train* ***dont*** *je suis un habitué.* où *Je retourne dans la maison* ***où*** *j'ai grandi.*

Formes composées			
singulier		pluriel	
masculin	féminin	Masculin	Féminin
lequel	laquelle	lesquels	lesquelles
duquel	de laquelle	desquels	desquelles
auquel	à laquelle	auxquels	auxquelles

☛ **Attention !**

Les emplois du pronom relatif sont un peu particuliers, plus complexes que les autres pronoms, car le pronom relatif articule une proposition à une autre : il introduit une proposition subordonnée.

Ainsi, le pronom relatif assume une triple fonction :

– en tant que pronom, il remplace un groupe nominal (comme tous les pronoms représentants, à référence anaphorique),
– il assure la fonction que ce GN aurait dans la relative,
– il est un mot subordonnant, qui relie la proposition relative à son antécédent.

Pour analyser la fonction du pronom relatif, il est impératif de le remplacer par son antécédent, en procédant de la manière suivante :

La porte dont je n'ai plus la clé > Je n'ai plus la clé/de la porte > dont est complément du nom *porte.*

L'événement dont je me souviens > Je me souviens de l'événement > ici, *dont* est COI du verbe *se souvenir.*

e. Le pronom interrogatif

	animé	non animé
Sujet	*Qui* est là ? *Qui* est-ce qui est là ? *Lequel* de tes frères est là ?	*Qu'est-ce qui* est là ? *Lequel* de tes meubles est là-bas ?
Attribut	*Qui* est cet individu ? *Qui* êtes-vous ?	*Qu'*est-ce ?
Complément d'objet direct	*Qui* écoutes-tu ? *Qui est-ce que* tu écoutes ? *Laquelle* de mes sœurs verras-tu ? *Laquelle est-ce que* tu verras ?	*Que* dis-tu ? *Qu'est-ce que* tu dis ? *Lequel* de ces livres as-tu lu ?
Complément d'objet indirect	*À qui* parlais-tu ? *De qui* parlais-tu ? *Auquel* parlais-tu ?	*À quoi* pensais-tu ? *De quoi* parlais-tu ? *Auquel* pensais-tu ?

Emplois :

La forme simple des pronoms interrogatifs n'a pas un fonctionnement de pronom représentant. Elle ne renvoie à aucun mot de l'énoncé : *Qui es-tu ? Que veux-tu ?*

Les pronoms interrogatifs servent à l'interrogation partielle, et à ce titre ils correspondent à toutes les fonctions grammaticales : *Qui êtes-vous ?* (sujet), *Qui fréquentez-vous ?* (COD), *Que dites-vous ?* (COD)...

f. Le pronom indéfini

Ces pronoms indiquent une quantité nulle, c'est pourquoi il faut que le verbe soit à la forme négative pour que la proposition le soit :

Personne n'est venu.

Rien ne se passe.

Le pronom indéfini peut recevoir une détermination : *personne* ***d'autre****, rien* ***de grave****, quelques-uns* ***des leurs****...*

quantifiants				identificateurs
quantité nulle	singularité	pluralité	totalité	
nul, personne, rien, aucun, pas un	quelqu'un, quelque chose, n'importe qui, n'importe quoi, n'importe lequel qui que ce soit, quoi que ce soit, un	quelques-uns, plusieurs, certains, beaucoup, peu, la plupart, deux, trois...	tout, tous, chacun	le (la, les) même(s), l'autre (les autres), autrui, autre chose, tel

H. L'adverbe

L'adverbe est un mot invariable.

- Il précise ou modifie le sens d'un autre mot ou d'une phrase complète, ainsi : il précise *comment* se réalise le procès du verbe (il court *vite*, elle parle *fort)*, ou *l'intensité* de l'adjectif qualificatif (Cette femme est *assez/très/trop/extrêmement* grande).
- L'adverbe peut être supprimé, car un mot facultatif.
- La substitution par un autre adverbe, en *-ment*, est possible.

1. Classement des adverbes par la forme

a) Les **mots simples :** *ici, là, hier, demain, assez, peu, trop, volontiers, oui, non, ne... pas.*

b) D'autres sont formés de plusieurs mots : ce sont les **locutions adverbiales,** comme *tout à fait, en effet, en vain, à tort, tout à coup, peu à peu, en vain, au-delà, en particulier...*

c) Les adverbes en -ment forment un groupe particulier, parce qu'ils sont formés par dérivation à partir d'adjectifs. Le suffixe -ment, issu du latin *mens, mentis*, qui signifie *l'esprit, la manière*, s'est ajouté à des adjectifs de forme féminine (le substantif *mens* est féminin, en latin).

Le suffixe est devenu très productif : il s'est ajouté à des déterminants (*nullement*), à des noms (*diablement*), à des adverbes (*quasiment*).

d) Des adverbes empruntés aux langues, majoritairement au latin : *a priori, a posteriori, de visu, in extremis*. Et à l'italien également : *franco, piano.*

e) Des adjectifs reconvertis en adverbes, par dérivation impropre (ce procédé fait sortir un mot de sa catégorie grammaticale pour adopter le comportement d'une autre).

Exemple : *Je crois qu'il a voté <u>utile</u>.*

Mais on pourrait citer : *boire sec, chanter faux, jouer gros.*

À chaque fois, l'adjectif a perdu le critère de sa variabilité pour se figer au masculin singulier en un adverbe.

☛ **Attention !**

L'adverbe *tout* devient variable devant un adjectif féminin commençant par une consonne ou par un h aspiré.

Exemple : *Ils sont tout beaux/Elles sont tout étonnées.* Mais : *Elles sont toutes belles.*

Tout constitue la seule exception à la règle de l'invariabilité de l'adverbe.

Au contraire, il reste bien invariable devant un adjectif féminin commençant par une voyelle :

Exemple : *Elle est tout émue.*

☛ **Attention ! Adverbe ou déterminant ?**

Pour déterminer si vous avez affaire à l'adverbe *tout*, qui suit cette règle que nous venons d'énoncer, au déterminant (*Tous les spectateurs étaient émus*) ou à un emploi adverbial (*Elles sont toutes intéressantes = chacune est intéressante*), il suffit d'essayer de remplacer *tout* par « tout à fait, complètement ». Si la substitution est possible et conserve le sens de la phrase, alors tout est un adverbe.

2. Classement sémantique des adverbes

C'est le classement usuel des adverbes :

- l'adverbe de manière : *vite*
- l'adverbe de quantité : *beaucoup*
- l'adverbe d'intensité : *assez*

– l'adverbe de lieu : *là*
– l'adverbe de temps : *aujourd'hui*

☛ **Attention !**

Ce classement n'est pas sans poser de problème : selon le contexte d'emploi, un même adverbe peut avoir deux valeurs d'emploi différentes.

Ainsi, dans ces phrases :

Franchement, je ne vois pas ce que tu lui reproches.

Je vais te parler *franchement.*

Dans le premier cas, l'adverbe de manière spécifie l'énonciation tout entière et porte sur la phrase.

Dans le second, il est situé dans la dépendance du verbe.

3. Classement selon le mot sur lequel porte l'adverbe

♦ **sur l'adjectif :** les adverbes en *-ment* précisent souvent des adjectifs

Une fille ***intellectuellement*** *précoce.*

♦ **sur un adjectif ou adverbe**

L'adverbe de degré peut préciser la mesure d'une propriété :

Il court ***très*** *rapidement.*

L'adverbe de degré peut s'inscrire dans la formation du **comparatif,** pour exprimer la supériorité, l'égalité ou l'infériorité :

Il est plus/aussi/moins rapide que son frère.

Il sert à exprimer le superlatif, qui présente la propriété à son plus haut ou à son plus bas degré par rapport à tous les objets de la même classe :

Il est le moins/plus rapide de tous les élèves de l'école.

♦ **sur un nom**

Dans de rares occasions, l'adverbe apporte un complément sémantique au nom :

Un homme ***bien****.*

Une roue ***avant****.*

L'adverbe peut même avoir une fonction d'attribut : *Cet homme est* ***bien****.* Sans pour autant changer de catégorie grammaticale (ce n'est pas une dérivation impropre) car l'adverbe reste alors toujours invariable : *Des hommes* ***bien****. Ces hommes sont* ***bien****.*

♦ **sur un déterminant**

L'adverbe peut préciser le déterminant numéral :

J'ai chanté devant ***presque*** *cinquante personnes.*

♦ **sur une préposition**

Il dort ***tout*** *contre son doudou.*

Je t'attendrai ***juste*** *devant l'entrée.*

♦ **sur le verbe**

Lorsqu'il est relatif au verbe, l'adverbe adopte deux comportements différents, malgré les apparences :

Il réfléchit rapidement.

- **Premier cas :** *Il habite là.*

  L'adverbe :
  - est un complément essentiel du verbe. C'est un complément circonstanciel de lieu intégré ;
  - fait partie intégrante du groupe verbal ;
  - n'est pas déplaçable ;
  - se place après le verbe.

  Les adverbes qui entrent dans ce fonctionnement sont les adverbes de lieu et les adverbes de mesure, dont l'expression est obligatoire après certains verbes : *coûter cher, peser lourd...*
- **Deuxième cas :** *Il réfléchit rapidement.*

  L'adverbe :
  - fait partie du groupe verbal ;
  - est un complément facultatif du verbe.

  Il peut s'agir d'adverbes de manière, qui précisent comment l'agent accomplit le procès du verbe : *Il vit dangereusement.*

  La propriété exprimée par le verbe peut être mesurée par l'adverbe de degré : *Il a beaucoup travaillé.*

♦ **sur la phrase**

- Les adverbes de temps et de lieu, qui précisent les circonstances dans lesquelles s'actualise la triade sujet-verbe-complément, peuvent être **incidents à la phrase**.

Ils sont mobiles dans la phrase, à la différence des adverbes de lieu et de temps incidents au verbe :

Longtemps, je me suis couché de bonne heure (Incipit d'*À la recherche du temps perdu* de Marcel Proust) > *Je me suis longtemps couché de bonne heure.*

- Adverbes **non incidents à la phrase**

Ces adverbes, extérieurs à l'énoncé porté par la phrase, en sont détachés par une virgule. On les nomme **adverbes de discours ;** ils donnent le point de vue de celui qui parle.

- soit ils permettent à l'énonciateur de commenter son énoncé :

  Heureusement, il a passé son concours avec succès.

  Probablement, nous irons cet été en Sicile.
- soit ils expriment le sentiment de l'énonciateur sur l'énonciation elle-même :

  Sincèrement, je dois te parler.

☛ **Attention !**

Les adverbes interrogatifs :

Ils permettent de poser des questions partielles

Pourquoi n'est-il pas ici ?

Quand est-il parti ?

Où vas-tu ?

Comment se passent tes vacances ?

Combien de frères a-t-il ?

Les adverbes de négation :

Exemples : *guère, plus, jamais, nullement...*

Comme dans la corrélation *ne... pas*, ils fonctionnent en synergie avec l'adverbe *ne :*

Il n'aime **guère** *prendre l'avion.*

Il ne semble **nullement** *affecté par cette annonce.*

Les mots-phrases :

Ce sont des mots qui constituent un énoncé à eux seuls : *oui, peut-être, volontiers.*

I. Les mots de liaison : la conjonction et la préposition

Prépositions et conjonctions sont des **mots de liaison** : ils assurent l'architecture de la phrase ou du texte. À ce titre, ils ne sont pas effaçables.

1. Les conjonctions

a. Les conjonctions de coordination

Elles sont au nombre de sept, que l'on peut retenir grâce au moyen mnémotechnique : *mais, ou, et, donc, or, ni, car.*

Elles relient des mots ou des propositions de même nature et de même fonction.

Selon leur valeur sémantique, les conjonctions de coordination servent à ajouter (et), indiquer une alternative (ou), éliminer (ni... ni), opposer (mais), avancer des explications (car)...

La coordination peut être assurée par des adverbes ou locutions adverbiales : *en effet, d'ailleurs, en outre, de plus...*

b. Les conjonctions de subordination

Elles revêtent des formes très diverses, mais leur rôle est identique : exprimer le lien de dépendance syntaxique entre deux propositions. Sans elles, les propositions sont simplement juxtaposées et leur relation reste implicite : on parle dans ce cas de **parataxe.**

Exemple de parataxe :

Il pleut. Je cherche mon parapluie. (relation de cause à effet)
Il pleut. Je n'ai pas emporté mon parapluie. (opposition)
La conjonction de subordination explicite ce rapport :
Il pleut, c'est pourquoi je cherche mon parapluie.
Il pleut, cependant je n'ai pas emporté mon parapluie.

La plupart des conjonctions de subordination sont des mots en -qu- : que, quand, lorsque, alors que, quand bien même, avant que, après que, jusqu') ce que, si bien que…

Mais on relève aussi la forme si (expression de l'hypothèse) et les pronoms relatifs, qui ont fonction de lien de subordination.

2. Les prépositions

Comme son nom l'indique, la préposition est un mot pré-posé, c'est-à-dire posé devant. Il se place en tête d'un groupe pour le relier, le cheviller à ce qui le précède.

C'est un mot indispensable à la phrase, puisqu'il fait la jointure entre deux éléments. C'est ce critère qui le différencie de l'adverbe, avec lequel on la confond fréquemment. (l'adverbe apporte une précision de sens ; il est très souvent d'expression facultative)

a. Morphologie : formes simples et formes composées

Des prépositions de forme simple : *à, de, pour, par, chez, en, sur, sous, contre, sauf, avec…*

Des prépositions de forme composée (ou locutions prépositionnelles) : *au-dessus, au-dessous, conformément à, quant à, au moyen de…*

Les prépositions *à et de*, très courantes, sont désormais perçues comme vides sémantiquement. En latin, elles marquaient respectivement la destination et la provenance. Les autres prépositions et les locutions prépositionnelles ont conservé cette dimension sémantique ne plus de leur rôle de liaison.

b. Emplois

- La préposition peut subordonner un constituant de la phrase à un autre, dans le GN :
  - le complément du nom : *un garçon à lunettes ; un sac de haricots*
  - le complément de l'adjectif : *prêt à tout*
  - un complément du pronom : *celui de mes amis*
- Dans le GV :
  - le complément d'objet : *Il discute de football.*
  - le complément d'agent : *Elle est mangée par le chat.*

- Par rapport à la phrase :
  - les compléments circonstanciels : de temps : *à deux heures*, de lieu : *à la plage*, de manière : *à reculons*, de concession : *en dépit de mon âge...*

J. La fonction sujet

La **fonction sujet** se définit à la fois par des critères syntaxiques et sémantiques.

Dans la grammaire traditionnelle, il est dit que le sujet de la phrase est « celui qui fait l'action ». Ce critère connaît des contre-exemples, puisque :

- dans la phrase passive, le sujet grammatical est celui qui subit l'action, et c'est le complément d'agent qui réalise le procès du verbe :
  La souris est mangée par le chat.
  Le président est élu par la majorité des électeurs qui se sont exprimés.
- dans les formes impersonnelles : *Il est nécessaire de faire le tri.*

Le pronom impersonnel *il* remplit bien la fonction sujet, mais il est vide sémantiquement.

La séquence du verbe impersonnel : *de faire le tri*, présente davantage l'aspect du sujet (c'est *faire le* qui *est nécessaire*), mais on ne peut pas interpréter cette séquence comme un « sujet de l'action ».

1. Le groupe sujet

Le groupe sujet est l'un des éléments indispensables de la phrase : il fait donc partie de l'énoncé minimal. Il n'est par conséquent **pas effaçable.** Il se place **à gauche du verbe**, sauf dans des cas d'inversion sujet-verbe. Cela se produit dans l'interrogation totale directe : *N'est-**il** pas venu ?*

- dans les propositions incises : *« Tu sais, me dit-**elle**, il ne rentrera pas ce soir ».*
- lorsque la phrase s'ouvre sur certains adverbes : *sans doute, peut-être, ainsi, aussi : Il avait attendu longtemps. Aussi voulait-**il** qu'on l'écoute.*
- pour des raisons stylistiques : *Parmi tous ces gens se trouvait **l'homme qu'il cherchait**.*

Le sujet impose ses marques morphologiques au verbe : il commande **l'accord en personne, mais aussi en genre et en nombre**, lorsque le participe passé de la forme verbale est conjugué avec être.

*Elle est reparti**e**.*

Le sujet est le seul groupe de la phrase qui peut être mis en relief par la **tournure présentative** *c'est... qui* ou qui répond à la question *qui ? qu'est-ce qui ?*

***Une reine** interrogeait son miroir tous les matins.*
*C'est **une reine** qui interrogeait son miroir tous les matins.*
*Qui interrogeait son miroir tous les matins ? **Une reine**.*

Lors de la **transformation passive**, le sujet du verbe à la voix active devient complément d'agent (introduit par la préposition *par* ou *de*)

__Cet agent__ me renseigne bien > Je suis bien renseigné __par cet agent__.

Pour introduire le complément d'agent, la préposition *par* est la plus courante en français moderne : *Il s'est fait disputer* ***par*** *ses parents.*

La préposition *de* se trouve préférentiellement avec des verbes de sentiment : *Il est apprécié/estimé/aimé* ***de*** *tous ses élèves* ou des verbes de localisation : *Il est entouré/précédé/suivi* ***de*** *tous ses élèves.*

La fonction sujet est assurée par des constituants nominaux ou assimilés :

- un groupe nominal plus ou moins étendu (*Cachou/le chat/le vieux chat/le vieux chat gris/le vieux chat gris de ma tante…)*
- un substitut pronominal du groupe nominal : *il/celui-ci…*
- un équivalent propositionnel du groupe nominal : un infinitif (***Marcher*** *m'est indispensable), une complétive ou conjonctive (**Que le spectacle soit beau** m'étonnerait beaucoup)* ou une relative (***Qui dort*** *dîne*).

2. L'accord sujet-verbe

Les relations entre groupe sujet et groupe verbal sont réglées par le sens, et dans la syntaxe par un certain nombre d'accords : le sujet donne au verbe ses marques de genre, de nombre et de personne.

Le verbe s'accorde en genre et en nombre avec le sujet.

__Tu__ entend__s__ les grenouilles __qui__ coass__ent.__

Il peut aussi s'accorder en genre en cas de conjugaison avec l'auxiliaire *être.*

Elles sont parti__es__ il y a une heure déjà.

a. L'accord en nombre

- Avec un sujet unique

Il faut toujours chercher le sujet du verbe. Cette recherche peut être rendue difficile si :

- Le sujet est éloigné ou postposé :

  Comme le dis__ent__ <u>les auteurs de ce texte</u> que nous lis__ait__ gentiment <u>ce monsieur</u>…
- Le sujet est séparé du verbe par un pronom complément d'une autre personne :

  <u>Il</u> les croi__t.__
- Le sujet grammatical est un pronom démonstratif :

L'accord se fait avec le sujet réel s'il est à la troisième personne ; sinon l'accord se fait avec le pronom démonstratif.

C'étai__ent__ <u>de belles années</u>.

<u>C'</u>est nous qui décidons.

Lorsque le sujet grammatical est exprimé par un pronom personnel, c'est ce dernier qui commande l'accord, et non le sujet réel.

Il reste des fruits !

♦ Avec un sujet collectif + un complément de détermination au pluriel :

- Si le collectif est un groupe nominal, l'accord se fait soit selon la grammaire (*Une foule de gens courait dans tous les sens.)* soit selon le sens (*Une foule de gens couraient dans tous les sens. Une foule de...* = des gens très nombreux).
- Si le collectif est un adverbe, le verbe s'accorde toujours au pluriel :

Beaucoup (de gens)
Peu de (gens)
*La plupart (des gens) sortai**ent** de l'usine.*

♦ Avec plusieurs sujets :

Le verbe s'accorde en nombre avec les sujets. Il prend le genre non marqué, par conséquent, le masculin, si les sujets sont de genres différents.

*Tous les garçons et les filles **sont** venu**s** à la soirée.*

b. L'accord en personne

♦ Avec un sujet unique :

Le verbe s'accorde en personne avec le sujet

☛ Attention : lorsque le sujet est un pronom relatif, il faut chercher l'antécédent du pronom.
*Eux qui **sont** si malins, pourquoi n'ont-ils rien prévu ?*

♦ Plusieurs sujets :

Plusieurs sujets, à des personnes différentes :

- Si les pronoms sont à la 3e personne de genres différents, l'accord se fait à la première personne du pluriel :
  *Elles et eux **sont** venu**s**.*
- Si un pronom de 1re personne n'est accompagné de pronoms de 2e ou 3e personne : l'accord se fait à la 1re personne du pluriel :
  *Eux et moi **sommes** fâché**s**.*
- Si un pronom de 2e personne est accompagné de pronoms de 3e personne : l'accord se fait à la 2e personne du pluriel :
  *Toi et tes amis **êtes** les bienven**us**.*

K. Les expansions du nom

Le groupe nominal **minimal** se compose d'un déterminant et d'un nom, lesquels s'accordent entre eux.

Le groupe nominal expansé, ou enrichi, est un groupe nominal qui comporte au moins un élément supplémentaire. Cet élément peut être :

- de nature adjectivale : c'est **l'adjectif épithète.** (premier type d'expansion du nom)
- de nature nominale, relié au premier nom par une préposition : c'est **le complément du nom.**
- de nature propositionnelle : **une proposition subordonnée relative** peut venir compléter le nom. La relative est dite épithète du nom.

Classement des expansions du nom :

♦ Un adjectif épithète : *une* ***belle*** *maison*

> ☛ Remarque : si cet adjectif est marqué en intensité par un adverbe, cela ne change rien au cas présenté. Exemple : une très **belle** maison. L'adjectif est lui-même renforcé ; il n'empêche que, par rapport au nom *maison*, il est l'élément d'expansion principal.

♦ Un complément du nom : *une maison* ***de vacances***

♦ Une proposition subordonnée relative : *une maison* ***qui est bien remplie***

L. Les compléments dans la phrase : compléments du verbe ou compléments de phrase ?

1. Les compléments du verbe

On les appelle aussi **compléments essentiels**.

- Le COD : *Il mange* ***une pomme****.*
- Le COI : *Il s'approche* ***de son frère****.*
- Le complément (essentiel) d'attribution (avec les verbes de don et de dire) :
  Je donne un livre ***à un élève****.*
- Le complément essentiel de temps et de lieu :
  Un match de foot dure ***90 minutes.***
  J'habite ***à Melun****.*

Les compléments essentiels du verbe

- Ils ne peuvent être supprimés.
- Leur déplacement implique une reprise pronominale.
- Ils ne peuvent être déplacés dans la phrase.
- Ils peuvent être pronominalisés par *le, la, les, en, y, lui.*

2. Les compléments circonstanciels

On les appelle aussi compléments de phrase, ou compléments facultatifs

Le premier type d'élément qui peut s'ajouter à la phrase minimale est le **complément de phrase**, complément qui indique les circonstances de temps, de lieu ou de manière.

Les compléments de phrase sont :
- mobiles,
- cumulables entre eux : *Aujourd'hui, dans le grenier, sans la moindre retenue, le chat mange la souris.*

Le complément de phrase

- Il exprime les circonstances de l'action : le temps, le lieu, la manière, la cause, la conséquence, le but, l'opposition…
- Il est mobile parce qu'il ne dépend pas d'un autre élément de la phrase ; il n'est pas, notamment, régi par le verbe.

Contrairement au complément de verbe, son détachement en tête de phrase n'entraîne pas de reprise pronominale :

J'ai acheté ces chaussures lundi dernier
Lundi dernier (complément circonstanciel), j'ai acheté ces chaussures.
Ces chaussures (COD), je les ai achetées lundi dernier.

- Son expression est facultative > on peut le supprimer.
- Il conserve la même fonction syntaxique dans la phrase dans le passage de la voix active à la voix passive.

☛ **Attention !**

Dans la question de grammaire, pour différencier compléments essentiels du verbe et compléments circonstanciels, une série de tests peut vous aider.

Soit la phrase : *Le renard chasse les lapins la nuit.*

♦ **Test du déplacement :** *La nuit, le renard chasse les lapins.*
  - Le complément facultatif du verbe peut être déplacé dans la phrase sans modification syntaxique.
  - En revanche, si on veut déplacer vers l'avant de la phrase le groupe nominal *les lapins*, il sera repris par un pronom : *Les lapins, le renard les chasse la nuit.* C'est le signe de la dépendance syntaxique de ce complément au verbe.

♦ **Suppression :** seule la suppression du groupe *la nuit* permet de conserver le sens de la phrase, à une nuance près : *Le renard chasse les lapins.*

♦ **Pronominalisation :** *Le renard les chasse la nuit.*

Si on cherche à remplacer par un pronom les compléments qui se trouve après le verbe, on s'aperçoit que le GN *la nuit* ne peut être pronominalisé.

♦ **Transformation à la voix passive :** *Les lapins sont chassés par le renard la nuit.*

Le complément facultatif conserve sa fonction de complément circonstanciel ; le complément d'objet devient sujet de la phrase passive tandis que le sujet est désormais complément d'agent. *Les lapins* est le complément essentiel du verbe *chasser*, c'est son COD ; *la nuit* est complément circonstanciel de temps.

Dans la phrase simple, quels éléments peuvent remplir la fonction de complément facultatif ?

- Des adverbes de temps (*aujourd'hui, souvent*), de lieu (*ici, là-bas*) et de manière (*souvent, lentement, franchement).*
- Des groupes prépositionnels indiquant le temps (*après six heures)*, le lieu (*dans mon bureau, à la plage*), la cause (*à cause de lui, en raison de ses obligations familiales*), le but (*afin de lui plaire, de sorte de lui faire plaisir*), la concession (*en dépit de sa passion…*)…
- Un groupe nominal : *tous les jours, le matin*
- Une participiale : ***Les vacances terminées,** nous retournons au travail.*

M. La phrase simple

Dans la grammaire traditionnelle, la phrase est l'unité de l'analyse syntaxique. Elle constitue le cadre où s'effectue la description des éléments selon leur nature (leur appartenance à telle ou telle catégorie grammaticale) et leur fonction (leur rôle dans l'organisation de la phrase).

Mais si chacun d'entre nous possède une connaissance implicite de ce qu'est une phrase, sa définition pose néanmoins problème.

1. La phrase : définition

Les traits définitoires sont multiples, et aucun n'est nécessaire ni suffisant pour qu'une suite de mots constitue vraiment et sûrement une phrase :

- ♦ la définition scolaire **traditionnelle :** « Une phrase commence par une majuscule et se termine par un point » donne des repères graphiques conventionnels mais ne garantit pas un contenu sémantique complet ;
- ♦ à l'oral, une phrase se caractérise par une courbe **intonative** spécifique au type de phrase et son encadrement par deux pauses fortes ;
- ♦ d'un point de vue **sémantique**, on attend d'une phrase un sens complet et achevé.
- ♦ enfin, d'un point de vue **formel**, une phrase est un assemblage de mots conforme aux règles de la syntaxe.

Fiche d'identité : la phrase

- Elle répond à une certaine organisation ;
- Elle propose un énoncé complet ;
- À l'oral, c'est l'intonation qui délimite la phrase. À l'écrit, c'est la majuscule de début et la ponctuation de fin.

2. Phrase verbale et phrase nominale

Les deux constituants obligatoires de la phrase minimale sont le groupe nominal sujet et le groupe verbal.

Cependant, cette définition de la phrase autour d'un verbe conjugué correspond uniquement à la **phrase verbale.**

Certaines phrases ne présentent pas de verbe conjugué : elles sont construites autour d'un nom ou d'un adjectif. Ces phrases sont :

- des phrases présentatives : *Voici une surprise pour toi.*
- des phrases exclamatives : *Encore un échec au bac !*
- des phrases interrogatives : *Alors, quelles nouvelles ?*
- des phrases impératives : *À bâbord, toutes !/Extinction des feux à 23 h*

Ce sont des **phrases nominales.**

Elles se rencontrent le plus souvent dans :

- les titres (d'articles de journaux, de films, de livres) : *Panique au Cap d'Agde ; Le vicomte pourfendu* (roman d'Italo Calvino) ;
- Les prescriptions : *Une application deux fois par jour ;*
- Les slogans : *La force tranquille* (Campagne de F. Mitterrand, 1981).

☛ **Remarque :**

L'interjection peut constituer à elle seule une phrase : *Allo ?/Eh bien ?*

Les réponses *Oui/Non/Peut-être* constituent des mots-phrases.

3. La phrase verbale

La phrase verbale peut exister sous différentes structures, différentes ossatures.

a. La phrase minimale

La phrase minimale de base se ramène à deux éléments : GN + GV

<u>*Le chat*</u> <u>*mange la souris*</u>.
G sujet GV

Le premier constituant de la phrase minimale :

- est assimilable à un groupe nominal ;
- remplit la fonction de sujet.

Le second constituant obligatoire est le groupe verbal, c'est-à-dire le groupe formé du verbe et de ses compléments essentiels.

Ces deux éléments entretiennent une relation de **prédication :** le GN fournit le support notionnel, le **thème** de la phrase (*Le chat) ;* le groupe verbal apporte une information à propos de ce thème (*mange la souris*) : le groupe verbal dit quelque chose à propos du thème. On nomme son fonctionnement **propos** ou **prédicat.**

Les relations entre groupe sujet et groupe verbal sont réglées par le sens, et dans la syntaxe par un certain nombre d'accords : le sujet donne au verbe ses marques de genre, de nombre et de personne.

☛ **Attention !**

Il faut bien différencier :

- les compléments de verbe, essentiels (ou compléments essentiels), qui font partie du groupe verbal
- et les compléments de phrase, susceptibles d'être supprimés ou déplacés. Ils ne font pas partie du groupe verbal.

b. La phrase étendue

Outre les constituants obligatoires, la phrase peut comporter des constituants facultatifs (ou compléments de phrase, ou compléments circonstanciels), déplaçables et supprimables

Cette phrase minimale : *Le chat mange la souris* peut donc être étendue en ajoutant des éléments facultatifs aux différents niveaux de la phrase :

Dans le grenier, *le chat mange la souris.*
Le chat, ***dans le grenier,*** *mange la souris.*
Le chat mange la souris ***dans le grenier****.*

Les compléments de phrase sont :

- mobiles,
- cumulables entre eux : *Aujourd'hui, dans le grenier, sans la moindre retenue, le chat mange la souris.*

N. Types et formes de phrases

Pour les pragmaticiens, toute parole peut être considérée comme un acte. Elle constitue une attitude de l'individu face au monde Austin (auteur de : *Quand dire, c'est faire*), distingue trois actes de langage : déclarer, questionner, ordonner.

Ainsi, un énoncé permet nécessairement de

Déclarer, affirmer	Phrase déclarative ou assertive	*Le soleil se lève à l'Est.*
Interroger	Phrase interrogative	*Le soleil se lèvera-t-il demain ?*
Ordonner, conseiller	Phrase injonctive	*Ferme cette fenêtre !*

On ajoute régulièrement, à ces trois modalités, la phrase exclamative : *C'est une très belle journée !*

1. Les types de phrase

Les types de phrases sont **exclusifs les uns des autres**, puisqu'on ne peut pas ordonner et questionner en même temps.

Ils sont **obligatoires** : toute phrase relève forcément de l'un d'eux.

Ces actes se réalisent à travers des types de phrases ayant une structure déterminée.

a. La phrase déclarative

- La structure de la phrase déclarative est canoniquement la structure GN-GV ;
- À l'oral, sa courbe mélodique est montante puis descendante ;
- À l'écrit, la ponctuation finale est le point (final, de suspension).

b. La phrase interrogative

Ses structures sont très diverses.

- À l'oral, sa courbe mélodique est montante : *Tu fais quoi ?*
- À l'écrit, le point d'interrogation termine la question.

Dans un registre de langue soutenu, écrit comme oral, on fait l'inversion du sujet : *Que puis-je pour vous ?*

♦ **L'interrogation totale**

Lorsque l'interrogation porte sur la totalité de la proposition sémantique, elle appelle une réponse en *oui* ou *non*. On dit alors que **l'interrogation** est **totale :**

Viendra-t-il ? Oui/Non.

On peut envisager une réponse sous la forme de l'adverbe *peut-être*, si l'interlocuteur ne détient pas la réponse.

Dans le cas de l'interro-négative (phrase interrogative à la forme négative), la réponse affirmative se fait exclusivement par l'adverbe *si* :

Ne viendra-t-il pas ? Si.

L'interrogation totale se caractérise soit :

- par l'inversion sujet-verbe ;
- par le syntagme *est-ce que* (*Est-ce qu'il viendra ?*) qui présente, comme caractéristique syntaxique, celle de conserver l'ordre traditionnel de la phrase déclarative :

  Est-ce que + GN + GV ;
- par la seule intonation montante de la voix.

Dans l'interrogation totale, le mode employé est l'indicatif. Parfois, dans les questions délibératives, c'est l'infinitif qui est usité.

Que faire, que dire ?

Car l'infinitif est le mode virtuel du verbe : il n'actualise pas le verbe par rapport à une personne ou à un temps. En l'occurrence, c'est le mode qui convient dans le cas où le questionnement demeure complètement ouvert.

♦ **L'interrogation partielle**

Elle ne porte que sur une partie de la phrase. Elle porte sur un élément en particulier, et appelle une autre réponse que *Oui/Non/Peut-être/Si.*

L'interrogation partielle peut porter sur :

- Le sujet :

  Qui va venir ? Qui est-ce qui va venir ? Réponse : *Juliette.*

– L'attribut du sujet :
  Que deviendra-t-elle ? Elle deviendra un grand architecte.
  Comment est-elle ? Elle est très belle.
– Le complément d'objet direct :
  Que repeint Olivier ? Qu'est-ce qu'Olivier repeint ? Il repeint son salon.
  Qui regarde Olivier ? Qui est-ce qu'Olivier regarde ? Olivier regarde Sylvie.
– Le complément d'objet indirect :
  À quoi pense-t-il ? Il pense à sa prochaine exposition.
  De qui est-ce que Patrick parle ? Patrick parle du maire.
– Le complément circonstanciel :
  Quand viendra-t-il ?
  Pourquoi viendrait-il ?
– Le complément de détermination :
  De qui Patrick fait-il le portrait ? Patrick fait le portrait de Louise.
  Quelle école fréquente-t-il ? Il fréquente l'école du quartier/Louise Michel/maternelle.

c. La phrase impérative

Grammaticalement, la phrase impérative ne comporte par de sujet exprimé en dehors de la désinence verbale, et ne présente que trois personnes :

Exemples :

Mange ta soupe !	(2e personne du singulier)
Mangeons notre soupe !	(1re personne du pluriel)
Mangez votre soupe !	(2e personne du pluriel)

Fiche d'identité : la phrase injonctive

– Le verbe au mode impératif, subjonctif (*Qu'il vienne !*) ou indicatif (*Vous tournerez à gauche.*)
– À l'oral, courbe mélodique descendante,
– À l'écrit, point final ou point d'exclamation.

d. La phrase exclamative

La phrase exclamative manifeste une modalité subjective et exprime le sentiment du locuteur à l'égard du contenu de son énoncé.

Exemple : *Quel homme ! Que de ruines !*

La phrase exclamative peut être :
– Un mot ou un groupe de mots :
– Une interjection, une onomatopée : *Quoi ! Eh ! Zut !*
– Un mot : *Vous !*

- Un groupe de mots : *Trois heures ! Cinq cents mètres !*
- Une phrase :
  - Nominale : *Quel beau film !*
  - Verbale, à l'indicatif : *Comme c'est intéressant !*
    - . au conditionnel : *Comme ce serait intéressant !*
    - . au subjonctif : *Que ce soit intéressant !*
    - . à l'infinitif : *Ce film, être intéressant ! Quelle erreur de jugement !*

Fiche d'identité : la phrase exclamative

- Ses structures sont très nombreuses et non répertoriables,
- À l'oral, la courbe mélodique dépend étroitement du sentiment exprimé,
- À l'écrit, le point d'exclamation marque la fin de la phrase.

2. Les formes de phrases

À ces modalités ou types de phrases peuvent se combiner des **formes** particulières. En effet, on peut asserter un fait sous une forme négative :

Je n'aime pas les petits pois.

Ou encore poser une question de façon emphatique :

N'est-ce pas aujourd'hui que nous allons à Orange ?

On repère ainsi trois grandes **formes de phrases,** qui se combinent aux types de phrases et peuvent se cumuler entre elles :

- la forme **négative** (*vs* forme affirmative) ;
- la forme **emphatique** (*vs* forme neutre),
- la forme **passive** (*vs* forme active)

Exemple : une phrase de type interrogatif qui cumule forme négative et forme passive :

Cette pauvre souris n'est-elle pas mangée par le chat de la voisine ?

a. La forme négative

La parole peut servir à affirmer ou à nier. La **négation** est un procédé logico-sémantique qui consiste en une inversion de la valeur de vérité d'un énoncé. La négation peut être soit totale soit partielle.

La négation totale n'entraîne ni limitation ni restriction. Elle porte sur toute la phrase. Ses outils sont :

L'emploi de la locution adverbiale *ne... pas*. Les deux éléments fonctionnant de concert pour créer la négation, on dit qu'ils fonctionnent **en corrélation :** *Je **ne** la connais **pas**.*

La négation est partielle lorsqu'elle ne porte que sur un élément de la phrase. Elle implique une limitation, une restriction exclusives : *Il **ne** mange **plus** de soupe./Il **n'**aime **que** la soupe.*

La corrélation *ne... que* crée une **négation exceptive** parce qu'elle exclut du champ de la négation un élément.

e. La forme passive

Comparativement à la forme active, le passif se caractérise par :
- une inversion du groupe nominal sujet et du groupe complément d'objet,
- une conjugaison spécifique, qui fait intervenir l'auxiliaire *être*,
- l'expression du sujet sémantique de l'action sous la forme du complément d'agent : *par* ou *de* + GN.

f. La forme emphatique

L'emphase est un procédé de mise en relief, qui passe par un réarrangement syntaxique.

Les formes d'emphase :
- La forme courante d'emphase est **l'extraction d'un constituant de la phrase** par la structure clivée *c'est... qui* (pour le sujet) ou *c'est... que* (pour l'objet).

Soit la phrase à la forme neutre :

La représentation doit avoir lieu aujourd'hui.

Voici une possibilité de forme emphatique :

C'est aujourd'hui que doit avoir lieu la représentation.

- **La modification de l'ordre habituel des mots :**

  Ô triste, triste *était mon âme,*
  À cause, à cause d'une femme. (Paul Verlaine)
- **La reprise par un pronom personnel :**

  *Sa sœur, il **l'**a taquinée pendant des années.*
- L'utilisation des prépositions **pour** et **quant à :**

  Quant à *l'ogre, il disparut à tout jamais.*

O. La phrase complexe : juxtaposition, coordination et subordination

Une **phrase simple** correspond à une seule proposition. On dit aussi que c'est une proposition indépendante : *Elle aime le théâtre.*

Une phrase simple = une proposition indépendante = un seul verbe conjugué

Une phrase complexe :

- possède tous les éléments définitoires de la phrase : elle relève d'un type de phrase et présente la courbe mélodique qui lui correspond ; elle constitue un énoncé complet ;
- se compose de plusieurs propositions (au moins deux), qui correspondent, dans la plupart des cas, à autant de verbes conjugués ;
- sur un plan formel, ces propositions sont articulées entre elles par juxtaposition (*Elle aime le théâtre : c'est une source de divertissement)*, coordination (*Elle aime le théâtre mais elle n'en vit pas*) ou subordination (*Elle aime le théâtre qui lui permet de rêver/Elle aime le théâtre parce qu'il lui permet de rêver*) ;
- dans la phrase complexe, les propositions entretiennent entre elles un lien de dépendance.

Une phrase complexe = <u>au moins</u> deux propositions = au moins deux verbes conjugués

1. La juxtaposition

La phrase complexe est formée de deux ou plusieurs propositions articulées entre elles par une virgule ou un point-virgule. Le rapport entre les propositions n'est pas explicitement exprimé par un mot :

Il pleut ; je mets mon imperméable.

Dans cet exemple, le lien implicite entre les deux propositions est la relation de cause-conséquence.

2. La coordination

La coordination concerne la phrase complexe formée d'un ensemble de propositions dont la dernière au moins est reliée aux autres par un mot coordonnant.

Ce mot peut être une **conjonction de coordination** (*mais, ou, et, donc, or, ni, car*), ou un **adverbe conjonctif** comme *puis*.

Je mets mon imperméable puis je sors.

Dans les phrases complexes par coordination (sauf avec *or* et *car*), les éléments communs ne sont pas répétés :

Il se prend au jeu et décide de répondre favorablement à sa demande.

Il ne cherche ni ne désire le succès.

3. La subordination

Elle relève d'un plus haut degré de complexité. Car, là où les propositions juxtaposées et coordonnées gardent une relative autonomie syntaxique, les subordonnées subissent des contraintes syntaxiques, temporelles et modales de la part de la principale dont elles dépendent.

Définition

La subordination est une relation de dépendance unilatérale entre une proposition subordonnée et une proposition dite principale ou régissante. La proposition subordonnée est généralement introduite par un terme qui marque cette dépendance : conjonction de subordination, pronom relatif ou mot interrogatif.

Il existe cependant des subordonnées sans mot subordonnant.

☛ **Remarque :** il existe un autre type de relation entre propositions : l'insertion.

L'insertion concerne des propositions :
- clairement détachées par des signes de ponctuation ;
- pour lesquelles la proposition qui l'accueille remplit la fonction de COD.

Si le verbe de la proposition est un verbe de parole, la proposition est **incise :** *Cet oiseau, me dit-il, est très loquace (> Il me dit que cet oiseau est très loquace)*

Pour les verbes qui ont un autre sémantisme, on parle de proposition **incidente :** *Cet oiseau, je le crains, est très loquace (> Je crains que cet oiseau ne soit très loquace)*.

Les mots subordonnants

Ils marquent la relation de la principale et de la subordonnée. Ce mot peut être :

- ♦ **Une conjonction de subordination :** la conjonction, comme son nom l'indique, fait la jonction, le lien entre deux propositions. Mais elle n'a pas de fonction à l'intérieur de la subordonnée.
  - La conjonction *que* est dite vide. Elle est un pur marqueur de subordination des propositions qui complètent le verbe.
  - Un nombre très important de conjonctions (*quand, lorsque, puisque, comme…*) et de locutions conjonctives (*dès lors que, avant que, après que, aussitôt que, si bien que, de la même façon que…*), dont le sémantisme est fort, introduisent les propositions circonstancielles.
  - La conjonction *si* marque la subordination et exprime l'interrogation. Elle équivaut, dans la question directe, à *est-ce que*.
- ♦ **Un pronom relatif :** ce dernier a pour particularité de marquer la subordination tout en ayant une fonction, grammaticale, à l'intérieur de la subordonnée.

  Je suis la personne ***qui*** *vous a appelé hier.*

Le pronom *qui* est sujet du verbe *appeler*.

Qui est le pronom sujet, *que l'objet* et *dont* représente un complément prépositionnel.

♦ **Un mot interrogatif :** dans les interrogatives indirectes comme *Je me demande **où** il va./Je ne sais **qui** il fréquente.*

Le fonctionnement des subordonnées peut paraître compliqué. En fait, les propositions subordonnées ont un comportement comparable à celui des constituants de la phrase simple :

– les relatives jouent le rôle d'adjectifs épithètes :

Ce voisin qui ne dit pas grand mot m'effraie un peu.
muet

– les conjonctives, les infinitives et les interrogatives remplissent les fonctions du GN :

J'entends le train arriver/que le train arrive.
Il se demande si le soleil se lèvera demain.

Les propositions subordonnées sont compléments d'objet direct du verbe de la principale dans ces exemples.

– les circonstancielles, sémantiquement et structurellement, sont comparables aux adverbes et aux groupes prépositionnels compléments de phrase :

Il s'est avancé rapidement/en catimini/à la dérobée/pendant que les Thénardier ne le regardaient pas.

P. Les propositions subordonnées relatives

Les **propositions subordonnées relatives** sont des propositions introduites par un pronom relatif.

Ce pronom peut être simple : *qui, que, quoi, dont, où*

ou composé : *auquel, duquel, lequel.* Le pronom composé se décline : il varie en genre et en nombre.

1. Le pronom relatif

Le pronom relatif a un fonctionnement complexe puisqu'il remplit conjointement trois rôles (cf. p. 65) :

– il ouvre la relative et opère la subordination ;
– en tant que pronom, il représente son antécédent : il se substitue à lui dans la subordonnée, et prend en charge son sémantisme ;
– il assume une fonction dans la subordonnée relative. C'est cette fonction qui lui confère sa forme : *qui* lorsqu'il est sujet ; *que* pour l'objet direct ; *quoi* et *lequel* pour les constructions avec préposition ; *dont* et *où* pour les groupes prépositionnels.

Exemple :
Je parle <u>à</u> cette fille. J'admire cette fille. > J'admire cette fille <u>à laquelle</u> je parle. COI de *parler*
L'importance <u>de ce sujet</u> est établie. Je parle de ce sujet. > Je parle de ce sujet <u>dont</u> l'importance est établie.
complt du nom *importance*

2. Sémantique des relatives

Il existe **différentes sortes de relatives :**

a. Les relatives sans antécédent exprimé

♦ 1er cas :

Qui dort *dîne.*
Qui trop embrasse *mal étreint.*

L'antécédent sous-entendu est, la plupart du temps, *celui*. Ces relatives remplissent la fonction de **sujet** du verbe de la principale.

♦ 2e cas : **les propositions relatives indéfinies**

Ce sont des propositions introduites par *ce que*.
Elles remplissent la fonction de COD.

- soit *ce que* est analysable : le pronom démonstratif *ce* joue bien son rôle de pronom, il remplit la fonction COD et la relative le prend pour antécédent :
  Je ne répéterai pas <u>ce que</u> tu m'as dit. (= ce secret, cette confidence)
- soit *ce que* est inanalysable : *ce* et *que* sont inséparables. La proposition subordonnée remplit encore la fonction de COD :
  Fais <u>ce que</u> tu veux. (= tout et n'importe quoi)

b. Les relatives avec antécédent

♦ Les relatives **déterminatives**. Elles sont indispensables au sens de la phrase car elles permettent l'identification référentielle de l'antécédent.

Ces relatives restreignent l'extension du nom qu'elles complètent. Généralement, elles n'en sont pas séparées par une virgule.

Les campeurs qui avaient mal monté leur tente ont été trempés par la pluie.

Dans cet exemple, seul un certain type de campeurs est concerné par le procès du verbe.

♦ Les relatives **explicatives ou appositives**

Elles ne sont pas essentielles au sens de la phrase : elles ne servent pas à l'identification du référent. Car elles apportent un élément d'explication supplémentaire.

Les campeurs, qui avaient mal monté leur tente, ont été trempés par la pluie.

Cet énoncé a pour fonction d'expliquer les raisons des déboires de ces campeurs.

Ces propositions sont délimitées par des virgules, qui créent à l'oral un effet de parenthèse. Elles expriment tous les types de circonstances : cause, concession...

3. Le mode et le temps dans la relative

C'est généralement l'indicatif, mode du réel et de l'accompli, qui est d'usage dans les relatives. Le subjonctif peut servir si la subordonnée relative exprime une restriction, un doute, un fait envisagé.

Je cherche un appartement qui soit confortable et pas trop cher.
Où puis-je trouver une nounou qui comprenne l'anglais ?

Après le relatif *où*, c'est l'infinitif qui est utilisé : *Je cherche un endroit où passer la nuit.*

Méthode : comment distinguer relative et conjonctive ?

Les homonymes grammaticaux *que* rendent difficile l'analyse logique dans bien des cas. Voici les questions à se poser :

- *que* remplace-t-il un antécédent ? Est-il COD du verbe de la relative ?
  Le cas échéant, la proposition qu'il introduit est une relative.
- *que* suit-il un verbe ?
  La proposition est une conjonctive complétive
  Exemple : *Il lui annonça d'emblée qu'il n'était pas venu pour lui parler. Il lui lança des propos que je ne répéterai pas.*
  - Dans le 1er exemple, *que* suit le verbe *annoncer*. Il ne faut pas se laisser tromper par le fait que l'adverbe *d'emblée* précise la portée de ce verbe. La subordonnée est une conjonctive.
  - Dans la 2e phrase, *que* reprend le nom *propos*, qui est son antécédent. *Je ne répéterai pas/ses propos.*

La proposition est une subordonnée relative.

Q. Les propositions subordonnées conjonctives

La subordonnée **conjonctive** est introduite par une **conjonction de subordination**. L'élément qui unifie cette classe de propositions est qu'elles occupent dans la phrase l'une des fonctions essentielles du groupe nominal.

1. Les conjonctives complétives

a. Les conjonctives complétives introduites par *que*

Leur fonction est : complément d'objet direct du verbe
Elles sont très fréquentes dans la langue française.
Elles sont essentielles : ni déplaçables ni supprimables.

Elles se trouvent après des verbes :

– de parole (raconter, dire, mentionner…)
  Le vieil homme raconte qu'il s'est battu pendant la guerre.
– de volonté (vouloir, ordonner, souhaiter, désirer…)
  J'exige qu'on m'apporte des escargots !
– de pensée (penser, juger, estimer…)
  J'estime que tu ne me dois rien.
– de sentiment (espérer, craindre…)
  Je crains qu'il ne vienne.

La conjonction *que*

Ces exemples suffisent à constater que la conjonction *que* est sémantiquement vide : elle n'est qu'une cheville, un élément de structure permettant d'articuler deux propositions entre elles.

Ainsi, cette conjonction permet de nominaliser la proposition qu'elle introduit, mettant ainsi en évidence le fait qu'elle remplit bien un rôle nominal :

Le vieil homme raconte son combat pendant la guerre.
Je crains sa venue.

L'ordre des mots

La syntaxe dans la complétive est canonique : groupe sujet – groupe verbal, sauf dans le cas de verbes intransitifs : alors, si le sujet du verbe de la complétive est important, on peut faire l'inversion du sujet et du verbe :

Je crains que ne vienne toute sa famille.

Dans la subordonnée complétive se pose la question du mode du verbe : après les verbes de parole et de pensée, c'est l'indicatif qui est attendu. Les verbes de sentiment et de volonté régissent le subjonctif. Enfin, la forme négative fait basculer des verbes du mode indicatif au mode subjonctif :

Je crois qu'il viendra.
Je ne crois pas qu'il vienne.

b. Les conjonctives complétives introduites par à ce que/de ce que

Leur fonction est : complément d'objet indirect du verbe

Après les verbes à construction indirecte : *penser à, disposer de, se réjouir de*, la conjonction prend la forme *ce que* et se place derrière la préposition régie par le verbe : *à* ou *de*.

Exemples : *Il pense* ***à ce qu'****elle lui a dit.*
Il se réjouit ***de ce qu'****elle a obtenu un beau résultat.*

c. Les conjonctives « suites de séquences impersonnelles »

On appelle également la conjonctive dans cet emploi « terme complétif ». La complétive peut remplir cet emploi après :

- Les verbes ou les locutions verbales impersonnelles : *Il arrive, il semble, il faut :*
  *Il semble qu'il **ait** bien réussi.*
  *Il serait préférable que tu te **taises**.*
  Le temps de la proposition est alors le subjonctif.
- **Un présentatif :** *voici que, c'est… que***… :**
  Voici que descend le soir

d. Les conjonctives sujets

La complétive est ici sujet du verbe. Ce type de conjonctive est toujours placée en tête de phrase, et son mode est le subjonctif.

Que tu sois satisfait ou peiné m'indiffère.

2. Les interrogatives indirectes

Les interrogatives indirectes sont des propositions subordonnées conjonctives complétives (remplissant la fonction de COD) et introduites par un outil interrogatif.

Dans l'interrogative indirecte, l'interrogation n'est présente que dans le sémantisme du verbe de la proposition principale, car la ponctuation est celle de la phrase déclarative (le point final).

Le verbe de la principale exprime le fait de *(se) demander*. Ses réalisations sont très diverses ; cela peut être un verbe :

- de demande (*demander, interroger*)
- d'ignorance (*ignorer si, ne pas savoir si…*)
- de doute.

Comme dans l'interrogation directe, il faut distinguer interrogation **totale et interrogation partielle** :

- **L'interrogation totale** se formule au moyen de la conjonction de subordination si. La subordonnée ne comporte ni inversion du sujet ni l'outil interrogatif *est-ce que*.
  Comparez : *Viendra-t-il ? – Est-ce qu'il viendra ?*
  et *Je me demande s'il viendra.*
- **L'interrogation partielle :**

Dans l'interrogation partielle, le mot subordonnant, qui est aussi l'outil interrogatif, précise la portée de la question :

si la question porte sur le sujet, l'objet ou l'attribut animés, alors le pronom interrogatif est *qui :*

Je me demande qui il est vraiment.

Je veux savoir qui tu es.

pour le sujet, l'objet ou l'attribut non-animés, on emploie *ce qui et ce que.*

Je me demande ce que tu caches.

J'ignore ce qui s'est dit entre eux.

les circonstances sont interrogées par le biais des mêmes outils interrogatifs que dans l'interrogation directe : *quand, comment, pourquoi...*

Je me demande quand/comment il viendra.

Comme dans l'interrogation indirecte, c'est l'indicatif qui est le mode fréquent dans l'interrogation indirecte. L'infinitif de délibération peut servir également :

Où courir ? Quelle décision prendre ?

R. Les propositions subordonnées conjonctives circonstancielles

Les conjonctives circonstancielles ne constituent pas un ensemble homogène : il y a autant de fonctionnements et d'outils que de types de circonstancielles.

1. Définition syntaxique

Assurant la fonction de complément circonstanciel (CC), elles précisent dans quel contexte a lieu le procès décrit par le verbe :

On parlera quand il viendra. (CC de temps)

Si tout se passe comme prévu, l'opération aura lieu demain. (CC de condition)

Par opposition avec les complétives, constituants essentiels de la phrase, qui ne peuvent être ni supprimées ni déplacées, les circonstancielles entretiennent un rapport plus souple à leur proposition rectrice. D'expression souvent facultative, les circonstancielles, peuvent être **supprimées** ou **déplacées** :

On parlera.

Quand il viendra, on parlera.

L'opération aura lieu demain.

L'opération aura lieu demain, si tout se passe comme prévu.

La suppression de la circonstancielle ne rend pas la phrase agrammaticale. On peut comparer ce fonctionnement avec celui de la complétive : *Je veux que tu viennes*. > * *Je veux*. Dans cet exemple, après suppression, le verbe de la proposition rectrice, *vouloir*, est en incomplétude syntaxique et sémantique.

Cependant, il existe des circonstancielles qui se comportent différemment des autres : leur place est fixe et appelée par la proposition, rectrice :

Il travaille tellement qu'il mérite son concours.

Il est *si grand qu'il s'est cogné la tête.*

Ces propositions sont des circonstancielles de conséquence – ou consécutives – et le système corrélatif qui les introduit ne leur permet pas une grande autonomie.

☛ Attention !

Lorsque deux propositions subordonnées circonstancielles sont juxtaposées ou coordonnées, la conjonction de subordination peut être reprise par *que* :

***Lorsque** mes yeux, vers ce chat que j'aime,*
Attirés comme par un aimant,
Se retournent docilement,
***Et que** je regarde en moi-même.* (Charles Baudelaire, *Le chat*)

2. Définition sémantique

Parmi les circonstances qui peuvent être exprimées, on notera :

a. Le temps

Les propositions subordonnées circonstancielles de temps sont introduites par des conjonctions et des locutions conjonctives variées, et peuvent exprimer la simultanéité, ou l'antériorité et la postériorité d'une action par rapport à celle de la principale :

- *lorsque, alors que, quand, pendant que* expriment la simultanéité ;
- *avant que, jusqu'à ce que, tant que* l'antériorité ;
- *après que* la postériorité.
  - Simultanéité : ***Pendant qu'il joue**, le silence se fait.*
  - Antériorité : *Je viens de féliciter **avant que tu ne partes**.*
  - Postériorité : *Je pense le rappeler **après qu'il est parti.***

☛ Attention !

À l'usage des modes dans la subordonnée circonstancielle de temps : contrairement à ce que l'usage oral actuel pourrait laisser croire :

- ***avant que*** est suivi du subjonctif :
  Avant qu'il ait cette maison, de l'eau aura coulé sous les ponts.
- ***après que*** est suivi de l'indicatif :
  Après qu'il a rendu les clefs, le gardien lui a restitué sa caution.

En effet, *avant que* place la réalisation du procès décrit par la subordonnée dans l'expectative ; sa réalisation est perçue comme virtuelle. Alors qu'*après que* situe le procès dans le domaine du réalisé, de l'accompli, et donc dans le mode indicatif.

Retenez que, dans la subordonnée :

- l'indicatif ou le conditionnel s'utilise après *quand, lorsque, pendant que, depuis que, aussitôt que, une fois que, après que…*
- le subjonctif après *avant que, en attendant que, jusqu'à ce que.*

b. La cause et la conséquence

Sont les deux versants d'une même relation établie entre deux faits :

Je sors parce qu'il fait beau. (expression de la cause)
Il fait beau, c'est pourquoi je sors. (expression de la conséquence)

Ainsi, selon que l'on choisit d'exprimer, d'un point de vue grammatical, la cause ou la conséquence, la même action sera exprimée tantôt par la principale, tantôt par la subordonnée.

Les propositions circonstancielles **de cause** sont introduites par les conjonctions *comme, puisque, parce que, sous prétexte que, d'autant que...*

- Remarque : comparativement à *parce que*, *puisque* introduirait une cause supposée connue et non susceptible de discussion.
  Je vais le voir, puisqu'il veut absolument me parler.
  Je vais le voir parce qu'il veut absolument me parler.

Avec *parce que*, le rapport entre les deux propositions est plus objectif, il s'établit entre deux faits que l'énonciateur déclare vrais.

La conséquence :

La proposition subordonnée circonstancielle de conséquence se place toujours après le verbe de la principale, et il faut distinguer :

- La conséquence non liée à un degré d'intensité :
  les propositions sont introduites par *si bien que, de sorte que, de façon que :*
  Il courait plus vite que les autres, de sorte que les gens ont commencé à le soupçonner.
- La conséquence liée à un degré d'intensité :
  - portant sur le verbe :
  Les outils subordonnants sont : *tant, tellement + que, trop, assez+ pour que*
  Il fait trop chaud pour qu'il travaille autant.
  - portant sur le nom :
  Les subordonnées sont introduites par les conjonctions *un(e) tel(le), tant de + que, trop de/assez de +nom+ pour que*
  Il a tant de livres qu'il ne sait où les ranger.
  - portant sur un adjectif ou un adverbe :
  Les subordonnées sont introduites par les conjonctions *si/tant/tellement + adjectif ou adverbe + que, assez, trop + adjectif ou adverbe + pour que*
  La mer devint si déchaînée que nous dûmes rentrer.

c. La condition et l'hypothèse

Elles mettent en relation deux faits ; de la réalisation de l'un dépend celle de l'autre.

La condition s'exprime par la conjonction *si :*

Si tu revenais, je serais heureux.

Le procès de la principale ne peut se réaliser que si la condition énoncée se réalise.

L'hypothèse :

Elle s'exprime par *au cas où/dans l'hypothèse où + conditionnel/pourvu que, à moins que + subjonctif :*

Au cas où tu reviendrais, je serais heureux.

Le procès de la principale est posé comme virtuel. Il est seulement posé en pensée, et sa réalisation adviendrait avec celle de l'action de la subordonnée.

Morphologie :

La proposition circonstancielle introduite par *si* est toujours à l'indicatif. La principale obéit à la concordance des temps :

Valeur sémantique	Forme	Exemple
désigner un phénomène courant	si+ présent/présent	Si tu plonges un bâton dans l'eau, tu as l'impression qu'il est brisé.
pour exprimer le potentiel	si + présent/futur	Si tu déménages, je t'aiderai à repeindre l'appartement.
l'irréel du présent	si + imparfait/conditionnel présent	Si j'avais su, je ne serais pas venu.
l'irréel du passé	si + plus-que-parfait/ conditionnel passé ou présent	Si le nez de Cléopâtre avait été plus court, la face du monde aurait changé.

Ces valeurs ne sont pas exhaustives.

d. La proposition subordonnée de but, ou proposition finale, exprime la finalité du procès principal.

Les conjonctions de subordination qui peuvent l'introduire sont *pour que, afin que.*

Je l'aide le mieux possible pour qu'il réussisse son concours.

Les propositions subordonnées de but sont toujours au subjonctif, car le fait souhaité n'appartient encore qu'au monde des possibles.

Sur un plan sémantique, il faut distinguer :

- le but à atteindre : exprimé par *pour que, afin que, que, à seule fin que*

  Il lui dicte son numéro, afin qu'elle puisse le rappeler plus tard.

  Viens ici, que je t'embrasse.

- le but à éviter, le but écarté : la proposition subordonnée circonstancielle est introduite par les locutions conjonctives *pour que... ne... pas, afin que... ne... pas, de peur que, de crainte que...*

  Je m'enroule dans mon manteau de peur que le froid ne me transperce.

☛ Attention !

L'expression du but et celle de la conséquence sont souvent étroitement mêlées :

Je fermerai la porte sans bruit de sorte que tu puisses dormir.

De manière générale, dans les propositions subordonnées circonstancielles introduites par *de sorte que*, c'est le choix entre indicatif et subjonctif qui permet de donner une interprétation dominante en faveur du but et de la conséquence.

Le but ne s'inscrit pas dans la réalité mais dans le désir du sujet ; le subjonctif est employé :

Je lui ai écrit, de sorte qu'il vienne. (c'est mon but ; j'espère qu'il le fera)

L'expression de la conséquence s'inscrit dans la réalité des faits : le résultat de l'action est noté :

Je lui ai écrit, de sorte qu'il viendra. (la conséquence de mon acte sera sa venue)

e. L'opposition et la concession

L'opposition montre en parallèle deux faits qui s'opposent :

Tu te reposes alors qu'elle travaille.

La concession est une nuance sémantique souvent méconnue. On peut dire que la concession est une *cause inefficace*, une cause qui ne produirait pas les effets logiquement attendus :

Tu ris, bien que ça ne soit pas drôle.
Je sors, bien qu'il pleuve.

La concession s'oppose donc à la conséquence logique attendue, qui serait :

Ça n'est pas drôle> Tu ne devrais pas rire.
Il pleut > Je ne sors pas

Morphologie

♦ Les conjonctions et locutions conjonctives qui expriment l'opposition et la concession sont :
- *pendant que, alors que, tandis que + indicatif*
- *bien que, quoique, sans que* + subjonctif

Sans que est utilisé pour la concession négative :

Sans qu'il se soit donné beaucoup de mal, il a été reçu au concours.

☛ Attention ! la forme *malgré que* n'est pas considérée comme correcte par les grammairiens.

- *quand bien même* est suivi du conditionnel

♦ pour les subordonnées circonstancielles d'opposition ou de concession liées à un degré d'intensité :
- l'intensité porte sur un adjectif ou un adverbe : l'outil corrélatif *si/quelque/pour… que* permet de construire des concessives à base relative :

Si gentil soit-il, je n'aime pas trop le fréquenter.

Le mode de la subordonnée est le subjonctif.

Une exception : la forme en *tout+ adjectif + que : tout gentil qu'il est…*

- l'intensité porte sur un nom :

La subordonnée est introduite par la locution *quelque+ nom + QUE ou quel que soit + nom.*

On emploie alors le subjonctif :

Quelques idées qu'on lui donne, il n'en fait toujours qu'à sa tête.

Quelles que soient les idées qu'on lui donne...

On observera que le mode de la concessive est généralement le subjonctif, puisque la concession renvoie la relation de cause à effet entre deux propositions hors de l'univers de croyance de l'énonciateur.

S. La proposition subordonnée infinitive et la proposition participiale

1. La subordonnée infinitive

L'absence de mot subordonnant la rend difficile à repérer. La proposition infinitive se construit directement.

*J'entends **siffler le train**.*

☛ Attention !

Ne confondez pas la subordonnée infinitive avec des groupes prépositionnels qui comportent un infinitif : dans *Il m'a demandé de parler : de parler* est simplement COD du verbe demander, mais, pour qu'il y ait subordination, il manque une nouvelle proposition, ce qui suppose l'expression d'un nouveau sujet avec son verbe.

Dans *J'entends siffler le train*, nous retrouvons bien deux propositions avec chacune leur sujet et leur verbe :

- ♦ proposition principale : *J'entends*
  S V
- ♦ subordonnée : *siffler le train*
  V S

Le noyau de la proposition est à l'infinitif (*siffler*), c'est le centre de la proposition logique.

Le verbe est dans un rapport prédicatif au groupe nominal, qui assure la fonction sujet. Ainsi, la proposition infinitive peut se voir substituer une proposition à un mode personnel :

Une conjonctive complétive :

J'entends que le train siffle.

Ou une relative :

J'entends le train qui siffle.

Fiche d'identité : la proposition subordonnée infinitive

- Elle est toujours régie par un verbe de perception : *voir, écouter, regarder, sentir, apercevoir...*
- Le présentatif *voici*, dérivé étymologiquement du verbe *voir*, peut également régir une infinitive :
  Voici venir le temps où vibrant sur sa tige
  Chaque fleur s'évapore ainsi qu'un encensoir (Baudelaire)
- Elle est toujours COD du verbe de la principale.

2. La proposition participiale

Comme l'infinitive, elle se caractérise par l'absence de mot subordonnant :

__Les vendanges achevées,__ les saisonniers repartirent chez eux.

La participiale (ou proposition participe) a un verbe au participe présent ou passé qui possède un sujet propre exprimé. Ce sujet est spécifique au participe : il ne peut occuper cette même fonction par rapport à un autre verbe de la phrase.

La fourmi ne voulant l'aider, la cigale se *trouva fort dépourvue, quand la bise fut venue.*

__Leur candidat battu,__ ils rentrèrent chez eux.

☛ **Attention !**

Ne confondez pas le participe, noyau d'une proposition, et le participe en position détachée, qui n'a pas de sujet propre.

Le vendeur, __accablé de fatigue__, se trompa de pointure.

Accablé de fatigue est ici une apposition au sujet du verbe principal, *le vendeur* sujet de *se trompa.* Le participe n'a pas de sujet propre, et il n'y a qu'une proposition, indépendante (*Le vendeur __fatigué__ se trompa de pointure*).

Dans notre exemple initial, Il existe deux sujets, *les vendanges* qui s'achèvent et *les saisonniers*. Il y a donc deux propositions : une principale *les saisonniers repartirent chez eux* et une participiale *Les vendanges sont achevées.*

Fonction des participiales :

La participiale joue un rôle de complément circonstanciel et peut introduire quatre nuances :

- le temps : *Le chat parti, les souris dansent.*
- la cause : *Voltaire ayant lutté pour l'honneur de Calas, ce dernier fut réhabilité.*
- la concession : *Son mal empirant, elle espérait encore.*
- la condition : *Le contrat signé, il devra lui obéir.*

T. Le texte

Un texte n'est pas qu'une simple suite de phrases ; il répond à une organisation qui repose sur :

- des phénomènes de reprise,
- des éléments de connexion,
- le choix d'un système d'énonciation homogène (système des pronoms, système des temps verbaux).

1. Les règles de la cohérence textuelle

C'est à partir d'un article de M. Charolles dans *Langue française* 38, de mai 1978 que l'on définit les quatre règles qui assurent la cohérence d'un texte :

- règle de « **progression** » **:** il est nécessaire que l'information évolue au fil du texte.
- règle de **répétition** : il faut que les informations soient reprises littéralement ou par substituts.
- règle de « **non-contradiction** » **:** les informations ne doivent pas être contradictoires entre elles.
- règle de « **congruence** » **:** des relations explicites ou implicites doivent être tissés entre les informations.

Les deux premières règles sont en lien avec la grammaire et peuvent être examinées.

La progression du texte : thème et propos

Le **thème** est l'élément de départ de l'énoncé, connu ou supposé connu du destinataire, ce dont on parle.

Le **propos** est l'élément nouveau, l'information apportée au thème, ce qui permet de faire progresser le texte.

L'avancée d'un texte implique à la fois l'introduction d'informations nouvelles et la reprise d'éléments déjà cités, qui en sont le fil directeur. Selon la manière dont s'organisent le thème et le propos d'un texte, on peut qualifier sa progression.

La progression à thème constant : un thème identique est repris de phrase en phrase grâce au système anaphorique. Le propos portant sur ce thème est renouvelé.

- Phrase 1 : thème 1a propos 1
- Phrase 2 : thème 1b propos 2
- Phrase 3 : thème 1c propos 3

  Exemple : *[...]* ***le plus jeune*** *était fort délicat et ne disait mot : prenant pour bêtise ce qui était une marque de la bonté de son esprit.* ***Il*** *était fort petit, et, quand* ***il*** *vint au monde,* ***il*** *n'était guère plus gros que le pouce, ce qui fit qu'on* ***l'****appela le petit Poucet.*

Dans cet incipit de conte, le thème central, constant, est *le petit Poucet,* qui apparaît d'abord sous la périphrase *le plus jeune,* repris systématiquement par l'anaphore pronominale en *il* avant que le personnage, enfin nommé, ne soit identifié.

Avec la **progression linéaire,** le thème et le propos s'enchaînent, c'est-à-dire que le propos d'une phrase devient le point de départ, le thème de la suivante.

– phrase 1	thème 1	propos 1		
– phrase 2		thème 2	propos 2	
– phrase 3			thème 3	propos 3

Exemple : *Un guéridon, un vase contenant des fleurs en papier, puis les rideaux de l'alcôve, le lit,* **une armoire ;** *près de l'armoire,* ***une petite porte recouverte de tapisserie*** *; près de la porte,* ***une chaise*** *; sur la chaise...* (Giono)

La **progression à thèmes dérivés :** les thèmes des phrases successives sont différents, mais peuvent être considérés comme issus d'un « hyperthème » préalable, situé au début du passage ou sous-entendu :

Hyperthème

– Phrase 1	thème 1	propos 1
– Phrase 2	thème 2	propos 2
– Phrase 3	thème 3	propos 3

Les touaregs (hyperthème) *sont un peuple très fier...* ***Les hommes*** *portent presque toujours un voile qui leur couvre tout le visage...* ***Les hommes et les jeunes gens*** *s'occupent des troupeaux ;* ***les femmes et les jeunes filles*** *ramassent le bois...*

2. Les faits de reprise

Un nom, propre ou commun, est rarement répété tout au long d'un texte ; cela serait lassant pour le lecteur, et parfois source de confusion. Il est remplacé par des **substituts**, c'est-à-dire des éléments de reprise, des éléments anaphoriques.

a. Les substituts, ou reprises anaphoriques

L'anaphore désigne, dans un texte, toute relation de **reprise d'un élément antérieur par un autre :** cela peut être un mot, un groupe de mots, une phrase, une suite de phrases.

La *Grammaire méthodique* de Riegel, Pellat et Rioul dit « qu'une expression est anaphorique si son interprétation référentielle dépend d'une autre expression qui figure dans le texte ».

- **l'anaphore pronominale** est assurée par des pronoms personnels de troisième personne, (pronoms personnels, démonstratifs, possessifs, relatifs et même indéfinis). Ils peuvent représenter totalement ou partiellement l'élément qu'ils reprennent.

- l'anaphore pronominale totale :
  La Loire prend sa source au mont Gerbier-des-Joncs. ***Elle*** *descend ensuite…* (pronom personnel)
  Ce n'est pas ta valise : ***la tienne*** *est encore dans la soute à bagages.* (pronom possessif)
- l'anaphore pronominale partielle : *Je t'ai offert de choisir parmi dix couleurs. Tu* ***en*** *as choisi* ***deux****.* (pronom personnel adverbial)
- Ou encore : *J'ai deux chiens :* ***l'un*** *est un bâtard,* ***l'autre*** *un retriever doré.* (pronoms indéfinis)
- l'anaphore **résomptive** condense un fragment de taille au moins égal à la phrase : *Tu t'es donné de la peine pour m'aider.* ***Cela*** *m'a touché.* (Le pronom démonstratif *cela* reprend toute la proposition qui précède).

♦ **l'anaphore nominale** est la plus riche. Elle consiste en une reprise par un groupe nominal.
- la reprise du nom avec simple changement de déterminant : c'est l'anaphore nominale fidèle.
  « Il y avait une fois <u>une petite fille</u> qui était extrêmement pauvre. <u>Cette petite fille</u> vendait des allumettes ». (Andersen)
- l'anaphore nominale infidèle : il y a changement lexical, par exemple une reprise par l'hypéronyme (un mot générique) :
  Il était une fois un chat botté. <u>Cet animal</u> était le plus rusé…

L'anaphore nominale peut aussi s'appuyer sur la relation de synonymie (*l'enfant* repris par *le jeune garçon),* de périphrase (*le lion* repris par *le roi des animaux*) ou sur un mot de la même famille (*J'ai réussi* repris par *ma réussite*).

3. Les connecteurs

Les connecteurs sont les éléments qui relient les propositions, les phrases et les paragraphes : à ce titre, ils organisent la phrase, le texte et les structurent.

Les connecteurs peuvent être des adverbes (*ensuite, puis, alors…*), des locutions adverbiales (*en outre, par conséquent…*), des conjonctions de coordination (*car, donc, et…*) ou de subordination (*si, parce que…*).

Distinguez :
- les connecteurs intraphrastiques ; à l'intérieur même de la phrase, entre deux propositions.
- les connecteurs interphrastiques : ces connecteurs figurent de manière visible en début de tête de phrase ou de paragraphe.

Ils expriment majoritairement trois types de relations :

♦ **les relations logiques :** la cause (*car, en effet, parce que, puisque*), la conséquence (*si bien que, c'est pourquoi, aussi*), l'opposition et la concession (*pourtant, cependant, si bien que, malgré, or…*), le but (*afin que, pour que*), l'addition (*d'ailleurs, en outre, et…*), la condition (*si, pourvu que*), l'enchaînement des idées (d'abord, *ensuite, enfin, d'une part… d'autre part*).

- **les relations temporelles :** les connecteurs marquent les étapes du récit, soulignent les articulations du texte et structurent l'avancée de l'information (*aujourd'hui, demain, hier, alors, ce jour-là, le lendemain, la veille, ensuite, puis, d'abord, auparavant, plus tard…*) Les trois dimensions temporelles marquées sont la simultanéité (deux faits se déroulent en même temps), l'antériorité (un fait se produit avant un autre) et la postériorité (un fait se situe après un autre).
- **les relations spatiales :** les indicateurs spatiaux organisent souvent la description : *ici, là-bas, devant, derrière, dessus, dessous, au-delà, plus loin, plus haut, plus bas…*

U. La ponctuation

Les signes de ponctuation servent à structurer le texte en phrases, et les phrases en groupes de mots – ces groupes se trouvent ainsi hiérarchisés selon leur fonction.

1. La ponctuation de fin de phrase ou interphrastique

Le point entre dans la définition formelle de la phrase (« La phrase commence par une majuscule et se termine par un point »). Il marque la complétude et l'indépendance d'un énoncé, à l'écrit.

Ce point n'est pas forcément un point final : il faut une ponctuation forte comme le point d'interrogation, le point d'exclamation ou les points de suspension.

Ainsi, en indiquant le sens de l'énoncé, le signe de ponctuation final marque les **types de phrases.** Ces types sont au nombre de quatre :

- le type déclaratif : *Il fait beau aujourd'hui. J'aimerais bien me promener…*
- le type interrogatif : *Est-ce qu'il fait beau aujourd'hui ?*
- le type exclamatif : *Il fait beau aujourd'hui !*
- le type impératif : *Dis-moi le temps qu'il fait !*

2. La ponctuation à l'intérieur de la phrase ou intraphrastique

- **La virgule**, qui marque une pause légère, est le signe le plus courant et le plus complexe :
  - elle sépare les termes d'une énumération. Ces termes sont forcément de même nature et de même fonction : *Pour la rentrée, tu as besoin d'un sac à dos, de classeurs, de cahiers et de stylos.*
  - elle possède un rôle démarcatif, de délimitation des groupes syntaxiques (on dit aussi groupes fonctionnels) dans la phrase. Ainsi, dans la phrase :

    Le lendemain,(1) *il revint,*(2) *seul,*(3) *sur les lieux du crime.*

la virgule (1) détache en tête de phrase le complément circonstanciel de temps, les virgules (2) et (3) isolent, détachent *seul* qui se rapporte à *il* : c'est son épithète détachée.

Il faut donc retenir ceci : la virgule détache les groupes mobiles et facultatifs de la phrase :

- les compléments circonstanciels : *La nuit, le renard sort chasser.*
- l'épithète détachée (comme son nom l'indique) : *Le ciel, nuageux, semble menaçant.*
- l'apposition : *Paris, capitale de la France, est un haut lieu de tourisme.*

☛ **Attention !**

En aucun cas, la virgule ne peut séparer des éléments **essentiels** de la phrase : le verbe et son sujet, le verbe et ses compléments essentiels ; elle ne peut pas non plus « passer » à l'intérieur d'un groupe – comme dans le groupe nominal par exemple, entre le nom et son complément (ex : *un feu de bois*) ; ou dans le groupe adjectival, entre l'adjectif et son complément (ex : *intéressant à lire*).

La virgule permet d'éviter des ambiguïtés de construction :

Elle commande une boisson au café. (l'arôme de la boisson)
Elle commande une boisson, au café. (le lieu)

♦ Le **point-virgule** constitue une pause moins importante que le point mais plus importante que la virgule. Il sépare les propositions en indiquant un certain lien entre leurs énoncés :

Nous avons débarqué sur l'île ; il a fallu rassembler du bois pour faire un feu. (deux actions consécutives)

☛ Remarque : Le point-virgule n'est pas suivi d'une majuscule.

♦ Les **deux points** signalent une relation logique entre deux propositions ; ils soulignent un rapport de cause ou de conséquence :

Il fait beau : je sors.

Les deux points servent à insérer le discours direct dans le récit en démarquant l'un de l'autre.

Exemple : *Il lui demanda : « Mais quelle langue parles-tu donc ? »*

Ils permettent aussi d'ouvrir une liste.

Exemple : *Ils ouvrirent le coffre et trouvèrent : un plan, une longue vue et une boussole.*

♦ **Les guillemets** peuvent isoler un terme que le locuteur ne prend pas à son compte (comme une citation) ou un terme qui ne doit pas être pris dans son sens propre.

♦ **Les parenthèses et les tirets** marquent un décrochement énonciatif.

Exemple : *Il était – je m'en souviens comme si c'était hier – particulièrement énervé.*

V. L'histoire des mots

1. Le fonds primitif

- **Le fonds latin** a fourni à notre langue des *étymons*, espèces de mots-sources dont dérivent les nôtres. Passés par le crible de la langue orale, ces mots nous sont parvenus, déformés phonétiquement : ainsi, *cheval* vient de *caballum*, *chétif* de *captivus*. Ce sont les mots du Français les plus irréguliers dans leur orthographe. Ils ont une « graphie conservatoire » : leur orthographe conserve les lettres étymologiques qui rattachent des mots à leur histoire/

  Exemple : *Digitum* donne *doigt ; signum* donne *seing*

Parallèlement à cette évolution phonétique, la sémantique des mots a connu également une longue histoire, qui va dans le sens de l'affaiblissement du sens des mots : ainsi, lorsque nous employons l'adjectif *horripilant*, nous souvenons-nous qu'il provient d'*horripilis,* qui signifie « capable de faire se dresser les poils » ? Et quand nous trouvons quelque chose *formidable*, quelle part reste-t-il du sens de *formidare : effrayer, faire peur*, qui fait écrire à Théophile Gautier au XIXe siècle : *Son aspect était formidable et monstrueux ; il avait cent têtes, et de ses cent bouches sortaient avec des flammes des cris si horribles que les dieux et les hommes en tremblaient.*

- **Le gaulois** a donné des mots liés au champ lexical de la campagne : *lieue, chêne, charrue...*
- **Les langues germaniques**, après les invasions du Ve siècle, ont laissé un vocabulaire essentiellement militaire : *éperon, hache, brandir, guerre...* et les adjectifs de couleur.

2. Les emprunts

Au latin

Cependant, depuis le latin populaire, tous les mots n'ont pas suivi le même chemin, et c'est pourquoi, à côté de *chétif,* issu de l'évolution phonétique, l'étymon *captivuus* nous a fourni *captif.* Ce mouvement d'emprunts aux idiomes antiques a été particulièrement productif au début du XVIe siècle, sous l'influence des Humanistes. Ainsi, *ministerium*, qui avait déjà donné le nom *métier* à la langue française donna également, par cette introduction savante tardive, *ministère.* On appelle doublets ces couples de mots français issus du même étymon. Il est à noter que, parallèlement à leur évolution divergente dans la forme, ces mots se sont également éloignés l'un de l'autre par le sens.

Aux langues étrangères

À la faveur des échanges commerciaux ou scientifiques, des relations de conflit ou de tourisme, la langue française a importé de nombreux mots des langues étrangères.

La Renaissance a apporté son lot de mots issus de l'art italien, comme *filigrana*, *fil à grain*, qui devient *filigrane*, ou encore *balcon, costume, escarpin.*

L'espagnol nous a donné *adjudant, toréro* ; l'allemand *vampire, vasistas* et à l'arabe nous devons des mots comme *zéro, algèbre, alcool.*

Dorénavant, c'est l'anglais et l'américain qui nous fournissent des mots nouveaux : *importer, week-end, football, web...* Avec des allers-retours possibles, comme le mot *parking,* formé sur le français *parquer*, qui nous est revenu avec une désinence tout à fait anglaise. Le suffixe -ing, suffixe à valeur verbale en anglais, nous a d'ailleurs servi à former un mot comme *footing.*

W. La formation des mots en français

La lente évolution des mots depuis l'Antiquité latine nous a fourni un ensemble de **mots simples.** À partir de ces unités, la langue française, grâce à un certain nombre de procédés, en a créé d'autres. On les appelle **des mots construits.**

1. La dérivation

Le procédé majeur de création lexicale est la **dérivation**. La dérivation propre est l'ajout d'un préfixe ou/et d'un suffixe à la base d'un mot.

Par exemple : sur *monter*, on crée le verbe *démonter* par ajout d'un préfixe et le nom *montage* par l'ajout d'un suffixe.

En cumulant deux transformations, on pourrait créer *démontable ou démontage.*

☛ **Attention !**

Il faut distinguer de cette création la **dérivation impropre** (on n'ajoute rien, ni n'enlève rien : le mot change de catégorie grammaticale. Par exemple, l'ancien verbe *plaisir* est devenu un nom : *le plaisir ;* l'adjectif *vrai* donne un nom, *le vrai*).

On appelle **famille de mots** l'ensemble des mots formés grâce à la dérivation sur le même radical.

Il existe différentes dérivations :

- de type préfixal, elle n'entraîne jamais la création d'un mot nouveau dont la classe morphologique différerait de celle de la base : *monter/démonter/surmonter/remonter,*
- de type suffixal, elle fait généralement changer de classe morphologique : *monter/montage, manger/mangeable...*
- de type parasynthétique : c'est l'adjonction simultanée à une base d'un préfixe et d'un suffixe. Dans un parasynthètique, la suppression du préfixe ou du suffixe donne un résultat quoi n'est pas acceptable.

Ainsi, pour *encolure* (*encol et *colure n'existent pas), la décomposition en préfixe + base ou base + suffixe est impossible. Ainsi *démobiliser* n'est pas un parasynthétique, puisque *mobiliser existe.*

☛ **Remarque :** grâce à la dérivation suffixale, la **nominalisation** crée des noms à partir d'adjectifs (*Le diamant est rare* > *Rareté du diamant*) et de verbes (*l'autoroute est embouteillée* > *Embouteillage sur l'autoroute*).

2. La composition

La composition est la jonction de mots existant en tant que mots simples dans la langue française : deux termes identifiables pour le locuteur se conjoignent en une unité nouvelle **à signifié unique** et constant (Benveniste, II, 171).

Exemple : *pomme de terre* ou *porte-plume*. La soudure s'opère par un trait d'union ou par la réunion des deux parties du mot.

La composition est réussie s'il y a création d'un nouveau mot autonome. Ainsi il est impossible d'insérer un autre élément entre les éléments associés par la composition, même si le phénomène de composition n'est pas rendu visible par un trait d'union :

on dira *une chaise longue à rayures* mais pas * *chaise à rayures longue.*

De plus, un mot composé est une unité nouvelle qui n'est pas généralement obtenue par la somme sémantique des éléments qui la compose, mais qui désigne une réalité différente. C'est très clair dans *pied-de-biche*, obtenu dans métaphore. Cette propriété des composés peut être exploitée en classe dans des jeux poétiques.

La composition peut réunir :

- Un verbe et un nom : *un portefeuille*
- Deux noms : *un tampon encreur*
- Deux noms par l'intermédiaire d'une préposition : *une barbe à papa*, *une pomme de terre*
- Un adjectif et un nom : *une chaise longue, un rond-point*
- Deux verbes : *cache-cache*
- Une préposition et un nom : *un avant-programme*

Il apparaît à travers ces exemples que, si la composition aboutit à un nouveau mot dans la langue (chacun de ces termes ayant une entrée propre dans le dictionnaire), les modalités de la composition ne sont pas homogènes : les éléments du mot composé sont parfois reliés par un trait d'union, parfois non. Dans certains cas, les deux parties ont fusionné au point de faire oublier de quel type de formation le mot est issu.

3. Des créations par néologie

- La **siglaison :** *TGV* pour *Train à grande vitesse.*

  À travers un exemple comme le mot *smicard*, il est évident que les sigles sont, à part entière, entrés dans la langue. Ainsi le sigle SMIC a subi, comme tout mot simple de la langue française, une dérivation propre.
- La **troncation** est la création d'un mot nouveau par la suppression d'une ou deux syllabes à un mot. Elle accompagne une tendance générale à la simplification de la langue :

  Exemple : *métro* pour *métropolitain* ; *ciné* ou *cinéma* pour *cinématographe.*
- Les **mots-valises** se caractérisent par la réunion, le choc de deux bases, dont chacune est tronquée, mais de telle sorte que le mot créé conserve un segment commun aux deux bases, par exemple : *informa(tion) automatique > informatique.*

X. Les relations de sens entre les mots

Le **signe** linguistique est une forme signifiante qui associe le **signifiant** – l'enveloppe du mot, son image acoustique – à son **signifié** – le contenu, le sens du mot.

Le rapport du signifiant et du signifié est complexe : si la définition du dictionnaire peut fournir a dénotation des mots, c'est-à-dire ce que les mots désignent, en revanche, il est plus difficile d'anticiper sur la connotation, c'est-à-dire le sens particulier d'un mot qui vient s'ajouter au sens ordinaire selon la situation ou le contexte.

1. Le rôle du contexte

Le sens d'un texte permet de déterminer, parmi tous les sens d'un mot, celui qui est pertinent dans un cas précis. C'est la construction du mot dans la phrase qui lui donne son sens précis par rapport aux autres sens qu'il pourrait avoir dans d'autres contextes :

Un homme sec	(maigre)
Une attitude sèche	(peu accueillante)
Du bois sec	(du bois qui n'est plus vert)
Un licenciement sec	(sans préavis)
Des fruits secs	(qui ne sont plus frais)

L'ensemble des sens du mot selon les contextes constitue son **champ sémantique.**

2. L'homonymie

Un mot qui a plusieurs sens est dit polysémique : *La robe* (de soirée/d'un cheval/du vin…).

Dans les cas de **polysémie**, c'est le contexte d'emploi qui sélectionne le sens du mot. À cela il convient d'ajouter le sens fourni par le macrocontexte (le paragraphe, le passage, l'œuvre, le genre et l'époque).

Deux mots de sens différents et à la même prononciation sont des **homonymes :** *mer, maire, mère.*

> Exemple : Rimbaud joue sur l'homonymie dans son poème « Monsieur Prudhomme », où il fustige les bourgeois de Charleville :
> *Son air est grave. Il est maire et père de famille.*

Deux homonymes dont l'orthographe est identique sont **homographes.**

On peut les distinguer entre autres par :

- un genre différent : *le mort/la mort ;*
- une origine et des sens différents : *une réponse vague (vagus, errant)/un terrain vague (vacuus, vide) ;*
- une origine commune et des sens différents : *la grève des transports/marcher sur la grève.*

3. La synonymie

Des synonymes sont des mots de sens proche, et qui peuvent se substituer l'un à l'autre dans un contexte donné.

Comme on l'a vu avec le champ sémantique de *sec,* un même mot admet des synonymes différents selon les contextes. Cela tient à l'étendue de son champ sémantique.

Les antonymes sont des mots de sens contraire : *sec/humide, riche/pauvre, petit/grand.*

4. La paronymie

Des paronymes sont des mots de sens différent mais de forme très proche.

> Exemple : *collusion* et *collision.*
> Exemple :
> *Et* ***l'amour*** *et* ***la mer*** *ont l'amer en partage*
> *Car l'amour est amer, et la mer est amère*
> *On s'abîme en l'amour aussi bien qu'en la mer*
> *Car tous deux ne sont point sans espoir de naufrage.*
> (Victor Hugo)

5. L'hyperonymie

On appelle hyperonyme un terme dont le sens englobe le sens d'un ou de plusieurs autres termes. Ainsi, *meuble* est l'hyperonyme de *chaise, table, lit, armoire*...

À l'inverse, des mots comme *saumon, brochet, bar* seront appelés les hyponymes du mot *poisson*.

Y. Phonétique et phonologie

La phonétique s'intéresse à la réalité sonore des sons, à leur articulation. Elle comprend la physiologie (la phonétique articulatoire) et la physique (phonétique acoustique). En revanche, la **phonologie** relève de l'étude des unités abstraites que sont les phonèmes.

Le système des phonèmes, dans ses grandes lignes, doit être connu si l'on veut analyser, au concours, certains énoncés oraux et, en tant qu'enseignant, avoir un outil de remédiation aux difficultés des jeunes élèves.

Pour le concours, il faut savoir :

- identifier les rapports entre phonèmes et graphèmes : trouver les différents graphèmes qui réalisent un même phonème ; trouver les différents phonèmes
- dénombrer le nombre de phonèmes dans un énoncé
- reconnaître, parmi plusieurs transcriptions phonétiques, celle qui correspond à un énoncé donné
- transcrire un énoncé selon les normes de l'alphabet phonétique international

1. Les phonèmes du français

Il s'agit de la plus petite unité distinctive non dotée de sens que l'on puisse isoler dans le discours. Contrairement au « son » (étudié par la phonétique), le phonème peut se combiner avec d'autres phonèmes pour former des unités de première articulation dotées de sens. La liste des phonèmes d'une langue est une liste fermée qui diffère d'une langue à l'autre. Elle prend en compte les particularités articulatoires. En français, 36 phonèmes permettent de rendre compte de notre langue.

Ces phonèmes sont répertoriés dans l'alphabet phonétique international (ou API). Son principe est de faire correspondre un seul signe à chaque « son », un seul « son » à chaque signe. On indique qu'on utilise l'API en plaçant le signe phonétique en question entre crochets, et la transcription se fait sur la base de la prononciation. Par exemple, *un wagon* se note [œvago], mais [œvwago].

2. Le graphème

Il s'agit de la plus petite unité de la langue écrite ayant une référence phonique ou sémique dans la langue parlée. C'est l'unité d'écriture qui correspond à un phonème.

Cette unité peut être composée d'une lettre, d'un groupe de lettres (digrammes ou trigrammes). Par exemple, les graphèmes -o-, -au- et -eau réalisent le phonème [o]. Pour graphier un mot qui comporte ce phonème, on décidera selon les conventions imposées par les règles orthographiques.

3. Les correspondances phonie/graphie

Il y a, dans le code, des signes graphiques dont l'unique fonction est de transcrire des sons : ce sont les **phonogrammes**. Ils représentent 85 % des signes d'un texte quelconque.

> Exemples : Le graphème -m- dans le mot « maison », le graphème -ph- dans le mot « éléphant ».

En revanche, les **morphogrammes** sont des graphèmes dotés d'une valeur. Le morphème est la plus petite unité composée d'une suite de sons ou de lettres ayant une signification. Par exemple : en français, le -e est associé au féminin, tandis que le -s est caractéristique du pluriel. On distingue, parmi ces graphèmes (ou plutôt ces morphèmes) ceux qui notent :

- **un trait grammatical** (un accord, une marque de temps ou de personne dans la conjugaison : en conjugaison, le -s est la marque de la deuxième personne) ;
- **un trait lexical** : certains mots présentent un morphème qui les rattache à leur champ lexical, appelé aussi famille du mot. Par exemple, le -c de « porc » permet de le rattacher à « porcin » ; le -b à *bord* de *bordure, border, débordement.*

Z. Le système orthographique

1. Connaissance du système orthographique du français

L'orthographe constitue une norme de la langue écrite ; elle met en correspondance graphèmes et phonèmes selon un certain nombre de lois. Ce système est particulièrement complexe en français, qui, voulant conserver dans sa langue écrite son histoire, repose sur un certain nombre de difficultés et d'incohérences.

Le système orthographique du français se base sur trois types d'unités graphiques : les phonogrammes, les morphogrammes et les logogrammes, qui permettent de décrire le système orthographique et de hiérarchiser ses phénomènes.

a. Les phonogrammes

Ce sont les graphèmes qui transcrivent simplement les phonèmes. Ainsi, invariablement : a = /a/, u = /y/ dans *bas, plus*.

Les phonogrammes peuvent être, comme ici, des lettres simples, mais on relève aussi :

- des **digrammes** : ce sont des groupes de deux lettres formant unité et correspondant à un seul phonème. Par exemple, ***ou*** pour /u/ dans ***mou***, ***ch*** pour /S/ dans ***chou, ph pour /f/*** dans ***phasme***...
- des **trigrammes** : ce sont des groupes de trois lettres correspondant à un phonème. Par exemple, ***eau*** pour /o/ dans ***seau...***

Un même phonogramme peut transcrire différents phonèmes, selon la loi de position : ***t*** peut transcrire, selon son entourage dans le mot, [t] comme dans ***patte*** ou [s] comme dans ***potion***. D'autres lettres changent de valeur selon leur environnement dans le mot : le S, dont la valeur de base est /s/, prend la valeur /z/ entre deux voyelles (baiser). Et différents phonogrammes peuvent réaliser un même phonème : « o », « au » et « eau » correspondent au phonème [o]. On nomme alors ***O*** l'archigraphème.

Cette catégorie relève de **l'orthographe d'usage.** Il appartient au scripteur de langue française de connaître ce règles de correspondance, que le dictionnaire aussi peut l'aider à maîtriser.

b. Les morphogrammes

Ce sont des lettres liées à **l'orthographe grammaticale**, car elles portent une information qui peut être :

- de l'ordre de la syntaxe (accord en genre et/ou en nombre dans le groupe verbal ou dans le groupe grammatical),
- de morphologie grammaticale : les marques de genre et les marques de nombre, pour le verbe les marques de mode, temps, personne et nombre (conjugaison du verbe),
- de morphologie lexicale : les morphogrammes lexicaux constituent des marques internes ou finales, qui relient le mot à sa famille de dérivation. Par exemple, le « t » de ***pot*** permet de construire la famille du mot : ***potier, poterie, potée...***

On recense dans cette catégorie les **marques de préfixe** (in-, préfixe négatif qui inverse la valeur de vérité du mot, comme dans *injuste*, fait-il devant ***l*** dans *illégal*, et im- dans *impossible*, **de suffixe** : la marque -ment, caractéristique des adverbes : ***lentement*** et les **marques de dérivation** : *sabot/saboter/sabotier...*

c. Les logogrammes

Selon le principe d'un logo, où la figure et le mot sont étroitement associés, les logogrammes sont des monosyllabes qui se constituent en petits ensembles d'unités très proches visuellement, mais qui possèdent des valeurs grammaticales ou lexicales bien différentes. **Les logogrammes** constituent une difficulté majeure de la langue française, dans laquelle de nombreux mots monosyllabiques, homophones, présentent cette parenté graphique : ***a/à, est/et, ou/où.***

On distingue les homophones lexicaux : ***voie/voix, roue/roux***… et les homophones grammaticaux : ***a/à***.

Ces trois difficultés du français peuvent être répertoriées en trois catégories d'erreurs :

- La première est celle des **erreurs lexicales**, ou des erreurs d'orthographe d'usage ;
- La seconde est celle des erreurs grammaticales (erreurs d'accords dans le groupe nominal ou dans le groupe verbal) ;
- La dernière est celle des confusions d'homophones, très fréquentes chez les élèves en production d'écrits.

D'autres types d'erreurs se retrouvent dans les productions d'élèves ; elles sont extragraphiques car elles mettent en jeu des difficultés autres que la mise en correspondance graphie-phonie :

- les **erreurs de segmentation** des mots lors du passage de l'oral à l'écrit (****on na de la chance***) ;
- les erreurs concernant **l'analyse phonique** du mot à transcrire. La prononciation du mot est mal réalisée ou mal analysée : à l'écrit, on ne reconnaît pas la forme sonore du mot.

2. Comment classer les erreurs dans des productions d'élèves ?

Ces catégories orthographiques, qui permettent de classer les phénomènes d'erreurs, ont fait l'objet de classements, dont le plus en usage est celui de Nina Catach, que l'on trouve dans *L'Orthographe française*, Nathan, 1991, et qui permet vraiment de sérier toutes les occurrences que l'on peut rencontrer. Pour le maître, cette grille constitue un outil d'évaluation de l'élève précieux.

Grille typologique des erreurs d'orthographe établie par Nina Catach (version simplifiée)

Catégories d'erreurs	Exemples
Erreurs extragraphiques Erreurs à dominante calligraphique Erreurs de segmentation Erreurs phonétiques	 – *mid (nid)* – *ce nest rien (n'est)* – *le crain (train)*
Erreurs graphiques proprement dites – à dominante phonogrammique : elles altèrent ou non la valeur phonique du mot. – à dominante morphogrammique a. morphèmes grammaticaux : accords sur le GN, accords sujet/verbe, conjugaison… b. morphèmes lexicaux : préfixes, suffixes et erreurs sur les marques du radical qui pourraient couper le mot de sa famille lexicale. – erreurs à dominante logogrammique : confusion d'homophones lexicaux ou grammaticaux (ces mots doivent figurer dans le dictionnaire) – erreurs à dominante idéogrammique : majuscules, ponctuation, apostrophe, trait d'union (dans les mots composés).	 – *décu (déçu)* – *alié (un allié)* – *des drap (des draps),* – *ils chante (ils chantent)* – *dra* pour *drap* – *pin/pain* – *à/a, et/est, on/ont* – *l'état (l'État),* – *c'est à dire (c'est-à-dire)*

Chapitre 3 : Analyse d'un dossier composé d'un ou plusieurs supports d'enseignement du français

Il s'agit d'une analyse critique de supports d'enseignement du français, de la maternelle au CM. La nature de ces supports peut-être : préparation d'un enseignant, pages de manuel scolaire, retranscription d'une séance orale, productions écrites ou orales d'élèves, documents d'évaluation, extraits de textes littéraires.

Le dossier peut se présenter sous deux formes : des supports d'enseignement seuls, ou des supports d'enseignement assortis d'extraits de textes officiels ou de documents didactiques. Dans le premier cas, le candidat doit s'appuyer sur ses seuls savoirs ; dans le deuxième cas, il sera évalué aussi sur sa capacité à tirer parti de textes officiels ou théoriques pour lire des documents de classe.

♦ **Il faut savoir :**

- connaître les démarches d'apprentissage de l'élève et les principes didactiques (comment enseigner la lecture, l'écriture, le langage oral, l'étude de la langue)
- connaître les textes officiels.

Les programmes de l'école primaire publiés au BO hors-série n° 3 du 19 juin 2008, accompagnés de progressions niveau par niveau.

Des ressources disponibles sur Eduscol, dans l'espace « Ressources pour le premier degré » (Maîtrise de la langue française) :

- *Le langage à l'école maternelle* dans la collection « Ressources pour faire la classe » et le DVD « Apprendre à parler »
- *Lire au CP* et le DVD « Apprendre à lire »
- « Le vocabulaire et son enseignement »
- « L'orthographe et son enseignement »
- *La littérature à l'école – Listes de référence pour les cycles 1, 2 et 3*

♦ **Ce qu'il faut savoir faire :**

- savoir lire des documents relatifs à la classe (fiche de préparation support de cours, transcription de séance, document d'évaluation, production d'élève).
- savoir analyser de manière critique ces supports d'enseignement.
- savoir replacer des supports d'enseignement dans le cadre des programmes officiels.

I. Notions de référence pour analyser des supports didactiques en français

Avant de réfléchir aux aspects didactiques de l'enseignement du français, il nous paraît important de dessiner un cadre théorique, qui est celui dans lequel s'inscrivent aussi les textes officiels des programmes et du socle commun. Cet apport est indispensable à la culture pédagogique de tout candidat.

Il faut d'abord comprendre de manière claire l'articulation entre didactique et pédagogie : la pédagogie est la notion la plus large ; elle concerne l'enseignement en général. C'est l'ensemble des choix que fait un enseignant, sa manière d'intervenir dans sa classe, de l'organiser et ce, quelle que soit la discipline enseignée. La didactique en revanche relève de la transmission des connaissances dans chaque discipline. On parle de didactique du français, de didactique des sciences... À l'intérieur même de chaque discipline, il peut y avoir des didactiques différentes selon les objets d'enseignement : la didactique de l'oral, la didactique de l'écrit...

L'ensemble des propositions attendues dans l'analyse de supports d'enseignement s'inscrivent dans le courant socio-constructiviste. Sans qu'il soit nécessaire de citer ce courant, il faut le connaître et s'en inspirer pour porter un œil critique, mais avisé, sur la fiche de préparation d'un enseignant, sa manière de mener une séance orale en classe, la démarche proposée par un manuel scolaire... L'idée centrale est que l'apprentissage est le résultat de l'expérience directe du sujet sur les objets du monde qui l'entourent. Ainsi, chaque nouvelle expérience doit être une remise en cause des acquis antérieurs, un nouveau questionnement de l'expérience précédente. Lev Vygotski, qui conduit ce mouvement, montre que l'activité langagière et l'activité cognitive du sujet qui se trouve en **interaction** avec d'autres sont étroitement liées, et que c'est cette interaction même qui garantit l'apprentissage. L'enfant apprend d'abord grâce à la verbalisation d'expériences, réalisée par d'autres, lors d'interactions sociales qu'il intériorise dans un second temps, lors de l'élaboration d'un langage interne. Dans ce courant de pensée, le langage est donc au centre des apprentissages puisque c'est l'outil qui permet d'effectuer les apprentissages et d'exercer l'intelligence.

Un autre concept important en pédagogie est celui de **zone proximale de développement :** « Il se trouve que même en collaboration avec quelqu'un l'enfant résout plus facilement les problèmes proches de son niveau de développement ; au-delà la difficulté augmente et enfin devient insurmontable même en collaboration. La possibilité plus ou moins grande qu'a l'enfant de passer de ce qu'il sait faire tout seul à ce qu'il sait faire en collaboration avec quelqu'un est précisément le symptôme le plus notable qui caractérise la dynamique de son développement et de la réussite de son activité intellectuelle. » Cette idée, développée par Vygotsky, a son importance : entre le niveau de développement propre à l'enfant et son niveau de développement potentiel se situe cette zone proximale de développement, qui représente donc ce que l'enfant ne sait pas encore faire en autonomie, mais qu'il peut réaliser avec l'aide d'autrui – le maître, un pair ou l'ensemble de ses pairs.

Ce type de pédagogie, qui donne son importance aux interactions sociales, a inspiré d'autres recherches, comme celles de J.S. Bruner avec « l'interaction de tutelle » : il nomme ainsi l'aide, **l'étayage** que l'expert apporte à l'élève pour soutenir et développer son activité langagière et cognitive sur une tâche qui lui est encore difficile, voire inaccessible seul. L'étayage est désormais une notion capitale pour analyser les « gestes » pédagogiques du maître. Six fonctions d'étayage peuvent ainsi être observées :

- l'enrôlement, qui consiste à soulever l'intérêt de l'enfant pour la tâche proposée (les gestes à observer sont : le choix de l'activité, sa présentation même, son inscription dans un projet, la passation de la consigne)
- la réduction des degrés de liberté : simplifier la tâche, la rendre accessible, éviter la surcharge cognitive (apporter une aide matérielle…)
- le maintien de l'orientation du sujet sur la tâche : faire en sorte que l'enfant ne s'écarte pas de l'objectif assigné (maintien de l'attention, rappel de la consigne, rappel de l'objectif)
- la signalisation des caractéristiques déterminantes : amener l'enfant à mesurer l'écart entre ce qu'il produit et ce qui est attendu.
- le contrôle de la frustration : (regard bienveillant du maître, paroles d'encouragement, rappel de la consigne et de l'objectif de travail)
- la démonstration : reprendre un élément proposé par l'élève en l'amenant à le reprendre sous une forme mieux appropriée, plus aboutie (relire le travail de l'élève à haute voix, l'amener à reformuler).

Une analyse critique de supports d'enseignements, quels qu'ils soient, gagnera à utiliser ces outils. Ce sont à la fois des outils de lecture des documents proposés, qui vous évitent de faire de la paraphrase ou un commentaire plat et dont les apports sont faibles ; ce sont également des outils qui donnent force à vos propositions, quand il vous est demandé d'en faire. Bien souvent, dans les documents proposés, se lit une stratégie uniquement **transmissive**, où le maître se conçoit comme l'intermédiaire entre l'élève et le savoir. Il y a appropriation du savoir par le maître puis une transmission de ce savoir aux élèves. Cette stratégie transmissive se retrouve souvent dans les manuels scolaires, qui délivrent d'autorité une leçon, suivie d'exercices d'application.

Au contraire, dans les méthodes **constructivistes**, est envisagée une relation plus directe entre le savoir et l'élève : la place de l'enseignant ne se situe pas entre le savoir et l'élève : il accompagne l'élève dans l'accès au savoir, mais c'est l'élève qui s'approprie activement ce savoir. Dans le texte suivant, Yves Reuter synthétise l'esprit des démarches constructivistes :

On apprend en faisant, parce qu'on a rencontré des problèmes précis et qu'il faut les surmonter pour continuer le travail, *hic et nunc*. Les contenus ne sont donc pas programmés à l'avance mais appelés par la tâche et finalisés par elle. C'est le projet, dans sa logique, qui doit organiser les apprentissages, les contenus, les exercices…

Ce type de pédagogie tente aussi de répondre à la construction parfois difficile de la motivation (ou à son absence) par son élaboration collective à l'intérieur de l'espace de la classe. Cela explique les phases indispensables de négociation du projet et de ses modalités de réalisation qui doivent faire l'objet d'un contrat explicite.

Tout ce dispositif est géré par le collectif-classe, avec des séances de programmation, de socialisation des activités et des produits des groupes, de régulation (portant sur les relations) et d'évaluation. Le produit final est socialisé à l'extérieur de la classe et, si possible, de l'école, ce qui doit contribuer à fonctionnaliser et à finaliser les activités.

Yves Reuter, *Enseigner et apprendre à écrire*, ESF Éditeur, collection pédagogies, 1996.

II. Comment se fait l'évaluation de l'analyse de supports d'enseignement ?

Cela semble a priori évident, mais **la compréhension et la prise en compte réelle des questions et des documents** est déterminante. Ensuite, c'est le document proposé à la réflexion qui doit être véritablement le point de départ de vos réponses : il est très agaçant, lorsque la question porte sur les objectifs visés par un document – par exemple la fiche de préparation d'un enseignant ou une page de manuel scolaire – de lire de longues listes d'objectifs, fort justes, mais sans aucune référence au document, tout droit sorties des programmes officiels. Pensez toujours au support de l'analyse : votre savoir doit s'adapter à la matière que l'on vous donne.

Des réponses ciblées, utilisant une terminologie, citant le document d'étude, sans bavardage sont appréciées.

Des apports théoriques venant à l'appui de la réflexion pédagogique sont très positivement évalués, que ces apports trouvent leur source dans les textes de la synthèse que vous venez de faire ou dans vos lectures personnelles. Citez ou évoquez juste ce qui est nécessaire, sans excès.

Une attitude réfléchie et critique à l'égard des documents et situations présentés. C'est ici votre culture de la classe et des supports d'enseignement qui fera la différence. La plus grande bienveillance est requise lors de l'analyse de travaux d'élèves : il faut toujours trouver l'aspect positif d'une production avent de la critiquer ou de proposer des remédiations.

III. De quelle nature peuvent être les documents à analyser dans le volet 2 ?

Vous devrez analyser un dossier qui peut comprendre mêler plusieurs types de documents. Les sujets des annales « zéro », consultables sur le site SIAC1, présentent d'une part une fiche de préparation d'enseignant et un texte littéraire, d'autre part, des extraits de textes officiels et la retranscription d'une séance de classe.

Globalement, on peut vous demander de :

- Analyser deux ou plusieurs pages d'un manuel scolaire en émettant un avis critique sur leur efficacité. Vous pouvez alors être amené, en vous référant aux programmes scolaires, à sélectionner des activités dans ces pages et/ou à proposer des activités complémentaires.
- Comparer des extraits de manuels scolaires portant sur la même notion.
- Analyser des productions d'élèves, qu'elles soient orales (réponses à des questions, participation à une séance de classe orale) ou écrites. Ce n'est plus alors l'aspect linguistique de ces productions qui est interrogé, mais le fonctionnement des interactions entre élèves, ou le contenu des réponses au regard de la notion travaillée.
- Analyser la préparation d'un enseignant.
- Analyser l'étayage d'un enseignant en situation de classe (oral), ou l'évaluation de l'enseignant sur des productions d'élève (annotations, corrections, notes…)
- Mettre en regard différents documents : la préparation d'un enseignant et le texte littéraire support de séance ; la préparation d'un enseignant et les productions d'élèves qui en résultent ; des articles didactiques ou pédagogiques et des supports d'enseignement.

Il n'est pas dans la tradition du CRPE de vous demander de concevoir vous-mêmes des outils : séquences, séances, exercices… En revanche, vous devez être capable de lire de manière critique et avisée les documents fournis, pour faire – le cas échéant – un choix entre diverses propositions, ou pouvoir pallier les faiblesses ou les manques d'une séance d'enseignement par des activités complémentaires.

Quelques clés pour traiter l'analyse critique de supports d'enseignement

A. Une préparation d'enseignant

Le document présenté est alors une fiche de préparation. Vous en trouvez un exemple sur SIAC 1 (sujet 1 de l'année 2017). La spécificité de ce type de document est qu'il exige de se projeter dans une séance en prévision, et non encore mise en œuvre. Dès lors, il convient d'être attentif :

- À l'adéquation entre l'objectif annoncé, les compétences mises en œuvre par les élèves et les activités proposées.
- À l'adéquation entre le support travaillé, par exemple un texte littéraire, et les activités mises en place pour le comprendre.
- À l'enchaînement des activités et à leur caractère progressif.
- À la part d'activité de chaque élève dans la séance.
- À l'alternance entre phases de recherche (seul ou en groupe), phases de mise en commun et phases de réinvestissement-entraînement.
- À l'alternance entre activités écrites et orales, individuelles et collectives (pour solliciter chez l'élève le conflit cognitif comme le conflit socio-cognitif).

Vous guider votre travail, voici ce que l'on peut attendre d'une fiche de préparation. En italique, nous avons fait figurer les questions à se poser.

Domaine disciplinaire : matière (voir BO)
Niveau de classe

Compétence	Elle se trouve dans les programmes : c'est ce qui est visé à la fin de la séquence. Ce que l'élève doit savoir/ doit apprendre	**Type de séance :** **Place de la séance dans la séquence :**
Objectif	Sous la forme d'un verbe à l'infinitif, c'est une étape dans l'acquisition de la compétence.	
Matériel	Les supports de travail doivent être choisis avec pertinence et préparés à l'avance	

- ♦ **SÉANCE** : chaque séance a un objectif qui permet d'atteindre la compétence de la séquence.
- ♦ **SÉQUENCE** : Une séquence est composée de plusieurs séances, qui peuvent se décliner de la manière suivante : Découverte/Appropriation/Entraînement/Évaluation/Remédiation.

Les phases et durée	Modalités de travail	Activité de l'élève	Rôle du maître	Obstacles	Observations
1. Situation de départ 2. Phase de recherche *(les élèves sont-ils en situation de recherche réelle ?)* 3. Mise en commun *(quelles sont ses modalités ?)* 4. Synthèse : institutionnalisation/ mémoire de la séance *(comment est-elle menée ? avec les élèves ?)*	. En groupe, collectif ou individuel ? . À l'oral ou à l'écrit ? . Sous forme d'échanges ? De débat ? De lecture ou d'écriture ?	1. Reformule la consigne 2. Émet des hypothèses 3. Cherche et s'interroge 4. Échange, argumente, justifie 5. Propose des réponses 6. Valide ou invalide.	– Donne la consigne et la fait reformuler. *(est-elle claire ?)* – Observe sa classe. – Circule pour s'assurer de l'activité de tous les élèves et prélever des informations pour anticiper la mise en commun. – Procède à l'étayage : il organise et régit les échanges, mobilise les élèves, institutionnalise la « leçon ».	Les obstacles que le maître et les élèves vont rencontrer peuvent être anticipés, qu'ils soient liés à la difficulté d'une tâche ou aux difficultés reconnues de certains élèves. Il faut alors organiser la différenciation.	Lors du déroulement de la séance ou juste après celle-ci, le maître peut noter ses remarques (écarts dans la mise en œuvre de la séance par rapport au prévisionnel, réalisations et propositions des élèves)

Prolongements : réajustement lors de prochaines séances, pour réemployer les notions ou pallier des manques.

Le travail consiste à se projeter dans le déroulement de la séance, en imaginant ce que font les élèves d'une part/le maître d'autre part, étape par étape. C'est ainsi, en prenant le temps de vous figurer la séance telle qu'elle est prévue, que vous pourrez faire ressortir ses intérêts et ses incohérences, pour vous projeter vers d'éventuelles propositions : modifications de telle ou telle activité, prolongements possibles, activités complémentaires.

> ☛ **Attention !**
> Au concours, à l'écrit, il ne peut vous être demandé de produire des documents « de classe » tels que fiche de préparation ou séquence. À ce stade de votre préparation au métier, il vous est demandé d'être de bons analystes du travail des autres (productions du maître, des élèves, des concepteurs de manuels scolaires), mais vous n'êtes pas encore enseignant. De ce fait, il faut savoir lire les documents liés à la classe de manière avisée, c'est-à-dire en vous appuyant sur une solide connaissance des programmes, une familiarité avec les documents du maître et une technique de lecture des productions d'élève.

B. Une production d'élève

À partir d'une production d'élève, orale ou écrite, il peut s'agir de relever et classer des erreurs ; ou d'évaluer la production même. La maître-mot dans ce travail est de porter **un regard bienveillant** sur le travail produit : il ne s'agit pas de fustiger un élève ou de déplorer son niveau, mais bien de se placer dans une démarche de compréhension de ses erreurs pour pouvoir en trouver les raisons (difficultés de l'exercice, utilisation d'outils inappropriés, méconnaissance de tel ou tel aspect d'une question, surcharge cognitive qui fait que, par exemple au moment de produire un écrit, l'élève se relâche sur la fin ou encore, propose un texte très efficace sur le plan de la réponse à la consigne mais moins sur la forme orthographique) pour pouvoir en proposer un bilan et concevoir, le cas échéant, des remédiations.

Outre des connaissances de la classe et de la didactique des différents domaines d'enseignement du français, il existe un outil précieux : la grille EVA (Évaluer les écrits à l'école primaire). Elle permet de hiérarchiser les points d'attention, selon trois niveaux d'analyse :

- **l'aspect pragmatique** concerne la relation entre le message et ses utilisateurs. Il s'agit de considérer l'écrit par rapport à la situation de communication dans laquelle il intervient, c'est-à-dire, souvent, par rapport à la consigne fixée : quel est l'effet visé par ce texte (expliquer, pour un texte scientifique, faire sourire, pour un texte narratif…) ? Quel est l'enjeu ?

- **l'aspect sémantique** concerne la façon dont les signes désignent, c'est-à-dire la relation entre les signes et leurs référents. C'est un des éléments majeurs de la **construction du sens :** le texte est-il cohérent sémantiquement ? Les termes employés sont-ils justes, précis et riches ?
- **l'aspect morphosyntaxique** concerne la relation entre les signes entre eux. C'est la grammaire et l'orthographe traditionnels : ce plan de lecture est moins spécifique pour lire un texte donné. Comme on retrouve ses exigences, à l'identique, pour tout texte, on aborde alors cet aspect en dernier lieu.

La grille EVA est donc surtout un outil de questionnement des textes. En aucun cas, elle ne doit apparaître dans les classes ou être appliquée formellement. Son intérêt vient des dimensions d'analyse retenues :

- prise en compte du texte, de la phrase ?
- regard pragmatique ? sémantique ? morphosyntaxique ?

☛ **Attention !**

Dans les sujets au concours, regardez bien si les grilles d'évaluation présentées sont construites par ou avec les élèves, sur des critères en nombre limité. L'intérêt de ces outils provient en effet de leur genèse.

Au cycle 3, comment lire une production d'élève ?

Ce texte de Thomas est le résumé d'un livre lu pendant les vacances. Quels commentaires pouvez-vous faire sur ce texte ? Comment procédez-vous pour l'évaluer ?

Les pataplafs

C'est l'histoire de Carbonelle, une jeune fille qui était fille du roi Carbo et de la renne de jambon en tranche : c'est pied grandissai chaque année. Les pied de carbonelle cessère de grandir à dix-huit an et meusurait un mètre et quatre centimètre ! Les parents les appelait pataplafs. Un jour le roi décida de marier sa fille à selui qui la chausserait.

La nouvelle se répendi et presque tous les jeune de presque tout les pays partir chez carbonelle. Ils essayerrent tous de la chausser mais ça ne rentrait pas.

Tous le monde était partis et Carbonelle ne s'est pas marier. Les parents décidèrent de faire une affiche : selui qui chaussera les pieds de carbonelle aura un puit de pétrolle et des tranches de jambon.

De nombreux riches essaillés de chausser carbonelle et tous ont échoué et un garçon pauvre nommé rossignol a fais des chaussure très belle et il épousa Carbonelle.

Fin.

Éléments de réponse

Ce texte est très bien réalisé du point de vue de la cohérence et de la transmission du contenu sémantique du livre lu :

La **portée pragmatique** du résumé est réelle puisque qu'un lecteur qui ne connaît pas le texte original peut réellement prendre connaissance, de façon rapide et structurée (selon les étapes du schéma narratif) de l'histoire des pataplafs (il y a même un titre).

Même le détail de la taille des pieds de Carbonelle peut être justifié : il peut sembler superflu, pourtant il donne au lecteur une idée de l'ampleur du problème ! On peut ajouter que le résumé est agréable à lire.

La cohérence sémantique est assurée : tous les éléments sont logiques et reliés entre eux. On peut seulement se demander si la dernière phrase du premier paragraphe *(Un jour le roi décida de marier sa fille…)* ne devrait pas figurer dans le paragraphe suivant, pour respecter le principe selon lequel un paragraphe correspond à une unité de sens. Cette phrase annonce en effet l'élément perturbateur, objet du §2.

Seule la cohérence syntaxique pose un vrai problème : l'emploi des passés composés aux lignes 7 et 10 au lieu de passés simples (actions ponctuelles dans le passé).

L'orthographe pose davantage de problèmes à Thomas :

- confusions d'homonymes : *renne* pour *reine* (ligne 1), *c'est* pour *ses* (l.1),
- erreurs d'orthographe grammaticale :
  - dans le GN : **ses pied* pour *pieds* (l.2 à deux reprises), *an* pour *ans* (l.3), *centimètre* (l.3), *les jeune* (l.5), *tout les pays* (l.5)/*tous le monde* (l.7), *chaussure* (l.11), *très belle* (11).
  - dans le GV, les accords au pluriel : **grandissai* pour *grandissaient, cessère* pour *cessèrent* (l.2), *meusurait* pour *mesuraient, appelait* (l.3) *partir* (l.5), *essaillés* (l.10).

  Les accords de personne au singulier : *répendi*_(4), *fait* (11)

  Accord en genre : *marier* (7)
- erreurs d'orthographe lexicale : **meusurait* pour *mesurait, selui* pour *celui (4 et 8), répendi* pour *répandit (4), essayerrent* pour *essayèrent (6), puit* pour *puits (8), pétrolle (8), essaillés (10).*
- l'oubli de la majuscule sur *carbo, rossignol.*

Conclusion

Ce texte pose la question des critères et des priorités à se fixer lors de l'évaluation des écrits : il y a vraisemblablement un grand décalage, chez Thomas, entre ses compétences communicationnelles, ses compétences à comprendre puis à concevoir un écrit et ses compétences plus techniques, notamment en orthographe grammaticale : la fréquence des erreurs sur les accords au pluriel, dans le GN et dans le GV, est frappante.

C. Des pages de manuel scolaire

L'analyse de manuels scolaires n'a rien de bien différent de l'analyse d'une préparation d'enseignant. Il est important :

- de confronter l'objectif annoncé et les compétences visés aux activités proposées.
- de vous soumettre aux activités proposées aux élèves : cela vous permettra de vous rendre compte de leur difficulté, de leur infaisabilité éventuelle, de leur caractère progressif ou non. Nous insistons sur cet aspect : avoir fait vous-mêmes, au brouillon et rapidement, les exercices et activités, vous mènera à faire la différence avec les autres candidats, car vous posséderez une expérience et une connaissance plus précise des activités.
- de porter attention aux supports reproduits dans le manuel : texte littéraire par exemple. Il faut toujours en proposer une « lecture » : indiquer son type (texte du patrimoine ? texte contemporain ?) et son degré de difficulté.
- d'organiser son étude, en suivant les grandes rubriques des pages du manuel par exemple, mais en identifiant ces rubriques comme les étapes d'une séance d'enseignement : phase d'observation, phase de recherche, phase de mise en commun, phase d'institutionnalisation.
- s'il s'agit de la comparaison de deux manuels scolaires, alors il faut clairement, explicitement, prendre le temps (dans une conclusion-bilan, dans un tableau) de confronter les caractéristiques des deux supports.

Chapitre 4 : Deux sujets du concours 2018 corrigés

Sujet du groupement 1, énoncé

Ministère de l'éducation nationale

Session 2018	**PE1-18-PG1** *Repère à reporter sur la copie*

CONCOURS DE RECRUTEMENT DE PROFESSEURS DES ÉCOLES

Lundi 09 avril 2018
Première épreuve d'admissibilité

Français	**Durée : 4 heures**

Rappel de la notation :

L'épreuve est notée sur 40 points : 11 pour la première partie, 11 pour la deuxième et 13 pour la troisième ; 5 points permettent d'évaluer la correction syntaxique et la qualité écrite de la production du candidat. Une note globale égale ou inférieure à 10 est éliminatoire.

Ce sujet contient 11 pages, numérotées de 1/11 à 11/11. Assurez-vous que cet exemplaire est complet. S'il est incomplet, demandez un autre exemplaire au chef de salle.

L'usage de tout ouvrage de référence, de tout document et de tout matériel électronique est rigoureusement interdit.

L'usage de la calculatrice est interdit.

N.B : Hormis l'en-tête détachable, la copie que vous rendrez ne devra, conformément au principe d'anonymat, comporter aucun signe distinctif, tel que nom, signature, origine, etc.
Tout manquement à cette règle entraîne l'élimination du candidat.

Si vous estimez que le texte du sujet, de ses questions ou de ses annexes comporte une erreur, signalez lisiblement votre remarque dans votre copie et poursuivez l'épreuve en conséquence. De même, si cela vous conduit à formuler une ou plusieurs hypothèses, il vous est demandé de la (ou les) mentionner explicitement.

PREMIÈRE PARTIE : question relative aux textes proposés.

Vous analyserez comment l'expérience musicale est évoquée par les auteurs de ce corpus.

TEXTE 1 : Marcel PROUST, *Du côté de chez Swann*, (1913), Gallimard, Folio classique, imprimé en 1998, 527 pages, extrait pp. 339-340.

Après sa rupture douloureuse avec Odette, Swann assiste seul à un concert.

Mais tout à coup ce fut comme si elle était entrée, et cette apparition lui fut une si déchirante souffrance qu'il dut porter la main à son cœur. C'est que le violon était monté à des notes hautes où il restait comme pour une attente, une attente qui se prolongeait sans qu'il cessât de les tenir, dans l'exaltation où il était d'apercevoir déjà l'objet de son attente qui s'approchait, et avec un effort désespéré pour tâcher de durer jusqu'à son arrivée, de l'accueillir avant d'expirer, de lui maintenir encore un moment de toutes ses dernières forces le chemin ouvert pour qu'il pût passer, comme on soutient une porte qui sans cela retomberait. Et avant que Swann eût le temps de comprendre, et de se dire : « C'est la petite phrase de la sonate de Vinteuil, n'écoutons pas ! » tous ses souvenirs du temps où Odette était éprise de lui, et qu'il avait réussi jusqu'à ce jour à maintenir invisibles dans les profondeurs de son être, trompés par ce brusque rayon du temps d'amour qu'ils crurent revenu, s'étaient réveillés et, à tire-d'aile, étaient remontés lui chanter éperdument, sans pitié pour son infortune présente, les refrains oubliés du bonheur.

Au lieu des expressions abstraites « temps où j'étais heureux », « temps où j'étais aimé », qu'il avait souvent prononcées jusque-là et sans trop souffrir, car son intelligence n'y avait enfermé du passé que de prétendus extraits qui n'en conservaient rien, il retrouva tout ce qui de ce bonheur perdu avait fixé à jamais la spécifique et volatile essence ; il revit tout, les pétales neigeux et frisés du chrysanthème qu'elle lui avait jeté dans sa voiture, qu'il avait gardé contre ses lèvres – l'adresse en relief de la « Maison Dorée » sur la lettre où il avait lu : « Ma main tremble si fort en vous écrivant » – le rapprochement de ses sourcils quand elle lui avait dit d'un air suppliant : « Ce n'est pas dans trop longtemps que vous me ferez signe ? » [...].

TEXTE 2 : George SAND, *Les Maîtres sonneurs* (1853), Gallimard, Folio classique, 2002, 529 pages, extrait pp. 116- 118.

Joset, diminutif de Joseph, joue de la flute devant Brulette et le narrateur.

Ce qu'il flûta, ne me le demandez point. Je ne sais si le diable y eût connu quelque chose ; tant qu'à moi[1], je n'y connus rien, sinon qu'il me parut bien que

[1] Tant qu'à moi : formulation régionale correspondant à « quant à moi ».

c'était le même air que j'avais ouï cornemuser dans la fougeraie. Mais j'avais eu si belle peur en ce moment-là, que je ne m'étais point embarrassé d'écouter le tout ; et, soit que la musique en fût longue, soit que Joseph y mît du sien, il ne décota[2] de flûter d'un gros quart d'heure, menant ses doigts bien finement, ne désoufflant mie, et tirant si grande sonnerie de son méchant roseau, que, dans des moments, on eût dit trois cornemuses jouant ensemble. Par d'autres fois, il faisait si doux[3] qu'on entendait le grelet[4] au-dedans de la maison et le rossignol au dehors ; et quand Joset faisait doux, je confesse que j'y prenais plaisir, bien que le tout ensemble fût si mal ressemblant à ce que nous avons coutume d'entendre que ça me représentait un sabbat[5] de fous.

- Oh ! oh ! que je lui dis quand il eut fini, voilà bien la musique enragée ! Où diantre prends-tu tout ça ? à quoi que ça peut servir, et qu'est-ce que tu veux signifier par là ?

Il ne me fit point réponse, et sembla même qu'il ne m'entendait point. Il regardait Brulette qui s'était appuyée contre une chaise et qui avait la figure tournée du côté du mur.

Comme elle ne disait mot, Joset fut pris d'une flambée de colère, soit contre elle, soit contre lui-même, et je le vis faire comme s'il voulait briser sa flûte entre ses mains ; mais, au moment même, la belle fille regarda de son côté, et je fus bien étonné de voir qu'elle avait des grosses larmes au long des joues.

Alors Joseph courut auprès d'elle, et, lui prenant vivement les mains :

- Explique-toi, ma mignonne, dit-il, et fais-moi connaître si c'est de compassion pour moi que tu pleures, ou si c'est de contentement ?

- Je ne sache point, répondit-elle, que le contentement d'une chose comme ça puisse faire pleurer. Ne me demande point si c'est que j'ai de l'aise ou du mal ; ce que je sais, c'est que je ne m'en puis empêcher, voilà tout.

- Mais à quoi est-ce que tu as pensé, pendant ma flûterie ? dit Joseph en la fixant beaucoup.

- À tant de choses, que je ne saurais point t'en rendre compte, répliqua Brulette.

- Mais enfin, dis-en une, reprit-il sur un ton qui signifiait de l'impatience et du commandement.

- Je n'ai pensé à rien, dit Brulette ; mais j'ai eu mille ressouvenances du temps passé. Il ne me semblait point te voir flûter, encore que je t'ouïsse bien clairement ; mais tu me paraissais comme dans l'âge où nous demeurions ensemble, et je me sentais comme portée avec toi par un grand vent qui nous promenait tantôt sur les blés mûrs, tantôt sur des herbes folles, tantôt sur les eaux courantes ; et je voyais des prés, des bois, des fontaines, des pleins champs de fleurs et des pleins ciels d'oiseaux qui passaient dans les nuées. J'ai vu aussi, dans ma songerie, ta mère et mon grand-père assis devant le feu, et causant de choses que je n'entendais point, tandis que je te voyais à genoux dans un coin, disant ta prière, et que je me sentais

[2] Décota : cessa.
[3] Il faisait si doux : il jouait si doucement.
[4] Grelet : grillon.
[5] Sabbat : assemblée nocturne de sorcières et de sorciers.

comme endormie dans mon petit lit. J'ai vu encore la terre couverte de neige, et des saulnées[6] remplies d'alouettes, et puis des nuits remplies d'étoiles filantes, et nous les regardions, assis tous deux sur un tertre, pendant que nos bêtes faisaient le petit bruit de tondre l'herbe ; enfin, j'ai vu tant de rêves que c'est déjà embrouillé dans ma tête ; et si ça m'a donné l'envie de pleurer, ce n'est point par chagrin, mais par une secousse de mes esprits que je ne veux point t'expliquer du tout.

- C'est bien ! dit Joset. Ce que j'ai songé, ce que j'ai vu en flûtant, tu l'as vu aussi ! Merci, Brulette ! Par toi, je sais que je ne suis point fou et qu'il y a une vérité dans ce qu'on entend comme dans ce qu'on voit. Oui, oui ! fit-il encore en se promenant dans la chambre à grandes enjambées et en élevant sa flûte au-dessus de sa tête ; ça parle, ce méchant bout de roseau ; ça dit ce qu'on pense ; ça montre comme avec les yeux ; ça raconte comme avec les mots ; ça aime comme avec le cœur ; ça vit, ça existe !

TEXTE 3 : Frank CONROY, *Corps et âme*, Gallimard, Folio, traduit de l'américain par Nadia Akrouf (1993 et 1996 pour la traduction française), imprimé en 2017, 686 pages, extrait pp. 370-371.

Claude Rawlings joue pour la première fois en public, avec le célèbre maestro Fredericks. Le concert a lieu en plein air, sous la direction de Popkin, chef de pupitre de l'orchestre symphonique de Chicago.

« Enlevez votre veste, Claude.» Fredericks retira la sienne et la laissa tomber sur le sol sans la regarder. Claude fit comme lui. Ils entrèrent sur scène.

Claude jeta un coup d'œil bref au public – ce qui lui parut être des milliers de personnes faisant des petits gestes saccadés qu'il finit par identifier comme étant des applaudissements – trouva le piano. Avec une sorte de vision en tunnel, il regarda l'instrument, qui grandit, grandit, au fur et à mesure qu'il s'en approchait, jusqu'à emplir toute sa conscience au moment où il s'asseyait sur la banquette. Alors, presque dans un déclic, il vit Popkin, Fredericks, l'orchestre, Eva fixant le sol. Ses oreilles s'ouvrirent aux applaudissements qui allaient en s'affaiblissant. Il inspira profondément, une sorte de soupir, et la musique commença, occupant instantanément tout l'espace, telle une fleur géante s'épanouissant à partir du néant en une fraction de seconde pour devenir aussi grande qu'une maison. L'air était dense de musique.

Après les accords *staccato* des tutti, après le silence, aussi bref qu'un battement de cœur, après que Fredericks et lui eurent posé leurs doubles trilles comme d'une seule et même main, modelé les notes d'agrément, annoncé le mi bémol à l'unisson d'une touche ferme et identique, après la mesure et demie de doubles-croches qui s'écoulèrent comme les grains d'un sablier, Claude leva les mains, écouta Fredericks jouer les onze mesures suivantes. C'était clair, fougueux,

[6] Les saulnées sont les ficelles à prendre les alouettes.

apparemment facile. Claude s'entendit lui répondre une octave plus bas, avec une concentration réfléchie, contrôlant délibérément le sentiment d'euphorie qu'il sentait monter dans sa poitrine. C'était parti, ça leur échappait, c'était libre. Ils voguèrent jusqu'à la fin du morceau, comme un grand voilier roulant sous le vent.

Tout le temps qu'il dialogua avec Fredericks, il se sentit pratiquement hors de lui, écoutant le flot magique, les changements de couleurs, entendant la pulsation, regardant ses mains accomplir leur travail étonnant. Pendant qu'il façonnait la musique dans sa tête et la jouait, il sentait que Fredericks la façonnait et la jouait en accord avec lui, leurs âmes jointes dans une entreprise harmonieuse, comme de vieux amis qui peuvent se parler sans mots, se communiquer une pensée avant même qu'elle n'émerge totalement, parce que la même pensée naît dans l'âme de l'autre. Claude savait qu'il était sur scène, au piano, à Longmeadow, Massachussets, mais, en même temps, il était quelque part ailleurs, en un lieu qu'il eût été incapable de décrire, y compris à lui-même – non qu'il en éprouvât le moindre besoin, tant ce lieu paraissait céleste. Regarde ! Regarde ! Écoute ! Concentre-toi ! Ça arrive. C'est là. *Ça !*

Ils saluèrent en regardant le soleil en face. Claude observait Fredericks du coin de l'œil et copiait ses mouvements. Les applaudissements déferlaient des bancs et de la colline, telle une pluie crépitante. Derrière, les musiciens de l'orchestre frappaient sur leurs pupitres. Popkin étreignit Fredericks, puis Claude, les deux pianistes se retirèrent dans les coulisses.

TEXTE 4 : François DELALANDE, *La Musique est un jeu d'enfant* (1984), INA et Buchet-Chastel, 2017, 286 pages, extrait pp. 16-17.

Cet ouvrage pédagogique de référence est issu d'une série d'entretiens radiophoniques remaniés en vue de sa publication.

Qu'est-ce que faire de la musique ? C'est la question que doivent d'abord se poser les personnes qui réfléchissent sur la pédagogie. Pour y répondre, on peut se tourner vers l'ensemble des pratiques musicales, y compris les pratiques extra-européennes. Je crois qu'il y a essentiellement trois dimensions de la musique qu'on est en mesure de développer. D'abord tout simplement un goût du son – c'est une première qualité du musicien –, une certaine sensualité de la sonorité qui s'accompagne d'une habileté à l'obtenir sur un instrument. Car savoir faire et savoir entendre ici sont une seule et même compétence. Mais la musique, ce ne sont pas des individus qui se réunissent pour produire du son et en jouir sensuellement, ce n'est pas seulement ça ; pour eux les sons prennent un sens, ils peuvent évoquer des états affectifs ou avoir une valeur symbolique dans leur société ou bien donner naissance à des images. Bref, sous une forme ou sous une autre, il y a une dimension imaginaire de la musique à laquelle il faut être sensible, sans quoi la musique, à proprement parler, ne vous dit rien.

Et enfin, à ces deux niveaux d'analyse, s'en ajoute un troisième, celui de l'organisation. Faire de la musique, c'est à beaucoup de points de vue organiser. D'abord s'organiser entre musiciens lorsqu'on joue à plusieurs, mais surtout agencer des parties ensemble, se débrouiller pour qu'un thème joué par un instrument soit repris par un autre. Nous avons tous chanté des canons : il y a une certaine satisfaction de l'esprit à entendre la mélodie se superposer à elle-même malgré le décalage. C'est un plaisir évident que partagent le compositeur et ses auditeurs que de réussir à emboîter les pièces du puzzle. Vous remarquerez d'ailleurs que je ne sépare pas, dans cette analyse en trois couches de la pratique musicale, ce qui a trait à la production de musique de ce qui concerne sa réception. Il me semble que les musiciens, qu'ils fassent ou qu'ils écoutent, ont en commun ces trois grandes capacités d'être sensibles aux sons, d'y trouver une signification et de jouir de leur organisation.

DEUXIÈME PARTIE : connaissance de la langue.

1) **Dans cet extrait du texte 2, vous identifierez les modes et les temps des verbes soulignés et vous justifierez leur emploi en proposant un classement :**

« Alors Joseph <u>courut</u> auprès d'elle, et, lui prenant vivement les mains :
- *<u>Explique</u>-toi, ma mignonne, <u>dit</u>-il, et <u>fais</u>-moi connaître si c'est de compassion pour moi que tu <u>pleures</u>, ou si c'est de contentement ?*
- *Je ne <u>sache</u> point, <u>répondit</u>-elle, que le contentement d'une chose comme ça <u>puisse</u> faire pleurer. Ne me <u>demande</u> point si c'est que j'<u>ai</u> de l'aise ou du mal ; ce que je <u>sais</u>, c'est que je ne m'en <u>puis</u> empêcher, voilà tout. »*

2) **Vous transposerez au discours indirect les paroles que le narrateur adresse au musicien (texte 2), en commençant par : *Il lui demanda...***

« Où diantre prends-tu tout ça ? à quoi que ça peut servir, et qu'est-ce tu veux signifier par là ? »

3) **Vous identifierez la classe grammaticale des deux termes soulignés dans les extraits suivants du texte 1 :**

« <u>tous</u> ses souvenirs du temps où Odette était éprise de lui »
« il revit <u>tout</u> »

4) **a) Vous expliquerez la formation du mot « compassion » et donnerez son sens dans son contexte (texte 2).**
« Explique-toi, ma mignonne, dit-il, et fais-moi connaître si c'est de **compassion** pour moi que tu pleures, ou si c'est de contentement ? »

b) Vous proposerez deux adjectifs appartenant à la même famille.

5) Dans cet extrait du texte 3, vous relèverez et classerez les différentes propositions subordonnées.

« Pendant qu'il façonnait la musique dans sa tête et la jouait, il sentait que Fredericks la façonnait et la jouait en accord avec lui, leurs âmes jointes dans une entreprise harmonieuse, comme de vieux amis qui peuvent se parler sans mots, se communiquer une pensée avant même qu'elle n'émerge totalement, parce que la même pensée naît dans l'âme de l'autre. »

6) En vous appuyant sur au moins deux procédés d'écriture qui vous semblent significatifs, vous identifierez l'effet de la musique sur les deux personnages.

« C'était clair, fougueux, apparemment facile. Claude s'entendit lui répondre une octave plus bas, avec une concentration réfléchie, contrôlant délibérément le sentiment d'euphorie qu'il sentait monter dans sa poitrine. C'était parti, ça leur échappait, c'était libre. Ils voguèrent jusqu'à la fin du morceau, comme un grand voilier roulant sous le vent.
Tout le temps qu'il dialogua avec Fredericks, il se sentit pratiquement hors de lui, écoutant le flot magique, les changements de couleurs, entendant la pulsation, regardant ses mains accomplir leur travail étonnant. Pendant qu'il façonnait la musique dans sa tête et la jouait, il sentait que Fredericks la façonnait et la jouait en accord avec lui, leurs âmes jointes dans une entreprise harmonieuse, comme de vieux amis qui peuvent se parler sans mots, se communiquer une pensée avant même qu'elle n'émerge totalement, parce que la même pensée naît dans l'âme de l'autre. »

TROISIÈME PARTIE : analyse de supports d'enseignement.

À partir d'une analyse critique des documents ci-après, utilisés pour la préparation de classe en moyenne section, vous répondrez aux questions posées.

DOCUMENT 1 : Séquence autour de l'album *Jacques et le haricot magique.*

DOCUMENT 2 : Traces présentes dans la classe.

DOCUMENT ANNEXE : Les compétences requises pour comprendre, un consensus scientifique (d'après Sylvie Cèbe, Colloque Lire/Ecrire – 2011).

1. Quelles compétences relevant du domaine de l'écrit définies par le programme de maternelle sont visées dans la séquence proposée (document 1) ?

2. **Analysez la séquence proposée par l'enseignant (document 1).**
3. **Quelles sont les difficultés d'accès à la compréhension que les élèves sont susceptibles de rencontrer ? En vous appuyant sur l'intégralité du dossier, vous proposerez des situations pédagogiques permettant de les lever.**
4. **Quelles sont les fonctions des différentes traces et des outils présentés dans le document 2 ? Vous paraissent-ils tous pertinents au regard des compétences visées ?**

DOCUMENT 1 : Séquence autour de l'album *Jacques et le haricot magique.*

<table>
<tr><td colspan="4">Niveau de classe : MS</td><td colspan="2" rowspan="3">Difficultés d'accès à la compréhension</td></tr>
<tr><td colspan="4">Récit de travail : Jacques et le haricot magique</td></tr>
<tr><td colspan="4">Résumé : Jacques a échangé sa vache contre des haricots magiques qui poussent en une nuit. Il y grimpe et découvre la maison d'un ogre. Aidé par la femme de celui-ci, il se cache et l'ogre a beau le chercher, il ne le trouve pas. Dès que l'ogre s'endort, Jacques lui vole un sac d'or et s'enfuit. Il retournera deux fois encore dans la maison de l'ogre pour lui voler son oie aux œufs d'or et sa harpe magique.</td></tr>
<tr><th colspan="2"></th><th>Attendus / objectifs</th><th>Activités</th><th>Gestion du groupe</th><th>Traces</th></tr>
<tr><td rowspan="2">Tâches de découverte</td><td>Avant la lecture</td><td>Créer un horizon d'attente</td><td>Sur la première de couverture (sans titre)
Émettre des hypothèses sur l'univers de référence du livre</td><td>Groupe classe</td><td></td></tr>
<tr><td>Pendant la lecture</td><td>Émettre des hypothèses sur ce qui va se passer</td><td>Écoute sans image (se représenter dans la tête)
Histoire à dévoilement progressif
Histoire complète</td><td>Groupe classe</td><td></td></tr>
</table>

Tâches de transposition	Juste après la lecture	Faire reformuler l'histoire Organiser les informations	**Les personnages** : qui sont-ils ? Présenter les marottes. Cf tableau **Décrire, identifier les lieux**. Associer images et lieux Idem avec les objets : vache/ haricot/ harpe/ poule		Faire reformuler ce qui a été lu Explication du lexique et de certaines expressions difficiles
Tâches de transfert	Plus tard, après la lecture	Restituer la trame narrative de l'histoire à l'aide d'images Expliquer l'implicite	Choisir celle qui correspond à la situation décrite Qui dit quoi ?		Associer les paroles aux personnages

DOCUMENT 2 : Traces présentes dans la classe.

a) **Affichages collectifs :**

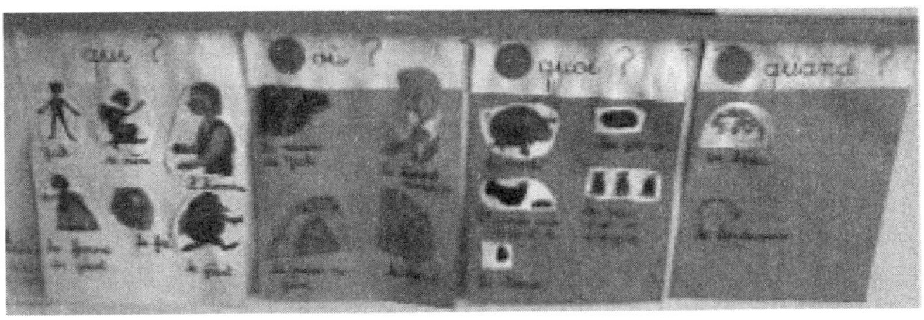

b) **Marottes :**

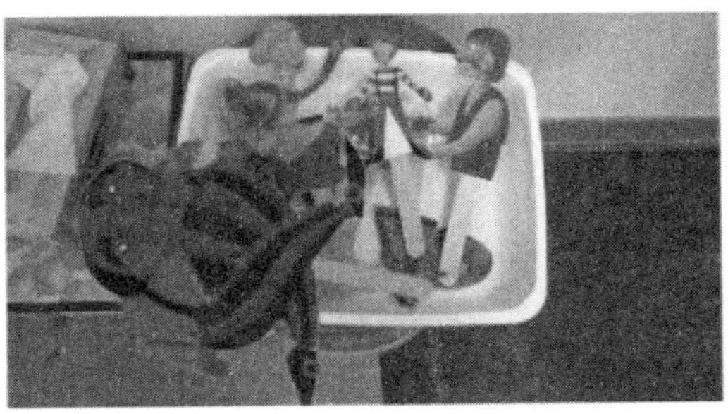

c) Le cycle d'une graine de haricot (activité collective) :

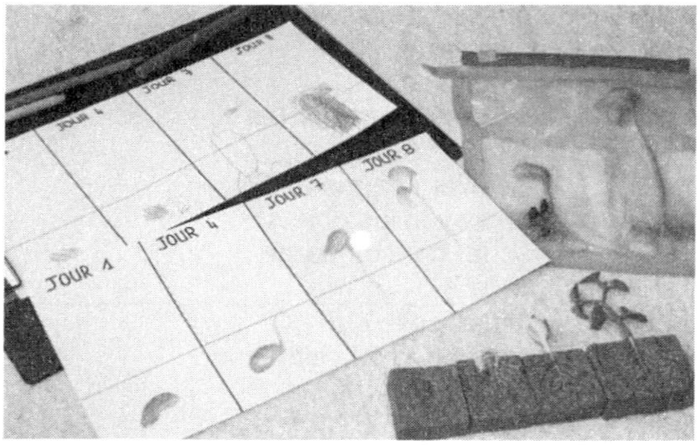

d) Albums présents en classe :

e) Fiche d'exercice individuel :

Compétence : retrouver des mots dans une phrase
Consigne : coller les mots selon le modèle

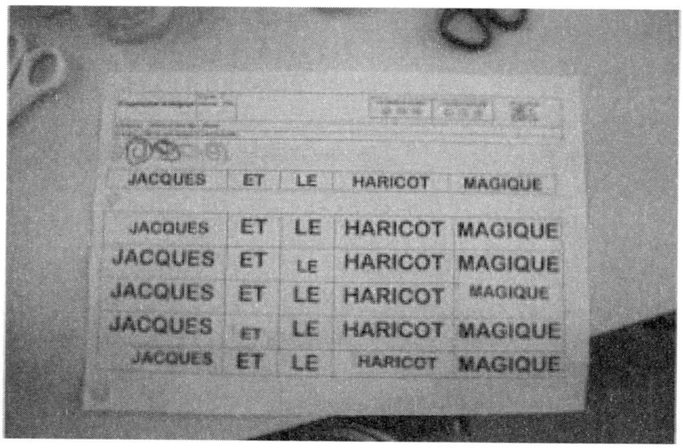

DOCUMENT ANNEXE : les compétences requises pour comprendre, un consensus scientifique (d'après Sylvie Cèbe, Colloque Lire/Écrire – 2011).

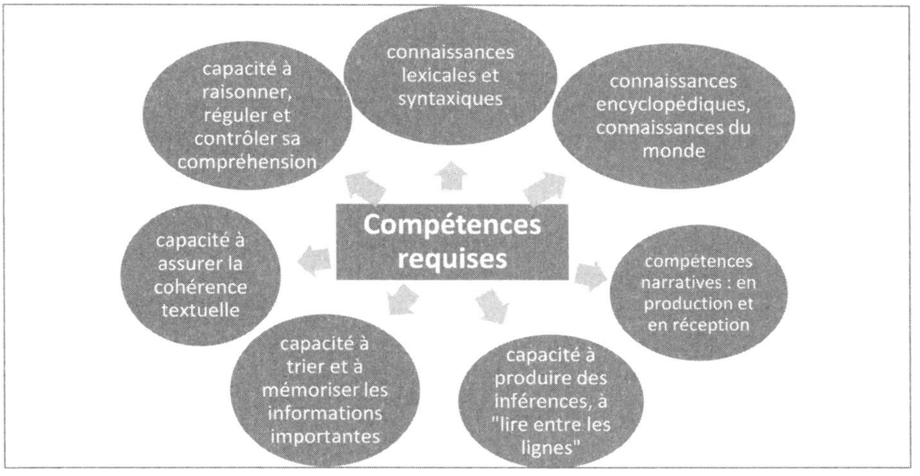

Corrigé du sujet 2018 du groupement 1

Première partie

La musique est au cœur de chacun des textes de ce dossier. Trois extraits littéraires mettent en scène un moment musical vécu avec une intensité particulière, et le dernier texte aborde cette expérience d'un point de vue pédagogique. Un passager de *Du côté de chez Swann*, de marcel Proust, montre Swann assailli par l'émotion et par des réflexions diverses au sujet d'Odette, dont il s'est séparé douloureusement. Puis George Sand, dans *Les Maîtres sonneurs*, roman de 1853, décrit Joset jouant de la flûte pour le narrateur et Brulette, avant que ce moment ne révèle la confusion des sentiments chez les différents protagonistes. Dans une traduction du roman de Frank Conroy, *Corps et âme*, paru en Folio en 1993, le lecteur assiste à l'entrée en scène de Claude Rawlings et du maestro Frederiks, pour donner un concert en public. Ce duo va donner lieu à un moment de communion d'une grande intensité. Enfin, l'essai didactique de François Delalande cherche à définir ce que représente « faire de la musique ». Comment l'expérience musicale est-elle évoquée par les auteurs de ce corpus ? Deux pistes se dégagent : producteur ou récepteur de musique, l'individu n'est pas seul mais en communion avec l'autre ; par ailleurs, l'expérience musicale est évoquée avec une intensité hors-du-commun.

Tous les auteurs montrent que l'expérience musicale est une expérience du lien, avec des caractéristiques différentes. Dans l'extrait de Proust, Swann est seul au concert mais Odette, comme « une apparition » remplit la salle de sa présence. Swann la voit, réentend des bribes de conversation : la musique rend Odette présente. Cette dimension de relation à l'être aimé, on la retrouve avec le personnage de Joset qui joue de la musique et s'emporte de ne pas percevoir de réaction de la part de Brulette. Or celle-ci est stupéfaite de la force des émotions suscitées et de la coïncidence de la musique de Joset avec ses propres pensées. Ce n'est pas dans la dimension amoureuse, mais dans celle, infiniment fraternelle et humaine, que Claude Rawlings rencontre le maestro Frederiks. Tous deux jouent, en parfaite osmose, et dans un sentiment de dépossession de soi qu'exprime Claude, qui joue pour la première fois en public. Le texte pédagogique le dit bien : faire de la musique, c'est éprouver le fait d'être à plusieurs, de s'organiser à plusieurs pour atteindre une harmonie, une complétude. À différents niveaux, l'expérience musicale est une expérience qui met les êtres en relation, dans toute la complexité et la profondeur de leurs sentiments. Qu'est-ce qui en fait encore un moment hors-du-commun ?

Il est frappant de voir que, dans leur grande diversité, les textes du corpus expriment une intensité extrême liée à la production ou à la réception de la musique. Tous les sens sont exacerbés. Swann vit un instant pathétique : « déchirante souffrance », « la main à son cœur », « l'exaltation » ; Joset ne supporte pas de voir Brulette sans réaction, il devient colérique alors qu'en fait Brulette n'a pas de mots capables de rendre compte de son émotion. Claude Rawlings évoque une expérience extatique, céleste. L'expérience musicale peut être indicible. Deux caractéristiques s'en dégagent alors : d'abord, elle est intense parce qu'elle est de l'ordre de l'inattendu, de la réminiscence pour Swann (qui voit ressurgir Odette malgré lui) et pour Brulette (qui voit reparaitre les détails de sa vie passée avec Joset). Ces personnages se retrouvent en présence de substituts d'une personne perdue ou d'une vie passée, ce qui leur cause ce profond trouble. Ensuite, elle est synesthésique : elle fait concourir tous les sens. Les textes font défiler les verbes « sentir », « voir », « entendre » et le dernier texte insiste sur la relation de la musique à l'imaginaire. Ainsi, il est frappant de constater qu'écoutant la musique, chacun des trois personnages principaux du dossier voit défiler des scènes devant ses yeux : Swann revoit les détails du visage et de la physionomie d'Odette alors qu'elle était amoureuse de lui, Brulette a développé des images de nature au grand vent, et Claude a vu se développer une fleur géante. Ce concours des sens est provoqué par la musique et fait de ces expériences des expériences uniques.

Ces différentes expériences montrent la musique comme un vecteur unique qui fait aller vers les autres, au service du partage d'émotions et d'imaginaires communs.

Deuxième partie

1. Pour identifier les modes et les temps des verbes, et justifier leur emploi, nous partirons du constat que cet extrait de texte présente des passages de récit au passé d'une part et des passages de paroles rapportées au discours direct d'autre part.

temps du récit		
identification modes et temps		justification
passé simple de l'indicatif	courut, dit, répondit	le passé simple est, dans le récit, le temps employé pour évoquer les actions ponctuelles. C'est aussi le temps des incises. Ainsi Joseph enchaîne tris actions : il court, dit et répond.

temps du discours		
présent de l'impératif	explique-toi fais-moi	Il s'agit d'injonctions, plutôt fortes ici
présent de l'indicatif	tu pleures je sais je puis	Le présent a ici valeur d'énonciation. On note la conjugaison de « pouvoir » qui n'est plus utilisée que dans l'inversion « puis-je » de nos jours
présent du subjonctif	Je (ne) sache puisse	Dans « je ne sache », il s'agit d'un tour ancien où « sache » équivaut à un présent de l'indicatif. Il entraine, par concordance, l'emploi du subjonctif dans la subordonnée.

2. Transposition au discours indirect :

Il lui demanda où diantre il prenait tout cela, à quoi cela pouvait servir et ce qu'il voulait signifier par là.

3. Classe grammaticale de « tout »/ « tous » :

« tous ses souvenirs » : « tout » est placé devant le nom, avec lequel il s'accorde : c'est un déterminant indéfini.

« Il revit tout » : « tout » est situé derrière le verbe, qu'il complète comme le ferait un nom. C'est un pronom, indéfini (à valeur généralisante).

4. Lexique :

a) Le mot « compassion » est formé par composition savante, à partir de deux racines latines qui signifient « avec » (« com ») et « souffrance (« passion »). La compassion peut avoir le sens plein et fort de « souffrir avec » quelqu'un (comme le nom « sympathie », en grec) ou un sens plus atténué. Compatir avec quelqu'un, c'est abonder dans son sens, le comprendre.

Dans le contexte donné, « compassion » est placé parallèlement à « contentement ». Il s'agit de savoir si les larmes versées sont de tristesse ou de joie. L'acception du terme est plutôt forte.

b) Deux adjectifs de la même famille sont « passionnel » et « passif ».

5. Cette phrase se compose de la façon suivante :

Proposition principale : « il sentait que Fredericks la façonnait et la jouait avec lui, leurs âmes jointes dans une entreprise harmonieuse, comme deux vieux amis » :

Proposition subordonnée complétive, à fonction de CC de temps : « Pendant qu'il façonnait la musique dans sa tête et la jouait »

Proposition subordonnée relative, épithète du nom « amis » : « qui peuvent se parler sans mots, se communiquer une pensée (…) totalement »

Proposition subordonnée conjonctive à fonction CC de temps : « avant même qu'elle n'émerge totalement »

Proposition subordonnée conjonctive, à fonction CC de cause : « parce que la même pensée naît dans l'âme de l'autre ».

6. Quels sont les effets de la musique sur les deux personnages ? Le premier effet est un sentiment de liberté, dont l'expression s'appuie sur un champ lexical : « fougueux », « euphorie », « libre », « échappait », « voguèrent ». Ce champ lexical s'achève sur une comparaison qui le rend explicite « comme un grand voilier roulant sous le vent ».

Le second paragraphe évoque la synesthésie : sous l'effet de la musique, les deux amis connaissent une communion de tous les sens. Ici encore, c'est un champ lexical qui l'exprime : « écoutant », « entendant », « regardant », « sentait », « flot magique », « changements de couleurs », « pulsation », « entreprise harmonieuse ».

Troisième partie

1. Compétences visées dans la séquence

La séquence présentée se déroule en maternelle autour de la lecture de l'album *Jacques et le haricot magique*. Les compétences relavant du domaine de l'écrit visées ici sont :

- Comprendre des textes écrits sans autre aide que le langage entendu : lors de l'écoute sans image, les élèves doivent comprendre à partir de la lecture du langage écrit de l'album. L'enjeu est de les habituer à la réception de langage écrit, éloigné de l'oral, afin d'en comprendre le contenu. L'enseignant prend en charge la lecture, oriente et anime les échanges qui suivent l'écoute.
- Manifester de la curiosité par rapport à l'écrit : à partir de la première de couverture, les élèves émettent des hypothèses sur l'univers de référence du livre. Ils sollicitent donc leurs connaissances de l'écrit pour développer un horizon d'attente.
- Pouvoir redire les mots d'une phrase écrite après sa lecture par l'adulte, les mots du titre connu d'un livre ou d'un texte : les élèves sont invités à reformuler l'histoire, à identifier personnages et lieux de l'action. L'activité de rappel de récit sollicite aussi cette compétence.

2. Analyse de la séquence

Nous analyserons d'abord la fiche de séquence elle-même. Pour remarquer qu'il manque beaucoup d'éléments attendus, qui nous aideraient à bien nous représenter le travail accompli :

– Le découpage en séances n'est pas précisé. On peut imaginer que les deux activités liées à la découverte de l'album, d'abord par la couverture puis pas la lecture, s'enchaînent devant le groupe-classe. Ainsi, les élèves émettent des hypothèses préalables à la lecture, ce qui contribue à l'élaboration de l'univers de référence du récit (personnages, lieux, actions) puis, par l'écoute, ils sont confrontés à cet univers. La modalité du dévoilement progressif contribue à créer des repères dans une histoire longue et, ainsi, d'ancrer la mémorisation.

– Si la tâche de transposition - la reformulation de l'histoire et le travail sur personnages et lieux – est placée « juste après la lecture », cela semble long. La modalité de gestion du groupe n'est pas précisée, et on pourrait souhaiter que ce temps soit un temps en ateliers, par petits groupes. On en restera à l'idée que ce sont les ateliers de langage qui permettent cette transposition, et que l'affichage 1) du document 2 est une trace de ce travail.

– Enfin, la tâche de transfert est indiquée comme « plus tard », ce qui reste peu précis. Le rappel de récit doit effectivement se faire à distance de la lecture, afin de mesurer la mémorisation du contenu du texte. Cela constitue une évaluation sommative.

La fiche de séquence est mal renseignée sur d'autres points :

– La colonne « attendus/objectifs » indique souvent des compétences : « Émettre des hypothèses » n'est pas un objectif en soi, plutôt l'activité qui va permettre aux élèves d'atteindre la compréhension de l'écrit. La dernière étape mentionne tout à la fois une compétence « restituer la trame narrative » (l'objectif serait d'évaluer le travail mené sur cette séquence) et un objectif - « Expliquer l'implicite » est plutôt du côté du maître.

– Le maître laisse d'ailleurs beaucoup d'éléments dans l'implicite : la dernière activité proposée est incompréhensible (« Choisir celle [de quoi s'agit-il ?] qui correspond à la situation décrite » « Qui dit quoi ? » [qui ne semble pas être une activité]).

– La colonne « Traces » ne présente rien qui corresponde à cet intitulé.

– Enfin, la notion d'implicite est évoquée, mais on ne voit pas sur quoi porte l'implicite dans *Jacques et le haricot magique.*

Les défauts et les manques de cette préparation nous permettent de dire que cette séquence n'est pas assez précisément construite.

3. Difficultés d'accès à la compréhension pour des élèves de MS

- Le résumé nous rappelle que l'histoire de Jacques et le haricot magique est longue et complexe (nombreux événements).
- Le registre de l'histoire est fantastique (irruption du merveilleux dans un univers réaliste) et cela peut constituer une difficulté pour des élèves si jeunes. Le haricot, par exemple, est magique, avec pour particularités de pousser beaucoup plus vite et plus haut qu'un haricot réel. Il faut donc que les élèves oublient la pousse réelle d'un haricot pour se tourner vers leur imaginaire.
- Le système des personnages est difficile à comprendre : tout en étant la femme de l'ogre, celle-ci sert d'adjuvant à Jacques. Il y a un personnage principal et des personnages secondaires.

Situations pour lever ces difficultés :

- Schéma/liste de personnages, lieux et actions pour fixer les caractéristiques ; restitution avec les marottes pour mettre en mouvement le récit, retrouver sa cohérence et le mémoriser ;
- Fiches et activités de restitution orales pour exercer et améliorer ses connaissances lexicales et syntaxiques ;
- Activité sur le cycle d'une graine pour mettre en relation l'écrit avec des connaissances du monde. Cela permet de travailler les inférences extérieures au texte ;
- Réseau d'albums de fiction mais aussi documentaires sur le thème de la graine, de la pousse et du temps nécessaire à la germination.

4. Si les compétences visées sont en lien avec la compréhension de l'écrit, alors :

– L'affichage des personnages/lieux/actions/temporalités sert de trace mémorielle, qui catégorise les données du récit par type. Il permet de retenir « les informations importantes » ? Cet affichage, dans sa conception a aussi demandé l'investissement d'un lexique spécifique et des compétences syntaxiques ;

– Les marottes vont développer les compétences narratives, en production essentiellement ;

– Les connaissances du monde nécessaires à comprendre la pousse de la graine de haricot seront assurées par le travail c)

– La présence d'un coin – album alimenté de supports portant sur les graines va permettre de faire des liens, des inférences, de développer sa culture aussi.

– La dernière activité permet à l'élève de travailler l'écrit par reconnaissance de mots : cet atelier n'entre pas dans la construction de la compréhension de l'écrit, il prend seulement l'étude de l'album comme prétexte à travailler la notion de mot (et sa reconnaissance).

Sujet du groupement 3, énoncé

Ministère de l'éducation nationale

Session 2018

PE1-18-PG3
Repère à reporter sur la copie

CONCOURS DE RECRUTEMENT DE PROFESSEURS DES ÉCOLES

Lundi 09 avril 2018
Première épreuve d'admissibilité

Français	**Durée : 4 heures**

Rappel de la notation :

L'épreuve est notée sur 40 points : 11 pour la première partie, 11 pour la deuxième et 13 pour la troisième ; 5 points permettent d'évaluer la correction syntaxique et la qualité écrite de la production du candidat.
Une note globale égale ou inférieure à 10 est éliminatoire.

Ce sujet contient 10 pages, numérotées de 1/10 à 10/10. Assurez-vous que cet exemplaire est complet.
S'il est incomplet, demandez un autre exemplaire au chef de salle.

L'usage de tout ouvrage de référence, de tout document et de tout matériel électronique est rigoureusement interdit.

L'usage de la calculatrice est interdit.

N.B : Hormis l'en-tête détachable, la copie que vous rendrez ne devra, conformément au principe d'anonymat, comporter aucun signe distinctif, tel que nom, signature, origine, etc.
Tout manquement à cette règle entraîne l'élimination du candidat.

Si vous estimez que le texte du sujet, de ses questions ou de ses annexes comporte une erreur, signalez lisiblement votre remarque dans votre copie et poursuivez l'épreuve en conséquence. De même, si cela vous conduit à formuler une ou plusieurs hypothèses, il vous est demandé de la (ou les) mentionner explicitement.

PREMIÈRE PARTIE

Question relative aux textes proposés :

À partir du corpus proposé, vous analyserez comment les auteurs envisagent les rapports qui s'établissent entre l'individu et le groupe.

Texte 1 : Émile ZOLA, « Le grand Michu », (2008), *Nouvelles*, Gallimard (première édition 1874).

Dans un collège, la majorité des élèves jugent immangeable la nourriture qu'on leur sert. Le grand Michu, un fils de paysan, accepte d'être à la tête de la révolte.

Le grand Michu fut superbe. Il alla, ce premier soir, jusqu'à ne pas même manger de pain. Il avait mis les deux coudes sur la table, il regardait dédaigneusement le petit pion qui dévorait.

Cependant, le surveillant fit appeler le proviseur, qui entra dans le réfectoire comme une tempête. Il nous regardait rudement, nous demandant ce que nous pouvions reprocher à ce dîner, auquel il goûta et qu'il déclara exquis.

Alors le grand Michu se leva.

« Monsieur, dit-il, c'est la morue qui est pourrie, nous ne parvenons pas à la digérer.

- Ah ! Bien ! cria le gringalet de pion, sans laisser au proviseur le temps de répondre, les autres soirs, vous avez pourtant mangé presque tout le plat à vous seul. »

Le grand Michu rougit extrêmement. Ce soir-là, on nous envoya simplement coucher, en nous disant que, le lendemain, nous aurions sans doute réfléchi.

Le lendemain et le surlendemain, le grand Michu fut terrible. Les paroles du maître d'études l'avaient frappé au cœur. Il nous soutint, il nous dit que nous serions des lâches si nous cédions. Maintenant, il mettait tout son orgueil à montrer que, lorsqu'il le voulait, il ne mangeait pas.

Ce fut un vrai martyr. Nous autres, nous cachions tous dans nos pupitres du chocolat, des pots de confiture, jusqu'à de la charcuterie, qui nous aidèrent à ne pas manger tout à fait sec le pain dont nous emplissions nos poches.

Lui, qui n'avait pas un parent dans la ville, et qui se refusait d'ailleurs de pareilles douceurs, s'en tint strictement aux quelques croûtes qu'il put trouver.

Le surlendemain, le proviseur ayant déclaré que, puisque les élèves s'entêtaient à ne pas toucher aux plats, il allait cesser de faire distribuer du pain, la révolte éclata, au déjeuner. C'était le jour des haricots à la sauce blanche.

Le grand Michu, dont une faim atroce devait troubler la tête, se leva brusquement. Il prit l'assiette du pion, qui mangeait à belles dents, pour nous narguer et nous donner envie, la jeta au milieu de la salle, puis entonna *La Marseillaise* d'une voix forte. Ce fut comme un grand souffle qui nous souleva tous. Les assiettes, les verres, les bouteilles, dansèrent une jolie danse. Et les pions, enjambant les débris, se hâtèrent de nous abandonner le réfectoire. Le gringalet, dans sa fuite, reçut sur les épaules un plat de haricots, dont la sauce lui fit une large collerette blanche.

Cependant, il s'agissait de fortifier la place. Le grand Michu fut nommé général. Il fit porter, entasser les tables devant les portes. Je me souviens que nous avions tous pris nos couteaux à la main. Et *La Marseillaise* tonnait toujours. La révolte tournait à la révolution. Heureusement, on nous laissa à nous-mêmes pendant trois grandes heures. Il paraît qu'on était allé chercher la garde. Ces trois heures de tapage suffirent pour nous calmer.

Il y avait au fond du réfectoire deux larges fenêtres qui donnaient sur la cour. Les plus timides, épouvantés de la longue impunité dans laquelle on nous laissait, ouvrirent doucement une des fenêtres et disparurent. Ils furent peu à peu suivis par les autres élèves. Bientôt le grand Michu n'eut plus qu'une dizaine d'insurgés autour de lui. Il leur dit alors d'une voix rude : - Allez retrouver les autres, il suffit qu'il y ait un coupable.

Puis s'adressant à moi qui hésitais, il ajouta : - Je te rends ta parole[1], entends-tu !

Lorsque la garde eut enfoncé une des portes, elle trouva le grand Michu tout seul, assis tranquillement sur le bout d'une table, au milieu de la vaisselle cassée. Le soir même, il fut renvoyé à son père.

Texte 2 : Jacques LUSSEYRAN, *Le Monde commence aujourd'hui*, (2016), Gallimard, (première édition 1959).

Jacques Lusseyran, devenu aveugle à huit ans, s'est engagé dans la Résistance dès le lycée. Dénoncé, il est arrêté et déporté dans le camp de concentration de Buchenwald. Il y décrit la scène suivante :

J'étais sur le mur, au soleil, entre un jeune acteur parisien, un jeune gars effarouché, trop beau, aux mains de fille, et un instituteur bourguignon consciencieux et quelque peu sceptique. Alors je leur dis : « La poésie, la vraie, ce n'est pas de la littérature. » Tous deux s'écrièrent : « Pas de la littérature ! » Je les surprenais, je les choquais presque. Je vis bien que je devais m'expliquer, mais je n'en avais pas le désir. Et je me mis à réciter des vers, au hasard, tous ceux que je retrouvais, tous ceux qui ressemblaient à notre vie en cet instant. Je récitai du Baudelaire, du Rimbaud, à voix simple.

Peu à peu, à ma voix, une autre voix s'était ajoutée. Je ne savais pas d'où elle venait, je me le demandais à peine. Puis je fus bien obligé d'entendre : les vers étaient répétés dans l'ombre. Des voix s'étaient levées timidement derrière moi. J'en percevais devant moi aussi. J'étais entouré. Sans même le vouloir, je fis plus lente ma récitation.

Des hommes étaient venus. Ils s'étaient ralliés et formaient un cercle. Ils prononçaient les mots en écho. À la fin de chaque strophe, à chaque silence, ils faisaient bourdonner les dernières syllabes. « Va, va ! Laisse-toi faire ! Récite ! me souffla l'acteur aux mains de fille, ce qui se passe est extraordinaire. »

Je psalmodiais. Il me semblait savoir à cet instant tous les poèmes que j'avais lus, même ceux que je croyais oubliés. Le cercle des hommes autour de moi se serrait : c'était une foule. Alors, j'entendis que ces hommes n'étaient pas des Français. L'écho des vers qu'ils me renvoyaient était parfois défiguré, comme le son du violon dont une corde se relâche, parfois juste comme un diapason. La respiration de tous ces hommes s'approchait : je la sentais maintenant sur mon visage. Ils étaient cinquante peut-être.

Je leur dis : « Qui êtes-vous ? » La réponse me vint aussitôt, mais dans un désordre effrayant : les uns parlaient allemand, les autres russe, d'autres hongrois. Quelques-uns répétèrent simplement les derniers mots du dernier vers, en français. Ils se penchaient vers moi, gesticulaient, se baissaient et se redressaient, frappaient leur poitrine de tout le bras, zézayaient, grommelaient, se récriaient, en proie à une passion soudaine. J'étais abasourdi, et heureux, stupidement heureux. Mais je ne distinguais plus aucune parole, tant le vacarme, en quelques secondes, avait grandi. Loin de moi, derrière la cohue oscillante, des hommes hélaient les passants dans toutes les langues de l'Europe orientale. Ne cherchant plus à comprendre ce qui arrivait, incapable d'éprouver autre chose que du bonheur, un bonheur rythmé à la façon d'un son musical, un bonheur de gorge et de souffle, je repris ma récitation. Il ne me restait en mémoire qu'un poème de Baudelaire : « La Mort des amants ». Je le donnai. Et des dizaines de voix ronflantes, grinçantes, croassantes, caressantes, répétèrent : « les flammes mortes ».

J'eus de la peine à quitter cette foule, à lui échapper. Il me fallut jeter les bras en avant et sortir, pas à pas, tout en récitant. Je sais que c'est à peine croyable, mais, derrière moi, j'entendis des hommes qui pleuraient.

1 Le narrateur avait juré de se révolter au début de la nouvelle.

Texte 3 : Marie DESPLECHIN, *La Belle Adèle*, (2010), Gallimard Jeunesse.

La jeune Adèle évoque son quotidien au collège.

Une personne qui n'y vit pas ne peut pas se rendre compte de la dictature qui règne dans un collège. Je ne crois pas. Il s'agit d'une forme de dictature très particulière, et très efficace, parce qu'elle n'arrête pas de se renouveler. Je veux dire que si les dictateurs changent, la dictature reste.

Le collégien moyen vit sous le regard permanent du groupe. Et le groupe obéit toujours à ses dominants. Le collégien est jugé sans cesse et il est jugé sur tout. Ses vêtements. Sa manière de parler, de marcher, de s'asseoir. La marque de son sac à dos. De ses baskets. Son comportement en classe, à la cantine. Ses amis. Sur chacun de ces points, il est vivement recommandé d'avoir l'accord du groupe, et l'aval de ses dominants. Parce que sinon, c'est l'enfer. Et l'enfer peut se manifester de nombreuses façons. Par exemple, l'isolement. On ne vous parle pas, on ne vous regarde pas. Ou encore, la rumeur. On se moque, on parle dans votre dos. Ou même l'hostilité déclarée. On vous bouscule, on renverse votre sac. Dans tous les cas, la solution la plus économique consiste à se taire et à se faire oublier. Et à essayer d'avoir une vie dehors, s'il reste assez de temps pour cela.

La pire erreur consiste à se faire remarquer. À moins de faire partie des dominants, la différence est un défaut, l'originalité une tare. Au collège, il faut se fondre dans la masse ou devenir invisible.

Texte 4 : Jean-Jacques ROUSSEAU, *Dialogues, Rousseau juge de Jean-Jacques*, (1999), Flammarion (première édition 1782).

Se sentant trahi et espionné de toute part, Jean-Jacques Rousseau compose ses Dialogues. *Il se constitue à la fois juge, avocat et partie. Il organise son plaidoyer en trois dialogues en opposant deux personnages : un certain « Rousseau », qui connait parfaitement les écrits de l'auteur et se fait défenseur de « Jean-Jacques », face à un « Français », porte-parole naïf de toutes les calomnies qui circulent au sujet du dénommé « J.-J ».*

LE FRANÇAIS.

Ils ont pris des précautions non moins efficaces en le surveillant à tel point qu'il ne puisse dire un mot qui ne soit écrit, ni faire un pas qui ne soit marqué, ni former un projet qu'on ne pénètre à l'instant qu'il est conçu. Ils ont fait en sorte que, libre en apparence au milieu des hommes, il n'eût avec eux aucune société réelle, qu'il vécût seul dans la foule, qu'il ne sût rien de ce qui se fait, rien de ce qui se dit autour de lui, rien surtout de ce qui le regarde et l'intéresse le plus, qu'il se sentît partout chargé de chaînes dont il ne pût ni montrer ni voir le moindre vestige. Ils ont élevé autour de lui des murs de ténèbres impénétrables à ses regards ; ils l'ont enterré vif parmi les vivants. [...]

On a trouvé l'art de lui faire de Paris une solitude plus affreuse que les cavernes et les bois, où il ne trouve au milieu des hommes ni communication, ni consolation, ni conseil, ni lumières, ni rien de tout ce qui pourrait lui aider à se conduire, un labyrinthe immense où l'on ne lui laisse apercevoir dans les ténèbres que de fausses routes qui l'égarent de plus en plus. Nul ne l'aborde qui n'ait déjà sa leçon toute faite sur ce qu'il doit lui dire et sur le ton qu'il doit prendre en lui parlant. On tient note de tous ceux qui demandent à le voir et on ne le leur permet qu'après avoir reçu à son égard les instructions que j'ai moi-même été chargé de vous donner au premier désir que vous avez marqué de le connaître. S'il entre en quelque lieu public, il y est regardé et traité comme un pestiféré : tout le monde l'entoure et le fixe, mais en s'écartant de lui et sans lui parler, seulement pour lui servir de barrière, et s'il ose parler lui-même et qu'on daigne lui répondre, c'est toujours ou par un mensonge ou en éludant ses questions d'un ton si rude et si méprisant qu'il perde l'envie d'en faire. Au parterre on a grand soin de le recommander à ceux qui l'entourent, et de placer toujours à ses côtés une garde ou un sergent qui parle ainsi fort clairement de lui sans rien dire. On l'a montré, signalé, recommandé, partout aux facteurs, aux commis, aux gardes, aux mouches, aux Savoyards, dans tous les spectacles, dans tous les cafés, aux barbiers, aux marchands, aux colporteurs, aux libraires. S'il cherchait un livre, un almanach, un roman, il n'y en aurait plus dans tout Paris ; le seul désir manifesté de trouver une chose telle qu'elle soit est pour lui l'infaillible moyen de la faire disparaître. [...]

ROUSSEAU.

En effet tous ces moyens que vous m'avez détaillés, me paraissent ne pouvoir manquer de faire de ce J.-J. la risée, le jouet du genre humain et de le rendre le plus abhorré des mortels.

DEUXIÈME PARTIE

Connaissance de la langue

1- Dans cet extrait du texte de Lusseyran, vous relèverez les participes passés, vous identifierez les formes verbales dans lesquelles ils apparaissent et vous justifierez l'accord des participes. Vous pourrez présenter votre réponse dans un tableau.

« Puis je fus bien obligé d'entendre : les vers étaient répétés dans l'ombre. Des voix s'étaient levées timidement derrière moi. J'en percevais devant moi aussi. J'étais entouré. Sans même le vouloir, je fis plus lente ma récitation.
Des hommes étaient venus. Ils s'étaient ralliés et formaient un cercle. Ils prononçaient les mots en écho. À la fin de chaque strophe, à chaque silence, ils faisaient bourdonner les dernières syllabes. « Va, va ! Laisse-toi faire ! Récite ! me souffla l'acteur aux mains de fille, ce qui se passe est extraordinaire. »
Je psalmodiais. Il me semblait savoir à cet instant tous les poèmes que j'avais lus. »

2- « Ce soir-là, on nous envoya simplement coucher, en nous disant que, le lendemain, nous aurions sans doute réfléchi. » (texte de Zola).
a- Vous justifierez l'emploi des temps verbaux dans les paroles rapportées ci-dessus.
b- Vous réécrirez cette phrase en utilisant le discours direct.

3- Dans cet extrait du texte de Zola, vous relèverez et classerez les expansions du nom en indiquant leur classe grammaticale et leur fonction.

« Le grand Michu, dont une faim atroce devait troubler la tête, se leva brusquement. Il prit l'assiette du pion, qui mangeait à belles dents, pour nous narguer et nous donner envie, la jeta au milieu de la salle, puis entonna *La Marseillaise* d'une voix forte. »

4- a- Vous expliquerez la formation des mots suivants en les décomposant : « dédaigneusement » (texte de Zola, paragraphe 1) et « infaillible » (texte de Rousseau, fin du paragraphe 2).
b- Vous expliquerez le rôle des préfixes et des suffixes dans ces mots.

5- Vous relirez les trois derniers paragraphes du texte de Lusseyran. Que révèle cet épisode du rapport des hommes à la poésie ? Vous identifierez deux procédés d'écriture qui vous semblent, à ce titre, remarquables et vous les commenterez.

TROISIÈME PARTIE
Analyse de supports d'enseignement

À partir de la séquence d'enseignement proposée par un enseignant d'une classe de CE2 et s'appuyant sur l'ouvrage *Fantastique Maître Renard*, de Roald Dahl et Quentin Blake (Gallimard jeunesse), vous répondrez aux questions suivantes :

1- En vous appuyant sur vos connaissances des programmes et du socle commun, vous direz quelles compétences sont travaillées dans cette séquence.

2- Quelle analyse faites-vous des productions des élèves (document 3) ?

3- Dans le cadre d'un travail d'écriture sur le portrait en CE2, quelles activités proposeriez-vous dans le domaine de l'étude de la langue ? Justifiez votre réponse.

4- Quel regard portez-vous sur la démarche proposée ?

Document 1 : Séquence élaborée par l'enseignant.

But : Écrire le portrait de Maître Renard			
Séance n°…	Objectifs spécifiques	Supports utilisés	Outils travaillés et/ou utilisés (document 2)
1	Déterminer collectivement les éléments nécessaires à l'écriture d'un portrait.	Couverture du livre, illustration p 6 et chapitre 1 : les fermiers.	Tableau des caractéristiques physiques et morales des fermiers.
2	Dégager collectivement les caractéristiques du renard dans ce roman. Écrire en groupes un premier portrait de Maître Renard.	Chapitres 2 et 3. Couverture.	Le portrait : banque de mots.
3	Présenter une grille d'écriture ou de relecture du portrait. Lire en réseau pour repérer d'autres caractéristiques du portrait du renard. Débat interprétatif : a-t-on une image juste de Renard ?	Extraits du *Roman de Renart,* fables : « Le Renard et le bouc » (Esope), « Le Corbeau et le renard » (La Fontaine)	Banque de mots. Grille collective d'écriture et de lecture.
4	Améliorer le premier jet. Rédiger en groupes un 2ème jet en tenant compte des éléments collectivement construits.	Premiers textes des groupes d'élèves. (document 3)	Couverture. Dictionnaire. Banque de mots. Grille collective d'écriture et relecture.

5	Rédiger en groupes un texte final (3ème jet).	Deuxième jet.	Banque de mots. Grille collective d'écriture et relecture.
6	Prolongement : choisir des adjectifs qualifiant physiquement et moralement des loups.	Illustrations de loups tirées de la littérature de jeunesse. (document 4)	

Document 2 : Outils travaillés et/ou utilisés dans la séquence.

Le portrait : banque de mots

Le portrait physique

l'allure générale		visage, tête	les yeux
jeune	vieux	rond	en amande
beau	laid	ovale	enfoncés
grand	petit	allongé	globuleux
agile	minuscule	joufflu	rieurs
propre	sale	bronzé	coquins
sportif	voûté	pâle	perçants
élégant	maladif	**nez, museau**	ronds
gros	mince		vifs
gras	élancé	pointu	malicieux
obèse	menu	long	couleur
dodu	maigre	en trompette	**les oreilles**
fort	chétif	droit	
trapu	gigantesque	gros	
aimable	doux	allongé	décollées
gentil	soucieux		pointues

cheveux, poils	Comparaison
clair foncé	malin comme un singe
roux brun	léger comme un papillon
noir blanc	rusé comme un renard
épais clair	doux comme un agneau
raide bouclé	vif comme un éclair
	gai comme un pinson
	Raide comme un piquet

Le portrait moral

le caractère	les qualités	les défauts
	bon	
gai	généreux	égoïste
triste	serviable	lâche
timide	courageux	menteur
rêveur	malin	tricheur
inquiet	rusé	capricieux
autoritaire	honnête	paresseux
vif	juste	maladroit
prudent	franc	avare
	ponctuel	bavard
Les goûts	adroit	désordonné
	habile	voleur
	soigneux	
aimer…	ordonné	
détester…	gourmand	
	intelligent	

le verbe **être** peut être remplacé par :	**renard** peut être remplacé par :
paraître	animal
sembler	il
avoir l'air	voleur
passer pour	celui-ci
devenir	individu
rester demeurer	goupil
	être

Le portrait

Le portrait est la description d'un personnage ou d'un animal.Il doit le décrire (portrait physique) et montrer son caractère (portrait moral).

Grille de relecture

Organisation de la production

- Il y a un titre.
- Les descriptions physique et morale sont ordonnées.

Construction du sens.

- Il y a une description organisée du physique de maître Renard, allure générale, tête…
- Il y a une description du caractère de Maître Renard.
- On perçoit que Maître Renard est malin, rusé, mais aussi qu'il a de bons côtés pour un renard.
- Le vocabulaire est précis.
- Il y a des comparaisons.
- Il n'y a pas de répétitions.
- Le texte est cohérent.

Correction de la langue.

- Les adjectifs sont utilisés.
- Les groupes nominaux sont enrichis.
- Les phrases sont bien délimitées.

Document 3 : Productions des élèves, 1er et 3ème jets.

Productions des élèves

Il est grand. Il est sportif, il est fort.

Il est gentil. Il a un museau long. Ses yeux son perçants et ronds. Ses oreilles sont pointus. Il est prudent. Il aime. Il est franc et intelligent. Il est aussi fantastique. Il a le poil roux et blanc. Maître renard est rusé comme un renard. Il est capable de sentir les trois fermiers à des kilomètres. Il aime sa famille.

Chloé, Lilly, Yasmine, Margo, Ilham

C'est un fantastique Maître renard.

Cet animal est grand et se tient droit comme un i. Il porte des vêtements et marche comme un être humain.

C'est une bête très prudente et rusée. Il a des yeux perçants et des petites oreilles pointues. Grâce à son museau long et à son flair développé le renard est capable de sentir les trois fermiers à des kilomètres.

Cette bête est maline comme un singe.

Chloé, Lilly, Yasmine, Margo, Ilham

C'est un renard très coquin et très brave.

Il est grand il porte une écharpe à point bleu. Une belle chemise violète, un long museau pointu, un giler jaune, une longue queue, des longues pattes avant et arrière pour creuser il est intelligent et ruser il est papa de quatre renardeaux et son épouse s'appelle Dame renard et ils se nourrissent de poulet dodu, d'oie et de canards et de dindes.

Maître Renard est jeune et beau, grand et agile. Son nez est pointu et long. Ses yeux sont ronds et vifs et noirs. Ses poils sont roux. C'est un renard prudent qui aime énormément sa famille. Il est très malin comme un singe.Il a plein d'enfant. Il allez voler des poulez au chasseur parce qu'il n'avez pas à mangez. Il a une écharpe et une chemise et des longe janbe pour creusser et courir.

Jameson, Maxime, Andy, Dylan, Elias

C'est un fantastique renard.

Il marche et est habillé comme les hommes. Le renard porte une écharpe à points bleus, une belle chemise violette, un gilet jaune. Cet animal se tient droit comme un i. Il marche sur ses deux longues pattes arrière. Les deux pattes avant lui permettent de creuser très vite. C'est un animal intelligent et rusé. Il sauve sa famille des méchants fermiers.

Il est très malin comme un singe.

Jameson, Maxime, Andy, Dylan, Elias

Maître renard a de longue queue.

Maître renard a de longues oreille.

Maître renard a un foulard.

Maïlys, Inès, Paul, Enzo, Liam, Lucas

C'est un fantastique renard.

Maître renard a de longue queue, des petites oreilles dressées sur sa tête, des yeux perçant et un long museau pointu. Il est roux et sans queue.

Cette bête a un foulard et des vêtements comme les humains.

Maître renard est vif comme un éclair. Il se déplace et creuse très vite avec ses longues pattes.

Cet animal est agile et intelligent. Il arrive à tromper les fermiers.

Maïlys, Inès, Paul, Enzo, Liam, Lucas

Document 4 : Illustrations d'albums pour le prolongement dans la séance 6.

a : *Le jeune loup qui n'avait pas de nom*, Jean-Claude Mourlevat, Jean-Luc Bénazet, Milan Jeunesse, 1998	b : *Mademoiselle Sauve-qui-peut*, Philippe Corentin, l'École des loisirs, 1999	c : *Une soupe au caillou*, Anaïs Vaugelade, l'École des loisirs, 2014

Corrigé du sujet 2018 du groupement 3

Ce dossier se compose de quatre textes littéraires, qui montrent les rapports de l'individu et du groupe, ce qui permet de réfléchir à la nature de ces rapports et à leurs répercussions. Le premier texte est extrait d'une nouvelle d'Émile Zola, « Le grand Michu », parue en 1874 et actuellement publiée par Gallimard. Un collégien raconte comment, alors que les élèves se plaignent de la nourriture servie, le personnage éponyme (Michu) défend la cause commune en se sacrifiant. L'autobiographie de Jacques Lusseyran, *Le Monde commence aujourd'hui*, parue chez Gallimard en 1959, s'inscrit dans un contexte bien différent : le jeune homme démontre à ses compagnons de détention, dans le camp de Buchenwald, le pouvoir singulier de la poésie en leur offrant un moment de communion lyrique. Un texte plus récent, de 2010, extrait d'un roman destiné à la jeunesse, *La Belle Adèle*, raconte, par la plume de Marie Desplechin, le quotidien difficile d'une adolescente face au regard critique des autres élèves. Le dernier extrait est constitué de *Dialogues* où Rousseau se fait le « juge de Jean-Jacques » : il y reprend toutes les calomnies qui circulent alors sur lui, et se propose d'y répondre. Comment, dans ce dossier, les auteurs envisagent-ils les rapports qui s'établissent entre l'individu et le groupe ? Deux regards s'opposent dans ce corpus : une vision plutôt négative de ces rapports, qui peut cependant révéler une tournure plus optimiste. C'est cette dialectique que nous suivrons.

À des degrés divers, les quatre textes du dossier présentent les rapports entre l'individu et le groupe de manière négative, voire pessimiste. Tout d'abord, chacun met en scène un individu bien caractérisé, « Michu » fils de paysan, le « je » autobiographique dans le texte de Lusseyran, la jeune Adèle puis Jean-Jacques - face à un « nous » constitué de collégiens peu enclins à partager leurs provisions de nourriture, alors que leur camarade les représente et les défend. Dans le texte de Lusseyran, la résistance et le scepticisme de ses compagnons de malheur est mentionnée dans le premier paragraphe, mais elle disparaît rapidement. En revanche, dans les deux derniers textes, il s'agit d'exprimer la méchanceté du groupe caractérisé par une attitude : l'hypocrisie, qui consiste à médire d'un individu (Adèle, Jean-Jacques) puis à s'écarter de lui sans lui parler en face (cette image est présente dans les deux textes).

Intéressons-nous donc à la vision négative de ces rapports. Zola la porte, puisque, les uns après les autres, ses camarades laissent Michu qui doit assumer seul la responsabilité de la révolte collective. Même le narrateur finit par l'abandonner dans ce réfectoire saccagé par tous. Pourtant, ce sont surtout les personnages d'Adèle (texte 3) et de Jean-Jacques (texte 4) qui souffrent du regard jugeant des autres, désignés par un « on » indéfini et inquiétant. Dans le roman pour la jeunesse de Marie Desplechin, ce pronom désigne un collectif qualifié de « dictateurs », qui sont en fait coupables d'un harcèlement insidieux car silencieux, face auquel l'individu se sent obligé de se fondre dans la masse en devenant invisible. Dans les *Dialogues* de Rousseau, « le Français » évoque la calomnie des moindres faits et gestes de Jean-Jacques, s'accordant au sentiment développé par Rousseau à la fin de sa vie celui d'être perpétuellement sous un regard malveillant et jugeant. Avec ceci de plus que la collégienne de Marie Desplechin : ici, ce ne sont pas seulement les signes extérieurs qui sont critiqués par le groupe, mais aussi les pensées et les intentions.

Si les rapports entre l'individu et le groupe sont montrés de manière particulièrement préoccupante car négative, ce n'est pas la seule conception que les auteurs en ont.

En effet, les deux premiers textes au moins présentent chacun une situation au caractère exceptionnel, dans laquelle l'individu se dépasse, se transcende pour le bien commun. Dans une belle gradation, le narrateur qualifie le grand Michu de « superbe », « terrible », « un vrai martyr » : ce dernier décide spontanément de prendre la tête de la révolte des élèves, puis se présente comme seul acteur de cette révolte, ce qui lui vaut le renvoi. On peut parler ici d'abnégation, de sacrifice, de solidarité de l'individu envers le groupe. Dans le cas de Jacques Lusseyran, il s'agit du ralliement du groupe « des hommes », « des voix » à celle du personnage-narrateur. Ce ralliement n'est pas recherché : le jeune homme cherche juste à restituer une part de vie et d'humanité dans le camp, et il se retrouve face à la réaction, pas vraiment anticipé, de ces hommes pétris de la même culture que lui et qui font écho à sa récitation de poèmes. Le choix de cet individu redonne de l'humanité au groupe, une unité aussi, dans cette diversité de nationalités, de langues. La diversité individuelle disparait derrière cette communion lyrique qui se termine par des larmes. Dans les textes 3 et 4, il apparaît que, à l'insu de l'individu observé et calomnié le groupe de renforce et se constitue, mais au service d'un dessein peu moral.

Les auteurs de ce corpus envisagent les rapports entre l'individu et le groupe sous deux angles bien différents. D'une part l'individu apparaît en vis-à-vis du groupe, et donc à part, à l'écart, dans une relation où seules ses différences sont soulignées et remarquées. Dans une deuxième vision, l'individu, pour le meilleur ou pour le pire, parvient à catalyser le groupe et à l'unifier, mais pas à s'y intégrer et à s'y fondre.

Deuxième partie

1. Relever des participes passés avec identification des formes verbales et justification de l'accord des participes

Tous les participes passés de cet extrait apparaissent dans le groupe verbal ; ils entrent dans la conjugaison des temps composés : de ce fait, la justification de leur accord dépend de l'auxiliaire de conjugaison (être ou avoir) et notre classement s'appuiera sur cette donnée.

Par ailleurs, pour identifier les formes verbes nous nommerons le temps de conjugaison :

conjugaison avec l'auxiliaire *avoir*		*tous les poèmes que j'avais lus :* conjugaison du verbe *lire* au plus-que-parfait de l'indicatif. Comme le COD de ce verbe, que, est antéposé au groupe verbal, et que ce COD représente un nom masculin pluriel, *poèmes*, le participe *lus* - qui s'accorde avec ce COD - prend ses marques de genre et de nombre

conjugaison avec l'auxiliaire *être*	temps composés à la voix active	*des hommes étaient venus* : conjugaison du verbe venir au plus-que-parfait de l'indicatif. Dans ce cas, le participe passé s'accorde avec le sujet du verbe, *des hommes*
	temps composés à la voix passive	*je fus bien obligé* : conjugaison du verbe *obliger* au passé simple de l'indicatif de la voix passive. Le participe passé s'accorde avec le sujet du verbe, « je », masculin singulier. *j'étais entouré* : conjugaison du verbe *entourer* à l'imparfait de l'indicatif, voix passive. Le participe passé s'accorde avec le sujet du verbe, « je », masculin singulier. *les vers étaient répétés* : conjugaison du verbe *répéter* à l'imparfait de l'indicatif, voix passive. Le participe passé s'accorde avec le sujet du verbe, « les vers », masculin pluriel.
	temps composés des verbes pronominaux	*des voix s'étaient levées* *ils s'étaient ralliés* *se lever* et *se rallier* sont des verbes occasionnellement pronominaux. Ils sont transitifs directs, ce qui a pour conséquence que le pronom « s' » représente à chaque fois le COD du verbe. De ce fait, le participe passé s'accorde avec ce COD : « s' » représentant « des voix » pour « ralliées » et « s' » représentant « ils » pour « ralliés »

2. a) Les paroles sont ici rapportées au discours indirect. Il s'agit du segment porté par a proposition subordonnée conjonctive : « que, le lendemain, nous aurions sans doute réfléchi ». « Nous aurions réfléchi » est un conditionnel passé de l'indicatif. Par rapport au verbe de la principale, qui est au passé simple, ce verbe exprime un temps futur, marqué aussi par l'adverbe « le lendemain, nous aurions réfléchi » : le conditionnel marque ici le futur dans le passé (ce qui est à venir par rapport à un moment passé).

b) Ce soir-là, on nous envoya simplement coucher, en nous disant : « Demain, vous aurez sans doute réfléchi ».

Nous classons les expansions du nom par type :

Type d'expansion	relevé	Nom expansé
Adjectif qualificatif épithète du nom	*grand* *atroce* *belles* *forte*	*Michu* *faim* *dents* *voix*
Groupe prépositionnel complément du nom	*du pion*	*assiette*
Proposition subordonnée relative épithète du nom	*dont une faim atroce devait troubler la tête* *qui mangeait à belles dents*	*Michu* *pion*

3. a) « dédaigneusement » est formé par dérivation sur le nom « dédain ». « Dédain », par dérivation suffixale, donne l'adjectif « dédaigneux/-se ». Sur la base féminine de cet adjectif, par une deuxième dérivation suffixale on obtient l'adverbe « dédaigneusement ».

« infaillible » est obtenu par dérivation sur le nom « faille ». D'abord par dérivation suffixale qui aboutit à l'adjectif « faillible », puis par dérivation préfixale qui aboutit à l'adjectif de sens contraire, « infaillible ».

b) Comme le montre cette analyse, le suffixe a pour rôle de créer, à partir du mot-radical, un mot d'une autre catégorie grammaticale. Les suffixes servent donc à enrichir la famille d'un mot : dans nos deux exemples, à partir d'un nom commun est créé un adjectif ; à partir d'un adjectif est créé un adverbe.

Rappel : les adverbes en –ment se sont construits, pour la plupart, sur une base au féminin parce que « -ment » est issu d'un nom féminin en latin « mens, -tis » qui signifie « l'esprit, la manière ».

Le suffixe « in-« dans « infaillible » ne modifie pas la catégorie du mot crée par rapport au mot support (« faillible »/ « infaillible »), mais il contribue à une inversion de sens.

On dit que la préfixation est un procédé endocentrique, alors que la suffixation est un procédé exocentrique.

Cet épisode révèle différentes idées sur le rapport des hommes à la poésie :

– la poésie, représentant la culture que tout homme se constitue dès le plus jeune âge, par l'apprentissage scolaire, constitue un répertoire qui l'accompagne toute sa vie, qui habite en lui et témoigne de sa formation, de son apprentissage, de son humanité aussi.

- la poésie, comme genre essentiellement oral (la poésie s'appuie sur le travail des sonorités et du rythme) revient à la mémoire comme une musique, et peut se restituer par cette musique même lorsque les paroles ne sont pas exactes. La métaphore de la musique avec « violon », « corde », « diapason » est l'un des procédés littéraires qui permet de transmettre cette idée. Le deuxième procédé serait les énumérations du deuxième paragraphe : énumération de verbes, puis d'adjectifs, qui proposent assonnances et allitérations.
- la poésie est un langage universel qui dépasse la barrière des langues. Elle est un lien entre les hommes.
- la poésie est le genre littéraire qui cherche à exprimer le rapport de l'homme au monde. Ici, elle dit à la fois un rapport lyrique (en réaffirmant la présence de ces hommes au monde) et pathétique (les hommes versent finalement des larmes).

Troisième partie

1. Les compétences travaillées dans cette séance

Cette séquence, dont l'objectif est **d'écrire le portrait de Maître Renard**, s'appuie sur la liaison lecture-écriture préconisée par les Programmes pour les cycles 2 et 3, mais aussi sur des activités orales. Elle permet donc de travailler les compétences suivantes :

- pratiquer différentes formes de lecture : les élèves sont exercés à prendre en compte des enjeux spécifiques de la lecture, comme le fait de « lire pour réaliser quelque chose », ici, réaliser un portrait ; à la séance 3, ils lisent en réseau pour trouver d'autres caractéristiques du personnage de Renard ;
- participer à des échanges pour apporter des idées.
- produire des écrits en commençant à s'approprier une démarche (en lien avec la lecture, le langage oral et l'étude de la langue) : le maître fait travailler les élèves dans le cadre d'un projet d'écriture, ce qui permet de faire concourir tous les domaines du français à la réussite d'un objectif.

Cela nécessite :

- l'identification de caractéristiques propres au genre de texte qu'est le portrait (texte organisé selon une logique portrait physique/ portrait moral, qui utilise les ressources grammaticales que sont les expansions du nom, en particulier les adjectifs, et les substituts du nom, pour renseigner sur le personnage portraituré) ;
- la mise en œuvre, guidée (en groupe-clase et en petits groupes) d'une démarche de production de textes : trouver et organiser des idées, élaborer des phrases qui s'enchaînent avec cohérence, écrire ces phrases.

- des connaissances sur la langue (mémoire orthographique des mots, règles d'accord, ponctuation, vocabulaire...) et une capacité à savoir mobiliser des outils à disposition dans la classe liés à l'étude de la langue (la banque de mots, la grille d'écriture collective et de lecture, le dictionnaire, les livres lus).

Enfin, une partie importante de ce projet d'écriture tient à l'élaboration progressive du texte, qui tient compte des erreurs repérées et de leur correction. De ce fait, les compétences travaillées sont aussi :

- Participer à des échanges pour déterminer les manques d'une production écrite, et dégager des idées nouvelles (débat interprétatif de la séance 3) ; participer oralement pour défendre ses idées ;
- Réviser et améliorer l'écrit qu'on a produit - Repérage de dysfonctionnements dans les textes produits (omissions, incohérences, redites...).
- Mobiliser des connaissances portant sur le genre d'écrit à produire et sur la langue.
- Utiliser des outils aidant à la correction : outils élaborés dans la classe, correcteur orthographique, guide de relecture.

2. Analyse des productions d'élèves

Le document 3 présentant le premier et le troisième jet d'écriture, nous en concluons que nous devons analyser le passage d'une version à l'autre. Pour les trois textes, on observe qu'il y a passage de versions fort différentes en longueur et dans leur présentation à des textes qui présentent tous a même longueur (entre 8 et 10 lignes) et la même phrase de début (que nous n'appellerons pas un titre) : « C'est un fantastique Maître renard). Il y a aussi, à la faveur des échanges oraux sans doute, échange d'outils comme les comparaisons « droit comme un i » et « malin comme un singe », préconisées par la grille de relecture.

Texte 1 :

Du point de vue matériel, il passe de deux paragraphes à un ensemble structuré en trois paragraphes (portrait physique/ moral/ conclusion).

Du point de vue pragmatique, le premier jet ne construisait pas un portrait mais mettait bout à bout des éléments épars. Désormais, le texte a une cohérence et une progression : Renard fait effectivement l'objet d'une description correcte.

Du point de vue sémantique, on avait un problème pour Renard qui n'était pas identifié, mais appelé implicitement « il » du début à la fin du texte. Ce n'est plus le cas, les élèves ayant travaillé les substituts du nom, avec une belle variété : « cet animal », « une bête », « le renard ». il y a toujours des comparaisons, mais moins de répétitions (cf. grille de relecture des élèves).

Du point de vue morphosyntaxique, la maîtrise de la langue reste correcte.

Texte 2 :

Du point de vue matériel, le premier jet était très long ; le troisième est sensiblement plus court, avec deux effets : une amélioration de la qualité linguistique, et la suppression d'éléments qui caractérisaient davantage les actions de Renard que sa description. La valeur pragmatique du texte a donc été remise au premier plan.

Du point de vue pragmatique, portrait physique et portrait moral s'enchaînent bien (paragraphe central). La description va bien dans le sens d'un portrait, même si le lien doit parfois être fait par le lecteur : les élèves n'écrivent pas que Renard est protecteur, mais qu'il « sauve sa famille des méchants fermiers ». Il y aurait un travail à faire encore sur le type d'écrit qu'est le portrait.

Texte 3 :

Du point de vue matériel, ce texte présente les modifications les plus spectaculaires, puisqu'il passe de trois phrases simples à un ensemble de quatre courts paragraphes : deux pour le portrait physique, deux pour le portrait moral. Cet allongement du texte se fait au détriment de la cohérence (les éléments semblent juxtaposés) et de la qualité orthographique. Mais les phrases sont bien construites.

Du point de vue sémantique, les élèves se sont emparés des outils d'expression disposés par le maître : banque de mots avec des adjectifs, comparaisons.

On peut difficilement mesurer le rôle des lectures intermédiaires dans l'amélioration de ces productions, mais, en tout état de cause, la progression entre les deux états du texte, pour les trois groupes, est sensible.

3. Activités proposées dans le domaine « Étude de la langue »

Un travail sur les expansions du nom semble tout à fait approprié, et plus complet qu'un relevé des seuls adjectifs. Les expansions du nom sont : les adjectifs épithètes, les groupes compléments du nom, les propositions subordonnées relatives et les GN apposés. Ce sont autant d'outils pour enrichir le GN et donner toutes les précisons nécessaires sur le nom-noyau.

Cette question amène celle des accords dans le GN, importante pour les activités rédactionnelles en général.

On pourrait donc proposer un travail de lecture et de relevé des expansions du nom dans des textes d'auteurs qui se livrent à des portraits (en littérature de jeunesse mais aussi en littérature générale : le portrait de Cosette par Victor Hugo, le portrait de Fifi Brindacier par P. Langstrom. La classe pourrait réaliser un répertoire des outils les plus intéressants, ou des textes les plus riches, qui pourraient être « pillés » lors de la réalisation de nouveaux portraits.

4. Regard porté sur la démarche proposée

La démarche proposée est la démarche la plus complète qui soit. Elle articule les quatre domaines du français : lecture, écriture, oral et étude de la langue, de manière complémentaire et dans la réalisation d'un objectif unique et précis. Tout en écrivant, les élèves sont amenés à se documenter, à construire ou mobiliser des outils déjà là, à construire une culture (variété des textes sur Renard, avec une perspective historique sur le personnage) et à échanger, puisque le projet est collectif. Le maître guide les élèves, les outils et les amène à résoudre la tâche. C'est une démarche socio-constructiviste.

Deuxième partie : Mathématiques[1]

1. Partie rédigée par Sabine ÉVRARD, maître de conférences en mathématiques et Virginie LE MEN, professeur agrégée de mathématiques, toutes deux en poste à l'ESPE de l'académie d'Amiens.

L'épreuve vise à évaluer la maîtrise des savoirs disciplinaires nécessaires à l'enseignement des mathématiques à l'école primaire et la capacité à prendre du recul par rapport aux différentes notions. Dans le traitement de chacune des questions, le candidat est amené à s'engager dans un raisonnement, à le conduire et à l'exposer de manière claire et rigoureuse.

L'épreuve qui dure 4 heures comporte **trois parties**.

- ♦ Une première partie constituée d'un problème portant sur un ou plusieurs domaines des programmes de l'école ou du collège, ou sur des éléments du socle commun de connaissances, de compétences et de culture, permettant d'apprécier particulièrement la capacité du candidat à rechercher, extraire et organiser l'information utile.
- ♦ Une deuxième partie composée d'exercices indépendants, complémentaires à la première partie, permettant de vérifier les connaissances et compétences du candidat dans différents domaines des programmes de l'école ou du collège. Ces exercices pourront être proposés sous forme de questions à choix multiples, de questions à réponse construite ou bien d'analyses d'erreurs-types dans des productions d'élèves, en formulant des hypothèses sur leurs origines.
- ♦ Une analyse d'un dossier composé d'un ou plusieurs supports d'enseignement des mathématiques, choisis dans le cadre des programmes de l'école primaire qu'ils soient destinés aux élèves ou aux enseignants (manuels scolaires, documents à caractère pédagogique), et productions d'élèves de tous types, permettant d'apprécier la capacité du candidat à maîtriser les notions présentes dans les situations d'enseignement.

L'épreuve est notée sur **40 points** :

- 13 points pour la première partie ;
- 13 points pour la deuxième partie ;
- 14 points pour la troisième ;
- 5 points au maximum peuvent être retirés pour tenir compte de la correction syntaxique et de la qualité écrite de la production du candidat.

Une note globale égale ou inférieure à 10 est éliminatoire.

Introduction

Nous proposons ici un cours complété par des exercices d'application.

I. Le matériel nécessaire

A. Les cycles de l'école primaire

Les cycles en vigueur depuis la rentrée 2016 sont les suivants :

- **Cycle 1 :** cycle d'apprentissages premiers (petite, moyenne et grande sections de maternelle)
- **Cycle 2 :** cycle des apprentissages fondamentaux (CP, CE1 et CE2)
- **Cycle 3 : cycle** de consolidation (CM1, CM2 et sixième)

Les programmes de l'école

En ce qui concerne les programmes, dans leur intégralité, il est utile de les télécharger[1] et de les conserver à disposition pour répondre au mieux aux questions du concours.

B. Le matériel

Vous devez vous munir d'instruments de géométrie (règle, équerre, compas et rapporteur) ainsi que d'une calculatrice scientifique (par exemple, une calculatrice dédiée au collège)

II. Qu'est-ce que la didactique des mathématiques?

A. Définition

DÉFINITION

La didactique d'une discipline « étudie les processus de transmission et d'acquisition des connaissances relatives au domaine de cette discipline. (...) Elle décrit et analyse les difficultés rencontrées et propose des moyens pour aider les professeurs (...) à les surmonter, et notamment pour faire du savoir enseigné un savoir vivant, fonctionnel et opératoire[2] ».

B. Analyser des travaux d'élève

Avant toute chose et même si on ne vous le demande pas il faut absolument résoudre l'exercice demandé aux élèves. Ensuite il vous faut :

- être capable d'identifier la notion mathématique en jeu dans l'exercice proposé ;
- être capable d'identifier les compétences mises en jeu dans l'exercice (que l'on trouve dans les Instructions Officielles, I.O.), puis

1. http://www.education.gouv.fr/cid95812/au-bo-special-du-26-novembre-2015-programmes-d-enseignement-de-l-ecole-elementaire-et-du-college.html
2. Rapport GRECO DIDAMAT CNRS 1983.

♦ être capable d'analyser les productions des élèves, en relation avec les compétences de l'exercice et les questions posées. Il s'agit dans un premier temps de décrire ce qu'a fait l'élève, puis d'émettre des hypothèses sur sa logique interne. Il faudra souvent expliquer les éventuelles erreurs, en indiquant en quoi ce que l'élève a fait est faux d'une part, et d'autre part, tenter d'expliquer ce qui l'a conduit à cette erreur, dans sa compréhension de la consigne, dans son raisonnement ou dans ses techniques de calcul.

C. Analyser des documents de classe

Les questions porteront sur la place de la notion à l'école, sur les définitions et les propriétés que les élèves ou les professeurs doivent connaître. Les questions porteront aussi sur les procédures qu'un élève peut utiliser pour résoudre un exercice, sur l'efficacité de ces procédures. L'efficacité des procédures est en lien avec les choix faits par le professeur concernant la taille des nombres en jeu, leur nature, sur l'ordre des questions d'un problème, sur la façon de poser ces questions, sur les figures géométriques choisies etc... Toutes ces variables d'un énoncé sont appelées variables didactiques.

DÉFINITION[3]

« Un champ de problèmes peut être engendré à partir d'une situation par la modification de certaines variables qui, à leur tour, font changer les caractéristiques des stratégies de solution (coût, validité, complexité, etc.)

[…] Seules les modifications qui affectent la hiérarchie des stratégies sont à considérer variables pertinentes et parmi les variables pertinentes, celles que peut manipuler un professeur sont particulièrement intéressantes : ce sont **les variables didactiques**.

Vous trouverez parfois dans les sujets la demande explicite des variables didactiques. Parfois, la question sera indirecte, par exemple « indiquez l'influence du choix des nombres de l'énoncé sur les procédures des élèves ».

Vous devez donc pour chaque chapitre, connaître les procédures les plus courantes pour résoudre les problèmes relatifs à la notion étudiée. Ces procédures vous seront explicitées au fil du cours. Pour vous aider dans les analyses de travaux d'élèves, nous vous indiquerons également les erreurs les plus fréquemment rencontrées.

3. Guy Brousseau, 1982

Chapitre 1
Calculs numériques et algébriques

I. Opérations élémentaires

A. Opérations sur les nombres

1. Addition et multiplication

L'ensemble $\mathbb{R}$ des nombres dits réels possède deux opérations dont voici les propriétés :

Addition	Propriétés	Multiplication
Si a et b sont deux réels, $a + b$ est un réel.	loi interne	Si a et b sont deux réels, $a \times b$ est un réel.
$(a + b) + c = a + (b + c)$	loi associative	$(a \times b) \times c = a \times (b \times c)$
$a + b = b + a$	loi commutative	$a \times b = b \times a$
0 est neutre : $a + 0 = a$	élément neutre	1 est neutre : $a \times 1 = a$
Tout a a un **opposé, noté $-a$:** $a + (-a) = 0$	éléments symétriques	Tout $a \neq 0$ a un **inverse, $\frac{1}{a}$:** $a \times \frac{1}{a} = 1$
La multiplication est distributive par rapport à l'addition $a \times (b + c) = (a \times b) + (a \times c)$		

Le produit de deux nombres réels de même signe est positif.
Le produit de deux nombres réels de signes contraires est négatif.
Un produit de facteurs est nul si et seulement si l'un des facteurs est nul.

2. La soustraction et la division

La **soustraction** de deux nombres a et b est définie de la manière suivante :

$$a - b = a + (-b)$$

La **division** d'un nombre a par un nombre b non nul est définie par :

$$a \div b = a \times \frac{1}{b}$$

3. Priorités opératoires

Dans une succession de calculs, on calcule dans l'ordre :

1. dans les parenthèses ;
2. les puissances ;
3. les multiplications et divisions (de gauche à droite) ;
4. les additions et soustractions (de gauche à droite).

4. Division euclidienne

THÉORÈME ET DÉFINITION

Soit a un entier naturel et b un entier naturel non nul. **Effectuer la division euclidienne de a par b**, c'est trouver l'unique couple d'entiers naturels $(q\,;r)$ vérifiant les relations : $a = bq + r\,;\; r < b$

On dit que a est le **dividende**, b est le **diviseur**, q est le **quotient** et r **le reste** de cette division euclidienne.

Cette relation peut se mettre aussi sous la forme, q étant le même:
Soit a un entier naturel et b un entier naturel non nul. Il existe un unique entier q vérifiant : $bq \leq a < b(q+1)$

5. Calculs avec les fractions

Soient a, b, c et d des entiers relatifs, avec b et d non nuls.

$$\frac{a}{b}+\frac{c}{b}=\frac{a+c}{b} \qquad \frac{a}{b}=\frac{a\times d}{b\times d} \qquad \frac{a}{b}+\frac{c}{d}=\frac{a\times d+b\times c}{b\times d}$$

$$\frac{a}{b}\times\frac{c}{d}=\frac{a\times c}{b\times d} \qquad \frac{a}{b}\div\frac{c}{d}=\frac{a\times d}{b\times c}\ (c\neq 0)$$

Produit en croix :

$$\frac{a}{b}=\frac{c}{d}\Leftrightarrow a\times d=b\times c\ (b\neq 0; d\neq 0)$$

B. Avec les puissances et les racines carrées

1. Les puissances

Soient a et b deux réels non nuls et (n, m) deux entiers relatifs.

Si $n > 0$, $a^n = a\times a\times \ldots\times a$ (n fois le facteur a)

Si $n < 0$, $a^{-n} = \frac{1}{a}\times\frac{1}{a}\times\ldots\times\frac{1}{a}$ (n fois le facteur $\frac{1}{a}$)

$$0^n = 0\ (n\neq 0) \qquad 1^n = 1 \qquad a^0 = 1 \qquad 0^0\ n'existe\ pas$$

$$a^n\times a^m = a^{n+m} \qquad (a^n)^m = a^{n\times m} \qquad (a\times b)^n = a^n\times b^n$$

$$a^{-n} = \frac{1}{a^n} \qquad \frac{a^n}{a^m} = a^{n-m}$$

2. Les identités remarquables

Pour $a\in\mathbb{R}$, $b\in\mathbb{R}$

$$(a+b)^2 = a^2+2ab+b^2$$
$$(a-b)^2 = a^2-2ab+b^2$$
$$a^2-b^2 = (a+b)(a-b)$$

3. Calcul avec les racines carrées

Pour $a\in\mathbb{R}, b\in\mathbb{R}, a>0, b>0$, $\quad(\sqrt{a})^2 = a \qquad \sqrt{a^2} = a$

$$\sqrt{a \times b} = \sqrt{a} \times \sqrt{b} \qquad \sqrt{\frac{a}{b}} = \frac{\sqrt{a}}{\sqrt{b}}\ (b \neq 0)$$

Remarque importante : $\sqrt{a+b} \neq \sqrt{a} + \sqrt{b}$

II. Les techniques opératoires

A. L'addition

La technique usuelle consiste à effectuer les additions rang d'unité par rang d'unité (les unités entre elles, les dizaines entre elles etc.) en utilisant une disposition en colonne. On place le résultat sous la barre d'addition dans le rang qui convient, d'où les retenues : Lorsqu'il y a plus de 10 unités (par exemple 15) en ajoutant les unités des 2 nombres, on pose le chiffre des unités du résultat, et on retient le chiffre des dizaines. Il vient s'ajouter aux dizaines des deux autres nombres (« je pose 5 et je retiens 1 »).

B. La soustraction

Il existe plusieurs techniques opératoires. Nous allons ici décrire les deux plus fréquemment utilisées, que l'on trouve dans le document d'accompagnement « le nombre au cycle 2 »[4].

1. La technique dite « traditionnelle » ou de l'équilibre

Exemple

1	$_1$1	$_1$7	La « chanson » dit : *8 ôté de 7, impossible. Je mets une retenue en haut, et pour compenser, une retenue en bas. Ensuite, je calcule 17 – 8 qui donne 9. La retenue du bas s'ajoute au 3 des dizaines du nombre du bas. 4 ôté de 1 impossible. Je mets une retenue en haut, une retenue en bas. Je calcule 11 – 4 = 7. Enfin, aux centaines, 1 – 1 donne 0. Le résultat est donc 79.*
– $_1$	3$_1$	8	
	7	9	

Cette technique repose en fait sur la propriété : si $a, b,$ et c sont trois nombres réels, $a - b = (a + c) - (b + c)$, le c désignant ce qu'on a appelé retenue.

2. La technique dite « naturelle » ou par emprunt

Exemple

~~1~~ ^{0}	~~1~~ ^{0}	$_1$7	*7 ôté de huit, impossible. On « casse » une dizaine, qui donne 10 unités : on barre le 1 des dizaines de 117 les unités deviennent 17 (7 + 10), les dizaines 0 .On calcule 17 – 8 donne 9. Aux dizaines 0 – 3 est impossible…*
–	3	8	
	7	9	

Cette technique elle repose uniquement sur le fait que 1 centaine = 10 dizaines, et 1 dizaine = 10 unités.

4. http://media.eduscol.education.fr/file/ecole/00/3/Le_nombre_au_cycle_2_153003.pdf

C. La multiplication

Nous présentons ici la technique opératoire dite « en colonne ». La validité de la technique repose sur les propriétés de distributivité et d'associativité, ainsi que la propriété de numération associée à la multiplication par 10 :

Exemple

```
     36
×     8                 36 × 8 = (30 + 6) × 8 = 30 × 8 + 6 × 8
  ─────
     48  ←── 8 × 5
+   240  ←── 8 × 3 × 10
  ─────
    288  ←── 8 × (5 + 30)
```

D. La division euclidienne

Soit à effectuer la division euclidienne d'un entier D par un entier non nul d. Nous cherchons à déterminer le quotient q ainsi que le reste r.

Les principales étapes de la réalisation de la technique opératoire de la division, que l'on nomme aussi **algorithme de la division euclidienne**, sont :

(1) Recherche du nombre de chiffre du quotient, par encadrement du dividende D par des multiples « ronds » du diviseur d : On cherche l'entier n tel que $d \times 10^n \leq D < d \times 10^{n+1}$; $n + 1$ est alors au nombre de chiffre du quotient.

Exemple

$24 \times 10 < 1\,280 < 24 \times 100$:le quotient cherché est un nombre à 2 chiffres.

(2) Création du répertoire multiplicatif du diviseur ou « table du diviseur ».

Exemple

$24 \times 1 = 24$; $24 \times 2 = 48$; $24 \times 3 = 72$; $24 \times 4 = 96$; $24 \times 5 = 120\ldots$

(3) Création d'un tableau de numération au quotient dans la potence :

d	u

(4) Recherche du premier chiffre du quotient, en déterminant un dividende partiel et s'aidant du répertoire multiplicatif pour effectuer la division euclidienne de ce dividende partiel par le diviseur.

Exemple

```
1 280 | 24
      |-----
      | d | u
      | 5 |
```

Le 1er dividende partiel est 128 et le chiffre des dizaines du quotient est 5 car en utilisant le répertoire multiplicatif de 24 on voit que $24 \times 50 < 1\,280 < 24 \times 60$

(5) Soustraction du premier multiple du diviseur au dividende partiel.

Exemple

```
  1280 | 24
 - 120 |----
 ----- | 5
    80 |
```

$24 \times 5 = 120$

donc on pose $128 - 120 = 8$

(6) Création du nouveau dividende partiel, en abaissant le chiffre suivant.

(7) Réitération de la recherche du chiffre du quotient (étape (4)), jusqu'à ce que le reste soit plus petit que le diviseur.

Exemple

1280	24
– 120	53
80	
– 72	
8	

On peut donc conclure : $1280 = 24 \times 53 + 8$,
et on a bien $8 < 53$.
La division euclidienne de 1280 par 24 donne donc un quotient de 53 et un reste égal à 8.

III. La proportionnalité

A. Définitions

DÉFINITION

Soient deux suites numériques à n valeurs $(u) = (u_1, u_2, \ldots u_n)$ et $(v) = (v_1, v_2, \ldots, v_n)$. On dit que la suite (v) **est proportionnelle à la suite** (u) s'il existe un réel k non nul tel que pour tout entier i, avec $1 \leq i \leq n$ on ait : $v_i = k \times u_i$. Le réel k est appelé le **coefficient de proportionnalité.**

DÉFINITION

Dans le cas où les suites sont proportionnelles, on dit que v_i est l'image de u_i par **l'application linéaire f** définie par $f\colon \begin{cases} \mathbb{R} \longrightarrow \mathbb{R} \\ x \longmapsto k \times x \end{cases}$

B. Propriété

Dans une situation de proportionnalité,

- l'image de 0 est 0 ;
- l'image de 1 est k, k est le coefficient de proportionnalité ;
- il y a linéarité additive : si x et x' ont pour images y et y', alors $x + x'$ a pour image $y + y'$;
- il y a linéarité multiplicative : si x a pour image y et si m est un réel quelconque, alors mx a pour image my.

C. Tableau de proportionnalité.

				linéarité additive			**linéarité multiplicative**	
antécédents	u_i	0	1	x	x'	$x + x'$	x	mx
images	v_i	0	k	y	y'	$y + y'$	y	my

$$\frac{v_1}{u_1} = \frac{v_2}{u_2} = \frac{y}{x} = k$$

D. Différentes situations de proportionnalité

1. Pourcentage

Appliquer un pourcentage de p %

- Augmenter une valeur x de p % revient à multiplier x par $(1 + p/100)$
- Diminuer une valeur x de p % revient à multiplier x par $(1 - p/100)$

Rechercher la valeur initiale

Trouver la valeur initiale connaissant le pourcentage, avec un tableau de proportionnalité :

Valeur initiale	Valeur après hausse de p %
? 100	V $100 + p$

Calculer un pourcentage

Si une valeur augmente (ou diminue) de p sur une valeur initiale V, la proportion de hausse (ou de baisse) est de $\frac{p}{V}$ et le pourcentage d'augmentation est donc de $\frac{p}{V} \times 100\%$.

2. Échelle

L'échelle d'une carte ou d'une maquette nous permet de déterminer la distance réelle entre deux points ou la taille réelle de l'objet. C'est une situation de proportionnalité.

DÉFINITION

On dit que **l'échelle d'une carte est de $1/a$** si 1 cm sur la carte représente en réalité a cm.

IV. Calcul algébrique

A. Développer

Exemple

$$A(x) = (x - 1)(x + 3)$$

Nous allons **développer l'expression**, puis, la **réduire**, c'est-à-dire, regrouper ensemble les termes ayant la même puissance de x :

$$A(x) = x^2 + 3x - x - 3 = x^2 + 2x - 3$$

B. Factoriser

Factoriser une expression consiste à l'écrire de manière à obtenir un produit de facteurs. Il s'agit de reconnaître dans une expression, une identité remarquable, ou encore, un facteur qui apparaît dans chaque terme de la somme.

La factorisation est le plus souvent motivée par la résolution d'équation de la forme $E(x) = 0$, car un produit de facteurs est nul si et seulement si l'un des facteurs est nul.

$E_1(x) = x^2 - 16 = x^2 - 4^2 = (x-4)(x+4)$

$E_2(x) = x^2 + 2x + (x+2)(x-1) = x(x+2) + (x+2)(x-1)$

$= (x+2)\big(x + (x-1)\big) = (x+2)(2x-1)$

C. Expressions polynomiales

DÉFINITIONS

Un **polynôme en la variable x** est une fonction définie sur $\mathbb{R}$ qui admet une écriture de la forme :

$$f(x) = a_n x^n + a_{n-1}x^{n-1} + \cdots + a_1 x + a_0 ,$$

où n est un entier naturel, et les a_i sont des nombres réels.

Le polynôme est dit **unitaire** lorsque $a_n = 1$

- Un polynôme est nul si et seulement si tous ses coefficients sont nuls.
- Deux polynômes non nuls sont égaux si et seulement s'ils ont le même degré et si les coefficients des termes de même degré sont égaux.

DÉFINITION

Soit P un polynôme, et a un réel. On dit que a est **une racine du polynôme** P lorsque $P(a) = 0$.

Le nombre a est une racine du polynôme P si et seulement si il existe un polynôme Q tel que :

$$P(a) = 0 \Leftrightarrow P(x) = (x-a)Q(x)$$

V. Éléments de didactique

A. Les problèmes relevant de l'addition soustraction

1. Classification des problèmes

Les problèmes additifs (et soustractifs) peuvent être classés selon une typologie due à G. Vergnaud.

1er type de problème : transformation d'état

La situation comporte un état initial qui subit une augmentation (transformation positive) ou une diminution (transformation négative), pour aboutir à un état final. Le problème peut demander la recherche d'un des deux états ou de la transformation. On peut schématiser ainsi :

$$E\ initial \xrightarrow{T^{+/-}} E\ final$$

2e type de problème : composition d'états

Il s'agit de problèmes portant sur la réunion de deux états:

$$\left.\begin{matrix} E_1 \\ E_2 \end{matrix}\right\} E$$

3e type de problème : comparaison d'états

C'est une catégorie de problèmes dont le but est la mesure de l'écart entre deux états, ou la recherche d'un état connaissant l'écart avec un autre.

$$\begin{array}{c} E_1 \\ \updownarrow \; C^{+/-} \\ E_2 \end{array}$$

4e type de problème : composition de transformations

Cette catégorie regroupe les problèmes évoquant 2 transformations successives, positives ou négatives. L'inconnue peut être l'une des transformations, ou la transformation résultante.

$$\begin{array}{c} T \\ \longrightarrow \\ \underset{\rightarrow}{T_1} \; \underset{\rightarrow}{T_2} \end{array}$$

2. Les erreurs liées à la technique opératoire de l'addition

Il s'agit ici des erreurs les plus fréquemment rencontrées.

Effectuons l'opération $A + B$, avec A et B entiers. Par exemple, $127 + 38$.

♦ **Alignement des chiffres :** si l'élève n'aligne pas les chiffres de même valeur dans son opération en colonne, il peut ajouter ensemble des chiffres de rangs différents. L'élève obtient $127 + 38$ « = » 507

♦ **Méconnaissance des tables d'addition :** l'élève a compris la technique mais n'a pas mémorisé correctement les tables d'addition.

♦ **Erreurs liées à la retenue :** ces erreurs sont liées à une mauvaise compréhension de la technique opératoire. On peut citer plusieurs types d'erreurs :

- Mauvais choix de la retenue : « $7 + 8 = 15$ », l'élève pose 1 retient 5.
- Non gestion de la retenue : l'élève pose le 5, et ne retient pas le 1.
- Accolement des résultats partiels : $127 + 38$ « = » 1 centaine, 5 dizaines et 15 unités, que l'élève écrit 1515.
- Lorsqu'il y a plus de termes dans la somme, certains élèves considèrent cependant que la retenue est toujours 1 : $127 + 38$ « = » 265.

♦ **Calcul effectué de gauche à droite :** cette erreur est à prendre en compte dès le début de l'apprentissage, en effet, si l'enseignant commence par ne proposer que des additions sans retenue, l'ordre dans lequel le calcul est effectué n'a pas d'importance, d'où la mise en place d'une procédure qui s'avérera ensuite erronée chez l'élève.

3. Les erreurs liées à la technique opératoire de la soustraction

Nous choisissons ici de considérer la technique opératoire traditionnelle.

♦ **Alignement des chiffres.**

♦ **Méconnaissance des tables d'addition ou de soustraction.**

♦ **Erreurs liées à la retenue :** la plus fréquente est d'écrire la retenue au nombre du haut, sans la reporter au nombre du bas.

♦ **Calcul effectué « grand – petit »,** rang à rang : Exemple : $142 - 63 = ?$ L'élève se dit « $2 - 3$ », impossible, et calcule à la place « $3 - 2 = 1$ »

♦ **Calcul effectué de gauche à droite :** cette erreur n'est, là encore, pas détectable quand il n'y a pas de retenue.

B. Les problèmes multiplicatifs

1. Classification des problèmes

Nous utilisons encore la classification de Vergnaud des problèmes multiplicatifs (et de division)

multiplication	1 │ c b │ ?	Un bouquet contient 25 roses. Combien y a-t-il de roses dans 5 bouquets ?
division-partition : recherche de la valeur d'une part	a │ ? b │ d	On fait 5 bouquets identiques avec 125 roses. Combien y-a-t-il de roses par bouquet ?
division-quotition : recherche du nombre de parts	a │ c ? │ d	On fait des bouquets de 25 roses avec 125 roses. Combien peut-on faire de bouquets ?
proportionnalité	a │ c b │ ?	Avec 125 roses, on fait 5 bouquets. Combien de bouquets identiques peut-on faire avec 150 roses ?

2. Enseignement de la multiplication des entiers

Approche

♦ apprendre à reconnaître et résoudre des problèmes relevant de la multiplication, par des procédures personnelles ;

♦ voir la définition de la multiplication, de deux manières :

- comme addition réitérée,
- comme le nombre de carreaux d'un rectangle de dimensions a et b.

Propriétés

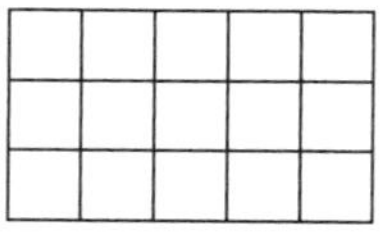

♦ **La commutativité**, bien vue avec la configuration rectangle, car additionner le nombre de cases par lignes donne le même résultat qu'additionner par colonnes. Le nombre total de cases est : $5 + 5 + 5 = 3 \times 5 = 3 + 3 + 3 + 3 + 3 = 5 \times 3$.

♦ **Associativité** (décomposer un grand rectangle en plus petits rectangles).

♦ **Distributivité** : soit encore, avec 2 rectangles, de taille $a \times b$ et $a \times c$, qui, réunis, donnent un rectangle de taille $a \times (b + c)$.

♦ **La règle des zéros** : « pour multiplier un entier par 10^n, il suffit d'écrire n zéros à la fin de cet entier. » On « prouvera » cette propriété à partir du tableau de numération car calculer $a \times 10$, c'est considérer une dizaine de a, d'où le zéro.

♦ **La table de Pythagore** : mise en place pour lire les tables de multiplications, on a pu voir qu'elle présentait un certain nombre de propriétés, à faire découvrir aux élèves.

Voici un exemple du début de la table de Pythagore. On observera que sur la diagonale figurent les carrés des entiers, que le tableau est symétrique par rapport à cette diagonale (conséquence de la commutativité). On observe aussi les propriétés des nombres pairs, des multiples de 5 etc.

×	1	2	3	4	5
1	1	2	3	4	5
2	2	4	6	8	10
3	3	6	9	12	15
4	4	8	12	16	20

3. Les erreurs liées à la technique opératoire de la multiplication

♦ **Méconnaissance des tables de multiplication ;** ou erreur dans les additions.

♦ **Calcul effectué rang à rang** (avec mise en place de la retenue ou non) exemple :

$23 \times 47 = (2 \times 4) \times 10 + (3 \times 7)" = "$:

- Avec accolement des produits partiels : 821
- En « gérant » la retenue : 101

♦ **Mauvaise gestion du décalage dans les lignes du produit :** soit, le décalage n'est pas fait, soit, il y a un décalage de la dizaine uniquement (même s'il apparaît des centaines), soit, il y a décalage par multiplication des unités (au lieu des dizaines).

♦ **Erreurs liées à la retenue :**

- Mauvais choix de la retenue : « $7 \times 8 = 56$ », l'élève pose 5 et retient 6.
- Non gestion de la retenue : l'élève pose le 6, et oublie le 5.
- Accolement des résultats partiels : 27×8 « = » 16 dizaines et 56 unités, que l'élève écrit 1656.
- Ajout de la retenue AVANT de multiplier : $\mathbf{2}7 \times 8$ « = » 56 unités et… l'élève pose 6, retient 5 ; $5 + \mathbf{2} = 7$ et $7 \times 8 = 56$; il écrit 566.

C. La division euclidienne des entiers

1. Procédures possibles de résolution de problèmes de division

Pour plus de clarté nous allons illustrer le propos qui suit par un problème relevant de la division.

Considérons une fleuriste, qui dispose de n fleurs, qui veut faire p bouquets de f fleurs chacun. Nous donnerons à n, p et f des valeurs bien choisies, en fonction du niveau des élèves que nous allons évoquer. On parle dans ce cas de variables didactiques : selon les valeurs de n, p et f, l'élève devra choisir une procédure plutôt qu'une autre.

En maternelle

L'élève pourra avoir recours à deux procédures principales :

♦ La première va consister à manipuler les objets et à réaliser effectivement le partage, soit avec les objets de la situation, soit avec des objets représentant la collection.

♦ Dès la grande section, l'élève pourra avoir recours à la représentation des objets puis, avec un degré supérieur d'abstraction, il pourra schématiser le problème. Il entoure les fleurs par paquets de f puis il utilise le dénombrement pour trouver le nombre de bouquets.

Pour ce type de problème, le nombre (n) ne doit pas dépasser 20 et le nombre (f) se situer autour de 4 à 5. Les erreurs sont ici souvent liées au dénombrement ou à l'organisation du schéma.

En cycle 2

L'élève pourra avoir recours à l'addition réitérée du diviseur jusqu'à approcher le plus possible le dividende par défaut, ou, soustraire de manière répétée, le diviseur au dividende.

Pour que l'addition réitérée ne soit pas trop coûteuse, il faut que les données soient telles que le quotient recherché soit autour de la dizaine. Le dividende ne doit pas excéder 3 chiffres.

Exemple :

> L'élève procède par additions réitérées : 12 + 12 = 24 : il y a 2 bouquets et je n'ai pas utilisé toutes les fleurs, je continue : 24 + 12 = 36 ; 3 bouquets ; 36 + 12 = 48 ; 48 + 12 = 60, j'ai 5 bouquets.
>
> 60 + 12 = 72 : j'ai dépassé 70, je ne peux donc pas faire 6 bouquets.
>
> La fleuriste peut faire 5 bouquets et il lui reste 10 fleurs.

Les erreurs sont alors liées aux techniques de l'addition et de la soustraction : gestion des retenues, connaissance des tables d'addition. L'organisation du calcul est en soit, une difficulté. Enfin, lors de la communication du résultat, il faut que l'élève soit capable d'identifier le quotient et le reste.

Pour que ces procédures soient efficaces, il faut que le dividende et le diviseur soient assez proches.

En cycle 3

Apparaîtront les procédures utilisant la multiplication, comme la recherche d'un multiple du diviseur le plus proche du dividende, par défaut, par essais successifs.

Apparaîtront enfin des procédures « mixtes » basées sur le retrait au dividende d'un multiple du diviseur : c'est cette méthode qui est à l'origine de la technique opératoire. En effet, pour minimiser le nombre d'essais pour la recherche du quotient, l'idéal est de déterminer des multiples du diviseur de la forme $d \times 10^n$, qui encadrent le dividende.

Exemple :

> $70 < 453 < 700$: le quotient que l'on cherche est un nombre à deux chiffres.
>
> $420 < 453 < 490$: on peut faire 60 bouquets, mais pas 70. Il reste $453 - 420 = 33$ fleurs.
>
> $28 < 33 < 35$: On peut encore faire 4 bouquets, mais pas 5. Il reste $33 - 28 = 5$ fleurs. On a effectué au total : $60 + 4 = 64$ bouquets.

Les erreurs ici sont liées à la technique de la multiplication (connaissance des tables, gestion des retenues) et des difficultés dues à l'organisation des calculs peuvent apparaître.

2. Erreurs liées à la technique opératoire

♦ Le tableau de numération au quotient a pour but d'aider l'élève dans sa vérification de la validité de sa solution, indépendamment des calculs des chiffres du quotient. Cependant, il est parfois détourné de sa véritable vocation. Citons deux exemples classiques liés à une mauvaise utilisation de ce tableau :

- L'élève (comme nous, les « experts » !) ne trouve pas utile de faire ce travail supplémentaire et donc crée le tableau de numération après avoir fini sa division, autour des chiffres trouvés au quotient. Le tableau ne sert alors à rien.
- L'élève effectue correctement sa recherche du nombre de chiffres au quotient, crée un tableau de numération correct, mais se trompe dans sa division, oubliant couramment un 0 intermédiaire au quotient. Dans ce cas, une case est libre dans son tableau de numération, ce qui devrait l'inciter à se relire. Malheureusement, la pratique courante est plutôt chez l'élève de venir compléter son quotient, avec des 0, sans lien avec son calcul.

♦ Lors de la recherche d'un chiffre du quotient, erreur dans le choix de ce chiffre (soit par méconnaissance des tables, soit par choix d'un multiple trop petit). Ces erreurs se répercutent sur le reste partiel. Il est alors intéressant de voir si l'élève pouvait ou non s'apercevoir de son erreur à cette étape : a-t-il vérifié que son reste partiel était strictement inférieur au diviseur ?

♦ Erreurs liées aux zéros intercalaires au quotient. Elle est liée à l'absence ou à la mauvaise utilisation du tableau de numération. L'élève trouve un dividende partiel plus petit que le diviseur et au lieu d'écrire « zéro » au quotient, il abaisse directement le chiffre suivant du dividende et poursuit sa division.

3. Deux types de problèmes concrets

Exemple 1

> La fleuriste dispose de 100 fleurs et souhaite faire des bouquets tous de même taille, composés chacun de 5 fleurs. Combien peut-elle faire de bouquets ?

Nous sommes dans le cas où nous connaissons la valeur de la part (5) et nous recherchons le nombre de parts (nombre de bouquets à composer). Nous avons un problème de division-quotition. On voit ici que pour se représenter le problème, on doit « faire des tas de 5 ».

Exemple 2

> Notre fleuriste dispose toujours de 100 fleurs et souhaite faire 20 bouquets, tous de même taille. Combien doit-elle mettre de fleurs par bouquet ?

Cette fois, nous connaissons le nombre de parts (20), mais nous ignorons la valeur de la part (taille du bouquet). Nous avons un problème de division-partition.

D. La proportionnalité

C'est en cycle 3 que l'exploitation de données numériques dépasse le « simple » cadre des problèmes relevant des quatre opérations. Les situations de proportionnalité peuvent être vues dans différents contextes.

1. Les étapes de l'apprentissage

- Reconnaissance d'une situation de proportionnalité. C'est le plus souvent le contexte, ou certains mots inducteurs (« prix unitaire », « chaque », « identique », etc...) qui l'indiquent.
- Introduction du tableau de proportionnalité : il permet de résumer les informations de l'énoncé, et de le schématiser. Les procédures les plus efficaces apparaissent plus clairement.
- Utilisation des propriétés additive et multiplicative de la linéarité.
- Retour à l'unité, en trois temps dits « règle de trois » : connaissant trois termes d'une proportion on demande le quatrième. La technique revient à calculer par une division la « valeur » d'une unité, puis obtenir le terme cherché par une multiplication.

2. Les types de problèmes

Ces problèmes se rencontrent au cycle 3:
« La proportionnalité fait intervenir un grand nombre de type de problèmes, de procédures, de calculs... c'est là tout son intérêt et toute sa difficulté. Les erreurs sont celles liées à la reconnaissance d'un modèle proportionnel, au choix des procédures et à leur mise en œuvre. »[5]
Les situations permettant un travail sur la proportionnalité peuvent mettre en œuvre les notions suivantes:

- recherche d'une quatrième proportionnelle,
- exemples de tableaux de proportionnalité
- Mobilisation des propriétés de linéarité (additives et multiplicatives), de passage à l'unité
- comparaison de proportions,
- taux de pourcentages
- vitesses moyennes, ou vitesses constantes
- échelles.

5. Programmes Maths BO_SPE_11_26-11-2015

Pour s'entraîner

Exercice 1

Partie 1

On donne l'expression : $E = (2x - 3)^2 - (2x - 3)(4x + 5)$.

1. Développer et réduire **E**.

2. Factoriser **E**.

3. Résoudre l'équation : $(2x - 3)(-2x - 8) = 0$

Partie 2

On donne l'expression : $F = 4x^2 - 49 + (2x - 7)(3x + 2)$.

1. Factoriser l'expression : $4x^2 - 49$

2. En déduire la factorisation de l'expression **F**.

Exercice 2 (d'après Groupement 2, 2016)

Infirmer ou prouver les affirmations ci-dessous :

1. À l'occasion des soldes, le prix d'un article est réduit de 25 %. Avec sa carte de fidélité, Carine bénéficie de 20 % de réduction supplémentaire sur le prix réduit.

Affirmation: Carine bénéficie d'une réduction égale à 40 % du prix initial de l'article.

2. Dans une classe, le nombre de filles est exactement égal à ¾ du nombre de garçons.

Affirmation: Exactement un quart des élèves de la classe sont des garçons.

Exercice 3

Sur une carte routière, un segment de 10 cm représente une longueur de 25 km dans la réalité. Quelle est l'échelle de cette carte ?

Exercice 4 (d'après groupement 3, 2017)

SITUATION 2 :

On considère l'exercice suivant extrait du manuel scolaire « Cap maths » Hatier (édition 2016).

Calcule avec la méthode de ton choix.	
a. 91 – 52 = ...	c. 800 – 153 = ...
b. 613 – 209 = ...	d. 607 – 54 = ...

1. Quelle est la notion abordée ? Citer deux connaissances et savoir-faire que cette situation met en jeu.

2. Étude des productions des élèves : on considère les quatre productions d'élèves suivantes :

Antoine

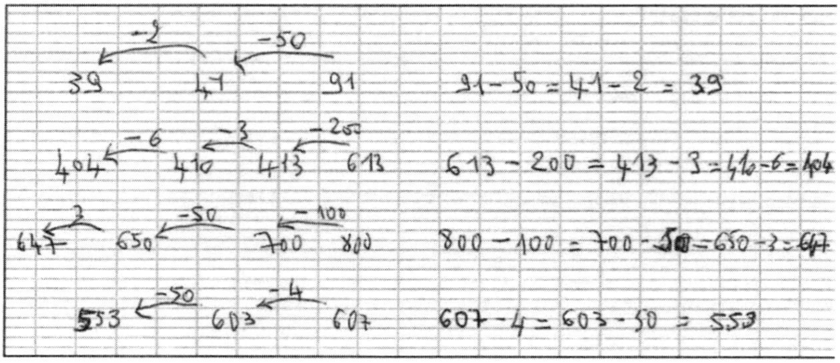

Barbara

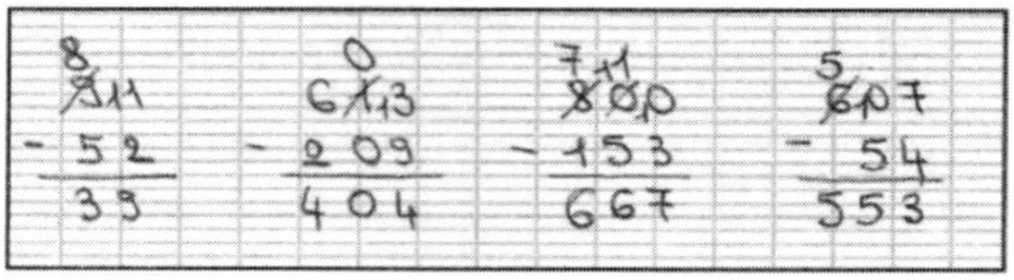

Clara

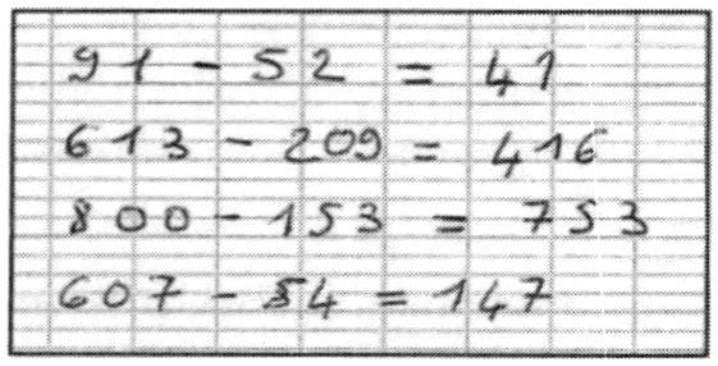

Dominique

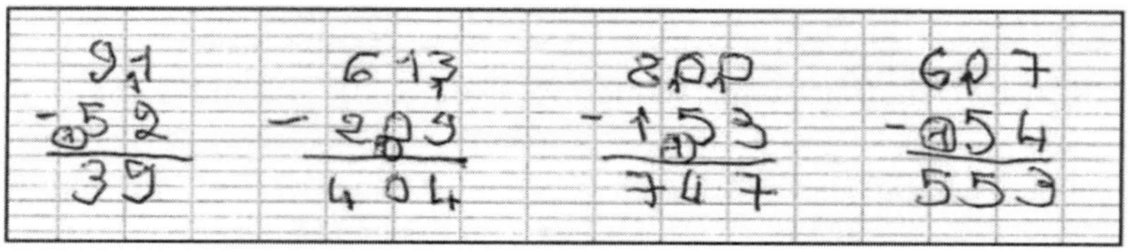

a) Quelles sont les différentes procédures utilisées par Antoine, Barbara et Clara ?

b) Qu'est-ce qui différencie les procédures utilisées par Barbara et Dominique ?

c) Relever les réussites et les erreurs de Barbara et Clara.

d) Quel accompagnement pédagogique mettriez-vous en œuvre pour remédier aux difficultés rencontrées par Clara ?

Exercice 5

Dans le cadre de l'évaluation nationale d'entrée en sixième, il a été proposé aux élèves d'effectuer, sans calculatrice, la division euclidienne de 4 584 par 8.

Le document 1 présente les travaux de 5 élèves A, B, C, D et E.

1. Précisez sur cet exemple la technique opératoire que doit connaître un élève en fin de CM2.

2. Décrivez pour chaque élève les procédures utilisées pour effectuer la division proposée.

3. Relevez et caractérisez les erreurs éventuelles.

4. Quelle technique intermédiaire de la division pourriez-vous proposer pour aider les élèves B et C ?

Document 1

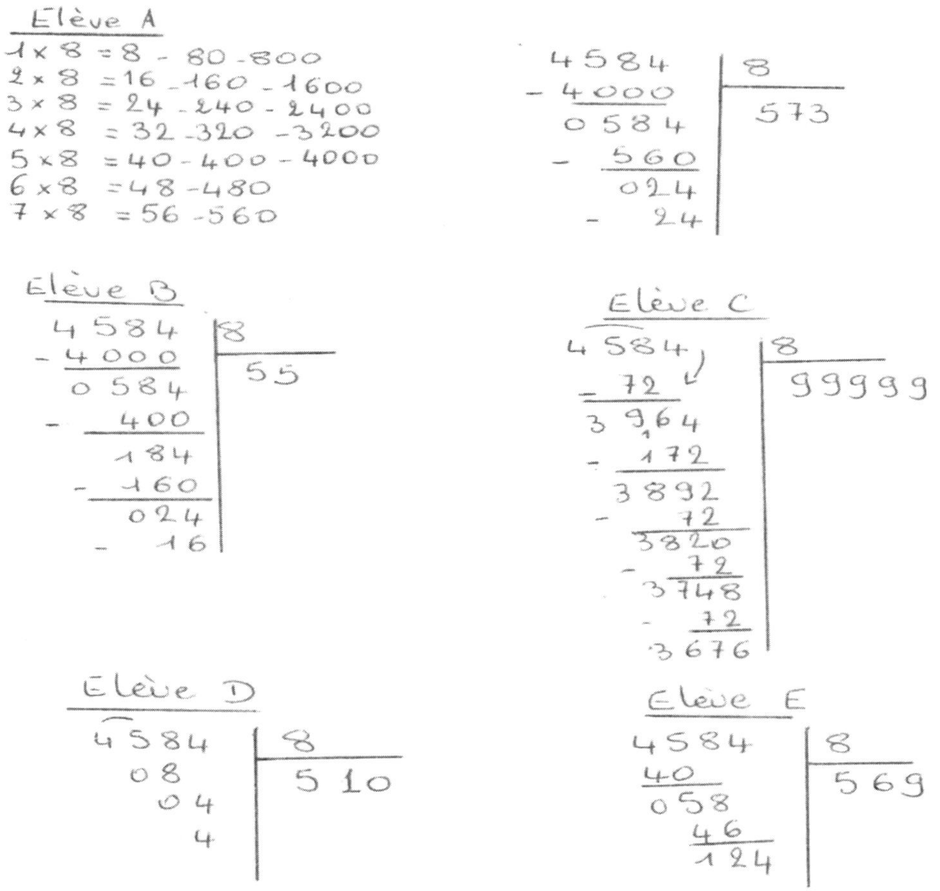

Corrigé

Exercice 1

Partie 1

1. $\boldsymbol{E} = 4x^2 - 12x + 9 - 8x^2 - 10x + 12x + 15 = -4x^2 - 10x + 24.$

2. $E = (2x-3)\big((2x-3)-(4x+5)\big) = (2x-3)(-2x-8).$

3. $(2x-3)(-2x-8) = 0 \Leftrightarrow 2x - 3 = 0$ ou $-2x - 8 = 0 \Leftrightarrow x = \frac{3}{2}$ ou $x = -4$

Partie 2

1. $4x^2 - 49 = (2x-7)(2x+7)$

2. $\mathbf{F} = 4x^2 - 49 + (2x-7)(3x+2) = (2x-7)\big((2x+7)+(3x+2)\big)$
$= (2x-7)(5x+9)$

Exercice 2

1. Notons P_i le prix initial, calculons le prix réduit P_r :

$$P_r = 0{,}75 \times 0{,}8P_i = 0{,}6P_i$$

Affirmation VRAIE : Carine bénéficie d'une réduction égale à 40 % du prix initial de l'article.

2. Dans une classe, le nombre de filles est exactement égal à ¾ du nombre de garçons.

Affirmation FAUSSE: Exactement un quart des élèves de la classe sont des garçons.

Il suffit de constater que comme il y a plus de garçons que de filles dans la classe, leur proportion est forcément supérieure à 50%.

Calculons la proportion exacte de garçons dans la classe :

Soit N le nombre d'élèves, f le nombre de filles et g le nombre de garçons :

$$N = f + g = \frac{3}{4}g + g = \frac{7}{4}g \Leftrightarrow g = \frac{4}{7}N$$

$4/7$ des élèves sont des garçons.

Exercice 3

10 cm sur la carte représentent 25 km soit 2 500 000 cm sur le terrain.
1cm représente donc 250 000 cm. L'échelle est donc 1/250 000.

Exercice 4

1. La notion abordée ici est la soustraction, avec retenue. L'élève doit connaître la nature des nombres et le rôle de chacun des chiffres dans un nombre, et il doit connaître une technique opératoire de la soustraction, que ce soit posée ou en ligne.

Calcule avec la méthode de ton choix.	
a. 91 − 52 = ...	c. 800 − 153 = ...
b. 613 − 209 = ...	d. 607 − 54 = ...

2. a) Antoine utilise une procédure par calcul de l'écart, en schématisant par pas successifs ;
Barbara pose les soustractions en colonne, et utilise la technique opératoire par « emprunt ».
Clara quant à elle, semble effectuer du calcul mental en lien avec la soustraction en ligne
b) Barbara et Dominique utilisent tous deux une technique opératoire de la soustraction mais tandis que Barbara utilise celle par « emprunt », Dominique lui utilise la technique par « équilibre » : Ainsi, Barbara choisit de « casser un chiffre de valeur supérieure pour en créer dix unités de valeur inférieur », Dominique, lui, choisit d'équilibrer en ajoutant dix unités au nombre du haut et de soustraire une dizaine supplémentaire.
c) Barbara réussit correctement trois opérations sur les quatre : Seul 800 – 153 pose problème, peut-être dû au fait que deux retenues successives avaient à être gérées.
Clara par contre, n'a aucun résultat de correct : pour les trois premières opérations, Clara retire systématiquement le plus petit chiffre au plus grand chiffre, de même valeur de numération, sans gérer le nombre dans son intégralité. Pour la quatrième opération, elle effectue cette même erreur, mais en considérant le nombre 540 au lieu de 54 (en fait, il s'agit d'une erreur due au positionnement des chiffres, puisqu'elle semble effectuer ses opérations mentalement).
d) Les difficultés de Clara révèlent une incompréhension de la technique, et même, de la nature d'un nombre dans le système de numération. Il sera important de retravailler avec elle sur la représentation du nombre « 12 » par exemple comme à la fois, douze unités mais aussi une dizaine et deux unités.
Ainsi donc, l'utilisation de matériel intermédiaire symbolisant les nombres à soustraire pourraient permettre à Clara de se représenter mieux la différence.

Exercice 5

1. En fin de CM2, l'élève doit connaître la technique opératoire dite « en potence » de la division euclidienne, cependant, certains calculs intermédiaires peuvent être posés :

♦ Avant de poser l'opération, il peut rechercher le nombre de chiffres du quotient, comme semble l'avoir fait l'élève E, par les trois traits au quotient et comme l'a peut-être fait l'élève A, qui n'écrit pas 5×8 dans la potence, mais bien 500×8
En effet $8 \times 100 < 4\,584 < 8 \times 1\,000$, le quotient a donc 3 chiffres.

♦ L'élève peut, comme l'élève A, créer un répertoire multiplicatif du diviseur.

♦ Dans la potence, il peut poser les soustractions au lieu de les effectuer mentalement.

♦ Enfin, un élève doit savoir que le reste trouvé doit être inférieur strictement au diviseur (peu d'élèves en ont tenu compte dans cet exemple).
On retrouve ces éléments dans la procédure de l'élève A ;
2. L'élève A a posé un répertoire multiplicatif partiel, avec, à côté, les produits par 10 et 100. C'est ainsi qu'il sait qu'il peut retrancher 500 fois le diviseur au dividende. Il pose les soustractions intermédiaires, sauf la dernière, ce qui fait qu'il n'écrit pas le reste : 0. Son résultat et sa technique sont corrects.
L'élève B fait ses calculs multiplicatifs, mentalement. Il pose ses soustractions intermédiaires, mais elles ne sont pas toutes associées à un chiffre du quotient.
L'élève C retranche tout d'abord 8×90 au dividende, il pose sa soustraction, puis considère tous les chiffres pour le dividende partiel. Il retranche ensuite 9×8 à chaque fois, mais s'arrête après 4 étapes, le travail devenant sans doute trop long.
L'élève D effectue ses soustractions et ses multiplications, mentalement.
L'élève E semble avoir effectué une recherche du nombre de chiffres du quotient, puis il fait ses calculs multiplicatifs mentalement et pose ses soustractions intermédiaires.
3. Pour **l'élève A** le résultat et la technique sont corrects. Il faut simplement se demander s'il sera capable d'écrire l'égalité de la division euclidienne trouvée, puisque son reste n'apparaît pas.
L'élève B se trompe dans le choix du chiffre des unités du quotient : il prend 5 au lieu de 7. Son reste partiel (18) est alors supérieur strictement à 8. Il poursuit les soustractions intermédiaires, mais ne les relie pas à un chiffre au quotient. Son résultat est erroné.
L'élève C ne considère pas la valeur des chiffres dans le quotient : son premier « 9 », vu sa position dans la potence, semble avoir pour valeur, une dizaine, cependant les suivants, qui sont tous des chiffres des unités, sont tous accolés au lieu d'être ajoutés. Il n'achève pas son travail.
L'élève D semble s'être trompé dans le produit 5×8 : il trouve 45 au lieu de 40. Le reste de l'opération est correct.
L'élève E, lui, choisit 6 au lieu de 7 comme chiffre des dizaines au quotient. Il se trompe dans le résultat de ce produit (46 au lieu de 48). Son reste, 12, est alors supérieur au diviseur. Il choisit 9 comme chiffre des unités au quotient, mais n'achève pas son calcul.
4. On constate que les élèves B et C ont une idée de la technique mais qu'ils ne savent pas vraiment à quoi correspondent les calculs multiplicatifs : il faudrait qu'apparaisse explicitement, le nombre de chiffres du quotient et leur valeur : Lorsque l'élève B soustrait 4 000 au dividende, c'est qu'il soustrait 8×500, c'est-à-dire que le chiffre 5 du quotient est en fait le chiffre des centaines. Ces deux élèves pourraient aussi écrire les produits du diviseur 8 par les puissances de 10 : $8 \times 10, 8 \times 100 \; et \; 8 \times 1\,000$, ainsi qu'une partie des tables, afin de choisir le meilleur chiffre au quotient.

Chapitre 2
Nombres entiers et arithmétique

I. Les ensembles de nombres

A. Définitions

L'ensemble des **entiers naturels** est $\mathbb{N} = \{0 ; 1; 2; 3; ...\}$
L'ensemble **des entiers relatifs** est $\mathbb{Z} = \{... ; -3; -2; -1 ; 0 ; 1; 2; 3; ...\}$

Les nombres rationnels s'écrivent sous la forme $\frac{a}{b}$, avec a et b deux entiers relatifs ($b \neq 0$).
Cet ensemble, noté $\mathbb{Q}$, est contenu dans $\mathbb{R}$, **l'ensemble des nombres réels**. $\mathbb{R}$ contient toutes les fractions, mais aussi tous les nombres qui ne peuvent pas s'écrire comme des fractions (π ; $\sqrt{2}$; $\sqrt{3}$; $\sqrt{7}$, etc.). $\mathbb{R}$ est donc la réunion de deux ensembles : l'ensemble des éléments de $\mathbb{Q}$, dits rationnels, et l'ensemble des éléments qui n'y sont pas, dits irrationnels.

L'ensemble $\mathbb{D}$ **des nombres décimaux** est l'ensemble des nombres rationnels particuliers, dont le dénominateur, noté b, peut se mettre sous la forme

$b = 10^n$.

$$\mathbb{N} \subset \mathbb{Z} \subset \mathbb{D} \subset \mathbb{Q} \subset \mathbb{R}$$

B. Écriture décimale

L'**écriture décimale** d'un nombre est l'écriture de ce nombre en base dix, à l'aide des 10 chiffres et d'une virgule, qui sert à indiquer le chiffre des unités du nombre. **Tous les nombres réels possèdent donc une écriture décimale, qu'ils soient ou non des nombres décimaux.** On appelle **partie décimale** la partie située à « droite de la virgule »(voir chapitre suivant). Les entiers ont une écriture décimale dont la partie décimale est nulle.

C. Notre système de numération

Nous utilisons une numération dite **numération décimale de position**. Cela signifie que pour écrire les nombres, nous utilisons 10 symboles seulement, appelés **chiffres**. Nous travaillons en base 10 (c'est-à-dire que nous faisons des groupements en dizaines, puis centaines, puis milliers).C'est la position de ces chiffres dans le nombre qui indique leur valeur, et chaque position est celle d'un groupement par 10 : les unités, les dizaines (10 unités), les centaines (10 dizaines) etc.
Un des symboles sert à exprimer l'absence d'unité : c'est le **zéro**.
Chaque nombre entier possède une unique écriture en chiffres. Ainsi, les opérations implicites (c'est-à-dire invisibles) liées à la juxtaposition des chiffres, sont :

- la multiplication du chiffre par une puissance de dix (selon la place du chiffre dans le nombre) ;
- puis l'addition des différents groupements obtenus.

PROPOSITION ET DÉFINITION

Soit N un nombre entier naturel non nul. Il existe un unique entier n et une suite unique d'entiers $a_0, a_1, \dots a_n$ appartenant à $\{0; 1; 2; 3; 4; 5; 6; 7; 8; 9\}$ (avec $a_n \neq 0$) tels que

$$N = a_n \times 10^n + a_{n-1} \times 10^{n-1} + \cdots + a_1 \times 10^1 + a_0 \times 10^0 = \overline{a_n a_{n-1} \dots a_1 a_0}$$

Cette décomposition s'appelle **décomposition canonique de *N*** en base 10

II. Multiples, diviseurs et division

A. Multiples, diviseurs

DÉFINITION

Soit a un entier et b un entier non nul. On dit que a est **multiple** de b si on peut trouver un entier k vérifiant : $a = k \times b$

Remarques

- Comme $a = k \times b$, a est aussi multiple de k, si $k \neq 0$;
- tout entier est multiple de 1 ($a = a \times 1$) ;
- tout entier est multiple de lui-même ($k = 1$) ;
- 0 est multiple de tout entier ($k = 0$).

Autre vocabulaire employé :

Puisque $48 = 12 \times 4$, on peut dire que 48 est un multiple de 12, ou encore 48 est divisible par 12 ; ou 12 divise 48 ; ou 12 est un diviseur de 48.

- Si a et b sont multiples de c, alors $a + b$, $a - b$ et $a \times b$ sont aussi multiples de c ;
- Si a est multiple de b et si b est multiple de c alors a est multiple de c.

B. Les nombres premiers

1. Définition

DÉFINITION

Un nombre entier naturel est dit **premier** s'il a exactement deux diviseurs distincts : 1 et lui-même.

Remarques

- 0 n'est pas premier car il a une infinité de diviseurs : tous les entiers non nuls ;
- 1 n'est pas premier car il n'a qu'un seul diviseur ;
- 2 ; 3 ; 5 ; 7 ; 11 ; 13 ; 17 ; 19, 23, 29, 31, 37, 41, 43, 47, 53, 59, 61, 67, 71, 73, 79, 83, 89, 97 sont les nombres premiers inférieurs à 100.

2. Propriétés

PROPOSITION

Tout entier naturel supérieur ou égal à 2, admet un diviseur premier.

THÉORÈME

L'ensemble des nombres premiers est infini.

C. Les critères de divisibilité

Un nombre est divisible par :

- **2** si et seulement si son chiffre des unités est divisible par 2.
- **5** si et seulement si son chiffre des unités est divisible par 5.
- **3** si et seulement si la somme de ses chiffres est divisible par 3.
- **9** si et seulement si la somme de ses chiffres est divisible par 9.
- **11** si et seulement si la différence entre la somme de ses chiffres de rang pair et la somme de ses chiffres de rang impair est divisible par 11.
- **4** si et seulement si le nombre formé par son chiffre des dizaines et son chiffre des unités est divisible par 4.

III. PGCD - PPCM

A. PGCD

DÉFINITION

Soient deux entiers naturels A et B, avec B non nul. **Le PGCD de A et de B** est le plus grand diviseur commun aux nombres A et B.

Exemple

D(24) = {1, 2, 3, 4, 6, 8, **12**, 24} ; D(36) = {1,2, 3, 4, 6, 9, **12**, 18, 36}

Le PGCD de 24 et 36 est 12.

B. PPCM

DÉFINITION

Soient deux entiers naturels A et B, avec B non nul. **Le PPCM de A et de B** est le plus petit multiple commun aux nombres A et B, différent de 0.

Exemple

M(24) = {0 ; 24 ; 48 ; **72** ; 96 ; ….} et M(36) = {0 ; 36 ; **72** ; 108 ; …}

On lit dans la liste des multiples que le PPCM de 24 et 36 est 72.

C. Nombres premiers entre eux

DÉFINITION

Soient deux entiers naturels A et B, avec B non nul. On dit que **A et B sont premiers entre eux** lorsque leur PGCD vaut 1.

Cela signifie que leur seul diviseur commun est 1.

THÉORÈME DE GAUSS

Si un entier a divise un produit d'entiers $b \times c$, et si a et b sont premiers entre eux, alors a divise c.

Si un entier c est multiple des entiers si a et b où a et b sont premiers entre eux, alors c est multiple du produit $a \times b$

IV. Décomposition d'un nombre en produit

A. Théorème

THÉORÈME

Tout nombre entier (≥ 2) peut se décomposer de manière unique à l'ordre près des facteurs en produit de facteurs premiers.

Pour tout entier $N \geq 2$, il existe un entier naturel n non nul, une famille $(p_1, p_2, \dots, p_n)$ de nombres premiers et une famille $(\alpha_1, \alpha_2, \dots, \alpha_n)$ d'entiers tous plus grands ou égaux à 1, tels que

$$N = p_1^{\alpha_1} \times p_2^{\alpha_2} \times \dots \times p_n^{\alpha_n}$$

Cette écriture est appelée **décomposition en produit de facteurs premiers.**

B. Méthode de recherche du PGCD

On utilise la décomposition en facteurs premiers des deux nombres, en autorisant toutefois ici les $(\alpha_i; \beta_i)$ à valoir 0 (lorsqu'un nombre premier est absent de la décomposition de A ou de B).

Soient $A = p_1^{\alpha_1} \times p_2^{\alpha_2} \times \dots \times p_n^{\alpha_n}$ et $B = p_1^{\beta_1} \times p_2^{\beta_2} \times \dots \times p_n^{\beta_n}$,
Leur PGCD est alors $D = p_1^{\min(\alpha_1, \beta_1)} \times p_2^{\min(\alpha_2, \beta_2)} \times \dots \times p_n^{\min(\alpha_n, \beta_n)}$

Exemple

$36 = 2^2 \times 3^2$ et $120 = 2^3 \times 3 \times 5 = 2^3 \times 3^1 \times 5^1$.
$PGCD(36,120) = 2^2 \times 3^1 \times 5^0 = 12$

C. Méthode de recherche du PPCM

Soient $A = p_1^{\alpha_1} \times p_2^{\alpha_2} \times \dots \times p_n^{\alpha_n}$ et $B = p_1^{\beta_1} \times p_2^{\beta_2} \times \dots \times p_n^{\beta_n}$,
Le PPCM de A et B est $M = p_1^{\max(\alpha_1; \beta_1)} \times p_2^{\max(\alpha_2; \beta_2)} \times \dots \times p_n^{\max(\alpha_n; \beta_n)}$

Exemple

$36 = 2^2 \times 3^2$ et $120 = 2^3 \times 3 \times 5$; $PPCM(36,120) = 2^3 \times 3^2 \times 5 = 360$

Si A et B ont pour PGCD D et PPCM M, alors $A \times B = D \times M$

V. Les problèmes d'arithmétique

A. Les problèmes en base 10

Méthode générale de résolution d'un problème de recherche d'entier
1. Poser comme inconnues le nombre cherché et ses chiffres : $N = \overline{a_n a_{n-1} \dots a_1 a_0}$
2. Traduire le problème par des calculs ou des informations sur le nombre ou ses chiffres.
3. Interpréter ces résultats pour trouver les solutions.

B. Changement de bases

Si on doit travailler dans une base $b, b > 1$, au lieu de la base 10, les groupements d'unités dans cette base b sont des puissances de b (le chiffre le plus à droite désigne les unités, ensuite de droite à gauche, les groupements de b unités, puis $b \times b$ unités, puis $b \times b \times b$ unités etc..).
Il faut donc b symboles différents.

En base b, les chiffres sont tous compris entre 0 et $b - 1$.
Un nombre N s'écrivant en base b de la forme $N = \overline{(a_n a_{n-1} \dots a_1 a_0)_b}$
a pour valeur : $N = b^n a_n + b^{n-1} a_{n-1} + \dots + b^2 a_2 + b^1 a_1 + b^0 a_0$

Exemples

$En\ base\ 3$: $(1202)_3 = \mathbf{1} \times 3^3 + \mathbf{2} \times 3^2 + \mathbf{0} \times 3^1 + \mathbf{2} \times 3^0 = 27 + 18 + 0 + 2 = (47)_{10}$

$En\ base\ 13$: $\big((10)4(12)\big)_{13} = \mathbf{10} \times 13^2 + \mathbf{4} \times 13^1 + \mathbf{12} \times 13^0 = (1754)_{10}$

Tout comme en base 10, il est possible de construire et d'utiliser un tableau de numération :

Exemple

$\big((10)4(12)\big)_{13}$ à écrire en base 10. Il faut 3 colonnes :

$\mathbf{13^2 = 169}$	$\mathbf{13^1 = 13}$	$\mathbf{13^0 = 1}$
10	4	12

$\big((10)4(12)\big)_{13} = \mathbf{10} \times 169 + \mathbf{4} \times 13 + \mathbf{12} = (1754)_{10}$

VI. Éléments de didactique

A. Construction de la notion de nombre

Reprenons ici les cinq compétences nécessaires pour dénombrer correctement, d'après R. Gellman et C.R. Gallistel :

- **Principe d'adéquation unique** : chaque mot énoncé doit être mis en correspondance unique avec un objet de la collection à dénombrer.
- **Principe d'ordre stable** : les mots nombres doivent être énoncés dans un ordre strict, c'est à dire que la comptine numérique orale doit être maîtrisée.

- **Principe cardinal** : le dernier mot prononcé dans l'énonciation de la suite représente le cardinal de la collection.
- **Principe d'abstraction** : on peut compter des objets n'ayant pas de liens particuliers en eux.
- **Principe de non-pertinence de l'ordre** : l'ordre dans lequel les différents objets de la collection sont dénombrés n'a pas d'importance pour donner le cardinal de la collection.

Dans les classes de maternelle, une bande numérique est affichée. Elle s'arrête parfois au domaine numérique maîtrisé par les enfants, ou court jusqu'à 31. Cet affichage est utilisé lors des rituels.

Des procédures courantes pour dénombrer des collections, sans utiliser le comptage :

- Reconnaissance du nombre d'objets dans de petites collections, par **perception instantanée** (ou **subitizing**) (reconnaissance directe de « trois » sans compter « un, deux, trois »).
- Comparaison de collections à des collections naturelles (par exemple reconnaissance de « cinq » comme quantité qui correspond à celle des doigts de la main) ou à des collections repères (nombre de places autour de la table, constellations du dé, cartes à jouer, dominos ...).

B. Les types de problèmes autour des nombres

Nous distinguons comme précisé dans les IO, trois fonctions au nombre :

- le nombre, comme représentation d'une quantité (c'est la fonction cardinale du nombre qui est privilégiée ici).
- le nombre, comme moyen de repérer des positions dans une liste ordonnée d'objets (c'est la fonction ordinale du nombre qui est privilégiée ici).
- Le nombre, comme mesure d'une grandeur donnée.

C. Erreurs et difficultés en cycle 1

Lors d'un dénombrement, l'élève peut se tromper :

- dans la suite des nombres : il se trompe dans l'ordre de la suite ou il oublie un nombre ;
- dans l'énumération de la collection :
  - difficulté à élaborer une stratégie de désignation des objets,
  - il est influencé par l'aspect de la collection : éparpillée ou non,
  - il oublie un ou plusieurs objets,
  - il désigne plusieurs fois les mêmes ;
- dans la correspondance entre la collection et la suite des nombres : il dit plus vite les nombres qu'il ne désigne les objets ou le contraire ou il oublie que le nombre d'objet correspond au dernier mot dit.

Rappelons aussi qu'un élève peut savoir compter (dire la suite des nombres sans se tromper) sans pour autant savoir dénombrer (dire combien il y en a).

D. Difficultés liées aux numérations écrites et orales

En cycle 2, Les élèves doivent savoir lire un nombre écrit en chiffres, et réciproquement, écrire un nombre dit.

Les programmes préconisent la résolution de problèmes se situant dans un domaine numérique jusqu'à 20 ou 30 dès le début du cycle, sans pour autant que les élèves sachent écrire tous ces nombres en chiffres.

Quand il s'agit d'étudier la signification de la valeur d'un chiffre en fonction de sa position dans le nombre, on peut étudier ensemble tous les nombres à 2 chiffres, avec la décomposition en dizaines et unités.

L'apprentissage des nombres allant de 20 à 59 pose en général peu de problèmes. Il leur faut ensuite, pour la fin du CP, étudier la « famille des soixante » de 60 à 79, puis enfin la « famille des 80 », de 80 à 99. A partir de 100, la suite est très régulière.

Les programmes indiquent aussi que l'écriture littérale (en lettres) des nombres doit être introduite très progressivement, et seulement quand les écritures chiffrées sont bien maîtrisées oralement.

C'est à travers la résolution de problèmes que les élèves prennent conscience de l'utilité des nombres.

Il leur faut ensuite construire leurs connaissances de notre numération. Le point le plus important est la « capacité à connaître la valeur d'un chiffre en fonction de sa position dans l'écriture d'un nombre ». L'élève doit comprendre ici que notre système de numération est un système de numération de position, en base 10.

En cycle 3, les nombres jusqu'au milliard seront utilisés. Les procédures et les types de problèmes seront identiques à ceux du cycle 2. Les difficultés particulières liées à ces nombres tiendront à leur longueur, et la présence de zéros dans l'écriture de ces nombres qui rendront leur lecture ou leur écriture plus complexe. Le nombre de chiffres peut également complexifier les tâches de comparaison.

Les principales erreurs que l'on pourra relever portent sur l'identification des groupements (dizaines de milliers, million, milliard), et sur la gestion (lecture ou écriture) des zéros dans l'écriture chiffrée des nombres.

E. Comparaison de nombres entiers

Le nombre de chiffres qui composent le nombre est le premier indicateur à observer. Si les nombres à comparer possèdent autant de chiffres, il faudra alors les comparer chiffre à chiffre en commençant à gauche, c'est-à-dire par le rang d'unités le plus élevé.

Les problèmes de rangement des nombres, par ordre croissant ou décroissant, demanderont en plus aux élèves d'élaborer une stratégie pour gérer la liste des nombres proposés. Les élèves seront aussi confrontés aux problèmes d'intercalation (placer un nombre entre deux autres), et d'encadrement (encadrer un nombre par deux autres).

✍ Pour s'entraîner

Exercice 1

L'écriture des nombres chez les Cincofiles.

Dans la tribu des *Cincofiles* on compte en base 5. Voici leur manière de compter:

- c'est une numération de position ;
- il n'y a que cinq symboles pour noter les nombres :

valeur	0	1	2	3	4
symbole	●	I	∧	▽	□

1. En explicitant votre démarche :

a) Transcrire dans notre système de numération le nombre noté par les *Cincofiles* « □ □ □ ».

b) Transcrire dans le système *Cincofile* le nombre que nous notons « 273 ».

2. Sans passer par une transcription dans notre système de numération décimale et en justifiant votre réponse, écrire :

a) Le nombre qui précède le nombre « ▽ □ ● » dans le système *Cincofile.*

b) Le nombre qui suit le nombre « ∧ □ □ » dans le système *Cincofile.*

Ces deux derniers nombres seront donnés en écriture *Cincofile.*

Exercice 2

1. Calculer le pgcd de 3 120 et 2 760.

2. Simplifier la fraction $\frac{2760}{3120}$ pour la rendre irréductible.

Exercice 3

Marc a 108 billes rouges et 135 billes noires. Il veut faire des paquets tels que :

- tous les paquets contiennent le même nombre de billes rouges,
- tous les paquets contiennent le même nombre de billes noires,
- toutes les billes rouges et toutes les billes noires soient utilisées.

1. Quel nombre maximal de paquets pourra-t-il réaliser ?

2. Combien y aura-t-il alors de billes rouges et de billes noires dans chaque paquet ?

Exercice 4

Un supermarché reçoit une livraison de bouteilles. Si l'on compte les bouteilles par 3, 5 ou 7, il en reste toujours 2.

Sachant que le nombre de bouteilles livrées est compris entre 1 500 et 1 600, combien de bouteilles le supermarché a-t-il reçues ?

Corrigé

Exercice 1

1.a) Il s'agit d'une numération en base 5. De droite à gauche figurent donc le « symbole » des unités, puis celui des groupements de 5 unités, puis celui des groupements par 25, puis par 125. □ □ □ $= (4 \times 25) + (4 \times 5) + 4 = 124$.
b) $273 = 125 \times 2 + 23$: le chiffre le plus à gauche est ∧. Il reste 23, soit 0 paquet de 25, 4 paquets de 5 et 3 unités seules. 273 s'écrit donc: ∧●□ ∇.
2.a) Dans ∇ □ ●, il n'y a pas d'unité seule et 4 groupements par 5. Pour retrancher 1, il faut défaire un de ces groupements, prendre les 5 unités et en enlever une. Il reste 3 groupements de 5 et 4 unités. Ce nombre s'écrit ∇ ∇ □.
b) En ajoutant une unité à ∧ □ □, on obtient 5 unités qui créent un groupement de 5 supplémentaire. On a alors 5 groupements de 5, ceci crée un groupement de 25 supplémentaire. Le successeur de ∧ □ □ est : ∇ ● ●.

Exercice 2

1. Pour calculer le PGCD de 3 120 et 2 760, nous allons décomposer en produits de nombres premiers ces deux nombres :

$$3120 = 2^4 \times 3 \times 5 \times 13; \qquad 2760 = 2^3 \times 3 \times 5 \times 23$$

Ainsi, PDCG(3120, 2760) $= 2^3 \times 3 \times 5 = 120$

2. $\dfrac{2760}{3120} = \dfrac{2^3 \times 3 \times 5 \times 23}{2^4 \times 3 \times 5 \times 13} = \dfrac{23}{2 \times 13} = \dfrac{23}{26}$

Exercice 3

1. Soit P le nombre de paquets réalisés. Tous les paquets contiennent le même nombre de billes rouges et Marc veut utiliser toutes les billes rouges, donc P est un diviseur de 108. De même, P divise 135. P est donc un diviseur commun à 108 et 135. Comme Marc veut réaliser un maximum de paquets, P est le PGCD de 108 et 135. Calculons P : $108 = 2^2 \times 3^3$ et $135 = 3^3 \times 5$ donc $P = 3^3 = 27$.
Marc peut faire au maximum 27 paquets.
2. Comme $108 = 4 \times 27$ et $135 = 5 \times 27$, **chaque paquet contient 4 billes rouges et 5 billes bleues**.

Exercice 4

Soit x le nombre de bouteilles. On sait que $(x - 2)$ est multiple de 3, 5 et 7. Comme ces trois entiers sont premiers entre eux, on peut affirmer que $(x - 2)$ est multiple de $3 \times 5 \times 7 = 105$. Ainsi
$1\,500 = 105 \times 14 + 30$; $15 \times 105 = 1\,575$; $16 \times 105 = 1680$.
$105 \times 14 < \mathbf{1\,500} < \mathbf{15} \times 105 < \mathbf{1\,600} < 16 \times 105$; $x - 2 = 15 \times 105 = 1575$
Et le supermarché a reçu $1\,575 + 2$, **soit 1 577 bouteilles**.

Chapitre 3
Nombres fractionnaires et calculs

I. Écriture décimale des nombres réels

PROPOSITION ET DÉFINITION

Soit x un nombre réel positif. Il existe un unique entier N et une suite d'entiers $a_1, a_2, a_3 \dots, a_n, \dots$ appartenant à $\{0 ; 1 ; 2 ; 3 ; 4 ; 5 ; 6 ; 7 ; 8 ; 9\}$ et non stationnaire à 9, telle que $x = N + a_1 \times 10^{-1} + a_2 \times 10^{-2} + \cdots + a_n \times 10^{-n} + \cdots$

Cette écriture est **l'écriture décimale** de x. On écrit : $x = N, a_1 a_2 a_3 \dots a_n \dots$

On dit que N est la **partie entière** du réel x, et que $0, a_1 a_2 \dots a_n \dots$ est la **partie décimale** de x.

Dire que la suite des chiffres de la partie décimale est non stationnaire à 9, signifie simplement que, nous ne nous intéressons pas à des écritures décimales de la forme $1{,}1299999\overline{9}$ (le $\overline{9}$ signifie la présence d'un nombre infini de « 9 » à la suite), et que ce nombre a en fait une autre représentation.

II. Nombres rationnels et nombres décimaux

A. Les nombres rationnels

DÉFINITION

On appelle nombre rationnel $\frac{a}{b}$ tout nombre solution d'une équation du type : $b \times x = a$, où a et b sont deux entiers et $b \neq 0$. a est appelé numérateur et b dénominateur de la fraction $\frac{a}{b}$. $\mathbb{Q} = \{\frac{a}{b} ; a \in \mathbb{Z}, b \in \mathbb{N}, b \neq 0\}$

La fraction rationnelle $\frac{a}{b}$ est dite **irréductible** lorsque les entiers a et b sont premiers entre eux.

B. Les nombres décimaux

DÉFINITION

Une **fraction décimale** est une fraction dont le numérateur est un entier, et le dénominateur est une puissance de 10.
Un nombre décimal est un nombre qui peut s'écrire sous la forme d'une fraction décimale.
L'ensemble $\mathbb{D}$ des décimaux est défini par :

$$\mathbb{D} = \left\{\frac{a}{10^n} ; a \in \mathbb{Z} ; n \in \mathbb{N}\right\}$$

THÉORÈME

Entre deux nombres distincts, il y a une infinité de nombres décimaux et une infinité de rationnels.

C. Comment reconnaître un nombre décimal ?

1. À partir de l'écriture fractionnaire

THÉORÈME

Les seuls rationnels qui sont aussi des décimaux sont ceux qui s'écrivent comme une **fraction irréductible** de dénominateur de la forme $2^n \times 5^p$, où n et p sont deux entiers positifs ou nuls.

Pour savoir si un nombre est décimal à partir d'une écriture fractionnaire, on :

- simplifie au maximum la fraction (pour la rendre irréductible),
- examine si le dénominateur est de la forme 2^n ou 5^pou $2^n \times 5^p$:
  - ♦ si oui, le nombre est décimal ;
  - ♦ sinon, le nombre n'est pas un décimal.

2. À partir de l'écriture décimale

THÉORÈMES

1. Tout **nombre décimal** possède une écriture décimale dont la partie décimale comporte un nombre fini de chiffres (différents de zéro). Réciproquement, tout nombre ayant une écriture décimale finie est un nombre décimal.
2. La partie décimale d'un **nombre rationnel non décimal** est **prépériodique** : elle est constituée à partir d'un certain rang d'une suite de n chiffres non tous nuls qui se répète à l'infini. Réciproquement, tout nombre ayant une écriture décimale périodique est un nombre rationnel.

III. Calculs avec les fractions et les décimaux

A. Calculs avec les fractions

Soient a, b, c et d des entiers relatifs, avec b, c et d non nuls.

1) $\frac{a}{b} + \frac{c}{b} = \frac{a+c}{b}$; 2) $\frac{a}{b} = \frac{a \times d}{b \times d}$ 3) $\frac{a}{b} + \frac{c}{d} = \frac{ad + cb}{bd}$

4) $\frac{a}{b} \times \frac{c}{d} = \frac{a \times c}{b \times d}$; 5) $\frac{1}{\frac{c}{d}} = \frac{d}{c}$ 6) $\frac{a}{b} \div \frac{c}{d} = \frac{a \times d}{b \times c}$

B. Propriétés communes

Propriétés

- La somme ou la différence de deux rationnels est un nombre rationnel.
- La somme ou la différence de deux décimaux est un nombre décimal.
- Le produit ou le quotient de deux rationnels est un nombre rationnel.
- Le produit de deux nombres décimaux est un nombre décimal.
- Le quotient de deux décimaux est un rationnel, **qui n'est pas toujours un décimal.**

Contre-exemple

$$1{,}6 \div 3 = \frac{16}{10} \div \frac{3}{1} = \frac{16 \times 1}{10 \times 3} = \frac{8}{15}$$

Le dénominateur de cette fraction irréductible est multiple de 3 ; la fraction est donc non décimale, alors que les deux nombres 1,6 et 3 l'étaient.

C. Calculs avec les nombres décimaux

Dans toute cette partie, donc, nous allons considérer deux nombres décimaux positifs A et B, qui s'écrivent de la manière suivante :

$$A = A_0, a_1 a_2 \dots a_n \ ; \qquad B = B_0, b_1 b_2 \dots b_m$$

A_0 et B_0 sont les parties entières des nombres A et B, ce sont des entiers ayant peut-être plusieurs chiffres. En revanche, les chiffres a_i et b_j sont compris entre 0 et 9. On suppose de plus les derniers chiffres a_n et b_m différents de zéro. On suppose que $n \leq m$.

1. Techniques opératoires de l'addition-soustraction

Comme pour les entiers, les techniques opératoires sont basées sur le fait d'ajouter entre eux des chiffres de même rang dans le nombre. On effectue, à nouveau, les calculs de la droite vers la gauche, à condition d'avoir aligné les unités des deux nombres à additionner, ou à soustraire.

Le nombre de décimales du nombre $A + B$ ou $A - B$ est inférieur ou égal à m. De plus, si $n < m$, alors ce nombre de décimales est exactement m.

2. Multiplication de deux décimaux

Pour multiplier deux décimaux entre eux, on pose la multiplication comme s'il s'agissait de deux entiers, puis on place la virgule en partant de la droite d'un décalage correspondant à la somme des nombres de chiffres des deux parties décimales des deux facteurs. En effet, écrivons A et B avec des puissances de 10:

$$\begin{cases} A = \overline{A_0 a_1 a_2 \dots a_n} \times 10^{-n} = A' \times 10^{-n} \\ B = \overline{B_0 b_1 b_2 \dots b_m} \times 10^{-m} = B' \times 10^{-m} \end{cases} \Rightarrow A \times B = A' \times B' \times 10^{-(n+m)}$$

Le nombre de décimales du nombre $A \times B$ est égal au plus à $n + m$.
On peut dire que le produit a exactement $n + m$ chiffres après la virgule, si les zéros terminant sa partie décimale sont comptés.

3. Division décimale de deux entiers

On part de la division euclidienne de nos deux entiers. Elle se termine lorsque le reste est strictement inférieur au diviseur. Nous allons alors convertir les r unités du reste en dixièmes et donc diviser le reste multiplié par dix pour obtenir ainsi, le nombre de dixièmes de diviseur, présents dans le reste. Cela donne le chiffre des dixièmes du quotient. On réitère alors l'algorithme, qui prendra fin si le si le nombre de départ est décimal. Sinon, la division se poursuit, jusqu'au nombre de chiffres du quotient souhaité.

Exemple

$$C = \frac{13}{7} ; 13 = 7 \times 1 + 6$$

$$13 = 7 \times 1 + \frac{60}{10} = 7 \times 1 + \frac{7 \times 8 + 4}{10} = 7 \times 1 + 7 \times \frac{8}{10} + \frac{4}{10} = 7 \times 1{,}8 + 0{,}4$$

13	7
6	1,857142**8**
4	Les restes successifs sont compris entre 1 et 6,
5	après 6 divisions successives, on retrouve
1	un reste déjà rencontré, ici, 6.
3	Les chiffres du quotient vont donc eux aussi
2	se répéter : on voit ici que 857142 sont
6	les chiffres de la période.
(4)	

$$13 = 7 \times 1{,}8571428 + 4 \times 10^{-7}$$

4. Division décimale de deux décimaux

$$A \div B = (A' \times 10^{-n}) \div (B' \times 10^{-m}) = A' \div B' \times \frac{10^{-n}}{10^{-m}} = A' \div B' \times 10^{m-n}$$

Exemple

Cherchons le quotient décimal à deux chiffres après la virgule de 33,51 par 1,2.

$$3351 = 12 \times 279{,}2 + 0{,}6 \Rightarrow 3351 \times 10^{-2} = (12 \times 279{,}2 + 0{,}6) \times 10^{-2}$$

$$33{,}51 = (12 \times 10^{-1}) \times (279{,}2 \times 10^{-1}) + 0{,}6 \times 10^{-2} \Rightarrow 33{,}51$$

$$= 1{,}2 \times 27{,}92 + 0{,}006$$

$$\frac{33{,}51}{1{,}2} = 27{,}92 + \frac{0{,}006}{1{,}2}$$

D. Passer d'une écriture décimale à une écriture fractionnaire

Si le nombre est décimal

Il suffit d'écrire la fraction décimale correspondant à l'écriture décimale.

Exemple

$$3{,}3984 = \frac{33\,984}{10\,000} = \frac{531 \times 2^6}{2^4 \times 5^4} = \frac{531 \times 4}{5^4} = \frac{2124}{625}$$

Si le nombre N est un rationnel non décimal

La partie décimale possède une période, que nous supposons à n chiffres.

Exemple

$$A = 4{,}18\overline{18}\ldots$$

La période de la partie décimale a deux chiffres, on le multiplie alors par 10^2 :

$$10^2 A = 100A = 418{,}1818\ldots = 418{,}\overline{18}$$

$$100A - A = 418{,}\overline{18} - 4{,}\overline{18} = 414 \quad \Leftrightarrow \quad 99A = 414$$

$$A = \frac{414}{99} = \frac{46}{11}$$

IV. Éléments de didactique

A. Étapes de l'apprentissage

L'étude des décimaux porte sur quatre grands volets : leur définition à l'aide de fractions décimales, leurs différentes désignations, l'ordre sur les nombres décimaux, et les calculs.

Les programmes indiquent bien de commencer par étudier quelques fractions simples telles que $\frac{1}{2}; \frac{1}{3}; \frac{1}{4}; \frac{5}{2}$ etc. Les recherches en didactique montrent qu'il est important de commencer par ces fractions. Il importe aussi de rencontrer des fractions plus grandes que 1 dès le début. Les fractions sont présentées comme de nouveaux nombres, qui servent à exprimer des quantités ou des mesures non entières. Les fractions décimales vont ensuite se distinguer. Il faudra établir les liens entre $\frac{718}{100}$ et $7+\frac{18}{100}$ et $7+\frac{1}{10}+\frac{8}{100}$.

C'est seulement ensuite que l'écriture décimale apparaîtra comme un raccourci d'écriture sous la forme 7,18. Le tableau de numération pourra aider à consolider ces liens. La numération orale devra être particulièrement soignée. Les instructions officielles préconisent de prononcer par exemple « 718 centièmes » ou « 7 et 18 centièmes » ou « 7 virgule 1 dixième et 8 centièmes ».

En CM, les élèves travailleront la notion d'ordre des décimaux. Grâce au sens donné aux décimales, la comparaison reposera sur les mêmes règles que celle des entiers, à savoir, la comparaison en fonction de la position des chiffres.

Les élèves apprendront aussi à donner la valeur approchée d'un décimal à l'unité, au dixième ou au centième près. Les difficultés se situeront là pour des valeurs comme 7,09 ou 7,99.

Les élèves devront aussi maîtriser l'addition, la soustraction des décimaux et la multiplication d'un décimal par un entier en fin de cycle 3.

B. Erreurs les plus fréquentes

Il n'est pas rare que les élèves se construisent la représentation fausse suivante : « un nombre décimal est un nombre composé de deux entiers séparés par une virgule » : Cette conception fausse des nombres décimaux entraîne aussi des erreurs de comparaison (entre 7,18 et 7,2 par exemple) car les élèves comparent les parties décimales comme ils le feraient avec des entiers… et se trompent.

Pour l'addition et la soustraction de décimaux, les élèves qui considèrent un décimal comme la juxtaposition de deux entiers alignent les chiffres de droite en colonne. Quand ils calculent $7{,}18 + 2{,}1$; ils trouvent alors 7,39 ou 73,9. Ils peuvent aussi se dire « $7 + 2$ font 9 et $18 + 1$ font 19 donc $7{,}18 + 2{,}1$ donnent $9{,}19$ ».

On peut signaler aussi que si l'on se contente d'introduire les décimaux à l'aide de système de mesure ou de la monnaie, l'élève aura beaucoup de mal à concevoir le fait qu'entre 11,12 et 11,13 par exemple, on peut encore « glisser » un décimal. En effet, avec la monnaie ou certaines mesures, rien ne s'y glisse !

Pour s'entraîner

Exercice 1

Le quotient de deux entiers naturels peut avoir une écriture décimale qui « ne se termine pas », par exemple

$$\frac{2}{3} = 0{,}666\ldots ; \qquad \frac{227}{110} = 2{,}06363\ldots$$

L'écriture décimale est alors périodique à partir d'un certain rang, c'est-à-dire que la même séquence de chiffres finit par se répéter indéfiniment. On écrit :

$\frac{2}{3} = 0,\overline{6}$; (période « 6 » à un chiffre) , et $\frac{227}{110}$

$= 2{,}0\overline{63}$ (période « 63 » à deux chiffres)

1. On considère le nombre : $x = 0,\overline{9}$, ayant une période à un chiffre.

a) Comparez $10x$ et $9 + x$.

b) Démontrez : $0,\overline{9} = 1$ (On pourra, par exemple, utiliser a)

2. Déterminez une écriture fractionnaire de $19,\overline{78}$ (on pourra remarquer que $19,\overline{78}$ s'écrit $19 + 0,\overline{78}$).

Exercice 2

Partie A

Les questions suivantes sont indépendantes.

1. Quelles sont les égalités vraies ? Justifiez votre réponse.

$$\frac{1}{20} = 0{,}50; \quad \frac{1}{5} = 0{,}2; \quad \frac{1}{3} = 0{,}333; \quad \frac{1}{2} + \frac{2}{3} = \frac{7}{6}$$
$$\sqrt{2} = 1{,}414; \quad \pi = 3{,}14$$

2. Ranger dans l'ordre croissant les décimaux :

1,7 ; 1,07 ; 1,109 ; 1,81.

3. Donner deux décimaux pouvant s'intercaler entre 1,102 et 1,12.

4. Donner en heures, minutes et secondes les durées suivantes exprimées en heures dans le système décimal :

1,5 ; 2,25 ; 0,3 ; 3,375.

5. Calculer et donner le résultat sous la forme d'une fraction irréductible :

$$A = \frac{5}{8} + 0{,}25; \qquad B = \frac{2}{10} + \frac{7}{4} + 0{,}15$$

Partie B

On considère l'exercice suivant extrait d'une évaluation en mathématiques à l'entrée en sixième:

Sur la graduation ci-dessous, à quels nombres correspondent les flèches ?
Ecris les réponses au dessus des flèches.

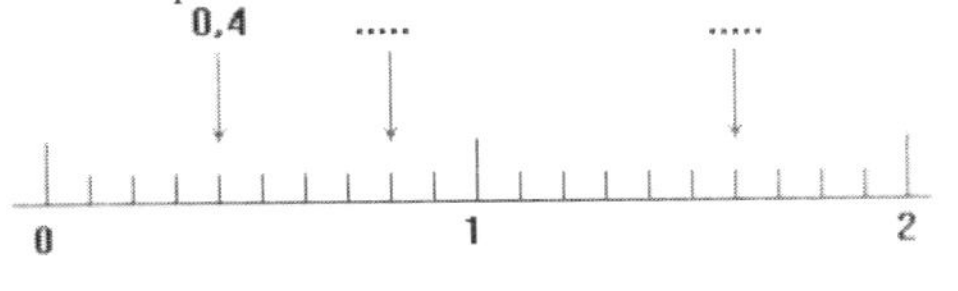

Les réponses de 5 élèves sont fournies en document 1.

1. Préciser les élèves qui n'ont pas fait d'erreurs.

2. Pour chacun des élèves ayant commis une erreur, préciser cette erreur et expliquer d'une phrase simple d'où elle peut provenir.

Document 1

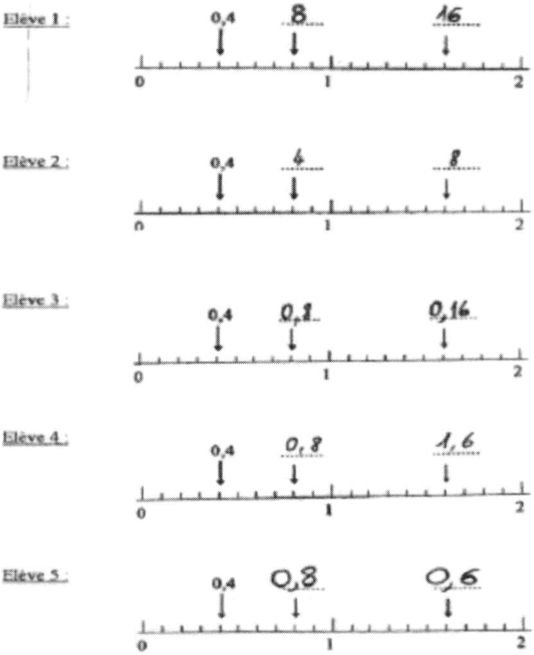

Exercice 3

On considère le rationnel dont l'écriture à virgule est $r = 2,\overline{370}$, la période étant 370.

1. Ecrire ce rationnel sous la forme d'un rapport de deux entiers premiers entre eux.

2. La division euclidienne de 64 par 27 permet d'écrire l'égalité $\frac{64}{27} = 2 + \frac{10}{27}$

a) Effectuer la division euclidienne de 100 par 27. En déduire le chiffre des dixièmes de l'écriture à virgule de $\frac{64}{27}$.

b) Réitérer la procédure pour trouver le chiffre des centièmes et le chiffre des millièmes de $\frac{64}{27}$.

c) Retrouver en utilisant ces calculs :

– pourquoi l'écriture décimale de $\frac{64}{27}$ est périodique et infinie ;

– pourquoi on obtient par ce procédé un seul chiffre à chaque quotient.

3. Utiliser l'égalité écrite en 2a) pour donner une valeur exacte de l'erreur commise en remplaçant $\frac{64}{27}$ par le nombre décimal 2,3.
Quelle serait l'erreur commise en choisissant comme valeur approchée 2,4 ? Pourquoi cette erreur est-elle inférieure à un dixième ?

Exercice 4

1. Indiquer la règle de comparaison de deux entiers, puis de deux décimaux à partir de leur écriture décimale.
2. Pour chacun des nombres suivants, préciser s'il est décimal ou non décimal et justifier votre réponse.

$$\frac{17}{8} ; \frac{8}{17} ; \frac{2794}{55} ; \frac{1096}{152}$$

Exercice 5

Le prix d'un article a augmenté de 5% en 2001 et de 6% en 2002. Quel est le pourcentage d'augmentation de cet article sur les deux années écoulées ?

Exercice 6 (d'après Créteil, 2017)

Lors d'une phase d'institutionnalisation, l'enseignante d'une classe de CM1 demande aux élèves de proposer une phrase pour dire ce qu'est un nombre décimal. Elle les invite à commencer leur phrase par « Un nombre décimal est… ».
Voici quatre propositions d'élèves :
Omar : *« Un nombre décimal est un nombre avec une virgule. »*
Lucie : *« Un nombre décimal est un nombre entre deux entiers. »*
Léo : *« Un nombre décimal est un nombre avec une partie entière avant la virgule et une partie décimale après la virgule. »*
Aminata : *« Un nombre décimal est une fraction avec 10 ou 100 en bas. »*
1. Expliquer pour chacune des quatre propositions, pourquoi elle n'est pas satisfaisante du point de vue des mathématiques et ne peut pas être retenue par l'enseignante.
2. Proposer une phrase commençant par « Un nombre décimal est… », que l'enseignante pourrait faire écrire aux élèves dans leur cahier lors de cette phase d'institutionnalisation.

Corrigé

Exercice 1

1. a) Soit $x = 0,\overline{9}$, $10x = 9,\overline{9}$ et $9 + x = 9 + 0,\overline{9} = 9,\overline{9}$. On a égalité.
b) On en déduit : $10x = 9 + x$ d'où $9x = 9$ et donc $x = 1$. D'où $0,\overline{9} = 1$.
2. Cherchons une écriture fractionnaire de $y = 0,\overline{78}$

$$100y = 100 \times 0,\overline{78} = 78,\overline{78} \Leftrightarrow 100y - y = 99y = 78,\overline{78} - 0,\overline{78} = 78$$
$$\Leftrightarrow y = \frac{78}{99} = \frac{26}{33} \Leftrightarrow 19,\overline{78} = 19 + y = 19 + \frac{26}{33} = \frac{653}{33}$$

Exercice 2

Partie A

1. Les égalités vraies sont : $\frac{1}{5} = \frac{2}{10} = 0{,}2$; $\frac{1}{2} + \frac{2}{3} = \frac{3+2\times 2}{6} = \frac{7}{6}$

Les autres égalités sont fausses. En effet $\frac{1}{20} = \frac{5}{100} = 0{,}05 \neq 0{,}50$

Nous savons que la fraction 1/3 n'est pas décimale : $\frac{1}{3} \neq 0{,}333$;

Enfin, dans les deux derniers exemples, les nombres de gauche sont non rationnels, et donc, ne peuvent être des décimaux : $\sqrt{2} \neq 1{,}414$; $\pi \neq 3{,}14$

2. $1{,}07 < 1{,}109 < 1{,}7 < 1{,}81$.

3. On peut prendre par exemple : $1{,}102 < 1{,}103 < 1{,}11 < 1{,}12$.

4. $1{,}5$ h $= 1$ h $+ 0{,}5 \times 60$ min $= 1$ h et 30 min

$2{,}25$ h $= 2$ h $+ 0{,}25 \times 60$ min $= 2$ h et 15 min ;$0{,}3$ h $= 0{,}3 \times 60$ min $=$ *18* min

$3{,}375 = 3$ h $+ 0{,}375 \times 60$ min $= 3$ h $+ 22{,}5$ min $= 3$ h 22 min 30 s

5.
$$A = \frac{5}{8} + 0{,}25 = \frac{5}{8} + \frac{1}{4} = \frac{5 + 1 \times 2}{8} = \frac{7}{8}$$
$$B = \frac{2}{10} + \frac{7}{4} + 0{,}15 = \frac{2}{10} + \frac{7}{4} + \frac{15}{100} = \frac{2 \times 10 + 7 \times 25 + 15}{100} = \frac{210}{100} = \frac{21}{10}$$

Partie B

1. Seul **l'élève 4** a donné les réponses correctes.

2. L'élève 1 a indiqué des nombres entiers 8 et 16, en comptant les graduations depuis l'origine.

L'élève 2 a indiqué lui aussi des entiers : 4 et 8. Il semble avoir compté les graduations depuis 0,4 (il y en a 4) puis depuis ce dernier résultat (il y en a 8), d'où ses réponses.

L'élève 3 a le premier résultat (0,8) correct. Pour le second, il a probablement dénombré les graduations depuis zéro et répondu 0,16 par analogie avec les résultats précédents.

Pour **l'élève 5**, le premier résultat est correct. L'élève s'est trompé pour la partie entière du second résultat, 0 au lieu de 1. Il a probablement dénombré 6 graduations après 1.

Exercice 3

1. Le nombre r a une période de 3 chiffres après la virgule. Nous allons donc le comparer à $1000r$: $r = 2,\overline{370}$; $1\,000\ r = 2370,\overline{370}$, en effectuant la différence des deux nombres : $1000\,r - r = 999r = 2368$. Et il nous reste à simplifier la fraction : $999 = 9 \times 111 = 3^3 \times 37$; $2368 = 37 \times 64 = 2^6 \times 37$

$$\boldsymbol{r = \frac{2368}{999} = \frac{64}{27}}$$

2.a) $100 = 3 \times 27 + 19$ et donc, comme $64 = 2 \times 27 + 10$:

$$\frac{64}{27} = 2 + \frac{10}{27} = 2 + \frac{1}{10} \times \frac{100}{27} = 2 + \frac{1}{10}\left(\frac{27 \times 3 + 19}{27}\right) = 2 + \frac{3}{10} + \frac{1}{10} \times \frac{19}{27}$$

Le chiffre des dixièmes est donc **3** dans la division décimale de 64 par 27.

b) Comme $190 = 27 \times 7 + 1$, en réitérant le travail précédent :

$$\frac{64}{27} = 2 + \frac{3}{10} + \frac{1}{100} \times \frac{190}{27} = 2{,}3 + \frac{7}{100} + \frac{1}{27 \times 100}$$

Le chiffre des centièmes est 7 ; le chiffre des millièmes est 0.

c) Nous avons une écriture de la forme : $\frac{64}{27} = 2{,}370 + \frac{1}{10000} \times \frac{10}{27}$

Le reste partiel auquel nous sommes arrivés (10) est égal au premier déjà rencontré : Nous avons donc bien un processus périodique, dès lors que nous avons rencontré un reste déjà obtenu. Par définition du reste, à chaque étape, $r < 27$; $10r = q \times 27 + r' < 10 \times 27$. Ceci prouve que le quotient partiel suivant est bien un nombre à un chiffre.

3. $\frac{64}{27} = 2{,}3 + \frac{19}{270}$. Nous connaissons exactement l'erreur commise en remplaçant $\frac{64}{27}$ par 2,3 : $\frac{19}{270}$. Si on remplaçait 2,3 par 2,4, l'erreur serait de : $\frac{19}{270}$ $-0{,}1 = \frac{19-27}{270} = \frac{-8}{270}$. Cette valeur (sans son signe !) est bien inférieure à un dixième. Nous pouvons aussi remarquer que $2{,}3 < \frac{64}{27} < 2{,}4$, et l'écart étant de 1/10ème, celui entre notre rationnel et 2,4 ne peut lui être supérieur.

Exercice 4

1. Règle de comparaison de deux entiers : si leur nombre de chiffres est différent, le plus grand est celui qui s'écrit avec le plus de chiffres. S'ils ont le même nombre de chiffres, on compare chiffre à chiffre, en commençant par le rang le plus élevé, donc le plus à gauche. Dès que les chiffres comparés sont différents, le plus grand chiffre désigne le plus grand nombre.

Règle de comparaison de deux décimaux : on commence par comparer les parties entières comme ci-dessus. Si elles sont différentes, le plus grand nombre est celui qui possède la plus grande partie entière. Si elles sont égales, on compare rang par rang dans l'ordre décroissant. C'est-à-dire qu'on compare d'abord les dixièmes, puis les centièmes,... Dès que les chiffres sont différents, le plus grand nombre est celui qui s'écrit avec le plus grand des deux chiffres.

2. Nous utiliserons la proposition suivante : *un nombre est décimal si et seulement s'il peut s'écrire à l'aide d'une fraction irréductible dont le dénominateur est de la forme $2^n \times 5^p$, n et p étant des entiers naturels.*
$\frac{17}{8}$ est irréductible et son dénominateur vaut 2^3, c'est un décimal. $\frac{8}{17}$ est irréductible, et sa partie décimale n'est pas de la forme $2^n \times 5^p$ donc ce n'est pas un décimal. $\frac{2794}{55} = \frac{254}{5}$ est décimal. $\frac{1096}{152} = \frac{137}{19}$ est irréductible, sa partie décimale n'est pas de la forme $2^n \times 5^p$ ce n'est pas un décimal.

Exercice 5

Soit P_0 le prix de l'article avant augmentation. Après une année, son prix est de

$$P_1 = P_0 + 0{,}05P_0 = 1{,}05P_0$$

L'année suivante, c'est le prix P_1 qui subit une augmentation de 6% :

$$P_2 = P_1 + 0{,}06P_1 = 1{,}06P_1$$

$P_2 = 1{,}06P_1 = 1{,}06 \times 1{,}05P_0 = 1{,}113\ P_0 = P_0 + \frac{11{,}3}{100}P_0$. Le prix a donc augmenté **de 11,3%.**

Exercice 6

1. Omar : « *Un nombre décimal est un nombre avec une virgule.* » : les nombres rationnels non décimaux, comme 1/3, possèdent une écriture à virgule ($0{,}33\overline{3}$...), mais ne sont pas des nombres décimaux (on ne peut pas les écrire comme une fraction de dénominateur égal à 10^n.
Lucie : « *Un nombre décimal est un nombre entre deux entiers.* ». C'est faux d'une part car les nombres entiers sont des nombres décimaux, et d'autre part parce que tout nombre compris entre deux nombres entiers consécutifs n'est pas toujours un nombre décimal (par exemple 1/3 est compris entre 0 et 1, mais n'est pas décimal).
Léo : « *Un nombre décimal est un nombre avec une partie entière avant la virgule et une partie décimale après la virgule.* » Cela définit un nombre à virgule, mais est incorrect car la partie décimale de 5,67 par exemple est 0,67 ; et non pas 67. Cette définition laisserait entendre aux élèves qu'un nombre décimal est constitué de deux nombres entiers séparés par une virgule.
Aminata : « *Un nombre décimal est une fraction avec 10 ou 100 en bas.* » Cette phrase est juste dans le cas où il est indiqué « qu'en haut, le nombre est un entier », mais réciproquement, certaines fractions, comme 1/2, ne répondent pas à ce critère, et sont pourtant des nombres décimaux.
2. « *Un nombre décimal est un nombre qui peut s'écrire comme une fraction qui a un numérateur entier et pour dénominateur 10, 100, 1000, etc... Son écriture à virgule a un nombre fini de chiffres. Un nombre entier est un nombre décimal.* »

✍ Pour s'entraîner aux exercices utilisant Scratch

Exercice 1 (d'après groupement 3, 2017)

Un élève utilise le programme ci-dessous.

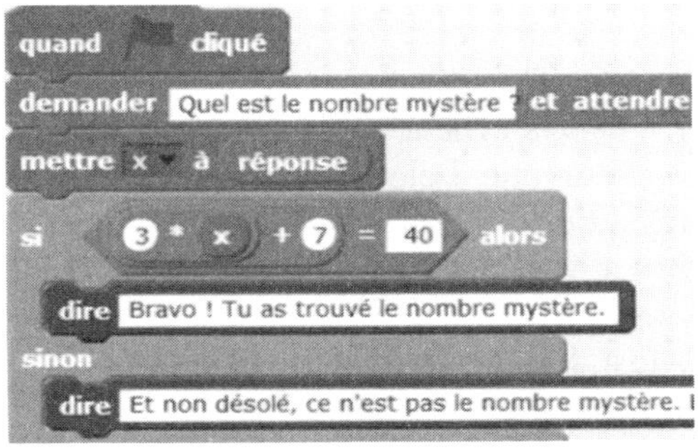

1. Quelle réponse le logiciel va-t-il afficher si l'élève entre la valeur 5 ? Expliquer pourquoi.

2. Quel nombre l'élève doit-il rentrer pour obtenir en retour le message « Bravo ! Tu as trouvé le nombre mystère. » ?

Exercice 2 (d'après Créteil, 2017)

On considère l'algorithme ci-dessous programmé à l'aide du logiciel Scratch.

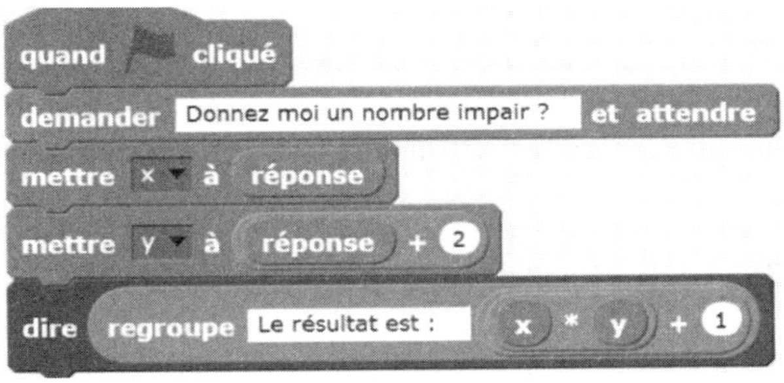

1. On décide d'entrer le nombre 7. Montrer que le résultat obtenu est 64.

2. On choisit 19 comme nombre de départ. Quel est alors le résultat ?

3. Démontrer que quel que soit le nombre impair choisi au départ le résultat est toujours le carré d'un nombre et un multiple de 4.

Exercice 3 (d'après groupement 1, 2017)

On utilise le programme ci-contre.

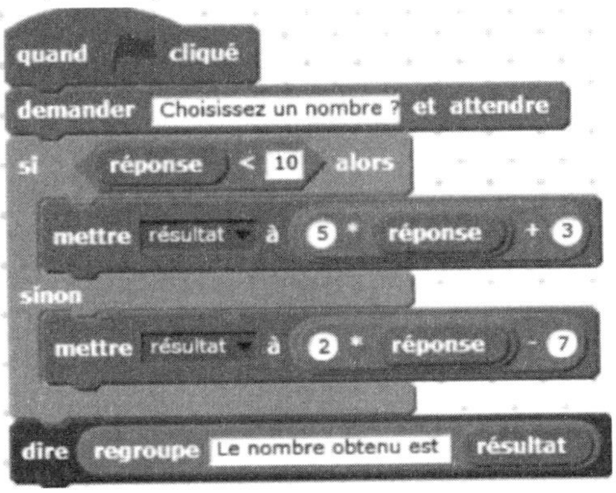

1. Quel résultat s'affiche si l'on choisit d'entrer le nombre 7 ?

2. Quel résultat s'affiche si l'on choisit d'entrer le nombre 12,7 ?

3. Quel résultat s'affiche si l'on choisit d'entrer le nombre – 6 ?

Corrigé

Exercice 1

1. Si l'élève entre la valeur 5, on a alors la chaine d'opérations suivante :

$$x = 5$$
$$3 \times 5 + 7 = 2$$
$$22 \neq 40$$

Et donc, s'affiche : « Et non, désolé, ce n'est pas le nombre mystère ! »

2. Pour que l'élève obtienne le message « Bravo ! Tu as trouvé le nombre mystère. », il doit avoir entré un nombre x lui permettant d'égaler l'équation $3 \times x + 7 = 40$Ainsi, si on résout cette équation, on obtient :

$$3 \times x + 7 = 40 \Leftrightarrow 3x = 33 \Leftrightarrow x = 11$$

Ainsi, l'élève doit entrer 11 pour gagner.

Exercice 2

1. L'algorithme exécute $x = 7$ puis $y = 7 + 2 = 9$ puis calcule $7 \times 9 + 1 = 64$.

2. L'algorithme exécute $x = 19$ puis $y = 19 + 2 = 21$ puis calcule $19 \times 21 + 1 = 400$.

3. Si on entre un nombre entier n l'algorithme calcule $n \times (n + 2) + 1 = n^2 + 2n + 1 = (n + 1)^2$. C'est bien le carré d'un nombre.

De plus, quand n est impair, $(n + 1)$ est pair, son carré est donc un multiple de 4.

Autre méthode : Puisque l'entier est impair, on l'écrit de suite sous la forme $2n - 1, n \geq 1$. Ainsi le calcul demandé correspond à :

$$(2n - 1) \times (2n + 1) + 1 = 4n^2 - 1 + 1 = 4n^2 = (2n)^2$$

On a bien donc, à la fois, un carré et un multiple de 4.

Exercice 3

1. Si l'on choisit d'entrer le nombre 7, le résultat affiché sera celui de $5 \times 7 + 3$ soit 38.

2. Si l'on choisit d'entrer le nombre 12,7, le résultat affiché sera celui du calcul de $2 \times 12{,}7 - 7 = 18{,}4$.

3. Si l'on choisit d'entrer le nombre -6, le résultat affiché sera celui de $5 \times (-6) + 3$ soit -27.

Chapitre 4
Grandeurs et mesures

I. Grandeur

Une **grandeur** est constituée de « tout caractère d'un objet... susceptible de variation chez cet objet, ou d'un objet à l'autre[6] ». Une grandeur est **repérable** si on peut définir une relation d'ordre qui permet de comparer et d'ordonner des objets selon cette grandeur.

Exemple

La température est une grandeur repérable, car les températures de deux objets peuvent être comparées. Mais elle n'est pas mesurable car on ne peut pas additionner les températures de deux objets assemblés La longueur est quant à elle une grandeur dite mesurable.

Pour mériter ce qualificatif de « **mesurable** », une grandeur G doit permettre de définir quatre propriétés :

- une équivalence : « l'objet A a même grandeur que l'objet B » ;
- une relation d'ordre total : On peut toujours ranger des objets suivant cette grandeur ;
- une addition : la grandeur de A et B mis ensemble est celle de A plus celle de B ;
- une multiplication : la grandeur de x objets A identiques mis ensemble est x fois la grandeur de A.

Les grandeurs mesurables dont il sera question ici seront : la longueur, l'aire, le volume, la durée.
Il est tout à fait possible d'étudier une grandeur sans utiliser les nombres : pour comparer des longueurs, on peut mettre des objets côte à côte, ou les comparer à l'aide d'un objet intermédiaire.

II. Mesure

Mesurer une grandeur G, c'est tout d'abord définir une grandeur-unité u. L'objet de grandeur unité u sera appelé **étalon**. On peut ensuite quantifier la grandeur des autres objets. La grandeur d'un objet A aura pour mesure λ, où λ est un nombre réel positif ou nul si « grandeur de A » = $\lambda \times u$.
Cette opération est rendue possible grâce aux propriétés d'une grandeur mesurable énoncées plus haut. De nos jours, les unités de mesures obéissent à des règles internationales. On les nomme d'ailleurs **unités du système international**.

---

6. * *Publication mots*, tome IV, APMEP, 1982.

A. Longueurs

L'unité officielle est le **mètre**.

kilomètre	hectomètre	décamètre	mètre	décimètre	centimètre	millimètre
km	hm	dam	m	dm	cm	mm
10^3 m	10^2 m	10 m	1	10^{-1} m	10^{-2} m	0,001 m 10^{-3} m

Périmètres des figures planes usuelles

Le périmètre d'une surface désigne la longueur de son contour.

Nature de l'objet	Données	Mesure du périmètre
Parallélogramme ; rectangle	L : la longueur, et ℓ la largeur	$2 \times (L + \ell)$
Carré et losange	c : mesure de la longueur du côté.	$4 \times c$
Cercle	R désigne la mesure du rayon.	$2 \times \pi \times R$

B. Aires

Rappelons que 1 m^2 désigne une surface égale à celle d'un carré de 1 m de côté.
L'unité du système international est le **mètre carré** (noté m^2).

km^2	hm^2	dam^2	m^2	dm^2	cm^2	mm^2
10^6 m^2	10^4 m^2	100 m^2	1	0,01ou 10^{-2} m^2	10^{-4} m^2	10^{-6} m^2

Aires des figures planes usuelles

Nature de l'objet	Données	Mesure de l'aire
Triangle	B : mesure d'un côté et h :la mesure de la hauteur correspondante	$\frac{B \times h}{2}$
Trapèze	B et b : mesures des bases, et h : hauteur	$\frac{(b + B) \times h}{2}$
Parallélogramme	c mesure d'un côté, et h hauteur	$c \times h$
Losange	D et d désignent les mesures des diagonales.	$\frac{D \times d}{2}$
Rectangle	L et ℓ mesures longueur et largeur.	$L \times \ell$
Carré	c désigne la mesure du côté.	$c \times c$
Disque	R désigne la mesure du rayon.	$\pi \times R^2$
Secteur angulaire	R mesure du rayon et α la mesure de l'angle en degrés.	$\frac{\pi \times \alpha \times R^2}{360}$

C. Volumes

1. Unités

1 cm^3 désigne **le volume** correspondant à celui d'un cube de 1 cm de côté.

km^3	**hm^3**	**dam^3**	**m^3**	**dm^3**	**cm^3**	**mm^3**
10^9 m^3	10^6 m^3	10^3 m^3	1	10^{-3} m^3	10^{-6} m^3	10^{-9} m^3

Pour mesurer la contenance d'un récipient on utilise le terme de **capacité** au lieu de volume. La capacité s'exprime alors en **litres**. Les deux symboles L et l sont en usage (et ce, depuis 1979).

Remarque

Mille litres d'eau occupent un volume égal à 1 m^3 et pèsent 1 tonne.
Un litre d'eau occupe un volume égal à 1 dm^3 et pèse 1 kg.
Un décilitre d'eau occupe un volume égal à 100 cm^3 et pèse 100 g.
Un centilitre d'eau occupe un volume égal à 10 cm^3 et pèse 10 g.
Un millilitre d'eau occupe un volume de 1 cm^3 et pèse 1 g.

2. Volumes des solides usuels

Solide usuel	**Données**	**Formule**
Cube	c représente la mesure du côté	$c \times c \times c$
Parallélépipède rectangle	L désigne la mesure de la longueur, ℓ celle de la largeur, et h celle de la hauteur.	$L \times \ell \times h$
Prisme droit	la hauteur h est la mesure commune aux segments orthogonaux aux deux bases	$Aire_{\text{Base}} \times h$
Cylindre de révolution	la hauteur h est la mesure de la distance entre les disques de base et B la mesure de l'aire des disques.	$B \times h$
Pyramide	La hauteur h est distance séparant le sommet de la base et B la mesure de l'aire de la base	$\frac{B \times h}{3}$
Cône de révolution	L hauteur h est la distance séparant le sommet de la base et B celle de l'aire de la base	$\frac{B \times h}{3}$
Sphère	R est la mesure du rayon de la sphère	$\frac{4}{3} \times \pi \times R^3$

D. Durées

Rappelons qu'une heure contient 60 minutes ou 3 600 secondes. Les heures, minutes et secondes sont donc organisées en base 60, c'est ce qu'on appelle le **système sexagésimal**.

m minutes correspondent à $\frac{m}{60}$ heures et s secondes correspondent à $\frac{s}{3600}$ heures. h heures, m minutes et s secondes valent donc $h + \frac{m}{60} + \frac{s}{3600}$ heures.

Le symbole pour « minute » a changé et celui-ci est désormais **min**.

III. Éléments de didactique

A. Étapes de l'apprentissage

Les documents d'application des I.O. insistent sur l'apprentissage des grandeurs avant leur mesure. Les grandeurs sont rencontrées dès le cycle 1, où elles ne seront pas mesurées. Plusieurs aires ou volumes pourront être comparés entre eux, mais pas mesurés dans une unité particulière. Le volume est défini comme la quantité d'eau que l'objet peut contenir, l'aire correspond à la surface de papier nécessaire pour faire un patron d'un objet. L'objectif d'une approche de la notion de grandeur avant de la mesurer est de permettre aux élèves de donner du sens à ces notions indépendamment des mesures. Même sans les mesures, il est possible de classer ou comparer les grandeurs. Il y a à la fois un vocabulaire spécifique (hauteur, distance, longueur, périmètre, circonférence etc.) et de nombreux homonymes (aire d'un carré, air de rien, aire de repos, prendre l'air…).

La notion de mesure est étudiée seulement ensuite. Pour une grandeur donnée, on définit un étalon. C'est une grandeur particulière dont la mesure vaut 1. Ensuite on associera à chaque grandeur « sa mesure relativement à cette unité », d'où le lien avec les fractions et les nombres décimaux. Aucune virtuosité n'est demandée aux élèves sur la conversion d'unités.

Il est important aussi de ne pas accorder trop de place au tableau de conversion, qui, la plupart du temps, éloigne encore les élèves du sens des mesures.

B. Les erreurs fréquentes

La phase de comparaison directe, de longueurs, d'aires ou de volumes, est souvent faite rapidement, laissant alors s'installer des confusions dans les représentations des élèves. Il est donc fréquent qu'un élève utilise une formule de périmètre pour calculer une aire, ou le contraire.

Pour s'entraîner

Exercice 1

1. Effectuer les conversions d'aires suivantes :

$7\ m^2 = \dots\ cm^2$ $1328\ mm^2 = \dots\ dm^2$ $12\ ha = \dots\ m^2$

2. Effectuer les conversions de volumes suivantes :

$11\ m^3 = \dots\ cm^3$ $1\ 437\ hL = \dots\ m^3$ $43{,}56\ cm^3 = \dots dm^3 = \dots\ cL$

Exercice 2

1. On augmente la longueur d'un rectangle de son cinquième et on diminue sa largeur de moitié. Par quelle fraction est multipliée l'aire du rectangle ?
Cette aire a-t-elle augmenté ou diminué ? De quel pourcentage ?

2. On augmente la longueur d'un rectangle de son quart et on diminue sa largeur de son quart. L'aire du rectangle est-elle modifiée ? Justifier.

Exercice 3

Les questions portent sur le document 1, issu d'un cahier d'élève de CM2.

1.a) Analysez la procédure suivie par cet élève pour résoudre le problème n°1.

b) Quelle(s) autre(s) procédure(s) des élèves de CM2 auraient-ils pu utiliser pour arriver à la réponse juste ?

2. Analyser l'erreur commise dans le problème 2 et donner une correction.

3. Résoudre le problème n°3 et faire apparaître les difficultés supplémentaires qu'il présente et qui peuvent expliquer l'abscence de réponse de l'élève.

4. a) Compte tenu de ses productions (exercice 1 et 2), faire un bilan des acquis de cet élève.

b) Quelles aides méthodologiques pourrait-on lui apporter pour remédier à ses difficultés ?

Document 1

Problème 1

Un film a commencé à 20 h 35 et il s'est terminé à 22 h 08. Calculer sa durée.

Problème 2

Une cuisinière sait qu'il faut 2 h 15 min pour que sa dinde soit cuite. A quelle heure devra-t-elle l'enfourner si on veut la manger à 12 h 10 ?

Problème 3

Ce soir, Monsieur Voitou souhaiterait regarder à 20 h 50 le film qui passe sur France 2, puis à 23 h 05 le journal sur France 3. Le film dure 2 h 25, pourra-t-il suivre intégralement les deux émissions ? Sinon, combien de temps d'actualités manquera-t-il ?

Document 2

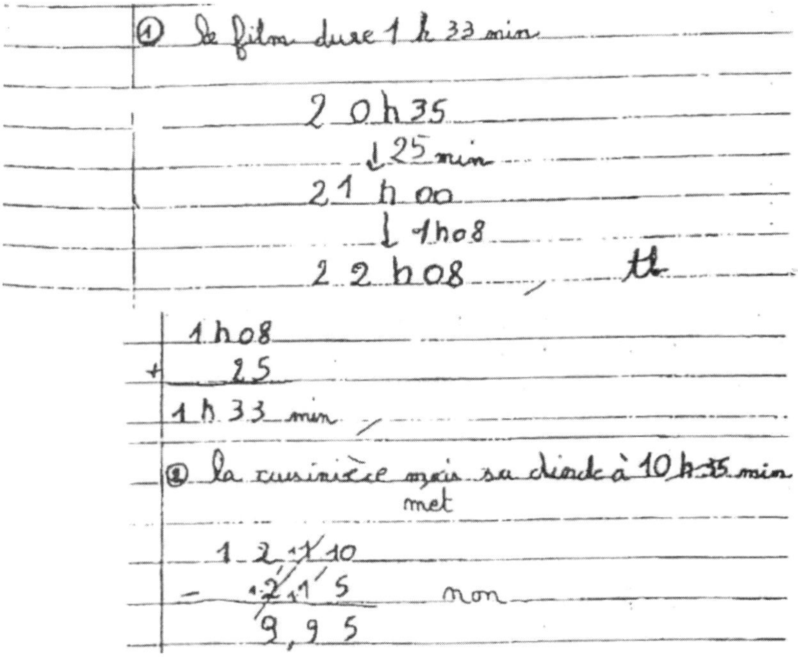
① le film dure 1 h 33 min

20 h 35
+ 25 min
21 h 00
+ 1 h 08
22 h 08

1 h 08
+ 25
1 h 33 min

② la cuisinière mais (met) sa dinde à 10 h 35 min

12,10
− 2,15
9,95 non

Exercice 4 (d'après Créteil, 2016)

Béatrice repeint son salon en 4 heures. Si Samira avait fait ce même travail, elle l'aurait effectué en 2 heures. Combien de temps Béatrice et Samira mettraient-elles pour repeindre ensemble le salon ?

Corrigé

Exercice 1

1. 7 m^2 = 70 000 = 7 × 10^4 cm^2 ; 1328 mm^2 = 0,1328 dm^2 ;

12 ha = 120 000 = 1,2 × 10^5 m^2

2. 11 m^3 = 11 000 000 cm^3 43,56 cm^3 = 0,04356 dm^3 = 4,356 cL
1 437 hL = 143 700 dm^3 = 143,7 m^3

Exercice 2

1. Soient $\mathcal{L}$ et ℓ la longueur et la largeur du rectangle avant transformation, et $\mathcal{L}'$ et ℓ'ces mêmes dimensions après transformation. $\mathcal{L}'$ est égal à $\mathcal{L}$ augmenté de $\frac{1}{5}$ donc $\mathcal{L}' = \mathcal{L} + \frac{1}{5} \times \mathcal{L} = \frac{6}{5} \times \mathcal{L}$

ℓ' est égal à ℓ diminué de moitié donc $\ell = \frac{1}{2} \times \ell$

La nouvelle aire $\mathcal{A}'$ est donc : $\mathcal{A}' = \mathcal{L}' \times \ell' = \frac{6}{5} \times \mathcal{L} \times \frac{1}{2} \times \ell = \frac{3}{5} \times \mathcal{L} \times \ell = \frac{3}{5}\mathcal{A}$

où $\mathcal{A}$ est l'aire du rectangle initial. L'aire du rectangle est multipliée **par $\frac{3}{5}$.**

Comme $\frac{3}{5} < 1$, il s'agit d'une diminution. La nouvelle aire représente $\frac{3}{5} \times 100\ \%$, soit 60 % de l'ancienne. La diminution est donc de **40 %**.

2. Avec les mêmes notations :

$$\mathcal{L}' = \left(1 + \frac{1}{4}\right) \times \mathcal{L} = \frac{5}{4} \times \mathcal{L} \text{ et } \ell' = \left(1 - \frac{1}{4}\right) \times \ell = \frac{3}{4} \times \ell$$

On en déduit que

$$\mathcal{A}' = \frac{5}{4} \times \mathcal{L} \times \frac{3}{4} \times \ell = \frac{15}{16}\mathcal{A}$$

et donc $\mathcal{A}' \neq \mathcal{A}$. L'aire du rectangle est modifiée.

Exercice 3

1.a) L'élève réalise une frise horaire verticale, sur laquelle il place l'heure de début du film et l'heure de fin de film, ainsi que l'heure « juste », intermédiaire, ce qui lui permet de calculer mentalement les deux écarts, avec cette heure juste. Ensuite, il pose une addition pour trouver la durée demandée. Il trouve ainsi une réponse correcte.

b) On peut envisager de la part d'un élève de CM2, une technique experte de la soustraction avec des nombres sexagésimaux, soit ici :
22 h 08 − 20 h 35 = 21 h 68 − 20 h 35 = 1 h 33.

Il est possible aussi de reprendre la frise et de choisir d'autres positions intermédiaires, telles que 21 h 35 puis 22 h et enfin 22 h 08. On trouve la réponse en additionnant les trois écarts : 1 h + 25 min + 8 min = 1 h 33 min.

2. L'élève effectue une soustraction avec deux nombres sexagésimaux, qu'il considère comme deux nombres décimaux. La différence étant un nombre décimal de partie décimale supérieure à 60, il réalise alors la conversion
95 min = 1 h + 35 min. Le résultat est donc faux.
Effectuons le calcul demandé en ligne :
12 h 10 − 2 h 15 = 11 h 70 − 2 h 15 = 9 h 55.
La cuisinière doit mettre sa dinde au four à 9 h 55min.

Exercice 4

Béatrice peint $1/4$ de salon en une heure, et Samira peint $1/2$ salon en une heure. Donc, ensemble elles peignent $1/4 + 1/2$ soit $3/4$ de salon en 1h .
Il leurs faut $4/3$ d'heure, c'est-à-dire une heure et un tiers d'heure, soit 1 heure 20 pour peindre ensemble le salon. (ou, en 1 heure, elles peindront $3/4$ du salon, il restera le quart restant du salon, qu'elles peindront en 1/3 d'heure, soit 20 minutes, donc un total de 1 heure et 20 minutes).

Chapitre 5
Géométries

I. Géométrie plane

A. Les droites

1. Les notations

Soient cinq points A, B, C, D et E situés sur une droite (d). Cette **droite** peut se nommer aussi (AB). Le **segment** d'extrémités B et D se note : [BD]. La **demi-droite** d'origine C, passant par D se note : [CD). La **longueur du segment** [CD] se note CD.

2. Le milieu d'un segment

DÉFINITION

Le point I du segment [AB] vérifiant IA = IB est appelé le **milieu** de [AB].

3. Positions relatives de deux droites

Droites parallèles ou non

Deux droites **parallèles** ont une infinité de points communs (cas où elles sont confondues), ou n'ont aucun point commun (elles sont alors strictement parallèles). Sinon, on dit qu'elles sont **sécantes** et possèdent alors un unique point d'intersection.

Droites perpendiculaires

DÉFINITION

Deux droites sont dites **perpendiculaires** lorsqu'elles sont sécantes et qu'elles déterminent quatre angles égaux.

Certes, nous n'avons pas encore défini ce qu'est un angle, que vous verrez dans la suite, plus formellement. « Le tour complet d'un cercle » détermine un angle, de mesure 360°. Les quatre angles délimités par deux droites perpendiculaires mesurant 360°, on peut alors affirmer que chacun des angles qu'elles déterminent mesure 90°, nommés **angles droits**.

PROPRIÉTÉS

- Par deux points distincts du plan, il passe une et une seule droite.
- Par un point du plan, il passe une et une seule droite parallèle à une droite donnée.
- Si M, N, P sont trois points tels que les droites (MN) et (NP) sont parallèles, alors ces trois points sont alignés.

La dernière proposition est généralement utilisée pour montrer que trois points sont alignés.

PROPRIÉTÉS

- Si deux droites sont parallèles à une même troisième, alors ces deux droites sont parallèles entre elles.
- Si deux droites sont perpendiculaires à une même troisième alors elles sont parallèles.
- Si deux droites sont parallèles, toute perpendiculaire à l'une est perpendiculaire à l'autre.

B. Les cercles

1. Définitions

DÉFINITIONS

Un **cercle** est l'ensemble des points équidistants d'un point fixe. Soit O ce point fixe et r la distance constante entre O et un point M quelconque du cercle (C). On dit que O est le **centre** du cercle (C), que r est le **rayon** du cercle et 2r son **diamètre**

Un point A quelconque du plan est sur le cercle (C) de centre O et de rayon r si et seulement si OA = r.

PROPRIÉTÉ

Par trois points non alignés du plan, il passe un unique cercle.

2. Droite tangente à un cercle

DÉFINITION

Une droite est dite **sécante** à un cercle si elle le coupe en deux points. Une droite est dite **tangente** à un cercle s'ils ont un unique point commun.

On utilise souvent la caractérisation d'une droite tangente à un cercle qui suit :

PROPRIÉTÉ

La droite (D) est tangente en A au cercle (C) de centre O si et seulement le cercle (C) et la droite (D) ont le point A en commun et si la droite (OA) est perpendiculaire (en A) à la droite (D).

C. Les angles

1. Définition d'un angle et mesure d'angles

Les notions de ce paragraphe seront définies de façon intuitive, la présentation rigoureuse de ces notions étant trop complexe pour être exposée ici.

DÉFINITIONS

On appelle **secteur angulaire** toute portion de plan limitée par deux demi-droites de même origine. L'ensemble des secteurs angulaires superposables permet de définir un même **angle**.

Deux demi-droites de même origine O, [OA) et [OB) définissent donc un **angle**, noté $\widehat{AOB}$. Cette origine commune O est appelée **sommet** de l'angle.

Pour définir une mesure d'angle, il reste à définir l'angle « étalon » : il va s'agir de l'angle plat (angle $\widehat{AOB}$ défini par trois points O, A, B alignés avec O sur le segment [AB]), pour lequel la mesure sera définie comme égale à 180°.
Ceci nous permet alors de définir la mesure de l'angle droit, qui est de 90°.

2. Vocabulaire

- Lorsque les deux demi-droites [OA) et [OB) sont **perpendiculaires**, on dit qu'elles forment un angle droit. Dans ce cas, $\widehat{AOB} = 90°$.
- Un angle $\widehat{AOB}$ est dit **plat** lorsque le point O, appartient au segment [AB]. En ce cas, $\widehat{AOB} = 180°$.
- Un angle est dit **aigu**, lorsque sa mesure est plus petite que celle de l'angle droit.
- Un angle est dit **obtus** lorsque sa mesure est comprise entre le droit et le plat. ($90° < \widehat{AOB} < 180°$)
- Un angle est dit **saillant** lorsque sa mesure est inférieure à 180°.
- Sinon, il est dit **rentrant**.
- On dit que des angles sont **complémentaires** lorsque leurs mesures α et β vérifient : $\alpha + \beta = 90°$.
- On dit que des angles sont **supplémentaires** si leurs mesures α et β vérifient : $\alpha + \beta = 180°$.

3. Quel angle mesurer ?

Chaque triplet de points (O, A, B) définit deux angles de sommet O : un angle dit saillant que l'on note ici $\widehat{AOB}$, de mesure inférieure ou égale à 180°, et un angle dit rentrant que l'on note ici $\widehat{BOA}$, de mesure supérieure à 180°.

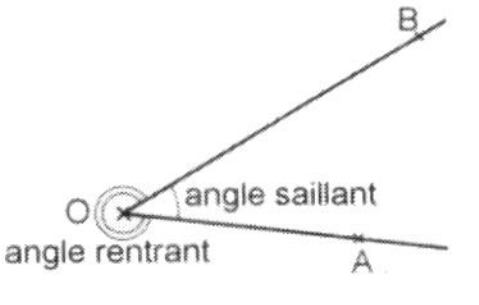

Lorsque l'on ajoute ces deux angles, on obtient :
$\widehat{AOB} + \widehat{BOA}$ = un tour = 2 angles plats = 360°
La convention veut que, sauf indication contraire, lorsque l'on mesure l'angle défini par deux demi-droites, on mesure l'angle saillant, plutôt que l'angle rentrant.

4. Propriétés de quelques angles

Propriété de Chasles :

Soient quatre points A, B, C et O distincts du plan, $\widehat{AOB} + \widehat{BOC} = \widehat{AOC}$

Angles opposés par le sommet	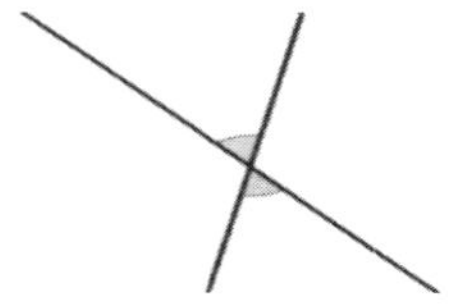
Deux droites sécantes définissent des angles opposés par le sommet. Les deux angles sont égaux	
Angles alternes-internes	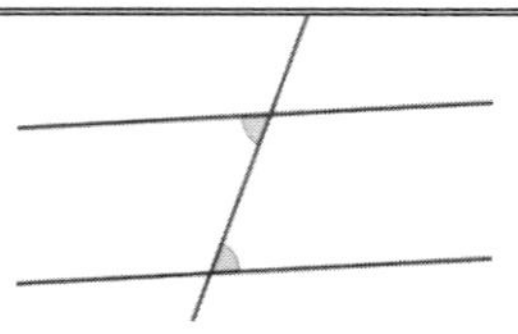
Deux droites parallèles et une sécante commune aux deux droites : les deux angles situés entre les droites parallèles (internes) et de part et d'autre de la sécante (alternes) sont égaux	
Angles correspondants	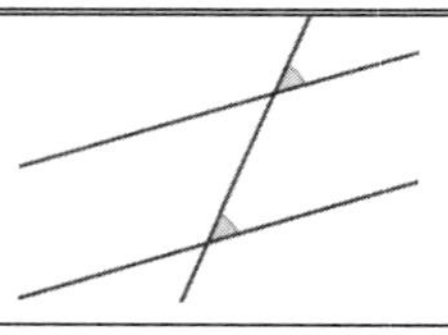
Les deux angles sont égaux	

D. Les symétries

1. La symétrie axiale

DÉFINITION

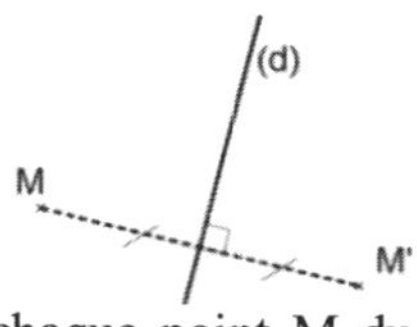

Soit (d) une droite du plan.

On appelle **symétrie d'axe (d)**, ou **réflexion d'axe (d)**, et on note S_d la transformation du plan dans lui-même qui associe, à chaque point M du plan, une image notée M' telle que :
- si M est sur la droite (d), l'image de M par S_d est lui-même (on dit que M est invariant par la symétrie) : M' = M ;
- si M est un point du plan extérieur à la droite (d), M' est tel que (d) est perpendiculaire à la droite (MM') et passe par le milieu du segment [MM'].

2. La symétrie centrale

DÉFINITION

Soit O un point du plan. On appelle symétrie centrale de centre O, et on note S_O la transformation du plan dans lui-même qui associe, à chaque point M du plan, une image notée M' telle que :
- l'image de O par S_O est O lui-même (on dit que O est invariant par la symétrie) : O' = O ;
- si M est un point du plan différent de O, M' est tel que O est le milieu du segment [MM'].

Soient A, B et I trois points du plan. Le point A est le symétrique de B par rapport à I si et seulement si I est le milieu du segment [AB].

3. Propriétés des symétries

Les symétries sont des isométries

PROPRIÉTÉ

Une symétrie, axiale ou centrale, conserve les distances : soient M et N deux points, d'images respectives M' et N' par une symétrie, alors M'N' = MN.

Conservation des angles par les isométries

PROPRIÉTÉ

Soient [AB] et [AC] deux segments ayant pour images respectives les segments [A'B'] et [A'C'] par une symétrie, axiale ou centrale.
Soit l'angle défini par [AB] et [AC], noté $\widehat{BAC}$ et celui défini par leurs images, noté $\widehat{B'A'C'}$.
Alors les mesures des angles géométriques $\widehat{B'A'C'}$ et $\widehat{BAC}$ sont égales. On dit qu'une symétrie conserve les angles géométriques.

4. Médiatrice d'un segment

DÉFINITION

La **médiatrice** d'un segment est l'axe de symétrie du segment.

DÉFINITION

La **médiatrice du segment** [AB] est la droite passant par le milieu de [AB] et perpendiculaire au segment.

Ces deux définitions sont équivalentes

PROPRIÉTÉ ET CARACTÉRISTIQUE

La **médiatrice** de [AB] est l'ensemble des points équidistants de A et B.

On utilise cette propriété de deux façons :
Soient A et B deux points du plan et M un point quelconque.
- Si on sait que MA = MB alors M est sur la médiatrice de [AB].
- Si on sait que le point M est sur la médiatrice de [AB], alors on peut conclure que MA = MB.

On peut montrer de plusieurs façons qu'une droite est médiatrice d'un segment :
- Si on montre qu'une droite contient deux points équidistants des extrémités d'un segment, alors cette droite est médiatrice du segment.
- Si on montre qu'une droite est perpendiculaire à un segment et qu'elle contient un point équidistant des extrémités de ce segment, alors cette droite est médiatrice du segment.
- Si on montre qu'une droite est perpendiculaire à un segment et qu'elle passe par son milieu, alors on peut affirmer que cette droite est médiatrice du segment.

Vous aurez à rédiger des programmes de construction. En voici un exemple.

Construction de la médiatrice du segment [AB] à la règle et au compas :

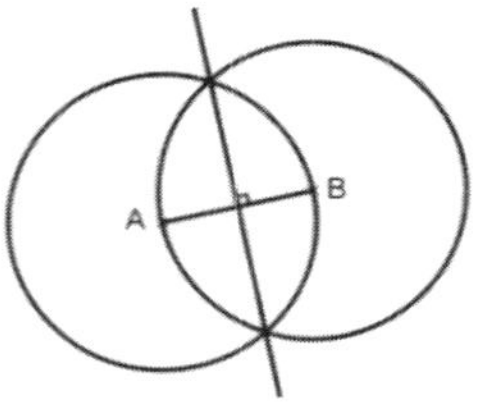

- Tracer le cercle de centre A et passant par B.
- Tracer le cercle de centre B et passant par A.
- Tracer la droite passant par les deux points d'intersection de ces deux cercles : c'est la médiatrice de [AB].

PROPRIÉTÉ

Par trois points non alignés du plan, il passe un et un seul cercle.

5. Bissectrice d'un angle

DÉFINITION

La **bissectrice d'un angle** est l'axe de symétrie de l'angle.

Les propriétés de la symétrie axiale permettent d'énoncer :

DÉFINITION

La **bissectrice** d'un angle $\widehat{AOB}$ est la droite passant par O et qui partage l'angle en deux angles de même mesure.

Ces deux définitions sont liées grâce à la propriété caractéristique suivante :

PROPRIÉTÉ ET CARACTÉRISTIQUE

Si un point M est sur la bissectrice (Oz) de l'angle $\widehat{AOB}$, alors il est équidistant des deux droites (OA) et (OB) formant l'angle. Réciproquement :

Si M est un point du secteur angulaire défini par $\widehat{AOB}$ équidistant des deux demi-droites [OA) et [OB), alors il est sur la bissectrice de l'angle.

PROPRIÉTÉ

Soient deux droites (OA) et (OB) sécantes en O. Elles possèdent deux bissectrices, sécantes en O, et qui sont perpendiculaires.

Construction de la bissectrice d'un angle $\widehat{AOB}$

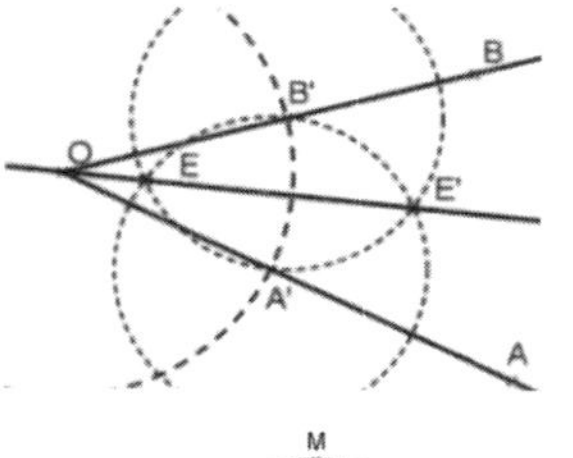

- Tracer un cercle de centre O, appelé (C), qui coupe la demi-droite [OA) en A' et coupe [OB) en B'.
- Tracer le cercle de centre A' et passant par B' et le cercle de centre B' et passant par A'.
- Ces deux cercles se coupent en E et E'. Tracer la droite (EE'), qui est la bissectrice de l'angle$\widehat{AOB}$.

6. Angle au centre, angle inscrit

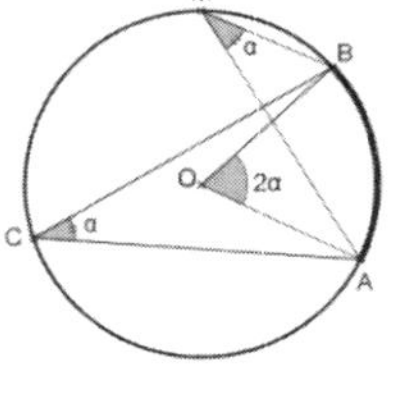

DÉFINITION

Un **angle inscrit** dans un cercle est un angle dont le sommet appartient au cercle, et dont les côtés coupent le cercle.

Un **angle au centre** dans un cercle est un angle dont le sommet est le centre du cercle.

Soient A, B, C et M quatre points d'un même cercle.
Les angles $\widehat{AMB}$ et $\widehat{ACB}$ sont dits angles inscrits dans le cercle.
L'angle $\widehat{AOB}$ est l'angle au centre correspondant à ces deux angles inscrits, où O est le centre du cercle.
On dit que les angles $\widehat{AMB}$, $\widehat{ACB}$ et $\widehat{AOB}$ interceptent l'arc $\widehat{AB}$

THÉORÈME

Si un angle au centre intercepte le même arc qu'un angle inscrit, la mesure de l'angle au centre est égale au double de celle de l'angle inscrit : $\widehat{AOB} = 2 \times \widehat{AMB}$

Conséquence

Deux angles inscrits interceptant le même arc sont égaux.

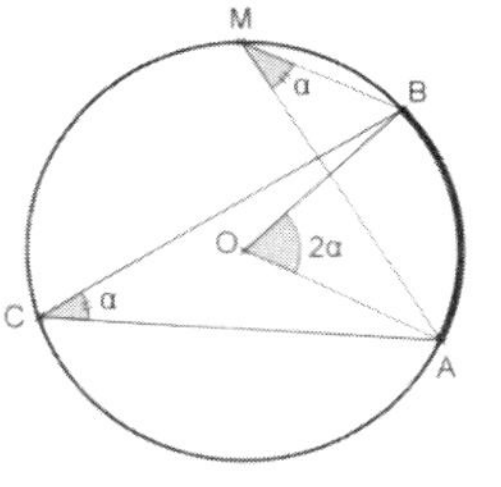

Exemple

Sur la figure, les angles $\widehat{AMB}$ et $\widehat{ACB}$ interceptent tous deux l'arc $\widehat{AB}$ et ont donc même mesure α.

THÉORÈME : CAS DU TRIANGLE RECTANGLE

Si [AB] est un diamètre du cercle et C un point quelconque du cercle, distinct de A et B, alors le triangle ABC est rectangle en C.

Il s'agit d'un cas particulier du théorème de l'angle inscrit.

E. Les triangles

1. Théorèmes généraux

THÉORÈME DE LA DROITE DES MILIEUX

Soit ABC un triangle. La droite (A'B') passant par les milieux des côtés [BC] et [AC] du triangle ABC, est parallèle au troisième côté [AB] et $2 \times A'B' = AB$.
Réciproquement
Si une droite est parallèle à un côté d'un triangle et passe par le milieu d'un second côté, alors elle coupe le troisième côté en son milieu. Avec les notations précédentes on a de plus : AB = 2 A'B'

PROPRIÉTÉ ANGULAIRE

La somme des mesures des trois angles dans un triangle vaut 180°.

PROPRIÉTÉ DE L'INÉGALITÉ TRIANGULAIRE

La longueur d'un des côtés d'un triangle est toujours inférieure à la somme des longueurs des deux autres côtés.
Cas d'égalité de l'inégalité triangulaire
Si trois points A, B et C sont tels que AB + BC = AC, alors le point B appartient au segment [AC].

2. Droites remarquables du triangle

Les médiatrices

DÉFINITION

On appelle **médiatrice d'un côté** d'un triangle, la médiatrice de ce côté.

THÉORÈME ET DÉFINITION

Les trois médiatrices dans un triangle sont concourantes, en un point, noté O, **centre du cercle circonscrit au triangle**.
Le **cercle circonscrit** à un triangle est le cercle passant par les trois sommets du triangle.
On a alors OA = OB = OC.

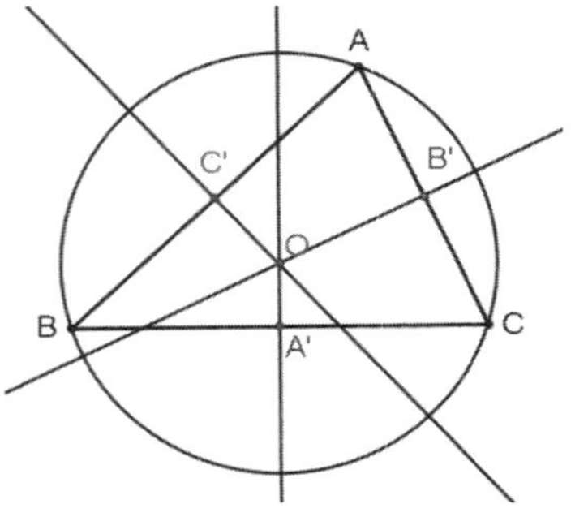

Les hauteurs

DÉFINITION

La **hauteur** issue d'un sommet du triangle est la droite passant par ce sommet et perpendiculaire au côté opposé au sommet.

THÉORÈME ET DÉFINITION

Les trois hauteurs d'un triangle sont concourantes en un point noté **H**, appelé **orthocentre du triangle**.

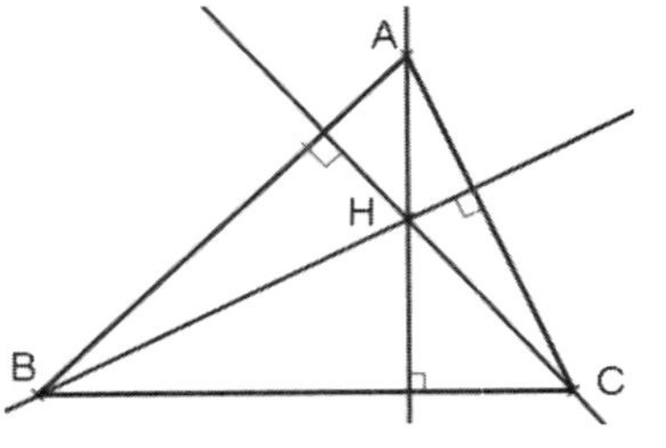

Propriété

Si dans un triangle, une droite passe par l'orthocentre et par un sommet du triangle, alors cette droite est perpendiculaire au côté opposé à ce sommet.

Les bissectrices

DÉFINITION

La **bissectrice** issue d'un sommet d'un triangle est la bissectrice de l'angle formé par les côtés issus de ce sommet.

Cette définition reprend celle vue dans le cas d'un angle quelconque.

THÉORÈME ET DÉFINITION

Les trois bissectrices du triangle sont concourantes en un point, noté **I**, qui est le **centre du cercle inscrit dans le triangle**. C'est le cercle tangent intérieurement aux trois côtés du triangle.

Les points de contact de ce cercle et du triangle sont les projetés orthogonaux du point I sur les trois côtés du triangle.

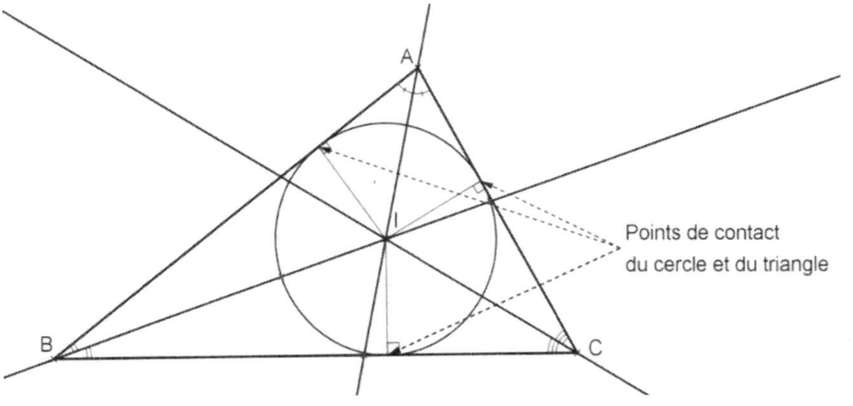

Les médianes

DÉFINITION

La **médiane** issue d'un sommet du triangle est la droite passant par ce sommet et le milieu du côté opposé au sommet.

Cette droite présente plusieurs propriétés caractéristiques, très souvent utilisées.

THÉORÈME ET DÉFINITION

Les trois médianes d'un triangle sont concourantes en un point noté **G**, appelé **centre de gravité du triangle**. On a alors les relations suivantes :

$$AG = \frac{2}{3}AA' \ ; \quad GB = \frac{2}{3}BB' \ ; \quad CG = \frac{2}{3}CC'.$$

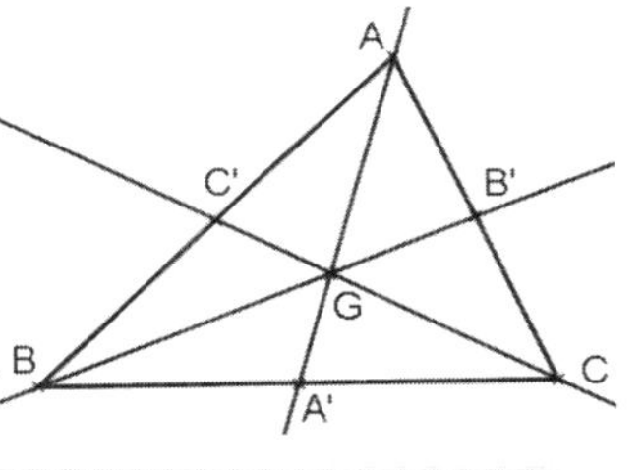

On traduit souvent cette propriété par :

Le centre de gravité d'un triangle est situé aux $\frac{2}{3}$ de chaque médiane en partant du sommet.

PROPRIÉTÉ ET CARACTÉRISTIQUE DE LA MÉDIANE

La médiane relative à un côté partage le triangle en 2 triangles de même aire.

Réciproquement

Si dans un triangle, une droite passant par un sommet partage le triangle en deux triangles de même aire, cette droite est la médiane issue du sommet.

3. Triangle particuliers

Triangle rectangle (en A)

DÉFINITION

Un **triangle rectangle** est un triangle possédant un angle droit. Le côté opposé à l'angle droit est appelé **hypoténuse**.

Une simple application du théorème de la droite des milieux permet de voir que les médiatrices des côtés de l'angle droit d'un triangle rectangle se coupent au milieu de l'hypoténuse :

PROPRIÉTÉ

Si un triangle est rectangle, alors le milieu de l'hypoténuse est le centre du cercle circonscrit au triangle.

PROPRIÉTÉ RÉCIPROQUE

Si le centre du cercle circonscrit au triangle est le milieu d'un des côtés, alors ce triangle est rectangle.

PROPRIÉTÉ

La médiane issue du sommet de l'angle droit mesure la moitié de l'hypoténuse.
Réciproquement
Si dans un triangle, la médiane issue d'un des sommets mesure la moitié du côté opposé, alors le triangle est rectangle en ce sommet.

THÉORÈME DE PYTHAGORE

Si un triangle ABC est rectangle en A, alors la somme des carrés des longueurs des côtés de l'angle droit est égale au carré de la longueur de l'hypoténuse :

$$BC^2 = AB^2 + AC^2$$

RÉCIPROQUE DU THÉORÈME DE PYTHAGORE

Si, après avoir calculé le carré des longueurs des 3 côtés du triangle, on constate que $BC^2 = AC^2 + AB^2$, alors on peut affirmer que le triangle ABC est rectangle en A.

CONTRAPOSÉE DU THÉORÈME DE PYTHAGORE

Si, après avoir calculé le carré des longueurs des trois côtés du triangle, on constate que $BC^2 \neq AC^2 + AB^2$, alors on peut affirmer que le triangle ABC n'est pas rectangle en A.

Triangle isocèle (en A)

DÉFINITION

Un **triangle isocèle** est un triangle ayant deux de ses côtés de même longueur.

Propriété

Un triangle est isocèle si et seulement si il a deux angles égaux.

Triangle équilatéral

DÉFINITION

Un **triangle équilatéral** est un triangle ayant ses trois côtés de même longueur.

Propriété

Un triangle est équilatéral si et seulement si ses trois angles sont égaux.

Conséquence

Chacun des angles d'un triangle équilatéral mesure 60°.

Application

♦ Construction d'un angle de 60 : il suffit de tracer un triangle équilatéral, à l'aide d'un compas par exemple, en utilisant le fait que les côtés ont même longueur.

♦ Construction d'un angle de 30° : on trace un triangle équilatéral, puis la bissectrice d'un des angles. On obtient alors un angle de 30°.

4. Le théorème de Thalès

THÉORÈME DE THALÈS

Soient (OA) et (OB) deux droites sécantes en O
Soient A' un point de (OA), et B' un point de (OB).
Si on sait que les droites (AB) et (A'B') sont parallèles, alors on peut affirmer que :

$$\frac{OA}{OA'} = \frac{OB}{OB'} = \frac{AB}{A'B'}$$

On utilise ce théorème en pratique lorsque l'on dispose d'une des configurations qui suivent :

configuration « triangle »	configuration « papillon »
$\begin{cases} A' \in [OA] \\ B' \in [OB] \end{cases}$	$\begin{cases} A' \notin [OA) \\ B' \notin [OB) \end{cases}$
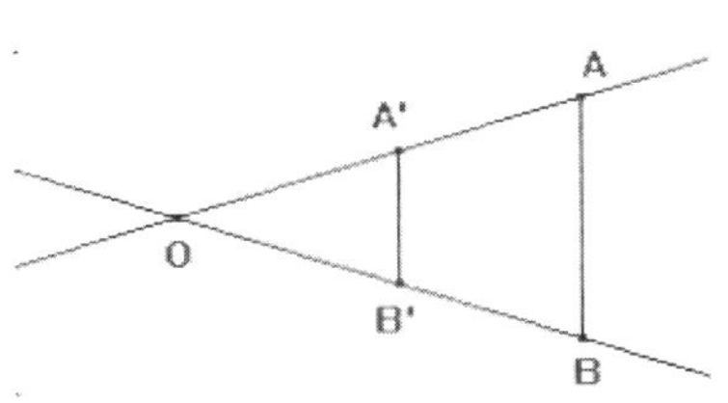	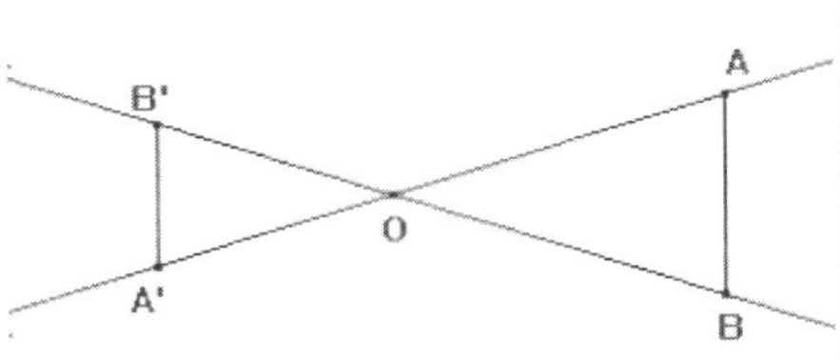

Lorsque l'on dispose d'une configuration d'un des deux types précédents, avec une paire de droites parallèles, alors le théorème de Thalès permet d'écrire une égalité de rapports, permettant de calculer une des longueurs manquantes.

RÉCIPROQUE DU THÉORÈME DE THALÈS

Soient (OA) et (OB) deux droites sécantes en O.

Soient A' un point de (OA), et B' un point de (OB) tels que O, A, A' d'une part, et O, B, B' d'autre part sont alignés dans cet ordre.

Si on sait que $\frac{OA}{OA'} = \frac{OB}{OB'}$, alors on peut affirmer que les droites (AB) et (A'B') sont parallèles.

La réciproque du théorème de Thalès est utilisée pour montrer le parallélisme de deux droites, quand on connait les longueurs des segments nécessaires.

F. Les quadrilatères particuliers

1. Les quadrilatères

DÉFINITION

Un **quadrilatère** est un polygone à quatre côtés. Un quadrilatère est constitué de 4 sommets et de 4 segments joignant ses sommets. Ces segments se nomment **côtés** du quadrilatère. Le quadrilatère est dit **non croisé** lorsque les côtés du quadrilatère ne se coupent pas.

La somme des quatre angles dans un quadrilatère vaut 360°.

2. Le trapèze

DÉFINITION

Un **trapèze** est un quadrilatère non croisé ayant une paire de côtés opposés parallèles.

On peut aussi parler de **trapèze isocèle**, qui a ses côtés non parallèles sont de même longueur et de **trapèze rectangle** qui possède un angle droit.

3. Le parallélogramme

DÉFINITION

Un **parallélogramme** est un quadrilatère dont les côtés opposés sont parallèles deux à deux.

PROPRIÉTÉS D'UN PARALLÉLOGRAMME

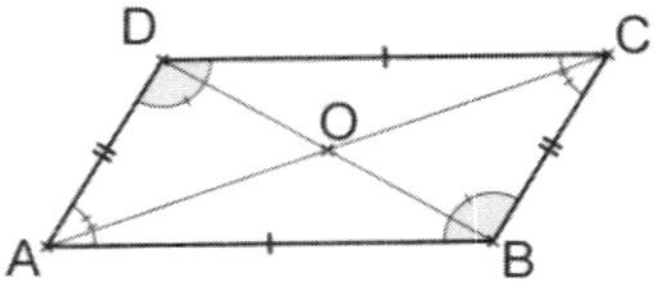

Si un quadrilatère est un parallélogramme alors il possède les quatre propriétés suivantes :

- les angles opposés sont égaux ;
- deux angles consécutifs sont supplémentaires;
- les côtés opposés ont même longueur ;
- les diagonales ont le même milieu, qui est centre de symétrie.

THÉORÈMES

- Si un quadrilatère non croisé a ses deux paires de côtés opposés de même longueur alors c'est parallélogramme.
- Si un quadrilatère non croisé a une paire de côtés opposés parallèles et de même longueur alors c'est un parallélogramme.
- Si un quadrilatère a ses côtés opposés parallèles deux à deux alors c'est un parallélogramme.
- Si les diagonales d'un quadrilatère ont le même milieu alors c'est un parallélogramme.
- Si un quadrilatère non croisé a ses angles opposés égaux deux à deux alors c'est parallélogramme.
- Si un quadrilatère a ses angles consécutifs supplémentaires deux à deux, alors c'est parallélogramme.

Programme de construction d'une parallèle à une droite passant par un point

Programme basé sur la définition du parallélogramme

Soit (BC) une droite et A un point du plan.

- Tracer le cercle de centre A et de rayon BC et le cercle de centre C et de rayon AB.
- Ces deux cercles se coupent en deux points situés de part et d'autre de la droite (AC) (qui est axe de symétrie de la figure formée par les deux cercles). Nommer D le point d'intersection situé dans le demi-plan délimité par la droite (AC) et ne contenant pas B.
- Tracer la droite (AD) : elle est parallèle à (BC).

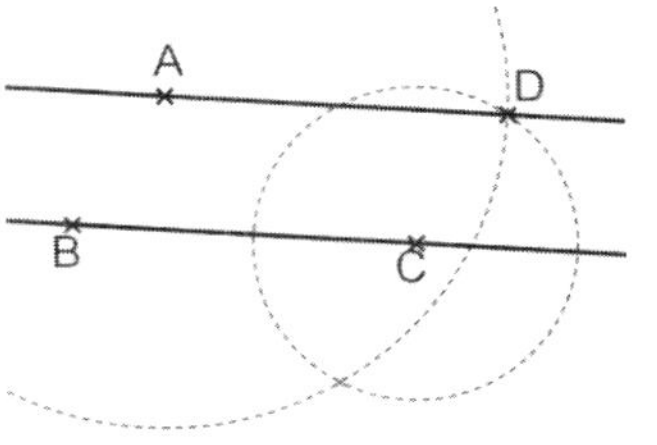

4. Le losange

DÉFINITION

Un **losange** est un quadrilatère non croisé qui a tous ses côtés de même longueur.

PROPRIÉTÉ D'UN LOSANGE

Si on sait qu'un quadrilatère est un losange alors on peut affirmer qu'il possède les trois propriétés suivantes :

- ses diagonales sont perpendiculaires et ont même milieu ;
- c'est un parallélogramme, il en possède donc toutes les propriétés ;
- il a deux axes de symétrie : ses diagonales.

Réciproquement, pour démontrer qu'un quadrilatère est un losange, on utilise :

THÉORÈME

- Si un quadrilatère a ses diagonales perpendiculaires et de même milieu alors c'est un losange.
- Si un quadrilatère est un parallélogramme qui a deux côtés consécutifs de même longueur alors c'est un losange.

5. Le rectangle

DÉFINITION

Un **rectangle** est un quadrilatère qui a trois angles droits.

Remarquons que définir le rectangle par trois angles droits suffit. En effet, la somme des angles dans un quadrilatère valant 360°, si trois des angles mesurent 90°, alors nécessairement, le quatrième angle mesure bien 90°.

PROPRIÉTÉ D'UN RECTANGLE

Si un quadrilatère est un rectangle alors il possède les propriétés suivantes :

- ses diagonales ont le même milieu et la même longueur ;
- c'est un parallélogramme, il en possède donc toutes les propriétés ;
- il a deux axes de symétrie : les médiatrices des côtés, aussi appelées médianes du rectangle ;
- il possède 4 angles droits.

Réciproquement, pour démontrer qu'un quadrilatère est un rectangle, on utilise :

THÉORÈME

- Si les diagonales d'un quadrilatère sont égales et ont le même milieu alors c'est un rectangle.
- Si un quadrilatère est un parallélogramme et a un angle droit alors c'est un rectangle.

6. Le carré

DÉFINITION

Un **carré** est un quadrilatère qui a quatre côtés égaux et un angle droit.

PROPRIÉTÉS D'UN CARRÉ

Si un quadrilatère est un carré alors :

- ses diagonales sont de même longueur, perpendiculaires et ont même milieu ;
- c'est un parallélogramme, un rectangle et un losange, il en possède donc toutes les propriétés ;
- il a quatre axes de symétrie (les médiatrices des côtés et les diagonales) et il a un centre de symétrie (le centre du carré, point d'intersection des diagonales).

THÉORÈME

- Si les diagonales d'un quadrilatère sont de même longueur, perpendiculaires et ont le même milieu alors c'est un carré.
- Si un quadrilatère est un rectangle et a deux côtés consécutifs égaux alors c'est un carré.
- Si un quadrilatère est un rectangle et a ses diagonales perpendiculaires alors c'est un carré.
- Si un quadrilatère est un losange et a deux côtés perpendiculaires alors c'est un carré.
- Si un quadrilatère est un losange et ses diagonales de même longueur alors c'est un carré.
- Si un quadrilatère est un parallélogramme et a des diagonales de même longueur et perpendiculaires alors c'est un carré.

II. Transformations

A. Généralités

DÉFINITION

Un point M du plan est dit **invariant** par une transformation *f* si son image par *f* est lui-même. On a donc : M est invariant par *f* si et seulement si *f*(M) = M

B. La symétrie axiale

DÉFINITION

On appelle **symétrie d'axe (d)**, appelée aussi **réflexion d'axe (d)**, notée S_d la transformation du plan dans lui-même qui associe, à chaque point M du plan, une image notée M' telle que :
- si M est sur (d), l'image de M par S_d est lui-même (on dit que M est invariant par la symétrie) : M' = M ;
- si M est point du plan extérieur à (d), M' est tel que la droite (d) est la médiatrice du segment [MM'].

Construction de l'image du symétrique d'un point

Soient un point M qui n'est pas sur (d), et son symétrique, noté M'.
Deux méthodes de construction de M' sont possibles.

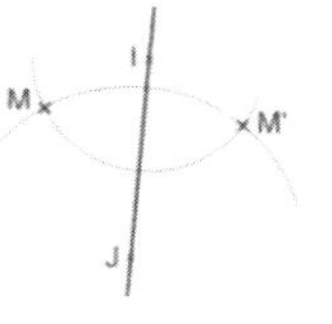

Avec le compas uniquement

- Placer deux points quelconques I et J distincts sur la droite (d) ;
- tracer les cercles de centre I et de centre J, passant par M.
- M' est le second point d'intersection de ces cercles, le premier étant M.

C. La symétrie centrale

DÉFINITION

La symétrie de centre O est l'application du plan dans lui même, qui laisse O invariant, et qui envoie tout point M ($\neq$ O) sur le point M' tel que O est milieu du segment [MM'].

D. Agrandissement-réduction

DÉFINITION

Un agrandissement-réduction de rapport k (k > 0) est une application du plan dans lui même, qui transforme un segment de longueur l en un segment de longueur $k \times l$.
Si k > 1, on parle d'agrandissement. Si 0 < k < 1, on parle de réduction.

E. Périmètre, aire, volume

Le périmètre, l'aire et le volume d'une figure sont conservés par transformation dans le cas où la transformation est **une symétrie**.
Dans le cas **d'un agrandissement ou réduction de rapport k** :
- le **périmètre** de la figure est multiplié par k ;
- l'**aire** de la figure est multipliée par k^2 ;
- le **volume** de la figure est multiplié par k^3.

III. Géométrie dans l'espace

A. Droites et plans de l'espace

Un plan est entièrement défini par la donnée de trois points distincts deux à deux et non alignés.

1. Positions relatives de deux plans

DÉFINITION

Deux plans de l'espace (P) et (P') sont **parallèles** lorsqu'ils sont confondus ou qu'ils n'ont aucun point commun, ils sont alors dits **strictement parallèles**.

Deux plans peuvent donc occuper les trois positions suivantes :

(P) et (P') sont confondus	(P) et (P') sont strictement parallèles	(P) et (P') sont sécants
L'intersection de (P) et (P') est (P).	L'intersection de (P) et (P') est l'ensemble vide.	L'intersection de (P) et (P') est une droite.

On en déduit une manière de démontrer l'alignement de trois points dans l'espace :

Pour démontrer que trois points sont alignés, il suffit de démontrer qu'ils appartiennent tous les trois à deux plans distincts.

2. Positions relatives d'un plan et d'une droite

Soit (D) une droite quelconque de l'espace et soit (P) un plan de l'espace.

(D) et (P) sont parallèles		**(D) et (P) sont sécants**
(D) est contenue dans le plan (P).	(D) est strictement parallèle au plan (P).	(D) et (P) ont un unique point commun.
L'intersection de (D) et (P) est la droite (D).	L'intersection de (D) et (P) est l'ensemble vide.	L'intersection de (D) et (P) est réduite à un point.

Dire que l'intersection de (D) et (P) est l'ensemble vide, c'est dire que (P) et (D) n'ont aucun point commun.

3. Positions relatives de 2 droites

Soient (D) et (D') deux droites de l'espace.

Il y a quatre positions relatives possibles entre ces deux droites :

(D) et (D') sont coplanaires (il existe un plan qui les contient toutes les deux)	(D) et (D') sont confondues.	L'intersection de (D) et (D') est (D) (ou (D'))
	(D) et (D') sont strictement parallèles.	L'intersection de (D) et (D') est l'ensemble vide.
	(D) et (D') sont sécantes.	L'intersection de (D) et (D') est réduite à un point.
(D) et (D') ne sont pas coplanaires		L'intersection de (D) et (D') est l'ensemble vide.

On peut remarquer ici une grande différence d'avec la géométrie plane :

Deux droites peuvent ne pas avoir de point commun et cependant, ne pas être parallèles.

4. Détermination de droites et de plans

Pour déterminer des droites ou des plans, on utilise les propriétés suivantes :
Deux points distincts déterminent entièrement une droite de l'espace.

PROPRIÉTÉ

Par un point donné, il passe une unique droite parallèle à une droite donnée.

Pour déterminer un plan, on peut se donner :
- soit une droite et un point n'appartenant pas à la droite ;
- soit deux droites sécantes ;
- soit deux droites parallèles strictement.

PROPRIÉTÉ

Tout plan contenant deux points distincts d'une droite, la contient toute entière.

PROPRIÉTÉ DITE « DU TOIT »

Si une droite (D) est parallèle à deux plans sécants, alors elle est parallèle à leur droite d'intersection.

5. Parallélisme dans l'espace

- Pour qu'une droite soit parallèle à un plan, il suffit qu'elle soit parallèle à **une** droite de ce plan.
- Pour que deux plans soient parallèles, il suffit que deux droites sécantes d'un des plans soient parallèles à l'autre plan.
- Si deux plans sont parallèles, tout plan qui coupe l'un coupe l'autre, et les deux droites d'intersection obtenues sont parallèles.

6. Orthogonalité dans l'espace

DÉFINITION

Deux droites dans l'espace sont dites **orthogonales** lorsque les parallèles respectives à ces droites, menées par un point quelconque de l'espace, définissent un plan dans lequel elles sont perpendiculaires.

Des droites peuvent être orthogonales dans l'espace, sans être perpendiculaires.

DÉFINITION

Une droite est dite **orthogonale à un plan** lorsqu'elle est orthogonale à deux droites sécantes de ce plan.

PROPRIÉTÉS

– Si une droite (D) est orthogonale à un plan (P), elle est orthogonale à toute droite du plan (P).
– Quel que soit le point A de l'espace et un plan (P), il existe une unique droite (D) passant par A et orthogonale au plan (P).

PROPRIÉTÉS

– Si deux plans sont parallèles, toute droite orthogonale à l'un est orthogonale à l'autre.
– Si deux droites sont parallèles, tout plan orthogonal à l'une est orthogonal à l'autre.

Deux droites orthogonales à un même plan sont parallèles.
Mais...
Deux plans orthogonaux peuvent contenir des droites qui ne sont pas orthogonales !

Point - méthode :

Pour montrer que deux droites de l'espace sont parallèles, on peut :
- soit montrer qu'elles sont parallèles à une même troisième ;
- soit trouver un plan de l'espace qui les contient toutes les deux, et dans lequel elles sont parallèles. On utilise alors les techniques de géométrie plane.

B. Représenter des objets de l'espace

1. La perspective cavalière

La perspective cavalière est un mode de représentation d'objets de l'espace sur une figure plane. Il faut bien comprendre qu'en deux dimensions, on ne peut faire apparaître toutes les propriétés des objets de l'espace et c'est pourquoi on utilise ce mode de représentation, qui nous permet de lire certaines propriétés de l'objet de l'espace.
Cette façon de représenter les objets est la plus connue, mais sans doute faut-il en rappeler les propriétés.

DÉFINITION

On appelle **plan frontal**, tout plan du solide vu de face.
On appelle **ligne de fuite**, toute droite perpendiculaire aux plans frontaux.

2. Propriétés de la perspective cavalière

- Les figures situées dans le plan frontal sont représentées en vraie grandeur, leurs angles et leurs longueurs sont ainsi conservés.
- Des droites parallèles du solide sont représentées par des droites parallèles et en particulier, les lignes de fuite sont parallèles entre elles et font, avec les horizontales du plan frontal, un angle apparent constant, nommé **angle de fuite**.
- Il y a conservation des rapports de longueurs de segments parallèles et en particulier, les milieux des segments sont conservés, quelle que soit la position du segment dans l'espace

Exemple

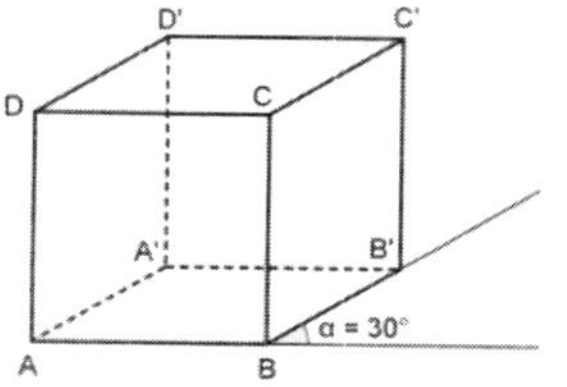

On souhaite représenter un cube d'arête 2 cm en perspective cavalière d'angle de fuite 30° et de rapport 2/3. Ici, le carré ABCD est dans le plan frontal.
La droite (DD') est orthogonale au plan (ABC), elle doit donc faire un angle de 30° avec la droite (AD) qui

est une horizontale.
Enfin, le segment [CC'] (qui, rappelons-le, mesure 2 cm) se représente par un segment de longueur 2/3 de 2 cm, la perspective ayant un rapport de 2/3.

C. Des solides particuliers

1. Les polyèdres

Dans l'espace comme dans le plan, certains solides ne peuvent être associés à un objet mathématique connu, comme la « patate », par exemple.
Nous proposons ici quelques solides particuliers.

DÉFINITION

Un polyèdre est un solide de l'espace délimité par des faces planes qui sont des polygones.

Parmi les polyèdres, citons :
Le prisme droit est un solide constitué de deux faces polygonales superposables (triangle, rectangle, parallélogramme…) appelées bases du prisme. Les autres faces sont des rectangles.
Les deux bases du prisme sont dans deux plans parallèles.

La pyramide est un solide constitué d'une face polygonale, appelée base, et d'un point, S, situé hors du plan de base, tel que toutes les autres faces de la pyramide sont des triangles, de sommet S et ayant pour côtés opposés à S, un côté du polygone de base.
La droite passant par S et perpendiculaire au plan de base est appelée hauteur de la pyramide.
Cas particulier : une pyramide de base triangulaire est un tétraèdre.

Le parallélépipède rectangle est un solide dont toutes les faces sont des rectangles.

2. D'autres solides

La sphère : ensemble des points de l'espace situés à une distance constante, appelée **rayon,** d'un point fixe, appelé **centre** de la sphère.
Le cône de révolution : il possède un sommet, une **hauteur** et une **base** : un cercle.
Le cylindre de révolution : il a une **hauteur**, et il a pour **bases** deux cercles isométriques.

3. Les patrons de solides

Il s'agit ici de représenter le solide de telle manière qu'après découpage, on puisse reconstituer le solide en trois dimensions.

DÉFINITION

Le patron d'un polyèdre est constitué de tous les polygones servant à la construction de ce polyèdre par pliages. Chaque pièce est alors un polygone dans lequel toutes les longueurs et tous les angles sont en vraie grandeur.

Il n'y a pas une façon unique de produire le patron d'un polyèdre connu.

PROPRIÉTÉ

Le patron d'un cylindre ou d'un cône est constitué des surfaces planes du solide et du développement plan des surfaces latérales.

IV. Éléments didactiques

A. Les instruments de géométrie au programme

L'équerre sert à vérifier la perpendicularité de deux droites ou de deux segments, et à tracer des droites perpendiculaires et des droites parallèles, en association avec la règle.

La règle non graduée sert à tracer des droites et des segments joignant deux points.

La règle graduée est un instrument de mesure, permettant de reporter des longueurs ou de mesurer un segment.

Le compas sert à tracer des cercles, à vérifier des égalités de longueur ou à reporter des longueurs.

Le gabarit d'angle est le seul outil susceptible de vérifier l'égalité de deux angles, ou de reproduire un angle donné (le rapporteur n'est pas utilisé à l'école primaire).

B. Types de problèmes

Les verbes d'action du programme officiel correspondent à des types de problèmes que les élèves doivent rencontrer. Ces verbes sont, dans l'ordre d'apparition au programme : reconnaître, décrire, reproduire et construire. Donnons leur définition :

Reconnaître : «saisir un objet par la pensée en reliant entre elles des images, des perceptions ; identifier par la mémoire, le jugement ou l'action, juger un objet, comme compris dans une catégorie »" (Source : dictionnaire « Le Petit Robert »). Cette reconnaissance peut être simplement visuelle puis se faire avec l'aide des instruments.

Décrire : la description peut être orale ou écrite. Il s'agit d'élaborer des messages en utilisant un vocabulaire géométrique permettant à l'interlocuteur d'identifier l'objet, de le reproduire ou de le représenter.

Reproduire : c'est faire une copie d'un objet à l'identique. Cet objet n'est pas nécessairement visible pendant tout le temps de l'activité. La reproduction peut être réalisée à une échelle autre que 1 et réalisée avec le même matériel ou non.

Construire : c'est produire un objet à partir d'un texte descriptif ou d'une liste d'action à mener (programme de construction), à partir d'un schéma, d'un codage, d'une photo (accompagnés ou non par du texte).

C. Trois types d'espace, trois types de géométrie

Un des objectifs de l'enseignement de la géométrie, est de permettre aux élèves de passer de l'espace vécu à une représentation abstraite des objets. La compréhension de l'espace environnant n'est bien entendu pas uniquement mathématique, mais cette discipline étudie plus particulièrement certaines propriétés des objets et les relations qui les lient (alignement, perpendicularité, parallélisme, positions respectives, etc...)

Les mathématiciens distinguent (entre autres !), le plan (dit espace de dimension 2), et l'espace (dit espace de dimension 3) ; les plans étant des éléments de l'espace.
Les didacticiens distinguent en outre trois types d'espace dans lequel l'élève évolue :
Le micro-espace : c'est l'espace accessible par les mains, donc réduit à la dimension de la feuille ou de la table. L'élève est à l'extérieur de cet espace.
Le méso-espace : c'est l'espace accessible visuellement, la salle de classe par exemple. L'élève est à l'intérieur de cet espace et peut agir dessus.
Le macro-espace : c'est l'espace accessible par la pensée. il faut coordonner différentes informations pour s'en faire une représentation ; C'est le quartier, la ville, etc... L'enfant est à l'intérieur de cet espace, mais ne le contrôle pas par ses sens.
La première étape de la géométrie est la géométrie perceptive.
Précisons la signification de « reconnaître de manière perceptive » : il s'agit tout simplement de dire : c'est un carré, parce que je vois ... un carré !
Au long de l'apprentissage, les élèves vont apprendre à reconnaître un carré en vérifiant des propriétés spécifiques à l'aide de leurs instruments de géométrie : c'est la géométrie instrumentée.
Plus tard, l'objectif du collège sera d'enseigner aux élèves à justifier qu'un quadrilatère est un carré en utilisant un raisonnement : c'est la géométrie déductive.

D. Difficultés rencontrées

1. Difficultés relatives à la connaissance du vocabulaire spécifique à la géométrie.

Difficultés liées au repérage

Le repérage peut être long à acquérir : intérieur/extérieur, dessus/dessous, devant/derrière… Cependant une difficulté spécifique provient du repérage à ma gauche / à gauche de, à ma droite / à droite de.
Ce vocabulaire est travaillé dès la maternelle, mais il faudra ici distinguer selon que l'on demande à l'élève de travailler:

- par rapport à soi-même : « à ma droite, à ma gauche.. » ;
- par rapport à autrui : à la gauche de, à la droite de, dans le méso-espace (c'est-à-dire, « en vrai », en salle de motricité, par exemple) ;

- par rapport à un objet, sur la feuille, auquel cas il faut prendre en compte le fait que la représentation de la feuille n'est pas la « réalité », accroissant encore la difficulté de la tâche.

Vocabulaire des figures planes

- Il est parfois difficile pour l'élève de percevoir la distinction entre centre (d'un cercle, d'une figure) et milieu (d'un segment, d'un côté).
- Viennent aussi des confusions entre parallèle et perpendiculaire, entre les noms des différents objets du plan et de l'espace (quadrilatère, parallélogramme, prisme, pavé, pyramide…).

Ces erreurs proviennent aussi de l'utilisation de ce vocabulaire dans « la vie courante » (le milieu d'une pièce, le sommet d'une montagne,…), c'est pourquoi il est si difficile parfois de remédier à ces difficultés.

2. Difficultés à percevoir une figure usuelle, soit dans une figure plus complexe, soit par sa position :

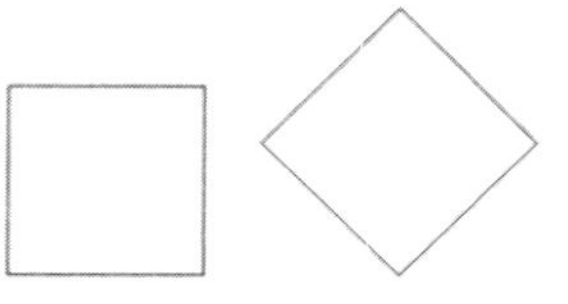

Regardons la figure à droite : selon sa position, on aura tendance à la nommer au premier abord comme un carré ou bien comme un losange. Cette difficulté vient de la représentation que l'on se fait : nous reconnaissons une figure comme un carré, non parce que nous avons vérifié à l'œil, la présence de 4 angles droits et de 4 côtés de même longueur, mais bien parce que « cette chose ressemble au carré qui illustre nos livres ». L'élève devra apprendre à percevoir la conservation des propriétés des objets par déplacement. C'est l'un des enjeux de l'étude de la symétrie axiale.

Par ailleurs, il y a pluralité de points de vue sur ces carrés : doit-on le voir comme une surface, comme un contour, comme une forme évidée, comme la réunion de quatre sommets ? Cela dépendra essentiellement du problème posé.

3. Difficulté à reconnaître ou identifier des propriétés géométriques (parallèles, perpendiculaires, relations entre des figures).

On peut argumenter cette difficulté au regard des deux précédentes : pourquoi vérifier ou savoir que notre figure possède 4 angles droits, puisque, de toute manière, « on le voit » !

Par ailleurs, dans une figure complexe, les relations entre les figures élémentaires qui la composent ne sont pas toujours aisément perceptibles (si les segments ne sont pas en position verticale et horizontale la perpendicularité apparaît moins bien, l'alignement de points n'est pas toujours visible s'ils ne sont pas « reliés », etc...). Tout l'enjeu de l'enseignement de la géométrie au cycle 3, et plus particulièrement au CM2, est de permettre à l'élève de passer de l'*observation* qui utilise les sens et la connaissances du vocabulaire relatif à ce qui est observé, à l'*étude*, qui utilise en plus les capacités d'analyse, de réflexion et les compétences liées aux instruments de géométrie, aux propriétés des objets géométriques et de passer ainsi des *dessins* aux *figures*. L'élève doit donc apprendre à passer de la manipulation d'objets concrets à la pensée de ces objets sans pour autant les manipuler ou les voir (le point d'intersection entre deux droites n'est pas toujours « sur la feuille », les solides sont représentés en dimension 2 avec des faces cachées).

4. Difficultés de manipulation des instruments de géométrie

Elles provoquent des constructions imprécises ou des mesurages incorrects. Les plus classiques sont :

- positionnement du bord de la règle à l'extrémité d'un segment, au lieu de la graduation « zéro »,
- marquage de l'angle droit à l'aide du « coin » de l'équerre au lieu de positionner l'équerre et la rège bord à bord, puis d'ôter l 'équerre pour tracer avec la règle.

5. Difficultés spécifiques liées à la symétrie

Certains élèves ne reconnaissent que les axes verticaux, et en second lieu, horizontaux et ne perçoivent pas les axes obliques.

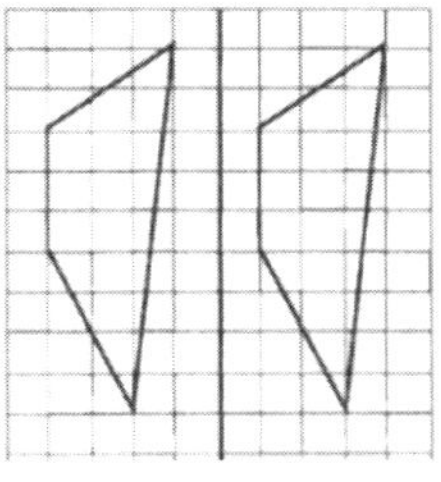

Le tracé du symétrique d'une figure donne souvent lieu à des erreurs lorsque les segments ne suivent pas les lignes du quadrillage, les élèves confondant translation et symétrie (ils conservent l'orientation de l'angle au lieu de l'inverser).

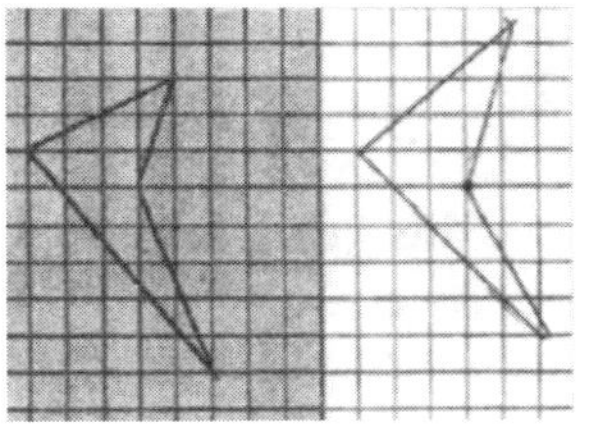

Certains élèves comptent le nombre de carreaux séparant le bord de la feuille des points de la figure, et reportent cette longueur soit de l'autre côté de l'axe, soit à l'autre bord de la feuille. Cette erreur apparaît si l'élève rencontre une figure ou un axe décentré par rapport à la feuille.

Principales variables didactiques

Figures planes

Les variables les plus courantes sont :

- la nature de l'espace : dimension 2 ou 3, sa taille micro / méso / macro ;
- la nature des objets : réels ou représentés, déplaçables ou non ;
- la nature des figures : figures élémentaires ou assemblages complexes ;
- la visibilité des relations entre les figures ;
- la position des figures sur la feuille (horizontale ou non, etc.) ;
- la chronologie des tracés : importante ou non ;
- les supports proposés : papier quadrillé, pointé, blanc, calque ;
- les instruments à disposition.

Evidemment, cette liste n'est pas exhaustive !

Symétrie axiale

Concernant la symétrie, les variables didactiques les plus fréquentes sont :

- la position de l'axe : horizontal, vertical, oblique, au centre de la feuille ;
- le support : papier blanc ou quadrillé, calque, taille du quadrillage ;
- la position de la figure sur la feuille : segments mesurant un nombre entiers de carreaux sur quadrillage, forme d'un seul côté de l'axe ou non, formes connues (carrés, triangles, dessin comme un bateau ou une maison) ou pas ;
- les instruments utilisés.

Agrandissement-réduction

Au cycle 3, on abordera aussi la notion d'agrandissement et de réduction. Rappelons qu'agrandir (respectivement réduire) une figure, c'est multiplier toutes ses longueurs par un même nombre k, avec $k > 1$ (respectivement $0 < k < 1$). La transformation mathématique correspondant à un agrandissement ou une réduction de rapport k est une homothétie de rapport k. Ainsi, les élèves doivent être capables de :

- réaliser, dans des cas simples, des agrandissements ou des réductions de figures planes ;
- contrôler si une figure est un agrandissement ou une réduction d'une autre figue.

Ce thème est généralement lié à celui de la proportionnalité et peut conduire à la notion d'échelle. Les dimensions des figures d'origine et après transformation sont en effet proportionnelles. De même pour contrôler un agrandissement, l'élève devra vérifier la proportionnalité des dimensions. Rappelons aux étourdis que quand on multiplie les dimensions par k, les aires sont multipliées par k^2 et les volumes par k^3. Les angles, le parallélisme, la perpendicularité et les milieux sont conservés.

Citons enfin quelques variables didactiques :

- la forme de la figure (formes connues ou « bizarres », puzzle,…) ;
- valeur du coefficient d'agrandissement ou de transformation (entier ou non, inférieur ou supérieur à un).

✍ Pour s'entraîner

Exercice 1

Soit ABCD un quadrilatère quelconque dont les diagonales [AC] et [BD] se coupent en O. Soit I le milieu de [AB], J le milieu de [BC], K le milieu de [CD] et L le milieu de [DA].

Partie A : Étude du quadrilatère IJKL

1.a) Démontrer que la droite (IJ) est parallèle à la droite (AC).
b) Démontrer que le quadrilatère IJKL est un parallélogramme.
2. Dans chaque cas, une ou plusieurs affirmations proposées sont exactes. Le candidat indiquera sur sa copie la référence de la question et la (ou les) lettre(s) correspondant à l'(ou aux) affirmation(s) qu'il estime exacte(s). Aucune justification n'est demandée.
a) Si ABCD est un losange, alors IJKL est toujours :
A : un parallélogramme B : un losange C : un rectangle D : un carré.
b) Si ABCD est un carré, alors IJKL est toujours :
A : un parallélogramme B : un losange C : un rectangle D : un carré.
3. Démontrer que si ABCD est un rectangle, alors IJKL est un losange.

Partie B : Calculs d'aires

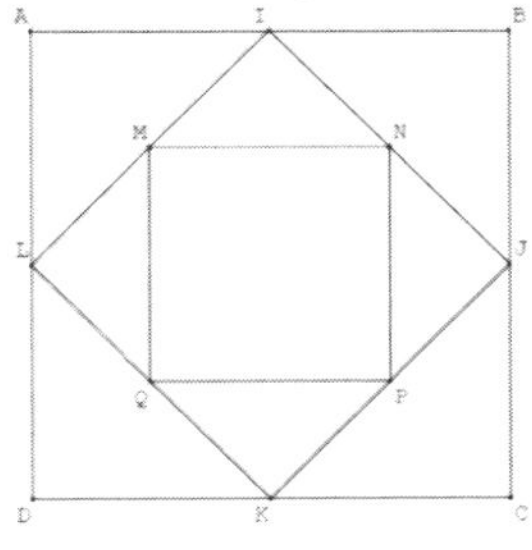

On suppose désormais que le quadrilatère ABCD est un carré (figure ci-contre).
Soit N le milieu de [IJ], P le milieu de [JK], Q le milieu de [KL], M le milieu de [LI]. Soit a l'aire du carré ABCD.

1. Démontrer que l'aire du quadrilatère IJKL est $\frac{a}{2}$.
2. Exprimer l'aire de MNPQ en fonction de a.

Exercice 2

NB : Il est demandé de laisser apparents les tracés de construction.
Soient deux droites (DA) et (D'A) sécantes en A telles que D'A $\neq$ DA. Tracez le cercle ($\mathcal{C}$) de diamètre [DA] et le cercle ($\mathcal{C}$') de diamètre [D'A]. ($\mathcal{C}$) et ($\mathcal{C}$') se coupent en A et B. On note O et O' leurs centres respectifs. (DA) recoupe ($\mathcal{C}$') en E' et (D'A) recoupe ($\mathcal{C}$) en E.
1. Réalisez la construction.
2. Que pouvez-vous dire des droites (DE) et (EA), puis des droites (D'E') et (E'A) ? Justifiez.
3. Les droites (DE) et (D'E') se coupent en F.
a) Que représente le point A pour le triangle (FDD') ? Justifiez.
b) Démontrez que les droites (AB) et (DD') sont perpendiculaires.

4.a) Prouvez que (AB) et (FA) sont confondues.
b) En déduire que les droites (DE), (BA) et (D'E') sont concourantes.

Exercice 3

Un quadrilatère ABCD est appelé isocervolant en A si l'angle $\widehat{A}$ est droit et si la droite (AC) est axe de symétrie.
1.a) Construire un quadrilatère ABCD qui est un isocervolant en A.
b) Construire un quadrilatère qui admet un axe de symétrie et qui n'est pas un isocervolant.
2. Les affirmations sont-elles vraies ou fausses ? Justifiez votre réponse
a) Tous les carrés sont des isocervolants.
b) Tous les rectangles sont des isocervolants.
c) Tous les isocervolants dont les diagonales se coupent en leur milieu sont des carrés.
3. Soient A, B, C trois points du plan tels que AB = 4 cm et l'angle est droit.
On cherche à placer un point C du plan tel que ABCD est un isocervolant en A et BC = 3 cm.
a) Construire en vraie grandeur les quadrilatères répondant aux contraintes en laissant les traits de constructions.
b) Calculer la valeur exacte de BD.
c) Calculer l'aire du triangle ABD.
d) Calculer la valeur exacte de l'isocervolant non convexe puis donner l'arrondi au dixième.

Exercice 4

La figure sera faite sur une feuille blanche, en utilisant la règle graduée, le compas et l'équerre.
On considère un triangle ABC, avec AB = 6 cm, BC = 10 cm, AC = 8 cm.
1.a) Quelle est la nature du triangle ABC ?
b) On appelle H le pied de la perpendiculaire abaissée de A sur le segment [BC] ; tracer H. Par deux calculs différents d'une même aire, calculer AH.
2.a) En utilisant seulement une équerre et la règle, sans utiliser ses graduations, tracer le milieu I de [BC]. Justifier.
b) En utilisant simplement un compas, tracer le symétrique A' de A par rapport à la droite (BC). Justifier.
c) Montrer que le quadrilatère ABA'C est inscriptible dans un cercle dont on déterminera les caractéristiques.
3. Soit B' le symétrique de B par rapport à H. quelle est la nature du quadrilatère ABA'B' ?
4. Soit (d) la droite qui passe par B' et qui est perpendiculaire à la droite (BC). Montrer que le symétrique B'' du point B par rapport à A appartient à la droite (d).

Exercice 5

On considère le pavé droit ABCDURST, tel que : AB = 6 cm, UT = 12 cm, CS = 4 cm. Dessiner, en vraie grandeur, un patron de la pyramide BUTR. Indiquer les angles droits, les noms des points et laisser les traces de construction. On évitera de calculer les longueurs BU, BT et RT.

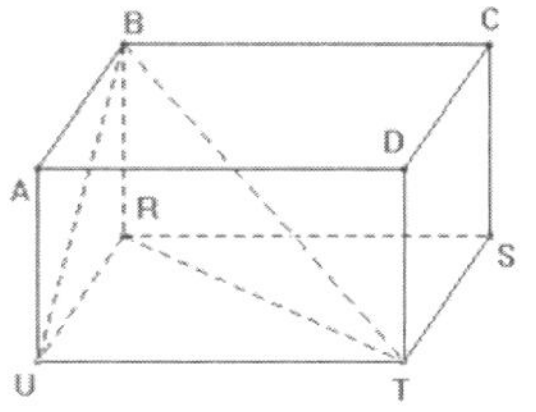

Exercice 6

ABCDEFGH est un prisme droit de hauteur AE = 5cm. Les faces ABCD et EFGH sont deux trapèzes rectangles isométriques, avec AD = AB = 6 cm,
BC = 12 cm et $\widehat{DAB} = \widehat{ABC} = 90°$.
On place sur l'arête [DA], le point I tel que DI = 2 cm et sur l'arête [DC] le point J tel que DJ = 1/3 DC.

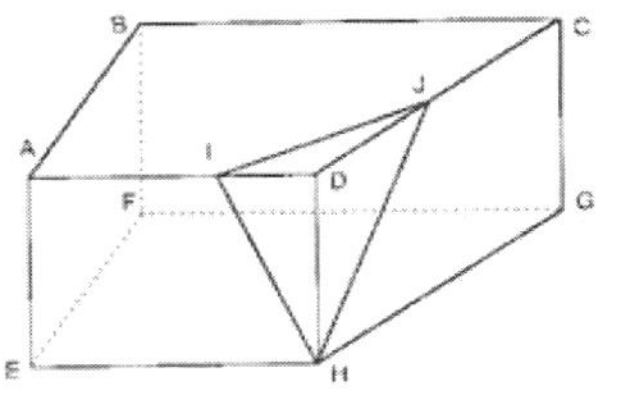

1. Calculer DC.
2. Calculer la longueur de chacune des arêtes de la pyramide DIJH.
3. Construire sur une feuille blanche, au compas et à la règle (règle graduée et non-graduée) un patron de la pyramide DIJH en vraie grandeur en laissant apparents les traits de construction.
4. Calculer l'aire du triangle ACD. En déduire celle du triangle IJD.
5. Quel est le volume du solide DIJH ?

Exercice 7

Voici le texte proposé par un enseignant de cycle 3 :
« Trace un triangle : il doit être rectangle et avoir deux côtés de même longueur. Sur le grand côté du triangle, trace un demi-cercle. »
Voici les productions, notées A, B, C et D de quatre enfants :

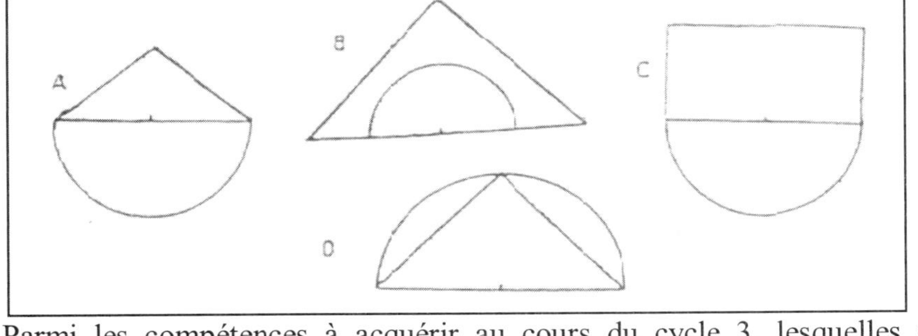

1. Parmi les compétences à acquérir au cours du cycle 3, lesquelles sont principalement visées dans cette activité ?

2.a) Quelles connaissances géométriques sont nécessaires pour réaliser cette activité ?
b) Quels instruments les enfants peuvent-ils utiliser ? Préciser pour chacun l'usage qui pourrait en être fait.
3. Quelle(s) production(s) répond(ent) à la consigne donnée par le maître ?
4. Rédiger un énoncé accessible à des élèves de cycle 3, dont la seule solution possible serait la construction de la figure D.

Exercice 8

Voici l'énoncé d'un exercice proposé lors d'une évaluation en CE2 :
« Complète le dessin comme si tu pliais la feuille suivant le grand trait »
Dans le document 1, figurent les productions, notées A, B, C et D, de quatre enfants.
1. Analyser les productions de chacun des quatre élèves.
Pour chacune d'elles, on indiquera les acquis et les difficultés rencontrées en rapport avec la notion visée.
2.a) Quelle est la notion mathématique sous-jacente ?
b) Donner une définition géométrique de cette transformation.
c) Citer deux autres transformations géométriques qui apparaissent au travers de ces productions.

Document 1

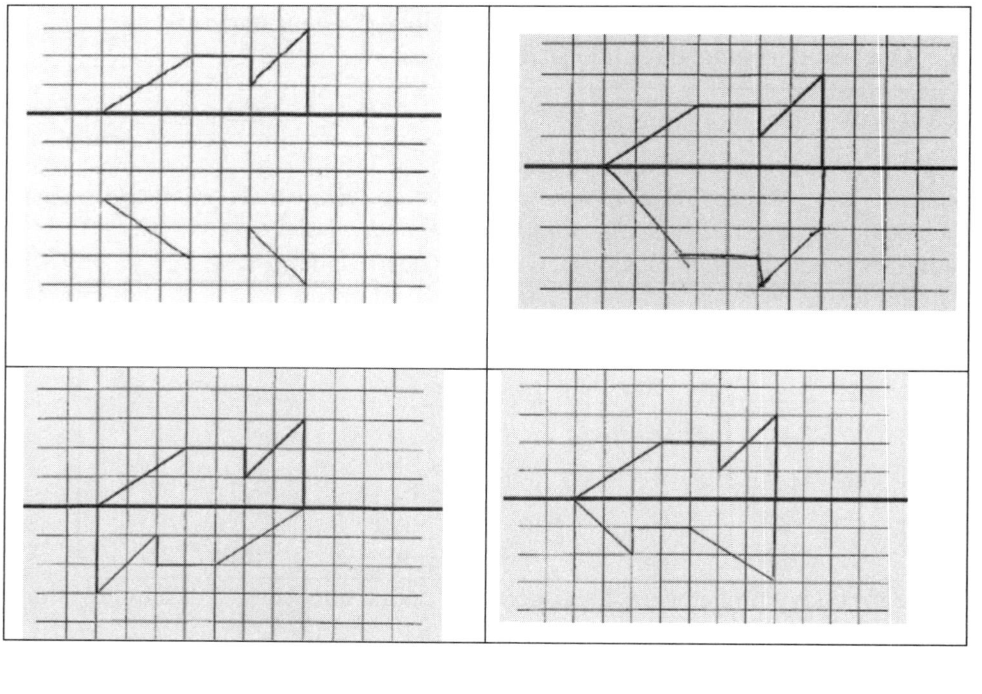

Corrigé

Exercice 1

Partie A : Étude du quadrilatère IJKL

1.a) Dans le triangle ABC, I est milieu du segment [AB] et J est milieu de [BC]. Par le théorème de la droite des milieux, on peut conclure que la droite (IJ) est parallèle au troisième côté, (AC).

b) Le théorème utilisé précédemment permet d'affirmer de plus que IJ = AC/2. On applique le même théorème dans le triangle ADC. Ainsi, on a (KL) // (AC) et KL = AC/2. On tire alors que (KL) // (IJ) et KL = IJ.

Le quadrilatère non croisé IJKL possède une paire de côtés parallèles et de même longueur, c'est donc un parallélogramme.

2. a) On suppose que ABCD est un losange.

Les propositions A et C sont vraies ; les propositions B et D sont fausses, en général.

« IJKL est un parallélogramme » est vraie, puisqu'elle l'est dans le cas général. Puisque ABCD est un losange, les diagonales (AC) et (BD) sont perpendiculaires. Or, par la première question, (IJ) étant parallèle à (AC), et (IL) étant parallèle à (BD), on en déduit que (IJ) est perpendiculaire à (IL). Un parallélogramme ayant un angle droit est un rectangle. La proposition C est donc vraie.

b) On suppose que ABCD est un carré. **Les quatre propositions sont vraies.**

ABCD est en particulier un losange, donc les propositions A et C sont vraies.

Dans un carré, les diagonales sont de même longueur. Ainsi grâce au théorème de la droite des milieux, on peut affirmer que : IJ = AC/2 = BD/2 = IL. Le parallélogramme IJKL ayant deux côtés consécutifs de même longueur, c'est un losange. La proposition B est donc vraie.

Et donc, IJKL est à la fois un rectangle et un losange. C'est un carré.

3. On suppose que ABCD est un rectangle. Il a alors des diagonales de même longueur. On peut reprendre la démonstration faite en 2b), qui permet d'affirmer que le quadrilatère IJKL est bien un losange. Par le théorème de la droite des milieux, on peut affirmer que IJ = AC/2 = BD/2 = IL. Le parallélogramme IJKL ayant deux côtés consécutifs de même longueur, c'est un losange.

Partie B : Calculs d'aires

1. Dans cette question, ABCD est un carré, d'aire a.

Les triangles ABD et BDC partagent le carré en deux triangles de même aire. Ainsi, l'aire du triangle ABD est de $\frac{a}{2}$. Nous avons vu, toujours grâce au théorème de la droite des milieux, que le triangle AIL a des côtés de longueurs la moitié de ceux du triangle ABD. Il a donc pour aire, le quart de l'aire du

triangle ABD, soit $\frac{a}{8}$. Il en est de même des trois autres triangles IBJ, KJC et LKD.
Enfin, l'aire du carré ABCD est égale à la somme de l'aire du carré IJKL et des quatre triangles précédents. On en tire, en notant A l'aire de IJKL : $a = A + 4 \times \frac{a}{8} = A + \frac{a}{2}$
Et donc, l'aire du carré IJKL est de $\frac{a}{2}$.
2. Ici, nous sommes dans la même situation que précédemment, avec IJKL le carré de « départ » et MNPQ le carré des « milieux ». On en déduit donc, en notant B l'aire de MNPQ : $\boldsymbol{B = \frac{A}{2} = \frac{a}{4}}$

Exercice 2

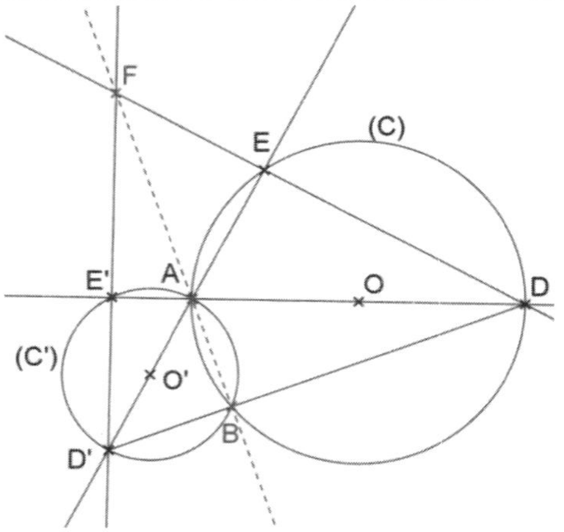

1. Voir figure ci-contre.
2. E est sur le cercle de diamètre [AD]. Par le théorème de l'angle inscrit, on peut affirmer que le triangle ADE est rectangle en E. Ainsi, (AE) et (ED) sont perpendiculaires. Il en est de même avec E'. Comme E' est sur le cercle de diamètre [AD'], (AE') et (D'E') sont perpendiculaires.
3.a) Dans le triangle (FDD'), la hauteur issue de D est la droite passant par D et perpendiculaire à (FD'). Or (FD') et (E'D') sont confondues. On sait que (E'A)⊥(D'E') d'après la question 1, donc (E'A) et (FD') sont perpendiculaires. De plus, E', A et D sont alignés par définition de E'. Donc (E'A) est la hauteur issue de D de FDD'. On montre de la même manière que la hauteur issue de D' dans le triangle (FDD') est la droite (D'A). A est donc l'orthocentre du triangle (FDD').
b) B est sur le cercle de diamètre [AD]. Donc (AB) $\perp$ (BD)
B est aussi sur le cercle de diamètre [AD']. Donc (AB) $\perp$ (BD')
(BD) et (BD') sont toutes deux perpendiculaires à (AB), elles sont parallèles. Elles ont de plus B comme point commun, elles sont donc confondues : les points B, D et D' sont alignés.
La droite passant par B et perpendiculaire à (AB) passe par D et D' : on peut ainsi affirmer que (AB) et (DD') sont perpendiculaires (en B).
4.a) Puisque A est l'orthocentre du triangle (FDD'), la hauteur issue de F est la droite (AF). C'est aussi la droite passant par A et perpendiculaire à (DD'), c'est-à-dire (AB). (AF) et (AB) sont donc confondues.
b) (DE) et (E'D') sont sécantes en F, qui est un point de (AB). Les droites (DE), (E'D') et (AB) sont donc concourantes en F.

Exercice 3

1.a) et b)

Dans le premier cas, le quadrilatère vérifie toutes les conditions d'un isocervolant. (AC) est la médiatrice du segment [BD], elle est donc bien axe de symétrie. A est par ailleurs un point du cercle de diamètre [BD], donc l'angle Â est bien droit.

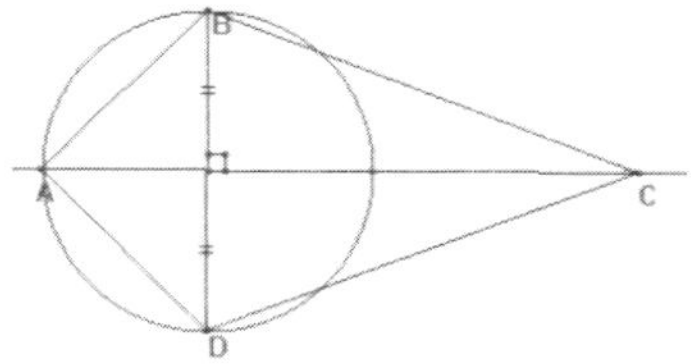

Dans le second cas, la droite (AC) est axe de symétrie, mais l'angle Â n'est pas droit.

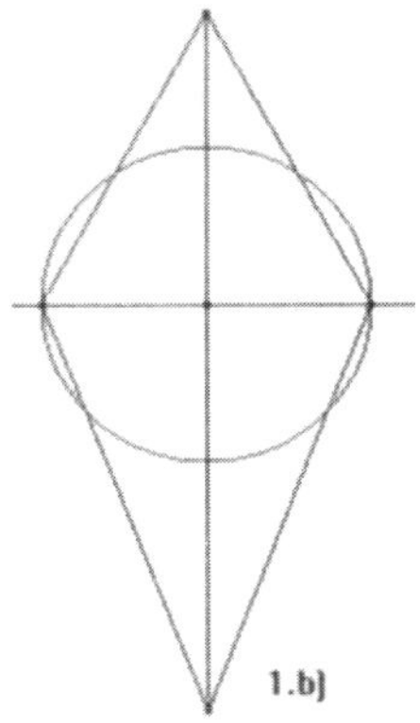

1.b)

2.a) VRAI. Un carré ABCD possède un angle droit en A et (AC) comme axe de symétrie. C'est bien un isocervolant.

b) FAUX. Lorsque le rectangle n'est pas carré, ses diagonales ne sont pas axes de symétries. Et donc ce n'est pas un isocervolant.

c) VRAI. Nommons ABCD l'isocervolant. Puisqu'il a les diagonales de même milieu, il s'agit donc d'un parallélogramme. L'isocervolant ayant un angle droit, ce parallélogramme est un rectangle. Les diagonales étant perpendiculaires dans un isocervolant, ce rectangle est aussi losange. C'est donc bien un carré.

3.a) On a tout d'abord tracé [AB] de longueur 4 cm, puis la perpendiculaire à (AB) passant par A, et D à 4 cm de A sur cette droite (la droite (AC) est axe de symétrie, donc AB = AD puisqu'une symétrie conserve les longueurs et que D est l'image de B).

Pour obtenir l'axe (AC), on a tracé la bissectrice de l'angle $\widehat{BAD}$ (puisqu'elle est par définition axe de symétrie de l'angle). On trace enfin le cercle de centre B et de rayon 3 cm : les points C qui conviennent sont à l'intersection de la droite et de ce cercle. On en trouve deux, notés C_1 et C_2.

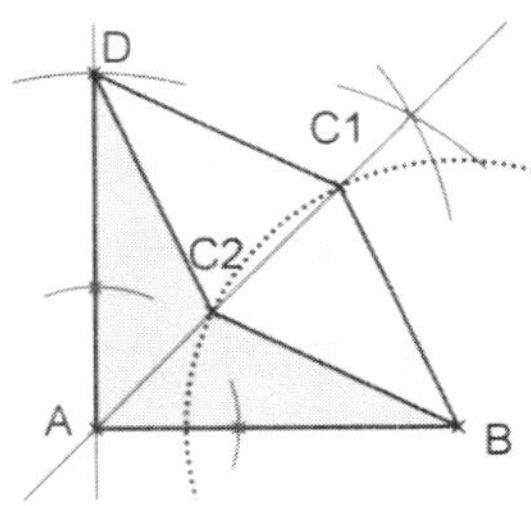

Le quadrilatère ABC_1D est convexe et ABC_2D est non-convexe.

b) Le triangle ABD est rectangle en A, on applique le théorème de Pythagore :

$$AB^2 + AD^2 = BD^2 \Rightarrow BD = \sqrt{32} = \sqrt{16 \times 2} = 4\sqrt{2}\text{ cm}$$

c) $\quad \text{Aire(ABD)} = \dfrac{\text{Base} \times \text{Hauteur}}{2} = \dfrac{AB \times AD}{2} = \dfrac{4 \times 4}{2} = 8\text{ cm}^2$

d) Nommons I le milieu de [BD] : l'axe de symétrie de la figure est donc la droite (AI). Le cercle de centre B et de rayon 3 cm a pour image par la symétrie d'axe (AI), le cercle de centre D et de rayon 3cm. Ces deux cercles se coupent sur l'axe (AI), en C_1 et C_2. Le quadrilatère BC_1DC_2 a ses 4 cotés de longueur 3 cm. C'est un losange. Calculons : $Aire(BC_2D) = \dfrac{BD \times IC_2}{2}$

Calculons la longueur IC_2, grâce au théorème de Pythagore dans le triangle BIC_2, rectangle en I :

$\mathrm{BI} = 1/2\ \mathrm{BD} = 2\sqrt{2}$ d'où $\mathrm{C_2I^2} = \mathrm{BC_2}^2 - \mathrm{BI}^2 = 9 - 8 = 1$

D'où $\mathrm{C_2I} = 1$ cm et $Aire(\mathrm{BC_2D}) = \frac{4\sqrt{2}\times 1}{2} = 2\sqrt{2}$

Et : $Aire(\mathrm{ABC_2D}) = Aire(\mathrm{ABD}) - Aire(\mathrm{BC_2D}) = 8 - 2\sqrt{2}\ \mathrm{cm}^2$.

Exercice 4

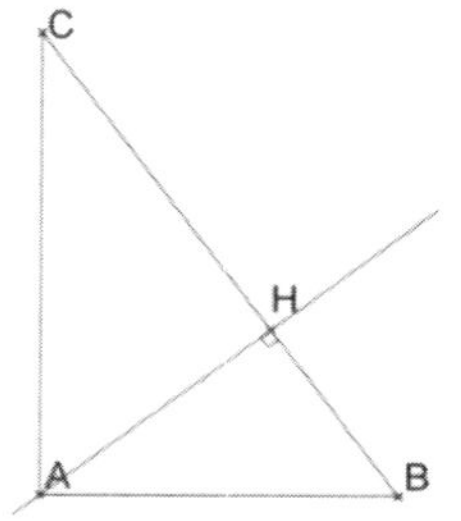

1.a) Il semble que le triangle soit rectangle. On vérifie cette conjecture grâce à la réciproque du théorème de Pythagore : $BC^2 = 100$; $AC^2 + AB^2 = 64 + 16 = 100$.

La relation $BC^2 = AC^2 + AB^2$ étant vérifiée, on peut conclure que le triangle **ABC est rectangle en A.**

b) Si l'on considère comme base, le coté [AB], la hauteur correspondante est [AC], puisque nous avons montré que ABC est rectangle en A. Ainsi, si l'on note A l'aire recherchée en cm² on a : $A = \frac{\mathrm{AB}\times\mathrm{AC}}{2} = \frac{6\times 8}{2} = 24$

Si l'on considère la base [BC], la hauteur correspondante est [AH]. Ainsi :

$A = \frac{\mathrm{AH}\times\mathrm{BC}}{2} = \frac{\mathrm{AH}\times 10}{2} = 5\times\mathrm{AH}$ Et donc, AH= $\frac{24}{5} = 4{,}8$

La hauteur [AH] mesure donc 4,8 cm.

2.a) ABC est un triangle rectangle. Avec l'équerre, on peut tracer la perpendiculaire à (AB) passant par B et la perpendiculaire à (AC) passant par C. Ces deux droites sont donc perpendiculaires et on note D leur point d'intersection. Le quadrilatère ainsi obtenu ayant par construction 4 angles droits, est un rectangle. Il suffit alors de tracer à la règle les deux diagonales [AD] et [BC], qui se coupent en I, milieu de [BC].

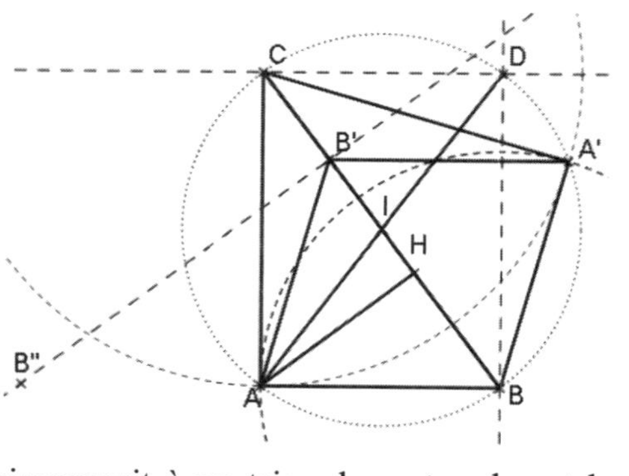

b) On sait que la symétrie axiale est une isométrie et que les points de l'axe sont invariants par la symétrie. Ainsi, B et C sont invariants, tandis que A est transformé en A'. Ainsi on a AB = A'B et AC = A'C. Le cercle de centre B passant par A et le cercle de centre C passant par A se recoupent donc en A'.

c) Les angles géométriques étant conservés, le triangle A'BC est aussi rectangle en A'. On sait que le cercle circonscrit à un triangle rectangle est le cercle ayant pour diamètre son hypoténuse, dans les deux cas, [BC].

Le quadrilatère ABA'B est donc inscriptible dans le cercle de centre I et de rayon 5 cm.

3. Comme H est le pied de la perpendiculaire à (BC) issue de A, et que A' est le symétrique de A par rapport à la droite (BC), par définition de la symétrie axiale, H est aussi le milieu de [AA']. De plus, H est milieu de [BB'], par définition de la symétrie centrale de centre H. Les diagonales du quadrilatère AB'A'B ont donc même milieu et sont perpendiculaires.
Ce quadrilatère est donc un losange.
4. Par définition de B'', on sait que A est milieu de [BB''] et donc AB = AB''. De plus, le quadrilatère ABA'B' étant un losange, on a AB = AB'.
On en déduit que AB' = AB'' par transitivité de l'égalité. Ce qui prouve que B' est sur le cercle de centre A, de rayon AB, c'est-à-dire le cercle de diamètre [BB'']. Le théorème de l'angle inscrit, dans le cas particulier du triangle rectangle, nous permet alors d'affirmer que le triangle BB''B' est rectangle en B'. Autrement dit, que (B'B'') est perpendiculaire à (BB').
Et donc (B'B'') = (d). **Ainsi, B'' est bien sur (d).**

Exercice 5

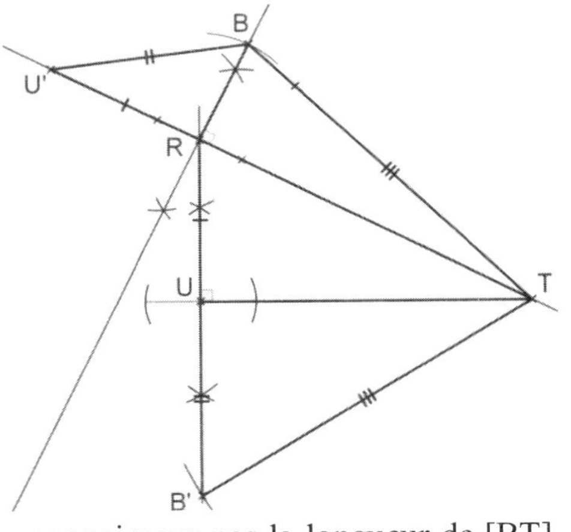

1. Il suffit pour faire un patron, de tracer les faces en vraie grandeur. Il faut donc se représenter le solide, « déployé » et donc partir d'un triangle dont nous connaissons tous les éléments nécessaires:
La face URT : c'est un triangle rectangle en U, RU = AB = 6 cm, UT = 12 cm.
La face BRU : c'est un triangle rectangle en R, RU = 6 cm, BR = CS = 4 cm.
La face BRT : c' est un triangle rectangle en R, avec BR = 4 cm. Nous ne connaissons pas la longueur de [BT] ni de [RT]. Cependant, si nous construisons d'abord la face RUT, le segment [RT] sera déjà tracé, il suffira de le reporter à l'aide du compas.
La face BUT : elle est rectangle en U, avec UT = 12 cm. Il suffit de tracer cette face en prenant les mesures de [BU] ou [BT], déjà tous deux tracés.

Exercice 6

1. ABCD est un trapèze rectangle, avec deux cotés consécutifs, [AD] et [AB] égaux. Soit H le projeté orthogonal de D sur (BC). ABHD est un quadrilatère possédant trois angles droits en A, B et H donc c'est un rectangle. De plus, AB = AD donc ABHD est un carré. On en déduit que HC = BC – BH = 6 cm donc DHC est un triangle rectangle isocèle en H. En appliquant le théorème de Pythagore, on obtient

$$\mathrm{DC}^2 = 2\mathrm{DH}^2 \Leftrightarrow \mathrm{DC}^2 = 2 \times 6^2 \Longrightarrow \mathbf{DC = 6\sqrt{2}\ cm}.$$

2. DH = 5 cm ; DI = 2 cm ; DJ = DC/3 = $2\sqrt{2}$ cm.
DIHJ possède deux faces DHI et DHJ qui sont des triangles rectangles en D. On calcule les longueurs manquantes à l'aide du théorème de Pythagore :

$$\mathrm{IH}^2 = \mathrm{ID}^2 + \mathrm{DH}^2 \Leftrightarrow \mathrm{IH}^2 = 4 + 25 = 29 \Longrightarrow \mathrm{IH} = \sqrt{29}\text{ cm.}$$

$$\mathrm{JH}^2 = \mathrm{DH}^2 + \mathrm{DJ}^2 \Leftrightarrow \mathrm{JH}^2 = 5^2 + \left(2\sqrt{2}\right)^2 = 25 + 8 = 33 \Longrightarrow \mathrm{JH} = \sqrt{33}\text{ cm.}$$

Pour la longueur IJ, on a DJ = 1/3 DC et comme DI = 2, on a DI = 1/3 AD.
On applique ici la réciproque du théorème de Thalès dans la configuration du triangle ADC, avec I sur [DA] et J sur [DC] : On peut ainsi affirmer que, comme les rapports de longueurs sont égaux, on a (AC) // (IJ) et IJ = 1/3 AC.
Il suffit alors de calculer AC dans le triangle rectangle ABC :

$$\mathrm{AC}^2 = \mathrm{AB}^2 + \mathrm{BC}^2 \Leftrightarrow \mathrm{AC}^2 = 36 + 144 = 180 = 36 \times 5 \Longrightarrow \mathbf{AC = 6\sqrt{5}\ cm.}$$

Et donc **IJ = $2\sqrt{5}$ cm.**

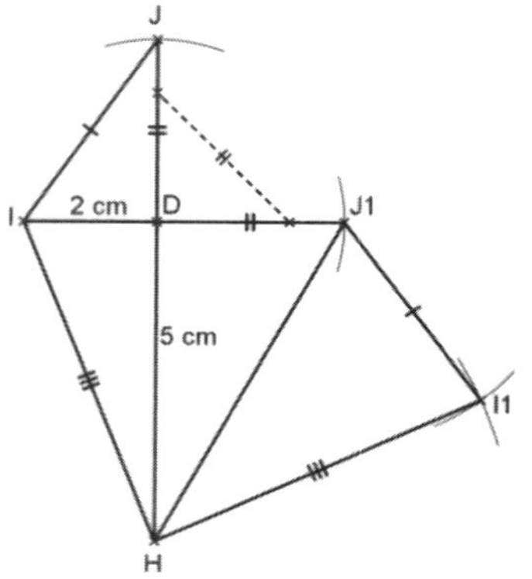

3 La face DIH est un triangle rectangle en D de côtés de l'angle droit ID = 2 cm et DH = 5 cm.
La face DJH est un triangle rectangle en D de côtés de l'angle droit DH = 5 cm et DJ = $2\sqrt{2}$ cm.
La face DIJ est un triangle rectangle en D de côtés de l'angle droit ID = 2 cm et DJ = $2\sqrt{2}$ cm.
La face IJH est un triangle de côtés IJ = $2\sqrt{5}$, JH = $\sqrt{33}$ cm et IH = $\sqrt{29}$ cm.
On commence donc par tracer DIH.
Pour obtenir une longueur égale à $2\sqrt{2}$ cm, il suffit de tracer un triangle rectangle isocèle de côtés de l'angle droit qui mesurent chacun 2 cm en pointillé sur la figure). On pourra alors tracer DIH.

4. $Aire\ (\mathrm{ACD}) = \dfrac{\text{base} \times \text{hauteur}}{2} = \dfrac{\mathrm{AD} \times \mathrm{BA}}{2} = \dfrac{6 \times 6}{2} = \mathbf{18\ cm^2}.$

IJD est donc une réduction, de coefficient 1/3 de ADC.
Il a donc une aire 9 fois plus petite (car $3^2 = 9$), ici donc Aire (IJD) = 2 cm^2.

5. Considérons la pyramide comme un solide de base IDJ. Elle a alors pour hauteur DH. Elle a donc pour volume $V = \frac{Aire(\mathrm{IDJ}) \times \mathrm{DH}}{3} = \frac{2 \times 5}{3} = \mathbf{\frac{10}{3}\ cm^3}.$

Exercice 7

1. Les principales compétences visées par cette activité sont :
- vérifier, à l'aide des instruments : l'alignement de points (règle), l'égalité de longueur des segments (compas ou instrument de mesure), la perpendicularité entre droites (règle ou équerre) ;
- effectuer les tracés correspondants ;
- tracer une figure sur papier uni à partir d'une description ;
- utiliser à bon escient le vocabulaire : triangle, triangle rectangle, côté, cercle.

2.a) Les élèves doivent connaître la définition et les propriétés d'un triangle rectangle et d'un demi-cercle. Ils doivent aussi connaître la notion de longueur d'un côté.

b) Les élèves peuvent utiliser la règle graduée, l'équerre ou le compas.

♦ **La règle graduée** peut être utilisée pour tracer les côtés du triangle et pour réaliser des côtés de l'angle droit de même longueur. Elle peut aussi servir à trouver le milieu de l'hypoténuse pour en faire le centre du demi-cercle.

♦ **L'équerre** servira à réaliser l'angle droit du triangle rectangle.

♦ **Le compas** peut servir à reporter la même longueur sur les côtés de l'angle droit du triangle rectangle et à tracer le demi-cercle.

3. Les productions B et D répondent à la consigne, malgré de petites imprécisions de l'angle droit. Le triangle de la production A n'est pas rectangle, et la production C présente un rectangle au lieu d'un triangle.

4. Voici une consigne permettant d'aboutir à la production D uniquement : « Trace un triangle : il doit être rectangle et avoir deux côtés de même longueur. Trace un demi-cercle : son centre doit être le milieu du grand côté du triangle et il doit passer par ses trois sommets. »

Exercice 8

La construction demandée est le symétrique de la figure « du dessus », que l'on nommera (F) par rapport à un axe horizontal, que l'on nommera (d).

1. Production A : l'élève a tracé le symétrique de (F) par rapport à un axe parallèle à (d), situé à 1,5 carreaux sous (d). Il connaît donc les propriétés de la symétrie telles que conservation des longueurs, conservation du parallélisme. Par contre, il n'a pas su utiliser l'axe proposé par le texte. Il a peut-être travaillé effectivement par pliage, mais a mal positionné son pli.

Production B : cet élève a effectué une symétrie centrale, par rapport à un point situé sur l'axe (d). Les longueurs sont donc conservées, mais on ne sait pas s'il connaît réellement la symétrie centrale.

Production C : l'élève a bien utilisé l'axe (d) : les points de (F) sur (d) sont bien invariants. Cependant, deux points étant mal positionnés par symétrie, la figure est globalement fausse.

Production D : cet élève a mal positionné le segment de (F) parallèle à l'axe (d). De plus, un des segments construits n'est pas issu d'une symétrie.

2.a) La notion mathématique sous-jacente est la symétrie axiale.

b) On définit la **symétrie d'axe (d)**, notée S_d comme la transformation du plan dans lui-même qui associe, à chaque point M du plan, une image M' telle que :

- Si M est sur (d) l'image de M par S_d est lui-même : M' = M.
- Si M est point du plan non sur (d), M' est tel que (d) est la médiatrice du segment [MM'].

c) Comme on a pu le voir en analysant les figures, l'élève B a réalisé une symétrie centrale. Quant à l'élève D, une partie de sa figure image est obtenue par translation de vecteur vertical, de longueur, 4 carreaux.

✍ Pour s'entraîner aux exercices utilisant Scratch

Exercice 1 (d'après groupement 2, 2017)

Déterminer, sans justifier, quelle figure géométrique est tracée lorsque l'on exécute chacun des programmes suivants.

PROGRAMME A

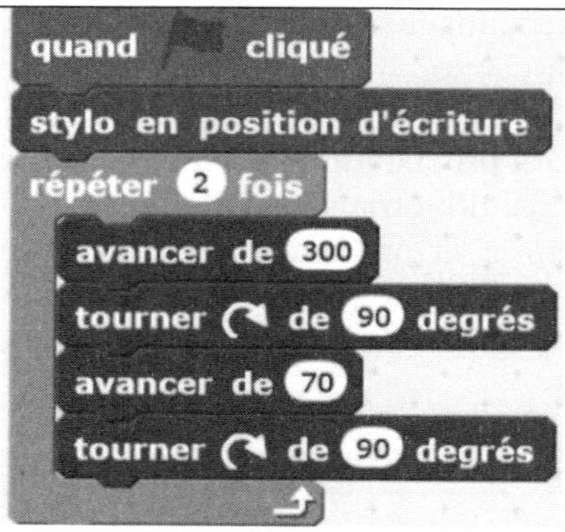

PROGRAMME B

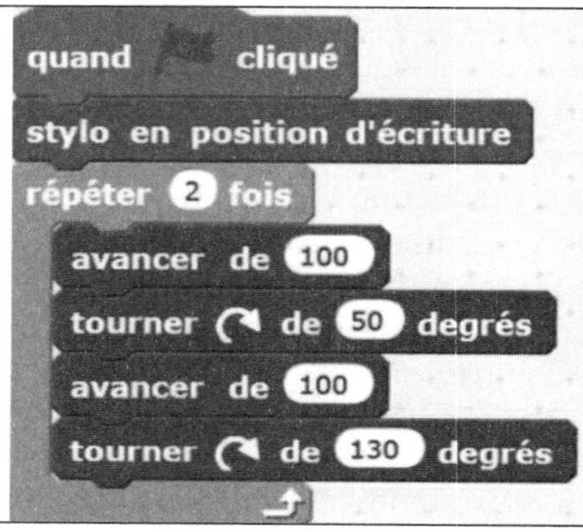

✍ Corrigé

Exercice 1 :

Le programme A permet de tracer un rectangle de longueur 300 et de largeur 70.
Le programme B permet de tracer un losange (non carré) de côté 100

Remarque : il n'est pas demandé d'explications ici, mais pour vous aider, voici quelques éléments de compréhension :
Le programme A crée une figure dont les 4 angles sont droits (2 sont précisés dans le programme, 2 autres proviennent de la répétition de l'algorithme). Les mesures sont données, permettant de conclure.
Le programme B nous permet de constater que les 4 côtés ont la même longueur (100) mais que les angles aux sommets ne sont pas droits, permettant de conclure.

Chapitre 6
Trigonométrie

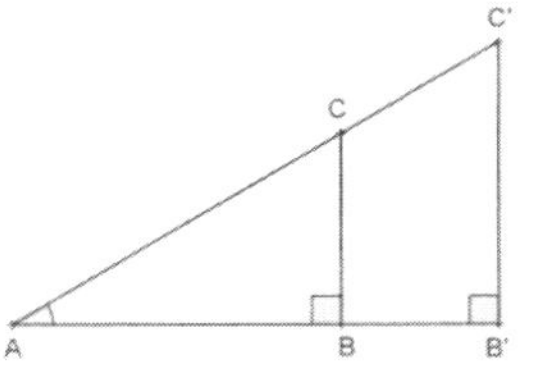

Dans tout ce chapitre, nous allons travailler avec la configuration suivante, nommée **figure 1.**

I. Cosinus d'un angle aigu dans un triangle rectangle

A. Définition

Sur la figure 1, l'alignement des points A, B et B' d'une part ; A, C et C' d'autre part, le parallélisme des droites (BC) et (B'C'), nous permettent d'appliquer le théorème de Thalès, pour en déduire l'égalité suivante :

$$\frac{\mathrm{AB}}{\mathrm{AB'}} = \frac{\mathrm{AC}}{\mathrm{AC'}}$$

Les rapports de longueurs $\frac{\mathrm{AB}}{\mathrm{AC}}$ et $\frac{\mathrm{AB'}}{\mathrm{AC'}}$ sont donc indépendants de la position de B' sur la demi-droite [AB). Leur valeur est appelée **cosinus de l'angle $\widehat{\mathbf{BAC}}$**. On nomme **côté adjacent** à l'angle $\widehat{\mathrm{A}}$, le côté de l'angle droit, autre que l'hypoténuse, formant l'angle de sommet A.

DÉFINITION ET PROPRIÉTÉ

Dans un triangle ABC rectangle en B, on définit le **cosinus de l'angle $\widehat{\mathbf{A}}$**, par :

$$\cos \hat{\mathrm{A}} = \frac{\textit{côté adjacent à l'angle } \hat{\mathrm{A}}}{\textit{hypoténuse}} = \frac{\mathrm{AB}}{\mathrm{AC}}$$

Le cosinus de l'angle $\widehat{\mathrm{C}}$ vaut : $\cos \widehat{\mathrm{C}} = \frac{\textit{côté adjacent à } \widehat{\mathrm{C}}}{\textit{hypoténuse}} = \frac{\mathrm{BC}}{\mathrm{AC}}$

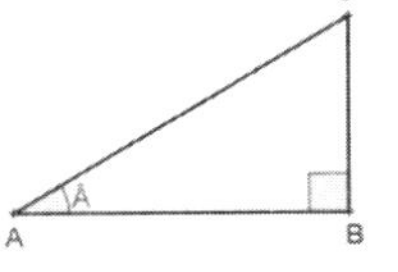

B. Utilisation de la calculatrice

On pourra utiliser la calculatrice pour déterminer, soit un angle connaissant son cosinus, soit le cosinus de l'angle lorsque l'on connaît la mesure de l'angle. Munissez-vous pour commencer d'une **calculatrice scientifique**.

II. Sinus d'un angle aigu dans le triangle rectangle

DÉFINITION ET PROPRIÉTÉ

Dans un triangle ABC rectangle en B, on définit **le sinus de l'angle $\widehat{A}$,** par

$$\sin \hat{\mathrm{A}} = \frac{\textit{côté opposé à l'angle } \hat{\mathrm{A}}}{\textit{hypoténuse}} = \frac{\mathrm{BC}}{\mathrm{AC}}$$

Le sinus de l'angle $\widehat{\mathrm{C}}$ vaut

$$\sin \widehat{\mathrm{C}} = \frac{\textit{côté opposé à l'angle } \widehat{\mathrm{C}}}{\textit{hypoténuse}} = \frac{\mathrm{AB}}{\mathrm{AC}}$$

Dans le triangle ABC rectangle en B, $\cos \hat{A} = \sin \hat{C}$ et $\sin \hat{A} = \cos \hat{C}$

III. Tangente d'un angle aigu dans un triangle rectangle.

L'application du théorème de Thalès dans la configuration ci-contre, nous permet d'obtenir $\frac{AB}{AB'} = \frac{BC}{B'C'}$ équivalent à :

$$\frac{BC}{AB} = \frac{B'C'}{AB'}$$

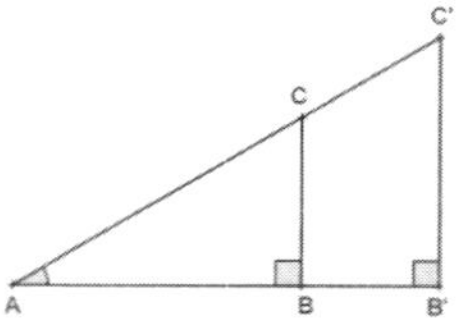

DÉFINITION ET PROPRIÉTÉ

Dans un triangle ABC rectangle en B, on définit **la tangente de l'angle $\widehat{A}$,** par

$$\tan \widehat{A} = \frac{\text{côté opposé à l'angle } \widehat{A}}{\text{côté adjacent}} = \frac{BC}{AB} = \frac{\sin \widehat{A}}{\cos \widehat{A}}$$

De même, la tangente de l'angle $\widehat{C}$ vaut

$$\tan \widehat{C} = \frac{\text{côté opposé à l'angle } \widehat{C}}{\text{côté adjacent}} = \frac{AB}{AC} = \frac{\sin \widehat{C}}{\cos \widehat{C}}$$

IV. Propriétés et valeurs remarquables

PROPRIÉTÉ 1

Soit x un angle donné en degré :

$$\forall x \in [0;90], \quad 0 \leq \cos x \leq 1; \quad 0 \leq \sin x \leq 1$$

$$\forall x \in \mathbb{R}, \quad -1 \leq \cos x \leq 1; \quad -1 \leq \sin x \leq 1$$

PROPRIÉTÉ 2

$$\forall x \in \mathbb{R}, (\cos x)^2 + (\sin x)^2 = 1$$

VALEURS REMARQUABLES

Angle x	**0°**	**30°**	**45°**	**60°**	**90°**
$\sin x$	0	$\frac{1}{2}$	$\frac{\sqrt{2}}{2}$	$\frac{\sqrt{3}}{2}$	1
$\cos x$	1	$\frac{\sqrt{3}}{2}$	$\frac{\sqrt{2}}{2}$	$\frac{1}{2}$	0
$\tan x$	0	$\frac{\sqrt{3}}{3}$	1	$\sqrt{3}$	NON DEFINIE

✍ Pour s'entraîner

Exercice 1

Dans chacun des exercices suivants, donner les 3 longueurs et les mesures des 3 angles dans le triangle rectangle. On donnera un arrondi au dixième près pour les longueurs, et au degré près, pour les angles.

1. ABC est un triangle rectangle en A. On donne BC = 11 cm ; AB = 7 cm.

2. DEF est un triangle rectangle en D. On donne EF = 6 cm, $\hat{E} = 35°$

3. GHI est un triangle rectangle en I. On donne IG = 24 cm ; IH = 13 cm.

Exercice 2

Soit ABC un triangle, les données sont indiquées sur la figure ci-dessous. Cette figure n'est pas en vraie grandeur.

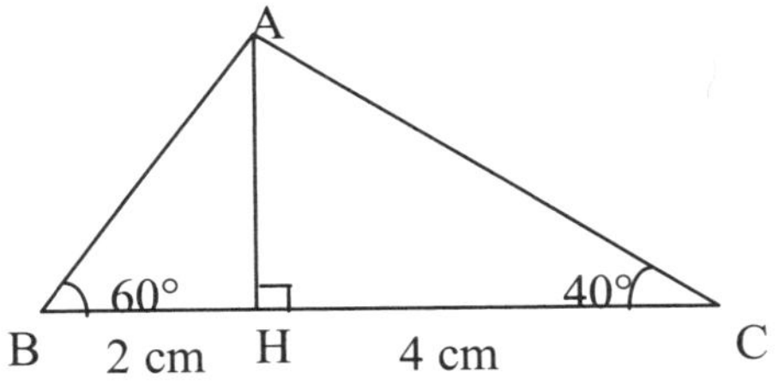

1. Calculer la valeur exacte de AC, puis une valeur approchée à 0,01 près.

2.a) On donne les valeurs exactes suivantes :

$$\sin 60° = \frac{\sqrt{3}}{2} \qquad \cos 60° = \frac{1}{2}$$

Démontrer que la valeur exacte de AH est $2\sqrt{3}$ cm.

b) Démontrer que l'aire du triangle ABC est $6\sqrt{3}$ cm^2.

Exercice 3

La formule d'Al Kashi permet de calculer le troisième côté d'un triangle connaissant deux côtés et un angle. Pour un triangle ABC, on a :

$$BC^2 = AB^2 + AC^2 - 2 \times AC \times AB \times \cos(\widehat{BAC})$$

On considère pour tout l'exercice que AB = 6 cm, AC = 12 cm et $\widehat{BAC} = 60°$.

1. Construire à la règle graduée et au compas un triangle ABC vérifiant les conditions précédentes.

2. Montrer que $BC = \sqrt{108}$ cm.

3. En déduire que le triangle ABC est rectangle en B.

✍ Corrigé

Exercice 1

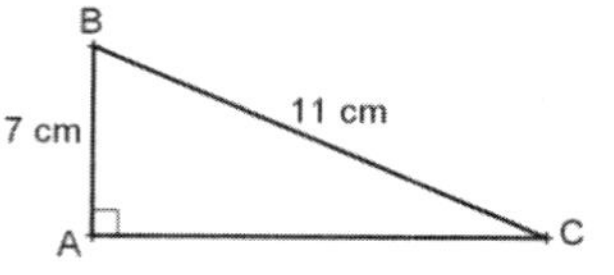

1. Le théorème de Pythagore permet d'obtenir une mesure exacte du côté AC :
Dans le triangle ABC rectangle en A, d'après le théorème de Pythagore :
$AB^2 + AC^2 = BC^2 \Leftrightarrow AC^2 = 121 - 49 = 72$
$\Rightarrow AC = \sqrt{72} = 6\sqrt{2} \approx 8{,}5$ cm.
On détermine un des angles à l'aide du sinus (ou du cosinus) et l'autre en utilisant le fait que les angles $\widehat{B}$ et $\widehat{C}$ sont complémentaires, ABC étant rectangle en A.

$$\cos\widehat{B} = \frac{AB}{BC} = \frac{7}{11} \quad \text{d'où } \widehat{B} = \cos^{-1}\left(\frac{7}{11}\right) \approx 50°$$

et on en déduit que $\mathbf{\widehat{C} \approx 90 - 50 \approx 40°}$.

2. La complémentarité des angles dans DEF rectangle en D donne :

$$\widehat{F} = 90 - \widehat{E} = 55°$$

On détermine ensuite une valeur approchée de l'hypoténuse à l'aide du cosinus, puis une valeur approchée de DF à l'aide de la tangente de l'angle en E.

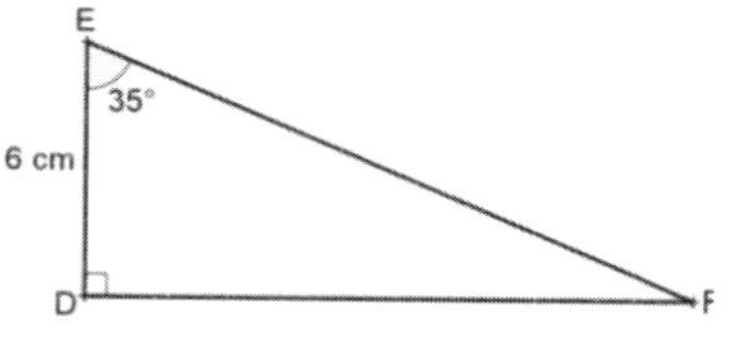

$$\cos\widehat{E} = \frac{DE}{EF} = \frac{6}{EF} \quad \text{d'où EF} = \frac{6}{\cos 35°} \approx 7{,}3 \text{ cm}$$

$$\tan\widehat{E} = \frac{DF}{DE} = \frac{DF}{6} \quad \text{d'où DF} = 6\tan 35° \approx 4{,}2 \text{ cm}$$

3. Comme en 1., le théorème de Pythagore permet de calculer le troisième côté. Une des formules fournira un des angles. On utilisera la tangente, de façon à ne pas utiliser de valeur approchée (celle de l'hypoténuse), mais les valeurs exactes fournies par l'énoncé.

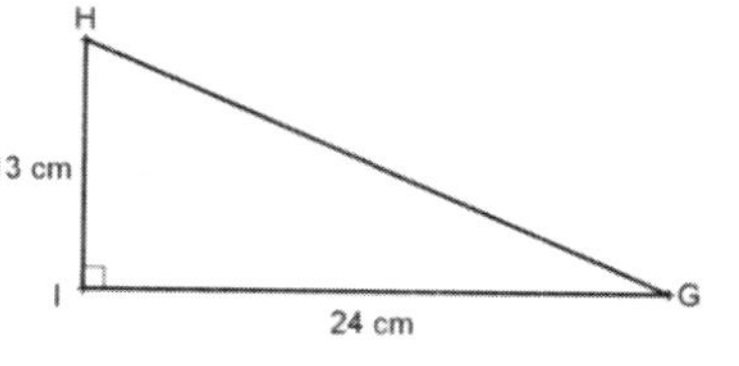

Dans GHI rectangle en I, d'après Pythagore :
$HI^2 + GI^2 = HG^2 \Leftrightarrow HG^2 = 745$
$\Rightarrow HG \approx 27{,}3$ cm.

$$\tan\widehat{H} = \frac{IG}{IH} = \frac{24}{13} \Rightarrow \widehat{H} = \tan^{-1}\left(\frac{24}{13}\right) \approx 62°$$

$$\widehat{G} = 90 - \widehat{H} \approx 90 - 62 \approx 28°$$

Exercice 2

1. Le triangle AHC étant rectangle en H, on peut calculer le cosinus de l'angle en C. Il vient :

$$\cos\hat{C} = \frac{HC}{AC} = \frac{4}{AC} \text{ d'où } AC = \frac{4}{\cos 40°} \approx 5{,}22 \text{ cm}$$

2.a) Dans le triangle ABH rectangle en H :

$$\tan\hat{B} = \frac{AH}{BH} = \frac{AH}{2}$$

$$\text{d'où } AH = 2\tan 60° = 2 \times \frac{\sin 60°}{\cos 60°} = 2 \times \frac{\frac{\sqrt{3}}{2}}{\frac{1}{2}} = 2 \times \frac{\sqrt{3}}{2} \times \frac{2}{1} = 2\sqrt{3} \text{ cm.}$$

b) On utilise la formule classique de l'aire d'un triangle.

$$\boldsymbol{Aire_{ABC}} = \frac{\mathbf{BC \times AH}}{\mathbf{2}} = \frac{\mathbf{6 \times 2\sqrt{3}}}{\mathbf{2}} = \mathbf{6\sqrt{3}\ cm^2}.$$

Exercice 3

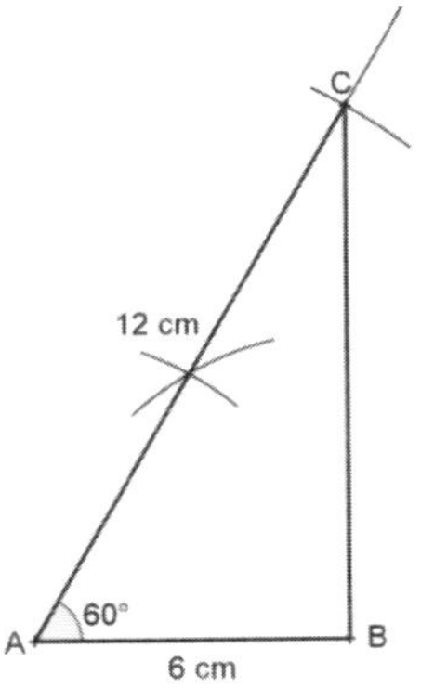

1. Pour obtenir à la règle et au compas l'angle $\widehat{BAC}$ voulu, il suffit de tracer le troisième sommet d'un triangle équilatéral de base AB.

2. On applique la formule d'Al-Kashi dans le triangle ABC :

$BC^2 = AB^2 + AC^2 - 2 \times AC \times AB \times \cos(\widehat{BAC})$

$\Leftrightarrow BC^2 = 6^2 + 12^2 - 2 \times 6 \times 12 \times \cos(60°)$

$\Leftrightarrow BC^2 = 180 - 144 \times 0{,}5 = 108$

$\Rightarrow \mathbf{BC = \sqrt{108}\ cm}$.

3. D'après ce qui précède :

$AC^2 = 144$

$AB^2 + BC^2 = 36 + 108 = 144$

Comme $AC^2 = AB^2 + BC^2$, d'après la réciproque du théorème de Pythagore, **le triangle ABC est rectangle en B.**

Chapitre 7
Statistiques et probabilités

I. Statistiques

A. Mise en place du vocabulaire technique

Effectuer **une étude statistique** sur une population, c'est étudier un **caractère, qualitatif ou quantitatif** lié à cette population. Une **population** est un ensemble d'objets ou de personnes, sur lequel on va mener l'étude. Lorsque le caractère est quantitatif, on lui associe donc une **série de valeurs** prises par le caractère. Si la série de valeurs est finie, on dit que le caractère est **discret.** Si on regroupe les valeurs dans **des classes**, le caractère est dit **continu**.
Une étude statistique est souvent motivée par le nombre d'individus composant la population, ce que l'on nomme **l'effectif total de la population.**

Exemple

On considère une classe de CM2, composée de 28 élèves. Nous nous intéressons au nombre de frères et sœurs de chacun des enfants de la classe. Le maître recueille les données « brutes » suivantes :

0, 2, 3, 1, 1, 0, 4, 2, 1, 2, 2, 1, 1, 1, 2, 0, 1, 1, 1, 2, 2, 1, 1, 2, 0, 3, 4, 0

La population étudiée est l'ensemble des élèves de la classe de CM2 ; le caractère étudié est le nombre de frères et sœurs de chacun des élèves. C'est un caractère quantitatif, discret. Ce caractère prend ici les valeurs 0 ; 1 ; 2 ; 3 et 4.

Parfois on ne s'intéresse pas à l'effectif, mais plutôt aux pourcentages que représentent ces effectifs : c'est ce qu'on appelle **la fréquence** associée à chaque valeur.

Exemple

Nous allons organiser les données précédentes sous forme de tableau, puis nous calculerons (au centième près) la fréquence associée à chaque valeur :

Valeur prise par le caractère	0	1	2	3	4	**TOTAL**
effectif	5	11	8	2	2	28
fréquence	5/28 = 0,18	0,39	0,29	0,07	0,07	1

Soit une série statistique dont le caractère prend les valeurs $\{x_1; x_2; \dots x_i; \dots x_r\}$, on note n_i l'effectif associé à la valeur x_i. La somme des effectifs sera notée N. On note f_i la fréquence associée à chaque valeur x_i. Alors :

$$f_i = \frac{n_i}{N}$$

B. Différentes représentations d'une série statistique

Diagramme en bâtons

Ce diagramme consiste à représenter dans un repère orthogonal, les valeurs sur l'axe des abscisses, et leurs effectifs, sur l'axe des ordonnées.

Diagramme circulaire

Ce diagramme consiste à découper des surfaces d'un disque proportionnellement aux effectifs associés à chaque valeur. Cette représentation est particulièrement adaptée à un caractère qualitatif.

Histogramme

On utilise ce type de représentation quand le caractère est décrit à partir de classes, plutôt que de valeurs.
Dans ce cas, ce n'est plus la hauteur du « bâton » qui est proportionnelle à l'effectif, mais l'aire du rectangle ayant pour base l'étendue de la classe.

C. Caractéristiques de position d'une série

Le mode

On appelle **mode** d'une série statistique discrète une valeur du caractère qui correspond au plus grand effectif. On appelle **classe modale** d'une série continue une classe qui correspond au plus grand effectif.

Moyenne, moyenne pondérée

DÉFINITION

Soit une série statistique d'effectif total N dont le caractère prend les valeurs $\{x_1; x_2; \dots x_i; \dots x_N\}$. La moyenne arithmétique de cette série, notée $\bar{x}$, est

$$\bar{x} = \frac{x_1 + x_2 \dots . + x_N}{N}$$

Soit une série statistique d'effectif total N dont le caractère prend les valeurs $\{x_1; x_2; \dots x_i; \dots x_r\}$, avec n_i l'effectif associé à la valeur x_i, la moyenne est dite pondérée et vaut alors :

$$\bar{x} = \frac{n_1 x_1 + n_2 x_2 \dots . + n_r x_r}{N}$$

Exemple

Dans notre série, pour calculer la moyenne du nombre de frères ou sœurs par élève, nous pouvons ou additionner les 28 valeurs proposées, et diviser par 28, ou utiliser le tableau regroupant les données, et utiliser la seconde formule :

$$x = \frac{25 \times 0 + 11 \times 1 + 8 \times 2 + 2 \times 3 + 2 \times 4}{28} \cong 1{,}4$$

La moyenne du nombre de frères et sœurs par élèves est donc d'environ 1,4.

Si la série est donnée uniquement avec ses valeurs et les fréquences associées à ces valeurs, il est encore possible de calculer la moyenne :

Soit une série statistique dont le caractère prend les valeurs $\{x_1; x_2; ... x_i; ... x_r\}$, avec f_i la fréquence associée à la valeur x_i, la moyenne, notée $\bar{x}$, vaut alors :

$$\bar{x} = f_1 x_1 + f_2 x_2 + \cdots + f_r x_r$$

La moyenne présente aussi certaines propriétés intéressantes:

Si on ajoute à chacune des valeurs du caractère un même réel b, la moyenne est augmentée de b.
Si on multiplie chacune de ces valeurs par un même réel a la moyenne est multipliée par a.

$$\overline{x + b} = \bar{x} + b \quad ; \qquad \overline{ax} = a\,\bar{x}$$

Médiane

La médiane est, comme la moyenne, **un indicateur de tendance centrale**. Nous reviendrons sur ce constat, au travers d'un exemple.

DÉFINITION

Soit une série statistique d'effectif N dont les valeurs du caractère sont rangées par ordre croissant.
Si l'effectif de la série est impair, alors $N = 2n + 1$ (avec n entier) et la médiane est la valeur du caractère de rang $n + 1$.
Si l'effectif de la série est pair, $N = 2n$, et la médiane est la demi-somme des valeurs des caractères de rangs n et $n + 1$.

Exemple

Notre série de référence a pour effectif 28, pour appliquer la définition, nous devons déterminer le 14ème et le 15ème terme de la série.

Valeurs	0	1	2	3	4
Effectifs cumulés croissants	5	16	24	26	28
Fréquences cumulées croissantes	0,18	**0,57**	0,86	0,93	1

Les valeurs des caractères des 14ème et 15ème termes de la série est la valeur 1 : la médiane de cette série vaut donc (1+1)/2=1.

D. Caractères de dispersion

Étendue

Le seul paramètre relatif à la dispersion d'une série de données dans les programmes de collège est **l'étendue**. Il s'agit simplement de la différence entre les deux valeurs extrêmes de la série.

Exemple

Dans la série précédente, l'étendue est de $18 - 2 = 16$.

II. Probabilités

A. Vocabulaire et définition

Vocabulaire probabiliste

Faire des probabilités, c'est étudier un aspect spécifique d'une expérience, pour laquelle on connaît les résultats possibles, sans jamais savoir à l'avance ce qui va réellement arriver. Ce type d'expérience se nomme **expérience aléatoire**. L'ensemble de tous les résultats qui peuvent survenir se nomme **l'univers**, que l'on note généralement Ω, qui sera toujours supposé **fini**. Chacun des éléments de l'univers Ω se nomme une **issue**. Si l'on considère un sous-ensemble de l'univers, on nomme cela un **événement**.

Exemple

Considérons le lancer d'un dé à six faces : $\Omega = \{1; 2; 3; 4; 5; 6\}$.

« *3* » est une issue. Un évènement élémentaire (un sous ensemble à un élément) est, par exemple « *obtenir un 3* », On peut considérer l'événement A: « *obtenir un nombre pair* ». A = {2 ; 4 ; 6}.

On considère le second événement B défini par « *obtenir une valeur strictement plus grande que 4* ». Alors B = {5 ; 6}.

L'événement « *obtenir A ou B* », se note $A \cup B$, et $A \cup B = \{2; 4; 5; 6\}$

L'événement « *obtenir un nombre pair et plus grand strictement que 4* » l'événement « *A et B* », qui se note aussi $A \cap B$, et $A \cap B = \{6\}$

Langage probabiliste	**Langage ensembliste**	**Notation**
Univers des possibles	L'ensemble de toutes les issues	Ω
a est une issue	a est un élément de Ω	$a \in \Omega$
A est un événement	A est un sous-ensemble de Ω	$A \subseteq \Omega$
L'événement impossible	L'ensemble vide	$\emptyset$
L'événement « A ou B »	Ensemble des éléments contenus dans A ou dans B	$A \cup B$
L'événement « A et B »	Ensemble des éléments contenus à la fois dans A et dans B	$A \cap B$
A et B sont incompatibles	A et B sont disjoints	$A \cap B = \emptyset$
$\overline{A}$ est le contraire de A	A et $\overline{A}$ sont complémentaires	$A \cup \overline{A} = \Omega$; $A \cap \overline{A} = \emptyset$

Définition d'une probabilité

DÉFINITION

Soit Ω un ensemble fini à n éléments $\Omega = \{a_1, a_2, \ldots, a_n\}$. On appelle probabilité P toute application des parties de Ω dans $\mathbb{R}$ qui vérifie les conditions suivantes :
(1) P est à valeurs dans [0; 1],
(2) P(Ω) = 1
(3) Pour toute partie A de Ω, telle que $A = \{a_{i1}, a_{i2}, .. a_{ir}\}$, on définit la probabilité de l'événement A par $P(A) = P(\{a_{i1}\}) + P(\{a_{i2}\}) + \cdots + P(\{a_{ir}\})$

B. Propriétés des probabilités

Premières propriétés

De la définition, on tire les propriétés suivantes :

$$P(\emptyset) = 0\,; \qquad P(\overline{\mathrm{A}}) = 1 - P(\mathrm{A})$$

Si A et B sont deux événements incompatibles, $P(\mathrm{A} \cup \mathrm{B}) = P(\mathrm{A}) + P(\mathrm{B})$

Équiprobabilité

Il arrive souvent que lors d'une expérience aléatoire, il n'y ait pas plus de raison d'obtenir une issue qu'une autre. Toutes les issues ont donc la même probabilité. En ce cas on dit que **la situation est équiprobable.** Pour connaître la probabilité d'un événement, il suffit de connaître le cardinal de cet événement.

Dans une situation d'équiprobabilité, si l'événement A possède r éléments, dans l'univers à n éléments ($r \leq n$), on a alors $P(A) = \frac{r}{n}$

Dans une situation équiprobable,

$$P(A) = \frac{card\ (A)}{card\ (\Omega)} = \frac{nombre\ de\ cas\ favorables}{nombre\ de\ cas\ possibles}$$

Pour s'entraîner

Exercice 1

Le tableau ci-dessous donne la répartition, selon la surface en m², des magasins d'un centre commercial. L'effectif total est de 67.

Surface en m²	65	66	69	74	81	**TOTAL**
effectif	13	22	17	6		
fréquence						

1. Recopier et compléter le tableau ci-dessus.
On donnera les fréquences en pourcentage arrondi au dixième près.
2. Quel est le pourcentage de magasins dont la superficie est inférieure ou égale à 69 m² ?
3. Quelle est la surface moyenne des magasins de ce centre ?
4. Quelle en est la médiane ?

Exercice 2

Les statistiques suivantes concernant les fonctions publiques des trois branches en 2008 : FPE, FPT, et FPH, sont données ci-dessous :

Fonction publique	**Homme**	**Femme**	**Total en millions d'agents**
FPE (de l'état)		52%	2,4
FPT (territoriale)		61%	1,8
FPH (hospitalière)		77%	1
Total (31/12/2008)			5,2

1. Remplir un tableau similaire, en donnant le nombre d'agents homme ou femme, dans chaque secteur, que l'on arrondira au dixième de millions.
2. On interroge un fonctionnaire au hasard.
a) Quelle est la probabilité que l'on interroge une femme ?
b) Quelle est la probabilité que l'on interroge un agent de la FPH ?
3. On interroge une femme fonctionnaire au hasard. Quelle est la probabilité que l'on interroge un agent de la FPH ?

Exercice 3 (d'après groupement 2, 2017)

On considère une série statistique de moyenne égale à 5. On complète la série en ajoutant 5 comme valeur supplémentaire.
Affirmation : la moyenne de la série ne change pas.

✍ Corrigé

Exercice 1

Surface en m²	65	66	69	74	81	TOTAL
effectif	13	22	17	6	9	67
fréquence	19,4	32,8	25,4	9	13,4	100

2. Le pourcentage de magasins dont la superficie est inférieure ou égale à 69 m² est de $19{,}4 + 32{,}8 + 25{,}4 = 77{,}6\,\%$

3. $m = \dfrac{65\times13+66\times22+69\times17+74\times6+81\times9}{67} = 69{,}3\ \text{m}^2$.

La moyenne des superficies de ces magasins est de 69,3 m².

4. Il y a 67 magasins, la médiane est donc la surface du 34ème magasin, rangés par ordre croissant de superficie. Puisque $13 + 22 = 35 > 34$, le 34ème magasin a une superficie de 66 m². **La médiane est donc de 66 m².**

Exercice 2

Fonction publique	Homme	Femme	Total en millions d'agent
FPE	1,2	1,2	2,4
FPT	0,7	1,1	1,8
FPH	0,2	0,8	1
Total (31/12/2008)	2,1	3,1	5,2

2.a) Notons F l'événement « *le fonctionnaire choisi est une femme* » :

$$P(F) = \frac{3{,}1}{5{,}2} \cong 0{,}6$$

b) Notons H l'événement « *le fonctionnaire choisi est agent de la FPH* » :

$$P(H) = \frac{1}{5{,}2} \cong 0{,}19$$

3. Notons (H/F) l'événement « le *fonctionnaire féminin choisi est agent de la FPH* » : $P(H/F) = \frac{0{,}8}{3{,}1} \cong 0{,}26$.

Exercice 3

VRAI : Soit $x_1, x_2, \dots x_n$ les n termes d'une série statistique, de moyenne M=5. On a la formule suivante :

$$\frac{x_1 + x_2 + \cdots + x_n}{n} = M \Leftrightarrow x_1 + x_2 + \cdots + x_n = n5 \Leftrightarrow$$

$$x_1 + x_2 + \cdots + x_n + 5 = n5 + 5 \Leftrightarrow x_1 + x_2 + \cdots + x_n + 5 = (n+1)5$$

Ainsi la moyenne obtenue en ajoutant 5 à la série statistique ne change pas.

Chapitre 8 : Deux sujets du concours 2018 corrigés

Sujet du groupement 1, énoncé

Première partie, 13 points

Comment lire les informations inscrites sur un pneumatique ?

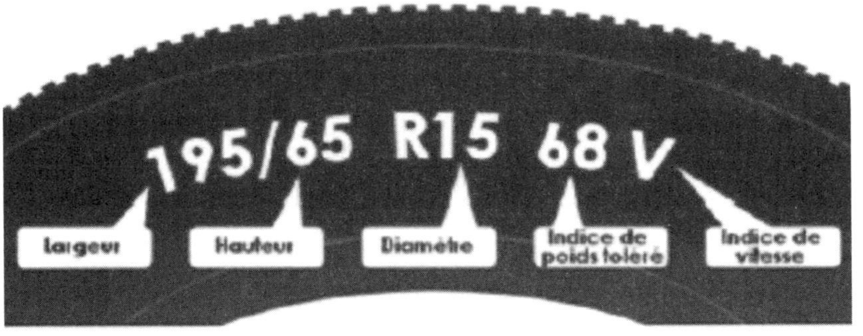

La largeur	La largeur est exprimée en millimètre.
La hauteur	Ce nombre ne donne pas directement la mesure de la hauteur : il indique à quel pourcentage de la largeur correspond la hauteur (ici, la hauteur vaut 65% de la largeur).
Le diamètre	Le diamètre est exprimé en pouce. Il correspond au diamètre de la jante (le R signifie Radial).
L'indice de poids toléré (tableau 1)	L'indice de poids toléré est un code numérique qui correspond à la charge maximale qu'un pneu peut supporter.
L'indice de vitesse (tableau 2)	L'indice de vitesse est un code alphabétique qui correspond à la vitesse maximale à laquelle un pneu peut rouler. V correspond à 240 km/h.

Tableau 1	
Indice de poids toléré	Poids en kg
55	218
58	236
59	243
60	250
61	257
62	265
63	272
64	280
65	290
66	300
67	307
68	315
69	325
70	335
71	345
72	355
73	365
74	375
75	387
76	400
77	412
78	425

Tableau 2	
Indice de vitesse	Vitesse en km/h
Q	160
R	170
S	180
T	190
U	200
H	210
V	240
ZR	> 240
W	270
Y	300

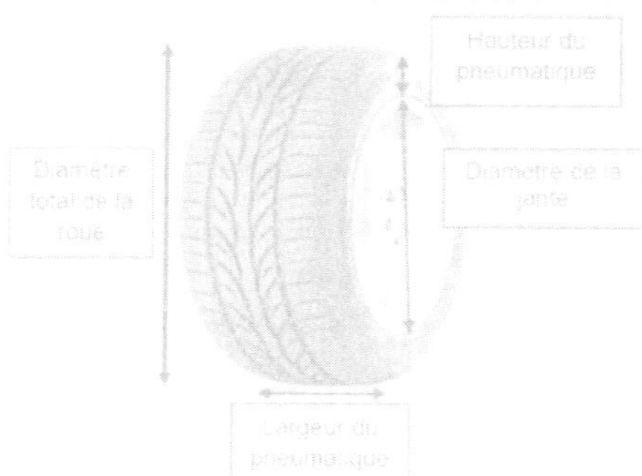

sources : http://www.fiches-auto.fr/articles-auto/pneu/s-630-indice-de-vitesse.php
http://www.pneus-online.fr/indices-charge-et-vitesse-conseils.html

PARTIE A : Lecture des informations sur un pneumatique

Pour répondre aux questions suivantes on utilisera les informations contenues dans les documents précédents.

1. On considère un pneumatique sur lequel est inscrit « 195/65 R15 68V ».

a) Sachant que 1 pouce vaut 2,54 cm, calculer le diamètre de la jante en centimètre.

b) Montrer que la hauteur du pneu est 12,675 cm.

c) Calculer le diamètre total de la roue en centimètre.

2. On considère désormais un pneu radial pouvant supporter une charge maximale de 412 kg et rouler à la vitesse maximale de 270 km/h. Sa largeur est de 20,5 cm, le diamètre de sa jante est de 40,64 cm et son diamètre total est de 63,19 cm.
Indiquer, sous la forme « 195/65 R15 68V », les informations qui seront inscrites sur ce pneu.

PARTIE B : Distance d'arrêt

La distance d'arrêt d_A d'un véhicule correspond à la distance de réaction d_R additionnée à la distance de freinage d_F.

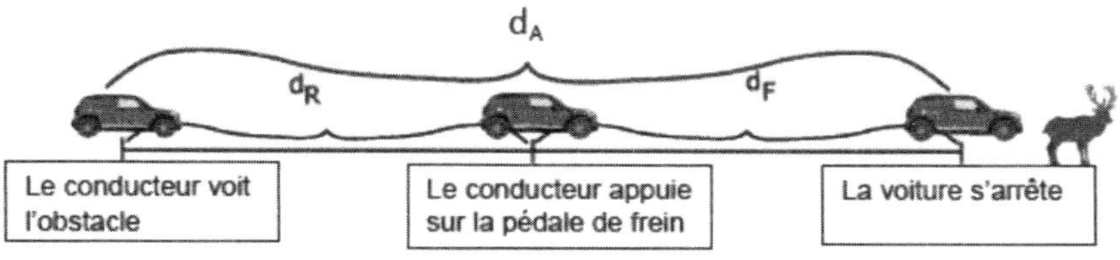

Si V est la vitesse de la voiture au moment où le conducteur voit l'obstacle (en m/s : mètre par seconde), la distance de freinage (en mètre) se calcule de la manière suivante :

$$d_F = V^2 \times k,$$

où k est une constante qui dépend de l'état de la route (k = 0,14 sur route mouillée, et k = 0,073 sur route sèche).
On admet alors que

$$d_A = V \times t_R + kV^2,$$

où t_R est le temps de réaction, en seconde.

1. On estime qu'un conducteur vigilant a un temps de réaction de 0,75 seconde.
Calculer la distance d'arrêt pour un véhicule roulant à 90 km/h sur route mouillée.

2. Pour un conducteur vigilant, la distance d'arrêt sur route sèche est-elle proportionnelle à la vitesse ? Expliquer la réponse.

3. Lecture de diagramme

Le diagramme ci-après représente la distance d'arrêt sur route sèche d'un véhicule en fonction de sa vitesse.

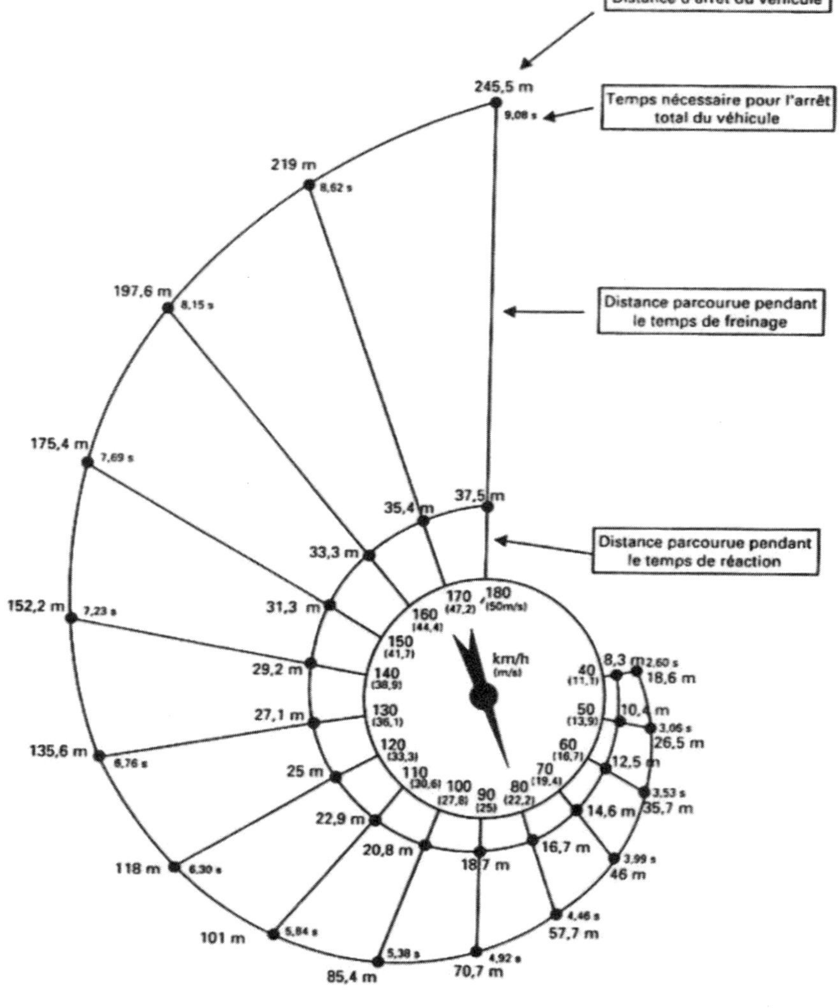

sources : *http://velobuc.free.fr/freinage.html*

Par exemple, on peut lire que, pour une vitesse de **180 km/h** (ou **50 m/s**), un véhicule parcourt **37,5 m** pendant le temps de réaction, que le temps nécessaire à son arrêt total sera de **9,08 s**, et que sa distance d'arrêt sera alors de **245,5 m**.

En utilisant ce diagramme,

a) donner la distance d'arrêt d'un véhicule roulant à 110 km/h ;

b) donner la distance parcourue pendant le temps de freinage d'un véhicule roulant à 80 km/h ;

c) donner le temps que met un véhicule roulant à 130 km/h pour s'arrêter ;

d) donner la vitesse d'un véhicule sachant que la distance de réaction est de 25 m ;
e) dire si un conducteur roulant à 27,8 m/s et apercevant un obstacle à 100 m pourra s'arrêter à temps.

PARTIE C : Au cinéma

Une voiture est filmée lors d'une prise de vue cinématographique. Elle est équipée de roues **à cinq rayons** ayant un diamètre total de 54 cm. L'une de ces roues est représentée ci-contre :

1. Calculer la circonférence de cette roue en cm (arrondie au millimètre).
2. La voiture roule à 110 km/h.
a) Calculer le nombre de tours par seconde que fait la roue (au tour près).
b) La caméra utilisée a une vitesse de défilement de 24 images par seconde. Combien de tours aura fait le pneu de la voiture entre deux images ?
3. À quelle vitesse, en km/h, devrait rouler la voiture pour que, en regardant le film, on ait l'impression que ses roues ne tournent pas ?

Deuxième partie, 13 points

Cette partie est composée de quatre exercices indépendants.

EXERCICE 1

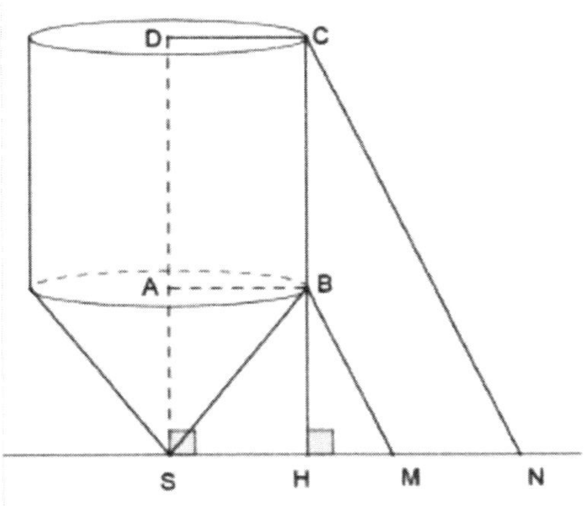

Cette figure n'est pas à l'échelle

Un éleveur possède un silo à farine formé de deux solides de révolution : un cône et un cylindre, comme représenté sur la figure ci-dessus.
Ces deux solides ont le même axe de révolution.
Les centres D et A des bases sont alignés avec le sommet S du cône.
On donne : AS = 1,60 m ; DA = 2,40 m ; AB = 1,30 m.

On rappelle les formules suivantes :

$$\text{Volume du cylindre : } Vcylindre = aire\ de\ la\ base\ \times hauteur$$

$$\text{Volume du cône : } Vcône = \frac{aire\ de\ la\ base \times hauteur}{3}$$

1. Quel est le volume en m^3 du silo à farine ? Arrondir au centième.

2. Le silo est rempli de farine d'orge au $\frac{6}{7}$ de son volume total. Une vache mange en moyenne 3 L de farine par jour. L'éleveur possède 48 vaches.
Aura-t-il assez de farine pour nourrir ses 48 vaches durant 90 jours ?

3. Pour réaliser des travaux, deux échelles ont été posées contre le silo. Elles sont représentées sur la figure par des segments [BM] et [CN].
On donne SM = 2,1 m et SN = 3,3 m.
On note H le pied de la hauteur issue de B dans le triangle SBM.
Les points S, H, M et N sont alignés.
Les points C, B et H sont alignés.
Les deux échelles sont-elles parallèles ? Justifier la réponse.

EXERCICE 2 :

Dans une loterie, 300 billets sont vendus et il y a 37 billets gagnants. Les autres billets sont des billets perdants.
Parmi les 37 billets gagnants :

- 2 de ces billets permettent de gagner une télévision ;
- 5 permettent de gagner un bon de réduction de 100 € ;
- 10 permettent de gagner un bon de réduction de 50 € ;
- 20 permettent de gagner un porte-clés ;

1. Quelle est la probabilité de gagner une télévision si l'on achète un billet ?

2. Quelle est la probabilité de gagner un bon de réduction (peu importe la somme) si l'on achète un billet ?

3. En plus de l'achat des bons de réduction dans plusieurs magasins, l'organisateur de la loterie dépense 500 € pour chaque télévision et 0,50 € pour chaque porte-clés.

a) À quel prix doit-il vendre les billets de loterie, pour être sûr que ce jeu ne lui fera pas perdre d'argent ?

b) S'il souhaite vendre chaque billet 2 €, combien doit-il rajouter de billets perdants (en ne modifiant pas le nombre de billets gagnants et les lots correspondants) pour être assuré que ce jeu ne lui fera pas perdre d'argent ?

EXERCICE 3 :

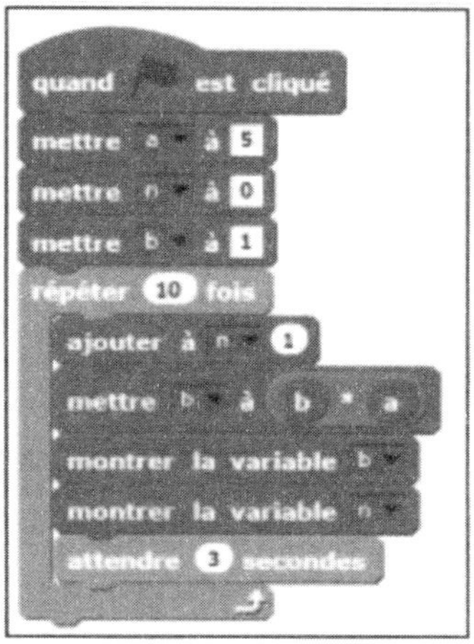

Voici une copie d'écran d'un algorithme réalisé à l'aide du logiciel Scratch.

1. Quelles sont les valeurs des variables a, b et n à la fin du premier passage dans la boucle, puis à la fin du second passage ?

2. Que réalise ce programme ?

EXERCICE 4 :

Pour chacune des affirmations suivantes indiquer si elle est vraie ou fausse, en justifiant la réponse.

Une réponse exacte mais non justifiée ne rapporte aucun point. Une réponse fausse n'enlève pas de point.

1. On considère un cube dont la surface totale extérieure mesure 576 cm².

Affirmation : Son volume est inférieur à 1 litre.

2. **Affirmation :** L'inverse de la somme de deux nombres est égal à la somme des inverses de ces deux nombres.

3. Un prix subit une baisse de 30% puis le nouveau prix subit une hausse de 50%.

Affirmation : le prix final est 5% plus élevé que le prix initial.

4. Soit la figure ci-dessous faite à main levée.

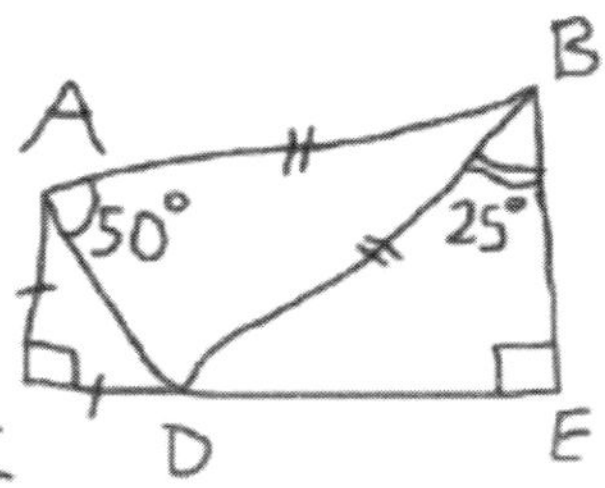

Affirmation : Les points C, D et E sont alignés.

Troisième partie, 14 points

Cette partie est composée de trois situations indépendantes.

SITUATION 1

Extrait du programme pour le cycle 2 - Nombres et calculs

Connaissances et compétences associées	Exemples de situations, d'activités et de ressources pour l'élève
Calculer avec des nombres entiers	
Calcul mental : calculer mentalement pour obtenir un résultat exact ou évaluer un ordre de grandeur.	Calculer mentalement - sur les nombres $1, 2, 5, 10, 20, 50, 100$ en lien avec la monnaie ; - sur les nombres $15, 30, 45, 60, 90$ en lien avec les durées. Résoudre mentalement des problèmes arithmétiques, à données numériques simples. Utiliser les propriétés des opérations, y compris *celles du type* $5 \times 12 = 5 \times 10 + 5 \times 2$.
Calcul en ligne : calculer en utilisant des écritures en ligne additives, soustractives, multiplicatives, mixtes.	Exemples de stratégies de calcul en ligne : $5 \times 36 = 5 \times 2 \times 18 = 10 \times 18 = 180$ $5 \times 36 = 150 + 30 = 180$ $5 \times 36\text{u} = 15\text{d} + 30\text{u} = 15\text{d} + 3\text{d} = 180\text{u}$ Utiliser des écritures en ligne du type $21 = 4 \times 5 + 1$ pour trouver le quotient et le reste de la division de 21 par 4 (ou par 5).
Calcul posé : mettre en œuvre un algorithme de calcul posé pour l'addition, la soustraction, la multiplication.	L'apprentissage des techniques opératoires posées (addition, soustraction, multiplication) se fait en lien avec la numération et les propriétés des opérations.

1. Donner deux raisons pour lesquelles le calcul en ligne est, en termes d'apprentissage, complémentaire au calcul posé.

2. Le calcul suivant est proposé à des élèves de cycle 2 qui pratiquent régulièrement le calcul en ligne : $28 + 17 =$?

Expliciter trois stratégies qu'un élève de cycle 2 pourrait mobiliser pour effectuer ce calcul en ligne.

3. Expliciter trois stratégies de calcul mental ou en ligne qu'un élève de cycle 2 pourrait mobiliser pour effectuer 14×5. Pour chacune, indiquer quelles sont les connaissances et les propriétés utilisées.

SITUATION 2

1. À partir des productions suivantes, expliquer pour chaque élève :
- la démarche utilisée ;
- les compétences qui semblent acquises ;
- les éventuelles erreurs.

Productions d'élèves de CM2 :

Nicolas

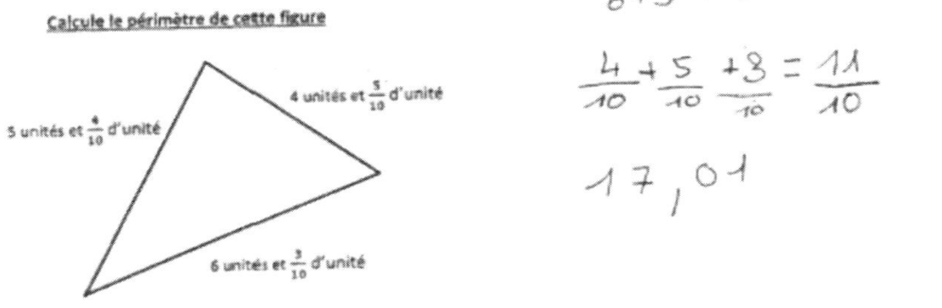

Thomas

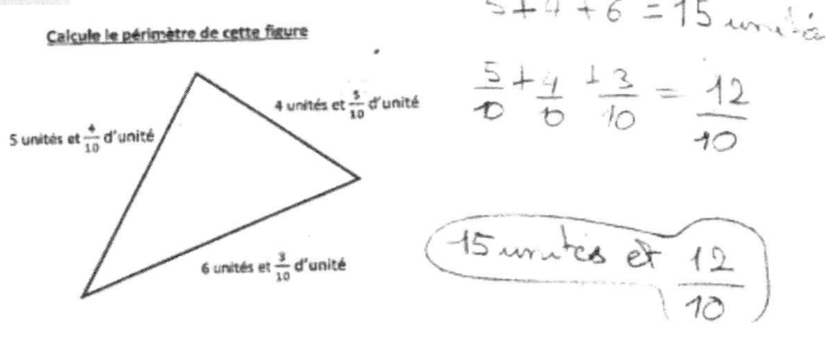

Amina

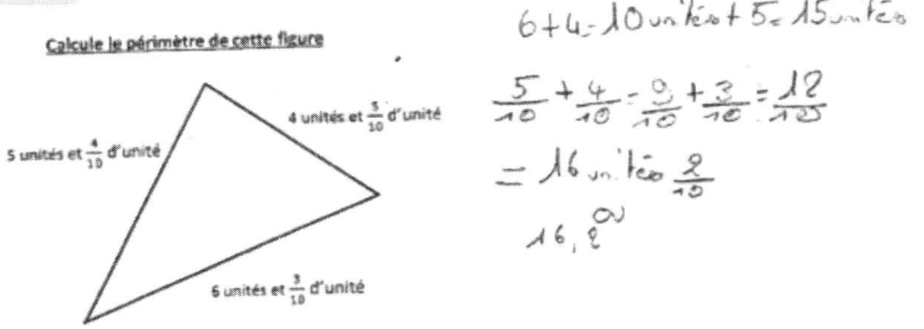

2. Que peut proposer l'enseignant pour amener Thomas à rédiger sa réponse sous forme d'écriture à virgule ?

SITUATION 3

Des élèves d'une classe de cycle 3 doivent calculer 3,12 + 5,7 et expliquer comment ils procèdent. Voici des exemples de productions d'élèves.

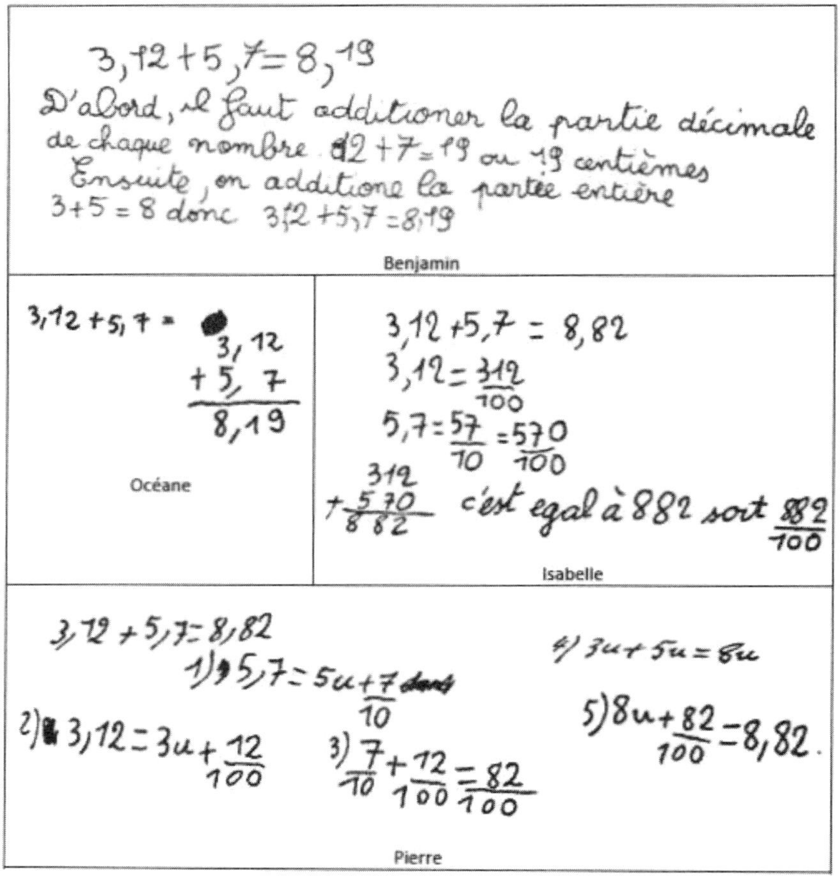

1. À partir de l'analyse des différentes productions, expliquer quelles sont les différentes démarches proposées.

2. Quelle représentation erronée des nombres décimaux pourrait être à l'origine des erreurs des élèves ?

3. Proposer trois tâches ou activités que pourrait mettre en place l'enseignant pour remédier à ce type d'erreurs ?

✍ Corrigé du sujet du groupement 1

Première partie, 13 points

PARTIE A : Lecture des informations sur un pneumatique

Pour répondre aux questions suivantes on utilise les données du schéma et du tableau situé au dessous.
1.a) Sur le pneu, il est inscrit « 195/65 R15 68V ». Le diamètre est donc de 15 pouces, soit $15 \times 2{,}54 = \mathbf{38{,}10}$ **cm.**
b) La hauteur du pneu correspond à 65% de la largeur, qui est de 195 millimètres. La hauteur du pneu est donc égale à $0{,}65 \times 19{,}50 = \mathbf{12{,}675}$ **cm.**
c) Le diamètre total de la roue est égal à la somme de deux fois la hauteur du pneu et du diamètre de la jante, soit $38{,}10 + 2 \times 12{,}675 = \mathbf{63{,}45}$ **cm.**
2. Le pneu radial considéré peut supporter une charge maximale de 412 kg et rouler à la vitesse maximale de 270 km/h. Sa largeur est de 20,5 cm, le diamètre de sa jante est de 40,64 cm et son diamètre total est de **63,19 cm.**
La largeur est égale à 20,5 cm, soit **205 mm.**
La hauteur est égale à la moitié de la différence entre la hauteur du pneu et le diamètre de la jante , soit $0{,}5 \times (63{,}19 - 40{,}64) = 11{,}275$ cm. Cette longueur représente $\frac{11.275}{20{,}5} \times 100 = \mathbf{55\%}$ de la largeur du pneu.
Le diamètre est égal à 40,64 cm soit $\frac{40{,}64}{2{,}54} = \mathbf{16}$ **pouces.**
L'indice de poids toléré est de $\mathbf{77}$ (lu dans le tableau 1) et l'indice de vitesse est **W** (lu dans le tableau 2).
Il est donc inscrit « **205/55 R16 77W** » sur ce pneu.

PARTIE B : Distance d'arrêt

1. La route étant mouillée, $k = 0{,}14$. Il faut convertir la vitesse en m/s pour appliquer la formule donnée.

90 km/h correspondent à 90 000 m/h, soit $\frac{90\,000}{3600} = 25$ m/s.
Le temps de réaction est $t_R = 0{,}75$ s. En appliquant la formule donnée :
$\mathrm{d_A} = \mathrm{V} \times \mathrm{t_R} + \mathrm{kV}^2 = 25 \times 0{,}75 + 0{,}14 \times 25^2 = 18{,}75 + 87{,}5 = \mathbf{106{,}25}$ **m.**
2. On vérifie aisément que non. Plusieurs arguments sont possibles : la distance d'arrêt sur route sèche n'est pas fonction linéaire de la vitesse, or les fonctions linéaires sont les seules à modéliser les situations de proportionnalité.
On peut aussi observer que pour une vitesse de 1 m/s, la distance d'arrêt sur route sèche est égale à $\mathrm{d_A} = 1 \times 0{,}75 + 0{,}073 \times 1^2 = 0{,}823$ m, alors que pour une vitesse de 10 m/s, la distance d'arrêt est égale à $\mathrm{d_A} = 10 \times 0{,}75 + 0{,}073 \times 10^2 = 14{,}8$ m. Quand la vitesse est multipliée par 10, la distance d'arrêt n'est pas multipliée par 10. **La propriété multiplicative de la linéarité n'est pas vérifiée : la distance d'arrêt n'est pas proportionnelle à la vitesse.**

3.

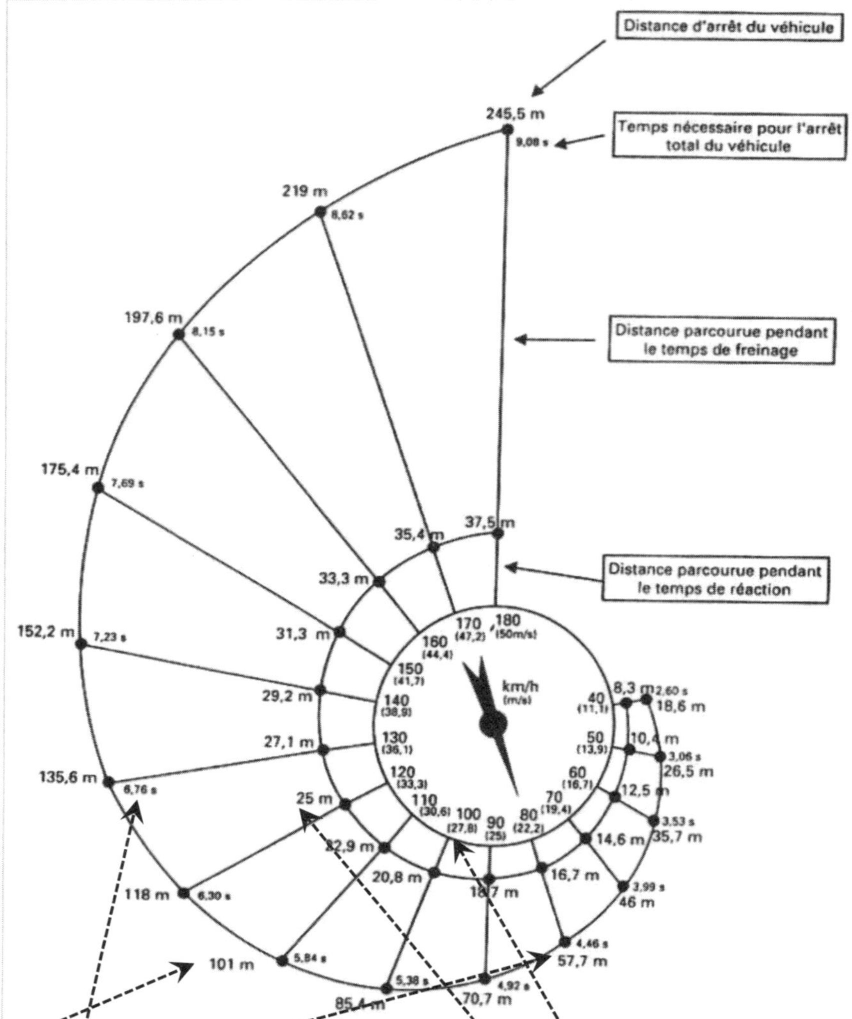

a) On lit sur le diagramme que la distance d'arrêt d'un véhicule roulant à 110 km/h est égale à 101 m ;

b) On lit sur le graphique que la distance d'arrêt d'un véhicule roulant à 80 km/h est de 57,7 m et que la distance parcourue pendant le temps de réaction est de 16,7 m. La distance parcourue pendant le freinage est donc égale à $57{,}7 - 16{,}7 = 41$ m.

c) Un véhicule roulant à 130 km/h met 6,76 s pour s'arrêter.

d) La vitesse correspondant à une distance de réaction de 25 m est 120 km/h.

e) La distance d'arrêt d'un véhicule roulant à 27,8 m/s est de 85,4 m. Le conducteur apercevant un obstacle à 100 m pourra s'arrêter à temps.

PARTIE C : Au cinéma

1. La circonférence de cette roue en cm (arrondie au millimètre) est égale à π fois son diamètre soit $\pi \times 54 \approx \mathbf{169,6}$ **cm** au mm près.

2. a) La voiture roule à 110 km/h. Elle parcourt donc 110 000 m/h soit $\frac{110\,000}{3600} \approx 30{,}55$ m/s. Cela correspond à $\frac{30{,}55}{1{,}696} \approx$ **18 tours/s au tour près.**

b) Entre deux images, le pneu de la voiture fera $18/24$ tours, soit $\mathbf{0,75}$ **tours**.

3. Pour que, en regardant le film, on ait l'impression que ses roues ne tournent pas, il faudrait avoir parcouru au minimum exactement la distance entre deux rayons de la roue. La roue ayant 5 rayons, il faudrait que 0,75 tours correspondent à $1/5$ du diamètre de la roue, soit $\frac{1}{5} \times 169{,}6 = 33{,}92$ cm. Cette distance doit être parcourue en $1/24$ seconde, ce qui correspond à $33{,}92 \times 24 = 814{,}08$ cm/s donc $814{,}08 \times 3600 = 2\,930\,688$ cm/h, soit environ 29,3 km/h. **Pour avoir l'impression que les roues ne tournent pas, il faut donc rouler à un multiple de 29,3 km/h.** Par exemple, **la roue effectue un tour complet entre deux images si la voiture roule à $\mathbf{5 \times 29,3 = 146,5}$ km/h.**

Deuxième partie, 13 points

Cette partie est composée de quatre exercices indépendants.

EXERCICE 1

1. On utilise la formule fournie, les deux solides ayant la même base d'aire $\pi \times \mathrm{AB}^2 = \pi \times 1{,}3^2 = 1{,}69\pi$ m^2:

$$V_{silo} = V_{cylindre} + V_{cône} = 1{,}69\pi \times AD + \frac{1{,}69\pi \times AS}{3} \approx 4{,}056\pi + 0{,}9013\pi$$

$$\boldsymbol{V_{silo} \approx 15,57}\ \textbf{m}^3\ \textbf{au centième près.}$$

2. Calculons le volume d'orge contenu dans le silo : $\frac{6}{7} \times 15{,}57 \approx 13{,}45$ m^3.

Calculons la quantité nécessaire : 48 vaches mangeant chacune 3L par jour pendant 90 jours auront besoin de $48 \times 3 \times 90 = 12\,960$ L. Or, 1 litre représente 1 dm^3 soit $1/1000$ m^3, il faut donc 12,96 m^3 pour nourrir les 48 vaches pendant 90 jours. **Il y aura donc assez de farine pour les nourrir toutes.**

3. Pour déterminer si les deux échelles sont parallèles, nous allons calculer les rapports HM/HN et HB/HC. Le quadrilatère SABH a trois angles droits, c'est donc un rectangle. Donc AB = SH = 1,3 m.

On sait que : HB = AS = 1,6 et que HC = SD = SA + AD = 4.

Par ailleurs, $\mathrm{HM} = \mathrm{SM} - \mathrm{SH} = \mathrm{SM} - \mathrm{AB} = 2{,}1 - 1{,}3 = 0{,}8$ et $\mathrm{HN} = \mathrm{SN} - \mathrm{SH} = \mathrm{SN} - \mathrm{AB} = 3{,}3 - 1{,}3 = 2$. On en déduit :

$$\frac{\mathrm{HM}}{\mathrm{HN}} = \frac{0{,}8}{2} = 0{,}4 \qquad \frac{\mathrm{HB}}{\mathrm{HC}} = \frac{1{,}6}{4} = 0{,}4$$

Les rapports HM/HN et HB/HC sont égaux, les points H, M, N d'une part, et H, B, C d'autre part sont alignés dans cet ordre.

D'après la réciproque du théorème de Thalès, les deux échelles sont donc parallèles.

EXERCICE 2 :

1. Chaque billet a la même chance de sortir (situation d'équiprobabilité). Il y a 300 billets, dont 2 permettant de gagner une télévision.
La probabilité de gagner une télévision est donc égale à $2/300 = 1/150$.
2. Il y a 15 bons de réduction au total sur les 300 billets **: la probabilité de gagner un bon de réduction (peu importe la somme) est égale à $15/300$, soit $0,05$.**
3. En plus de l'achat des bons de réduction dans plusieurs magasins, l'organisateur de la loterie dépense 500 € pour chaque télévision et 0,50 € pour chaque porte-clés.

a) L'organisateur dépense en tout 1 000 euros en bons de réduction, 1 000 euros en téléviseurs et 10 euros en porte-clés, soit au total 2 010 euros.
Il doit donc vendre chaque billet au prix minimum de $2010/300 = 6,70$ euros pour être sûr que ce jeu ne lui fera pas perdre d'argent.

b) En vendant chaque billet 2 €, pour atteindre la somme de 2 010 euros, il doit vendre 1 005 billets. **Il doit donc ajouter $1\,005 - 300 = 705$ billets, tous perdants** (en ne modifiant pas le nombre de billets gagnants et les lots correspondants) pour être assuré que ce jeu ne lui fera pas perdre d'argent.

EXERCICE 3 :

1. Au début, $a = 5, n = 0, b = 1$. Pendant le premier passage dans la boucle, n devient $n + 1 = 1$, b devient $b \times a = 1 \times 5 = 5$ et a demeure égal à 5. A la fin du second passage, n vaut 2, b devient $5 \times 5 = 25$ et a demeure égal à 5.
2. A chaque passage dans la boucle, n augmente de 1, a demeure identique, et b est multiplié par 5. **Ce programme écrit donc la liste des puissances de 5, de 5^1 jusqu'à 5^{10}.**

EXERCICE 4 :

Pour chacune des affirmations suivantes nous indiquons si elle est vraie ou fausse, en justifiant la réponse.
1. On considère un cube dont la surface totale extérieure mesure 576 cm². La surface d'une face mesure $576/6 = 96$ cm². L'arête de ce cube mesure donc $\sqrt{96}$ cm soit environ 9,8 cm.
Un cube de contenance 1L, soit 1 dm³, soit encore 1 000 cm³ ayant une arête égale à 10 cm. Comme $9,8 < 10$, le volume du cube considéré est bien inférieur à 1L. **Affirmation VRAIE.**
2. Prenons les nombres 2 et 3. L'inverse de la somme de ces deux nombres est égale à $\frac{1}{2+3} = \frac{1}{5}$. La somme des inverses de ces deux nombres est égale à $\frac{1}{2} + \frac{1}{3} = \frac{3}{6} + \frac{2}{6} = \frac{5}{6}$ Comme $1/5 = 0,2$ et $\frac{5}{6} \approx 0,8$ **Cette affirmation est FAUSSE.**
3. Soit P le prix initial. Il subit une baisse de 30% donc devient $0,70 \times P$ puis ce nouveau prix subit une hausse de 50% donc devient $1,5 \times (0,7 \times P) = 1,05 \times P$. Le prix initial a donc augmenté de 5%. **Affirmation VRAIE.**

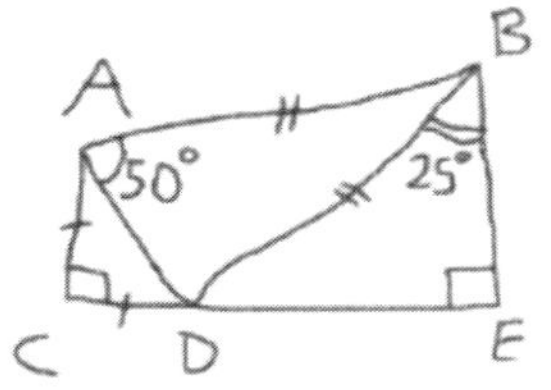

4. Calculons l'angle $\widehat{CDE}$: le triangle ACD est rectangle isocèle en C d'après le codage, donc ses angles autres que l'angle droit mesurent 45°. Le triangle ABD est isocèle en B d'après le codage, donc les angles $\widehat{BAD}$ et $\widehat{BDA}$ sont égaux. Comme $\widehat{BAD}$ mesure 50°, $\widehat{BDA}$ mesure aussi 50°. Le triangle DBE est rectangle en E, et l'angle $\widehat{DBE}$ mesure 25°. Comme la somme des angles dans un triangle vaut 180°, $\widehat{BDE} = 180 - \widehat{DBE} - 90 = 65°$.
On en déduit : $\widehat{CDE} = \widehat{CDA} + \widehat{ADB} + \widehat{BDE} = 45 + 50 + 65 = 160°$. L'angle n'est pas plat. **L'affirmation** « Les points C, D et E sont alignés » est **FAUSSE**.

Troisième partie, 14 points

Cette partie est composée de trois situations indépendantes.

SITUATION 1

Nous donnerons parfois plus de réponses que demandé, afin de donner le corrigé le plus complet possible.

1. Des raisons pour lesquelles le calcul en ligne est, en termes d'apprentissage, complémentaire au calcul posé :

- Le calcul en ligne permet d'utiliser les propriétés des opérations comme la distributivité de la multiplication sur l'addition, et ainsi de mieux comprendre les algorithmes du calcul posé ;
- Le calcul en ligne permet de mieux comprendre la numération des nombres entiers, comme dans le cas de la multiplication par 10 ou par 100.
- Le calcul en ligne peut être plus rapide que le calcul posé, comme dans le cas de la soustraction $143 - 43$; mais le calcul posé présente l'avantage de permettre d'effectuer tous les calculs.
- Le travail sur les deux types de calcul, en ligne et posé, permet de donner à l'élève les moyens de choisir la méthode la plus efficace en fonction des calculs à effectuer.

2. Stratégie 1, en décomposant 17 en $15 + 2$ puis en calculant le complément à la dizaine qui suit 28 : $28 + 17 = 28 + 2 + 15 = 30 + 15 = 45$.
Stratégie 2, en décomposant 28 et 17 en somme d'un multiple de 10, du nombre 5 si nécessaire, et du complément, puis en calculant ensemble les multiples de 10, les 5 éventuels, et les compléments : $28 + 17 = 20 + 5 + 3 + 10 + 5 + 2 = 30 + 10 + 5 = 45$.
Stratégie 3, en utilisant une décomposition soustractive et en remplaçant chaque nombre par la dizaine supérieure, et en enlevant la quantité nécessaire à chaque nombre : $28 + 17 = 30 - 2 + 20 - 3 = 50 - 5 = 45$.
Stratégie 4, en utilisant la décomposition canonique de chaque nombre : $28 + 17 = 20 + 8 + 10 + 7 = 30 + 15 = 45$.
3. Stratégie 1, en décomposant 14 en 2×7 ; puis en utilisant la connaissance des doubles : $14 \times 5 = 2 \times 7 \times 5 = 2 \times 35 = 70$. La propriété utilisée est

l'associativité de la multiplication, ainsi que la connaissance de la table de 5 et des doubles.

Stratégie 2, en décomposant 14 de façon canonique, puis en ajoutant les produits de ses dizaines puis de ses unités par 5. $14 \times 5 = (10 + 4) \times 5 = 10 \times 5 + 4 \times 5 = 50 + 20 = 70$. La propriété utilisée est la distributivité de la multiplication sur l'addition, et la connaissance de la table de 5.

Stratégie 3, en utilisant le fait que 5 est la moitié de 10. On multiplie alors 14 par 10, puis on prend la moitié de ce résultat : $14 \times 5 = 140/2 = 70$. La propriété utilisée est l'associativité de la multiplication, la connaissance de la multiplication par 10 et le calcul mental de la moitié des nombres entiers.

SITUATION 2

1. Le résultat attendu est la somme des longueurs des 3 côtés, cette somme est égale à $16,2$ cm.

Nicolas :

- la démarche utilisée : il additionne ensemble les unités $(6 + 5 + 4 = 16)$, puis les dixièmes $(4/10 + 5/10 + 3/10 = 11/10)$, puis additionne les deux résultats intermédiaires trouvés.
- les compétences qui semblent acquises : la connaissance de la notion de périmètre.
- les éventuelles erreurs : Nicolas se trompe dans le calcul des deux additions. Il trouve 16 au lieu de 15 pour l'addition des entiers et lors de l'addition des fractions, il trouve 11 au lieu de 12 au numérateur. Il se trompe ensuite en donnant l'écriture décimale de son résultat : il traduit $11/10$, comme 1 unité et 1 centième (1,01), au lieu de 1 unité et 1 dixième (1,1).

Thomas :

- la démarche utilisée : il additionne lui aussi ensemble les unités $(6 + 5 + 4)$, puis les dixièmes, et laisse le résultat sous la forme de la somme d'unités et d'une fraction de dénominateur 10.
- les compétences qui semblent acquises : la connaissance de la notion de périmètre, l'addition des entiers et l'addition de fractions de même dénominateur.
- les éventuelles erreurs : Le résultat est correct mais on peut considérer qu'il aurait du traduire $12/10$ en 1 unité et 2 dixièmes.

Amina :

- la démarche utilisée : elle additionne elle aussi ensemble les unités $(6 + 5 + 4)$, puis les dixièmes, et laisse le résultat sous la forme de la somme d'unités et d'une fraction de dénominateur 10. Comme $12/10$ est supérieur à 1, elle le traduit correctement en 1 unité et $2/10$. Enfin, elle traduit la somme sous forme d'un nombre décimal.
- les compétences qui semblent acquises : la connaissance de la notion de périmètre, l'addition d'entiers, l'addition de fractions de même dénominateur, savoir que $10/10 = 1$ unité. Amina maîtrise aussi la compétence qui consiste à donner l'écriture sous forme décimale de la somme d'un entier et une fraction de dénominateur 10 inférieure à 1.

- les éventuelles erreurs : Amina se trompe en écrivant des égalités fausses. En effet, elle utilise le signe égal comme la touche « effectuer » de la calculatrice. De même, elle annonce son résultat final par un signe « égal » qui commence une ligne de calcul.

2. L'enseignant peut proposer à Thomas la production d'Amina pour lui demander si elle est correcte, il peut demander de donner la réponse en centimètre, ou demander le résultat sous la forme d'un nombre à virgule.

SITUATION 3

1. Benjamin : Il propose l'addition des parties décimales comme si elles étaient des parties entières. Il propose ensuite l'addition des parties entières, et enfin la juxtaposition des deux résultats en les séparant par une virgule. Son erreur consiste en l'identification des parties décimales sans tenir compte du rang des chiffres. En effet, il s'agit de 7 dixièmes, et pas de 7 centièmes.

Océane : Elle pose l'addition, en alignant les virgules, ce qui aligne les unités ; et en alignant les chiffres de la partie décimale à droite, ce qui aligne les centièmes et les dixièmes.

Isabelle : Elle écrit l'addition en ligne, qui est correcte. Elle explique son résultat en donnant l'écriture de chaque nombre décimal sous forme de fraction décimale. Elle traduit donc 3,12 en $312/100$, et 5,7 en $57/10$. Pour pouvoir effectuer la somme, elle traduit correctement $57/10$ en $570/100$. Elle additionne ces deux fractions de même dénominateur en additionnant leurs numérateurs, puis donne l'écriture décimale de $882/100$.

Pierre : Il écrit lui aussi une addition correcte. Il traduit chaque nombre sous la forme d'unités et d'une fraction décimale : $5{,}7$ par 5 unités et $7/10$, ainsi que $3{,}12$ par 3 unités et $12/100$. Il additionne ensuite ensemble les fractions décimales de dénominateurs différents (10 et 100). Il calcule correctement cette somme probablement en traduisant mentalement $7/10$ en $70/100$. Il additionne ensuite les unités ensemble, et enfin, additionne ces deux résultats intermédiaires, 8 unités et $82/100$ et en donne l'écriture décimale.

2. Benjamin, et Océane ont commis des erreurs. La représentation erronée des nombres décimaux qui pourrait être à l'origine des erreurs des élèves est celle de deux entiers distincts juxtaposés et séparés par une virgule. En effet, l'erreur commune consiste à calculer la somme de 7 dixièmes et 12 centièmes comme $7 + 12 = 19$, et de considérer ce résultat comme des centièmes.

3. Pour remédier à ce type d'erreurs, l'enseignant pourra :

- demander aux élèves des décompositions comme celles utilisées par Isabelle : décomposition des nombres en fractions décimales ;
- utiliser un tableau de numération afin de bien identifier le rang de chaque chiffre ;
- écrire les nombres avec le même nombre de chiffres après la virgule en complétant éventuellement par des zéros : $3{,}12$ et $5{,}70$;
- utiliser du matériel multibase ;
- utiliser une droite graduée.

Sujet du groupement 3, énoncé

Première partie, 13 points

Une piste d'athlétisme est formée de huit couloirs. La largeur de chaque couloir est de 1,22 mètre. Chacun des neuf bords des huit couloirs est composé de deux lignes droites de 100 mètres et de deux demi-cercles. Le couloir 1 est celui le plus à l'intérieur, le 8 étant celui le plus à l'extérieur. Le bord intérieur du couloir 1 est composé de deux lignes droites de 100 mètres et de deux demi-cercles de rayon 31,83 mètres.
Dans tout l'exercice on négligera la largeur des bandes de peinture délimitant les couloirs. Pour les courses de sprint (100 m, 200 m ou 400 m), il y a huit coureurs et chacun occupe un couloir. Un coureur devant rester dans son couloir tout au long de la course, on considère que la distance qu'il parcourt est celle correspondant à la ligne la plus intérieure de son couloir.

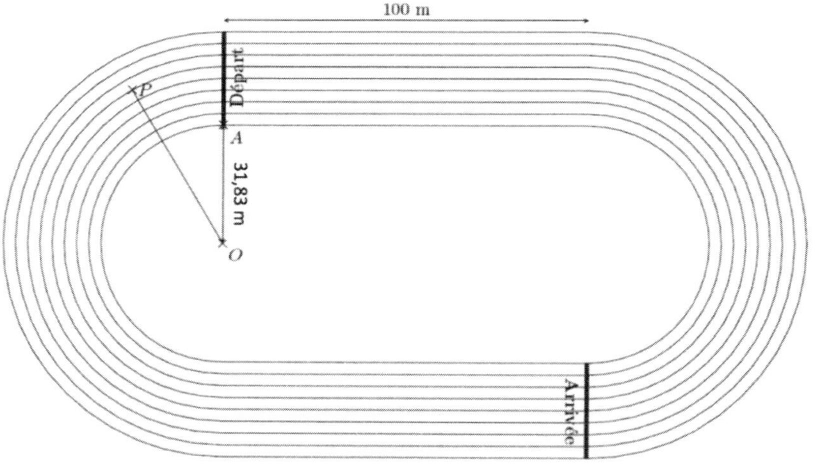

1. Vérifier que la distance d'un tour de piste complet parcourue par le coureur du couloir 1 est d'environ 400 m.
2. Dessiner le couloir n°1 (avec ses deux bords) à l'échelle 1/1200. Indiquer les calculs effectués pour réaliser la construction.

On étudie dans les questions ci-dessous la configuration d'une course de 200 m.

3. Expliquer pourquoi il y a un décalage au départ d'une course de 200 m comme sur la photographie ci-contre :

4. Sur la représentation précédente,

- le point A correspond à la position de départ du coureur dans le couloir 1 ;
- le point P correspond à la position de départ du coureur dans le couloir 6. Pour ce coureur, le décalage correspond à la longueur de l'arc de cercle de centre O et qui a pour extrémités le point P et le point de la ligne 6 situé sur la ligne « Départ ».

a) Calculer le décalage du coureur du couloir 6 au centimètre près.

On peut repérer la position de départ dans le couloir par l'angle $\widehat{AOP}$ que l'on appelle α. Cet angle dépend du numéro n du couloir.

b) Calculer la mesure de l'angle α pour le couloir n°6. On donnera la mesure de l'angle arrondie au dixième de degré.

Voici la courbe d'une fonction permettant de déterminer la valeur de α en fonction du couloir n.

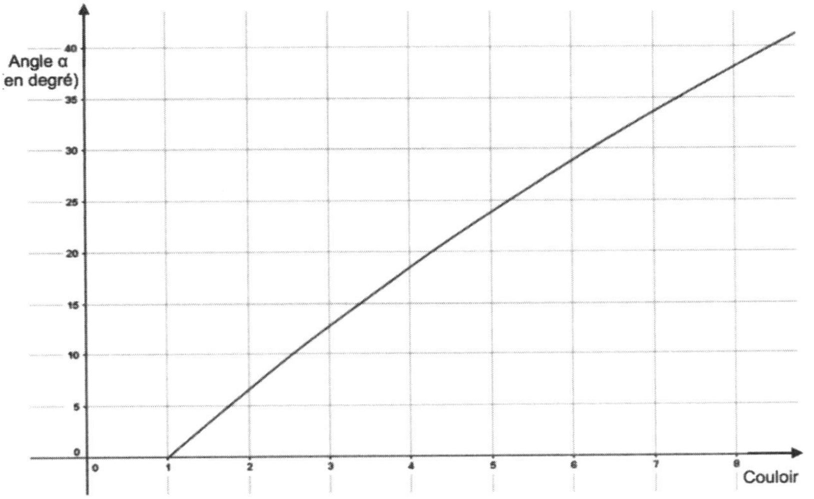

c) Y a-t-il proportionnalité entre le numéro du couloir et la valeur de α ? Justifier.

d) Par lecture graphique, donner un encadrement d'amplitude 2° de la valeur de l'angle α pour le couloir 3.

e) Un élève utilise un tableur pour déterminer automatiquement le décalage et l'angle en fonction du couloir.

	A	B	C	D
1	Couloir	Décalage	Angle α	
2	1			
3	2			
4	3			
5	4			
6	5			
7	6			
8	7			
9	8			
10				

Parmi les formules suivantes, quelle formule, qu'il fera ensuite glisser dans toute la colonne, peut-il entrer dans la case B2 pour calculer le décalage ? On rappelle que « PI() » renvoie le nombre π.

Formule A	Formule B
=PI()*((A2)*1,22+31,83)-100	=PI()*((A2-1)*1,22+31,83)-100

Formule C	Formule D
=PI()*((A2)*1,22)-100	=PI()*((A2-1)*1,22)-100

Formule E	Formule F
=PI()*((A2)*1,22+31,83)	=PI()*((A2-1)*1,22+31,83)

Formule G	Formule H
=PI()*((A2)*1,22)	=PI()*((A2-1)*1,22)

5. Au 1er janvier 2018, le Jamaïcain Usain Bolt détient le record du monde du 200 mètres en 19,19 secondes.

a) Déterminer sa vitesse moyenne en km/h. Arrondir au dixième.

b) À cette vitesse-là, combien mettrait-il de temps pour effectuer un marathon dont la longueur est de 42,195 km? On donnera la réponse en heures, minutes et secondes, arrondie à la seconde près.

c) Le précédent record du monde du 200 mètres était détenu par l'américain Michael Johnson, « La locomotive de Wako », avec un temps de 19,32 secondes aux Jeux Olympiques d'Atlanta en 1996. De quel pourcentage Usain Bolt a-t-il réduit le temps du record du monde du 200 mètres ?

Deuxième partie, 13 points

Cette partie est composée de quatre exercices indépendants.

EXERCICE 1

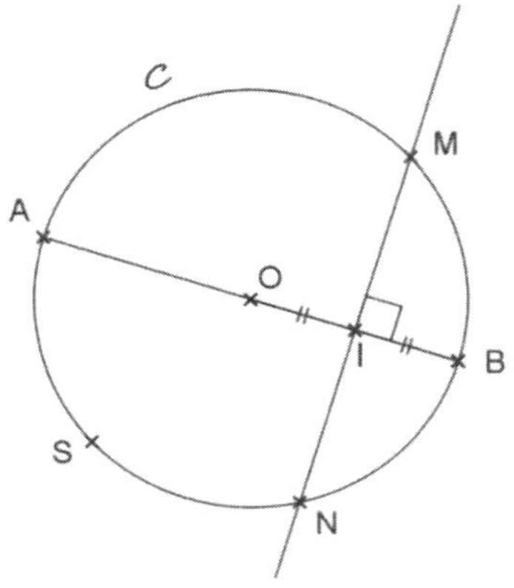

Sur la figure ci-contre, qui n'est pas dessinée en vraie grandeur, **C** est un cercle de centre O et de rayon 5 cm. Le segment [AB] est un diamètre de ce cercle. Les points M et N sont les intersections du cercle **C** avec la médiatrice du segment [OB]. Le point I est le milieu de [OB]. Le point S est le symétrique du point M par rapport au point O.

Cette figure n'est pas dessinée en vraie grandeur

1. Quelle est la nature du triangle OMB ? Justifier.
2. Démontrer que le quadrilatère AMBS est un rectangle.
3. Calculer la valeur exacte de l'aire du rectangle AMBS.
4. Démontrer que le quadrilatère OMBN est un losange.

EXERCICE 2

Indiquer si chacune des affirmations suivantes est vraie ou fausse. Justifier la réponse.
Une réponse inexacte ou non justifiée ne rapporte aucun point.

1. Affirmation 1 : 126 possède exactement 10 diviseurs.

2. Affirmation 2 : Si un polygone non croisé A a un périmètre supérieur au périmètre du polygone non croisé B alors l'aire du polygone A est supérieure à l'aire du polygone B.

3. Affirmation 3 : Si des prix augmentent de 5 % par an, ils auront plus que doublé en 15 ans.

4. **Affirmation 4** : Les dimensions de mon échantillon de parfum sont cinq fois plus petites que celles de mon flacon habituel. Il y a donc 25 fois moins de parfum dans l'échantillon que dans le flacon habituel.

EXERCICE 3

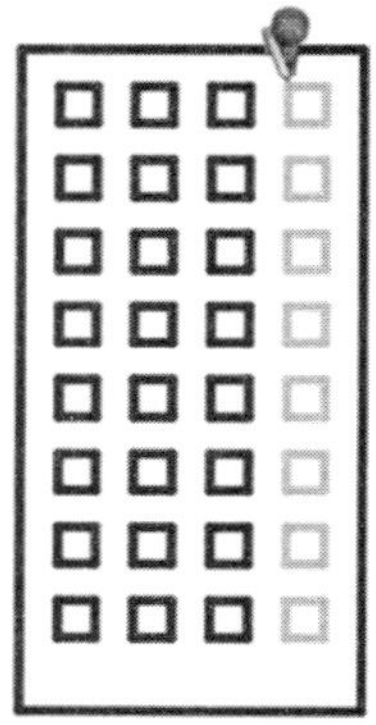

Un élève qui utilise le site « code.org » doit écrire un programme pour repasser au crayon noir les petits carrés en gris sur le dessin ci-contre :

Il propose le programme ci-dessous

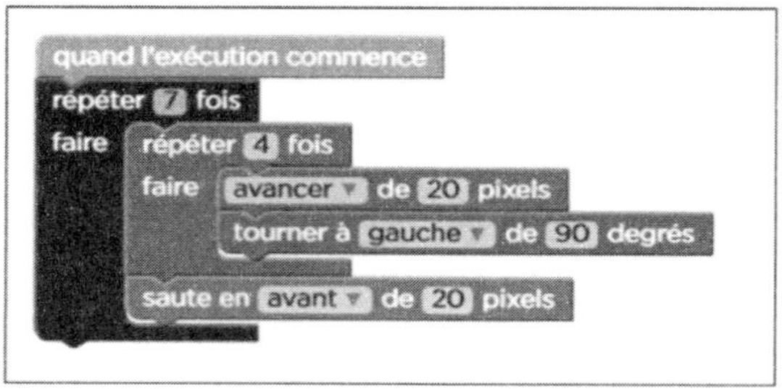

Quand il lance le programme, le dessin obtenu est le dessin ci-contre :

Que faut-il modifier dans le programme pour obtenir le dessin attendu ?

EXERCICE 4 :

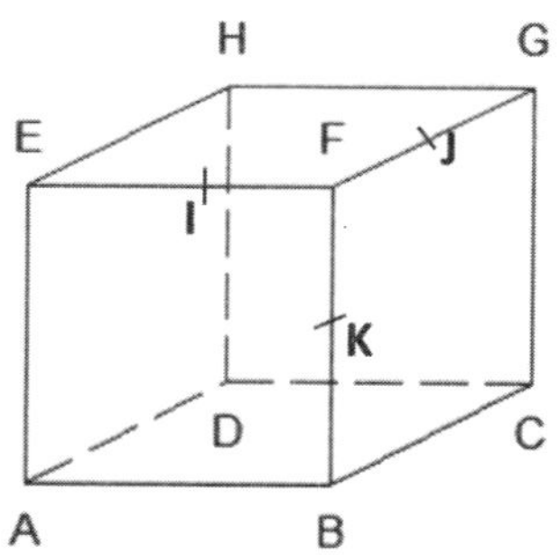

Soit ABCDEFGH un cube d'arête 6 cm.

1. Soit I, J et K les milieux respectifs des arêtes [FE], [FG] et [FB]. Quelle est la nature du triangle IJK ? Justifier.

2. Montrer que le volume du tétraèdre FIJK est 4,5 cm^3. On rappelle que le volume d'une pyramide est égal au tiers du produit de l'aire d'une base par la hauteur associée.

3. Construire, en vraie grandeur, un patron du tétraèdre FIJK. On laissera les traits de construction.

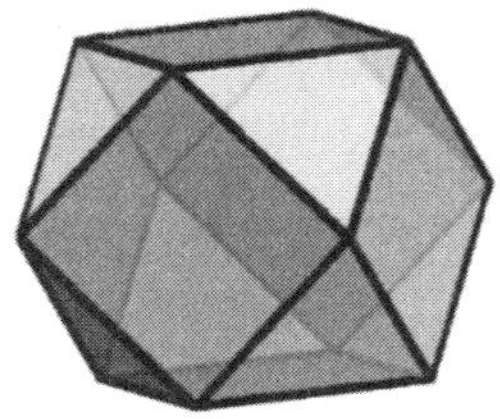

4. On coupe le cube en suivant le plan (IJK), afin d'ôter le tétraèdre FIJK. On procède de la même façon avec chacun des sept autres sommets du cube. Le solide obtenu après ces différentes coupes s'appelle un « cuboctaèdre ».

a) Calculer le volume de ce cuboctaèdre.

b) Calculer la longueur totale de ses arêtes. On donnera le résultat arrondi au millimètre.

Troisième partie, 14 points

Cette partie est composée de trois situations indépendantes.

SITUATION 1

Une boîte contient des dragées toutes identiques. 120 dragées pèsent 360 g. Combien pèsent 30 dragées ?

1. Proposer trois procédures pouvant être utilisées par les élèves pour résoudre cet exercice, en explicitant à chaque fois chacun des calculs effectués pour trouver le résultat attendu.

2. L'enseignante veut vérifier la maitrise de la procédure dite de retour à l'unité par les élèves. Elle souhaite garder la même forme d'exercice en modifiant les nombres en jeu dans l'énoncé pour contraindre, ou au moins encourager vivement, les élèves à utiliser cette procédure. Proposer un énoncé modifié qu'elle pourrait soumettre à ses élèves.

SITUATION 2

Un professeur des écoles distribue le problème suivant à ses élèves de CE1 et leur demande de se mettre en groupe pour le résoudre. Les productions de quatre groupes sont présentées dans la suite.

Les cinq élèves de l'équipe verte ont gagné des images.

Lisa : 12 images — Camille : 11 images

Luc : 10 images — Nora : 13 images

Ilyes : 9 images

Ils veulent se les partager pour que chacun en ait la même quantité.

Combien d'images aura chaque enfant après le partage ?

1. Citer deux objectifs d'apprentissage que cette situation permet de travailler.

2.a) Expliquer chacune des stratégies d'addition pour trouver 55 pour les élèves des groupes 1 et 2 en s'appuyant sur leurs productions ci-après.

b) Donner un point commun et deux différences dans la démarche mathématique des productions des groupes 1 et 2.

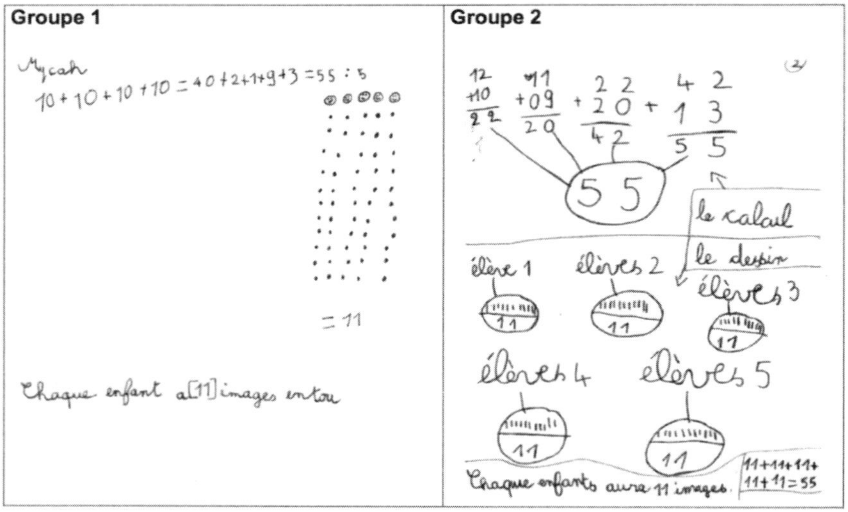

3. Citer deux difficultés qu'a rencontrées le groupe 3.

SITUATION 3

Voici une situation problème proposée à des élèves de CM1.

Problème 1 : Combien de sacs de 12 billes peut-on faire avec 56 billes ?

Voici trois productions d'élèves illustrant la résolution du problème 1 :

Production n°1

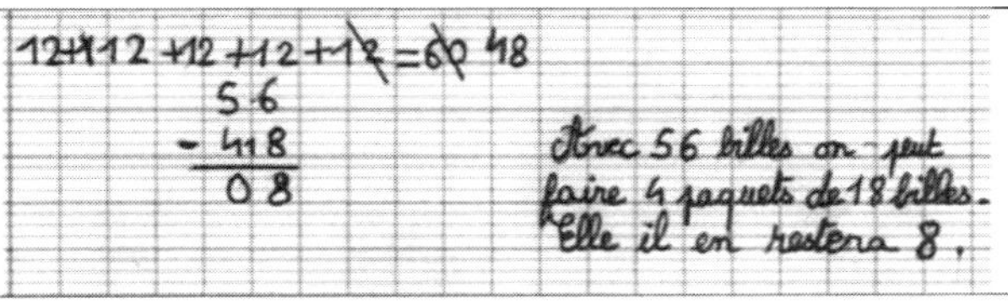

Production n°2

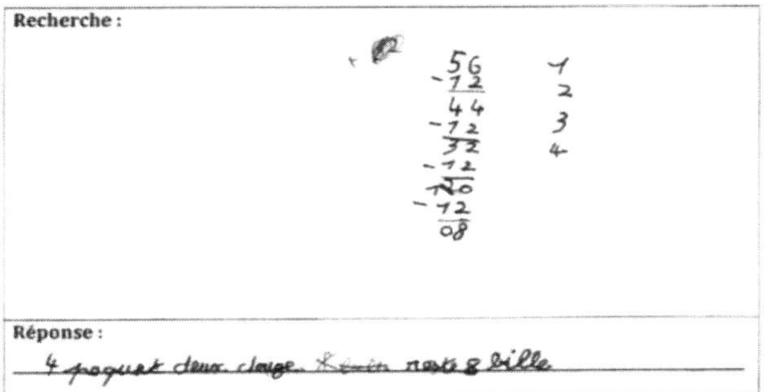

Production n°3

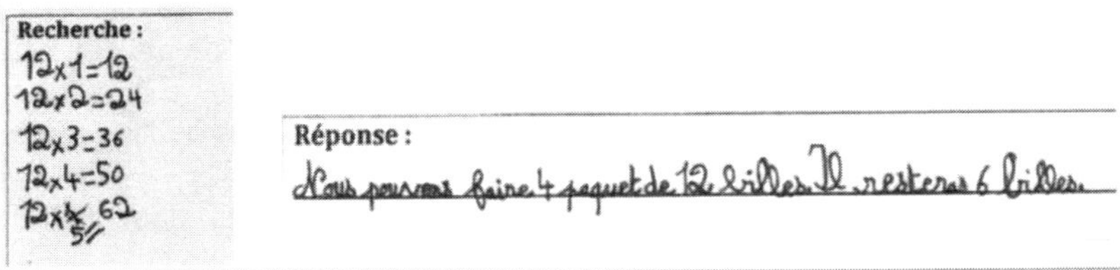

1. Pour chacune de ces productions, expliciter la procédure utilisée pour résoudre le problème 1 ?

2. Expliquer comment la modification des nombres de l'énoncé peut montrer les limites des procédures mises en œuvre et inciter à l'utilisation de la technique opératoire de la division ?

3. Citer trois connaissances ou capacités nécessaires pour effectuer une division posée ?

✍ Corrigé du sujet du groupement 3

Première partie, 13 points

1. Calculons le périmètre P de la figure en considérant le couloir 1 (intérieur) : cette figure est constituée de deux longueurs de 100 m et d'un cercle de rayon 31,83 m

$$P = 2 \times 100 + 2 \times \pi \times 31{,}83 \approx 400\ m$$

2. Effectuons un tableau de conversion :

Explication	Echelle	Ligne droite	Rayon	Largeur couloir
Longueur réelle (cm)	1 200	10 000	3 183	122
Longueur carte (cm)	1	8,3	2,7	0,1

La figure ci-dessous n'est pas aux dimensions exactes. Les dimensions exactes sont indiquées dans le tableau.

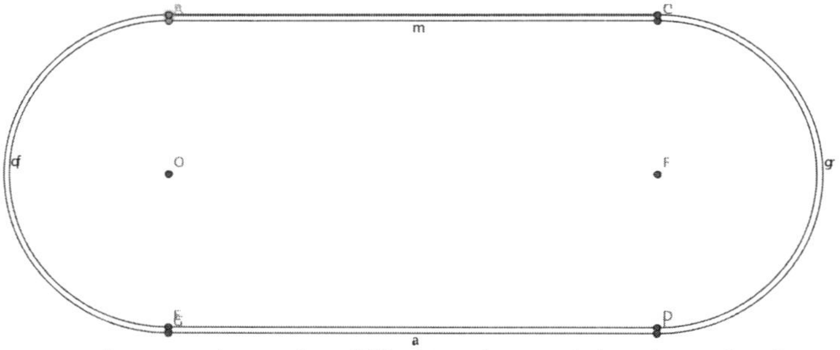

3. Les rayons des arcs de cercles délimitant les couloirs, étant de plus en plus grands, il en va de même des périmètres. Ainsi donc, le décalage du coureur dans son couloir permet de faire en sorte que chacun des périmètres des couloirs soient bien de 200 m.

4. a) Pour calculer le décalage du coureur du couloir 6, il nous faut d'abord connaître la longueur AP :

$$AP = 5 \times 1{,}22 = 6{,}1\ m \qquad \textbf{(1)}$$

Le coureur en couloir P et celui en couloir A courent pour terminer sur une ligne droite de 100 m. On a vu en 1. que le demi-périmètre du cercle de rayon OA valait environ 100 m. Intéressons-nous au demi-périmètre du cercle de rayon OP

$$P_P = 100 + \pi \times 6{,}1 \approx 119{,}16\ m$$

Ainsi, le coureur positionné en P doit partir avec une longueur de 19,16 m de décalage : ce décalage correspond exactement à $\pi \times 6{,}1$.

b) La mesure de l'angle et le périmètre sont proportionnels, ainsi :

180 °	α
119,16	19,16

$$\alpha \approx 28,9°$$

c) On voit que le graphe ne passe pas par l'origine : ceci permet d'affirmer qu'il n'y a pas proportionnalité entre le numéro du couloir et la valeur de α .

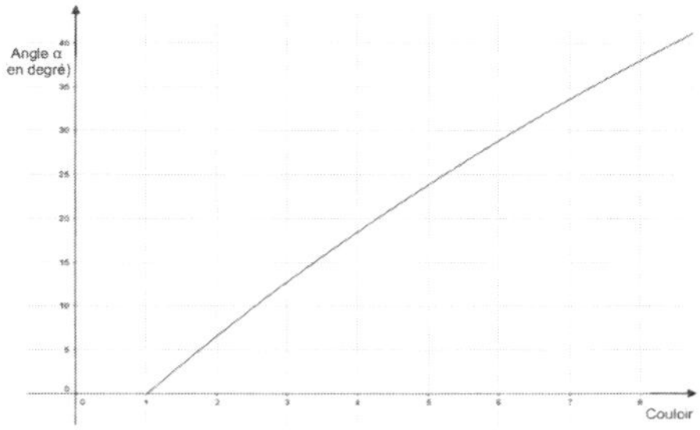

d) Par lecture graphique, $11,5 < \alpha_3 < 13,5$

e) Reprenons la question 4a) pour comprendre la manière de calculer le décalage : si on sait que le coureur est dans le couloir N, la formule (1) montrait la manière de calculer le rayon du cercle : $1,22(N-1)$.
Le reste de la question a permis de voir que le décalage correspond à ce rayon, multiplié par π, ce qui correspond à $\pi \times 1,22(N-1)$.
On revient ici aux formules proposées :
La formule exacte est celle de la formule H, qui correspond à l'écriture littérale ci-dessus.

Formule A	Formule B
=PI()*((A2)*1,22+31,83)-100	=PI()*((A2-1)*1,22+31,83)-100

Formule C	Formule D
=PI()*((A2)*1,22)-100	=PI()*((A2-1)*1,22)-100

Formule E	Formule F
=PI()*((A2)*1,22+31,83)	=PI()*((A2-1)*1,22+31,83)

Formule G	Formule H
=PI()*((A2)*1,22)	=PI()*((A2-1)*1,22)

5.a) Usain Bolt court 200 mètres en 19,19 secondes. Sa vitesse moyenne est d'environ **37,5 km/h** :

0,2 km	19,19 s
37,5	3 600 s

b) À cette vitesse-là, pour effectuer un marathon de 42,195 km, il mettrait 4049 s :

0,2	19,19 s
42,195	4 049 s

Convertissons ce temps :

$$4049s = 67 \text{ min } 29\,s = 1\text{h } 7 \text{ min } 29\,s$$

c) Le record de Johnson, était de 19,32 secondes : Usain Bolt a réduit ce record de 0,13 s. En pourcentage, cela correspond à une réduction de

$$\frac{0{,}13 \times 100}{19{,}32} \approx 0{,}67\%$$

Deuxième partie, 13 points

EXERCICE 1

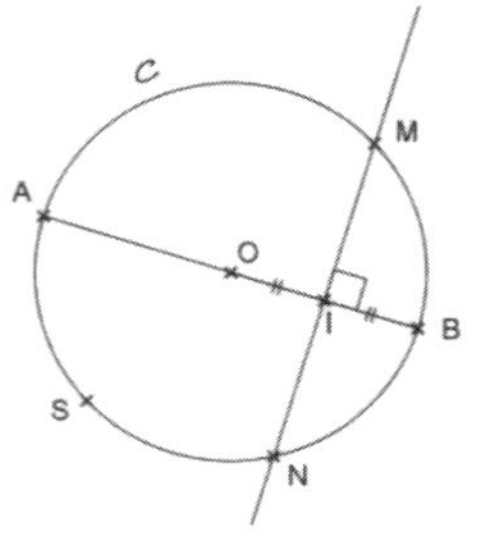

C est un cercle de centre O et de rayon 5 cm. [AB] est un diamètre de ce cercle. Les points M et N sont les intersections du cercle **C** avec la médiatrice du segment [OB]. Le point I est le milieu de [OB]. Le point S est le symétrique du point M par rapport au point O, donc O est le milieu de [SM], qui est donc un diamètre du cercle.

1. Le triangle OMB est formé avec deux points M et B, sur le cercle de centre O : OM = OB. D'autre part, M est sur la médiatrice de [OB] : MO =MB. Le triangle est donc équilatéral.

2. [AB] et [SM] sont deux diamètres du cercle **C** et donc, ces segments se coupent en leur milieu, O et sont de même longueur. Comme ce sont les diagonales du quadrilatère AMBS, celui-ci est bien est un rectangle.

3. Calculons MI dans le triangle OMI rectangle en I, en utilisant le théorème de Pythagore :

$$\mathrm{OM}^2 = \mathrm{MI}^2 + \mathrm{IO}^2 \Leftrightarrow \mathrm{MI}^2 = R^2 - \frac{1}{4}R^2 = \frac{3}{4}R^2$$

$$\mathrm{MI} = \frac{\sqrt{3}}{2}R$$

Et puisque

$$Aire_{AMB} = \frac{\mathrm{MI} \times \mathrm{AB}}{2}$$

on a

$$Aire_{AMBS} = 2 \times Aire_{\mathrm{AMB}} = \mathrm{MI} \times \mathrm{AB} = \frac{\sqrt{3}}{2}R \times 2R = \sqrt{3}R^2 = 25\sqrt{3}.$$

NB : on peut également calculer le produit de la longueur et de la largeur du rectangle : $Aire_{AMBS} = \mathrm{AM} \times \mathrm{MB}$. On sait que $\mathrm{MB} = 5$ par la question 1, et que $\mathrm{AM} = \sqrt{75} = 5\sqrt{3}$ par le théorème de Pythagore appliqué au triangle AMB rectangle en M.

4. On a déjà vu que $\mathrm{OM} = \mathrm{MB} = \mathrm{ON}$. Et comme en 1., N étant sur la médiatrice de [OB], on a encore $\mathrm{ON} = \mathrm{NB}$: Le quadrilatère OMBN ayant 4 côtés de même longueur est un losange.

NB : on peut aussi montrer que les diagonales de OMBN sont perpendiculaires et se coupent en leur milieu.

EXERCICE 2

1. **Affirmation 1** : 126 possède exactement 10 diviseurs. **FAUX**

En effet, $126 = 2^1 \times 3^2 \times 7^1$, et il possède donc $d = 2 \times 3 \times 2 = 12$ diviseurs.

Remarque : pour s'en convaincre, en peut aussi les écrire :

$$D = \{1; 2; 3; 6; 7; 9; 14; 18; 21; 42; 63; 126\}$$

2. **Affirmation 2** : Si un polygone non croisé A a un périmètre supérieur au périmètre du polygone non croisé B alors l'aire du polygone A est supérieure à l'aire du polygone B. **FAUX**

Il suffit de produire un contre-exemple :

Considérons d'une part un carré C de côté 4, et d'autre part un rectangle R de longueur 6 et de largeur 2,1 :

$$P_C = 4 \times 4 = 16; P_R = 2 \times (6 + 2{,}1) = 16{,}2: \ P_R > P_C$$

Mais

$$A_C = 4 \times 4 = 16; A_R = 6 \times 2{,}1 = 12{,}6: \ A_R < A_C$$

3. **Affirmation 3** : Si des prix augmentent de 5 % par an, ils auront plus que doublé en 15 ans. **VRAI**

Notons P_0 le prix de départ, et P_n le prix obtenu au bout de n années.

L'affirmation nous permet d'écrire que

$$P_1 = 1{,}05P_0; \quad \ldots \quad P_n = (1{,}05)^n P_0$$

Calculons alors $P_{15} = (1{,}05)^{15} P_0 \approx 2{,}08\ P_0$

Le prix a bien plus que doublé en quinze ans.

4. **Affirmation 4** : Les dimensions de mon échantillon de parfum sont cinq fois plus petites que celles de mon flacon habituel. Il y a donc 25 fois moins de parfum dans l'échantillon que dans le flacon habituel. **FAUX**

On sait que dans le cas d'une réduction de coefficient k, les longueurs de l'échantillon sont alors divisées par k, l'aire, divisée par k^2 et le volume par k^3

Ainsi, le coefficient ici étant 5, le volume de parfum est donc 125 fois moins que le volume du flacon habituel.

EXERCICE 3

Un élève propose le programme ci-dessous et obtient le dessin ci-contre une fois le programme lancé

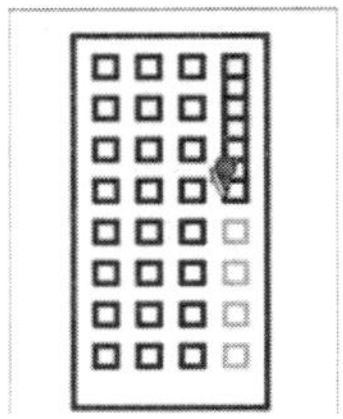

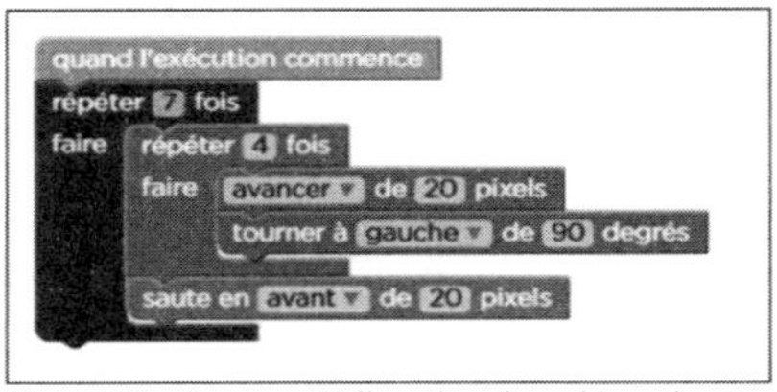

Il suffit de modifier la dernière instruction, et demander un « saut en avant de 40 pixels », au lieu de 20.
Il faut également repasser en noir 8 carrés et pas 7, il faut donc remplacer « répéter 7 fois » par « répéter 8 fois ».

EXERCICE 4

Soit ABCDEFGH un cube d'arête 6 cm.

1. Soit I, J et K les milieux respectifs des arêtes [FE], [FG] et [FB]. Les trois côtés [IJ], [JK] et [IK] sont les trois hypoténuses de trois triangles rectangles isocèles de côtés 3cm : ainsi ces trois longueurs sont égales et le triangle IJK est équilatéral.

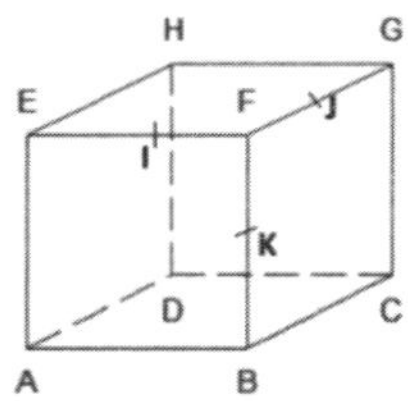

2. Prenons dans le tétraèdre FIJK la base IFK : en ce cas, puisque (FG) est orthogonale au plan (ABFE), [FJ] est bien la hauteur du tétraèdre associée à la base IFK.
On a alors

$$A_{IFK} = \frac{IF \times FK}{2} = \frac{9}{2}$$

Et donc
$V_{IFKJ} = \frac{A_{IFK} \times FJ}{3} = \frac{9 \times 3}{2 \times 3} = 4{,}5$
Ainsi, le volume du tétraèdre FIJK est 4,5 cm³.

3. Construire, en vraie grandeur, un patron du tétraèdre FIJK.

NB : la longueur de 3 cm n'est pas respectée sur ce dessin

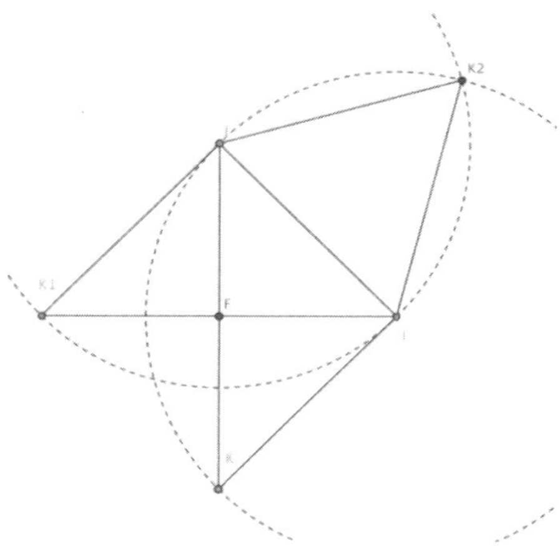

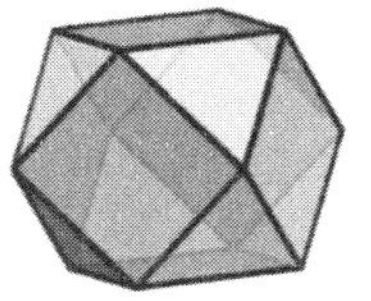

4. On coupe le cube en suivant le plan (IJK), afin d'ôter le tétraèdre FIJK. On procède de la même façon avec chacun des sept autres sommets du cube.

a) On retire à chaque sommet un tétraèdre identique au précédent : on le retire donc 8 fois, au volume total du cube. On obtient alors

$$V_{cuboctaedre} = V_{cube} - 8 \times V_{IFKJ} = 6^3 - 8 \times \frac{9}{2}$$
$$= 216 - 36 = 180\ cm^3$$

b) On reprend la question 1. où on avait signalé que le côté du triangles équilatéral avait pour longueur l'hypoténuse d'un triangle rectangle isocèle de côté 3 cm. Ainsi, on sait que $IJ = 3\sqrt{2}cm$. Le solide étant constitué de $3 \times 8 = 24$ arêtes, la longueur totale des arêtes est alors de :

$$L = 24 \times 3 \times \sqrt{2} \cong 101{,}8\ cm$$

Troisième partie, 14 points

SITUATION 1

Une boîte contient des dragées toutes identiques. 120 dragées pèsent 360 g. Combien pèsent 30 dragées ?

1. Le problème proposé ici est une situation de proportionnalité, et ainsi, les élèves pourront utiliser des procédures liées à cette notion :

*** **Procédure de retour à l'unité** :

Si 120 dragées pèsent 360 g, alors 1 dragée pèse $360 : 120 = 3$g et donc, 30 dragées pèsent $30 \times 3 = 90$g.

*** **Utilisation de la propriété multiplicative de la proportionnalité** :

30 dragées, c'est 4 fois moins que 120 dragées. Et donc, le poids des 30 dragées est aussi 4 fois moindre, donc il est de 90 g.

*** **Utilisation du coefficient de proportionnalité** :

On passe de 120 à 360 en multipliant par 3. Ainsi donc le poids de 30 dragées sera de 90 g.

2. L'enseignante veut vérifier la maitrise de la procédure dite de retour à l'unité par les élèves. Ici, le fait qu'il existe un coefficient multiplicateur simple entre le nombre de dragées permet d'utiliser facilement la procédure multiplicative vue en 2***. Pour encourager donc l'utilisation du retour à l'unité il suffit donc de proposer un énoncé ne laissant plus apparaître un tel coefficient de proportionnalité. Par exemple, proposons le poids pour 120 dragées et demandons **le poids de 100 dragées**.

Une boîte contient des dragées toutes identiques. 120 dragées pèsent 360 g. Combien pèsent 100 dragées ?

SITUATION 2

Un professeur des écoles distribue le problème suivant à ses élèves de CE1 et leur demande de se mettre en groupe pour le résoudre. Les productions de quatre groupes sont présentées dans la suite.

Les cinq élèves de l'équipe verte ont gagné des images.

Lisa : 12 images
Camille : 11 images
Luc : 10 images
Nora : 13 images
Ilyes : 9 images

Ils veulent se les partager pour que chacun en ait la même quantité.

Combien d'images aura chaque enfant après le partage ?

1. Le problème proposé est une situation dans laquelle il n'est pas possible de répondre en utilisant une unique opération. Les élèves vont devoir comprendre le problème et s'engager dans des procédures qui ne sont pas guidées par l'énoncé.

On peut donc citer deux objectifs principaux à cette situation :
- savoir résoudre un problème de partage équitable par une procédure personnelle;
- savoir effectuer des successions d'additions.

2.a) Les deux groupes 1 et 2 mettent en place de stratégies différentes pour effectuer l'addition des 5 termes proposés :

** Le groupe 1 commence par décomposer les 5 nombres en dizaine- unité, puis ajoute ensemble les dizaines, et les unités, il pose mentalement la somme puisque la retenue n'est pas inscrite.

** le groupe 2 effectue ses additions en décomposant par des additions de deux termes : Ce groupe utilise en acte la propriété d'associativité de l'addition :

$$12 + 10 + 11 + 9 + 13 = \big((12 + 10) + (11 + 9)\big) + 13$$

b) Les deux productions ont en commun de chercher dans un premier temps le nombre d'images possédées par les 5 enfants, par une procédure additive, puis de partager la somme trouvée, 55, en effectuant une procédure schématique.

Néanmoins, comme les dessins entourant les bâtons ont la taille exactement nécessaire, le groupe 2 ne donne pas l'impression de s'être servi de sa schématisation pour résoudre le problème de partage, mais semble au contraire proposer le schéma comme justification de son calcul additif

$11 + 11 + 11 + 11 + 11$

3. Le groupe 3 commence par poser l'addition des termes demandés, et effectue les calculs suivants :

$$(12 + 10) + ((11 + 9) + 13)$$

Néanmoins, pour la partie $(11 + 9) + 13$ il trouve 32 au lieu de 33 et n'additionne pas ce résultat au 22 trouvé en premier terme.
D'autre part, il communique sur un total d'images de 55, qu'il a peut-être trouvé à droite, en schématisant et dénombrant : il ne prend pas en compte qu'il lui faut partager ces images en 5 parts égales.

SITUATION 3

Voici une situation problème proposée à des élèves de CM1.

> **Problème 1** :
> Combien de sacs de 12 billes peut-on faire avec 56 billes ?

Voici trois productions d'élèves illustrant la résolution du problème 1 :

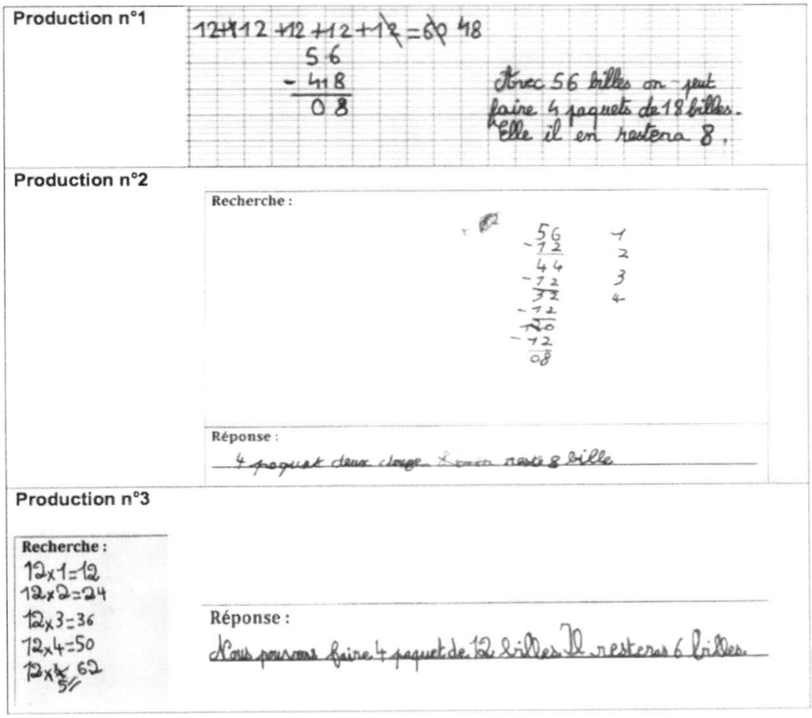

1. L'élève 1 procède par additions réitérées du diviseur, jusqu'à obtenir le dividende. Il ajuste alors pour trouver le quotient : le nombre de sommations du diviseur donnant une somme plus petite que le dividende, puis calcule le reste. Dans sa réponse, elle écrit qu'il s'agit de sacs de 18 billes au lieu de 12 billes, mais le nombre de sacs indiqué est correct, le reste également.

L'élève 2 procède par soustractions réitérées du diviseur au dividende. Il s'arrête quand la différence est inférieure au diviseur. Il communique correctement la réponse au problème.
L'élève 3 calcule les multiples successifs du diviseur de manière à trouver un produit inférieur au dividende. Il fait une erreur de calcul pour 12×4 (50 au lieu de 48) ce qui explique son reste faux.
2. Le diviseur et le dividende ont un rapport tel que le quotient ne comporte qu'un seul chiffre, permettant de mettre en place à la fois, l'addition réitérée ou la soustraction réitérée. Si le quotient avait un ordre de grandeur autour de 50, les deux premières procédures deviendraient de suite inefficaces, quant à la troisième, l'élève devrait proposer des multiples plus grands du diviseur, qui « sortiraient » des tables, obligeant à poser des opérations.
Ainsi, on voit que si le professeur commence par proposer un exercice où les trois procédures précédentes apparaissent, puis un énoncé avec des valeurs obligeant à modifier la procédure de résolution, on peut penser que les élèves pourront envisager d'utiliser des multiples « ronds » du diviseur, associés à la soustraction réitérée.
3. Citons trois connaissances ou capacités nécessaires pour effectuer une division posée. Pour effectuer une division posée, il faut :

** Connaître les tables de multiplications ;

** Savoir poser des soustractions ;

** savoir trouver un ordre de grandeur dans une opération.

Troisième partie : Mise en situation professionnelle dans un domaine choisi par le candidat

Introduction

Cette épreuve vise à évaluer les compétences scientifiques, didactiques et pédagogiques du candidat dans un domaine d'enseignement relevant des missions ou des programmes de l'école élémentaire ou de l'école maternelle, choisi au moment de l'inscription au concours parmi les **domaines suivants** : sciences et technologie, histoire, géographie, histoire des arts, arts plastiques, éducation musicale, enseignement moral et civique.

Chaque candidat détermine l'option de son choix au moment de son inscription. Aucune modification de l'option choisie ne peut être acceptée après la clôture du registre des inscriptions.

Le candidat remet préalablement au jury un **dossier de 10 pages au plus**, portant sur le sujet qu'il a choisi. Ce dossier pourra être conçu à l'aide des différentes possibilités offertes par les technologies de l'information et de la communication usuelles, y compris audiovisuelles (format Compact Disc prévu par le règlement du concours ou tout autre support choisi par le rectorat comme une clé USB). Il est adressé au président du jury sous format papier accompagné le cas échéant d'un support numérique, dans un délai et selon des modalités fixées par le jury.

Ce dossier se compose de **deux ensembles** :

- la synthèse des fondements scientifiques relatifs au sujet retenu ;
- la description d'une séquence pédagogique, relative au sujet choisi, accompagnée des documents se rapportant à cette dernière.

L'épreuve, qui dure 1 heure, comporte **deux parties** :

- la présentation du dossier par le candidat (20 minutes) ;
- l'entretien avec le jury portant, d'une part, sur les aspects scientifiques, pédagogiques et didactiques du dossier et de sa présentation, et, d'autre part, sur un élargissement et/ou un approfondissement dans le domaine considéré (40 minutes), pouvant notamment porter sur sa connaissance réfléchie des différentes théories du développement de l'enfant.

L'épreuve est notée sur **60 points** :

- 20 points pour la présentation du dossier par le candidat ;
- 40 points pour l'entretien avec le jury.

Chapitre 1 : Arts plastiques[1]

I. Présentation

A. Une discipline artistique

La discipline des arts plastiques fait partie de l'Éducation Artistique et Culturelle :

- Elle est artistique car elle engage la pratique de création de l'élève (éducation par l'art).
- Elle est culturelle car elle suscite aussi la rencontre avec des œuvres d'artistes (éducation à l'art).

Néanmoins, l'activité largement dominante est la pratique plastique à partir de laquelle toutes les autres activités rayonnent : activités culturelles de regard et de rencontre avec des œuvres, activités de langage.

B. Les finalités

Elles sont d'ordres divers.

- ♦ Les aptitudes **transversales** : elles articulent le sensible et le réfléchi, développent la curiosité et la créativité, l'initiative et l'autonomie (se mettre en projet).
- ♦ Les aptitudes **d'expression** : c'est l'apprentissage du langage plastique afin de permettre l'extériorisation de sentiments ou d'idées personnelles.
- ♦ L'éducation du **regard** : c'est la compréhension et le décryptage des images en combinant les opérations de création et de lecture d'images.
- ♦ L'acquisition de **valeurs** : en lien avec l'exercice de la liberté de création, c'est la reconnaissance et l'estime de soi comme auteur, le respect de l'autre et de ses réalisations.
- ♦ La démocratisation culturelle : elle se fait par l'acquisition d'une **culture** personnelle et d'une culture commune.

1. Chapitre rédigé par Philippe BRUN, professeur agrégé d'arts plastiques.

C. Un nom changeant

D'abord *dessin* puis, depuis 1970, *arts plastiques*, la discipline s'était ainsi élargie à de nouveaux moyens d'expressions utilisés dans l'art moderne et contemporain. Ensuite, le passage au terme *arts visuels* actait notamment l'ouverture au cinéma et autres modes de l'image. Depuis 2016, la dénomination *arts plastiques* revient en vue d'harmoniser la discipline entre le collège et l'école. Néanmoins ce concept reste intégrateur, en plus des pratiques traditionnelles et modernes, de celles de la photographie, du cinéma et des moyens d'expression numérique.

D. Les principes pédagogiques

Trois principes essentiels gouvernent l'action pédagogique.

- **La pratique est première** : l'élève n'apprend, ni par des explications données par le professeur, ni par un modèle qui lui est présenté, mais par son expérience plastique suscitée par des dispositifs inducteurs.
- **Une pédagogie de la divergence** (de la créativité) : les situations sont pédagogiquement ouvertes, l'élève explore, les productions sont singulières.
- **Des liens constants** sont instaurés entre pratique, regard et réflexion.

II. Les savoirs et la démarche artistiques

A. Les savoirs

Les contenus disciplinaires sont issus du champ de l'art : les œuvres, l'étude des démarches d'artistes (études poïétiques), la théorie (textes critiques et écrits d'artistes) et la philosophie de l'art (esthétique), l'histoire de l'art dans toute sa pluralité (approche formaliste, iconographique, sociologique…).

Afin de pouvoir être enseignés, ces savoirs sont transposés et aboutissent à diverses catégories.

- Les savoirs plasticiens (y compris numériques) sont liés à la pratique artistique. On associe habituellement à la pratique la notion de savoir-faire (aspects techniques). Cependant, elle relève davantage du savoir-comment faire pour exprimer, signifier ou résoudre telle ou telle problématique artistique (aspects artistiques).
- Les savoirs théoriques sont essentiellement langagiers pour le premier degré, liés à l'acquisition d'un vocabulaire spécifique et aux prises de parole (aptitude à décrire, analyser, interpréter).
- Les savoirs culturels sont liés aux connaissances de noms d'artistes, d'œuvres, de mouvements artistiques rencontrés en lien avec la pratique, à l'aptitude à mobiliser les savoirs théoriques face aux œuvres.

♦ Les savoirs comportementaux sont liés à la démarche de création (initiative, créativité, autonomie…) ayant des aspects transversaux (coopération…).

Pour rendre compte des objectifs d'apprentissage visés, le professeur précisera les contenus de ces quatre catégories sur lesquels portera sa proposition pédagogique.

Par exemple, le professeur peut viser comme apprentissages, pour une activité à la craie grasse et sèche :

- d'être capable de réaliser une composition colorée en jouant sur les couleurs chaudes et froides et sur les matières poudreuses ou épaisses, en mêlant diverses opérations plastiques (étaler, estomper, graver…) ;
- d'être capable de retenir les notions de couleurs chaudes et froides, les mots « pastel sec » et « pastel à l'huile », le mot « matière » ainsi que « estomper » et « graver » ;
- de connaître un pastel de Degas, d'être capable de donner des indications techniques et plastiques sur l'œuvre ;
- de faire preuve d'exploration, d'entrer en projet et de le mener à bien.

B. Les compétences

Les compétences ressortent des mêmes catégories que les apprentissages (plasticiens, théoriques, culturels et comportementaux). Plusieurs apprentissages acquis à l'issue de séquences dans le cycle permettent de construire une compétence. Celles-ci peuvent se définir comme un ensemble de ressources (des aptitudes, des attitudes et des connaissances) permettant de faire face à une situation nouvelle et inédite : c'est donc sur le moyen et long terme qu'elles se construisent (cycle). Pour une séquence, on précisera les compétences engagées par la proposition pédagogique, les objectifs généraux d'apprentissages et, pour chaque séance, les objectifs spécifiques.

C. La démarche de création

1. Le processus de création

L'acte de créer se déploie sur deux plans :

- c'est un **processus matériel** de mise en forme de matériaux impliquant gestes et outils ;
- c'est un **processus immatériel** d'inspiration lié, notamment, à l'imagination (faculté de convoquer des images mentales) et à la réflexion.

Il y a réciprocité entre ces deux paramètres : l'idée amène à mettre en forme le matériau et le matériau impose une forme et relance l'inspiration.

Ce processus est à la fois conscient et inconscient. La création a ainsi été étudiée par les psychanalystes car elle met en route des fonctionnements de la psyché. Également, la création nécessite un lâcher-prise, c'est-à-dire un **automatisme créatif** qui ne passe pas par une réflexion mais par la sensibilité. Parallèlement, des **choix** techniques, plastiques et sémantiques définissent l'action consciente et réfléchie de la création. Il s'agit alors de conduire le processus pour avoir une **démarche de création**.

2. La créativité

À l'école, la créativité, partie prenante du processus de création, se caractérise en arts plastiques par :
- la capacité, dans une situation pédagogique, à **projeter** une action artistique ;
- la **productivité** en termes d'idées et de formes plastiques à partir d'une sollicitation ;
- la capacité à **transférer** des données plastiques et sémantiques d'un univers à un autre ;
- l'**originalité** (par rapport aux référents de l'élève) ;
- la capacité à être **actif** par rapport à son environnement en l'envisageant comme matériau ou support de création.

Cette créativité, présente potentiellement chez tous, se travaille afin d'être développée.

3. Les phases et la dynamique du processus de création

On observe trois phases (Gosselin, 1998).
- La phase d'**ouverture** : c'est l'entrée dans un questionnement artistique et un imaginaire.
- La phase d'**action productive** : c'est le moment de la réalisation.
- La **séparation** : c'est le temps de l'exposition de la production considérée comme terminée.

Tout au long de ces trois phases, trois mouvements agissent.
- L'**inspiration** : c'est l'émergence de l'intention artistique qui naît des incitations de l'enseignant ou du travail du matériau.
- L'**élaboration** : c'est l'émergence de l'objet qui se fabrique selon les conditions matérielles et temporelles du dispositif pédagogique.
- La **distanciation** : c'est la prise de recul pendant la production en dialoguant avec le professeur ou lors des verbalisations collectives finales face aux productions de la classe.

4. Amener l'élève à avoir une démarche de création

Du cycle 1 au cycle 3, l'élève est de plus en plus conscient des effets produits du point de vue plastique et sémantique. Peu à peu il comprend les rapports de causalité entre ses choix et les interprétations suscitées par sa production. Cela va l'amener à entrer dans une démarche de création en affirmant des intentions et en faisant des choix plastiques en fonction de celles-ci. Le professeur a un rôle d'**accompagnement** à travers ses interventions face à la classe ou directement auprès de chaque élève : il questionne, répond, formule ou reformule, donne à voir, demande des explications, soulève des problèmes, encourage, gratifie…

III. Les fondamentaux du langage plastique

A. Le médium

Le mot médium est utilisé dans le sens d'un moyen d'expression artistique. Les élèves ont à apprendre à propos des médiums traditionnels (peinture, sculpture, dessin) ou des médiums modernes et actuels (collage, assemblage, installation, photographie, cinéma, médiums numériques). On peut distinguer les médiums par rapport à leurs caractéristiques :

- **spatiales** : compositions bidimensionnelles (largeur, longueur), compositions tridimensionnelles (longueur, largeur et profondeur) ;
- **matérielles** : productions à partir d'images préexistantes (collage, images retouchées…), à partir de peinture, de moyens graphiques ou autres.

Les productions peuvent aussi croiser plusieurs médiums (« **techniques mixtes** ») : peintures auxquelles se mêlent des objets, dessin dans l'espace avec du fil de fer, sculptures servant de supports pour la peinture…

B. La technique

1. Le support

Ce peut être un support mobile spécifique (bois pour les icônes, toile pour les tableaux, papier pour le dessin…) ou bien l'architecture (fresques), des objets (vases, vêtements, boucliers…), le corps (peintures corporelles). Le **format** renvoie à la forme du support et à son échelle : traditionnellement de format quadrangulaire pour la peinture, le support peut être carré ou rectangulaire, très allongé ou pas, orienté verticalement ou horizontalement. Il peut aussi être rond (*tondo*). L'échelle très réduite implique une relation de proximité voire d'intimité, l'échelle très grande englobe le champ visuel, se mesure au corps et génère des effets d'inclusion ou de domination. La **matière** du support (épaisse, lisse, granuleuse…) lui donne une qualité de texture que l'on peut accentuer, en le froissant par exemple. Il peut être préparé afin de le rendre lisse ou texturé. Souvent blanc et pensé comme vide, il n'est pourtant pas neutre et peut être **coloré ou imagé**.

> **À voir, les œuvres de :** Gaston CHAISSAC (1910-1964), Pierre ALECHINKY (1927-…)

2. Le matériau

C'est ce qui est destiné à être transformé par l'acte de production. Aux matériaux traditionnels de la peinture (pour l'école, la gouache) ou de la sculpture (pour l'école, l'argile, le carton, le plâtre) peuvent s'ajouter des éléments détournés : des matériaux (du carton, des bandes plâtrées…), des objets industriels (boîtes, vieux mécanismes, jouets, affiches, papiers d'emballage…), des objets naturels (branches, sable, feuilles, cailloux, coquillage…). En fait l'élève va apprendre que tout peut être manipulé et transformé et donc devenir matériau de création : la lumière, les images, les objets ordinaires.

> **À voir, les œuvres de :** Charles SIMONDS (1945-…), CÉSAR (1921-1998), Vik MUNIZ (1961-…)

3. L'outil

L'outil appareille la main mais le corps lui-même peut être l'instrument. Les outils déterminent une trace de par le geste et le matériau. L'empreinte est la trace qui résulte d'un contact simple. La touche est la trace du pinceau en peinture. Chaque outil génère un travail différent et des traces singulières. On peut chercher à effacer toute trace ou au contraire jouer des différences. L'instrument peut être spécifique (pinceaux ronds ou plats, spatules pour peindre…), détourné (éponge, chiffon, objets pour peindre…) ou inventé (en carton par exemple).

> **À voir, les œuvres de :** Guiseppe PENONE (1947-…), Fabienne VERDIER (1962-…)

4. Le geste

Le geste mobilise le corps avec une certaine énergie. Un geste de la main (qui est celui de l'écriture) donnera un tracé différent du geste de l'avant-bras ou du bras tout entier. La pression sur l'outil intervient aussi, de même que la vitesse. Les arts plastiques explorent toute l'amplitude des gestes graphiques, picturaux, sculpturaux en jouant sur les conditions de travail (assis, debout) et sur la dimension du support ou la quantité de matière à mettre en forme (pour la sculpture).

À voir, les œuvres de : Georges MATTHIEU (1921-2012), Jackson POLLOCK (1912-1956), Tony ORRICO (1979-...)

C. Les constituants plastiques

1. La couleur

La couleur est un phénomène physique lié à la décomposition de la lumière mais c'est l'aspect artistique qui nous retient ici. La couleur est maintenant préfabriquée industriellement mais elle peut aussi être fabriquée à partir de matériaux naturels et d'un liant (colle...). Elle peut aussi être « trouvée » dans des images ou des objets naturels ou artificiels.

On peut considérer la couleur selon cinq axes.

- La **qualité** colorée : il existe une grande variété de teintes d'une même couleur (par exemple, pour le vert : le vert Véronèse, le vert anglais, le vert émeraude...). On peut créer des nuances par mélange. Les couleurs primaires (bleu cyan, rouge et jaune primaire) permettent, par mélange, d'obtenir les couleurs secondaires (orange/vert/violet). Les couleurs complémentaires (bleu/orange, rouge/vert, jaune/violet), qui s'opposent dans le cercle chromatique, s'intensifient quand elles se trouvent proches l'une de l'autre ; mélangées, elles se grisent et donnent les tons rompus. Une couleur est toujours perçue différemment selon les autres couleurs qui lui sont adjacentes. On distingue les couleurs chaudes (autour des jaunes orangés) des couleurs froides (autour des bleus).
- La luminosité de la couleur (les **valeurs**) : les couleurs peuvent être lumineuses ou plus sombres. De là, elles acquièrent dans la peinture une qualité spatiale : les couleurs claires « avancent ». Le noir et le blanc ont des qualités lumineuses mais peuvent aussi être employés pour la qualité colorée qui leur est propre.
- La quantité de couleur : les **rapports de quantité** influent sur l'effet d'ensemble (une grande surface de bleu est plus bleue qu'un peu de bleu). Des productions peuvent aussi avoir des dominantes colorées (davantage d'une couleur ou d'un ensemble de nuances d'une même couleur).
- La **matérialité** de la couleur : la couleur est indissociable de l'aspect matériel. Un bleu épais et granuleux donnera une sensation différente du même bleu lisse et régulier. L'aplat est une couche régulière de couleur unie mais la couleur peut aussi être texturée.
- La **symbolique** de la couleur : il existe, dans les diverses cultures, des symboliques différentes et qui évoluent dans le temps. L'artiste peut en jouer ou instaurer sa propre sémantique.

Les productions peuvent être multicolores ou monochromes et de toutes les combinaisons entre ces deux extrêmes. Elles peuvent également jouer sur les contrastes de qualité ou de quantité.

> **À voir, les œuvres de :** Fra ANGELICO (1395-1455), Vincent VAN GOGH (1853-1890), Wassily KANDINSKY (1866-1944), Piet MONDRIAN (1872-1944), Marc ROTHKO (1903-1970), Willem DE KOONING (1904-1997), Yves KLEIN (1928-1962)

2. La lumière

Du clair à l'obscur, s'étend toute la gamme des valeurs (degrés de luminosité). On peut associer des valeurs opposées (**clair-obscur**) ou imposer une dominante de valeurs claires ou sombres. On ne confondra pas la lumière comme qualité plastique et l'**éclairage** qui désigne la modalité d'éclairement d'un espace. On peut travailler l'éclairage d'un motif pour obtenir une qualité de lumière particulière dans une installation ou sur une photographie.

> **À voir, les œuvres de :** Claude GELLÉE dit Le Lorrain (1600-1682), REMBRANDT (1606-1699), Claude MONET (1840-1926), Georges SEURAT (1859-1891), Christian BOLTANSKI (1944-…)

3. La matière

On ne confondra pas la matière dans sa réalité avec la représentation d'une matière. La **texture** est l'effet visuel et tactile de la matière en surface. La matière est un constituant plastique qui appelle, en plus du sens de la vue, le sens du **toucher**. On distinguera les matières lisses ou rugueuses, douces ou râpeuses… Les matériaux peuvent se combiner pour donner des matières plus riches : peinture et sable ou sciure ou farine… On peut également considérer la matière du point de vue de sa structure : régulière ou irrégulière, compacte ou aérée, transparente ou opaque…

La facture d'un tableau dépend de la façon particulière de peindre (cf. technique) et est reconnaissable par l'aspect de la matière : des empâtements (épaisseurs de peinture), des glacis (couches transparentes), des coulures (écoulement de la peinture), un certain type de touche. La facture peut être très libre ou plus contrainte, légère ou appuyée.

> **À voir, les œuvres de :** Frans HALS (1580-1666), Vincent VAN GOGH (1853-1890), Jean FAUTRIER (1898-1964), Morris LOUIS (1912-1962), Anselm KIEFER (1945-…)

4. La ligne

La ligne peut résulter d'un dépôt de matière sur un support (dessin au fusain par exemple), d'un retrait (gravure, gommage…) ou de la rencontre entre deux surfaces. Elle peut aussi être induite par une forme (allongée par exemple). La ligne est une **dynamique :** celle de son tracé (geste graphique) et de sa direction (horizontale, verticale, oblique, courbe). Elle peut être claire (simple et nette) ou s'organiser en faisceaux de petites lignes juste esquissées : cela dépend du geste, du matériau et de l'outil.

Les lignes se croisant forment des **trames** qui occupent des surfaces. Les lignes combinées entre elles forment des **graphismes**. Leurs formes et combinatoires sont multiples. Les « graphismes décoratifs » des programmes du cycle 1 renvoient à toutes les formes de graphismes possibles utilisés dans de multiples domaines (arts plastiques, calligraphie, décors sur objets, tissus…). La calligraphie est l'art de former et de tracer les lettres : le tracé (le dessin) de la ligne y a une part importante. Si on associe souvent la tache à la peinture, on associe parallèlement la ligne au dessin.

> **À voir, les œuvres ou dessins de :** Léonard de VINCI (1452-1519), Jean-Auguste INGRES (1780-1867), Henri MATISSE (1869-1954), Keith HARING (1958-1990)

5. La forme

Elle est très liée à la ligne. Les rapports entre **le fond et la forme** sont fondamentaux : forme fermée quand elle est close (par un cerne par exemple), forme ouverte quand on ne peut déterminer où elle se finit précisément. Les rapports colorés, de lumière, de texture modifient la relation fond/forme. Elle peut être compacte ou découpée, simple ou complexe, acérée ou molle, symétrique ou asymétrique. Les formes sont de type **géométrique** (carré, cercle, polygone…) ou **organique** (irrégulières, liées aux formes du vivant). Mais on peut trouver des formes géométriques dans la nature (formes spiralées par exemple). Dans le dessin traditionnel, les formes simples permettent de construire des formes plus complexes. La forme peut être exploitée pour elle-même ou en lien avec la représentation du monde.

> **À voir, les œuvres de :** Karl BLOSSFELDT (1865-1932), Henri MATISSE (1869-1954), Kasimir MALEVITCH (1879-1935), Pablo PICASSO (1881-1973), Joan MIRÓ (1893-1983)

6. Le volume

En trois dimensions, c'est l'équivalent de la forme. Une sculpture en ronde-bosse permet de tourner autour. Quand le volume est rattaché à une surface plane c'est un relief, haut-relief s'il se détache beaucoup, bas-relief à l'inverse.

Le volume se construit dans la masse du matériau en le mettant en forme par la taille, le modelage, le moulage. Ou bien, il s'obtient par la construction (association de matériaux) ou l'assemblage (association d'objets naturels ou manufacturés). La structure d'un volume est ce qui, de l'intérieur, lui permet de tenir debout (une structure métallique par exemple). L'habillage est ce qui sera perçu sur la surface du volume étayé par une structure intérieure (un effet de texture ou de couleur, une matière particulière…). La recherche de l'équilibre du volume est une recherche traditionnelle en sculpture : tenir debout.

Une sculpture est faite de plein (les volumes) et de vide (absence de matière, espace entre les pleins) : ce dernier est aussi important que les volumes pleins. Les volumes eux-mêmes peuvent être creux, voire pénétrables par le spectateur. De même que la forme, on peut qualifier le volume de géométrique ou organique, simple ou complexe, etc. Le volume est aussi indissociable de la matière (effets de texture, de poids, de transparence…) et de la couleur (couleur propre au matériau ou couleur ajoutée).

À voir, les œuvres de : Gian Lorenzo LE BERNIN (1598-1680), Auguste RODIN (1840-1917), Jean ARP (1886-1966), Alexander CALDER (1898-1976), Alberto GIACOMETTI (1901-1966), ARMAN (1928-2005), Mario MERZ (1925-2003)

D. La composition

Une composition est un ensemble d'éléments associés entre eux dans l'espace bidimensionnel du support ou dans l'espace tridimensionnel, de manière à former un tout.

L'**espace** d'accueil (support allongé ou ramassé…) est déterminant quant à la composition. Il contribue à l'effet d'ensemble (par exemple à l'élévation de la verticalité), à provoquer une modalité de lecture (latérale pour un format étroit et allongé). Parfois, la composition viendra contrarier le format (par exemple, lignes horizontales dans un support étiré verticalement) ou le redoubler (rectangles peints dans le rectangle de la toile).

La composition se met en place soit à partir de **masses** (de couleurs, de formes, de valeurs) soit à partir de **lignes de force**. Les lignes de force s'appuient ainsi sur les lignes directionnelles des formes, elles structurent la composition. On parle de centre ou de nœud de la composition pour désigner des points vers là où notre regard converge. Le centre de la composition ne correspond pas nécessairement au centre géométrique du support.

Les directions des lignes constituent un ensemble statique (par exemple : rapports orthogonaux entre verticales et horizontales) ou dynamique (par exemple : importance des obliques ou des courbes, voire d'une spirale). Les masses entre elles créent des rapports d'équilibre ou de déséquilibre. Des contrastes de couleur, de lumière, de formes peuvent devenir des principes directeurs pour composer. Une composition peut être symétrique par rapport à un axe ou dissymétrique. Elle peut être construite en frise (succession d'éléments au premier plan) ou en registres superposés. Elle peut organiser différents plans dans une profondeur.

À voir, les œuvres de : Pierre-Paul RUBENS (1577-1640), Jacques-Louis DAVID (1748-1825), Eugène DELACROIX (1798-1863), Paul KLEE (1879-1940), Sonia DELAUNAY (1885-1979), Georges VANTONGERLOO (1888-1965)

Certaines œuvres bidimensionnelles ou tridimensionnelles organisent des éléments (motifs, objets…) sur la surface du support ou en trois dimensions sans volonté de suggérer ou de raconter. Des principes d'organisation pourront être la répétition, l'alternance, la dispersion, le regroupement, l'accumulation…

À voir, les œuvres de : Andy WARHOL (1928-1987), Claude VIALLAT (1926-…)

E. Les opérations plastiques

Les opérations plastiques sont des modalités techniques d'**actions** ayant des incidences plastiques. Ces actions s'exercent **en lien avec des éléments** (concrets ou numériques) sur lesquels on intervient (matériaux, supports, outils, formes bidimensionnelles ou tridimensionnelles, objets naturels ou artificiels, images…). Les interventions sur ces éléments peuvent se classer en fonction des modalités suivantes :

AVEC pour changer l'aspect d'un matériau, d'un objet…	À PARTIR pour obtenir autre chose, une trace, une forme…	DANS un contexte spatial bidimensionnel ou tridimensionnel
Par exemple : froisser, déchirer, recouvrir, gratter, griffer, déstructurer, creuser, plier, lisser, étirer, nouer, stratifier, retoucher, soustraire, ajouter…	Par exemple : garder trace, frotter, projeter, étaler, répéter, imprimer, schématiser, détailler, mouler…	Par exemple : mettre en valeur, magnifier, isoler, multiplier, cadrer, encadrer, entourer, retourner, remplir, accumuler, aligner, regrouper, superposer, entasser, saturer, installer, juxtaposer…
Ces opérations résultent d'un acte technique simple (par ex. : gratter) ou plus complexe (par ex. : mettre en valeur).		

F. L'iconicité (image)

Une œuvre peut être une image mais elle peut aussi être abstraite. L'image se réfère au **réel** de manière plus ou moins étroite. Elle se construit plastiquement (cf. la représentation), se capte photographiquement ou s'obtient par empreinte ou reflet. Faire comprendre qu'elle est une **création** produite ou provoquée par un auteur (mécaniquement par une machine, par un contact ou par un dispositif de reflet) et non pas un fragment de réalité brute est un enjeu fondamental. L'image, au-delà de ce qu'elle représente, peut engager une visée documentaire, symbolique (historiquement : l'allégorie comme modalité de signification de concepts abstraits par les images), esthétique, expressive, narrative, didactique…

L'image est soit en deux dimensions, soit en trois dimensions, soit en 3D (image numérique donnant l'illusion des trois dimensions). L'image peut donner à voir une totalité ou un fragment, elle peut être en couleur ou en noir et blanc, elle peut être fixe ou animée. Une image nouvelle peut être obtenue par une intervention **avec des images préexistantes** (collage, montage, retouche…). L'image est souvent aujourd'hui sujette à **postproduction** (opérations après la prise de vue) : retouches, reprises, recadrages…

Spécifiquement, l'image peut se déployer sur un support unique ou multiple (du diptyque au polyptyque). L'image est alors **en séquence**, c'est le cas de beaucoup de retables (tableaux d'autels) souvent en triptyques. L'image séquentielle se fonde soit sur la juxtaposition des images (bande dessinée), soit sur le défilement (cinéma), soit sur le feuilletage (livre). L'image peut aussi inclure en son sein d'autres images (emboîtements d'images) ou la même image (mise en abyme).

Autour de l'image, notamment photographique, on repérera des **notions spécifiques :** point de vue (lieu d'où l'image est prise par l'opérateur), cadrage (choix de ce qui sera dans le champ de l'image et de ce que l'on exclut du champ),

champ (ce qui est vu dans l'image) et hors champ (ce qui se prolonge au-delà des limites de l'image).

Autour de l'image cinématographique : les notions de plan (la prise de vue de la caméra entre sa mise en marche et son arrêt), du très gros plan au plan d'ensemble, la notion de *travelling* (mouvements de caméra), de montage (organisation successive des différents plans de manière à constituer l'unité du film dans sa narration ou son déroulement).

L'**iconographie** s'occupe de traiter des différentes représentations d'un même sujet ou d'un même artiste ou d'un médium, éventuellement en lien avec une époque. Le classement des sujets de l'image amène à traiter historiquement de la **hiérarchie des genres** : catégories de sujets hiérarchisées selon leur portée morale et édificatrice. On distingue le « grand genre » (peinture d'histoire et religieuse, portrait de personnages importants), le portrait, le « petit genre » (scènes de la vie quotidienne), puis le paysage et la nature morte.

L'image est, depuis le début du XXe siècle, **matériau de création** :

- dans une esthétique de la discontinuité (cassures, effets de rupture, de choc entre les éléments collés) : le **collage** ;
- dans une esthétique de la continuité (liens, prolongements, effet d'unité) : le **montage**.

L'imagerie populaire peut aussi être une source iconographique pour des peintres.

À voir, les œuvres de : Jan VAN EYCK (1390-1441), Hannah HOCH (1889-1978), Max ERNST (1891-1976), René MAGRITTE (1898-1967), ERRÓ (1932-...), Oleg DOU (1983-...)

IV. Les grandes questions artistiques des programmes de 2016

A. L'expression des émotions (cycle 2)

Exprimer, c'est **rendre manifeste** sa pensée, son identité, ses émotions. C'est par le langage plastique et iconique que vont s'extérioriser ces données internes de l'individu. Le processus d'expression des émotions est constant dans de très nombreuses activités plastiques, du cycle 1 au cycle 3. Il s'agira, au cycle 2, d'insister sur cette entrée adaptée à l'âge.

Une émotion est un mouvement, une réaction à la fois corporelle et affective : on éprouve ou on ressent une émotion à partir d'un contact, d'un vécu ou d'une préoccupation liée à sa personnalité. L'acte d'expression implique donc pédagogiquement :

- soit une **immédiateté** entre l'émotion et l'action, on pourra utiliser des incitations iconiques, sonores, une rencontre, un lieu… pour faire éprouver et traduire plastiquement ;
- soit pour signifier **après coup** l'émotion, on pourra développer la partie recherche et projet en faisant référence à une émotion vécue dans le passé ou à celle d'un personnage d'une histoire ou d'une situation.

On peut travailler selon des émotions primaires (joie, peur, tristesse, colère) mais aussi les nuancer dans la traduction plastique (plaisir, inquiétude, douleur...). Toutes les activités plastiques peuvent traduire ces émotions.

À voir, les œuvres de : Charles LEBRUN (1619-1690), Eugène DELACROIX (1798-1863), Gaspar David FRIEDRICH (1774-1840), Emil NOLDE (1867-1956), Louise BOURGEOIS (1911-2010)

B. Le témoignage (cycle 2)

Témoigner consiste à **rendre compte** de quelque chose que l'on a vu ou connu. Les productions plastiques face au motif (croquis, pochades en couleur, annotations dessinées ou écrites…) se prêtent à rendre compte (parfois à mettre en récit visuel : carnet de voyage, album souvenir) d'un déplacement, d'une visite, d'une rencontre… L'image photographique peut aussi documenter un fait, une personne, un objet, un lieu, avec une visée de **garder trace**, d'autant que la photographie est une image-trace de lumière. D'autres traces peuvent être produites par empreinte d'un espace (frottages), d'une personne ou d'un objet (empreintes, relevés d'ombre…).

Les compositions après coup, bidimensionnelles ou tridimensionnelles, permettent de saisir en quoi l'image peut reconstruire et affirmer pour convaincre, ou critiquer, ou glorifier. Les images préexistantes (peintures d'histoire, images commémoratives, documentaires, portraits) peuvent être modifiées pour altérer, détourner le caractère de témoignage et pour basculer dans l'irréel, le fantastique (ce qui déroge aux lois de la réalité) ou le merveilleux (ce qui répond à d'autres règles que celles de la réalité). Ainsi, de façon dialectique, l'élève saisira l'aspect spécifique de l'image qui témoigne.

À voir, les œuvres de : Paul GAUGUIN (1848-1903), André KERTÉSZ (1894-1985), Patrick TOSANI (1954-…), Joan FONTCUBERTA (1955-), J.R. (1983-…)

C. La représentation du monde (cycle 2 et 3)

Représenter implique un référencement à la réalité, même si celle-ci peut être détournée à des fins imaginaires ou symboliques. Trois dispositifs sont possibles :

- représenter ce que l'on a sous les yeux, **face au motif** ;
- représenter en reproduisant à partir de **sources imagées** (une vidéo, des photographies par exemple) ;
- représenter **de mémoire ou d'imagination**.

Dans tous les cas, représenter consiste à construire un artifice en transposant la vision ou l'image mentale par le langage plastique.

1. La ressemblance

L'auteur mobilisera l'observation (croquis) et sa compréhension (schémas de structure). Des moyens comme la reprise du ton local (la couleur du motif) et des rapports de proportions (déterminés par la mesure depuis le point de vue) permettent de tenter de **transposer** une chose observée. Les écoliers s'engageront dans ces travaux d'observation en fonction de leur maturité, sans forcément chercher une maîtrise totale.

À partir d'un même motif, on peut représenter de différentes façons. On parle alors de « **codes de représentation** ». Par exemple, on peut suggérer la profondeur d'un bâtiment par des lignes obliques qui semblent se rejoindre sur la ligne d'horizon ou par des lignes parallèles entre elles. La **série** permet de décliner un motif selon des codes plastiques différents.

La photographie, en tant qu'image-trace, permettra d'obtenir des effets de ressemblance.

À voir, les œuvres de : PIERO DELLA FRANCESCA (1415-1492), Lubin BAUGIN (1612-1663), HOKUSAI (1790-1849), Giorgio de CHIRICO (1888-1978), Fernand LÉGER (1881-1955)

2. L'autonomie plastique

Le langage plastique est autonome parce qu'il ne se confond pas avec le réel et qu'il a ses propres lois. On dit qu'il a des aspects autoréférentiels : il se rapporte à lui-même. Des artistes affirment cette autonomie du langage plastique par l'abstraction. Cependant, même quand on représente, il y a une **logique plastique** (par exemple : jeux contrastés de couleurs ou recherche d'une harmonie) et **matérielle** (en lien avec le matériau travaillé). Une image produite doit toujours être considérée, non seulement du point de vue de la représentation, mais aussi du point de vue de la modalité de représentation : un regard en référence au réel mais aussi un **regard esthétique**.

À voir, les œuvres de : Auguste HERBIN (1882-1960), Frank STELLA (1936-…)

3. L'écart

Au contraire de la ressemblance, l'écart avec le réel perçu peut être recherché. L'écart met justement au premier plan l'autonomie plastique par des jeux sur la forme, la couleur etc. La qualité ne viendra pas de la proximité avec ce que l'œil perçoit du réel mais plutôt de la **distance**, car cet éloignement des formes perçues sera expressif et donnera du sens.

À voir, les œuvres de : Pablo PICASSO (1881-1973), Constantin BRANCUSI (1876-1957), Jean DUBUFFET (1901-1985), Joachim MOGARRA (1954-…), Jean -Michel BASQUIAT (1960-1988)

D. La narration (cycle 2)

Raconter visuellement des histoires implique de penser le lien entre espace et temps. L'**image séquentielle** s'y prête. L'**image fixe** s'y prête également grâce à d'autres moyens : des motifs renvoient à un avant et à un après de la scène. L'espace de l'image peut aussi être composé en plusieurs zones, créant une séquence temporelle dans l'image unique (où l'on retrouve le même personnage à différents endroits et donc à différents moments).

Le **lien texte/image** est aussi à explorer :

- en faisant image à partir d'un mot, d'un personnage, d'une situation issue d'un texte ou l'inverse ;
- en intégrant le texte à l'image ou l'inverse ;
- en faisant image avec des mots (calligrammes) ;
- en travaillant le texte dans ses aspects plastiques (dessin de la lettre, organisation, couleur…) ;
- en travaillant le livre d'artiste comme médium artistique.

La narration, présente au cycle 1 de manière informelle, sera aussi présente au cycle 3 à travers les visées des représentations.

À voir, les œuvres de : Hans MEMLING (1430-1494), Duane MICHALS (1932-…), Luigi SERAFINI (1949-…)

E. Les fabrications, la relation objet/espace (cycle 3)

On fabrique en construisant, modelant, taillant, associant. Les fabrications tridimensionnelles sont parfois **hétérogènes** par des matériaux divers mais on peut leur donner de la **cohérence plastique** par des relations formelles ou colorées.

L'**objet** nous entoure dans notre quotidien, il a une logique fonctionnelle et une ergonomie. En art, on peut créer des sculptures-objets ou détourner des objets vers l'irrationnel ou le symbolique. L'objet peut être travaillé dans son **espace interne** (en le fragmentant, le recouvrant, le remplissant…) mais aussi **en relation à l'espace** dans lequel il sera présenté (en le disposant, l'éclairant, l'associant…). Enfin, les objets naturels ou artificiels peuvent aussi devenir matériaux de création dans des **assemblages**.

Les productions volumiques, présentes sur tous le cursus, seront donc particulièrement travaillées dans ce cycle.

> **À voir, les œuvres de :** Raoul HAUSMANN (1886-1971), Tony CRAGG (1949-…), Hermann de VRIES (1931-…), Thomas HIRSCHHORN (1957-…)

F. La matérialité et les constituants de l'œuvre (cycle 3)

Là encore, travaillée tout au long du cursus, l'approche des constituants plastiques et des opérations s'approfondit dans ce cycle. La matérialité, importante dans le processus de création, est mise en avant. La pratique sensible doit être **opportuniste** pour exploiter les imprévus et les accidents. Un dialogue s'instaure avec le matériau.

> **À voir, les œuvres de :** Andy GOLDSWORTHY (1956-…), Anish KAPOOR (1954-…)

G. La présentation (cycle 3)

La présentation consiste à penser la **relation** d'un élément, produit ou trouvé, avec un espace, en relation avec le spectateur.

Les codes conventionnels de la présentation passent par le **cadre** et le **socle** qui séparent l'espace de l'œuvre de l'espace du spectateur. Cette coupure était garante de l'instauration d'un monde fictif dans l'œuvre. La modernité a remis en question cette coupure en présentant l'œuvre comme un objet dans l'espace du mur ou du sol, le spectateur se mesurant à l'œuvre, la contournant, y pénétrant parfois.

La peinture ou la sculpture peuvent prévoir des modalités de présentation : suspendues, posées au sol ou en hauteur, contournables ou en angle… L'**espace de présentation** peut être un espace architectural intérieur ou extérieur, urbain ou naturel. L'**installation** est une modalité artistique qui intègre un dispositif de présentation, dans le lieu, de plusieurs éléments (objets, fabrications, matières…).

À voir, les œuvres de : Jean-Pierre RAYNAUD (1939-…), Daniel SPOERRI (1930-…), Ernesto NETTO (1964-…)

V. Comment enseigner ?

A. Une démarche inductive

La démarche inductive d'enseignement **part du particulie**r, c'est-à-dire de la production de l'élève, pour aller vers le général, c'est-à-dire vers le langage artistique et les œuvres d'artistes.

On propose donc aux élèves des **inductions** (par le biais du dispositif pédagogique) afin qu'ils entrent d'emblée en pratique selon leur propre interprétation de ces inductions. Le professeur ne montrant pas de modèle ou ne donnant pas de règle à mettre en œuvre « à la manière de », les productions dépendent d'abord du dispositif conçu par le maître mais également de la culture, des choix et des expériences des élèves. L'esprit et l'action des élèves se caractérisent par la **divergence**. Ils explorent des territoires inconnus, tâtonnent, essayent, expérimentent, empruntent des chemins pour eux inédits. La conséquence est la **singularité des productions**. Confrontées les unes aux autres, les productions montrent différentes voies possibles. Ces solutions sont ensuite rapprochées des œuvres d'artistes : c'est la généralisation au champ de l'art.

> Par exemple, pour aborder les compositions dynamiques et gestuelles avec le médium de la peinture, le professeur propose de faire une production dont le titre sera « Bataille de couleurs ». Le matériel est la gouache. Plusieurs outils sont à disposition : pinceaux fins et ronds, pinceaux brosses larges, bâtons, spatules. Le format est grand.
>
> Les productions seront différentes quant aux couleurs choisies, aux traces de gestes, aux outils utilisés, à la matière épaisse ou transparente, à l'organisation de l'ensemble (centrée, remplissant bord à bord la surface ou laissant des zones plus « calmes »). Certaines productions seront très denses et d'autres plus claires, certaines seront peut-être saturées.
>
> Le professeur proposera ensuite une confrontation avec des œuvres de De Kooning et de Pollock.

B. Le questionnement artistique

Les œuvres d'artistes résonnent par rapport à des problématiques artistiques (par exemple, la traduction de la vitesse ou l'expression de l'immensité) : elles traduisent des choix esthétiques, techniques et plastiques, et des positionnements artistiques parfois très antagonistes d'un artiste à l'autre.

En classe, l'enseignement des arts plastiques va rejouer cet aspect problématique en soumettant aux élèves non pas des exercices d'application mais plutôt des **questions** implicites ou explicites appelant des **réponses diverses** suivant les élèves. Les inductions données pour lancer l'activité seront choisies afin de poser un problème formel ou une problématique (adaptés à l'âge de l'élève et à son niveau).

> Par exemple :
>
> – d'un point de vue technique et plastique : « Cherchons toutes les façons d'utiliser le fusain pour créer du noir » ; des fusains et une feuille d'esquisse sont proposés. Les effets seront-ils tous du même noir ou joueront-ils de différentes valeurs par la pression sur l'outil ? Le fusain sera-t-il utilisé sur la pointe, sur la tranche, ou broyé en poudre ? Le geste aura-t-il été précis et minutieux, ou rapide et jeté ?
>
> – engageant des aspects de sens : l'induction « Le manteau du roi » revient à questionner sur l'expression de la richesse et de la puissance, avec en filigrane des questions de référencement culturel et des conceptions esthétiques. Les réponses passeront-elles par la taille, la couleur, les motifs représentés, les détails, les matériaux, la matière mate ou brillante, transparente ou pâteuse ?

C. Le dispositif pédagogique

Le dispositif pédagogique regroupe les moyens mis en œuvre par l'enseignant pour faire acquérir des apprentissages plasticiens, théoriques et culturels, comportementaux. Le dispositif est conçu en fonction des objectifs d'apprentissage. Il permet la construction des compétences.

Le dispositif comprend :

- des **incitations** pour aiguiser l'imaginaire ou appeler certaines actions plastiques ;
- des **contraintes** qui proposent des conditions matérielles (matériaux, outils, supports…) et temporelles (temps laissé à la réalisation, du moment où l'élève a la conscience du temps) à respecter ;
- une **consigne d'accompagnement** pour inviter à l'action si les incitations et contraintes ne sont pas sous forme de consignes ;
- des **références culturelles** liées aux objectifs d'apprentissage ;
- des **modalités d'évaluation** des apprentissages plasticiens (critères d'appréciation ou d'observation…).

Par exemple : pour faire travailler les compositions tridimensionnelles sur le mode de la construction, articulant vides et pleins, et interroger la représentation à des fins symboliques.

- *Incitation :* « L'homme de l'air ».
- *Consigne d'accompagnement :* « Faire une production en volume représentant la tête de l'homme de l'air ».
- *Contrainte matérielle :* sont proposés papier, carton, fil de fer, ciseaux, à choisir librement par les élèves.
- *Contrainte temporelle :* deux séances d'une heure pour la réalisation.
- *Référents artistiques*, deux sculptures : Julio GONZALES, *Tête*, 1935, métal, 46.4 x 43.2 x 21,6 cm, MOMA, New York et Jaume PLENSA, *Sho*, 2007, métal, 400 x 300 x 300 cm, Dallas.

Évaluation des apprentissages plasticiens :

- En quoi y a-t-il ressemblance et écart dans la représentation de l'homme ?
- En quoi y a-t-il évocation de l'air ?
- La production est-elle en volume ? Y a-t-il construction ? Quelles opérations peut-on repérer ?
- Quelle est la place des pleins et des vides ?

D. Les incitations

Les incitations peuvent être **verbales** sous forme de :

- mots évocateurs ou expressions (par exemple : « Carrément géométrique ») ;
- listes de verbes d'action à mettre en œuvre (par exemple : avec la contrainte d'une carte à gratter, « Gratter, griffer, frotter, pointer, tourner, traîner... ») ;
- consigne-but qui donne le but mais pas le moyen de l'atteindre (par exemple : avec la contrainte des objets de récupération, « Faire un volume le plus haut possible ») ;
- histoire (par exemple, lors d'une sortie dans un lieu naturel : « Tu es comme le petit Poucet : indique ton chemin de façon à ce que l'on puisse bien le repérer » ; contrainte : matériel à trouver sur place).

Les incitations peuvent être aussi **iconiques** (une image, à condition qu'elle ne devienne pas modèle), **matérielles** (un objet ordinaire ou insolite, un matériau...), **spatiales** (un lieu dans l'école ou hors de l'école).

E. Les contraintes matérielles

Les contraintes matérielles sont des données **à respecter**. Elles peuvent être fermées (imposées comme un passage obligé), ou bien ouvrir à un choix parmi un pré-choix de l'enseignant (ou une collecte), ou être totalement ouvertes, libres.

Les contraintes vont permettre de **cibler l'apprentissage**.

> Pour l'incitation « Le manteau du roi », si l'enseignant impose la gouache, alors l'apprentissage porte sur les paramètres plastiques (forme, couleur, matière) adaptés à cette incitation à travers le médium de la peinture. Avec des papiers de récupération, alors l'apprentissage porte toujours sur les choix formels et colorés mais à travers le médium du collage. Si la contrainte est de choisir librement ses moyens, alors la situation est plus ouverte : en plus des paramètres plastiques communs, des élèves apprendront sur la peinture, d'autres sur le collage, d'autres sur des techniques mixtes.

Les contraintes permettent aussi de cerner un problème plastique.

> Par exemple : avec l'incitation, « Bataille de couleurs », si la contrainte matérielle est de faire une production avec des objets de récupération (papier d'emballage, objets en plastique...), alors l'apprentissage portera sur l'assemblage. Le problème consistera à considérer les objets à travers leur couleur, et à arriver à jouer avec les volumes et les matières pour créer un assemblage où les rapports colorés primeront.

F. Les différentes situations de pratique

La situation d'enseignement est créée par le dispositif. On distingue plusieurs types de situations de pratique plastique.

- La **situation d'exploration** : le professeur suscite l'exploration d'un aspect technique ou plastique, les élèves tâtonnent, essaient, expérimentent.

> Par exemple, le professeur qui veut travailler les diverses nuances d'une même couleur, propose de la gouache rouge et toutes les autres couleurs, un pinceau brosse et une palette. L'incitation est : « Fabrique de couleurs : toutes sortes de rouges » accompagnée de la consigne : « Trouve le plus de rouges possibles » ; contrainte : des petites feuilles de papier 120 gr, un rouge par feuille. Les élèves essaieront sur la palette des mélanges et des dosages différents, se questionneront par exemple sur l'appartenance d'une nuance au rouge ou au violet.

- **La situation d'exploration guidée** : le professeur suscite des expériences exploratoires, les élèves suivent le protocole en découvrant au fur et à mesure.

> Par exemple, le professeur, pour faire découvrir dans le cadre du médium du dessin la richesse des graphismes et la complémentarité de trois outils graphiques différents, propose une grande feuille (format raisin) de couleur noire à chaque élève. L'élève dispose d'un carré de sanguine, d'un carré noir et d'une craie blanche. Il aura à chaque fois le choix de l'outil mais devra varier une fois sur l'autre. Le professeur donne des consignes successives et le début et la fin pour chaque (rapide) intervention : « Des points, des lignes… des carrés, des ronds…, des croix… des carrés dans des ronds etc. ». Et cela, jusqu'à ce que la feuille soit remplie et même au-delà, la saturation graphique pouvant faire découvrir d'autres formes graphiques.

- **La situation questionnante** : le professeur pose un problème plastique grâce aux incitations et aux contraintes (voir ci-dessus), les élèves cherchent et explorent comment résoudre la question et répondent en se mettant en projet de création.

G. Les œuvres

Dans une démarche inductive l'œuvre n'est pas le modèle montré au début, à suivre ou à décliner par l'élève dans sa production.

- L'œuvre « **référent** ». Elle est montrée en fin de pratique afin que l'élève puisse tisser un lien entre son travail plastique et celui de l'artiste. Attention, les productions des élèves n'ont pas à être identiques avec l'œuvre, elles partagent seulement un ou des aspects, formels ou de démarche.
- L'œuvre « **relance** ». Elle permet de relancer un élève bloqué. Il vaut alors mieux proposer plusieurs œuvres pour éviter l'effet modélisant.
- L'œuvre « **incitative** » montrée au début. Elle est incitative à condition que le travail plastique convoqué soit différent (par exemple une peinture à traduire en un relief) ou que l'opération plastique soit une opération de citation (faire œuvre personnelle en reprenant un motif, un sujet, une composition).
- L'œuvre « **matériau plastique** » donnée au début. Sous forme de photocopie ou de fichier électronique, l'œuvre va être manipulée, déstructurée, retouchée.
- L'œuvre « **enrichissement culturel** ». Toutes les œuvres considérées en classe et en visite s'intègrent au **musée de classe** (collection d'œuvres vues et collectées par la classe, à partir desquelles s'établissent des temps ritualisés de regard et de parole et à partir desquelles peuvent s'articuler des productions).

Par exemple, pour « Le manteau du roi », trois œuvres références seront proposées :
- Hyacinthe RIGAUD (1659-1743), *Portrait de Louis XIV*, 1702, huile sur toile, 313 x 205 m, Musée National du château de Versailles. Pour le sujet même de la production ;
- Gustav KLIMT (1862-1918), *Portrait d'Adele Bloch-Bauer I*, 1907, huile, argent et or sur toile, 140 x 140 cm, Neue Galerie, New York. Pour la sémantique de l'or et de l'argent et pour la richesse graphique ;
- EL ANATSUI (1944-…), *Sasa (Manteau)*, 2004, Installation murale, Aluminium, cuivre, 640 x 840 cm, MNAM, Paris. Pour le paradoxe des matériaux de récupération et de leur effet plastique et sémantique.

H. L'évaluation

L'évaluation du cycle 1 au cycle 3 à l'école primaire est essentiellement **formative** (c'est-à-dire qu'elle participe de la formation) et **bienveillante** :
- la **prise de recul individuelle** en cours de pratique : à l'occasion du passage du professeur ;
- la **verbalisation** collective face aux productions en fin de pratique : les productions sont accrochées, un travail comparatif s'engage pour arriver à des typologies sur des **critères** liés au dispositif et aux apprentissages visés.

D'autres formes d'évaluation plus **sommatives** (après coup) existent :

- l'**observation** par le professeur de la construction des compétences. Suivant les critères des compétences à atteindre, le professeur renseignera, séance après séance, des grilles d'observation pour vérifier les degrés et le rythme de validation (utilisées en maternelle et pouvant l'être après) ;
- l'**autoévaluation**. Avant ou après une verbalisation, l'élève de cycle 3 va s'autoévaluer à l'aide de critères du point de vue des apprentissages plasticiens, théoriques, culturels et comportementaux ;
- une **réalisation**, à la fin d'une période de formation (année, cycle). Le professeur propose une incitation très ouverte, sans contrainte, afin de mesurer à quel point l'élève peut se montrer compétent artistiquement pour avoir une démarche de création de façon relativement autonome (en cycle 3).

VI. La séquence pédagogique

La séquence organise une **progression** dans les activités et les apprentissages. Une séquence type consiste à proposer une pratique d'exploration suivie d'une pratique de projet qui exploite les découvertes avec des visées expressives ou sémantiques. Mais ce schéma peut être complexifié ou revu pour chaque séquence.

Dans l'organisation des temps et des activités, on va repérer les phases suivantes :

A. Phase d'ouverture

C'est le lancement de la séquence. Par des échanges verbaux, le regard sur une image, la lecture d'une histoire, une écoute, l'évocation de souvenirs, le professeur sollicite les élèves et annonce le début de la séquence. Pour une séquence relativement longue, il annonce la finalisation des activités (l'aboutissement).

> Tout le long de cette partie nous développerons l'exemple de l'incitation « Le manteau du roi » (déjà considérée au paragraphe « le questionnement artistique »).
>
> Ouverture : une forme en grillage, à la taille des élèves, est présentée sur l'estrade. Un échange verbal s'instaure. Des élèves sont amenés à disposer leur manteau sur ce « mannequin ». La question du vêtement est soulevée. L'aspect vestimentaire (les matières des tissus, leurs couleurs, leurs formes), la mode d'aujourd'hui et d'autrefois sont évoqués. Le professeur annonce que des manteaux très spéciaux vont être réalisés et qu'ils seront exposés dans un espace de l'école.

B. Phases de pratiques plastiques

Plusieurs médiums, plusieurs questions des programmes peuvent être éventuellement abordés lors d'une séquence importante. Ces phases se déroulent alors selon une progression pédagogique.

- Première phase de pratique : après voir donné l'incitation, première esquisse individuelle, en petit format et à la mine de plomb. L'objectif est de convoquer les représentations premières que se font les élèves.
- Deuxième phase de pratique : un travail par groupes de deux pour concevoir un projet commun à partir des idées initiales mais en les enrichissant ; support : un grand papier kraft, matériaux libres. Une collecte à la maison peut éventuellement se faire pour certains groupes.
- Troisième phase de pratique : la réalisation en grand (échelle des enfants).

C. Phase(s) de verbalisation

Il s'agit d'une phase d'évaluation formative qui est mise en place à la fin de chaque temps de pratique face aux productions de la classe.

- Après les esquisses individuelles : pour évoquer ce qu'est un roi, pour regarder les idées exprimées par les dessins, pour repérer des références cinématographiques ou historiques. Pour éloigner les stéréotypes, l'enseignant précise qu'il faudra faire quelque chose de nouveau et de particulier.
- Pas d'échanges collectifs après les projets des groupes.
- Verbalisation face aux productions finales : une critérisation permet de classer les productions en fonction des matériaux et des outils, en fonction de la façon d'exprimer la richesse et la puissance (matériaux, matières, couleurs, formes, etc.).

D. Phase(s) de référencement culturel

Cela passe par un regard sur des œuvres en classe, la visite d'un lieu culturel ou des recherches sur le web. Ces regards sont accompagnés de prises de parole afin de tisser du lien entre les productions et les œuvres des artistes.

> Le référencement se fait après la verbalisation face aux productions. Le professeur projette les images. Les élèves s'expriment et essaient de faire des parallèles du point de vue plastique et technique.

E. Phase(s) d'institutionnalisation

Le professeur donne du vocabulaire ; les réflexions importantes évoquées lors de la verbalisation sur le travail plastique sont notées ainsi que des connaissances culturelles ; des croquis d'œuvres vues peuvent se faire ; des photocopies sont collées. Pour cela chaque élève dispose d'un **cahier personnel d'art** utilisé en arts plastiques, en histoire des arts et dans d'autres activités artistiques.

> Notation, sur le cahier d'art des élèves, des cartels des œuvres et de quelques phrases récapitulatives. Les reproductions des œuvres seront placées sur la frise historique de la classe ou sur le mur dédié à cet affichage artistique et culturel.

F. Phase d'aboutissement

C'est ce qui finalise les activités (un accrochage des productions sur un mur de la classe, une exposition, une présentation aux parents ou à d'autres classes, une édition sur le site ou le blog de l'école…).

> Une exposition a lieu en présence des parents. Un défilé est effectué par les élèves. Plusieurs élèves s'expriment oralement pour expliquer le travail.

G. Connexions interdisciplinaires

Les articulations avec des activités et des apprentissages d'autres disciplines relèvent de l'interdisciplinarité. Pour le concours, il est possible de désigner un travail fait dans un autre domaine si cela est nécessaire pour l'apprentissage en arts visuels et plastiques mais il ne faut pas le développer. Le candidat sera prêt à répondre à l'oral à d'éventuelles questions.

> Un travail chorégraphique a été prévu en EPS (défilé).
> Un oral a été préparé en français.

VII. Le dossier

Le dossier est le support de l'épreuve orale et doit donc être confectionné avec attention.

A. Le sujet du dossier

1. Un choix essentiel

Le sujet du dossier est celui de la **séquence**, il renvoie donc à ce que l'on apprend en arts plastiques.

Le dossier en arts plastiques va porter sur un **questionnement artistique** c'est-à-dire pertinent pour des activités de création (des artistes et des élèves).

Le **champ** concerné est celui des des arts plastiques au sens large : avec le cinéma, la photo et les médiums électroniques. Si le choix du candidat se porte sur l'objet de design, il sera traité du point de vue des arts plastiques (par exemple créer une sculpture-siège, utiliser l'objet dans un volume etc.) et pas du point de vue du designer (arts appliqués). De même pour les arts de l'espace (jardin, architecture, urbanisme) : ils sont des sujets pour une expression artistique (par exemple, implanter une sculpture en milieu urbain, dessiner ou photographier l'architecture, faire une maquette ou une représentation bidimensionnelle…).

L'**aspect problématique** : ce n'est pas un problème technique qui peut être résolu rapidement, c'est, comme il est indiqué plus haut, un questionnement qui appelle des attitudes esthétiques, des partis pris techniques et formels différents. La partie scientifique du dossier explorera justement des réponses artistiques de plusieurs artistes.

L'**aspect artistique :** le candidat doit se placer du côté de l'acte de création puisque la séquence va concerner, avant tous les autres, des apprentissages plasticiens.

2. Choisir un sujet

Un bon point de départ peut être de se demander : ce qui m'attire, ce qui me questionne. Ce dernier point est souvent porteur car il rencontre des questionnements légitimes qui peuvent exister aussi chez les élèves.

Il ne faut cependant pas en rester là, une investigation plus précise est nécessaire. Le dossier doit éviter les lieux communs, les banalités et les stéréotypes. Cela se mesurera dans le choix de l'entrée et surtout dans le choix du corpus d'œuvres.

Dans le tableau suivant, on trouvera des types d'entrées possibles et des exemples.

Type de sujets	En particulier	Exemples
Technique	Support	Le support pour la peinture ou le dessin : sa matérialité, son format. L'image comme support. La nature comme support d'une installation. Intervenir sur un mur, dans la cour, dans un espace.
	Matériau	Le papier, l'argile, le fil de fer, le carton, l'encre de Chine. La mixité des matériaux pour faire œuvre. Les matériaux détournés : objet industriels ou naturels.
	Outil	Les outils à chercher et à inventer pour peindre. Un logiciel. L'appareil photo comme outil de captation et de création.
	Geste	L'exploration du geste du dessin ou de la peinture. Le geste et l'argile.
Plastique	Un constituant du langage artistique	La polychromie, le monochrome, le clair-obscur, la matière lourde et légère, le monde des formes, les lignes, le plein et le vide en sculpture.
	Une opération plastique	Associer, contraster, faire empreinte, citer une œuvre.
	Composition	Composer en deux dimensions, en trois dimensions, composer pour attirer l'attention, organiser/désorganiser.
Médium	Un médium artistique	Le collage, la miniature (peinture ou sculpture), la photographie, le cinéma, la bande dessinée, l'animation, le relief, l'image de synthèse, la gravure, l'assemblage d'objets.
	La référence à d'autres arts	Le design (la chaise, le lit, le vêtement, l'affiche, la vaisselle), l'architecture à travers l'art (l'arc de triomphe, la tour), l'urbanisme (la ville utopique, le collage urbain), la littérature (poésie et plasticité, le livre d'artiste).
	Le détournement de médiums non artistiques	La carte dans l'art, l'image documentaire et scientifique, le rite du repas.
	La mixité des médiums	Passer du volume au dessin, faire de la peinture en mêlant des objets, peindre numériquement.
Iconique	Un motif, un sujet, un genre	Le monstre, le portrait, la nature morte, le paysage, le reflet, la machine, le corps, la peau.
	Une modalité	Le polyptyque, le dyptique, l'emboîtement.
Imaginaire	De grandes figures de notre imaginaire culturel	Le secret, le labyrinthe, le lointain, les quatre éléments, l'ange, le rêve, le cauchemar, l'hybride.
Culturel	Une exposition	Approche artistique d'une partie d'exposition temporaire ou permanente d'un musée.
	Un artiste	Approche artistique d'une période, d'une série.
	Une œuvre	Approche artistique d'une œuvre précise.

Type de sujets	En particulier	Exemples
Question	Expression des émotions	Sentiment (peur, joie…).
	Témoignage	Document, mémoire, célébration.
	Représentation du monde	L'écart, la ressemblance, l'autonomie. Le visage, le corps, un bâtiment.
	Narration	Dans une image, en séquence. Un mythe, une histoire en lien avec la littérature jeunesse.
	Fabrication, relation objet espace	Plein/vide, structure/habillage, relation à l'espace.
	Présentation	Pour valoriser. Cacher et montrer. Dans un espace construit, à l'extérieur. Pour modifier l'espace. En lien avec le spectateur.
Avertissement : dans tous les cas, le sujet donnera suite à des développements concernant l'ensemble des savoirs artistiques. Par exemple, pour une entrée d'ordre iconique, le dossier traitera d'aspects plastiques, techniques et de la question de la représentation.		

3. Déterminer un corpus d'œuvres

Le corpus est composé d'**œuvres emblématiques** de la façon dont des artistes traitent de la problématique, et parmi lesquelles certaines seront obligatoirement utilisées pendant la séquence.

Il ne faut pas trop d'œuvres : de cinq à huit environ (cela dépend des sujets). On ne peut réclamer l'exhaustivité du traitement de la question, ce n'est pas là un travail universitaire de spécialiste. Le candidat va être amené, dans la partie scientifique, à justifier la relation entre les œuvres choisies et la problématique. Cela demande donc d'analyser l'œuvre, mais on ne note que les points significatifs. Les cartels sont renseignés de la manière suivante :

Prénom NOM (date de naissance-de mort), Titre de l'œuvre, date, matériau et support, dimensions, Musée ou lieu de conservation, Ville.

Conseils

- Joindre en annexes la reproduction, en fichier-image, pleine page si possible, des œuvres accompagnées, en dessous, du cartel. Mettre également un fichier-texte récapitulatif du corpus d'œuvres avec les cartels précis.
- Mener une analyse assez large des œuvres afin de pouvoir répondre à l'oral. Pour certaines, il est possible d'y revenir pendant l'exposé.

B. La partie scientifique

Le texte officiel ne donne pas de plan type à l'exception de la partie scientifique (une synthèse) et de la séquence (une description). Néanmoins, on peut préciser les points suivants qui pourront être adaptés selon les sujets.

1. Donner un titre

C'est le titre de la séquence (formulation claire et accrocheuse pour des élèves).

2. Présentation du sujet et annonce du plan

Formuler la problématique et définir les termes.

> Par exemple, pour un sujet portant sur « Le monstre », on recherche l'étymologie du mot, on pointe l'idée de l'aberration par rapport à la norme, et le lien avec l'imagination. On distingue le monstre du monstrueux. La problématique artistique porte sur les modalités plastiques et la portée sémantique de la création d'une figure monstrueuse.

3. Éléments de l'ordre de l'histoire de l'art

Quelques éléments pour comprendre en quoi le sujet a été traité à différentes époques et selon quels enjeux. Des œuvres du corpus sont utilisées ici.

> Par exemple, pour un sujet portant sur « Le monstre », on note :
> - le monstre comme sujet de l'art notamment à travers la représentation de récits mythologiques (des œuvres antiques égyptiennes et des représentations du XVIIe siècle baroque pourront être choisies) ;
> - le monstre comme figure liée soit au mal, à la laideur ou au cauchemar, soit aux valeurs positives (œuvres du Moyen Âge et du XIXe siècle romantique) ;
> - le monstre comme écart à la réalité, traduction du psychisme, ou conséquence de l'emploi d'un matériau ou d'un procédé (XXe siècle).

4. Typologie

Proposer une **typologie** montrant comment des artistes ont pu répondre différemment à cette problématique. Utiliser les références d'œuvres du corpus (une référence par type de réponse suffit). C'est le point le plus long de cette partie scientifique.

Pour « Le monstre », la typologie se rapportera aux procédures pour créer une figure monstrueuse en lien avec le corpus d'œuvres :
- par l'hybridation homme/animal ;
- par l'hybridation homme/éléments naturels (végétaux, minéraux…) ou artificiels (objets…) ;
- par l'échelle : soit minuscule ou géante… ;
- par la forme : disproportion, fragmentation ou ajout, formes tendant vers l'informe… ;
- par le matériau et la matière : matière inadéquate, association de matériaux et de matières en l'absence d'unité…

5. Conclusion rapide de la partie scientifique

Elle précise le choix des œuvres qui seront montrées aux élèves et le questionnement artistique précis qui sera travaillé. Elle permet de passer à la partie pédagogique.

Cette partie scientifique fait environ trois pages. Il s'agit effectivement d'une synthèse des contenus transmis par la séquence d'apprentissage.

Conseil

Être clair, ne pas faire des phrases trop longues. En effet, le jury a beaucoup de dossiers à lire et doit repérer rapidement votre propos.

C. La partie pédagogique

1. Contextualisation

Préciser tout élément qui semble utile à la séquence (situation de l'école, espace de la salle…).

Préciser (pour une contextualisation pédagogique) le cycle et le niveau. Se référer aux programmes pour justifier ses choix. Parfois, des éléments en lien avec la culture enfantine ou le développement de l'enfant, s'ils sont nécessaires à la compréhension de votre projet pédagogique, peuvent être donnés.

Également, situer la place de la séquence dans l'année et, éventuellement, les pré-requis au nouvel apprentissage.

2. Récapitulatif des visées pédagogiques

Il faut préciser les **objectifs d'apprentissages généraux** (plasticiens, théoriques et culturels, comportementaux) de la séquence en cohérence avec les programmes.

Les **compétences** travaillées (programme, socle) sont précisées, soit ici, soit après avoir présenté la séquence.

Cette partie, contextualisation et visées pédagogiques, fera une page environ.

3. Présentation du déroulement de la séquence

Le tableau semble être l'une des formes les plus claires. Voici, ci-après, une possibilité (à renseigner pour les séances successives de manière précise mais synthétique).

<table>
<tr><th>Numéro de séance</th><th colspan="2">Titre explicite de la séance</th><th>Durée</th></tr>
<tr><td rowspan="2">Compétences travaillées</td><td rowspan="2">Objectif(s) spécifique(s) de la séance</td><td colspan="2">Dispositif(s) (d'échanges verbaux ou de pratique, de verbalisation, de référencement…)</td></tr>
<tr><td>Incitations et consignes</td><td>Contrainte matérielle, modalités (individuelles ou groupales)</td></tr>
</table>

4. Explicitation du déroulement d'une séance (demandée par certaines académies) et éléments d'analyse

On décrit d'abord le **déroulement** de la séance. Il vaut mieux ici développer une séance de pratique avec ses différentes phases de lancement de l'activité, d'action productive, de bilan face aux productions et, éventuellement, de référencement. Les interventions du maître et l'action des élèves peuvent être précisés. Là encore, un tableau peut être utilisé, mais en le renseignant de manière plus précise.

Ensuite, on mène une **analyse** sur le projet. On est donc ici dans l'anticipation de difficultés pouvant apparaître. Il faut alors situer le moment de la difficulté (lancement, action productive, verbalisation), les protagonistes (relation maître/élève ou élèves/élèves), l'objet (l'apprentissage plastique, les savoir-être, l'apprentissage culturel et théorique, la démarche de création, etc.). Le candidat est amené à proposer des remédiations en proposant des actions pédagogiques supplémentaires.

Cette partie, non exhaustive car pouvant être développée à l'oral, fait une page environ.

5. Modalités d'évaluation

Préciser le type d'évaluation (formative, sommative), les modalités (verbalisation, autoévaluation…). Donner les **critères** d'appréciation des productions qui apparaissent lors des verbalisations. Pour d'éventuelles grilles d'autoévaluation : présenter le principe et renvoyer aux annexes.

6. Annexes

Elles comprennent un sommaire des annexes, éventuellement une bibliographie, un récapitulatif des cartels et de chaque œuvre du corpus, tout document ou outil didactique qui est utilisé en classe en dehors des œuvres (éventuellement), des éléments qui sont donnés lors de l'institutionnalisation (éventuellement), des outils d'évaluation qui n'ont pas trouvé leur place dans le dossier. Un diaporama est éventuellement utilisé pendant l'exposé (utilisable, s'il est choisi, dans les conditions prévues par le rectorat de votre académie).

> **Conseil**
>
> Ne pas saturer les annexes d'informations inutiles ou non traitables par manque de temps.

VIII. L'épreuve orale

A. L'exposé

L'exposé ne doit pas être redondant par rapport au dossier. Néanmoins, il est bon de **récapituler l'essentiel** et d'avoir une **mise à distance réflexive**. Le candidat peut s'aider d'un diaporama à condition qu'il ait été remis dans les annexes (le candidat est entièrement responsable du fonctionnement technique) et la prestation de communication doit être mise au point (donc le diaporama n'est pas forcément un atout).

Diverses possibilités s'offrent au candidat, notons cependant le plan suivant.

1. Introduction

- Motivations personnelles par rapport à ce sujet (sans entrer dans des détails trop personnels).
- Positionnement par rapport à l'art et aux pratiques culturelles, évolution de ces points durant l'année de préparation.
- Annonce du plan de l'exposé.

2. Points saillants des fondements artistiques de la séquence

- Reprendre la problématique.
- Pour situer les contenus (plasticiens, théoriques, culturels et comportementaux) travaillés dans la séquence : possibilité de revenir sur la typologie, de préciser le vocabulaire spécifique, etc.
- Possibilités d'approfondir l'analyse des œuvres (œuvres utilisées en classe) en prenant éventuellement un support imagé (obligatoirement présent dans les annexes), de détailler et de situer les démarches des artistes, de justifier le choix des référents culturels. Des comparaisons sont possibles.

3. Précisions sur la séquence pédagogique

- Compétences construites par la séquence.
- Activités sensibles et plastiques des élèves : faire des hypothèses de productions d'élèves. Si l'on a des expériences de classe, s'appuyer sur elles.
- Préciser et justifier la progression de la séquence et faire apparaître la logique didactique et pédagogique de la progression (démarche pédagogique). Justifier les choix pédagogiques qui ont abouti à cette proposition.
- Possibilité de présenter une séance qui n'est pas celle détaillée dans le dossier.

4. Élargissement de la réflexion

C'est une **mise à distance** de la proposition pédagogique et un **apport réflexif** sur un ou deux (au maximum) aspects choisis de l'enseignement des arts plastiques.

- Évoquer les difficultés d'apprentissage : pré-requis nécessaires, attentes des élèves et du professeur ne coïncidant pas, manque d'initiative et d'autonomie, stéréotypes, imaginaire bloqué, refus de s'engager dans une activité « salissante », distraction et éparpillement, effets de reproduction d'un élève à l'autre (« effet de halo »), difficulté technique, pas de prise de recul ou au contraire trop de réflexion et pas d'action plastique, etc.
- Proposer des remédiations (adaptations de son enseignement) à mettre en œuvre.
- Apport réflexif pouvant porter sur l'évaluation, la place de l'œuvre, la programmation de l'année, le partenariat culturel, la prise en compte de la salle dans l'éducation artistique, etc.

5. Conclusion

Possibilité d'évoquer la place de la discipline dans le système scolaire, ou dans l'éducation artistique et culturelle.

B. L'entretien

L'entretien va porter sur la séquence du point de vue du contenu et de la pédagogie. Néanmoins, l'aspect pédagogique reste l'essentiel des questions. L'entretien se base sur l'**exposé** et le **dossier** ainsi que sur la **discipline** et son **enseignement**. En fait, le jury conduit l'entretien et son questionnement a des aspects imprévisibles.

L'entretien peut néanmoins se préparer en travaillant les points suivants renvoyant principalement à l'enseignement de l'art dans le cadre de l'école maternelle et élémentaire :

- connaissance des textes régissant la discipline et, plus généralement, l'école ;
- posture et éthique de l'enseignant (rôle, attitude, action auprès des élèves…) ;
- épistémologie (l'art, processus et démarche de création…) ;
- culture (choix des œuvres, lieux culturels pouvant accueillir des scolaires, ressources du web…) ;
- choix didactiques et pédagogiques (autres dispositifs possibles, justifier le type de démarche…) ;
- autres cycles (transposer la proposition dans un autre cycle…) ;
- connaissance de l'enfant (dessin d'enfant, développement cognitif…) ;
- élèves et apprentissages (place de la pratique, place du réflexif…) ;
- aspects administratifs (organisation d'une sortie, projets culturels, articulation avec le collège…) ;
- enseignement des arts plastiques (évaluer, place de l'œuvre dans le cours, démarche d'analyse de l'œuvre…) ;
- éducation artistique et culturelle (les piliers de l'ÉAC, la démarche de partenariat…) ;
- aspects interdisciplinaires (les domaines à la maternelle, liens entre les arts plastiques et les autres disciplines en élémentaire).

Conseils

- Le candidat doit, autant que possible, se positionner **comme enseignant** en endossant sa posture et en parlant à la première personne.
- Si l'on peut répondre à certaines questions de manière tranchée, pour d'autres, le jury appréciera d'écouter le candidat mener une réflexion argumentée avant d'affirmer sa position.
- Si le candidat ne peut répondre qu'imparfaitement à une question, il peut saisir une occasion pour y revenir plus tard dans l'entretien.

IX. Ressources

Ci-dessous, quelques ressources non exhaustives mais qu'il peut être utile de consulter lors de la préparation au concours.

A. Ressources iconographiques et d'histoire de l'art (sitographie)

- Web Gallery of Art : http://www.wga.hu/
  Site très complet (peintures, dessins, fresques) consacré aux arts anciens ; les entrées se font par nom d'artiste (en anglais).
- Vidéomuseum : http://www.videomuseum.fr/
  Réseau des collections publiques d'art, art moderne et contemporain. Entrées par structure culturelle et par nom d'artiste.

Les sites des grands musées français proposent des dossiers pédagogiques qui défrichent des questions en lien avec leurs collections et leurs expositions permanentes. Par exemple :

- Centre Georges Pompidou Paris : https://www.centrepompidou.fr/cpv/rechercher.action
- Centre Georges Pompidou-Metz : http://www.centrepompidou-metz.fr/dossiers
- Musée du Louvre : http://www.louvre.fr/#main-nav-content-bt-art
- MAC/VAL:http://www.macval.fr/francais/collection/parcours-precedents/

L'agence photographique de la réunion des musées nationaux propose des images d'œuvres très diverses et propose également des albums sur des thématiques iconographiques ou plastiques : https://www.photo.rmn.fr/C.aspx ?VP3=CMS3&VF=Home

Les sites des grands musées étrangers sont également des ressources consultables.

B. Ressources culturelles et pédagogiques

1. Ressources institutionnelles

- Le portail EDUSCOL regroupant des ressources sur divers aspects de l'éducation : http://eduscol.education.fr/
- Le portail de l'histoire des arts :
  http://www.histoiredesarts.culture.fr/index.php
- Le portail de l'éducation artistique et culturelle :
  http://www.culturecommunication.gouv.fr/Politiques-ministerielles/Éducation-artistique-et-culturelle

- Les sites départementaux des inspections académiques, pages dédiées aux enseignements artistiques (fiches de cours, productions d'élèves, évaluation, etc.).
- Les sites académiques d'arts plastiques consacrés au second degré mais où certaines ressources pourront être transposées afin d'être adaptées au premier degré.

2. Ouvrages d'histoire de l'art, de connaissance du dessin d'enfant et de pédagogie

- Brun Philippe et Habellion Dominique, *L'épreuve orale/arts visuels et histoire des arts*, Paris, Ellipses, Objectif professeur des écoles, 2016.
- De Meredieu Florence, *Histoire matérielle et immatérielle de l'art moderne et contemporain*, Paris, Larousse, In extenso, 2008, 723 p.
- De Meredieu Florence, *Le dessin d'enfant,* Paris, Blusson, 1990, 189 p.
- Riout Denys, *Qu'est-ce que l'art moderne ?*, Paris, Folio, Folio essais, 2000, 576 p.

On consultera aussi avec intérêt tous les exemplaires bien illustrés de productions d'élèves de la collection « Arts visuels et… » édités par Canopé, CRDP de Poitiers.

Chapitre 2 : Éducation musicale[1]

La démarche globale de l'éducation musicale, au cours des trois nouveaux cycles de l'école primaire – prolongement du cycle 3 en classe de sixième – commence par la découverte des sons à l'école maternelle pour aboutir à la compréhension du fonctionnement du langage musical en classe de sixième. En effet, les premiers balbutiements sonores contiennent en germe toute une musicalité latente qui ne demande qu'à éclore.

L'élément sonore peut donc progressivement devenir un élément musical s'il s'inscrit dans une démarche intentionnelle et expressive. Le rôle de l'enseignant est alors de guider l'élève dans cette démarche. La musique à l'école peut donc se définir comme l'art de s'exprimer avec les sons.

La pédagogie utilisée est basée sur une transmission orale qui permet de développer chez l'élève l'écoute, la mémoire et l'expression spontanée en évacuant tout aspect théorique ou « solfégique ».

L'épreuve orale de « mise en situation professionnelle » dans le domaine de l'éducation musicale (ou « épreuve de dossier ») peut donc être choisie au concours sans avoir fait des études musicales préalables, à condition de prendre le temps de s'imprégner de l'esprit de cette discipline. Par contre, les candidats qui ont fait des études musicales dans des structures spécialisées vont devoir s'adapter à une nouvelle manière d'envisager le monde musical. Les pratiques musicales à l'école sont avant tout considérées comme des pratiques éducatives particulières dans le cadre d'un enseignement général.

I. Les nouveaux programmes d'éducation musicale

Les nouveaux programmes d'éducation musicale sont édités dans deux sources différentes : pour l'école maternelle, ils apparaissent dans le BO spécial n° 2 du 26 mars 2015 ; pour les cycles 2 et 3, ils sont déclinés dans le BO du 26 novembre 2015. Les nouveaux programmes destinés à la maternelle sont en vigueur depuis le mois de septembre 2015, ceux des autres cycles le sont depuis le mois de septembre 2016.

1. Chapitre rédigé par Dominique HABELLION, professeur agrégé d'éducation musicale, docteur en sciences de l'éducation.

A. L'éducation musicale à l'école maternelle

Le terme « éducation musicale » a été remplacé par le titre « Univers sonores ». Cette volonté d'ouverture à la « diversité des univers musicaux » donne une orientation créative à l'esprit de ces programmes, ceci dans une dynamique d'écoute et de production. Trois grands axes y sont développés : la voix, les instruments et le corps et enfin, l'écoute.

L'utilisation de la voix est préconisée dans deux types de situations complémentaires : d'une part, des situations d'« exploration ludique » et, d'autre part, la pratique chorale pour acquérir un « répertoire de comptines et de chansons adapté à leur âge ».

Les activités instrumentales et l'utilisation du corps pour développer « le plaisir de la découverte de sources sonores variées », permettent à l'enfant de maîtriser ses gestes et leurs effets sur le son.

Le temps d'écoute peut être un « moment ritualisé, évolutif dans sa durée ». Les supports, choisis par l'enseignant, doivent être stylistiquement variés et issus aussi bien de l'environnement sonore que du répertoire musical. Cette activité doit conduire l'enfant à « écouter de plus en plus finement ».

Les compétences attendues en fin d'école maternelle :

- Avoir mémorisé un répertoire varié de comptines et de chansons et les interpréter de manière expressive.
- Jouer avec sa voix pour explorer des variantes de timbre, d'intensité, de hauteur, de nuance.
- Repérer et reproduire, corporellement ou avec des instruments, des formules rythmiques simples.
- Parler d'un extrait musical et exprimer son ressenti ou sa compréhension en utilisant un vocabulaire adapté.

B. L'éducation musicale au cycle 2

L'éducation musicale est construite, jusqu'à la fin du cycle 3, autour de deux principaux champs de compétences : « la perception et la production ». La voix tient un rôle central puisqu'elle permet de réaliser des productions musicales collectives dans la classe.

Les programmes du cycle 2 proposent de développer **quatre axes principaux** : chanter, écouter, produire et échanger. Chaque axe est l'occasion de mettre en œuvre des compétences précises.

Dans l'**axe « chanter »**, l'élève doit être capable de « reproduire un modèle mélodique et rythmique avec une intonation juste ». L'enseignant doit veiller à solliciter une interprétation expressive qui mobilise des habitudes corporelles adéquates pour bien chanter.

Dans l'**axe « écouter et comparer »**, l'élève doit être capable d'« identifier des éléments communs et contrastés » tout en repérant une organisation simple. Le moment d'écoute est aussi l'occasion de comparer des musiques selon leurs ressemblances et leurs différences.

L'**axe « explorer et imaginer »** permet à l'élève d'inventer des organisations sonores simples dans lesquelles il peut expérimenter les paramètres du son. Les productions peuvent être codées graphiquement ou corporellement.

Enfin, l'**axe « échanger, partager »** donne aux élèves la possibilité d'« exprimer ses émotions » tout en respectant l'avis des autres. L'objectif de ces moments d'échanges est de conduire l'élève à exercer son esprit critique.

Les compétences attendues en fin de cycle 2 :

- Expérimenter sa voix parlée et chantée, explorer ses paramètres, la mobiliser au profit d'une reproduction expressive.
- Connaître et mettre en œuvre les conditions d'une écoute attentive et précise.
- Imaginer des organisations simples ; créer des sons et maîtriser leur succession.
- Exprimer sa sensibilité et exercer son esprit critique tout en respectant les goûts et les points de vue de chacun.

C. L'éducation musicale au cycle 3

Le nouveau cycle 3 est conçu dans le cadre de la liaison école/collège puisqu'il englobe la classe de sixième. Il s'inscrit dans la continuité du cycle 2 en poursuivant le développement des deux grands champs de compétences que sont la perception et la production. Là encore, **quatre grands axes** sont déclinés en y ajoutant de nouvelles dimensions plus complexes : interpréter, commenter, créer et argumenter. De plus, les programmes insistent sur la nécessaire pratique chorale collective associant des élèves issus des différents niveaux du cycle.

L'**axe « chanter et interpréter »** laisse apparaître des compétences nouvelles telles que la capacité de l'élève à restituer un chant « par cœur », à « soutenir un bref moment de chant en solo » et à « tenir sa partie dans un bref moment de polyphonie ». Ces exigences visent à développer davantage l'autonomie de l'élève et son expression personnelle.

L'**axe « écouter et commenter »** reprend les compétences du cycle 2 en y ajoutant cependant des connaissances précises sur des formes musicales simples, comme la forme « couplet/refrain » ou la forme « ABA », et sur les « principales caractéristiques de l'orchestre symphonique ». Les œuvres écoutées doivent aussi être replacées dans le temps et dans l'espace pour construire chez l'élève des « repères simples ».

L'**axe « explorer, imaginer et créer »** préconise le « développement du lexique pour décrire le son ». Il suggère de placer l'élève dans une posture d'explorateur du son et de compositeur en utilisant une écriture graphique adaptée pour structurer sa mémoire.

Enfin, l'**axe « échanger, partager et argumenter »** se focalise sur les « conditions d'un travail collectif » nécessitant concentration, écoute, respect et tolérance.

Les compétences attendues en fin de cycle 3 :

- Mobiliser les techniques vocales et corporelles au service de l'expression
- Mettre en lien les caractéristiques musicales avec les savoirs des autres enseignements
- Créer des organisations sonores à partir de sons sélectionnés
- Développer sa sensibilité et son esprit critique

Les programmes précisent que, durant chaque année du cycle, les élèves doivent apprendre un répertoire d'au moins quatre chants et doivent découvrir un ensemble d'au moins six œuvres ou extraits d'œuvres.

II. L'épreuve d'éducation musicale au concours

L'épreuve d'éducation musicale au concours de recrutement de professeur des écoles (CRPE) fait partie de la première épreuve orale intitulée : « mise en situation professionnelle dans un domaine du choix du candidat ». Cette professionnalité exigée indique que tout ce que le candidat va écrire, dire ou répondre doit être pensé comme un futur professeur des écoles. L'épreuve se déroule en deux temps : un dossier écrit et un entretien oral.

A. Le dossier

Pendant sa préparation, le candidat construit un « dossier portant sur un sujet précis » pour un niveau de classe donné. Exemple : Découvrir la musique africaine au cycle 3. Le dossier est remis au jury avant l'épreuve orale dans des conditions qui peuvent varier d'une académie à l'autre.

Le dossier doit comporter deux ensembles : une « synthèse des fondements scientifiques relatifs au sujet retenu » et la « description d'une séquence pédagogique ». L'ensemble du dossier ne doit pas excéder dix pages et il peut être accompagné d'un Compact Disc pour les documents audio ou vidéo. Cependant, certaines académies exigent en plus l'analyse détaillée d'une séance extraite de la séquence.

B. L'entretien

L'entretien porte sur la séquence conçue par le candidat dans son dossier. Cependant, le dossier n'est pas évalué en tant que tel, c'est l'épreuve orale qui est évaluée par le jury. Le dossier n'est donc qu'un support à l'entretien qui se divise en **deux temps** :

Un temps de présentation du dossier par le candidat d'une durée de 20 minutes, noté sur 20 points.

Un temps d'entretien avec le jury d'une durée de 40 minutes, noté sur 40 points.

Pour ce qui est de l'entretien, le jury est « invité à s'assurer de la validité de la présentation du candidat et à approfondir et/ou à élargir son questionnement ». Le jury pose donc généralement des questions sur la séquence avant d'élargir sur des connaissances disciplinaires et les autres cycles. Mais le jury reste souverain dans les questionnements possibles.

III. Le contenu du dossier

Le dossier ne doit pas être formaté, mais son contenu doit être clair et structuré. Le descriptif ci-dessous n'est qu'indicatif ; il propose une forme d'organisation possible :

La partie scientifique contient les informations scientifiques référencées utiles à la conception de la séquence.

La description de la séquence expose le contenu précis de chaque séance.

L'analyse de la séance choisie justifie les choix pédagogiques et didactiques propres à cette séance.

La bibliographie indexe les références utilisées dans la partie scientifique.

Les annexes (papier ou/et CD) présentent les documents et les supports utilisés dans la séquence.

Le dossier ne doit pas dépasser la limite imposée des 10 pages, le sommaire, la bibliographie et les annexes n'étant pas comptabilisés dans cette limite.

A. La partie scientifique

Cette première partie, très importante, fait état des recherches personnelles qui ont permis de bâtir la séquence. Ce sont les différentes notions de langage musical, les éléments culturels et pédagogiques qui sont définis et explicités. Les références et les sources des recherches peuvent être indiquées en notes de bas de page pour assurer une plus grande lisibilité. Le terme « scientifique » indique que le choix de ces sources doit être fiable et sérieux.

Les sources Internet sont tout à fait possibles si le site est crédible : par exemple, les dictionnaires musicaux en ligne de la *Cité de la musique* et de *musicologie.org* sont très riches et très bien documentés. Les encyclopédies musicales et les dictionnaires généralistes sont aussi une mine documentaire pertinente.

B. Le descriptif de la séquence

Le nombre de paramètres à renseigner nous conduit à penser que la description de la séance sous la forme d'une fiche de déroulement insérée dans un tableau reste encore la forme de présentation la plus lisible et la plus synthétique. En effet, ce choix de présentation permet de donner un grand nombre de précisions en un minimum de place, tout en facilitant une lecture globale rapide. De plus, la possibilité d'une mise en page en « format paysage » offre un gain de place non négligeable.

Le modèle de tableau ci-dessous n'est présent qu'à titre indicatif et la séance présentée est fictive :

Séance 1
Objectif : Associer l'expression de la tristesse au tempo lent

Durée	Objectifs intermédiaires	Situation d'apprentissage	Supports Outils	Compétences
10 min	Émergence de la notion d'expression	Verbalisation collective : échange, dialogue à partir des photos	Photos de visages	Écouter et développer son esprit critique
15 min	Découvrir le tempo	Écoute de l'extrait sonore et verbalisation	Extrait sonore	Reproduire un rythme simple
15 min	Mémoriser le refrain du chant	Travail vocal	Paroles du chant	Mémoriser un chant

Cette première séance fictive a donc pour objectif général de faire émerger l'association entre le caractère triste de la musique et son tempo plutôt lent. L'ensemble de la séquence pourrait ainsi porter sur les relations entre l'expression musicale et les caractéristiques sonores qui engendrent cette expression.

Cette première séance se divise en **trois phases** qui correspondent à trois activités différentes et qui ont chacune un objectif propre (les objectifs intermédiaires). Le tableau laisse clairement apparaître, pour chaque phase, le minutage, l'objectif, la situation d'apprentissage, les supports et les compétences développées. Il est possible d'ajouter les attendus de l'enseignant pour les phases de verbalisation, par exemple.

Cette présentation sous forme de tableau synthétique – un tableau par page en format paysage – semble la plus adéquate pour la conception du dossier.

C. L'analyse d'une séance

L'analyse d'une séance en éducation musicale n'est pas une simple redite descriptive. La démarche d'analyse doit permettre de repérer les points positifs et les dysfonctionnements dans la mise en œuvre de la séance. **Trois étapes** sont alors nécessaires pour réaliser une analyse pertinente :

- **Établir des constats** : par exemple, les élèves ont eu des difficultés à frapper la pulsation tout en chantant.
- **Tenter d'expliquer** : le chant n'était pas suffisamment mémorisé.
- **Proposer des remédiations** : finir l'apprentissage du chant avant d'effectuer un travail rythmique ou faire deux groupes dans la classe pour dissocier le chant du rythme.

Quand la séance n'a pas été mise en œuvre, l'analyse est seulement « projective » et ne peut donc que présupposer des difficultés possibles et tenter de les expliquer.

IV. L'épreuve orale

Le dossier a été préalablement remis au jury selon les modalités prévues par chaque académie. Le jour de l'épreuve d'éducation musicale, le candidat doit présenter son dossier oralement pendant 20 minutes. Cette présentation orale est notée sur 20 points mais l'utilisation – ou la non-utilisation – de notes écrites ou d'un diaporama est fixée par chaque académie.

A. Le contenu de la présentation

Le jury est censé avoir pris connaissance du contenu du dossier avant l'écoute du candidat. La paraphrase du dossier ne semble alors pas très pertinente. Le candidat doit alors chercher à approfondir certains points ou à apporter un éclairage nouveau sur le contenu. Plusieurs orientations sont possibles :

- **L'introduction** : elle synthétise le contenu du dossier en rappelant l'objectif général et la progression pédagogique. Elle annonce le plan de l'exposé.
- **L'analyse des supports** : elle démontre l'intérêt des divers supports utilisés ainsi que leur adéquation à l'objectif visé.
- **L'évaluation** : le candidat peut évoquer les différents types d'évaluation et leur emplacement au cours de la séquence. L'explicitation d'une grille d'évaluation peut être la bienvenue.
- **Les aspects particuliers** : par exemple, dans le cas d'une séance sur les musiques du monde, le candidat peut démontrer l'intérêt de découvrir d'autres cultures dans la classe.

- **L'analyse d'une séance vécue** : c'est l'occasion pour le candidat de faire part de son expérience pédagogique.
- **La conclusion** : elle peut être l'occasion d'évoquer la pluridisciplinarité par rapport à la séquence.

Les documents utilisés dans la présentation orale doivent obligatoirement concerner la séquence décrite et doivent figurer dans les annexes. Aucun document supplémentaire ne peut être soumis le jour de l'oral.

B. L'entretien avec le jury

Le dossier est naturellement le point de départ de l'entretien mais les élargissements possibles sont nombreux et parfois imprévisibles. Une préparation efficace à l'entretien doit déjà pouvoir anticiper les questionnements à partir du dossier.

Le candidat doit pouvoir répondre à toutes les questions techniques sur les notions musicales utilisées dans la séquence et présentées dans la partie scientifique du dossier. Exemples : les paramètres du son, le tempo, le rythme, les familles d'instruments…

Les points didactiques et pédagogiques sont aussi très souvent abordés car ils sont en prise directe avec le métier de professeur des écoles. Exemples : les problèmes de justesse chez un enfant, le codage de la musique, la phase d'exploration, la production collective, la progression rythmique, le répertoire vocal…

Les questionnements qui concernent la pluridisciplinarité et la transdisciplinarité permettent d'élargir l'entretien. La pluridisciplinarité peut être présente dans le dossier si plusieurs disciplines sont engagées dans la séquence : par exemple, le conte musical fait appel à des compétences langagières et musicales. Les compétences transdisciplinaires traversent plusieurs disciplines : la mémoire, l'expression personnelle, le vivre ensemble…

L'élargissement vers les autres cycles est souvent abordé par la possible transposition de la séquence dans un autre cycle. Si un répertoire vocal est très souvent adapté à un âge précis, – difficile de faire chanter une comptine en cycle 3 – un extrait musical peut être utilisé dans les trois cycles. Cependant les activités, les compétences et les exigences devront être naturellement adaptées.

Après une imprégnation du cadre institutionnel de la musique à l'école primaire et des exigences du concours, la préparation à l'épreuve orale d'éducation musicale demande une connaissance précise des éléments fondamentaux du langage musical nécessaires à la pratique de classe. Ce sont ces éléments que nous allons maintenant examiner.

V. Les éléments fondamentaux du langage musical

Les notions fondamentales du langage musical nécessaires aux pratiques musicales à l'école n'ont que très peu de relations avec ce que l'on nomme le « solfège ». En effet, ces notions doivent pouvoir s'appliquer à la fois à la matière sonore et à la matière musicale. Elles sont donc constituées d'éléments acoustiques simples, d'éléments musicaux indispensables à une pratique orale et d'éléments expressifs. « L'éducation musicale apporte les savoirs culturels et techniques nécessaires au développement des capacités d'écoute et d'expression » (BO 26 novembre 2015).

À l'école, les activités d'écoute et de production sont interdépendantes et participent à une même dynamique. L'enfant peut produire avec sa voix, avec son corps, avec des objets ou avec des petits instruments. Il écoute son environnement, il écoute les sons qu'il produit et il écoute des œuvres.

Seule la manipulation permet de sentir et de comprendre les relations et les interactions entre le geste, l'objet, le son et l'écoute. Le geste déclenche la mise en vibration, l'objet sonne, le son résonne et l'écoute évalue le résultat. Il en est de même pour le geste vocal, avec la difficulté supplémentaire qui réside dans le fait que l'instrument ne se voit pas.

Le rôle de l'enseignant est donc de créer, dans le cadre d'une séance d'éducation musicale, des situations variées de manipulations. Il est le guide indispensable qui va permettre à l'élève d'évoluer d'une manipulation aléatoire vers une manipulation intentionnelle et expressive.

A. Jouer avec la durée des sons

Il est très facile de réaliser quelques expériences sonores simples avec le corps ou avec des objets variés. Il suffit d'un geste appliqué sur un objet pour produire un son. Un claquement de mains produit un son sec et court. Un frappé léger sur une coupe de cristal produit un son clair résonant, s'inscrivant davantage dans la durée. Cette expérience renouvelée avec différents objets nous permet de constater que tous les sons produits n'ont pas la même durée. Au travers des manipulations sonores, l'élève trouve la possibilité de jouer sur les contrastes « sons courts/sons longs ».

Certains instruments de musique permettent de jouer à volonté des durées de sons variables. C'est le cas des instruments à vent comme, par exemple, la voix, la flûte ou l'orgue qui, dans la limite du souffle disponible, peuvent aisément jouer sur des contrastes de durées.

B. Varier l'intensité des sons

Il est aujourd'hui très simple, grâce aux nouvelles technologies, d'agir sur le volume sonore d'une source de diffusion. Ce geste habituel de l'auditeur permet d'ajuster l'intensité du son perçu. Il en est de même sur un instrument de musique. Le percussionniste peut varier l'amplitude de son geste pour frapper plus ou moins fort, le violoniste peut modifier la pression de l'archet sur la corde ou le trompettiste peut doser la pression de l'air. Il est donc possible d'obtenir des sons puissants, dits *forte*, ou des sons plus doux, dits *piano*. Le lexique musical parle de variations de nuances.

Une variation d'intensité peut s'effectuer brutalement, du *piano* au *forte* ou inversement du *forte* au *piano*. Mais cette variation d'intensité peut aussi se réaliser de manière progressive, dans un sens croissant que l'on nomme *crescendo* ou dans un sens décroissant que l'on nomme *decrescendo*.

C. Alterner la hauteur des sons

Tous les sons n'ont pas la même hauteur. On le constate aisément en écoutant les voix parlées dans les conversations quotidiennes. Une voix masculine est en général plus grave, c'est-à-dire plus basse, qu'une voix féminine. Si l'on écoute plusieurs voix d'un même sexe, on peut là encore distinguer différentes hauteurs. Il en est de même pour les sons de notre environnement. La sonnette d'un vélo est généralement plus aiguë, c'est-à-dire plus haute que le bruit d'un moteur de camion, de même que le chant du rossignol est plus aigu que le brame d'un cerf.

La notion de hauteur présente une certaine relativité. Ce n'est qu'en comparant les sons entre eux que l'on peut les classer dans une échelle de hauteurs : sons graves, sons médiums et sons aigus. Il est évident que plus l'amplitude de hauteur entre deux sons est grande, plus il est facile de les classer.

D. Mélanger les timbres

Le timbre est la notion la plus délicate à définir car il dépend de multiples paramètres. Le timbre fait référence directement à la source sonore. Il permet d'identifier avec exactitude l'origine du son. Il permet de distinguer un son d'un autre son. C'est en quelque sorte l'identité sonore d'un son. Il permet de discriminer une porte qui claque d'un verre qui se brise. Il permet d'identifier une voix d'une autre voix. Il permet de reconnaître un moteur de 2CV d'un moteur de Rolls-Royce. Dans le domaine musical, il permet de distinguer un instrument d'un autre instrument. C'est un peu la « couleur » ou la « sonorité » du son.

Le timbre dépend principalement de la conjonction de deux facteurs : le matériau et le geste appliqué. Par exemple, les instruments de musique peuvent être constitués de matériaux différents : bois, cuivre ou peau. Une corde de violon, qui peut être en boyau ou en métal, peut se voir appliquer plusieurs gestes différents : frotter, pincer ou frapper.

☛ **NOTA BENE :** Les quatre notions définies ci-dessus constituent les « paramètres du son » : la durée, l'intensité, la hauteur et le timbre. Leur expérimentation préconisée dans les nouveaux programmes peut se réaliser à travers diverses manipulations sonores.

« Expérimenter les paramètres du son » (BO 26 novembre 2015)	
Durée	Étalement du son dans le temps. Il existe des sons brefs et des sons longs.
Intensité	Volume sonore d'un son.
Hauteur	En acoustique, c'est la fréquence d'un son. C'est la place du son perçu dans une échelle qui va du grave vers l'aigu.
Timbre	Couleur identitaire de la source sonore. On parle de timbre instrumental ou vocal, de timbre cristallin ou métallique.

E. La pulsation et le tempo

La pulsation est une série de battements réguliers. On pense immédiatement à la pulsation cardiaque, mais il existe d'autres formes de pulsations comme le cycle de la respiration ou la marche régulière. Tout être vivant est un ensemble de mécaniques pulsées. L'apparition des machines et le développement de la mécanisation n'ont fait qu'augmenter le nombre de pulsations dans notre environnement quotidien : le « tic-tac » de l'horloge, le va-et-vient des essuie-glaces ou la sirène des ambulances.

Dans le domaine musical, la pulsation est souvent perçue à travers un mouvement du corps, comme le battement régulier du pied lorsqu'on écoute une musique dont le rythme nous accroche. Le corps traduit ainsi une envie de mouvement. La pulsation est sans aucun doute le premier générateur de mouvement dans la musique. Les musiques de danse sont le plus souvent pulsées.

Mais la pulsation est aussi une unité de mesure artificielle qui permet de mesurer le temps qui passe et, par voie de conséquence, la durée des sons. Elle divise le temps chronologique en unités régulières comme les secondes (R. Murray Schafer, 1976). La vitesse de la pulsation indique le *tempo* de la musique.

F. Le rythme

Une mélodie chantée ou jouée est généralement constituée de sons (de notes) avec des durées variées. Ces durées inégales donnent à la mélodie un mouvement caractéristique et une dynamique particulière. La mélodie devient ainsi aisément repérable dans sa mobilité tout en évitant une certaine monotonie. Si toutes les durées sont égales, la mélodie devient plus statique.

Le rythme peut être techniquement défini comme la répartition des durées variables des sons. Mais, dans la pratique musicale, ces durées doivent se caler sur la pulsation régulière. La superposition de ces deux éléments distincts constitue le rythme de la musique. Le rythme donne ainsi du mouvement et de la directionnalité à la musique.

Dans le cadre de la classe, la distinction « pulsation/rythme » peut être mise en évidence à partir d'un chant : si les élèves chantent en frappant un battement régulier, ils frappent alors la pulsation (et le tempo) ; si les élèves frappent le rythme de la mélodie, le résultat diffère et révèle une certaine irrégularité dans les coups frappés.

G. L'*ostinato* rythmique

Le terme *ostinato*, « obstiné » en italien, signifie qu'un élément musical se répète d'une manière entêtante comme une personne obstinée répète constamment une même idée fixe. La mécanisation de l'environnement sonore produit de nombreux *ostinatos* rythmiques comme, par exemple, le rythme cyclique de la photocopieuse effectuant un grand nombre de tirages ou le rythme répétitif des essieux du train qui se déplace à une allure constante.

Dans le domaine musical, un *ostinato rythmique* est la répétition continuelle d'une même courte formule rythmique pendant un certain laps de temps dans une pièce, voire tout au long de la pièce. Cette « cellule rythmique » se répète en boucle comme, par exemple, dans le *Boléro* de Maurice Ravel (1928) qui duplique la cellule cent soixante-neuf fois.

☛ **NOTA BENE :** Les nouveaux programmes d'éducation musicale précisent que l'élève doit être capable d'identifier et de « reproduire un modèle rythmique ». L'élève doit donc pouvoir trouver le tempo d'une pièce musicale, dissocier le rythme de la pulsation dans un chant et reproduire par imitation un rythme entendu.

« Reproduire un modèle rythmique » (BO 26 novembre 2015)	
Pulsation	Battement régulier que l'on peut frapper en écoutant de la musique. C'est l'unité de mesure du temps qui passe.
Tempo	Vitesse de la pulsation. Le tempo peut être lent, modéré ou rapide. C'est le pouls de la musique.
Rythme	Durées variables des sons qui se calent sur la pulsation.
Ostinato	Courte formule rythmique ou mélodico-rythmique qui se répète en boucle.

H. La structure d'une chanson

Une chanson est une organisation sonore précise, soumise au sens des paroles qui la constituent. La logique narrative est primordiale, mais elle n'implique pas forcément une structure linéaire et continue. L'histoire de la chanson, qu'elle soit populaire ou savante, permet de constater trois formes principales d'organisations sonores.

L'organisation sonore la plus courante, dans la chanson populaire comme dans la chanson enfantine, est constituée de deux entités différenciées qui alternent : un élément stable dans sa mélodie et dans ses paroles, le refrain, et un élément évolutif, stable dans sa mélodie mais mouvant dans son texte, le couplet. Cette structure est appelée « forme couplet/refrain ».

La forme dite « strophique » est un héritage de la poésie. Le texte est découpé en plusieurs strophes symétriques, identiques dans leur mélodie, mais évolutives dans les paroles.

La dernière forme de chant est une hybridation des deux formes précédentes puisqu'elle est constituée à la fois de strophes et d'un élément refrain. Cet élément refrain prend souvent la forme d'une répétition de certains vers, en début ou en fin de strophe. Dans la célèbre chanson de Georges Brassens *Les Copains d'abord* (1964), le dernier vers de chaque strophe est la reprise du titre de la chanson. Cette répétition récurrente peut être considérée comme une sorte de refrain.

I. L'organisation sonore

La musique est un ensemble de sons organisés. Le compositeur est donc celui qui organise les sons dans le temps et dans l'espace.

L'auditeur perçoit tout d'abord une succession de sons ou d'éléments sonores qui s'enchaînent les uns aux autres dans une chronologie temporelle. On se situe donc dans la dimension horizontale du temps qui passe. Une simple mélodie est constituée d'une succession de notes. On l'entend très clairement en écoutant, par exemple, une sobre mélodie issue du chant grégorien.

Le compositeur peut superposer plusieurs sons en même temps. Cette superposition crée dans la musique une dimension verticale avec la possibilité de répartir les sons dans l'échelle des hauteurs. Ainsi, un accord est constitué de la superposition de plusieurs sons de hauteurs différentes.

Le compositeur peut également obtenir du relief en créant artificiellement différents plans sonores, c'est-à-dire des effets de profondeurs ou de perspectives. Pour cela, il va jouer essentiellement sur les contrastes d'intensité. L'auditeur perçoit les éléments sonores de forte intensité comme des éléments proches. À l'inverse, il perçoit les éléments sonores de faible intensité comme des éléments plus lointains. La différenciation des plans peut aussi être obtenue par des contrastes de timbres en opposant, par exemple, les instruments à vent aux instruments à cordes.

J. Le thème

Le refrain d'une chanson, élément stable et récurrent, trouve un écho dans la musique instrumentale sous la forme de ce qu'on appelle le « thème ». On peut donc définir le thème comme une mélodie récurrente autour de laquelle est élaborée une pièce musicale. C'est un élément sonore fortement caractérisé par sa mélodie et son rythme, et qui ne peut échapper à l'auditeur lorsqu'il se présente.

Ses répétitions au cours de la pièce permettent de le mémoriser et de le rendre familier. Cet élément stabilisateur vient aussi structurer la musique en créant une alternance entre l'auditivement connu et la nouveauté.

K. La forme *Rondo*

La forme *Rondo* est la transposition instrumentale de la forme « couplet/refrain » d'une chanson. Mozart a beaucoup utilisé cette forme dans ses sonates et ses concertos. Par exemple, dans le dernier mouvement de son *Concerto pour flûte en ré Majeur K314* (1778), le thème, de caractère très joyeux, est énoncé au tout début de la pièce. Cette première exposition du thème (près d'une minute) permet à l'auditeur d'avoir le temps de le mémoriser. Il apparaît en tout quatre fois, même s'il est parfois légèrement modifié, et vient aussi clôturer le mouvement, ce qui donne une structure globale élaborée ainsi :

Thème	Couplet 1	**Thème**	Couplet 2	**Thème**	Couplet 3	**Thème**

L. La forme ABA

La forme « ABA » est une organisation musicale symétrique en trois parties, dont la première et la dernière sont identiques avec un même thème, la partie centrale étant différente par la présence d'un autre thème. C'est à l'origine une forme très utilisée dans la musique vocale solo du début du XVIIIe siècle sous le nom d'*Aria*. Si la troisième partie diffère quelque peu de la première, on lui donne l'appellation ABA'.

Le mouvement lent (*Adagio*) du *Concerto pour clarinette K 622* (1791) de Mozart est bâti sur cette forme.

☛ **NOTA BENE :** En cycle 3, l'élève doit être capable de « repérer et nommer une organisation simple dans un extrait musical ». Il doit pouvoir identifier la répétition d'une mélodie, le retour d'un thème ou d'une partie caractéristique. Il peut aller jusqu'à « déduire une forme simple ».

« Repérer une organisation simple » (BO 26 novembre 2015)	
Structure d'une chanson	Organisation musicale en fonction du texte : forme « couplet/refrain » ou forme strophique.
Organisation sonore	Organisation des sons en trois dimensions : succession, superposition et plans sonores.
Thème	Mélodie principale d'une pièce musicale qui revient de manière récurrente.
Forme *Rondo*	Transposition instrumentale de la forme « couplet/refrain » d'une chanson.
Forme ABA	Organisation tripartite d'une pièce musicale, dont la première et la dernière partie sont identiques.

M. La monodie

Les premières partitions musicales datent environ du IXe siècle. Ce sont des partitions de musiques vocales religieuses, recueils d'un répertoire appelé « chant grégorien ». Ces partitions sont la trace encore imprécise d'une écriture musicale simple et graphique (écriture neumatique) au-dessus des paroles latines. En effet, seule la mélodie est écrite, nue, sans accompagnement. On parle alors d'écriture à une seule voix ou écriture *monodique*. Il en est de même pour les manuscrits de chansons de troubadours datant du XIIe siècle. Là encore, les partitions ne laissent apparaître qu'une seule ligne mélodique sur une portée de quatre lignes au-dessus des paroles.

L'existence d'une seule voix mélodique permet plusieurs configurations d'interprétations vocales. La mélodie peut être chantée par une voix soliste, par un petit groupe de chanteurs, par un chœur ou par une foule. Dans tous les cas, cela reste une monodie puisqu'il n'y a qu'une seule et même mélodie chantée.

Un ensemble d'individus, quel qu'en soit le nombre, qui chante une seule et même mélodie chante à l'unisson. Un unisson est donc toujours une monodie.

À l'école primaire, les filles et les garçons chantent à la même hauteur car les garçons n'ont pas encore mué. Ce sont des voix d'enfants dont la tessiture est proche des voix féminines. On dit que ce sont des voix égales. La situation la plus courante en classe est donc de faire chanter une monodie par des voix égales.

N. La polyphonie

On parle de polyphonie dans une pièce musicale quand plusieurs mélodies différentes se superposent. Les premières polyphonies écrites se développent dans le courant du XIIIe siècle. L'écriture musicale superpose deux ou trois mélodies différentes. On parle alors de polyphonies à deux ou trois voix. Les *Rondeaux* d'Adam de la Halle (XIIIe) sont de très beaux exemples de chansons profanes à trois voix, écrites en langue française (langue d'oïl).

La polyphonie peut être vocale ou instrumentale. Elle fait appel à des techniques d'écritures musicales variées et complexes.

- Lorsque les différentes mélodies superposées ont strictement le même rythme, on parle d'écriture homorythmique.
- Dans le cas où les mélodies superposées ont des rythmes différents, on parle alors d'écriture contrapunctique : les mélodies sont indépendantes mais leur superposition reste très harmonieuse.
- Lorsqu'une voix de la polyphonie reprend la mélodie d'une autre voix, on parle d'écriture en imitation.

En plein XVIe siècle, le compositeur anglais Thomas Tallis écrit le motet *Spem in alium* (1570) pour quarante voix indépendantes *a cappella* (sans accompagnement instrumental).

O. La technique du bourdon

Le « bourdon » est une des premières formes de superposition musicale. C'est une technique « archaïque » qui prend racine dans la musique de tradition orale. Cette technique consiste à accompagner une mélodie par un son continu. C'est donc une polyphonie simple à deux voix. Le jeu du bourdon est très présent dans la musique médiévale et dans les musiques traditionnelles. Certains instruments, comme la cornemuse ou la vielle à roue, possèdent un bourdon naturel.

Le compositeur Edvard Grieg a utilisé la technique du bourdon rythmé dans *La danse de la fille du roi de la montagne* extraite de *Peer Gynt* (1888).

P. Le canon

Le canon est une forme de polyphonie particulière avec des règles bien précises. C'est un jeu d'écriture complexe puisqu'une seule mélodie se superpose à elle-même avec des départs différés aux autres voix. En effet, toutes les voix chantent la même mélodie, mais les décalages des phrases musicales créent une superposition de mélodies différentes. La monodie initiale devient alors une polyphonie.

L'exemple classique du canon traditionnel *Frère Jacques* en est une illustration parlante. La mélodie est tout d'abord chantée à l'unisson. Elle comporte quatre courtes phrases musicales, chaque phrase étant chantée deux fois. Il s'agit donc d'un canon à quatre voix, donc à quatre entrées successives. On constate qu'à la quatrième entrée les quatre phrases se superposent.

Pour que les superpositions soient harmonieuses, le compositeur doit les anticiper dans la conception de la mélodie initiale. C'est la raison pour laquelle n'importe quel chant ne peut se chanter en canon. Dans la classe, le canon est d'abord soigneusement travaillé à l'unisson avant d'entamer le travail polyphonique.

Entrées du canon *Frère Jacques*			
Frère Jacques	Dormez-vous ?	Sonnez les matines !	Ding ! Ding ! Dong !
	Frère Jacques	Dormez-vous ?	Sonnez les matines !
		Frère Jacques	Dormez-vous ?
			Frère Jacques

Q. Les voix et le chœur

Un chœur est d'abord la réunion de plusieurs chanteurs. Il est constitué de la superposition de différents types de voix que l'on peut catégoriser en fonction de l'âge, du sexe, de la hauteur et du timbre. Chaque catégorie possède une appellation particulière.

	Voix d'enfants	**Voix féminines**	**Voix masculines**
Tessiture aiguë	Soprano	Soprano	Ténor
Tessiture grave	Alto	Alto	Baryton/Basse

- Un **chœur à voix égales** ne contient pas de voix masculines. Il peut donc être constitué de voix d'enfants, de voix féminines ou d'un mélange des deux.
- Un **chœur à quatre voix mixtes** est composé d'un mélange de voix féminines et masculines. Il y a donc une superposition de quatre voix appelées, de la plus aiguë à la plus grave : voix de sopranos, voix d'altos, voix de ténors et voix de basses (S.A.T.B.).
- Un **chœur d'hommes** n'est composé que de voix masculines dont la configuration varie en fonction du répertoire chanté.

Dans la classe, les élèves forment un chœur à voix égales. Il est inutile de répartir les voix en deux groupes sexuellement homogènes, d'un côté les filles, de l'autre les garçons. Même si l'on peut noter une légère différence de timbre entre filles et garçons, la hauteur des voix reste identique.

> ☛ **NOTA BENE :** À la fin du cycle 3, les élèves doivent pouvoir « chanter une mélodie simple avec une intonation juste » et « tenir leur partie dans un bref moment de polyphonie ». La voix tient donc un rôle central dans les pratiques de la classe.

« Le rôle central de la voix » (BO 26 novembre 2015)	
Monodie	Une seule mélodie à la fois qui peut être chantée ou jouée par plusieurs musiciens en même temps.
Polyphonie	Art de superposer plusieurs sons en même temps. Dimension verticale de la musique.
Bourdon	Son tenu qui sert d'accompagnement à une mélodie.
Canon	Monodie qui se superpose à elle-même grâce à des entrées successives. La monodie devient alors polyphonie.
Voix	Catégorisation vocale en fonction de l'âge, du sexe, de la hauteur et du timbre.
Chœur	Ensemble de chanteurs.

R. Le geste instrumental

Le son a pour origine la mise en vibration d'un objet. Cette mise en vibration est provoquée par un choc, lui-même provoqué par un mouvement déclencheur. C'est le principe fondamental des sons instrumentaux. L'instrument de musique, c'est-à-dire l'objet, est mis en vibration par l'instrumentiste. Selon la morphologie de l'instrument, le geste de production sonore adéquat varie.

- ♦ Certains instruments ont une forme tubulaire. Le son est produit par la mise en vibration de la colonne d'air à l'intérieur du tube par le souffle de l'instrumentiste. Ce sont les instruments à vent. Exemples : la flûte, le hautbois, la trompette…
- ♦ D'autres instruments sont mis en vibration par un coup frappé, soit provoqué directement par la main de l'instrumentiste, soit provoqué indirectement par l'intermédiaire de mailloches. Ce sont les instruments à percussion. Exemples : la caisse claire, le triangle, le xylophone…
- ♦ D'autres instruments encore possèdent des cordes tendues sur une caisse de résonance. L'instrumentiste peut alors mettre en vibration la corde en la frappant (le piano), en la pinçant (la guitare) ou en la frottant avec un archet (le violon).

S. Les familles d'instruments

L'orchestre symphonique occidental est un ensemble important d'instruments composé de **quatre groupes ou « familles d'instruments »**. Le cœur de l'orchestre est constitué des **instruments à cordes frottées**. Cet orchestre à cordes, constitué dès le XVIIe siècle, reste l'élément sonore central de l'orchestre symphonique de par le nombre d'instruments qu'il regroupe. Ces instruments à cordes frottées sont, du plus aigu au plus grave, le violon, l'alto, le violoncelle et la contrebasse. Leur taille est croissante en descendant vers le grave. Ces quatre instruments ont la particularité de pouvoir être aussi joués en *pizzicato*, c'est-à-dire en pinçant les cordes avec le doigt.

Autour de cet élément central vient s'ajouter une famille d'instruments à vent nommée « **la famille des bois** ». Cette famille d'instruments regroupe les instruments à vent qui sont en bois et dont le son est produit par le souffle de l'instrumentiste. Elle est principalement constituée de quatre instruments qui sont, du plus aigu au plus grave, la flûte, le hautbois, la clarinette et le basson. La flûte, aujourd'hui en métal, est restée en bois jusqu'à la fin du XIXe siècle. Elle demeure donc dans la famille des bois.

Dans la seconde moitié du XVIIIe siècle, se développe la **famille des cuivres** qui ajoute à l'orchestre une puissance supplémentaire. Cette famille se compose de quatre principaux instruments qui sont, du plus aigu au plus grave, la trompette, le cor, le trombone et le tuba. Le changement de note s'effectue grâce au pincement des lèvres dans l'embouchure et aux pistons, pour ce qui est de la trompette, du cor et du tuba. En ce qui concerne le trombone, le changement de note s'obtient par une coulisse que l'on tire et que l'on pousse pour raccourcir ou allonger la colonne d'air qui vibre dans le corps de l'instrument.

L'élément rythmique de l'orchestre est la **famille des percussions**, qui est, au XVIIe siècle, seulement constituée de deux timbales, sortes de tambours graves semi-sphériques accordés. C'est principalement au cours du XXe siècle que cette famille s'enrichit de nombreux nouveaux instruments. Il est ici impossible de tous les énumérer mais cette famille regroupe tous les instruments que l'on peut frapper, frotter ou secouer. Dans son ballet *Parade* (1917), le compositeur Erik Satie va même jusqu'à insérer dans l'orchestre un revolver et une machine à écrire.

<table>
<tr><th colspan="4">Composition de l'orchestre symphonique mozartien</th></tr>
<tr><td colspan="4">Percussions : timbales</td></tr>
<tr><td colspan="2">Cuivres : trompette, cor, trombone</td><td colspan="2">Bois : flûte, hautbois, clarinette, basson</td></tr>
<tr><td rowspan="2">Violons 1</td><td rowspan="2">Violons 2</td><td rowspan="2">Altos</td><td>Contrebasses</td></tr>
<tr><td>Violoncelles</td></tr>
</table>

T. L'*instrumentarium* pédagogique

Le terme *instrumentarium* indique un ensemble de petits instruments à percussion adapté à l'éveil musical des jeunes enfants. Ce terme a été institutionnalisé par la pédagogie musicale active *Orff*, du nom de son instigateur, le compositeur allemand Carl Orff (1895-1982). La particularité de ces instruments est qu'ils peuvent être facilement utilisés sans un apprentissage technique long et fastidieux.

L'utilisation de l'*instrumentarium* privilégie les pratiques collectives en associant des éléments mélodiques joués aux carillons ou aux métallophones avec des éléments rythmiques joués par les peaux et les idiophones. La variété des timbres donne à l'ensemble une coloration chatoyante qui est un réel facteur de motivation pour les élèves, dans l'accompagnement d'un chant, par exemple.

Le tableau ci-dessous synthétise quelques instruments à percussion présents dans l'*instrumentarium*.

Petits instruments à percussion	
Le carillon	Petit xylophone aigu portatif avec des lames métalliques.
Le métallophone	Xylophone avec des lames métalliques qui peut exister en différentes tailles, donc avec des hauteurs différentes.
Le woodblock	Bloc de bois creux que l'on frappe avec une mailloche.
Le guiro	Tube de bois strié sur le dessus que l'on frotte avec une baguette. C'est une percussion d'origine cubaine.
Le triangle	Triangle métallique suspendu que l'on frappe avec une fine baguette métallique.
Les claves	Deux courts morceaux de bois cylindriques que l'on entrechoque.
Le tambourin	Peau tendue sur un cadre circulaire que l'on frappe avec la main ou avec une mailloche.

☛ **NOTA BENE :** Les nouveaux programmes préconisent « l'utilisation d'objets sonores (petites percussions, lames sonores, etc.) pour enrichir les réalisations collectives ». Le corps est donc mobilisé dans sa motricité fine par le travail instrumental pour « contribuer à l'équilibre physique et psychologique » de l'élève.

« Principales caractéristiques de l'orchestre symphonique » (BO 26 novembre 2015)	
Geste instrumental	Geste qui sert à produire un son : souffler, frapper, pincer, frotter.
Famille d'instruments	Instruments regroupés par gestes instrumentaux : cordes, bois, cuivres et percussions.
Cordes	Instruments à cordes frottées de l'orchestre : violon, alto, violoncelle et contrebasse.
Bois	Instruments à vent en bois : flûte, hautbois, clarinette et basson.
Cuivres	Instruments à embouchure et en laiton : trompette, cor, trombone et tuba.
Percussions	Instruments rythmiques frappés, frottés et secoués. Les claviers sont des percussions mélodiques à lames.
Instrumentarium	Orchestre pédagogique de petites percussions.

VI. Les éléments pédagogiques et didactiques de la pratique de classe

La connaissance des éléments fondamentaux du langage musical utilisé à l'école primaire est naturellement une étape importante de la préparation du concours. Mais, la conception de la séquence et les questions du jury à l'entretien oral nécessitent aussi l'acquisition d'éléments pédagogiques et didactiques qui démontrent la réflexion du candidat sur les aspects de la transmission du savoir acquis, donc sur sa posture d'enseignant. Ce sont ces points qui vont être maintenant examinés.

A. L'échauffement vocal

Échauffer la voix avant de chanter est une phase fondamentale. Elle permet non seulement une mise en éveil progressive du corps, mais elle contribue aussi à la découverte de sensations physiques intérieures. La voix est un instrument invisible et impalpable qui ne se travaille qu'à partir de sensations. La phase d'échauffement est naturellement un moment privilégié pour travailler la technique vocale.

Un échauffement vocal se construit en **quatre étapes successives** dont la chronologie trouve sa logique dans le fonctionnement physiologique de la voix.

- ♦ La **posture générale du corps** est importante à plusieurs titres. L'ensemble du corps doit être décontracté mais énergique. Les pieds et les jambes doivent constituer un socle solide bien ancré dans le sol. Le haut du corps doit être souple, sans aucune crispation. Il est préférable de faire chanter les enfants debout pour obtenir cette énergie canalisée.
- ♦ Le **travail du souffle** est fondamental puisqu'il constitue l'alimentation en énergie de la voix. L'enfant doit découvrir, à l'aide d'exercices variés, que le diaphragme est en fait la télécommande du chant. Ce muscle permet de gérer la pression de l'air nécessaire en fonction de la hauteur du son, de sa puissance et de sa durée. L'enfant doit découvrir peu à peu la respiration « basse », sans hausser les épaules, pour ressentir un confort dans l'acte de chanter.
- ♦ Le **geste d'inspiration** doit précéder toute émission vocale. Les premier sons de l'échauffement doivent être dans une tessiture grave avec une intensité *piano*. Il est possible de commencer par des sons filés « bouche fermée » sur le son « mm » ou le son « nn ». Les sons filés peuvent s'étendre progressivement vers le médium et vers l'aigu. L'ouverture buccale progressive doit constituer l'étape suivante en choisissant une suite de sons classés du plus fermé au plus ouvert : « mou – mô – mâ ».
- ♦ La **vocalise** est constituée par un fragment mélodique que l'on fait chanter en montant progressivement du grave vers l'aigu. La première phrase d'un

chant préalablement étudié peut servir de vocalise. La transposition peut être instinctive en prenant garde de toujours conserver une lente progression vers l'aigu.

B. La transmission d'un chant

L'interprétation collective d'un chant requiert une grande rigueur. Le chant impose de lui-même des paroles, une mélodie, un tempo et un rythme. L'interprétation collective demande l'absolu respect de l'ensemble de ces paramètres.

La **première étape** de la transmission d'un chant est la mémorisation du chant par l'enseignant lui-même. Cette mémorisation se fait très souvent par imprégnation à partir d'un support audio. L'adulte mémorise à force de réécoutes successives. Le chant peut être considéré comme su s'il peut être chanté *a cappella* sans le support audio.

Dans une **seconde étape**, une fois le chant mémorisé, l'enseignant doit le découper en fragments cohérents, dictés par le texte et la mélodie. Chaque fragment est destiné à être facilement mémorisé par les élèves par imitation du modèle de l'enseignant. Le chant sera ensuite reconstitué comme un puzzle par l'enchaînement des différents fragments.

L'usage d'un play-back enregistré n'est préconisé que dans la **phase finale** de l'apprentissage du chant car cet outil ne doit pas gommer le travail *a cappella* qui, seul, peut permettre des remédiations de qualité.

Face au constat de difficultés vocales chez certains élèves, il n'y a pas de recette absolue et définitive. Le mimétisme par l'écoute des autres élèves peut suffire à remédier au problème. Les « jeux vocaux » peuvent aussi favoriser chez l'enfant la découverte des possibilités insoupçonnées de sa propre voix. De toute manière, chanter est un acte qui s'apprend.

C. L'activité d'écoute

L'activité d'écoute est le moment d'écoute collective d'un extrait musical. Comme toute activité de classe, l'écoute répond à un objectif pédagogique déterminé par l'enseignant. Le choix de l'extrait musical est donc fondamental puisqu'il vise un ou plusieurs apprentissages. L'écoute n'est jamais une activité passive.

Écouter consiste d'abord à ne pas faire de bruit et mettre sa perception en éveil. On ne peut écouter qu'avec l'intention d'écouter. Dans la classe, l'enseignant doit favoriser une attitude collective qui consiste à adopter un positionnement du corps favorable à la concentration. Diverses solutions sont possibles, dont la plus simple est de fermer les yeux. On écoute tellement mieux lorsqu'on est privé de la vue.

La première écoute permet de découvrir l'extrait musical dans sa globalité. L'enseignant ne donne aucune consigne précise. La phase de verbalisation qui suit cette première découverte est un moment d'échange collectif. L'enseignant recueille les impressions et les remarques avec bienveillance et sans aucune restriction. Cette phase de mutualisation est fondamentale car elle reflète les conduites d'écoute multiples de la classe et apporte des informations variées et complémentaires sur l'œuvre. Une réécoute permet de découvrir des éléments nouveaux qui n'ont pas été entendus la première fois.

En général, **deux principaux types de conduites d'écoute** émergent de la phase de mutualisation :

- L'écoute dite « objective » qui relève les éléments musicaux ou sonores ; ceux-ci peuvent être validés ou invalidés par l'enseignant.
- L'écoute dite « subjective » qui est une écoute plus personnelle et sensible ; il ne peut y avoir de validation ou d'invalidation. Seule une tentative de justification est pertinente.

Écoute « objective »	**Écoute « subjective »**
J'entends tel instrument.	Je ressens...
Le tempo est rapide.	J'imagine...
Je perçois un changement de...	Cela me fait penser à...

L'écoute subjective est davantage orientée vers des projections sensibles qui ouvrent des portes vers la pluridisciplinarité. En effet, un élève peut décrire verbalement ce qu'il ressent dans une production d'écrit ou représenter ce qu'il imagine à travers une production plastique. Dans tous les cas, une activité d'écoute est « active » quand elle conduit vers de nouveaux apprentissages, quelle que soit la discipline concernée.

La discrimination auditive est la capacité à isoler auditivement chaque son dans un magma sonore complexe : un instrument au milieu d'une polyphonie orchestrale ou un aboiement de chien dans un paysage sonore dense.

D. Les activités instrumentales

Les activités instrumentales permettent à l'élève de découvrir et de manipuler des matériaux sonores variés qu'il est amené à organiser sous forme de production. Ces matériaux peuvent être d'origines diverses :

- Les objets détournés de leur fonction première peuvent servir de producteurs sonores. Tout objet peut être utilisé comme instrument à percussion.
- Les instruments fabriqués par les élèves apportent une dimension et une motivation supplémentaires à l'activité.
- Les petites percussions de l'*instrumentarium* offrent une palette sonore riche et variée.

Ces instruments-objets sont principalement employés dans deux types de productions : des productions rythmiques et des productions créatives. Dans les deux cas, un temps d'exploration est souvent nécessaire.

L'exploration instrumentale est une phase d'autonomie dans laquelle l'élève cherche à produire des sons avec l'objet qu'il a entre les mains. Il expérimente différents gestes sur un même objet et s'aperçoit parfois qu'aucun son n'est émis. Il comprend alors la relation primordiale entre le geste et le son.

Le rôle de l'enseignant est d'aider l'élève dans sa recherche d'un geste adéquat, c'est-à-dire d'un geste qui permette d'obtenir le son désiré. La recherche de gestes inhabituels peut ouvrir vers un champ de couleurs sonores inattendues. Cependant, l'enfant doit connaître les gestes traditionnels des instruments présents dans la classe.

La compréhension des relations entre le geste, le matériau et le son est un chemin propice à la compréhension et à la connaissance des « familles d'instruments ».

E. La production sonore

Une production sonore est un ensemble de sons organisés dans le temps avec un début, un développement et une fin. Il faut donc une logique évolutive pour créer une production cohérente et éviter la monotonie.

Le début de la production, ou introduction, expose une idée sonore initiale qui peut être mélodique, rythmique ou simplement de l'ordre de l'effet sonore. La partie développement fait évoluer cette idée initiale par des variations, des enrichissements ou des ruptures. La fin de la pièce, ou *coda*, peut être brutale ou amenée progressivement. L'auditeur doit, dans tous les cas, ressentir cette sensation d'achevé. La cohérence structurelle ne doit pas empêcher la dimension expressive qui va naturellement transparaître dans l'interprétation finale.

Par expérience, la forme la plus simple pour débuter dans la réalisation d'une production originale est la **structure narrative** : la production sonore raconte ou illustre une histoire établie à l'avance. La succession des événements sonores se calque donc sur la chronologie de la narration.

Une seconde structure musicale peut dériver de la précédente en s'appuyant sur l'idée d'évocation. Si l'on prend comme exemple l'évocation de l'orage, la production peut commencer par faire entendre des fines gouttelettes de pluie, évoluer vers une pluie battante qui conduit progressivement au paroxysme des grondements du tonnerre et des éclairs, pour s'achever par une accalmie qui meurt dans le silence.

L'ensemble est une **structure « en arche »**, constituée d'un *crescendo* suivi d'un *decrescendo*, avec une accumulation et une désagrégation des éléments sonores.

Évocation de l'orage			
Fines gouttelettes	Pluie battante	Tonnerre Éclairs	Accalmie
Tapotements légers sur un tambourin.	Frottements sur la peau du tambourin. Bâton de pluie.	Coups frappés sur des peaux et des cymbales. Bâton de pluie. Frottements rapides.	Diminution des intensités. Retrait progressif des instruments. Retour aux tapotements.
piano	*crescendo*	*fortissimo*	*decrescendo*

Les **autres possibilités de structures** peuvent s'appuyer sur des formes préexistantes qui s'inspirent de l'alternance plus ou moins régulière d'éléments sonores semblables et dissemblables que l'on peut, pour des raisons de commodité, désigner par des lettres : structure ABA (« forme sandwich »), structure ABACAD (A est un refrain, BCD des couplets différents), ou toute autre forme abstraite à inventer.

Une production musicale dans la classe est bien une organisation sonore dont les sources d'inspiration – comprenez les supports – peuvent être variés : poème, page de BD, photographie, conte, etc.

F. Les activités rythmiques

Le rythme est l'élément musical auquel l'enfant est sans doute le plus sensible. Les activités rythmiques sont toujours des activités motivantes dans les classes. En effet, le rythme possède une dimension physique très prononcée car il passe par le corps et cette mobilité du corps est fondamentale dans le développement de l'enfant. La danse est une activité à la fois physique, artistique et rythmique.

L'activité rythmique doit tout d'abord passer par cette dimension corporelle. Le corps est lui-même un instrument à percussion très riche car il peut produire beaucoup de sonorités différentes. « Les rythmes les plus divers peuvent être réalisés par les mains, les bras, la tête, le torse, la marche et la respiration » (Dalcroze, 1945). On peut obtenir des sons graves en frappant du pied sur le sol ou en frappant des mains sur le sternum. On peut obtenir des sons plus aigus en frappant sur les cuisses ou en claquant des doigts.

Les petits instruments de musique et les objets sont les outils privilégiés des pratiques rythmiques. Ils sont les prolongements du corps. Ils apportent une variété de timbres inouïe. Ils engagent la motricité fine par la précision du geste nécessaire à une réalisation rythmique de qualité.

La voix, parlée ou chantée, peut être aussi utilisée comme outil rythmique. La restitution vocale doit alors se faire sur des onomatopées ou des phonèmes. L'enfant peut reproduire spontanément un rythme entendu en utilisant simplement la syllabe « pam » sur chaque son. Cette technique rythmique vocale est utilisée comme outil de mémorisation, notamment par les percussionnistes traditionnels, par exemple les joueurs de *Tabla* indien ou de *Zarb* iranien.

Le répertoire vocal est souvent le meilleur support pour un travail rythmique. La réalisation collective de l'accompagnement rythmique d'un chant apporte une dimension supplémentaire à l'interprétation vocale. L'étude du rythme prend alors tout son sens puisqu'elle est ainsi contextualisée.

G. La réalisation d'un codage

L'écriture musicale conventionnelle n'est pas au programme de l'école primaire. Mais la question de la trace écrite se pose tout de même. Le son est éphémère. Sa mémorisation à court ou à long terme est souvent difficile. La trace permet à la fois de le visualiser et de le conserver.

Visualiser ce que l'on entend permet très souvent de mieux comprendre les éléments sonores et leur agencement. Conserver cette visualisation autorise une exploitation ultérieure, différée dans le temps.

À l'école primaire, le **codage musical** consiste en une symbolisation écrite du son. Cette symbolisation peut prendre différentes formes, en fonction de l'âge de l'enfant et des éléments sonores. Le codage peut être proposé par l'enseignant ou, mieux encore, élaboré par les élèves. Quel que soit le codage utilisé, sa signification doit être approuvée par tout le groupe-classe pour être utilisable collectivement. La recherche d'un nouveau système d'écriture du son permet aussi à l'élève de « développer ses facultés d'invention » et de pouvoir « musiquer » (Reibel, 1984).

Le **codage par l'image** est souvent utilisé en maternelle. Il peut être de deux types : l'image peut être soit figuraliste et représenter l'objet entendu dans sa réalité première, soit symbolique et représenter une métaphore de l'élément musical.

Le **codage graphique** est plutôt utilisé aux cycles 2 et 3. Il est en général plus proche d'une partition car il cherche à symboliser les éléments sonores dans leurs paramètres acoustiques : hauteurs, durées, intensités et timbres.

H. L'expression corporelle

L'activité d'expression corporelle est commune à l'éducation musicale et à l'EPS. Il s'agit là encore d'une activité de codage, mais elle passe cette fois-ci par le corps et le geste. La motricité globale et la motricité fine sont convoquées par les mouvements et les déplacements du corps suggérés par la musique. Le rythme est donc bien l'art du mouvement et la science de la division du temps (Saint Augustin, Ve siècle). L'expression corporelle permet de transcrire visuellement ce rythme mais, comme le son, le geste est éphémère. Il faut donc filmer la séance si l'on veut en conserver une trace.

La **danse traditionnelle** est une activité d'expression corporelle très codifiée, puisque les mouvements et les déplacements du corps sont imposés et strictement synchronisés sur la musique : ce sont des figures. La **danse contemporaine** est plus proche de l'expression corporelle libre : elle permet de s'exprimer par une multitude de gestes plus spontanés car non codifiés.

Le **mime** est une autre forme d'expression corporelle, plus ludique, qui peut être utilisée en classe à partir d'une écoute ou d'un texte narratif, par exemple.

> ☛ **NOTA BENE :** L'ensemble des activités préconisées par les programmes développe des compétences dont les exigences sont croissantes tout au long des trois cycles. L'élaboration d'une progression pédagogique s'appuie naturellement sur les demandes institutionnelles, mais elle est surtout le fruit d'années de pratiques musicales dans les classes. La progression se construit aussi sur les fondements de l'évolution de l'enfant : évolution psychique, affective, intellectuelle et motrice.
> – Le très jeune enfant prend d'abord contact avec son environnement sonore. C'est sans aucun doute le moment d'introduire de la musique dans son environnement par des écoutes variées.
> – L'enfant construit ensuite sa connaissance par l'action sur des objets. C'est donc le moment de mettre à sa disposition des objets sonores pour qu'il expérimente par lui-même le son.
> – L'enfant est ensuite capable de s'approprier des éléments sonores simples et de les reproduire. L'apprentissage d'un répertoire vocal va contribuer largement au développement de ce stade d'intégration.

En éducation musicale, la progression pédagogique s'élabore sur la base des évolutions possibles dans chaque activité. Le tableau ci-dessous propose une synthèse des grandes lignes de la progression au cours des trois cycles :

	Cycle 1	**Cycle 2**	**Cycle 3**
Activités vocales	Comptines	Comptines/Chansons	Chansons/Canons Polyphonies
Activités rythmiques	Pulsation	Pulsation/Rythmes simples	Tempos variés/Rythmes élaborés
Activités instrumentales	Explorations/Gestes variés	Activités rythmiques Familles d'instruments	Activités rythmiques Productions sonores
Écoute	Extraits très courts Verbalisation Production plastique Expression corporelle	Extraits courts/Donner ses impressions/Relever des éléments sonores	Extraits plus longs/Donner ses impressions/Structure et langage musical/Lexique approprié
Activités corporelles	Expression libre Vocabulaire de gestes Ronde	Gestes et mouvements précis/Expression construite	Danse/Petite chorégraphie

Après avoir compris les différents enjeux de la discipline « éducation musicale », les exigences de l'institution « Éducation nationale » et les moyens de mise en œuvre dans les classes, il est temps d'analyser en détail un dossier tel qu'il est demandé au concours de recrutement de professeur des écoles.

VII. L'analyse d'un dossier en éducation musicale

L'exemple de dossier qui est présenté, puis analysé, s'intitule : *Aborder l'imitation et l'évocation du bestiaire en éducation musicale pour une classe de CM1*. La thématique du dossier s'inscrit donc dans une notion d'esthétique musicale qui est plutôt « classique » dans la musique. En effet, de nombreuses œuvres sont inspirées de la nature, notamment des animaux qui sont des êtres vivants sonores, parfois même bruyants. Citons par exemple :

- *Le chant des oiseaux* de Clément Janequin pour chœur à quatre voix (1528)
- *Le Carnaval des Animaux* de Camille Saint-Saëns pour orchestre de chambre (1886)
- *Les Oiseaux* d'Ottorino Respighi pour petit orchestre (1927)

L'objectif général de cette séquence est de faire comprendre aux élèves ce qu'est l'évocation sonore et comment elle se concrétise dans la musique. Cet objectif peut traverser les trois cycles, mais il est adapté ici au cycle 3 de par les supports choisis et les exigences ciblées.

A. Les supports utilisés

Les supports utilisés sont de trois natures différentes : un chant, un tableau et des extraits musicaux. Tous ces supports sont naturellement présents dans les annexes « papier » et sur le CD qui accompagne le dossier.

- *Les Chats*, chanson de Rick Veenker.
- *Le Duo des Chats* de Gioacchino Rossini (1825).
- Trois extraits du *Carnaval des Animaux* de Camille Saint-Saëns (1886) : *Marche Royale du Lion*, *L'Éléphant* et *Personnages à longues oreilles*.
- *L'entrée des animaux dans l'arche de Noé*, huile sur toile de Jan Brueghel (1613).

La chanson *Les Chats* est une chanson jazzy très pulsée et très rythmée qui utilise des onomatopées évoquant la technique du *scat*.

Dans *Le Duo des Chats*, les deux chanteuses – ce sont parfois des chanteurs – vocalisent sur l'onomatopée « miaou », accompagnées par un piano.

Les trois extraits du *Carnaval des Animaux* sont très différents. La *Marche Royale du Lion* est une marche très pompeuse qui évoque la majesté de l'animal. *L'Éléphant* est une valse très lente et très lourde jouée à la contrebasse et au piano. Quant à *Personnages à longues oreilles*, c'est une pièce pour violon qui imite le braiment de l'âne.

Le tableau de Jan Brueghel est naturellement très riche en représentations animalières : autour du cheval blanc central, on retrouve notamment le lion et l'éléphant.

Le choix des différents supports s'inscrit bien dans l'axe thématique et répond donc à l'objectif de la séquence.

B. Le plan du dossier

L'ensemble du dossier est organisé en **quatre grandes parties** qui sont chronologiquement :

- La synthèse des fondements scientifiques sur deux pages.
- Une introduction à la séquence qui contextualise les objectifs, les activités et les compétences par rapport aux programmes en vigueur.
- La description de la séquence sous forme de tableaux qui indiquent dans des colonnes, de gauche à droite, le minutage, l'objectif intermédiaire, l'activité, les supports et les compétences.
- L'analyse de la séance 3 (l'analyse d'une séance n'est demandée que dans certaines académies).

La totalité du dossier occupe la limite maximum exigée des dix pages.

C. Le contenu des fondements scientifiques

La partie scientifique aborde des notions d'esthétique, des notions de langage musical et des références à la pédagogie musicale. Ces différentes notions apparaissent dans le tableau ci-dessous :

Notions	Catégorie
Musique descriptive	Esthétique
Musique évocatrice	Esthétique
Timbre	Langage musical
Durée	Langage musical
Hauteur	Langage musical
Expression vocale	Didactique/pédagogie
Geste instrumental	Didactique/pédagogie
Pulsation/rythme	Langage musical

Chaque notion est expliquée en détail en s'appuyant sur des références précises indiquées en notes de bas de page. Ce choix de disposition évite la bibliographie et permet une grande lisibilité pour le lecteur.

D. L'introduction à la séquence

Cette introduction définit d'abord l'objectif général de la séquence : « La séquence développée vise à aborder avec des élèves de CM1 l'imitation et l'évocation du bestiaire en éducation musicale afin qu'ils réalisent collectivement leur propre *Carnaval des Animaux* ».

Elle replace cette séquence dans le contexte des programmes en s'appuyant sur les compétences mises en œuvre, par exemple : « repérer des éléments musicaux caractéristiques simples » ou « interpréter de mémoire une chanson ».

Enfin, elle justifie la progression pédagogique choisie : « après avoir fait percevoir l'imitation, puis l'évocation des animaux dans les œuvres, il s'agira de faire réinvestir aux élèves les apprentissages musicaux dans le tableau de Jan Brueghel et de les institutionnaliser à travers la production de leur propre bestiaire sonore ».

L'introduction d'une séquence permet donc d'en tracer ses grandes lignes tout en justifiant sa bonne intégration dans le cadre des programmes.

E. La séquence

La **première séance** a pour objectif de faire émerger ces deux notions d'imitation et d'évocation dans un contexte simple. Cette séance de 45 minutes se divise en trois phases qui ont chacune un objectif propre dit « objectif intermédiaire ».

Phase	Activité	Objectif
Phase 1	Écoute et verbalisation à partir du *Duo des chats*.	Émergence de l'imitation et de l'évocation.
Phase 2	Échauffement et expression vocale.	Imiter le chat et d'autres animaux avec la voix.
Phase 3	Production vocale en imitant un dialogue entre un chat et d'autres animaux.	S'approprier l'imitation et l'évocation.

La **seconde séance** a pour objectif de réinvestir les connaissances sur l'imitation et l'évocation à travers le chant *Les Chats*. Là encore, trois phases progressives sont prévues.

Phase	Activité	Objectif
Phase 1	Verbalisation.	Rappel de la séance précédente.
Phase 2	Écoute de la chanson. Verbalisation.	Relever les éléments d'imitation et d'évocation dans le chant.
Phase 3	Échauffement et travail vocal des deux premiers couplets.	Mémoriser le début du chant.

La **troisième séance** a pour objectif de faire percevoir l'imitation et l'évocation à travers trois pièces extraites du *Carnaval des Animaux*. Elle est découpée à nouveau en trois phases.

Phase	Activité	Objectif
Phase 1	Découverte du tableau de Jan Brueghel. Verbalisation.	Identifier les animaux du tableau.
Phase 2	Écoute des trois extraits du *Carnaval des Animaux*. Verbalisation.	Retrouver à partir des écoutes trois animaux du tableau.
Phase 3	Échauffement et travail vocal des trois couplets.	Mémoriser la suite du chant.

La **quatrième séance** a pour objectif la réalisation d'un *Carnaval des Animaux* original à partir du tableau de Jan Brueghel, avec pour précision dans la consigne de ne pas choisir un animal qui est présent dans l'œuvre de Camille Saint-Saëns. La séance se divise une nouvelle fois en trois phases, dont la première est un moment de rappel de la séance précédente.

Phase	Activité	Objectif
Phase 1	Verbalisation.	Rappel de la séance précédente.
Phase 2	Échauffement et travail vocal du chant en entier avec ajout des pulsations corporelles.	Mémorisation de la totalité du chant.
Phase 3	Production sonore par groupes de 5 élèves en utilisant l'*instrumentarium*.	Réaliser un *Carnaval des Animaux* original.

La **dernière séance** a pour objectif la finalisation du *Carnaval des Animaux* de la classe. Elle se divise une fois encore en trois phases en s'achevant sur un moment de bilan.

Phase	Activité	Objectif
Phase 1	Échauffement et travail vocal du chant en entier avec ajout des pulsations corporelles.	Interprétation de la totalité du chant.
Phase 2	Fin de la réalisation de la production sonore par groupes de 5 élèves en utilisant l'*instrumentarium*.	Réaliser un *Carnaval des Animaux* original.
Phase 3	Écoute et enregistrement des diverses productions. Bilan.	Enregistrement et analyse des productions.

Suite à la description détaillée de la séquence, la troisième séance est analysée selon trois axes fondamentaux :

- La justification de la progression permet d'établir les interactions entre le document visuel et les extraits musicaux, préparant ainsi la future production originale de la classe.

- L'anticipation des difficultés situe le candidat dans sa posture de futur enseignant et offre déjà une réflexion préliminaire aux questions du jury.
- L'analyse du rôle de l'enseignant dans une démarche créative évite la permanence du transmissif dans les situations didactiques.

L'ensemble du dossier est cohérent et il répond ainsi aux demandes institutionnelles du concours et des programmes. Les activités musicales sont variées : chant, écoute, rythme et production sonore. Les trois strates d'objectifs sont précises : objectif de la séquence, objectif de chaque séance et objectif de chaque activité.

Même si le dossier « papier » n'est pas évalué en tant que tel, il est important qu'il soit soigné dans sa présentation et clair dans sa lisibilité. Il est le support de départ de l'entretien oral.

Bibliographie

- CHEVALIER Anne-Marie. *L'expression musicale*. Paris : Bordas « pédagogie », 2005.128 p.
- GROSLEZIAT Chantal, MÜH Roger. *Écouter autrement. Premiers repères sonores à l'école maternelle*. Paris : Nathan/CRDP de Paris, 2005. 128 p.
- HABELLION Dominique. *L'épreuve orale d'éducation musicale*. Paris : Ellipses, « Objectif professeur des écoles », 2015. 224 p.
- MURRAY SCHAFER Raymond. *Le son, bien entendu !* Paris : CNDP, 2011. 75 p.
- SOULAS Brigitte. *L'éducation musicale. Une pratique nécessaire au sein de l'école.* Paris : L'Harmattan, « Sciences de l'éducation musicale », 2008. 98 p.
- ZURCHER Pierre. *Le développement musical de l'enfant*. Paris : L'Harmattan, « Sciences de l'éducation musicale », 2010. 156 p.

Chapitre 3 : L'enseignement moral et civique[1]

I. Principes et orientations de l'EMC

Quel que soit son nom « instruction morale et civique », « éducation civique », « éducation à la citoyenneté » ou enseignement moral et civique, cet enseignement est une permanence du système éducatif français depuis le XIXe siècle. Il est même au cœur de la construction de l'école républicaine. Issu donc d'une longue histoire scolaire, l'enseignement moral et civique (EMC) dans sa définition actuelle a été créé par la loi du 8 juillet 2013 dite d'orientation et de programmation pour la refondation de l'école de la République.

Ce nouvel enseignement, mis en œuvre de l'école au lycée à compter de la rentrée 2015, s'est substitué aux programmes d'éducation civique existants au premier comme au second degré.

Comment définir cet enseignement moral et civique ? Il s'agit clairement de transmettre un socle de valeurs communes : la dignité, la liberté, l'égalité, la solidarité, la laïcité, l'esprit de justice, le respect de la personne, l'égalité entre les femmes et les hommes, la tolérance et l'absence de toute forme de discrimination. Cet enseignement doit également développer le sens moral et l'esprit critique et permettre à l'élève d'apprendre à adopter un comportement réfléchi. Enfin, il doit préparer à l'exercice de la citoyenneté et sensibiliser à la responsabilité individuelle et collective.

Ainsi, cet enseignement vise au développement de l'autonomie et de l'esprit critique, deux finalités de l'école dans sa globalité. On perçoit donc bien ici la nécessité de bien comprendre les contours de cette matière pas comme les autres.

La circulaire du 25 août 2011 relative à l'instruction morale à l'école primaire précisait déjà que cet enseignement devait conduire l'élève « à réfléchir sur les problèmes concrets posés par sa vie d'écolier et, par lui-même, de prendre conscience de manière plus explicite des fondements même de la morale : les liens qui existent entre la liberté personnelle et les contraintes de la vie sociale, la responsabilité de ses actes ou de son comportement, le respect des valeurs partagées, l'importance de la politesse et du respect d'autrui »[2].

1. Partie rédigée par Sylvain WAGNON, professeur à l'université de Montpellier, responsable du Cedrhe (Centre d'études de documentation et de recherche en histoire de l'éducation).
2. Circulaire sur l'instruction morale du 25 août 2011. http://www.education.gouv.fr/pid25535/bulletin_officiel.html?cid_bo=57284.

Le rapport sur l'enseignement de la morale laïque[1] d'avril 2013 marque la volonté d'établir les bases théoriques et pratiques de cet enseignement laïque de la morale. Première étape du nouveau programme d'EMC[2], ce rapport propose que ce nouvel enseignement laïque de la morale requiert : la formulation de principes organisateurs et fédérateurs d'un projet commun, l'identification claire et précise des valeurs communes à transmettre, la réaffirmation de la légitimité des enseignants à transmettre ces valeurs.

Le rapport précise donc « que pour structurer et finaliser un tel enseignement » il faut « donner les moyens aux élèves et aux adultes de faire communauté. Faire communauté, cela suppose des sujets engagés, conscients de leur responsabilité à l'égard d'eux-mêmes, à l'égard des autres et à l'égard des biens communs matériels et symboliques offerts par l'École ».

Enfin, les auteurs du rapport préconisent une série de conditions pour relier l'individu au collectif, et nous renvoyons les candidats au détail de ces propositions qui éclaire les nouvelles orientations des programmes.

Les principales conditions sont donc premièrement, une réflexion sur les notions d'autorité et discipline ; deuxièmement un choix sur « Faire communauté : intérêt général et formation de la personne (remobilisation du principe de l'intérêt général, par la formation du sujet moral, du jugement moral, de la personne morale, par l'engagement).

Le rapport insiste sur l'usage de pratiques plus « actives » et qui développent l'autonomie : « Il s'agit de favoriser des pratiques sociales et scolaires engageant plus fortement des qualités morales. Des pratiques de coopération favorisent l'autonomie dans le rapport aux règles (il s'agit de faire vivre ces règles) tout en contribuant à un but commun. Elles supposent des capacités d'écoute, d'entraide, de respect des autres, y compris dans leurs difficultés et leur faiblesse. La prise de responsabilité est un levier pour instaurer une relation de confiance entre l'enseignant et les élèves, entre les élèves eux-mêmes ; elle permet de développer le sens de l'intérêt commun. Les pratiques participatives doivent mieux contribuer à la formation des personnes ; elles ne requièrent pas seulement de prendre part dans la discussion ou les activités communes, mais d'apporter sa part à la communauté »[3]

L'enseignement laïc de la morale vise, en développant une morale commune et la capacité de jugement de chacun, une appropriation libre et éclairée par les élèves des valeurs qui fondent la République et la démocratie.

1. Alain Bergounioux, Laurence Loeffel, Rémy Schwartz, pour un enseignement laique de la morale, rapport au ministre de l'Éducation nationale de la mission *sur l'enseignement de la morale laïque,* avril 2013 et citations suivantes. http://cache.media.education.gouv.fr/file/04_Avril/64/5/Rapport_pour_un_enseignement_laique_de_la_morale_249645.pdf
2. MEN. BOEN spécial n° 6 du 25 juin 2015. http://www.education.gouv.fr/pid25535/bulletin_officiel.html?pid_bo=32675
3. *Ibid.*

Un tel enseignement de la morale, pose la question des valeurs. Là encore le rapport de 2013 pose les bases du nouveau programme : « il convient d'élargir le socle des valeurs communes transmises par les enseignants et les membres de la communauté scolaire. Cet enseignement vise en effet à réarticuler le moral et le civique, la personne et le citoyen ».

Ainsi se pose les questions de conditions et de transmission de ces valeurs communes.

Comment définir les principes généraux de cet enseignement moral et civique

Ces principes sont articulés aux finalités éducatives générales définies par loi d'orientation et de programmation pour la refondation de l'École du 8 juillet 2013, les axes principaux du programme d'enseignement moral et civique de l'école élémentaire au lycée se fondent donc sur les principes et la valeur s inscrite dans les grandes déclarations des droits de l'homme et dans la Constitution de la Ve République.

Sept axes apparaissent qu'il convient d'analyser car ils sont autant d'approches possibles pour les candidats.

Le premier point est que cet enseignement moral et civique est au carrefour de la sphère privée avec l'éducation familiale et de la sphère publique avec ce qui est appris à l'école républicaine. Ainsi cette éducation morale n'est pas du seul fait ni de la seule responsabilité de l'école ; elle commence dans la famille.

Les textes sont ici très clairs : l'enseignement moral et civique impose de la part des enseignants « une évidente obligation de neutralité », néanmoins comme le souligne le texte du 3 juillet 2014 cela ne doit pas conduire à une réticence, voire une abstention, dans l'affirmation des valeurs transmises »[1].

Le second point souligne la spécificité de l'enseignement moral et civique : l'apprentissage à des valeurs. Cet enseignement requiert donc de l'enseignant une attitude à la fois « compréhensive et ferme. À l'écoute de chacun, il encourage l'autonomie et l'esprit de coopération. Il veille à éviter toute discrimination et toute dévalorisation entre élèves ». Le choix de cette option implique donc de la part des candidats un positionnement d'enseignant.

Le troisième axe souligne que les connaissances et les compétences à faire acquérir s'articulent les unes aux autres : « elles s'intègrent dans une culture qui leur donne sens et cohérence et développe les dispositions à agir de façon morale et civique ».

Quatrième point, cet enseignement moral et civique promeut une aptitude à vivre ensemble. Là encore, ce point sous-tend de la part des candidats, la volonté de réfléchir à une mise en œuvre ouverte, innovante qui permette aux élèves d'apprendre à penser et à agir par soi-même et avec les autres, de développer des aptitudes, des savoir-être d'autonomie, d'estime de soi, de « bien-fondé des

1. Conseil supérieur des programmes (2014). *Projet d'enseignement moral et civique*. 3 juillet 2014. http://cache.media.education.gouv.fr/file/Organismes/32/8/CSP-Projet_EMC_337328.pdf

règles » individuelles et collectives d'une société démocratique, de tolérance dans le respect du pluralisme des opinions, des convictions, des croyances et des modes de vie

Le cinquième point est à lui seul une synthèse de la compréhension de cet enseignement moral et civique en soulignant l'articulation et l'adéquation entre trois catégories de valeurs et principes :

> « La première relève à la fois du principe d'autonomie et du principe de la coexistence des libertés : la liberté de conscience, d'expression et de choix du sens que chacun donne à sa vie ; l'ouverture aux autres et la tolérance réciproque.
>
> La deuxième relève à la fois du principe de discipline et du principe de la communauté des citoyens : le respect des droits et de la loi, l'égale considération des personnes, le refus de toute discrimination, la solidarité, l'entraide, la coopération, le sens de l'intérêt général et de la participation à la vie démocratique.
>
> La troisième catégorie ressortit aux conditions morales et civiques sans lesquelles les apprentissages scolaires ne sauraient avoir de dimension émancipatrice : le goût du dialogue et de la confrontation des idées, le développement de l'esprit critique, l'intérêt porté à la recherche de la vérité »

Le sixième point souligne la nécessité d'une mise en œuvre de cet enseignement autour de méthodes actives (discussion, argumentation, projets communs, coopération, etc.). Ensuite cet enseignement à des valeurs suppose encore plus que pour les autres matières une exigence de cohérence entre ses contenus et ses méthodes et des formes d'évaluation variées et appropriées.

Des évaluations qui soient d'une grande diversité et soient adaptées à sa nature, à ses modalités et à ses objectifs

Enfin septième point, l'enseignement moral et civique possède un horaire spécifique des autres matières qui lui permet de ne pas être un contenu enseigné « à côté » des autres.

Cet enseignement moral et civique possède donc une architecture, des principes et des orientations. Les candidats doivent connaître cette volonté de l'institution d'élaborer un enseignement autour de quatre dimensions étroitement articulées entre elles : une dimension sensible (culture de la sensibilité) ; une dimension normative (culture de la règle et du droit) ; une dimension cognitive (culture du jugement) et une dimension pratique (culture de l'engagement).

II. Constitution du dossier

Le dossier remis au jury « se compose de deux ensembles : une synthèse des fondements scientifiques relatifs au sujet retenu et la description d'une séquence pédagogique, relative au sujet choisi, accompagné des documents se rapportant à cette dernière ». Par fondements scientifiques, on entend la présentation des principaux acquis scientifiques qui permettent de comprendre le sujet retenu, mais aussi, selon la nature du sujet ou du cycle, les éclairages qu'apporte la connaissance des élèves et des mécanismes d'apprentissage.

La description d'une séquence doit permettre au candidat, quel que soit son parcours antérieur, de prouver sa maîtrise des procédés pédagogiques et didactiques courants : déterminer des objectifs, décrire les compétences attendues des élèves, envisager le déroulement d'une ou de plusieurs séances d'enseignement, rechercher des supports d'enseignement (supports papier ou numériques), évaluer les acquis des élèves, prendre en compte leurs erreurs ou leurs difficultés. Les stages dans les écoles peuvent donc utilement aider les candidats à tester la validité de leur préparation.

Les dossiers ne sont pas évalués en tant que tels, c'est la présentation des candidats qui est prise en compte. Mais évidemment, il est recommandé aux candidats de suivre la forme réglementaire du dossier sur la forme et le fond.

A. Quelques remarques préalables

Tout d'abord choisir un sujet qui vous intéresse. Ainsi une séquence sur les premiers gestes de secours ou sur la lutte contre les discriminations ne peuvent être prise au hasard. Certes l'enseignant que vous serez devra enseigner l'ensemble du programme mais ici il convient de comprendre que vous allez élaborer un dossier sur un thème de façon plus longue et approfondie que les séquences que vous préparerez, que vous allez échanger et argumenter sur ce thème avec le jury pour « passer » ce concours.

Ensuite bien comprendre les caractéristiques de cet enseignement moral et civique et en particulier ses liens avec les autres disciplines. C'est d'ailleurs un avantage car le concours privilégie la transversalité et réaffirme clairement la polyvalence du professeur des écoles.

Les liens privilégiés avec l'histoire et la géographie sont à prendre en compte. En effet si l'EMC s'appuie sur les notions de vivre ensemble, l'histoire et la géographie entendent être des disciplines aux finalités civiques affirmées et assumées. Concrètement cela sous-entend que dans toute séquence proposée au concours en EMC, il est judicieux d'y insérer une séance d'histoire ou de géographie selon les sujets. Ce n'est pas une obligation mais cela coule de source assez souvent.

Enfin, l'importance actuelle donnée par le ministère à l'enseignement moral et civique doit être pris en compte par les candidats, c'est un indice fort de l'intérêt de cette option pour l'institution et à travers elle de la société.

La complexité de l'EMC réside dans l'importance de certains concepts (autonomie, norme, égalité des droits, citoyenneté, laïcité) qui apparaissent comme des finalités de l'EMC mais aussi de l'école toute entière.

Néanmoins, l'EMC sans être une discipline à part entière possède un contenu spécifique à travers un programme[1].

Au regard des attendus du concours tous les thèmes du programme d'ECM peuvent être présentés dans le dossier. Néanmoins, il convient pour le candidat de se rendre compte de la difficulté d'appréhender certains sujets et d'éviter un sujet « bateau » qui ne lui permettrait pas d'apporter un travail réfléchi et pertinent. Ainsi, la première décision à prendre est de se dire que l'on choisit un sujet que vous aurez à cœur de défendre lors de l'entretien oral.

Les sujets possibles au regard des programmes de cycle 3 sont nombreux. Cette liste n'est d'une part nullement exhaustive et d'autre part, elle doit être prise pour ce qu'elle est, une série de pistes qui permet aux candidats d'avoir un thème tout en sachant que pour tous les sujets la mise en ouvre pédagogique ne sera pas sur le sujet dans sa totalité mais pourra être l'enjeu d'une étude de cas. Par exemple si le sujet est la lutte contre les discriminations rien n'empêche, et je dirais même au contraire, aux candidats de choir la lutte contre une discrimination particulière.

Prenons l'exemple des 4 axes du cycle 3 du nouveau programme.

B. Pour l'axe « La sensibilité : soi et les autres »

1. Identifier et exprimer en les régulant ses émotions et ses sentiments

- Partager et réguler des émotions, des sentiments dans des situations et à propos d'objets diversifiés : textes littéraires, œuvres d'art, documents d'actualité, débats portant sur la vie de la classe.

2. S'estimer et être capable d'écoute et d'empathie

- Respecter autrui et accepter les différences.
- Manifester le respect des autres dans son langage et son attitude.

3. Se sentir membre d'une collectivité

- Comprendre le sens des valeurs et symboles de la République française et de l'Union européenne
- Savoir travailler en respectant les règles de la coopération.
- Coopérer au sein de la classe ou de l'école.

1. MEN. BOEN spécial n° 6 du 25 juin 2015.

C. Pour l'axe « Le droit et la règle : des principes pour vivre avec les autres »

1. Comprendre les raisons de l'obéissance aux règles et à la loi dans une société démocratique

- Comprendre les notions de droits et devoirs, les accepter et les appliquer.
- Les droits et les devoirs : de la personne, de l'enfant, de l'élève, du citoyen.
- Respecter tous les autres et notamment appliquer les principes de l'égalité des femmes et des hommes.
- L'égalité entre les filles et les garçons.
- La mixité à l'école.
- L'égalité des droits et la notion de discrimination.

2. Comprendre les principes et les valeurs de la République française et des sociétés démocratiques

- Reconnaître les principes et les valeurs de la République et de l'Union européenne.
- Les principes de la démocratie représentative en France et en Europe.
- Les valeurs : la liberté, l'égalité, la laïcité.
- Reconnaître les traits constitutifs de la République française.
- Le fondement de la loi et les grandes déclarations des droits.
- La notion de citoyenneté nationale et européenne (l'identité juridique d'une personne).

D. Pour l'axe « Le jugement : penser par soi-même et avec les autres »

1. Développer les aptitudes à la réflexion critique : en recherchant les critères de validité des jugements moraux ; en confrontant ses jugements à ceux d'autrui dans une discussion ou un débat argumenté

- Prendre part à une discussion, un débat ou un dialogue : prendre la parole devant les autres, écouter autrui, formuler et apprendre à justifier un point de vue.
- Approche de l'argumentation.
- Le débat argumenté.
- Initiation au débat démocratique.
- Les critères du jugement moral : le bien et le mal, le juste et l'injuste.
- Les préjugés et les stéréotypes (racisme, antisémitisme, sexisme, homophobie). Exercice du jugement critique : à partir de faits issus de la vie

de la classe, de l'école et hors l'école en vue de lutter contre les préjugés (racisme, sexisme, homophobie...).
- Approche de la notion de « stéréotype » à partir de situations de la vie de la classe ou de situations imaginaires tirées de récits, de contes ou d'albums de littérature de jeunesse.
- Comprendre que la laïcité accorde à chacun un droit égal à exercer librement son jugement et exige le respect de ce droit chez autrui.
- La laïcité comme liberté de penser et de croire ou de ne pas croire à travers la Charte de la laïcité à l'école.
- Prendre conscience des enjeux civiques de l'usage de l'informatique et de l'Internet et adopter une attitude critique face aux résultats obtenus.
- Le jugement critique : traitement de l'information et éducation aux médias.

2. Différencier son intérêt particulier de l'intérêt général

- La notion de bien commun dans la classe, l'école et la société.
- Réflexion sur l'intérêt général et l'intérêt particulier à partir de récits mettant en scène des héros de la littérature, de l'histoire ou de la mythologie.
- Place et rôle de certaines personnalités, hommes ou femmes, dans l'histoire.
- Valeurs et institutions : la devise de la République (Liberté, Égalité, Fraternité).
- Les libertés fondamentales.
- Les valeurs de l'Union européenne.

E. Pour l'axe « L'engagement : agir individuellement et collectivement »

1. S'engager et assumer des responsabilités dans l'école et dans l'établissement.

- S'engager dans la réalisation d'un projet collectif (projet de classe, d'école, communal, national)
- L'engagement moral (la confiance, la promesse, la loyauté, l'entraide, la solidarité)
- Savoir participer et prendre sa place dans un groupe.

2. Prendre en charge des aspects de la vie collective et de l'environnement et développer une conscience citoyenne, sociale et écologique.

- La participation démocratique.
- Le vote.
- Les acteurs locaux et la citoyenneté.
- La solidarité individuelle et collective.
- La fraternité dans la devise républicaine.

Tous ces thèmes et bien d'autres sont des sujets de dossiers car ils sont des éléments du programme. Mais les candidats auront bien compris que c'est leur esprit de synthèse qui fera un bon sujet. Par exemple le refus des discriminations est un thème fort, important et vaste. Si dans la partie scientifique les candidats doivent faire une synthèse des enjeux scientifiques des discriminations, ils pourront pour la partie pédagogique préciser pourquoi ils ne veulent pas « lister » les discriminations mais s'atteler à la compréhension du refus d'une discrimination spécifique.

Le choix d'un sujet dans le programme d'EMC demande donc au préalable la connaissance et la compréhension de ce programme. Ensuite, son choix s'étant porté sur un thème, après réflexion, le mieux est de ne pas tergiverser et de ne pas changer de sujet. D'où la nécessité de prendre le temps de la réflexion et de se poser d'emblée les bonnes questions : pourquoi j'ai choisi ce sujet, en quoi est-il pour moi un thème qui va me permettre de me motiver lors de son élaboration et d'être capable de le « défendre » lors de l'oral.

III. Se préparer à l'oral

L'épreuve proprement dite se compose de deux parties : la présentation du dossier par le candidat et un entretien avec le jury. Le dossier n'est donc pas évalué en tant que tel.

Un oral nécessite une préparation spécifique. L'exposé comme l'entretien nécessite des qualités d'expression et de communication. Les jurys, comme ils le signalent dans la plupart de leurs rapports sont particulièrement attentifs à la qualité d'expression du candidat et à son aptitude à échanger avec les membres de la commission.

Les fondements scientifiques doivent être suffisamment maîtrisés pour éclairer les enjeux du sujet traité.

A. L'exposé

La première partie de l'oral est constitué de l'exposé des candidats. Cet exposé ne compte que pour un tiers de la note mais il s'agit de bien respecter le temps imparti de vingt minutes.

Il faut d'entrée présenter le plan de son exposé, oralement ou par projection mais le présenter. Les candidats doivent savoir reprendre les éléments saillants de son dossier, sans en faire lecture au cours de leur exposé.

Il faut donner envie au jury d'en savoir plus, de montrer la solidité de son travail et faire des choix judicieux dans le dossier sur des points à expliciter.

Comme pour le dossier écrit, l'objectif est ici d'établir des liens entre la synthèse des fondements scientifiques relatifs au sujet retenu et la séquence pédagogique présentée. Il faut le moins possible être descriptif, les membres du jury ont votre dossier sous les yeux et être capable d'une approche analytique de votre travail.

Là encore les rapports de jurys soulignent constamment plusieurs manques : la prise en compte des erreurs ou des difficultés des élèves ; l'évaluation des acquis des élèves et dans une moindre mesure, les connaissances scientifiques et la définition des objectifs d'apprentissage.

Ainsi les candidats doivent se préparer à pouvoir présenter un travail, qu'ils connaissent bien, d'en sortir l'essentiel et de communiquer avec aisance leur soif et leur enthousiasme pour un sujet qu'ils ont choisi. Au cours de l'exposé on peut donc faire le choix d'expliciter plus précisément un axe, d'amener des éléments supplémentaires par rapport au dossier, ou en développer certains peu abordés. Ensuite, si les candidats réussissent à prendre du recul et à mettre en perspective le dossier, ils seront très largement valorisés par les jurys.

Pour l'enseignement moral et civique, il faut, plus peut-être que pour d'autres options, établir des liens avec les enseignements d'autres disciplines, en particulier en Histoire et Géographie, mais aussi en Art ou Mathématiques. Cette possibilité qui est donnée grâce aux thèmes de l'EMC permet de mieux mettre en relief les connaissances scientifiques sur les problématiques abordées.

Au regard des dossiers, les « plus » qui sont valorisés par les jurys sont : la capacité des candidats à s'appuyer sur les fondements scientifiques pour justifier les choix pédagogiques ; la prise en compte des compétences et des progrès des élèves ; l'insertion de la séquence dans une progression annuelle, voire de cycle.

Les critères d'évaluation de la qualité de l'exposé sont donc clairs : respect du temps imparti pour la présentation, organisation du discours (tonalité, débit de parole, dynamisme, conviction), capacité à dégager et à exposer les idées essentielles du dossier, maîtrise de la langue française (syntaxe, intelligibilité, niveau de langage).

En contrepartie, les jurys ont pénalisé des candidats qui lisent leur dossier, qui n'équilibrent pas l'explicitation de la partie scientifique et de la séquence pédagogique.

B. L'entretien

Ensuite l'entretien avec le jury, moment crucial, noté pour les deux-tiers de la note et de 40 minutes doit montrer les qualités d'écoute et d'échange des candidats, leur maîtrise scientifique mais aussi leurs capacités à faire des liens entre le développement de l'enfant et la notion scientifique abordée. Là encore les stages sont des appuis pour montrer au jury que vous avez une représentation claire des capacités des élèves en fonction de leur âge.

Les échanges doivent permettre aux candidats de montrer qu'ils peuvent se projeter dans leur futur métier et qu'ils ont déjà une représentation de leur future fonction.

De façon intéressante, les candidats auront à cœur de prendre du recul et de poser un regard critique sur leur propre début de pratique en en pointant précisément les limites. La capacité à rebondir à partir des questions du jury et les mettre en scène dans des propositions de modification est un élément valorisant.

L'entretien a pour but pour le jury de faire approfondir les éléments contenus dans le dossier, d'une part, sur les aspects scientifiques, pédagogiques et didactiques du dossier et de sa présentation, et, d'autre part, sur un élargissement et un approfondissement dans le domaine considéré. Là encore les critères d'évaluation sont connus : se montrer à l'écoute et réactifs face aux questions qui leur sont posées, proposer un discours structuré et cohérent, manifester une aisance dans l'expression, savoir mettre en perspective les enjeux sous-tendus par les questions.

Là encore les candidats ont intérêt à replacer leur propos dans le contexte des programmes et du socle commun de connaissances et de compétences pour effectuer des liens entre les différents domaines d'enseignement et entre différents cycles.

IV. Repères scientifiques, pédagogiques et didactiques

Comment construire la partie scientifique de votre dossier ?

Vous trouvez la synthèse des connaissances pour vos sujets respectifs dans tous les ouvrages universitaires ou par une recherche réfléchie sur internet. Nous proposons dans la bibliographie finale, les ouvrages et les sites les plus significatifs. Mais, il faut aussi être clair, le manque affirmé par l'ensemble des rapports de jurys n'est pas le manque de connaissances des dossiers mais une faiblesse de la problématisation de la partie scientifique pour les dossiers d'EMC par rapport notamment à ceux d'Histoire et Géographie.

Les nouveaux programmes d'enseignement moral et civique évoquent le vivre ensemble. Autrement dit comment être un citoyen dans une société démocratique autour de quatre points : penser et agir par soi-même et avec les autres et pouvoir répondre de ses pensées et de ses choix (principe d'autonomie) ; comprendre le bien-fondé des règles régissant les comportements individuels et collectifs, y obéir et agir conformément à elles (principe de discipline) ; reconnaître le pluralisme des opinions, des convictions, des croyances et des modes de vie (principe de la coexistence des libertés) ; construire du lien social et politique (principe de la communauté des citoyens).

Du point de vue des méthodes pédagogiques, il en est de même en demandant la transmission de ces principes et valeurs par le biais de méthodes différentes fondées sur l'argumentation, les projets communs et la coopération.

A. Approche scientifique

Cette approche vise une problématisation des notions de cet enseignement moral et civique.

Nous reprenons les grands axes du programme d'EMC de 2015 car il faut souligner la transformation importante de l'architecture du nouveau programme d'EMC autour de 4 approches[1].

Premièrement, la « culture de la sensibilité ». Le nouveau programme précise que « la sensibilité est une composante essentielle de la vie morale et civique : il n'y a pas de conscience morale qui ne s'émeuve, ne s'enthousiasme ou ne s'indigne. Mais cette sensibilité doit s'éduquer ». Cette approche permet d'envisager une série de compétences particulières :

- S'estimer. Être capable de prendre soin de soi. Avoir confiance en soi.
- Être capable d'identifier et de nommer ses émotions et ses sentiments.
- Être capable d'empathie. Savoir se mettre à la place des autres.
- Être capable d'exprimer en les contrôlant ses émotions et ses sentiments.
- Se sentir membre d'une collectivité.

Mais les connaissances ne sont absentes de cette culture de la sensibilité :

« - Cette culture de la sensibilité morale et civique se construit et s'exerce à partir des situations concrètes de la vie scolaire, mais aussi à partir de la confrontation avec la diversité des œuvres et des textes, et dans toutes les disciplines.

- Acquisition du vocabulaire adapté en lien avec la capacité à identifier et nommer les émotions et les sentiments ».

Autant d'axes que les candidats peuvent prendre en compte dans leur dossier

Deuxièmement, « une culture de la règle et du droit » qui réaffirme les éléments des programmes précédents sur l'acquisition des règles au sein de la classe, de l'école, de la société : « Elle a pour finalité de faire comprendre comment, au sein d'une société démocratique, des valeurs communes trouvent force d'application dans des règles communes. Elle tient compte du fait que les qualités attendues des futurs citoyens sont destinées à s'exprimer dans un cadre juridique et réglementaire donné que ces mêmes citoyens peuvent faire évoluer ».

Ainsi dans cette logique, les compétences attendues sont :

1. MEN. BOEN spécial n° 6 du 25 juin 2015.

- Comprendre les principes et les valeurs d'une société humaniste et démocratique.
- Comprendre les raisons de l'obéissance aux règles et à la loi dans une société démocratique.
- Comprendre que la règle commune peut interdire, obliger mais aussi autoriser.
- Savoir participer à la définition de règles communes dans le cadre adéquat.
- Être capable de conformer sa tenue, son langage et son attitude aux différents contextes de vie.
- Comprendre qu'il existe une gradation des sanctions et que la sanction est éducative (accompagnement, réparation...).

Les connaissances sont donc de :

- Connaître les grandes déclarations des droits de l'homme et les principes de la constitution de la Ve République.
- Connaître la diversité de statut des textes normatifs (règlements, chartes, lois, constitution, conventions internationales, etc.).

Troisièmement une « culture du jugement » qui souligne l'importance de l'apprentissage du jugement moral, de la formation du jugement moral, de comprendre et de discuter les choix moraux.

Les compétences sont ici aussi de plusieurs ordres :

- Être capable de développer les aptitudes à la réflexion critique pour fonder ses jugements.
- Être capable d'argumenter et de confronter ses jugements à ceux d'autrui dans une discussion.
- Être capable de rechercher les critères de validité des jugements moraux.
- Être capable de remettre en cause et de modifier ses jugements initiaux après un débat argumenté.
- Être capable de différencier son intérêt particulier de l'intérêt général.

Mais, là aussi les connaissances attendues sont multiples :

- Les différents modes de raisonnement à l'œuvre dans les différentes disciplines doivent concourir à la formation de cette culture du jugement et à mettre en évidence sa dimension morale : par exemple en apprenant à distinguer les connaissances vérifiées des simples opinions, en nourrissant l'argumentation, en sollicitant l'analyse critique des textes, des œuvres et des différentes sources d'information.

Ces trois premières approches sous-tendent la **quatrième**, la « culture de l'engagement ».

Le programme d'EMC précise que « l'école doit permettre aux élèves à de devenir acteurs de leurs choix, et à de participer à la vie sociale de la classe et de l'établissement dont ils sont membres. L'esprit de coopération doit être encouragé, la responsabilité vis-à-vis d'autrui mise à l'épreuve des faits ».

Dans cette logique les compétences correspondantes sont :

- Être capable de respecter les engagements pris envers soi-même et envers les autres.
- Être capable de prendre en charge des aspects de la vie collective et de l'environnement et développer une conscience citoyenne et écologique.
- Être capable de travailler en autonomie et de coopérer.
- S'impliquer dans la vie scolaire (actions, projets, instances…).
- S'impliquer progressivement dans la vie collective à différents niveaux.

Quant aux connaissances liées à cette culture de l'engagement, elles prennent appui sur la connaissance des institutions et des valeurs constitutionnelles de la Ve République, de leur signification, de leur origine, de leur évolution et de leur place dans l'organisation de la vie collective.

Cette connaissance fine du programme, indispensable pour les candidats, nous amène à une compréhension non pas de connaissances en tant que telles mais d'une problématisation nécessaire des possibles sujets qui s'entrecroisent autour des notions de vivre-ensemble, de citoyenneté française et européenne, des valeurs et des principes de la République

Nous engageons ici les candidats à ne pas proposer dans la partie scientifique une synthèse de connaissances ou pire une accumulation de savoirs mais bien de proposer une réflexion personnelle appuyée sur les débats actuels et une réflexion scientifique. Il ne s'agit pas de tout dire mais bien de proposer une réflexion qui s'articule avec la mise en œuvre pédagogique de la séquence

Nous pouvons donc, à partir du nouveau programme en vigueur établir une liste de notions et conceptions liées à cette approche civique que les candidats retrouveront aisément dans les textes officiels (citoyen, citoyenneté, civilité, civisme, esprit critique, débat, égalité, individu, laïcité, nation, règlement, symbole, vote.)

Pour l'approche morale, on peut situer les notions de devoir, équité, éthique, fraternité, morale, politesse, préjugés, principes, règle, respect, responsabilité, tolérance, valeurs.

Enfin pour l'approche juridique nous prendrons les notions ou thématiques des déclarations des droits de l'Homme, de la démocratie, des discriminations, des droits, de la liberté, de la loi ou du parlement.

Certains concepts comme ceux d'autonomie, de responsabilité, d'autorité sont trop vastes pour être la trame des enjeux scientifiques mais ils sont des objectifs importants pour structurer une séquence. Objectif comportemental, la responsabilité et l'autonomie peuvent être possibles mais les candidats doivent trouver un axe concret car sinon ils se trouvent dans la situation de faire comprendre les finalités de l'école et non une spécificité du domaine de cette option.

Ensuite, chaque concept renvoie aussi à une série d'autres notions et les passerelles sont nombreuses.

Cette série de problématiques et de pistes montrent, je l'espère avant tout aux candidats que c'est à eux de concevoir leur problématique et les pistes qu'ils veulent suivre pour articuler leurs savoirs avec la mise en œuvre pédagogique. Être à l'interface entre les savoirs académiques et les apprentissages dans ce qu'on a longtemps appelé la transposition didactique permet à l'enseignant, dans la liberté pédagogique de « créer » une culture scolaire spécifique.

Prenons quels exemples autour de quelques notions et des enjeux scientifiques qui peuvent en découler.

Notions	Questionnements	Enjeux
Citoyen, citoyenneté, civisme	Comment concevoir un citoyen aujourd'hui ? Comment définir le citoyen français, le citoyen européen ?	– Un enjeu historique de la construction de ce concept – Les conditions légales d'être un citoyen – Les conditions d'exercice de la citoyenne – Les droits et les devoirs du citoyen – Les nouveaux champs d'exercice de la citoyenneté
Civilité	Comment définir et concevoir la civilité ?	– Des règles acceptées par tous ? – Vivre ensemble dans le respect des autres – Pratiquer la civilité à l'école, les textes, les pratiques – Les liens civilité, politesse, courtoisie
Devoir	En quoi les devoirs sont-ils inhérents aux droits ?	– Les devoirs de l'individu et de la société – Les relations entre devoirs et droits – Les devoirs et la notion de responsabilité
Discrimination	En quoi la lutte contre les discriminations est-elle le développement des libertés ?	– Les formes de discrimination – Les dispositifs législatifs et juridiques actuels – Les pratiques de la lutte contre les discriminations
Droits	En quoi les droits sont-ils les outils de la liberté,	– Droits individuels et libertés publiques – Les formes des droits – La pratique des droits
Égalité	Comment définir et concevoir l'égalité dans une société démocratique ?	– Les formes de l'égalité (juridique, politique, sociale) – Un principe républicain – La lutte contre les inégalités

Notions	Questionnements	Enjeux
Fraternité	Que représente l'idéal de fraternité dans notre société actuelle ?	– Le troisième principe républicain ? – Un concept obsolète ? – Un devoir universel ?
laïcité	Comment l'école peut-elle transmettre une valeur commune ?	– Un principe juridique et une valeur – L'affirmation historique de la laïcité – L'école laïque aujourd'hui : textes et pratiques
Règlement	En quoi le règlement participe-t-il aux relations sociales ?	– À quoi sert le règlement ? – Quelle est la place du règlement dan notre société, dans l'école ? – Les pratiques sociales liées au règlement
Respect	Quelles sont les manifestations et les formes du respect ?	– Le respect de soi – Le respect des autres – Le respect et l'organisation d'une société démocratique
Symbole	Quelles sont les fonctions sociales et politiques des symboles de la République française ?	– L'élaboration des symboles de la république française – Les symboles et les emblèmes dans le monde actuel – Quelques exemples de symboles, de leurs significations politiques et sociales
Valeurs	Quelles sont les valeurs d'une société démocratique ?	– Une construction sociale – Permanence et évolution des valeurs – L'engagement du citoyen

B. Éléments de mise en œuvre didactiques et pédagogiques

Nous ne voudrions pas donner des pseudo-modèles ou exemples clé en main qui de toute façon n'existent pas. Par contre plusieurs éléments sont directement à prendre en compte et les différents rapports de jurys soulignent la nécessité d'une part de faire une proposition de mise en œuvre cohérente et d'autre part de proposer des scénarios pédagogiques construits. Cela implique ici une compréhension à la fois des différentes démarches possibles et de la construction d'une séquence et d'une séance.

Une fiche de préparation synthétique est toujours la bienvenue elle prouvera au jury que d'une part le candidat connaît ce document qui se trouve dans les cahiers journaux des enseignants mais aussi qu'il comprend qu'une séance se prépare, s'organise en répondant à une série d questions.

Mais, la difficulté du programme d'EMC est bien qu'il conjugue des connaissances « classiques » d'un programme (les symboles de la république, les traits constitutifs de la nation française) et par ailleurs des finalités plus « larges » qui sont parfois en symbiose avec celle de l'école comme le développement de l'autonomie et l'initiative. Toutefois l'objectif est de trouver un sujet à la fois circonscrit et permettant des élargissements.

Pour développer l'exploitation pédagogique d'une séquence nous poserons quelques jalons qui pourront être utilisés pour le concours comme pour la suite.

1. S'appuyer sur le référentiel de compétences et le programme en vigueur

Pour construire une séquence ou une séance il s'agit au préalable d'exploiter le référentiel des activités professionnelles de l'enseignant ainsi que le socle commun de connaissances et de compétences de l'élève pour le niveau choisi

Le référentiel est utile ici pour mieux percevoir les objectifs professionnels demandés et les finalités de l'enseignement demandé. C'est un outil intéressant qui permet d'avoir une vision d'ensemble, globale des compétences demandées.

Le terme de compétence doit être bien compris, il s'agit d'un ensemble de savoirs et de savoir-faire organisé en vue d'accomplir de façon adaptée une activité. Définir ici des objectifs cognitifs et méthodologiques de la séquence et de la séance participe à la définition des compétences.

2. Le nouveau socle de connaissances et de compétences

La loi du 8 juillet 2013 d'orientation et de programmation pour la refondation de l'école de la République prévoit un nouveau socle commun de connaissances, de compétences et de culture.

Ce nouveau socle commun entrera en vigueur à la rentrée 2016 et les candidats auront intérêt à en connaître les grands axes car les programmes d'enseignement sont adaptés en vue d'assurer la maîtrise du socle commun par les élèves et les deux références sont donc en symbiose. Le socle commun de connaissances, de compétences et de culture s'acquiert durant la scolarité obligatoire, organisée en 3 cycles d'enseignement différents des précédents en intégrant le début du collège dans le cycle 3 (CM1-CM2-6e).

Le socle s'articule autour de cinq domaines donnant une vision d'ensemble des objectifs des programmes de l'école primaire et du collège qui déclineront et préciseront ce nouveau socle.

Plusieurs changements transforment la structure des enseignements[1].

Le socle commun s'articule en cinq domaines de formation définissant les connaissances et les compétences qui doivent être acquises à l'issue de la scolarité obligatoire : les langages pour penser et communiquer ; les méthodes et outils pour apprendre ; la formation de la personne et du citoyen ; les systèmes naturels et les systèmes techniques ; les représentations du monde et l'activité.

1. MEN. Décret n° 2015-372 du 31 mars 2015 relatif au socle commun de connaissances, de compétences et de culture. BOEN n° 17 du 23-4-2015. http://www.education.gouv.fr/pid25535/bulletin_officiel.html&cid_bo=87834

C'est sur ces bases nouvelles, en particulier de transformation des cycles avec une continuité de la GS à la classe de 4e qui nécessite une refonte des programmes de l'école et du collège. C'est l'enjeu des nouveaux programmes de la scolarité obligatoire de décliner et de préciser les objectifs de connaissances et de compétences définis par le socle commun.

3. Les compétences professionnelles mises en œuvre

Issu de la loi de refondation de l'école, ce référentiel des compétences professionnelles des métiers du professorat et de l'éducation[1] est entré en vigueur au 1er septembre 2013. Il nous intéresse ici tout particulièrement pour comprendre ce que l'on attend d'un enseignant et d'autre part plus prosaïquement pour être en capacité de répondre aux questions du jury sur ce thème important des fonctions du professeur des écoles. Cela dépasse la seule option EMC mais il est évident que pour préparer cette épreuve ce point doit être abordé.

Le référentiel de compétences vise premièrement à affirmer que tous les personnels enseignants concourent à des objectifs communs et peuvent ainsi se référer à la culture commune d'une profession dont l'identité se constitue à partir de la reconnaissance de l'ensemble de ses membres. Ensuite dans un second point à reconnaître la spécificité des métiers du professorat et de l'éducation, dans leur contexte d'exercice. Enfin, dans une troisième approche à identifier les compétences professionnelles attendues. Celles-ci s'acquièrent et s'approfondissent au cours d'un processus continu débutant en formation initiale et se poursuivant tout au long de la carrière par l'expérience professionnelle accumulée et par l'apport de la formation continue.

Au delà de la lecture du référentiel et du socle commun, les candidats devront donc « s'approprier » les tâches principales, les capacités et les compétences demandées en connaissant et élaborant des programmations et progressions.

4. Des programmations et des progressions

Établir une programmation et une progression reste indispensable pour l'enseignant mais aussi pour le candidat au concours. Cette connaissance des programmes est demandée par les jurys et sera l'objet de questionnements durant l'entretien oral.

La programmation annuelle est évidemment liée au découpage de l'année et au nombre d'heures imparti à une matière. En l'occurrence l'année scolaire comprend environ 36 semaines et avec une heure par semaine d'instruction morale et civique, le programme doit donc être divisé sur les 36 heures.

Le programme, comme le précédent, souligne bien cette progression. Ainsi le cycle 2, met-il l'accent sur les apprentissages de règles de politesse, de coopéra-

1. MEN. Référentiel des compétences professionnelles des métiers du professorat et de l'éducation. Arrêté du 1-7-2013 - J.O. du 18-7-2013. http://www.education.gouv.fr/pid25535/bulletin_officiel.html?cid_bo=73066

tion et de respect. Ces objectifs généraux permettant le développement de notions et repères : découverte de principes de la morale, prise de conscience de notions de droits et de devoirs dans l'environnement scolaire et social proche, appréciation de règles en découlant, éducation à la santé et à la sécurité, connaissance de symboles et des emblèmes de la république.

Pour ce cycle 3, les objectifs de cet enseignement sont la compréhension des grands principes de la morale. (Les droits de l'homme, la loi, la civilité, l'appartenance à la citoyenneté d'un pays et de l'union européenne).

Les programmations proposées par le site éduscol ou les différentes inspections de l'éducation nationale soulignent qu'il « s'agit de mettre en place un véritable parcours civique de l'élève, constitué de valeurs, de savoirs, de pratiques et de comportements dont le but est de favoriser une participation efficace et constructive à la vie sociale, d'exercer sa liberté en pleine conscience des droits de chacun, de refuser la violence. Pour cela, les élèves devront apprendre à établir la différence entre les principes universels (les droits de l'homme), les règles de l'État de droit (la loi) et les usages sociaux (la civilité). Il s'agit aussi de développer le sentiment d'appartenance à son pays, à l'Union européenne, dans le respect dû à la diversité des choix et des options personnels.

L'École transmet les valeurs de la République : liberté, égalité, fraternité, laïcité, refus de toutes les discriminations. Les élèves étudient les grands textes qui les fondent.

Le socle commun de connaissances et de compétences intègre cette mission fondamentale : il s'agit de préparer les élèves à vivre en société et à devenir des citoyens responsables ».

Concrètement si nous prenons l'exemple du refus des discriminations de toute nature, les progressions proposent des choix selon les différents niveaux.

Ainsi cette question en CE2 peut être abordée autour de la définition de discrimination par l'identification de quelques droits des enfants et pouvoir les illustrer par des exemples : être égaux en droits (filles, garçons, quelle que soit leur origine ou celle de leurs parents) ; pouvoir vivre en famille ; avoir une identité : un nom, un prénom, une nationalité ; être correctement nourri et soigné.

En CM1, il pourra être judicieux d'identifier quelques droits des enfants, comme par exemple le droit à l'éducation et aux loisirs, le droit à la protection contre toutes les formes de violence, le droit à l'expression et à l'écoute sur les questions qui les concernent, le droit à ne pas être exploité, le droit à une justice adaptée à leur âge.

En CM2, trois approches complémentaires sont ainsi possibles. Premièrement identifier quelques droits fondamentaux de l'homme et en débattre (droit de vote, droit de réunion, droit de se déplacer, droit au travail, droit à la santé, droit de grève). Deuxièmement, savoir que l'on peut avoir recours au défenseur des droits si on est victime de discrimination. Troisièmement, citer et illustrer quelques cas concrets de discriminations en fonction des opinions politiques, des opinions religieuses, de l'appartenance à un groupe humain particulier (nation, région, ethnie).

Les candidats doivent bien percevoir que ces textes, bases pour le concours, peuvent être infléchis par les nouveaux programmes et ils auront donc à cœur de se référer clairement aux documents de 2012 comme aux nouveaux documents de 2014 et 2015 pour bien montrer leur capacité à penser cet enseignement moral et civique dans son actualité mais aussi dans son évolution.

5. Définir des objectifs cognitifs et méthodologiques opérationnels

Un objectif est l'énoncé d'une intention décrivant un résultat attendu à la suite d'une action. Ici l'action sera une activité, une série d'activités proposées pour attendre les objectifs.

Les objectifs pédagogiques demandés décrivent ce que les élèves doivent être capables de faire à la fin de la séquence ou après une séance ou en fin de cycle.

Il est essentiel de définir, pour la séquence proposée, les objectifs qui permettront de développer les apprentissages nécessaires. Définir l'objectif d'une séquence d'enseignement, c'est donc prévoir et décrire ce que l'élève devra savoir ou savoir faire à la fin de cette séquence.

Les compétences décrites dans le référentiel constituent une base pour définir des objectifs mais ici il s'agit de trouver des objectifs opérationnels. Ainsi développer l'autonomie est une finalité et un objectif trop vaste même s'il peut servir dans les séances proposées.

La définition des objectifs permet de décrire ce qu'on attend de l'élève en fin de séance ou de séquence mais aussi d'évaluer ses objectifs par de résultats de l'activité des élèves. Mais les objectifs permettent aussi de construire une situation d'apprentissage appropriée.

L'objectif est un outil important ici car il doit être justifiable, pertinent donc évaluable par un résultat et surtout le candidat comme l'enseignant doit se poser la question « pourquoi veut-on que l'élève accomplisse cet objectif ? » Bien sûr cet objectif est lié au programme mais au delà de cela il doit être utile au déroulement logique de la séance et compréhensible par tous.

6. Quelques exemples d'objectifs opérationnels issus des programmes

Pour le cycle 3 par exemple à partir de l'axe « la sensibilité : soi et les autres, toute une série d'objectifs d'enseignements sont précisés :

- ♦ **Partager et réguler des émotions, des sentiments dans des situations et à propos d'objets diversifiés :**
  - – textes littéraires, œuvres d'art, documents d'actualité, débats portant sur la vie de la classe.
    - ○ Diversité des expressions des sentiments et des émotions dans différentes œuvres (textes, œuvres musicales, plastiques...)
    - ○ Maîtrise des règles de la communication.
  - – Mobiliser le vocabulaire adapté à leur expression.
    - ○ Connaissance et structuration du vocabulaire des sentiments et des émotions.
  - – Respecter autrui et accepter les différences :
    - ○ Respect des autres dans leur diversité : les atteintes à la personne d'autrui (racisme, antisémitisme, sexisme, xénophobie, homophobie, harcèlement...).
    - ○ Respect des différences, tolérance.
    - ○ Respect de la diversité des croyances et des convictions.
    - ○ Le secours à autrui.
  - – Manifester le respect des autres dans son langage et son attitude.
    - ○ Le soin du langage : le souci d'autrui dans le langage, notamment la politesse.
    - ○ Le soin du corps, de l'environnement immédiat et plus lointain.
    - ○ Le soin des biens personnels et collectifs.
    - ○ L'intégrité de la personne.
  - – Comprendre le sens des symboles de la République
    - ○ Valeurs et symboles de la République française et de l'Union européenne.
  - – Coopérer.
    - ○ Savoir travailler en respectant les règles de la coopération.

7. Préparer une séquence ou une séance

Il faut dés le départ bien préciser les choses. Une séance est une période d'enseignement d'une durée moyenne de 45 minutes dans l'enseignement primaire.

Une séquence est un ensemble de séances, articulées entre elles dans le temps et organisées autour d'activités en vue d'atteindre les objectifs définis.

Une série de questionnements peut structurer cette élaboration

- **Quelles connaissances les élèves ont-ils sur le thème proposé ?** Cette question que l'on peut parfois appeler l'émergence de la représentation des élèves ou les préacquis suppose de prévoir une activité. Quelques questions orales sont possibles pour savoir ce qu'ils savent du thème. On peut aussi leur demander au préalable d'avoir recherché des informations sur le sujet.
- **Quelles connaissances doivent avoir les élèves pour aborder cette nouvelle séquence ?**
  Ce que l'on peut nommer des pré-requis ou la maîtrise de certaines bases pour ce sujet. Là encore un questionnement oral ou écrit permet de vérifier l'acquisition de ces confiances ou compétences.
- **Quels connaissances et compétences vais-je apporter ?**
  Les objectifs opérationnels doivent donc être des savoirs (connaissances), des savoir-faire (méthodologiques) et parfois des savoir-être (comportementaux). C'est en réfléchissant, à partir de programmes et des objectifs qui en découlent qu'on va définir le contenu de la leçon et les supports pédagogiques nécessaires pour le déroulement de la séance. C'est aussi à cette occasion que l'on doit hiérarchiser ce qui apparaît comme important ou secondaire.
- **Que doivent retenir les élèves ?**
  À partir de cette question, c'est l'enjeu des traces écrites. Il s'agit de définir ce que les élèves noteront dans leur cahier par exemple, ce qui devra être préparé par l'enseignant comme une carte, un tableau etc.
- **Comment vérifier que les savoirs et compétences sont acquis par les élèves ?**
  Cette question permet d'envisager l'évaluation. Les évaluations qu'elles soient diagnostic (en début), formative (en cours d'activité) ou sommative (en fin de séance ou séquence). L'évaluation sommative peut se traduire, parfois, pas nécessairement, par une note
- **Comment organiser le déroulement d'une séance pour atteindre les objectifs fixés ?**
  Se pose donc la question de la stratégie à définir pour tenter d'atteindre son but. Prévoir la situation d'apprentissage (groupe-classe, demi-groupes, ateliers), prévoir les supports pédagogiques (documents, maquette, film etc.), le matériel nécessaire (manuels scolaires, ordinateurs etc.), le lieu (la classe, la cour, une salle spécialisée audio-visuel).
  C'est aussi le moment de choisir sa démarche pédagogique (inductive, hypothético-déductive).

♦ **Quelle activités est-il nécessaire de prévoir pour atteindre ses objectifs ?** C'est à ce moment que l'on précise, l'amorce de la séance. Comment motiver les élèves ? En posant une question, en faisant observer un document. C'est aussi là que l'on choisit les étapes du déroulement et notamment qu'on prévoit des activités qui mettent les élèves en recherches et en activités réelles. Il s'agit ici de prévoir aussi les consignes et un travail de vérification en fin de séance qui peut faire la synthèse. Les traces écrites sont donc encore une fois partie prenante de ce questionnement (un résumé écrit, un schéma construit).

En **résumé** tous ces points permettent de répondre à toute une série de questions

- À quel niveau de classe je m'adresse ?
- Où se situe ma séquence dans la programmation annuelle ?
- Quels préacquis et prérequis sont nécessaires ?
- Quels objectifs (cognitifs, méthodologiques, comportementaux) ?
- Quelle situation d'apprentissage choisir ?
- Quelles sont les différentes phases du déroulement de ma séance ?
- Quels sont les supports pédagogiques à prévoir ?
- Quelles traces écrites ?
- Quelles évaluations (diagnostic, formative ou sommative) ?

Il s'agit donc ici de proposer dans le dossier une présentation de la séquence avec un titre et le nombre de séances et pour chaque séance les renseignements qui permettent au jury de comprendre l'intérêt de chaque séance, ce que l'on va faire et les articulations entre les séances

Ensuite le détail d'une séance permet d'en établir le plus concrètement possible les étapes. Une fiche de préparation synthétique est toujours la bienvenue car elle permet au candidat de s'y référer pendant l'exposé et l'entretien oral mais aussi au jury de voir que le candidat connaît un document important du cahier journal de l'enseignant qu'il sera.

Si on y pense bien tous ces points (consignes, traces écrites, évaluations, objectifs) seront autant de questions de la part du jury pendant l'entretien, il convient donc d'être attentif à leur rédaction.

V. Exemple d'un dossier : Égalité et lutte contre les discriminations[1]

A. Plan

Introduction du dossier et insertion du sujet dans les programmes
1. Enjeux et mise au point scientifique de la question
- L'égalité, une valeur républicaine
- Le refus des inégalités
- La lutte contre les discriminations : l'égalité réelle

2. Programmation de la séquence
- Objectif didactique général et compétences du socle commun mises en œuvre au cours de la séquence
- Le déroulement de la séquence et les objectifs des séances
- L'organisation détaillée d'une séance.

Bibliographie

B. Introduction

Ce thème permet tout particulièrement d'amener les élèves à faire le lien entre l'égalité, valeur de la République française, et les notions adjacentes d'inégalité et de discrimination. Cette leçon établit un lien explicite entre l'importance des valeurs et symboles de la République et le refus des discriminations de toute nature.

Le sujet choisi s'insère dans le programme du cycle 3 Plusieurs compétences sont mobilisées, en particulier au sein de la compétence 6 du socle commun des compétences **pour le cycle 3 :** « Respecter les autres, et notamment appliquer les principes de l'égalité des filles et des garçons ».

Ces notions se retrouvent au sein du programme d'EMC de cycle 3 tout d'abord au sein de l'approche sensible dans les connaissances et capacités liées à « s'estimer **et être capable d'écoute et d'empathie » :** respecter autrui et accepter les différences, respecter les autres dans leur diversité (avec une connaissance des atteintes à la personne d'autrui). Ce thème se situe aussi autour de l'axe « se sentir membre d'une communauté » avec la connaissance des valeurs de la république française. Plus précisément encore, le thème de ce dossier est abordé dans l'approche « le droit et la règle : des principes pour vivre avec les autres » autour du respect de tous les autres à partir de « l'égalité de droits et la notion de

1. Dossier proposé par Yannick ANDUZE.

discrimination » mais aussi de la reconnaissance des principes et de valeurs de la République avec le concept d'égalité.

C. Enjeux et mise au point scientifique de la question

Valeur de la République française, l'égalité des individus reste encore et toujours un enjeu de notre société. Comment cette valeur républicaine est aujourd'hui mise en application en France ? En quoi la lutte contre les discriminations permet elle de rétablir, au quotidien, l'égalité des citoyens ?

1. L'égalité, une valeur républicaine

Proclamée au sein de la devise de la République française, les valeurs de liberté et d'égalité par nature des individus sont des concepts qui ont émergé au XVIIe siècle en France avec l'avènement du droit naturel moderne. Ce courant de pensée fut alors l'un des fondements du contrat social, devenu par la suite l'un des textes fondateurs de la Révolution française.

À la Révolution, l'égalité des individus constitue le fondement de ce nouvel ordre social. Les valeurs de liberté et d'égalité sont officiellement consacrées avec la Déclaration des Droits de l'Homme et du Citoyen de 1789 qui reprend explicitement l'idée d'égalité naturelle entre les individus dans son article premier : « Les hommes naissent et demeurent libres et égaux en droits ».

Valeurs communes en France, la liberté et l'égalité seront officiellement élevées au rang de valeurs de la République en 1848, date à laquelle la France adopte comme devise de la Seconde République : « Liberté, Égalité, Fraternité ». Cette devise est aujourd'hui un symbole majeur de la République française.

En France, l'égalité est le résultat de conquêtes successives. Aujourd'hui, la notion d'égalité implique que la loi applicable doit être la même pour tous les individus, sans distinction de naissance ou de condition. De ce fait, le législateur a le devoir d'assurer l'égalité des droits entre citoyens. L'égalité des citoyens se traduit aussi en matière de devoirs, notamment celui de respecter autrui et de considérer son semblable sans discrimination aucune.

2. Le refus des inégalités

Les inégalités constituent des différences entre individus ou groupes sociaux qui se traduisent en termes d'avantages ou de désavantages et qui fondent une hiérarchie entre ces individus ou groupes. Il convient de distinguer la notion d'inégalité de celle de « discrimination » qui est, selon l'Observatoire des inégalités, une différence de traitement fondée sur un critère illégitime et donc prohibé (âge, sexe, handicap, etc.). Dès lors, les discriminations produisent des inégalités.

3. La lutte contre les discriminations : l'égalité réelle

Selon le dernier état des lieux de la Haute Autorité de Lutte contre les Discriminations et pour l'Égalité (dont les missions sont aujourd'hui confiées au Défenseur des droits) publié en 2010, en France, le salaire des femmes serait en moyenne inférieur de 27 % à celui des hommes, seuls 35 % des personnes en situation de handicap auraient un emploi contre 65 % pour le reste de la population, et 11 % des diplômés vivant en zone urbaine sensible seraient au chômage contre 5,8 % pour les autres quartiers.

Pénalement répréhensibles, les situations de discriminations sont énoncées au sein de l'article 225-1 du Code pénal, qui définit une liste de critères qui constituent une discrimination. En effet, identifier une situation de discrimination représente le seul moyen de lutter efficacement contre les inégalités. Ainsi, la lutte contre les discriminations de toute nature concerne l'ensemble des organisations publiques et privées, ainsi que tous les citoyens. C'est pourquoi l'État agit contre toutes les formes d'exclusion, directe ou indirecte, par des lois, des programmes d'insertion, ou encore par sa participation au financement de logements sociaux. Aux actions de l'État s'ajoutent également celles des collectivités territoriales (à 3 l'image du département, acteur majeur de l'action sociale), ainsi que celles des associations humanitaires, qui se mobilisent au quotidien pour compenser certaines inégalités.

Enfin, les citoyens et les changements de mœurs semblent constituer un vecteur majeur d'évolution de notre société, afin de rétablir l'équilibre au sein des entreprises, des institutions et des ménages. Agir au quotidien en faveur de l'égalité revient à poursuivre un objectif d'égalité « réelle ». Cette notion implique de tenir compte des situations actuelles et de lutter efficacement en faveur des publics discriminés, afin de voir disparaître les inégalités de traitement infondées. L'égalité étant intrinsèquement liée à l'absence de discriminations, l'atteinte d'un objectif d'égalité réelle, absolue, est subordonnée au refus quotidien des situations de discriminations.

La réduction des inégalités, et, a fortiori, l'atteinte d'une égalité « réelle », se traduit aujourd'hui par une responsabilité collective et individuelle. Ainsi, l'égalité en France est une notion en perpétuelle construction.

D. Programmation de la séquence

Cette séquence prolonge et réinvestit les connaissances acquises lors de l'étude des différents symboles et valeurs de la République française et précède les séances consacrées à la démocratie représentative. La séquence, constituée de 5 séances de 45 minutes, sera suivie d'une évaluation.

1. Objectif général de la séquence et compétences mise en œuvre

L'objectif didactique général pour cette séquence est de comprendre comment la lutte contre les discriminations permet-elle de préserver l'égalité, valeur de la République Française ? Plusieurs compétences du socle commun en vigueur sont mise en œuvre au cours de la séquence :

- ♦ Compétence 1 : La maîtrise de la langue française :
  - s'exprimer à l'oral comme à l'écrit dans un vocabulaire approprié et précis ;
  - prendre la parole en respectant le niveau de langue adapté ;
  - lire seul et comprendre un énoncé, une consigne ;
  - comprendre des mots nouveaux et les utiliser à bon escient ;
- ♦ Compétence 6 : Les compétences sociales et civiques
  - respecter les autres, notamment appliquer les principes de l'égalité filles/garçons
  - respecter les règles de la vie collective, notamment dans les pratiques sportives ;
  - prendre part à un dialogue : prendre la parole devant les autres, écouter autrui, formuler et justifier un point de vue ;
  - coopérer avec un ou plusieurs camarades ;
- ♦ Compétence 7 : L'autonomie et l'initiative
  - respecter des consignes simples en autonomie ;
  - s'impliquer dans un projet individuel ou collectif.

2. Le déroulement de la séquence et les objectifs des séances

Les séances sont conçues autour d'activités d'élèves pour répondre aux objectifs opérationnels et didactiques fixés préalablement.

Les supports et les exercices proposés sont variés, afin de susciter l'intérêt chez les élèves, de développer leur autonomie et de prendre en compte l'hétérogénéité de la classe.

La séance détaillée entend mettre en avant la coopération entre pairs, afin de permettre aux élèves de verbaliser les concepts, d'argumenter et de construire collectivement une hypothèse.

Séance	Objectifs didactiques	Objectifs opérationnels	Repères de vocabulaire	Supports didactiques
1	**Tous différents, tous égaux** Comment définir l'égalité entre individus ?	L'élève est capable de comprendre les différences qui existent entre les individus, de définir la notion d'égalité et d'en discuter dans le cadre d'un débat argumenté.	Égalité, Tolérance, Racisme	Documents : – court métrage « Drôles d'oiseaux sur une ligne à haute tension », Studios Pixar – affiche (journée de lutte contre le racisme)
2	**L'égalité, valeur de la République française** Comment affirmer que l'égalité est une valeur républicaine ?	L'élève est capable de rapprocher la notion d'égalité, définie précédemment, de la devise française. En fin de séance, l'élève sait faire le lien entre symboles, valeurs de la République, et égalité.	Devise française, Symboles de la République	Documents : – photographie : façade de bâtiment public – photographie : statue de l'égalité, place de la République à Paris
3	**Les enfants et leurs droits** Quels sont les droits des enfants ? Sont ils les mêmes pour tous ?	L'élève est capable d'identifier quelques droits des enfants et de les expliquer.	Être égaux « en droits »	Documents : – Illustrations extraites du livre « Premier livre de mes droits d'enfant »
4	**Lutter contre les inégalités** Quelles inégalités existent en France ? Qu'est ce qu'une discrimination ?	L'élève est capable de définir la notion de discrimination. Il sait faire le lien entre les inégalités et les discriminations.	Discriminer, discrimination, inégalités	Documents : – Extrait musical « Lily » de Pierre Perret, 1977 – Affiche sur l'égalité à l'embauche, Bureau International du Travail
5	**Reconnaître une situation de discrimination** Comment identifier une discrimination ? Comment lutter contre ces situations ?	L'élève est capable d'identifier une situation de discrimination et d'expliquer en quoi elle est inégalitaire.	Mobilisation du vocabulaire complet des séances précédentes	Documents : – Iconographies illustrant des situations de discriminations
6	**Évaluation de séquence**	**En reprenant les objectifs de la séquence, il s'agira d'établir une vérification du vocabulaire appris mais aussi d'être capable d'observer une photographie illustrant ce que fait l'école pour lutter contre les discriminations, par exemple par l'accueil et l'intégration des enfants handicapés au sein de la classe.**		

Prolongements envisageables :

– Arts visuels : à l'issue de cette séquence, dans le cadre de l'enseignement en art visuels, deux séances pourront faire l'objet d'une réalisation de poster synthétisant les différents cas de discriminations observés, à l'aide de dessins réalisés par les élèves.
– **Éducation musicale :** une pratique en classe du chant de Pierre Perret, évoqué en séance 4, peut être envisagée selon la progression de la classe.
– **Français – Littérature Jeunesse :**

Œuvre patrimoniale : Le vilain petit canard, Hans Christian Andersen
Œuvre contemporaine : Max et Koffi sont copains, Dominique de Saint Mars et Serge Bloch

3. Organiser une séance détaillée : Reconnaître une situation de discrimination

Séance détaillée (séance 5 de la séquence) **Titre** : ***Reconnaître une situation de discrimination***
Dispositif : Mise en questionnement autour d'une situation problème. Recherche par groupe. Synthèse orale collective et mise en commun qui vise les objectifs suivants : créer une hypothèse en groupe à partir de documents divers et vérifier cette hypothèse par la confrontation
Objectifs de connaissances : L'élève est capable d'identifier une situation de discrimination et d'expliquer en quoi elle est inégalitaire.
Objectifs de capacités : – Travailler en groupe – Analyser une image, un texte – Interpréter et émettre des hypothèses – Formuler des conclusions à l'oral
Objectifs de capacités : – Travailler en groupe – Analyser une image, un texte – Interpréter et émettre des hypothèses – Formuler des conclusions à l'oral
Matériel : – Documents iconographiques détaillés
Notions : Cas simples de discriminations possibles (âge, sexe, origine, handicap, apparence).

Phases détaillées de la séance

Séance : Reconnaître une situation de discrimination		
Temps	**Déroulement de la séance**	**Matériel**
1	**Retour oral** sur la séquence et les notions abordées (droits, égalité, discrimination). Écriture du titre au tableau : « Reconnaître une situation de discrimination ».	Tableau de la classe
2	**Recherche :** Énoncé de la consigne par le maître (qui peut, si besoin, faire répéter cette consigne par un élève). La consigne est la suivante : chaque groupe ne va disposer que d'un seul document (dessins de presse ou affiches ou photographies) et chacun de ces groupes va devoir, à partir du document dont il dispose, répondre à une série de questions. Dans le cadre de la différenciation pédagogique, les groupes seront constitués par le maître afin de conserver une certaine hétérogénéité. Dispositif : -- Travail de recherche en groupe (de 3 ou 4 élèves) à partir de documents variés. -- Analyse des documents pour répondre aux questions posées par le maître (cf. annexe 3)	Liste de consignes (à détailler) et dictionnaire ;

3	**Mise en commun :** Le maître revient sur les documents qui étaient proposés aux groupes et les présente à l'ensemble de la classe. (Projection sur tableau interactif, rétroprojecteur, ou affiches). Les questions sont ensuite posées une à une par le maître, et les élèves tentent d'y répondre à l'aide des recherches qu'ils ont précédemment effectuées. Si besoin, les autres élèves aident le groupe à formuler une hypothèse sur la discrimination représentée. Le maître retranscrit au tableau les réponses aux questions.	• Tableau de la classe • TBI, affiches ou réoprojecteur • Documents cités précédemment
4	**Synthèse :** Les élèves prennent leur cahier de leçon. À l'oral le professeur fait une synthèse des différents cas de discriminations observés et effectue un retour à la définition donnée durant la séance précédente. La synthèse a été précédemment écrite au tableau. Cette synthèse constituera la trace écrite de la séance, inscrite dans le cahier de leçon.	
Évaluation possible après la séance Choix de phrases avec comme consigne : « parmi les textes suivants, lesquels sont des situations de discrimination ? Réponds à la question en faisant une phrase. **Phrase n° 1 :** Arthur veut aller au cinéma avec son frère voir un film, mais, à l'entrée du cinéma, la vendeuse refuse de le laisser rentrer car il n'a pas 12 ans et que le film est interdit aux moins de 12 ans. **Phrase n° 2 :** Julie veut jouer au football et va s'inscrire dans un club. Arrivée au club, l'entraîneur lui dit qu'il ne peut pas l'inscrire car le club n'accepte que les garçons **Phrase n° 3 :** Le père de Nathan passe un entretien d'embauche dans une entreprise. Lors de l'entretien, le patron lui dit qu'il ne le prendra pas car il est trop vieux. **Phrase n° 4 :** Mélissa a dégradé le matériel de l'école : elle a écrit sur sa table. Au moment de la récréation, tous ses camarades sortent dans la cour, mais Mélissa doit rester dans la classe pendant la moitié de la récréation.		

4. Bibliographie

- Borgetto Michel, La devise « Liberté, Égalité, Fraternité », Paris, Presse Universitaire de France, Coll. « Que sais-je », 1997.
- Rapport annuel de la HALDE 2010 (Haute Autorité de Lutte contre les Discriminations et pour l'Égalité), Paris, La Documentation Française, 2011.
- Inégalités et discriminations, La Pochette Pédagogique, Observatoire des inégalités, 2012.

VI. Bibliographie

- Audigier F. (1991). Enseigner la société, transmettre des valeurs, la formation civique et l'éducation aux droits de l'homme : une mission ancienne, des problèmes permanents, un projet toujours actuel. *Revue française de pédagogie*. n° 94. Janvier-mars. p. 37-48.
- Baillat G., Boulmer-Nguyen J. (1996). *Histoire, géographie, éducation civique cycle 3*. Paris : Nathan.
- Bauberot J. (1998). *La morale laïque contre l'ordre moral*. Paris : le seuil.
- Bidar. A. (2012). *Pour une pédagogie de la laïcité à l'école. Haut Conseil à l'intégration*. Paris : la documentation française.
- Blais M-C., Gauchet M., Ottavi D. (2002). *Pour une philosophie politique de l'éducation. Six questions d'aujourd'hui*. Paris : Bayard.
- Blanquer, J-M. (2012). *L'instruction morale à l'école*. Paris : CNDP. 334 p
- Bouchard N. (dir.) (2002). *Pour un renouvellement des pratiques d'éducation morale. Six approches contemporaines*. Québec : Presses universitaires du Québec.
- Costa-Lascoux J. et Auduc J-L. (2006). *La laïcité à l'école : un principe, une éthique, une pédagogie*. Créteil : scéren
- Foray P. (2008). *La laïcité scolaire. Autonomie individuelle et apprentissage du monde commun*. Berne : Peterlang.
- Forquin J.-C. (1993). L'enfant, l'école et la question de l'éducation morale. Approches théoriques et perspectives de recherche, note de synthèse. *Revue française de pédagogie*. n° 102. janvier-mars. p. 69-106.
- Héritier F. (1995). *Masculin/féminin. La pensée de la différence*. Paris : Odile Jacob.
- Hess P. et Perge A. (2012). *Développer des compétences sociales et civiques au cycle 3 : un autre regard sur l'instruction civique et morale*. Grenoble : Crdp.
- Houdé O. (2011). *La psychologie de l'enfant*. Paris : Puf. coll. « Que sais-je ? »
- Husser A-C., Barthelmé B et Piqué N. (dir.) (2009). *Les sources de la morale laïque. Héritages croisés*. Lyon : ENS Éditions.
- Imbert F. (2000 4e éd.). *La question de l'éthique dans le champ éducatif*. Paris : Matrice.
- Kobrynski-Roussé Colette et Cholley M. (2001). *Découvrir l'environnement à l'école, dans ma commune : éducation à l'écocitoyenneté aux cycles 1, 2 et 3*. Besançon : Crdp.
- Larmore C. (1993). *Modernité et morale*. Paris : Puf.
- Legrand L. (1991). *Enseigner la morale aujourd'hui*. Paris : puf.
- Leleux C. (1997). *Repenser l'éducation civique*. Paris : Cerf.

– Loeffel L. (dir.) (2009). *École, morale laïque et citoyenneté aujourd'hui*. Villeneuve-d'Ascq : Presses universitaires du septentrion.
– Meirieu Ph. (2005). *Le choix d'éduquer. Éthique et pédagogie*. Paris : ESF.
– Nembrini J-L.et Faux J. (2000). *Histoire géographie éducation civique cm2*. Paris : Hachette
– Pithon G. (2017) *Quelle éducation morale et civique à l'école ? pourquoi et comment la mettre en oeuvre ?*, Education et socialisation, 46.
– Tozzi M. (2012). *Nouvelles pratiques philosophiques. À l'école et dans la cité*. Lyon : chronique sociale.

Ressources numériques sur l'enseignement moral et civique (sites institutionnels généraux)

– Programmes officiels 2015 : BOEN spécial n° 6 du 25 juin 2015. http://www.education.gouv.fr/pid25535/bulletin_officiel.html?pid_bo=32675
– Circulaire sur l'instruction morale du 25 août 2011 : http://www.education.gouv.fr/pid25535/bulletin_officiel.html?cid_bo=57284
– Déclarations des droits, textes de référence : http://eduscol.education.fr/cid57309/l-instruction-morale.html
– Textes de références du conseil supérieur des programmes : http://www.education.gouv.fr/cid75495/le-conseil-superieur-des-programmes.html
– Rapports des jurys de concours : http://www.education.gouv.fr/cid4413/sujets-des-epreuves-ecrites-et-rapports-des-jurys-des-concours-de-recrutement-de-professeurs-des-ecoles.html
– Le site officiel de la France : institutions et valeurs : http://www.france.fr/institutions-et-valeurs/les-symboles-de-la-republique-francaise.html
– Grande mobilisation de l'École pour les valeurs de la République : http://www.education.gouv.fr/cid85644/onze-mesures-pour-un-grande-mobilisation-de-l-ecole-pour-les-valeurs-de-la-republique.html
– Guide républicain : l'idée républicaine aujourd'hui : http://www.education.gouv.fr/cid561/le-guide-l-idee-republicaine-aujourd-hui.html
– Pour une pédagogie de la laïcité à l'école : http://eduscol.education.fr/pid23591/laicite-principe-et-pedagogie.html

Chapitre 4 : Histoire[1]

I. La rédaction du dossier

A. Présentation de l'épreuve orale d'admission sur dossier en Histoire

Pour cet oral avec dossier, celui qui nous concerne à l'intérieur de cet ouvrage, l'arrêté du 19 avril 2013 dit que le candidat choisit un sujet au sein d'une des 7 disciplines énumérées. Une fois ce premier choix de la discipline arrêté, ici l'histoire, le candidat doit choisir un sujet à l'intérieur des programmes en vigueur au sein de l'enseignement de l'histoire à l'école primaire. Il est précisé qu'à travers le sujet qu'il présente, le candidat devra montrer sa maîtrise « des enjeux scientifiques, didactiques et pédagogiques » soulevés par le sujet retenu. Enfin, le texte précise encore que le sujet choisi prendra la forme d'un dossier écrit de 10 pages qui sera remis en avance au jury (il est souvent remis lors du premier oral). L'indication des 10 pages est une véritable obligation. Très concrètement cela veut dire que hormis la page de garde (titre du dossier) et le sommaire, la bibliographie présente à la fin fait partie des 10 pages présentées et qui sont évidemment numérotées. Il est aussi indiqué que ce dossier devra se composer de deux parties : la première est consacrée à « une synthèse des fondements scientifiques relatifs au sujet retenu », la seconde est « la description d'une séquence accompagnée de documents et pouvant prendre la forme de plusieurs séances ».

Attention, ce dossier dont les différents exemplaires doivent être rigoureusement identiques ne fait pas l'objet d'une notation ! Il est tout au plus pour le candidat un élément de support pour son oral, qui lui est l'objet unique de la notation par le jury. L'oral lui-même se déroule en deux temps. Le candidat présente son dossier pendant 20 minutes et répond aux questions du jury pendant 40 minutes. L'appréciation de ce premier oral (l'autre oral, lui, est doté d'une note sur 100) se fait sur 60 points soit 20 points pour la présentation orale du dossier et 40 pour l'entretien avec le jury. Ces modalités réexposées ici sont les mêmes quelque soit la discipline de référence que vous choisissez.

1. Chapitre rédigé par Pierre-Marc RENAUDEAU, ENS, Sciences-po, agrégé de l'Université en histoire, professeur dans le master MEEF de l'université de Cergy-Pontoise et à l'École polytechnique.

B. Proposition d'un sommaire de présentation du dossier

Essayons maintenant sous la forme d'une proposition de sommaire de dire comment se présente un dossier en histoire Pour la première partie « Les fondements scientifiques de la question » », nous vous proposons d'y consacrer 3 pages maximum, divisées en deux parties. La première sous-partie sera consacrée à la présentation de l'historiographie classique et aux évolutions historiographiques récentes. En effet, pour nous, cette question des fondements scientifiques ne consiste pas à résumer vos connaissances sur un sujet du programme, celui-ci par son aspect justement résumé aurait obligatoirement un aspect scolaire très succinct et peu fondé scientifiquement. Il s'agit de présenter ici de manière synthétique les avancées de la recherche sur le sujet, soit l'évolution historiographique ou encore comment les différentes générations d'historiens ont étudié le sujet, d'hier à aujourd'hui.

Puis une fois cette présentation faite (1,5 page maximum), on consacrera la deuxième sous-partie de cette première partie du dossier (1,5 page aussi) à la question de la transposition didactique de la question dans les programmes scolaires, dans les documents choisis, ce que les spécialistes appellent la question du curriculum.

Enfin, ensuite il conviendra de présenter l'organisation d'une séquence en 6 pages. Nous vous conseillons de présenter votre séquence dans un format paysage sous la forme d'un tableau synoptique dans une première page dans laquelle chaque séance (en général deux ou trois suivant le sujet retenu) fera l'objet d'une présentation courte autour des notions d'objectifs, de compétences, d'entrée dans l'activité, de déroulement avec l'indication écrite des documents étudiés et des traces écrites prises lors de chaque séance.

Puis une fois cette présentation générale faite (1 page), il vous ai demandé de développer une ou deux séances. Il vous faut alors présenter de manière rédigée une séance dite développée pour illustrer concrètement comment vous entendez procéder avec les élèves pour l'étude d'un pan de la question. Il convient alors d'être plus précis en montrant comment vous allez débuter votre séance, puis avec quels documents vous comptez l'animer et comment pédagogiquement vous pensez les faire travailler par les élèves (les documents, textes et images, doivent être reproduits en petit mais de manière lisible), les traces écrites prises sur les documents doivent être explicitées, le résumé éventuel de la leçon figuré (ou à tout le moins les mots-clés autour duquel il sera construit). Enfin la conclusion de votre dossier devra laisser entendre quel type d'évaluation vous pourriez envisager, ou encore si votre sujet s'y prête vers quelle séance d'histoire de l'art ou d'éducation civique et morale vous pourriez prolonger la séquence.

Ce canevas de sommaire que nous vous proposons peut évidemment être aménagé en fonction du sujet que vous avez retenu mais il inspire la suite de notre propos.

C. L'explicitation des mots qui constituent les têtes des parties et des sous-parties du sommaire proposé

1. L'historiographie

L'historiographie soit l'histoire de l'histoire a connu une évolution déjà longue d'au moins deux siècles qui fait que les historiens d'aujourd'hui ne pratiquent plus exactement l'histoire à la manière de leurs prédécesseurs. L'histoire scientifique telle que nous la connaissons aujourd'hui naît au mi-temps du XIXe siècle en Europe. En France, cette première école historique dite école positiviste s'efforce d'établir les faits de manière solide à partir d'un travail critique portant sur les sources et leurs recensions. Puis, l'école structuraliste (années 60) délaisse l'histoire événementielle pour s'intéresser aux forces économiques et à l'histoire des mentalités qui façonnent en profondeur la société. L'école ethnologique (années 70) élargit le champ de la recherche historique en s'intéressant à de nouveaux sujets comme l'enfant, la mort, les odeurs… Enfin, l'école dite historiographique se caractérise par un souci partagé de relire et de critiquer les travaux des historiens du passé avant de proposer soi-même sa propre interprétation et un nouveau récit en tant qu'historien d'aujourd'hui. Pierre Nora résume cette évolution de la science historique en notant que l'historien ne cesse d'approfondir son regard critique sur le passé sous la forme d'une discontinuité critique de plus en plus grande avec le sens commun des récits admis du passé. L'histoire est donc une science critique qui opère une série de coupures épistémologiques via la critique des sources, des faits, de la chronologie, des sujets et des concepts qui la constituent, des travaux historiques accumulés. L'historiographie désigne donc l'ensemble du travail d'analyse critique qu'un historien peut mener sur un sujet.

Ce rôle central de l'historiographie se retrouve dans l'écriture historique contemporaine. Le point de vue historiographique innerve le récit historique moderne. Les nouvelles biographies historiques ou encore l'étude d'un événement ne s'envisagent plus sans un savant décapage des interprétations antérieures, ni sans l'étude de la mémoire projetée du fait historique sur les siècles suivants. On peut donc parler d'un nouveau récit historique distancié qui a donné lieu à des livres ayant gardé toute leur qualité littéraire d'évocation mais avec au détour de l'écriture et à tout instant la possibilité d'un retrait critique. La place faite à la position critique renouvelle en partie les paradigmes interprétatifs. À titre d'exemple, on peut citer la parution de la dernière biographie de François Ier parue en 2015 dont l'auteur est Didier Le Fur (édition Perrin). Il revient sur l'image très positive du « prince de la Renaissance » construite par les publicistes de son époque grâce à la diffusion de l'imprimé. L'ambition d'être un monarque universel contre Charles Quint anime sa politique de guerre continue en Italie sur la quasi-totalité de son règne. Dès lors, les notations sur le « Prince de la Renaissance » relèvent bien plus de l'image orchestrée que de la réalité du pouvoir. Le financement d'un mois de guerre pour conserver le Piémont italien (1536-1547) équivaut à l'ensemble du coût de construction et d'entretien de ses châteaux sur un an !

Cette relecture en permanence de l'histoire touche également la chronologie. François Furet sous-titra ainsi son livre La révolution française de deux dates pour le moins surprenantes 1750-1880. L'idée était de montrer que la révolution commence avec la critique des Lumières et que la remise en cause politique qu'elle créa ne prend fin qu'avec l'installation définitive du régime républicain en 1880. Un essai intitulé 1493 de Charles C Mann entend montrer que la date emblématique de 1492 de la « découverte de l'Amérique » est moins importante que celle de l'année suivante qui voit se mettre en place les premières conséquences écologiques de cette arrivée des européens en Amérique. « Le monde au XVe siècle » sous la direction de Patrick Boucheron essaye d'établir une « world history », un état du monde où se côtoient des empires de toute taille sur les différents continents tout en essayant de nous montrer aussi bien leurs liens que leurs ignorances réciproques. Ces trois exemples et bien d'autres nous montrent que le travail critique des historiens retravaille en permanence la documentation historique, les dates admises, les points de vue interprétatifs et le récit.

Cette évolution de l'histoire savante informe-t-elle l'enseignement de l'histoire ? On peut répondre oui mais avec beaucoup de nuances. La réponse est franchement positive pour ce qui concerne la critique de document, premier jalon de la méthode de l'historien auquel se réfère l'enseignement de l'histoire dans le primaire au moins depuis 1985. L'interrogation critique sur la chronologie ou sur le récit est moins évidente même si la méthode pédagogique générale d'enseignement insiste sur le fait que les élèves doivent participer à l'élaboration de leur savoir, ce qui induit que l'histoire ne peut se contenter d'être une simple exposition des faits tirés du passé.

Quand doit-on commencer ce type de travail réflexif en classe ? Pour le travail sur les documents, la réponse est dès l'initiation à la discipline au CE2. Pour l'initiation au renouvellement des travaux des historiens ou historiographie, la réponse se trouve dans la rubrique « Contributions essentielles des différents enseignements au socle commun » qui ouvre l'annonce des programmes de cycle 3 (page 93 et suivantes). On y parle des « lectures renouvelées du passé » qui doivent être présentées aux élèves. Dans quelle mesure peut-on introduire des textes de spécialistes à l'école primaire ?

Votre partie pédagogique devra dans sa proposition de séquence et de séances tenir compte de ces exigences. Nous essayerons lorsque nous aborderons cette deuxième partie de votre dossier de vous dire concrètement comment répondre à ces deux impératifs.

2. La transposition didactique et la notion de curriculum

La didactique est l'étude des questions posées par l'enseignement et l'acquisition de connaissances dans une discipline, ici l'histoire. La transposition didactique (Chevallard) cherche à comprendre comment on passe d'un savoir scientifique, de la science constituée au « savoir à enseigner », ou savoir scolaire. Pour le dire autrement comment l'histoire savante se transforme en discipline scolaire ? Les spécialistes (Emil Paul) identifient un double mouvement de dé-contextualisation savante et de re-contextualisation pédagogique sous la forme de simplifications, équivalences, figurations et subjectivation humaine du savoir en sciences humaines.

Mais laissons là les analyses de la recherche pour nous contenter de souligner que cette transposition prend la forme d'un curriculum prescrit, formel qui est fait de textes officiels, des programmes, de manuels. Il convient alors de proposer une courte analyse de l'évolution des libellés de la question que vous traitez dans les programmes jusqu'au programme qui est rentré en vigueur à la rentrée 2016, celui du BO du 26 novembre 2015. Cette analyse sera complétée par celle de l'évolution des manuels (2 ou 3) voire des documents proposés pour comprendre en quoi la question présentée aux élèves a évolué. Il conviendra alors de se poser la question des raisons de cette évolution. La rédaction de ce court chapitre sur la transposition didactique et le changement de curriculum devra donc être rédigée de manière interrogative, sous la forme de questions d'autant que les nouveaux programmes 2015 adoptent des libellés souvent très renouvelés par rapport aux anciens programmes.

De plus, comme nous le verrons, les nouveaux programmes insistent plus encore que les anciens programmes sur les compétences à travailler en histoire. Ceci nous amène à conclure que le curriculum prescrit et externe n'évolue pas tant par rapport au savoir savant mais bien plus par rapport aux buts pédagogiques que se fixe l'institution pour l'enseignement de l'histoire. Ce sont avant tout ce type de recommandations officielles qui influencent le plus la transposition didactique interne, le curriculum non plus prescrit mais réel ou encore non plus « le savoir à enseigner » mais « le savoir enseigné ». Les didacticiens parlent d'un curriculum construit par le maître à destination de ses élèves tels qu'il se les représente, d'« un contrat didactique » (les attentes réciproques du professeur et des élèves), de curriculum réalisé (transmis, appris, partagé), de curriculum caché (choix non explicites, contrat didactique sous jacent).

Les études didacticiennes en Histoire, des années 70 aux années 2000, ont fait l'objet d'un bilan souvent commenté et repris à partir de l'article de Nicole Lautier et Nicole Allieu-Mary paru dans la Revue française de pédagogie (janvier-mars 2008), présenté avec soin dans les Cahiers pédagogiques (N 471, Apprendre l'histoire). Elles se sont intéressées à la manière dont les élèves dans leur représentation du monde intégraient petit à petit les grands concepts rencontrés lors des leçons d'histoire tel que la guerre, la révolution. Elles se sont intéressées également à la manière dont l'histoire était enseignée et ont dressé un bilan critique de la leçon d'histoire. La forme la plus courante, le cours dialogué, a fait l'objet de critiques nombreuses car malgré sa forme ductile l'élève demeure peu sollicité pour participer à la construction de son savoir ; la réflexion critique sur la construction du discours historique et de ses repères chronologiques est quasi-absente ; le recours obligatoire à l'examen rapide de documents relève davantage de l'exercisation à outrance demandée par l'institution que d'un travail en profondeur sur la compréhension d'un contexte. Le but de l'enseignant semble être d'obtenir vite des résultats en vu de fixer un savoir. Le recours au travail de groupe (4, 5 groupes autour de trois documents différents avec mise en commun au final), ou encore la mise en situation des élèves à partir d'une situation-problème (une question à résoudre tout au long d'une période : le pouvoir de Louis XIV est-il sans limites à propos de la monarchie absolue), ne changent rien au fait que la leçon d'histoire reste une activité de « basse tension » intellectuelle où l'élève se contente de lire des documents pour « identifier et décrire ». Le modèle constructiviste (collecte de données, mise en relation, hypothèses, tentatives d'explication et synthèse) est plus détourné que mise en œuvre. L'adoption d'un format « pédagogie moderne » ne garantit donc pas de véritables mises au travail des élèves susceptibles de développer de nouvelles compétences.

3. La séquence et sa démarche en trois phases appuyées sur une situation-problème et la carte heuristique

Les études didacticiennes dressent donc un bilan très critique de l'enseignement visé dans la leçon d'histoire et des pratiques mises en place au sein de la classe. Mais la construction d'une dynamique de séquence doit elle faire face à trois questions classiques : contenu à enseigner, question à résoudre, situation pédagogique à créer. Le dispositif de la séquence comme le nombre de séances peut varier mais il doit aussi se rattacher à une méthodologie générale reproductible en partie d'une leçon à l'autre qui sert de repère méthodologique en histoire aux élèves sous la forme d'une série d'affirmations simples : en histoire pour acquérir des connaissances sur un sujet, je m'intéresse aux sources, à la chronologie et je cherche à relier les faits entre eux (explication causale). En même temps, les documents d'accompagnement édités par le ministère de l'éducation nationale depuis les années 2000 ne cessent de réaffirmer que la leçon d'histoire ne peut s'arrêter à la maîtrise souhaitée de la démarche historique, soit la lecture de plus en plus autonome de documents par les élèves. Des compétences générales rassemblées en une formule dès les années 2000 « dire, lire et écrire en histoire », soit des compétences pluridisciplinaires sont à mettre en jeu à l'occasion de la leçon d'histoire. Comment dés lors relier entre elles ces exigences, qui s'intéressent tout autant aux contenus à enseigner et à la manière de les questionner qu'à la démarche d'investigation documentaire et à sa maîtrise partielle par les élèves ainsi qu'à des pratiques scolaires réputées plus humbles ?

Ces exigences sont d'autant plus délicates à marier que dans le cadre d'une « nouvelle culture humaniste », les instructions officielles souhaitent qu'elles fassent sens par rapport à notre monde contemporain afin que l'appropriation du passé par l'élève se fasse par le sens plus que par la simple mémorisation. La leçon d'histoire se charge donc d'une finalité en partie nouvelle un objectif d'éducation civique indirect.

Une fois sérié l'ensemble des exigences accolées à la leçon d'histoire, il faut proposer une méthode de conduite de séquence de la leçon d'histoire. L'institution scolaire a canonisé une démarche en trois temps reprise systématiquement dans les fiches de préparation et les blogs des professeurs des écoles : phase de découverte, phase d'approfondissement, phase d'institutionnalisation. La phase de découverte donne lieu à davantage de tâtonnement-approximation-hypothèse qui accompagnent les hésitations des élèves. La phase d'approfondissement est plus organisée par le professeur autour de documents à analyser. La phase de bilan est celle de la reformulation par l'élève avec l'aide du maître évidemment. Cette démarche pédagogique générale de séquence induit souvent qu'un sujet d'histoire donne lieu à une présentation-séquence en trois séances.

Lors de la première séance, une situation-problème doit être construite pour l'ensemble de la séquence, quitte à la rappeler sous la forme d'une carte mentale ou heuristique au début des deux autres séances (on la complétera d'ailleurs à la fin ou au début de chaque séance). Une situation-problème en histoire se construit à partir d'une question simple mais qui renvoie à une problématique savante. À tire d'exemple pour la leçon sur Louis XIV, on peut en partant des acquis des élèves lister sous la forme d'une carte mentale les critères d'un grand roi (guerres, territoire, pouvoir sur la population par l'impôt et la justice) puis expliquer que Louis le Grand va s'avérer être un très grand roi (monarchie absolue). Nous allons donc découvrir des critères supplémentaires mais pour mener notre enquête dans un premier temps de quels documents avons-nous besoin pour prouver qu'il est un grand roi (cartes des conquêtes, textes du roi donnant des ordres) ? Une fois, ce raisonnement logique construit avec les élèves, la mise en situation qui suit, soit l'examen d'un premier document qui confirme l'un de nos critères découverts, se fait avec motivation. Le premier document est donc plus tôt à examiner en groupe-classe selon nous pour maintenir le feu de la motivation.

Mais d'où viennent à la fois cette proposition méthodologique de séquence et ces outils de travail ? Sans prétendre ici rendre compte de la subtilité des propositions faites par toute la réflexion pédagogique sur un siècle, notons une expression empruntée au philosophe Henri Bergson qui selon nous définit bien l'ensemble de la pédagogie moderne du XXe siècle, qui prend sa source philosophique dans l'*Émile* de Rousseau. « L'homme est un homo faber avant d'être un homo sapiens » (Henri Bergson, L'évolution créatrice, 1907). Les activités de groupe, le tâtonnement expérimental, les fichiers auto-correctifs ont été à la suite de Freinet introduits à l'école primaire. Et si dès 1920, Roger Cousinet tente de systématiser la pédagogie de groupe, c'est avec le socio-constructivisme de Piaget que l'idée de confrontation des points de vue reçoit ses lettres de noblesse. La résolution d'un problème cognitif est d'autant plus solide qu'elle se fait dans un contexte de confrontation à d'autres points de vue. La motivation sociale renforce la motivation individuelle. Ce trop bref rappel nous permet de comprendre les choix faits par l'institution scolaire depuis les années 1980. Elle a érigé en principe que la place de l'élève était au centre des apprentissages. Cette proposition officielle amène la pédagogie primaire à valoriser les mises en situations pédagogiques, le travail de groupe, la pédagogie de projet.

4. La séance présentée et sa démarche documentaire autour des idées de schématisation et de réinvestissement

Chaque déroulé des trois séances emprunte un chemin similaire qui est le suivant : l'identification ou le rappel de la notion à travers la carte mentale de la situation-problème construite qui détermine l'économie de la leçon, la remobilisation des savoirs acquis, leur transformation par un travail impulsé par le maître en compétence heuristique, puis l'analyse de nouveaux documents.

La conduite de l'analyse d'un tableau ou d'un texte se fait souvent en trois temps : titre-nature du document et informations recueillies, information centrale la plus évidente dans le document dont la découverte peut être menée par l'élève, détails ou informations discrètes relevées par le professeur enrichissant l'explication.

Lors de la séance 2 ou séance d'approfondissement, l'analyse documentaire donne lieu autour d'un document à une schématisation tableau-cahier à partir d'une observation Tni ce qui entraîne à la fois une prise d'écriture de notes en continu et une explication exhaustive. Avec un tableau, cela donne lieu à un dessein esquissé et renseigné ; avec un texte cela se traduit par des entourages, des mises en chapitres, et des marges annotées. On peut d'ailleurs proposer lors de cette séance 2 un document de réinvestissement soit un document ressemblant beaucoup au document schématisé pour tester la capacité des élèves à lire de manière autonome.

La séance 3 ou phase d'institutionnalisation (« qu'est ce qu'on a appris »), si vous choisissez de développer celle-ci, peut donner lieu à l'écriture partielle ou non d'un résumé que l'on peut compléter d'une mini-chronologie, d'une carte schématisée et enfin d'un extrait d'un texte d'historien (un interview dans un hebdomadaire lors de la sortie d'un livre) pour faire discriminer les informations nouvelles apportées par l'article auprès des élèves sous la forme d'une question simple « qu'est ce que nous dit de plus un historien d'aujourd'hui ? » Notre organisation d'une séquence en 3 séances telle que nous venons de la décrire, a donc pour but d'avoir un élève en permanence au travail puisque la prise de notes en continu au cours des 3 séances suggère un élève actif. Il peut l'être seul, en groupe autant de modalités de travail qu'il convient de décider en se demandant laquelle est la plus efficace pour favoriser la démarche heuristique (recherche) et/ou la démarche herméneutique (travail sur le sens).

5. Proposition d'une séance décrochée en histoire des arts ou en éducation civique et morale pour renforcer une démarche d'appropriation

Ces deux possibilités de prolongements de la séance d'histoire vers d'autres disciplines (vous pouvez simplement l'esquisser dans votre tableau synoptique de présentation de séquence) visent un même but, l'appropriation personnelle de la leçon par les élèves. Cela peut s'exprimer sous la forme de deux questions-guides très générales, « pourquoi nous nous intéressons encore à cette période de l'histoire passée (patrimoine) ? » et « En quoi les événements de ce passé informent-ils encore notre présent (mémoire) ? » Il faut évidemment travailler ces questions de manière la plus concrète possible à travers la visite virtuelle d'un musée sur le net, d'une commémoration…

Mais pourquoi la notion d'appropriation est-elle si importante dans le cadre de la pédagogie moderne d'aujourd'hui ? Elle se fait certes au long cours de la leçon comme nous l'avons vu par les processus de construction de carte mentale, de réinvestissement, de discrimination d'informations nouvelles, de prises de notes par les élèves en continu ou encore par l'évaluation (en partie à cahier ouvert et fermé). Mais elle ne peut s'arrêter à la réussite d'exercices scolaires, elle suppose une capacité à agir volontairement. Le but de l'éducation en classe est de développer ce que les textes officiels appellent la curiosité, l'envie d'aller plus loin notamment grâce à internet que des élèves de cycle 3 manient de manière journalière pour la plupart. Vous ferez tous l'expérience d'élèves vous rapportant le lendemain de leçons d'histoire-géographie des documents tirés d'internet faisant plus ou moins écho à des choses vues en classe ! Toutefois, cette capacité à relier l'univers de l'école et celui de la maison, à transformer la culture scolaire en élément familier, peut être travaillée en classe en organisant des petites pratiques de « pédagogie inversée » consistant par des recherches guidées commandées en avance à préparer des éléments de la leçon à venir. Elle peut se travailler également dans l'autre sens à l'occasion d'une séance décrochée d'histoire des arts très simple suivant la leçon d'histoire. Ainsi, réaliser une photo de classe à la manière du Serment du jeu de paume avec exemplaire personnel en noir et blanc ou encore réaliser un carrosse-trousse en carton-plume pour le grand siècle et bien d'autres choses, permettent de faire circuler des objets quasi transitionnels (!) entre l'univers scolaire et celui de l'intimité familiale donc de repenser au savoir appris et de le fixer. Cet effet de déversement (*spill over*) de l'école vers la maison est donc une des « missions » de l'école pour développer une envie autonome de culture, une éducation pour la vie, un désir d'autoformation aussi appelée autodidaxie. Elle fait également écho aux capacités que le monde du travail cherche à promouvoir à travers la notion d'« empowerment », soit le développement de la capacité à agir des individus en leur donnant plus de pouvoir. L'école à travers sa mission spécifique de formation première n'est jamais très éloignée des préoccupations sociales d'une formation permanente tout au long de la vie.

D. Le choix de votre sujet en fonction des nouveaux programmes et des compétences à travailler

Les nouveaux programmes d'histoire à l'école primaire aux cycles 2 et 3 : Cp, CE1, CE2/CM1, CM2, 6e, sont parus au BO du 26 novembre 2015 (en lien avec le socle commun de connaissance, de compétences et de culture du BO du 31 mars 2015 et l'enseignement moral et civique du 25 juin 2015). Ces programmes sont entrés en vigueur à la rentrée scolaire 2016, ils constituent donc les programmes de référence pour la rédaction de votre dossier écrit et pour l'oral qui suivra votre exposé. Il convient donc que, dés la page de garde, l'intitulé de votre sujet respecte leur présentation formelle officielle : Thème, sous-thème, éléments tirés de la rubrique attenante intitulée démarches et contenus d'enseignement.

Leur originalité tient en deux mots. Le CE2 est maintenant rattaché au cycle 2 appelé cycle des apprentissages fondamentaux tandis que les CM1 et CM2 attachés à la 6e du collège forment le cycle de consolidation. La deuxième originalité consiste à faire précéder l'exposé des connaissances à acquérir pour chaque cycle d'un exposé des compétences travaillées (expression qui chapeaute le chapitre Questionner le monde en cycle 2) ou encore les spécificités du cycle de consolidation pour le cycle 3 (il s'agit toujours des compétences). Le cycle 4 (5e, 4e, 3e) est appelé cycle des approfondissements. L'exposé de ces compétences reprend explicitement les principaux domaines (1 à 5) du socle commun de connaissances, de culture et de compétence publiés le 31 mars 2015.

Cette place éminente accordée aux compétences est une indication forte. La méthode et l'acquisition des savoir-faire (expression ancienne de la notion de compétence) ont préséance sur les contenus dans cette présentation. La mise en valeur des compétences doit dès lors être privilégiée lors de l'écrit et de la présentation orale de votre dossier, notamment dans la deuxième partie consacrée à votre proposition de séquence. Elle est attendue par les jurys professionnels de terrain comme le laissent voir les questions qu'ils posent aux candidats. Nous allons donc essayer après avoir rendu compte de ces nouveaux programmes de vous donner des indications concrètes pour satisfaire à cette obligation de travail des compétences, qui existe depuis longtemps mais qui est très explicite dorénavant. Les compétences seront à mettre en œuvre de manière donc particulièrement explicite dans la partie 2 du dossier, la proposition de séquence.

Le type d'histoire à enseigner, ses buts et ses contenus sont aussi définis dans le chapeau introductif « Thématiques et repères annuels de programmation », juste avant le déroulement des programmes. Et si la discipline Histoire comme discipline d'enseignement fait l'objet d'une définition, il est normal que votre dossier écrit et votre présentation orale en parlent.

Pour le cycle 2, « Questionner l'espace et le temps » commence par le rappel des « compétences travaillées » qui reprennent les domaines du socle commun : pratiquer des démarches scientifiques, imaginer et réaliser, s'approprier des outils et des méthodes, pratiquer des langages, mobiliser des outils numériques, adopter un comportement éthique et responsable, se situer dans l'espace et dans le temps.

Les programmes, résumés dans les nouveaux programmes dans la rubrique « Repères de progressivité », doivent faire que « les élèves passent progressivement d'un temps individuel autocentré à un temps physique et social décentré ». Ce décentrement de l'élève reprend des propositions programmatiques classiques et bien connues.

Du CP au CE1, pour appréhender le temps et la durée, on demandera à l'élève de comprendre successivement comment est organisé la journée, la semaine, le caractère cyclique des saisons tout en apprenant à lire le temps qui s'écoule à travers les différents supports avant d'aborder l'irréversibilité du temps à travers les générations. Il faut solliciter « les générations vivantes et la mémoire familiale » (CP) puis s'intéresser à « trois ou quatre générations » et à « leur mode de vie » en France ou ailleurs » (CE1) pour arriver à la notion de traces du passé et à la frise chronologique sur un siècle. Pour enrichir la frise qui souvent propose de classer des objets du quotidien, on peut y lier des objets de la ville où habitent les élèves (statue, monument au mort, bâtiment remarquable). La programmation annuelle pour le Cp et le CE1 ne pose pas de problème et beaucoup d'ouvrages et de fiches existent pour traiter ce passage du temps vécu à un temps de référence (voir l'excellent Bouteville, Falaize, 15 séquences Espace Temps Retz, 2015).

Le CE2 fait l'objet d'une proposition particulière. Il doit initier l'élève au temps long à travers des « événements, des personnages et des modes de vie », ce qui doit permettre de saisir les caractéristiques des principales périodes de l'histoire de France. « Les élèves découvrent et comparent les modes de vie de quelques personnages, grands et petits, femmes et hommes (une paysanne, un artisan, une ouvrière, un soldat, un écrivain, une savante, un musicien, une puissante…) ; ils appréhendent quelques grands faits de quelques périodes historiques et comparent avec d'autres sociétés.

L'articulation avec l'enseignement moral et civique est soulignée puisque « les activités de cet enseignement sont l'occasion, pour les élèves, de confronter leurs idées dans des discussions collectives, développer le goût de l'explication, de l'argumentation et leur jugement critique, de prendre confiance en leur propre intelligence capable d'explorer le monde ».

La rubrique « Contributions essentielles des différents enseignements au socle commun » qui ouvre l'annonce des programmes de cycle 3 (page 93 et suivantes) comme celle des « Croisements entre enseignements » qui la ferme (page 215), illustrent là encore le souci des rédacteurs d'insister sur les compétences et la transversalité de l'enseignement primaire.

Dans le chapitre « Contributions » plus précisément dans la présentation du domaine 5 du socle commun « Les représentations du monde et l'activité humaine », la mission de l'enseignement de l'histoire-géographie est précisée : « L'enseignement de l'histoire (est-il dit) a d'abord pour intention de créer une culture commune et de donner une place à chaque élève dans notre société et notre présent. Il interroge des moments historiques qui construisent l'histoire de France et la confrontent à d'autres histoires, puis l'insèrent dans la longue histoire de l'humanité ».

Dans le chapitre consacré aux programmes d'histoire–géographie, celui-ci s'ouvre sur « les compétences travaillées ». 6 compétences sont déclinées : Se repérer dans le temps (situer les grandes périodes, ordonner les faits, manier la frise chronologique, mémoriser et mobiliser les repères historiques), Raisonner et justifier démarches et choix, S'informer dans le monde numérique, Comprendre un document, Pratiquer différents langages, Coopérer et mutualiser en apprenant en groupe.

Enfin, dans le chapeau de « Thématiques et repères annuels de programmation » qui précède l'énoncé des programmes (page 174), l'histoire enseignée est définie. Il s'agit d'une histoire qui distingue entre histoire et fiction (notamment pour l'enseignement des faits religieux), qui enseigne « des moments historiques » et non une connaissance linéaire et exhaustive, qui part des traces concrètes locales aux « nouvelles découvertes archéologiques et aux lectures renouvelées du passé », « qui s'appuie sur des cartes historiques pour rendre compte de la dimension synchronique et diachronique des faits ». Cette suite d'affirmations nouvelles concernant aussi bien le but civique et individuel de l'enseignement de l'histoire que le type d'histoire enseignée (« moments historiques », « lectures renouvelées du passé ») ou que les outils (« cartes historiques »), demande à être connu pour votre oral d'histoire pour le concours bien évidemment.

Le programme de CM1, après un bref rappel des traces locales de la préhistoire, débute avec l'héritage celto-gallo-romain pour s'achever en 1815 soit plus de 1 800 ans d'histoire pour le CM1 alors que le CM2 ne couvre que les 215 années restantes. L'histoire contemporaine est donc privilégiée en termes d'horaires au détriment des périodes lointaines.

Les repères annuels de programmation pour le CM1 indique une division en trois thèmes : Et avant la France (préhistoire jusqu'à Charlemagne), Le temps des

Rois (Louis IX à François Ier, Henri IV et Louis XIV), Le temps de la Révolution et de l'Empire. Les démarches et contenus d'enseignement précisent en parallèle ce qui doit être enseigné dans chaque thème. Notons une suite de mots pour les trois thèmes : traces préhistoriques et historiques, Celtes, Gaulois, civilisations méditerranéennes, colonisation romaine, religion chrétienne, judaïsme, francs et wisigoths/pouvoir royal, figures féminines, société féodale, premier empire colonial, traite des noirs, croisades, guerres de religion, régicide/dernier roi de l'Ancien Régime, explications sur les origines de la révolution, grandes étapes, général, empereur, acquis révolutionnaires.

Le programme de CM2 est divisé quant à lui en trois thèmes Le temps de la République (1892, L'école de Ferry, Des républiques une démocratie), L'âge industriel (Énergies et machines, Le travail à la mine, à l'atelier, au grand magasin, La ville industrielle, Le monde rural), La France des guerre mondiales à l'Union européenne (les deux guerres mondiales, la construction européenne). Les démarches et contenus d'enseignement pour le CM2 précisent ce qui doit être enseigné dans chaque thème. Contentons nous de relever les mots autour desquels peuvent être créer des séances : 1892 et retour sur 1830, 1848, 1870, colonisation, bâtiments et programmes de l'École primaire de Jules Ferry, Les grandes libertés et les droits (vote, femmes…)/choix de deux thèmes avec entrées concrètes pour l'âge industriel, industrialisation comme processus long et transformation des mondes urbain et rural/traces des première et seconde guerre mondiale (lieux de mémoire et commémoration), résistance et collaboration, génocide des juifs, union européenne.

Ces programmes 2015 montrent un souci de renouvellement profond par rapport aux pratiques des maîtres depuis 1985. Les sujets de séances ainsi que la manière de les étudier qui est très brièvement indiquée, peuvent sembler moins lisibles. D'une part, ils ne reprennent pas directement la chronologie classique (préhistoire, antiquité, Moyen Âge, temps modernes, époque contemporaine). D'autre part, des sujets en tant que tels ont disparu (Les grandes découvertes, l'Islam…). Enfin, certains ont subi une reformulation importante. Pourtant, en l'état, il faut vous appuyer sur ce descriptif pour choisir votre proposition de séquence et votre séance développée dans les 18 sous-thèmes des 6 thèmes proposés (CM1 et CM2) sans oublier de tenir compte des indications supplémentaires apportées par la rubrique Démarches et contenus d'enseignement.

II. Comment se préparer à l'oral ?

A. Les rapports de jury des années précédentes

Les rapports de jury pour l'épreuve orale sur dossier sont pléthores sur le net puisque presque toutes les académies ont publié le leur. Il est donc vivement conseillé à tout à chacun de se reporter au rapport de jury de l'académie dans laquelle vous comptez vous présenter. Ici, retiendrons notre attention les seules remarques générales les plus récurrentes.

Pour la rédaction écrite du dossier, les jurys soulignent que tous les candidats ont respecté l'esprit de l'épreuve puisque dans leur grande majorité ils ont pris soin d'équilibrer les 10 pages entre une première partie consacrée à une synthèse des fondements scientifiques et une seconde consacrée à une description de séquence. Les 20 minutes de soutenance ont été tenues par la majorité des candidats et les jurys y voient le résultat d'un entraînement à l'oral en amont.

Mais pour un petit nombre de candidats, il est apparu que la partie scientifique avait été travaillée avec Wikipédia, ce qui a laissé certains jurys dubitatifs quand à la profondeur du travail effectué. La nécessité d'une bibliographie est soulignée. Pour la partie séquence pédagogique, le reproche le plus important formulé est que bon nombre des séquences présentées le sont sous la forme de mises en situation pédagogique faisant appel au travail de groupe sans que celui-ci soit justifié dans l'écrit, ni même à l'oral lorsque le jury s'efforce de faire préciser son choix au candidat.

B. Quelques indications sur les questions récurrentes de la part du jury

Cette dernière occurrence présente dans les rapports nous amène aux remarques concernant la partie de 40 minutes de discussion avec le jury, qui laisse bien voir les attentes de celui-ci concernant la notation donc la sélection des candidats. Beaucoup de remarques équivalentes concernent l'attitude des candidats qui ne doivent pas se sentir piégés dés qu'on leur pose une question, qui doivent répondre à la fois avec dynamisme, sérieux et temps de réflexion.

Mais au-delà de ces premières remarques, on aperçoit des jurys qui souhaitent rencontrés des candidats qui exposent de manière dynamique en proposant une problématique ou une série de questions. Ils sont aussi à la recherche de candidats qui soient capable de mettre en perspective les problématiques évoquées dans le dossier avec les enjeux didactiques et pédagogiques de leur sujet afin de faire le lien entre la partie scientifique et la partie pédagogique.

De plus, dans cette partie questions du jury, l'entretien ne permet pas assez souvent de rencontrer des candidats capables de sortir de la période concernée par leur sujet et montrant de ce fait une connaissance minimum des autres périodes historiques. Trop souvent également, les candidats se révèlent incapable de transférer les contenus exposés dans une autre situation d'apprentissage (« comment puis je enseigner autrement avec les mêmes documents »), de saisir l'importance de la polyvalence du métier (« on écrit et on lit en histoire »), de se situer en continuité avec le cycle précédent (« qu'a-t-on vu au cycle 2 qui permet de mieux engager les élèves dans cette leçon de cycle 3 que je propose ? »), de proposer un moment de différenciation (« les élèves n'avancent pas tous au même rythme »).

Ces remarques nous semblent intéressantes dans la mesure où elles montrent des jurys qui interrogent peu sur la partie scientifique mais qui s'intéressent surtout à son lien avec la partie pédagogique. Il faut donc proposer dans votre dossier écrit une sous-partie consacrée à ce lien entre savoir savant et savoir enseigné, ce que nous avons appelé la transposition didactique et les obstacles à l'apprentissage qui se posent et la manière de les surmonter. Enfin, c'est votre réactivité pédagogique que le jury teste lors de l'entretien visiblement. Cela veut dire qu'il est sensible au fait que vous soyez capable à partir de votre dossier de réorienter voire de construire une autre réponse pédagogique que celle que vous proposez : comment confortez vous les autres apprentissages (français) ? Comment envisager une autre mise en situation pédagogique avec les mêmes documents ? Comment développer d'autres compétences ou exercices (recherche documentaire autonome, lecture de littérature de jeunesse…) à partir de la leçon que vous proposez ?

Toutes les réponses à ces questions n'ont pas forcément à figurer dans votre écrit mais elles peuvent y être juste de manière allusive lors de votre prestation orale sous la forme à notre avis et à titre d'exemple d'une conclusion ouverte : « nous avons proposé un cheminement pédagogique qui a pris telle et telle forme mais nous savons également que nous aurions pu procéder autrement en proposant de… »

Enfin, n'oublions pas qu'au vu des nouveaux programmes, notamment pour ceux de CM1 et CM2, il faut vous attendre à une question générale du genre « Pourriez vous nous dire quels principaux changements vous avez remarqué dans les nouveaux programmes par rapport aux anciens ? »

III. Deux exemples de sujets possibles

Les sujets que vous avez choisis doivent respecter à la lettre les libellés des nouveaux programmes et c'est que nous allons nous efforcer de faire dans les deux exemples ici présentés.

A. Titre du sujet : Thème 2 Le temps des rois, Féodalité et Chrétienté : Seigneurs et paysans

Les relations entre seigneurs et paysans ont toujours fait l'objet d'un enseignement à l'école primaire dans le cadre d'une description de la féodalité (liens de subordination de personne à personne), caractéristique avec la chrétienté du Moyen Âge. Mais avec le nouveau programme, le sujet se cache dans une annonce très générale Féodalité et Chrétienté. De plus, cette proposition thématique très générale est rangée dans le thème Le temps des Rois, qui si on en juge par les sous-thèmes annoncés, se tient à cheval sur le Moyen Âge et la période classique. Les concepteurs des programmes ne font donc plus des divisions chronologiques cardinales des historiens le cadre naturel de classement des sujets étudiés (préhistoire, antiquité, temps modernes, époque contemporaine). À moins que cette idée de faire courir le Temps des rois du XIIIe siècle à Louis XIV soit une manière, sans le dire, d'adopter la division proposée par le médiéviste Jacques Le Goff d'un long Moyen Âge courant jusqu'à la révolution française ?

L'historiographie des relations entre seigneurs et paysans a longtemps tenue cette relation pour essentiel pour expliquer le formidable essor agricole du « beau Moyen Âge ». Elles venaient s'ajouter aux raisons techniques bien connues (charrue, collier d'épaule, retour du moulin, assolement triennal imité des monastères…). La thèse de « l'encellulement » des campagnes avancée par Robert Fossier (village fixe, château et droits seigneuriaux afférents, église encadrante), proche de la thèse marxiste de la domination féodale implacable sur les campagnes, est soumise aujourd'hui à une forte révision. Les travaux de Joseph Morsel ont montré d'une part que les villages ne sont pas encore aussi fixes qu'ils le seront au XVIIIe et que l'évolution la plus importante est celle de la paroisse comme espace de dé-parentalisation de la vie sociale rendant le paysan plus libre vis-à-vis du groupe. D'autres recherches ont pointé le fait que le village au XIIe s'inscrit dans l'administration royale (fiscalité royale) et le maillage ecclésiastique local (grange dîmière, léproserie) donc déborde le cadre de la seigneurie et d'un simple face à face seigneur-paysan. Enfin, ce village entretient parfois des relations suivies avec la ville et le capitalisme marchand qui s'y développe (Jacques Heers, *La Naissance du capitalisme au Moyen Âge*, Perrin, 2012). Les recherches de Mathieu Arnoux (*Le Temps des laboureurs, XIe-XIVe siècles*, Albin Michel, 2012), prenant acte du fait que l'économie moyenâgeuse vaut mieux que la vision marxiste qui la voyait fermée et de subsistance, démontre que l'Église dès avant 1200 réévalue la place du monde paysan. Dorénavant, le travail des laboureurs se voit assigner la tâche noble de contribuer à l'achèvement de la création divine.

La transposition didactique d'un tel sujet pose plus de questions qu'elle n'apporte de réponses. La prédominance d'une vision en partie non évolutive des relations seigneurs et paysans dans l'historiographie a favorisé une présentation pédagogique figée et longtemps peu reliée au contexte économique comme si seigneurs et paysans étaient enfermés dans une relation sans évolution et sans autres interlocuteurs qu'eux-mêmes. L'image d'Épinal du seigneur prédateur implacable et celle du paysan au dos courbé sous la tâche, explique déjà par avance la révolution dans une vision téléologique républicaine. Peut-on changer cette image enseignée sans rentrer dans trop de détails ? À la marge sans doute si on réhabilite en partie le rôle de l'Église qui n'est pas qu'une structure de domination et si on souligne l'importance de la ville comme marché et comme espace de circulation. Mais a-t-on le temps d'enseigner plus et des élèves d'aujourd'hui sont-ils capable de comprendre ce que c'est qu'une société entièrement religieuse ? Rien n'est moins sûr.

Pour une séquence sur un tel sujet, deux documents sont souvent proposés, le plan schématisé d'une seigneurie et un texte montrant les principales redevances pesant sur le paysan. Le mode de vie chevaleresque dont l'éducation du jeune page qui permet de parler de la vassalité complète l'information et par contraste laisse entendre l'état de dénuement du paysan. On reprendra bien évidemment cette présentation. Mais pour corriger ce pli pédagogique de rapports de domination en face à face, sans évolution et sans nuance, peut-être que la solution réside dans le fait de montrer que les hommes du Moyen Âge bougent un peu et certains beaucoup ? Une présentation de la ville, lieu d'échanges et d'invention (l'horloge à la fin du XIIIe) est l'occasion de montrer les multiples têtes de cette domination qui s'exerce sur le monde paysan.

B. Titre du sujet : Thème 2. Le temps des rois. Louis XIV, le roi Soleil à Versailles

L'historiographie contemporaine s'inscrit dans la suite d'une historiographie classique qui avait fait la preuve que Louis XIV a bien cherché à concentrer tous les pouvoirs dans sa personne, qu'il encouragea l'exaltation de son caractère divin en siégeant dans les nuées parmi les Dieux sur bon nombre de représentations et qu'il a systématiquement combattu tout pouvoir qui, quelle que soit sa nature, aurait pu présenter le moindre risque d'opposition. Mais les historiens contemporains s'attachent à préciser le fait que son projet a été obligé de composer avec les réalités de son temps d'où la distinction entre l'absolutisme réel et l'absolutisme rêvé (celui des peintures allégoriques). Ce qui les amène à interroger la notion d'absolutisme, à la réinterroger afin d'en montrer les limites. Pour les historiens anglais, l'absolutisme est d'abord la réponse du pouvoir royal pour mettre fin à l'anarchie aristocratique. Ce pouvoir s'appuie sur la notion de loi fondamentale, réactivée sous Henri IV à travers la loi salique (seuls les mâles et par ordre de primogéniture peuvent accéder au trône) qui sert à la fois la pérennité de l'institution monarchique. L'école historique dite cérémonialiste en détaillant les rituels monarchiques nous montre que le pouvoir du roi s'inscrit entre des bornes. De plus, la France est juridiquement et fiscalement composite, les coutumes régissent encore la vie des gens et sont autant de privilèges (de lois privées et non générales). L'historien Funck-Brentano dans une formule brillante parlait d'une « France hérissée de libertés ». Ceci explique que la formule de Lavisse parlant d'« une monarchie administrative » est considérée comme un peu forte car Louis XIV est obligé d'accepter le consentement à l'impôt dans les pays d'états, les provinces périphériques du royaume. Cela représente une vraie difficulté car quel que soit le régime juridique de la région, « les dépenses extraordinaires », l'impôt supplémentaire pour soutenir l'effort de guerre, constituent le premier motif de révolte dans les provinces. Elles reviennent sans cesse au XVIIe siècle et valent à leurs protagonistes des peines de galère (révolte des Bonnets rouges en Bretagne en 1675). De surcroît, si le personnel des officiers royaux est dévoué à la cause royale, c'est qu'il est intéressé. Il a acheté sa charge, peut la revendre et la transmettre grâce à l'édit de la paulette de 1604. La royauté dès qu'elle est à court d'argent monnaye la multiplication des exemptions, des privilèges, des offices mais ce qui s'avère être autant d'obstacles à venir lorsqu'elle voudra de nouveau recourir à « l'extraordinaire », des impôts nouveaux pour mener à bien une nouvelle guerre. Elle est donc prise dans ces propres réseaux de fidélités ! Les réussites sociales (alliances matrimoniales prestigieuses) et financières des grands ministres (Richelieu, Mazarin, Colbert) nous en montrent le caractère indispensable. Les études historiques menées sur le financement des guerres ont démontré que la grande noblesse est bien introduite dans les grandes opérations de prêt à taux avantageux à la royauté. La vision politique d'une monarchie absolue qui déploierait ses fastes sans obstacle est donc plus rêvée que solide à long terme. Les études précises sur les délégués des 40 intendants qui régissent les provinces, la professionnalisation de l'armée permanente la plus importante d'Europe, permettent de mesurer l'effort toujours reconduit pour servir cette idée de monarchie absolue. L'historien Peter Campbell, sensible aux moyens limités à disposition, n'hésite pas à parler pour qualifier l'État louis-quatorzien d'un « État baroque » prenant ainsi le contre-pied de la formule de « monarchie administrative » proposée par Lavisse.

À propos de Versailles, l'historiographie classique a cherché à qualifier les formes d'art que la monarchie y a développé. Versailles est le parangon du classicisme. Celui-ci est défini par un souci de géométrie (la chambre du roi n'est-elle pas au centre de l'axe majeur parc-ville ?), des lignes droites, la répétition des éléments décoratifs notamment de ceux à l'antique (colonne, architrave, fronton en triangle) et des toits plats. Il s'opposerait au style baroque, exubérant, tout en courbes et aux façades surdimensionnées. Le premier séduirait les monarques, le second plus l'Église et la noblesse de l'Est de l'Europe. Cette opposition est en partie rhétorique dans le cas de Versailles. Tout d'abord, ce style classique qui se transformera au XVIIIe en néo-classicisisme est né à Paris lorsque en 1665 le roi écarta pour la façade est du Louvre le projet du sculpteur italien Le Bernin (façade courbée) au profit de celui des architectes français Perrault-Lebrun-Le Vau. Enfin, les décors construits ou éphémères des jardins de Versailles, essentiels à la manifestation de la prééminence royale, témoignent de l'influence baroque. Le roi pour ses fêtes veut ménager des surprises dans ses bosquets, sur son grand canal (gondoles, feux d'artifice). Tous ces éléments font partie de la machinerie royale. Dans cet espace géométrisé à grande échelle que sont les jardins, le roi préside aux destinées d'un monde métaphorique plein de dieux antiques dont l'homme de cour peut aisément saisir les comportements grâce à son éducation latine. Cette écriture métaphorique participe aussi à l'éducation des manières. L'esprit de cour et la politesse qui l'accompagne se répandent dans la société ; la curialisation de la société et de l'individu travaille à long terme au recul de la violence et à l'adoucissement des mœurs selon l'historien Norbert Elias (La Société de cour Flammarion, collection « Champs » 2008).

Pendant longtemps le curriculum proposé par les programmes d'histoire à l'école primaire portait dans son titre les trois mots Louis XIV, monarchie absolue, Versailles. Et on peut dire que la vision colportée par les manuels insistait sur trois aspects du règne la domestication de la noblesse et des oppositions, les guerres incessantes et leurs conséquences sociales intérieures et la grandeur des arts. Aujourd'hui, le libellé du programme Louis XIV, le roi-soleil à Versailles, insiste sur le personnage et la mise en scène du roi dans son palais. La question des guerres et de leurs récits a disparu depuis longtemps, la discussion de la notion de monarchie absolue ne fait plus partie explicitement de la leçon ; celle-ci semble s'intéresser au personnage, de la Fronde à sa mort (?), et au Roi à Versailles. Mais comment alors fait écho à la problématique de la recherche contemporaine qui insiste sur la différence entre la monarchie réelle et la monarchie rêvée pour mieux saisir la pertinence de la formule monarchie absolue ? Il semble que la dimension patrimoniale (Versailles) prime dans cette nouvelle formulation du programme.

Pour nous, il nous semble que si on veut respecter le libellé du nouveau programme dans notre proposition de séquence, il convient de présenter tout d'abord les différentes étapes du long règne de Louis XIV. En insistant sur la Fronde et sa mort, deux moments de fragilité du pouvoir, cela permet de relativiser le moment 1661 lorsqu'il gouverne seul selon la formule voulue par le roi-lui-même après le procès de Fouquet après la mort de son ministre Mazarin. La présentation de Colbert, à travers son portrait, permet de montrer en fait que Le roi gouverne seul est en partie une formule de propagande pour une peinture de la galerie des glaces. La réduction des oppositions (protestants et nobles frondeurs), l'opposition fiscale devront être présentées par des textes ou des caricatures pour montrer la résistance au pouvoir royal. Tout cela devra être fait dans une première séance pour que le cliché de Versailles, la monarchie rêvée ne l'emporte dans l'esprit des élèves.

Pour la présentation de Versailles, on peut s'appuyer sur le site officiel du château notamment sur la présentation d'une journée du Roi et la présentation des jardins pour mettre en avant que tout tourne justement autour du roi-soleil. Grâce à cette leçon, on peut viser à ce que les élèves soient capables (objectif de compétence) de lire de manière autonome les sculptures du culte royal. L'étude des différentes formes de représentation du roi (statues équestres, haut relief sur le fronton des Invalides, bas relief en marbre à Versailles) est alors l'occasion d'étudier le vocabulaire allégorique qui est associé à l'évocation de sa gloire (trompette de la renommée, déesse de la prudence avec son miroir, corne d'abondance, fleuve sous la forme d'un Neptune…). Enfin, la présentation d'une fable de La Fontaine comme La cour du Lion ou Le lion s'en allant en guerre, est l'occasion en mêlant Français et Histoire de montrer les limites étroites de la critique sous le règne du roi Soleil. On peut moquer les travers de cour mais pas le roi. Le développement de compétences (lire un vocabulaire allégorique, comprendre le double sens d'un texte) permet d'enrichir la capacité de lecture des élèves sur une période, leur procure une certaine autonomie de lecture que l'on peut réinvestir en leur présentant encore d'autres images du règne de Louis XIV.

Conclusion : cette présentation de ce qui vous est demandé dans un dossier et de ce que le jury attend de vous à l'oral avait comme premier but d'être clair mais comme vous avez pu le remarquer lorsqu'on descend dans le détail des séances, à travers ici les deux exemples que nous avons traité, les choses sont moins simples. Elles le sont d'autant moins que les programmes 2015 dans leur libellé ont beaucoup changé par rapport aux précédents. La chronologie classique n'est plus celle qui organise directement le classement des sujets et beaucoup de sujets ont vu leur formulation changée. Ce changement dans le curriculum est donc l'expression de directions nouvelles voulues par les concepteurs de programme mais comme elles ne sont pas explicitées, il faut en partie les deviner. Dès lors on doit se poser la question en quoi cette nouvelle formulation change la leçon sur tel ou tel sujet. Notre réponse est de dire que, bien entendu, les documents jusqu'ici mobilisés restent valables historiquement mais que leur ordre de présentation, le choix forcément limité de ceux-ci, ne seront plus forcément les mêmes. En bref, les éléments bien connus qui organisaient la leçon dans les anciens programmes restent pertinents mais leur modulation doit changer pour s'adapter aux nouvelles directives même si parfois sur tel ou tel sujet les programmes nouveaux peuvent accentuer le décalage avec les préoccupations de la recherche. En situation d'enseignement, le dernier mot doit rester au savoir enseigné, aux compétences travaillées, à ce qui est demandé par l'institution scolaire.

Chapitre 5 : Histoire des arts[1]

I. Présentation de l'histoire des arts

L'histoire des arts (ou HIDA) à l'école commence de manière « buissonnière » aux cycles 1 et 2 pour se formaliser au cycle 3. C'est une occasion de rencontre avec des œuvres et des créateurs. Elle exige naturellement la mise en œuvre de situations pédagogiques nouvelles qui favorisent le dialogue entre les disciplines, sans que chaque discipline n'y perde sa spécificité. Elle permet aussi de créer des liens entre la connaissance et la perception sensible, entre le réfléchi et le sensible.

L'objectif général de l'histoire des arts est de permettre à l'élève d'acquérir des « éléments de lexique et de compréhension » (BO du 26 novembre 2015) qui le rendent capable de réagir face à une œuvre en pouvant distinguer « les éléments matériels, le langage formel, le sens et l'usage » (BO 2015).

A. Au-delà du disciplinaire

L'histoire des arts n'est pas une discipline, c'est un enseignement fédérateur qui « contribue à créer du lien entre les autres enseignements et met en valeur leur dimension culturelle » (BO 2015). Le choix des œuvres est très large et très ouvert puisqu'il s'inscrit à la fois dans le passé et dans le présent, de la Préhistoire à la période contemporaine. La richesse des différentes expressions artistiques doit relever aussi bien des cultures savantes que populaires, occidentales qu'extra-occidentales. L'exploitation des ressources numériques est un atout pour favoriser cette ouverture. Des pratiques artistiques « de tous ordres » (BO 2015) peuvent venir compléter l'ensemble du dispositif.

Trois grands axes d'objectifs sont énoncés dans les programmes de 2015 :

- des objectifs d'ordre **esthétique** qui relèvent de la fréquentation des œuvres et de la sensibilité.
- des objectifs d'ordre **méthodologique** qui relèvent de la compréhension de l'œuvre.
- des objectifs de l'ordre de la **connaissance** qui permettent d'établir des repères.

1. Chapitre rédigé par Philippe BRUN, professeur agrégé d'arts plastiques, et Dominique HABELLION, professeur agrégé d'éducation musicale, docteur en sciences de l'éducation.

La situation professionnelle du professeur des écoles – un seul enseignant dans une classe pour toutes les disciplines – devrait faciliter la mise en œuvre de cet enseignement à l'école primaire. Au collège, cet enseignement associe des professeurs de plusieurs disciplines.

B. Les liens avec l'histoire

L'enseignement de l'histoire des arts peut suivre le découpage par périodes historiques, mais l'enseignant ne doit pas s'enfermer dans un cadre chronologique strict. Il peut introduire une certaine souplesse si son objectif est de créer des liens entre différentes œuvres, entre différentes époques ou entre différents courants esthétiques. De toute manière, l'étude d'une œuvre nécessite de la « relier au contexte historique et culturel de sa création » (BO 2015).

Les programmes recommandent de mettre en relation les œuvres avec les caractéristiques d'une époque : des faits historiques, des événements culturels, des aires géographiques, des documents écrits ou iconographiques…

L'enseignement de l'histoire des arts « repose sur la fréquentation d'un patrimoine aussi bien savant que populaire ou traditionnel » (BO 2015). Ce terme de « patrimoine » est, dans l'inconscient collectif, trop souvent tourné vers l'héritage du passé alors qu'une œuvre contemporaine est déjà un objet artistique ou culturel patrimonial. En effet, l'artiste contemporain, quel que soit son domaine, crée au présent dans l'espoir d'être vu, entendu ou lu par les générations futures. Son œuvre s'inscrit dès sa création dans le patrimoine et mérite donc d'être diffusée, conservée et protégée.

Les quatre champs de compétences prévus par les programmes offrent aux enseignants les grandes orientations de cet enseignement :

Identifier : donner son avis argumenté sur ce que représente ou exprime une œuvre d'art.

Analyser : dégager d'une œuvre d'art, par l'observation ou par l'écoute, ses principales caractéristiques techniques et formelles.

Se repérer : dans un musée, un lieu d'art, un site patrimonial.

Situer : relier des caractéristiques d'une œuvre d'art à des usages ainsi qu'au contexte historique et culturel de sa création.

L'histoire des arts est certes connectée au programme d'histoire, mais elle s'enracine aussi très largement dans l'expression artistique la plus actuelle et la plus contemporaine.

C. L'Éducation Artistique et Culturelle (ÉAC)

L'histoire des arts se fonde sur une éducation à l'art, c'est-à-dire sur la fréquentation sensible et réfléchie des œuvres. Elle associe cependant, dans le cadre de projets interdisciplinaires, une éducation par l'art à travers des activités de création dans les disciplines artistiques. De fait, l'histoire des arts, la musique et les arts plastiques constituent aujourd'hui les vecteurs de l'Éducation Artistique et Culturelle (ÉAC) dans la formation générale jusqu'à la fin du collège.

L'ÉAC participe d'un « égal accès de tous les jeunes à l'art et à la culture » et de « l'appropriation de compétences, de connaissances et de valeurs » (circulaire MEN du 3 mai 2013). Elle se centre sur la personnalité de l'élève (jugement critique, respect de l'autre, valorisation de sa réussite), privilégie l'approche sensible (apprendre à voir, entendre, sentir, favoriser la pratique, stimuler la curiosité) et ouvre l'école sur le monde extérieur à travers la démarche de partenariat.

Depuis 2015, sont instaurés les Parcours d'Éducation Artistique et Culturelle (PÉAC) qui concernent tous les élèves de la maternelle au cycle 4. Ce parcours est ponctué de projets interdisciplinaires d'envergure (au moins un projet par cycle) pensés en partenariat avec une structure culturelle. Chaque projet d'établissement doit avoir un volet portant sur l'éducation artistique et culturelle. Les projet d'ÉAC se construisent autour de trois piliers : rencontre, pratique et connaissance. L'histoire des arts est directement concernée par la rencontre avec l'œuvre et par les connaissances d'ordre historique, culturel, langagier.

La charte pour l'éducation artistique et culturelle à l'initiative du Haut Conseil de l'Éducation Artistique et Culturelle précise en dix points la philosophie et les axes d'action dans ce domaine.

Le projet pédagogique d'histoire des arts présenté au concours peut éventuellement s'inscrire dans le cadre d'un PÉAC s'il en remplit les conditions. Cependant, il paraît plus efficace de s'en tenir à un projet moins long pouvant inclure une sortie pédagogique avec un partenariat plus modeste. Dans tous les cas, l'équilibre entre les trois piliers de l'ÉAC sera un critère pour construire le projet interdisciplinaire autour de l'enseignement de l'HIDA. Le référentiel du PÉAC (JO du 07.07.2015) permettra de bien situer les attendus dans la construction des compétences à travers des repères de progression selon les cycles.

II. Les champs d'expression artistique

Le BO 2008 déterminait six grands domaines artistiques qui restent intéressants pour couvrir l'ensemble très diversifié des formes d'expression artistique. Le BO 2015 évoque plutôt des « champs artistiques » catégorisés, pour le cycle 4, d'une manière plus traditionnelle :

- Les Beaux-Arts : architecture, peinture, sculpture, dessin, gravure.
- La musique, le théâtre, l'opéra et la danse, le cirque et la marionnette.
- La photographie et le cinéma.
- Les arts décoratifs et appliqués : le vêtement, le design et les métiers d'art, l'affiche, la publicité, la caricature…
- La poésie, l'éloquence, la littérature.

- Les genres hybrides ou éphémères apparus et développés aux XXe et XXIe siècles : bande dessinée, performance, vidéo, installation, arts de la rue, etc.

Une même œuvre peut d'ailleurs appartenir à différents champs ou domaines : par exemple, une sculpture peut être intégrée à un espace architectural ; un clavecin est à la fois un instrument de musique, un objet décoratif et une œuvre plastique. Quelle que soit la catégorisation retenue, les langages artistiques demeurent dans leurs traits essentiels.

A. Les arts plastiques et visuels

Ce champ artistique issu des traditionnels Beaux-Arts regroupe des expressions très diverses : peinture, sculpture, dessin, gravure, architecture et photographie, illustration, bande dessinée, cinéma, vidéo, dessin animé, jeux vidéos et les formes numériques artistiques.

L'aspect visuel crée un point de rencontre entre des œuvres anciennes et modernes, savantes et populaires, imagées ou abstraites, concrètes ou virtuelles. Cependant, les autres sens de la perception sont en jeu dans bon nombre de formes artistiques, comme la sculpture ou la peinture, qui appellent une sensation tactile et une relation d'échelle par rapport au corps du spectateur.

Les arts plastiques, dans leur diversité, laissent apparaître d'une part de grandes figures artistiques (par exemple, Michel-Ange ou Monet) et d'autre part des regroupements stylistiques (par exemple, le baroque du XVIIe siècle ou le cubisme du XXe siècle). Ces deux aspects sont des repères fondateurs d'une culture artistique.

Le cinéma, dont l'histoire est plus courte, appelle une culture spécifique autour de son langage et de ses réalisations marquantes. Art populaire, il nécessite néanmoins une approche culturelle pour faire apparaître son aspect artistique au-delà de la simple distraction. Le cinéma fait l'objet d'opérations nationales annuelles auprès des élèves par le biais d'« École et cinéma ». Des choix documentés de films sont proposés aux enseignants pour bâtir des projets pédagogiques.

Notons que les œuvres artistiques n'ont pas été, pour la plupart, créées pour un public d'enfants. Néanmoins, le langage visuel a une qualité d'universalité qui va permettre aux élèves d'approcher l'œuvre. L'enseignement de l'histoire des arts va enrichir leur approche par un certain nombre de connaissances et de méthodes. Bien sûr, certaines œuvres au caractère trop explicitement violent ou appelant des préoccupations trop décalées par rapport à l'âge de l'élève ne seront pas choisies par l'enseignant.

B. Les arts appliqués

Les arts appliqués nous accompagnent dans notre quotidien. Ils répondent à des fonctions liées à nos besoins et s'utilisent dans notre cadre de vie. Ils comprennent de nombreux types d'objets ou d'images : mobilier, vêtements, arts de la table, affiches, etc. On inclut dans ce domaine les objets d'art, fruits du travail artisanal, ou le design lié à la modernité et à l'industrialisation. Au-delà du fonctionnel, l'objet répond à un processus de création impliquant de fortes données techniques mais aussi esthétiques. Les objets d'art (objets liés à la liturgie, vêtements princiers, bijoux…) répondent à des partis pris de forme et d'ornementation qui sont caractéristiques de leur époque. Le design du début du XXe siècle, où la forme suit la fonction et refuse l'ornement, aboutit à des silhouettes épurées avec des matériaux nouveaux.

Tout comme les autres arts appliqués au quotidien, le vêtement reflète son époque dans ses aspects techniques, économiques et sociaux, en lien avec nos modes de vie. La haute couture, si elle demeure une quête créative d'exception, apparaît comme un laboratoire de recherche de matières, de coupes et d'articulation entre le vêtement et le corps.

L'affiche, répondant à une fonction de communication, intègre également ce domaine. Ses visées économiques, politiques ou culturelles l'amènent à prendre des aspects visuels et plastiques adaptés. Son lieu de diffusion, la rue, entraîne des exigences de visibilité qui déterminent également sa forme.

C. Architecture et urbanisme

L'architecture construit des espaces fonctionnels dans lesquels nous vivons. Elle revêt un caractère esthétique par ses partis pris de volume, de matériau et de forme. Traditionnellement, elle est présente avec le dessin, la peinture et la sculpture au sein des Beaux-Arts. Néanmoins, son langage est avant tout spatial : on parlera de la conception des espaces par le plan, des espaces intérieurs à la volumétrie changeante, des volumes extérieurs en articulation ou en opposition avec le site naturel ou urbain. L'architecture vernaculaire (maisons modestes, bâtiments agricoles ou industriels…) présente des intérêts historiques mais aussi architecturaux, même s'ils sont communs et non exceptionnels. Les immeubles remarquables (villas et châteaux, bâtiments publics…) constituent des points de repère stylistiques, historiques et symboliques incontournables pour comprendre l'histoire de l'art de bâtir.

L'architecture résonne par rapport à son implantation dans un site qui peut lui-même faire l'objet d'un aménagement. La place urbaine (par exemple, la place royale du XVIIe siècle) ou la trame de la ville (par exemple, les boulevards haussmanniens du XIXe siècle) peuvent être choisies pour étude en histoire des arts. Des paysages, s'ils ressortent d'une activité humaine qui leur donne une valeur culturelle (par exemple, le paysage viticole de la juridiction de Saint-Émilion ou le parc de sculptures de Vassivière en Limousin), sont aussi susceptibles d'être choisis.

Le jardin incarne dans les arts de l'espace un pôle riche à étudier. Il peut être un espace clos aménagé pour l'agrément, la culture potagère ou fleuriste. Sa conception peut relever d'une symbolique particulière. Du jardin formel du Moyen Âge, de la Renaissance et du Grand Siècle au jardin paysager anglais de la fin du XVIIIe siècle, il marque son temps par des aspects stylistiques et symboliques très caractéristiques. Le jardin contemporain pérenne ou éphémère, comme au festival des jardins de Chaumont-sur-Loire, réactualise ou renouvelle des formes jardinées anciennes.

D. Littérature et arts du langage

Les arts du langage regroupent l'ensemble de la littérature, qu'elle soit écrite ou de tradition orale, qu'elle soit d'origine savante ou populaire. Les programmes de 2008 sont très précis quant aux différents genres, sans toutefois là encore citer des œuvres particulières : « roman, nouvelle, fable, légende, conte, mythe, poésie, théâtre, essai, etc. ». À cette liste peuvent s'ajouter d'autres types d'écrits comme le scénario d'un film ou le livret d'un opéra, par exemple. Il est tout de même important de redire ici que ces différents genres ne peuvent être étudiés à l'école élémentaire que sous forme d'extraits choisis, parfois même adaptés. Cependant, l'exploitation d'un texte poétique dans sa formulation originelle permet de situer l'œuvre dans son contexte littéraire.

Ce qui semble le plus original dans ce champ artistique, c'est la possibilité d'aborder avec les élèves la dimension de l'écriture, qu'elle soit manuscrite ou imprimée : « inscriptions épigraphiques, calligraphies et typographies » (BO 2008). Cette dimension ne peut naturellement faire l'impasse de l'évolution des supports de l'écriture : pierre, argile, métal, papyrus, parchemin, papier et support numérique.

Les programmes de 2015 identifient un certain nombre de compétences qui semblent en parfaite adéquation avec les arts du langage :

- Résumer une action et en caractériser les personnages.
- Identifier les caractéristiques et les spécificités des discours (raconter, décrire, expliquer, argumenter, résumer, etc.).
- Relever le lexique des émotions et des sentiments.
- Mettre en relation un texte connu avec ses transpositions visuelles, scéniques, musicales, chorégraphiques ou filmiques.

L'ensemble de ces pistes pédagogiques n'est donné qu'à titre indicatif dans le but d'aider l'enseignant à faire des choix dans un corpus qui est immense. Le choix des œuvres est laissé à l'appréciation des enseignants.

E. Musique et arts du son

L'histoire des arts ne réduit pas la fréquentation des œuvres à l'écoute de la musique vocale ou instrumentale. La dénomination « arts du son » (BO 2008) tend à prouver une ouverture au monde sonore en général qui dépasse très largement le cadre de la musique.

Le son est d'abord présent dans notre environnement quotidien même si, par habitude, on ne prête plus l'oreille à ce qui nous entoure. Le familier ne nous interpelle pas, seul un « intrus sonore » peut à nouveau capter notre perception. Pourtant l'histoire de la musique nous démontre que les compositeurs n'ont pas été insensibles aux sons de la nature (*Le Réveil des Oiseaux*, Olivier Messiaen, 1953) ou de la machine (*Pacific 231*, Arthur Honegger, 1923). L'ouvrage intitulé *Le paysage sonore* du compositeur canadien R. Murray Schafer (1977) demeure encore aujourd'hui une source de réflexion intarissable pour les compositeurs.

La dimension sonore est aussi présente dans les œuvres cinématographiques. En effet, la bande-son révèle tout un univers écoutable, composé de dialogues, de voix, de bruitages et de musiques. Là encore, l'action et les images prennent souvent le pas sur l'audible, alors que le cinéma est devenu une conjonction du visuel et du sonore.

Aujourd'hui, l'univers sonore est indissociable des technologies d'enregistrement et de diffusion. Le son, par essence éphémère, est fixable sur un support, ré-écoutable à l'infini, conservable dans le temps et diffusable dans le monde entier. L'écoute est devenue nomade grâce aux baladeurs MP3. De plus, le développement de ces technologies a été une véritable révolution dans la composition et l'interprétation musicales en ne nécessitant plus « solfège » et interprète. Les « outils de modélisation numériques » (BO 2015) permettent une manipulation immédiate du son.

L'histoire des arts envisage donc la musique et le son sous tous ces aspects : sociaux, artistiques et technologiques.

F. Le spectacle vivant

Le spectacle vivant s'oppose au spectacle enregistré (cinéma – audiovisuel) par la présence physique d'au moins un artiste face à un public. C'est un vaste ensemble qui regroupe une grande variété de modes d'expression dérivés de la danse, de la musique et du théâtre : opéra, ballet, musique de variété, chorales, fanfares, cirque, arts de la rue, conte, marionnettes…

L'art du spectacle vivant est une entrée privilégiée dans l'histoire des arts car il est à la fois pluridisciplinaire et transversal : il fait appel à plusieurs formes d'expression dans la réalisation d'un projet artistique commun. Par exemple, la comédie musicale *Les Misérables* (1980) n'aurait pu exister sans le roman de Victor Hugo, sans l'adaptation théâtrale d'Alain Boublil, sans la musique de

Claude-Michel Schönberg et sans les différents artistes (comédiens, chanteurs, danseurs, metteur en scène, décorateurs…) qui ont participé à sa création au Palais des Sports de Paris.

Dans le cadre d'une séquence en HIDA, l'élève doit être capable de « résumer une action déroulée sur scène, d'en identifier les personnages et de caractériser la musique en termes simples » (BO 2015). L'analyse de la mise en espace du spectacle vivant permet aussi à l'élève d'acquérir un regard critique sur sa réalisation. Toutes les dimensions scénographiques doivent être prises en compte.

III. Transversalités entre les champs artistiques

Le projet pédagogique d'histoire des arts impose de choisir des œuvres de plusieurs champs artistiques et donc de tisser des liens de transversalité. La notion générale de « transversalité » implique l'existence d'un « axe de circulation qui coupe au travers » (lexique CNRS). Transposé en histoire des arts, cet axe peut être une sorte de point de convergence (une démarche, une technique, une esthétique, une sémantique, etc.) qui traverse plusieurs œuvres, plusieurs domaines ou plusieurs époques. Les exemples développés ci-dessous ne sont pas exhaustifs mais permettent de mieux envisager ce type de réflexion.

A. À partir des arts plastiques et visuels

Ce champ est déjà vaste et divers. Néanmoins, le problème de la relation avec les autres champs de l'art se pose nécessairement. De fait, les artistes eux-mêmes ou leurs œuvres ont établi des connections riches et nombreuses. Quant à l'histoire et la géographie, elles permettent d'éclairer certains de ces phénomènes artistiques.

1. Liens avec la littérature

Le sujet des œuvres, dans l'histoire des arts plastiques occidentaux, a souvent été puisé dans la Bible. Cela s'explique en partie par le principe de la commande, notamment de la part de l'Église, qui a longtemps été à l'initiative de la création artistique. Les variantes iconographiques d'un même sujet permettent de saisir des choix plastiques très différents, par exemple pour *L'Annonciation* entre la manière gothique de Simone Martini et celle, annonçant la Renaissance, de Fra Angelico.

Un texte profane comme *Les Misérables* de Victor Hugo, peut lui aussi avoir été mis en image, par exemple dans de multiples transpositions cinématographiques. Des rapprochements peuvent être également faits avec la peinture à travers une similarité de figure entre le jeune garçon représenté dans *La Liberté guidant le peuple* de Delacroix et le personnage de Gavroche.

Les mythologies antiques, logiquement prises somme sujets dans les sociétés anciennes de la Grèce ou de l'Égypte, ont marqué les œuvres visuelles et littéraires depuis la Renaissance. Cette source d'inspiration fait lien entre un Du Bellay, écrivant *Heureux qui comme Ulysse,* et un Primatice, avec sa *Galerie d'Ulysse* à Fontainebleau (connue aujourd'hui à travers les dessins préparatoires).

Mais si les arts plastiques et visuels peuvent partir de textes ou de mythes, le rapport de primauté est parfois inversé, l'œuvre visuelle étant à la source de l'écrit (par exemple, avec les dessins de Man Ray « illustrés » par les poèmes d'Éluard pour le recueil *Les Mains Libres*).

Les scènes de lecture et d'écriture constituent aussi parfois un sujet privilégié comme dans les œuvres de Vermeer. Plus largement, quand Manet peint Zola, c'est l'art littéraire qui devient modèle à travers la figure de l'écrivain. Inversement, la peinture fait sujet dans la littérature comme dans *L'Œuvre* du même Zola.

Mais les artistes plasticiens, les écrivains et les poètes peuvent aussi se rapprocher par une même conception de l'art. Ainsi, le poète futuriste Marinetti a pour compagnon de route le peintre Boccioni. Par ailleurs, à travers le Surréalisme, c'est le processus de création qui est partagé : l'automatisme, mis en œuvre par Breton dans ses écrits, est repris par Masson ou Ernst dans leurs dessins, peintures ou collages.

Les langages, l'écrit et le visuel, peuvent également se connecter. Déjà, à la Renaissance, le rapprochement entre ces deux domaines était fait en pensant la peinture comme « une poésie muette ». Souvent, dans les œuvres, on assiste à des croisements : on trouve ainsi des mots écrits dans les peintures. Le *Triptyque Braque* de Roger Van Der Weyden en est un exemple. Au XXe siècle, c'est par le biais de fragments de journaux dans les « papiers collés » cubistes ou de papiers de récupération dans les collages dadaïstes que le mot vient percuter l'image. Parallèlement, l'image et l'ornement s'insèrent dans les pages manuscrites à travers les miniatures, les lettrines et les textes enluminés. Des poètes comme Apollinaire vont même jusqu'à construire des poèmes faisant image, les calligrammes. Des artistes, tel Raoul Hausmann, se font poètes en collant des mots, des lettres, désorientant la linéarité du texte et l'équilibre visuel conventionnel de la page imprimée. Des poètes et des peintres collaborent comme Sonia Delaunay et Blaise Cendrars dans *La Prose du Transsibérien* évoquant le livre d'artiste comme forme visuelle et littéraire.

2. Liens avec l'histoire

Habituellement, en histoire, l'œuvre d'art visuelle est essentiellement convoquée soit comme illustration du fait historique soit comme trace d'une époque. En histoire des arts, le premier terme apparaîtra à travers la question du sujet de l'œuvre et le second à travers l'époque comme contexte de l'œuvre. Donc, dans les temps d'enseignement de l'histoire des arts, on se centrera sur l'œuvre elle-même ou sur l'art en général alors que, lors du cours d'histoire, l'intérêt se portera davantage sur le fait historique.

Les contextes agissent sur l'œuvre selon plusieurs niveaux :

- Au niveau technique : l'avancée technologique et économique d'une société fournit de nouveaux matériaux ou de nouveaux outils qui sont à disposition des artistes comme la peinture à l'huile à la Renaissance ou les outils numériques à la période contemporaine.
- Au niveau socio-politique : la structure sociale détermine les commanditaires et, de là, les sujets et l'usage de l'art, ainsi les œuvres glorifiant le prince ou celles, sur les murs des églises, éduquant les fidèles analphabètes.
- Au niveau de la pensée religieuse ou politique : l'idée de l'art est différente selon les sociétés. L'art peut être assujetti au religieux comme au Moyen Âge, gagner en autonomie à partir de la Renaissance ou être dépendant du politique dans les dictatures fascistes ou staliniennes du XXe siècle. L'art engagé est aussi une façon pour l'artiste de se positionner par rapport à un contexte.
- Au niveau de la diffusion des œuvres : la collection privée des princes mécènes, le musée apparu à la Révolution ou l'importance du marchand exposant l'œuvre de l'art moderne sont des paramètres déterminant la visibilité et le retentissement des œuvres auprès des publics.
- Au niveau du statut de l'artiste : considérés comme des artisans au Moyen Âge, les peintres ou sculpteurs vont se détacher des « arts mécaniques », liés à l'usage de la main, pour se ranger à partir de la Renaissance du côté des « arts libéraux », arts de l'esprit.
- Au niveau événementiel : les événements politiques vont notamment avoir un impact fort sur les arts : l'exemple de la guerre de 1914-1918, représentée en peinture et en gravure par Felix Vallotton ou évoquée en dessin par Fernand Léger, est important car il va changer le mode ancien de la peinture d'histoire glorifiant la bataille et le chef.

3. Liens avec la géographie

La géographie va intéresser l'histoire des arts du point de vue de la localisation des artistes et des œuvres : l'art italien, dans les villes de Florence, de Rome ou de Venise, va devenir majeur pour la Renaissance ; parallèlement, l'art du nord de l'Europe, plus descriptif, détaillé et plus attaché aux sujets de la vie quotidienne, va apporter une autre vision du renouveau de l'art à cette époque.

Les circulations entre les territoires ont aussi une importance capitale dans la diffusion des formes artistiques : il en est ainsi des voies de pèlerinage au Moyen Âge, de la place de la gravure véhiculant l'image des œuvres ou des voyages en Italie des artistes et membres de l'aristocratie européenne (le « Grand Tour »).

Les contacts entre les territoires vont également déterminer des échanges culturels entre Occident et Afrique, Occident et Asie. Le « primitivisme » est le terme employé pour désigner l'influence d'arts non occidentaux sur les arts européens. Ces influences sont fondamentales, notamment pour l'avènement de l'art moderne.

L'iconographie du paysage est également un axe important reliant art et géographie. Non autonome au Moyen Âge, le paysage est soit décoratif, soit lié à des allégories comme par exemple la fresque des *Effets du bon et du mauvais gouvernement* de Lorenzetti à Sienne. Avec Joachim Patinir, fin XVe et début XVIe siècle, il gagnera son autonomie comme sujet principal de l'image et sera ensuite développé avec des visées esthétiques diverses. Notons qu'au XXe siècle les artistes vont intervenir dans le paysage avec le *Land Art*.

Enfin, le langage cartographique va intéresser les artistes via d'abord l'ornementation des cartes ou la confection de frontispices pour les ouvrages de géographes. Une autre modalité est la représentation ou le détournement de cartes dans les œuvres plastiques. On se référera aux peintures de Vermeer, aux peintures métaphysiques de Chirico ou aux cartes de Wim Delvoye.

4. Liens avec l'architecture et l'urbanisme

La représentation de l'espace est un sujet important du moment où les peintres de la Renaissance considèrent le tableau comme « une fenêtre ouverte sur le monde ». En lien avec l'*historia* (l'histoire liée au sujet de l'œuvre), les artistes dépeignent des places, des architectures, des paysages, des jardins.

L'utopie peut aussi animer les vues de villes idéales comme celle de la Renaissance sur *Le Panneau d'Urbino* daté approximativement entre 1460 et 1500. La ruine peut aussi inspirer peintres ou plasticiens dans une approche mélancolique, par exemple Hubert Robert au XVIIIe siècle ou Anne et Patrick Poirier au XXe siècle à propos du port antique d'Ostie.

L'architecture ou la ville sont aussi supports pour des œuvres. C'est le cas des fresques comme celles de l'abbaye romane de Saint-Savin ou des sculptures comme la statue équestre de Marc Aurèle au centre de la Place du Capitole à Rome.

La complémentarité des arts plastiques et de l'architecture se manifeste aussi par la présence de la sculpture ornementale en accompagnement des bâtiments. Sur la façade de l'opéra Garnier apparaît ainsi dans l'espace urbain la sculpture de Carpeaux. Poussant plus loin ce principe, des sculpteurs comme Rodin pour *La Porte de l'Enfer,* à l'exemple de Ghiberti pour les portes du baptistère de Florence au XVe siècle, vont s'approprier des motifs architecturaux pour en faire des œuvres à part entière.

Enfin, l'architecture du musée, programme important à partir du XIXe siècle, organise les espaces d'exposition des œuvres tout en faisant œuvre architecturale (par exemple, la pyramide de Pei au Musée du Louvre).

5. Liens avec les arts appliqués

Tout comme avec l'architecture, la sculpture ornementale va accompagner l'objet : la salière de François Ier par Cellini en est un parfait exemple. Parfois, ce sont les décors qui vont orner la surface de l'objet : c'est le cas des vases grecs antiques ou des porcelaines de Sèvres ou de Limoges.

L'objet est aussi sujet de représentation dans le genre de la nature morte illustré par Chardin. Genre classé au bas de la hiérarchie établie au XVIIe siècle car élevant peu l'esprit par son aspect trivial, il peut néanmoins avoir des vertus symboliques dans les *Vanités*, représentations où la mort est symbolisée par des objets (voir les œuvres de Baugin). Au XXe siècle, avec la société de consommation, l'objet est devenu pour le *Pop Art* un motif emblématique à célébrer.

L'objet concret est aussi utilisé, détourné de sa destination première dans les arts du XXe siècle. Le mouvement des Nouveaux Réalistes a ainsi travaillé avec des objets en lien avec la nourriture (Spoerri), des objets de rebut (Tinguely) mais aussi des affiches (Hains ou Villeglé).

Relevons également que l'objet et les œuvres picturales constituent ensemble des décors d'espaces intérieurs. Cet aspect décoratif des arts plastiques, compris comme accompagnement de l'architecture, crée une cohérence avec le mobilier telle qu'on peut la voir au Palais Stoclet de Bruxelles. Architecture et mobilier d'Hoffmann, mosaïques de Klimt, créent un tout dans l'idée d'une « œuvre d'art totale ».

6. Liens avec le spectacle vivant

Il existe des dessins préparatoires ou des gravures documentant des spectacles fameux. C'est le cas des entrées royales dans la ville, comme celle d'Henri II à Rouen en 1550, manifestations éphémères qui ne nous sont conservées que par des récits et par des images.

Les conceptions de décors et de costumes pour la danse sont marquants et souvent en cohérence esthétique avec le spectacle lui-même. Ainsi, *Parade*, spectacle chorégraphique dont le rideau de scène, les costumes et les décors sont de Picasso. Des relations esthétiques peuvent aussi se tisser avec pertinence entre danse et arts plastiques au sein de mouvements : le tableau expressionniste d'Emil Nolde, *Les Danseuses aux Bougies*, résonne par rapport aux danses expressionnistes de Mary Wigman.

L'opéra mobilise également les artistes. Schinkel dessinera des décors pour *La Flûte Enchantée* de Mozart à Berlin en 1815. À la fin du XIXe siècle, l'influence de la *Walkyrie* de Wagner est déterminante pour le courant du Symbolisme artistique en Europe.

7. Liens avec la musique

Même si les mouvements esthétiques dans la musique et dans les arts plastiques ne coïncident pas toujours exactement, il y a des connivences stylistiques entre les œuvres. On trouvera ainsi une musique baroque comme il existe un baroque en peinture. L'église du *Gesù* à Rome, qui accueille en 1683 un plafond en trompe-l'œil de Battista Gaulli (dit *Il Basiccio*) dédié au *Triomphe du nom de Jésus*, est à rapprocher de la musique sacrée contemporaine de Francesco Cavalli.

La peinture et la sculpture vont également représenter des musiciens ou les figures tutélaires de la musique : Raphaël en 1509-1511, dans sa fresque de la Chambre de la Signature au Vatican, figure Apollon et sa lyre parmi les Muses.

Au XIXe siècle, la « correspondance » entre les sons et les couleurs est envisagée par Baudelaire. Au début du XXe siècle, la musique joue un rôle important pour la peinture. En effet, des artistes comme Kandinsky trouvent là un langage hors de toute représentation du réel qui deviendra un modèle de fonctionnement pour la peinture abstraite. Ainsi, Kandinsky essaiera de transposer ses sensations à la suite d'un concert de Schönberg en composant *Impression 3* (1910).

Au cinéma ou dans les vidéos comme celles de Marclay, ce sera un son enregistré qui sera associé à l'image. Avec la sculpture mobile de Tinguely, le son sera produit par le mouvement des rouages et les percussions entre les constituants de l'assemblage : la sculpture sera véritablement sonore.

B. À partir de la musique

L'étude transversale d'un corpus conduit au-delà de l'interdisciplinarité puisqu'elle suggère aussi des relations possibles entre des œuvres issues d'époques et d'esthétiques différentes. Par exemple, l'étude des relations entre le texte et la musique peut permettre de faire émerger des caractéristiques communes qui traversent toutes les époques indépendamment des styles et des esthétiques. Ce sont des champs possibles d'investigation qu'ouvrent ces transversalités à partir de la musique.

1. Liens avec la poésie

La chanson ne peut exister sans le support du texte. Depuis Bernard de Ventadour, le troubadour vantant la *fin'amor* à la cour d'Aliénor d'Aquitaine, jusqu'à Léo Ferré chantant Baudelaire ou Aragon, la poésie a été une source d'inspiration inépuisable. Encore aujourd'hui, le slameur Grand Corps Malade déclame ses textes sur un accompagnement instrumental.

Cette réciprocité du rapport texte/musique qui réunit la musique et la littérature peut permettre de faire comprendre aux élèves l'influence de la sémantique d'un texte sur le traitement musical, dans ses aspects mélodiques, rythmiques ou orchestraux.

2. Liens avec l'histoire

La création d'une œuvre musicale s'inscrit tout naturellement dans son époque. Nul ne peut nier le contexte révolutionnaire de *La Marseillaise* (1792) qui devient par la suite l'hymne national français (1795). Hector Berlioz en propose une orchestration pour solistes, chœur et orchestre en 1830. Comme toute chanson fortement imprégnée d'histoire, *La Marseillaise* est un chant engagé au même titre que la chanson antimilitariste *Le Déserteur* (1954) de Boris Vian.

Certaines musiques instrumentales sont aussi porteuses de références historiques comme *Thrène à la Mémoire des Victimes d'Hiroshima* (1961) pour cordes, du compositeur polonais Krzysztof Penderecki. Cette œuvre évoque, par divers effets sonores, l'atmosphère de tension et de panique suite au bombardement atomique de 1945. Elle peut être qualifiée d'« œuvre hommage ».

Au-delà du simple contexte historique et culturel, le compositeur est aussi capable de s'engager pour une cause, comme le fait encore aujourd'hui le chanteur Sting en faveur de la préservation de la forêt amazonienne. Les relations multiples qu'entretient la musique avec l'histoire peuvent donc être une entrée privilégiée dans l'histoire des arts.

3. Liens avec la géographie

L'œuvre musicale appartient aussi à une culture qui, elle-même, dépend très souvent d'une aire géographique spécifique. Déjà, les différentes musiques traditionnelles françaises exposent une grande variété de pratiques musicales : les chants de marins diffèrent des polyphonies vocales corses ou des chants basques. De même, le biniou breton ne ressemble pas à la cabrette auvergnate.

À l'échelle européenne, les musiques et les instruments offrent naturellement une diversité encore plus grande : la musique arabo-andalouse, les musiques celtiques ou les musiques tziganes ont chacune leurs propres échelles sonores, leurs propres instruments et leurs propres danses. Nulle oreille exercée ne peut les confondre.

À l'échelle mondiale, les musiques des cinq continents sont tout aussi différenciées : les pratiques musicales sud-américaines ne sonnent pas comme les musiques asiatiques ou les musiques d'Afrique Centrale. Même si ce sont trois instruments à cordes pincées, le *charango* péruvien, le *koto* japonais et la *kora* africaine n'ont absolument pas le même timbre.

Cette immense diversité musicale et culturelle permet là encore des croisements très favorables à une entrée dans l'histoire des arts.

4. Liens avec l'espace acoustique

Une œuvre musicale est la plupart du temps composée pour une circonstance précise, ce qui signifie implicitement un lieu approprié, donc une acoustique particulière. À priori, le chant grégorien ne peut s'épanouir que sous les voûtes d'une église, la musique de clavecin ne peut s'apprécier que dans l'intimité d'un salon et l'opéra ne peut s'écouter que dans un théâtre. Même si, aujourd'hui, les techniques d'amplification et de diffusion permettent de transporter la musique en plein air, le compositeur conçoit sa musique en fonction d'un espace. Par exemple, pour le concert du millénaire – un opéra électronique intitulé *Douze Rêves du Soleil* – Jean-Michel Jarre a pensé sa musique pour être exécutée au pied des Pyramides de Gizeh en Égypte.

Aujourd'hui, la musique envahit de nombreux espaces urbains comme les centres commerciaux, les gares et les restaurants. Même si l'on n'y prête pas toujours attention, une absence de cette dimension sonore créerait un vide qui modifierait la perception de l'atmosphère. La musique délimite ainsi un espace acoustique dans lequel baigne l'auditeur.

Ces relations musique/espace permettent encore une fois de faire comprendre aux élèves un nouveau type de connexion entre l'acoustique d'un lieu et la création musicale. C'est aussi dans cet esprit que l'aménagement d'un espace par le son devient la préoccupation du designer sonore, sorte d'architecte des sons intervenant sur l'environnement.

5. La bande-son au cinéma

La bande-son d'un film ne se réduit pas à la musique. En effet, la réalisation d'un film nécessite l'intervention de plusieurs compétences artistiques, ce qui fait de cette production une œuvre interdisciplinaire qui fusionne notamment scénario, acteurs, metteur en scène, éclairagiste, preneur de son, décorateur et compositeur.

Une bande-son donne à entendre des dialogues matérialisés par des voix auxquels peut venir s'ajouter une « voix off » qui a le rôle d'un narrateur et qui participe à la compréhension globale de l'histoire. L'ajout des bruitages apporte une touche de réalisme aux situations évoquées. Quant à la musique, elle comble le non-dit et renforce l'atmosphère d'une scène ou les sentiments d'un personnage.

L'analyse d'une bande-son peut être réalisée d'abord sans le support des images pour conduire l'élève à se concentrer sur cette dimension auditive. La phase de visionnage viendra par la suite valider cette analyse.

6. Le film musical

Le film musical est un film qui a pour thématique la musique. Mais le septième art peut entretenir différents types de relations avec la musique. Par exemple, le film *La Symphonie Fantastique* de Christian-Jaque (1942) relate la vie romancée du compositeur Hector Berlioz. En 1984, Francesco Rosi réalise *Carmen*, l'opéra de Georges Bizet, en décors naturels. Dans *Le Maître de musique* (1988), le réalisateur Gérard Corbiau évoque les relations entre un chanteur d'opéra qui abandonne sa carrière au profit de sa seule élève à laquelle il consacre la fin de sa vie. Dans son film *Tous les matins du monde* (1991), Alain Corneau révèle au grand public un instrument rare : la viole de gambe.

Le film musical peut être un excellent support interdisciplinaire à la conception d'une séquence en histoire des arts. Il peut plonger les élèves d'une manière très vivante dans un univers musical particulier. Mais l'enseignant veillera cependant à dissocier clairement le document fictionnel du document historique et de l'œuvre d'art.

7. Le spectacle vivant

Comme le cinéma, le spectacle vivant fait intervenir différentes formes d'expressions artistiques, indissociables les unes des autres dans la production finale, ce qui le rend par essence même interdisciplinaire.

Le spectacle vivant	
Le livret, les dialogues	Littérature et langage
Les costumes	Arts appliqués
Les décors, les éclairages	Arts appliqués
La mise en scène	Art théâtral
La musique de scène	Musique

Un spectacle musical comme *1789 : Les Amants de la Bastille* (2012) met en relation musique, théâtre et histoire. Ce support contemporain doit permettre aussi d'aborder la période révolutionnaire sous un angle plus historique en comparant certaines scènes de l'œuvre avec des documents authentiques. L'élève, là encore, doit être capable de dissocier fiction et réalité.

8. L'iconographie musicale

Les représentations iconographiques de la musique sont des documents précieux qui nous renseignent sur les pratiques musicales d'une époque dont on ne conserve aucune trace sonore, ce qui est le cas pour la plus grande partie de l'histoire de la musique.

Par exemple, pour la période médiévale, le manuscrit des *Cantigas de Santa Maria* (XIIIe) nous montre des musiciens chrétiens et arabo-andalous jouant ensemble. Cette riche collection d'enluminures nous permet de connaître les instruments utilisés à cette époque, leur tenue et le geste du musicien. L'aspect visuel permet aussi d'appréhender l'univers sonore et de rendre possible une reconstitution vivante de cette musique.

Les planches de lutherie de l'*Encyclopédie* de Diderot et D'Alembert (XVIIIe) constituent une représentation très fidèle des instruments au siècle des Lumières. La peinture intitulée *L'orchestre de l'opéra* d'Edgar Degas (XIXe) nous montre les instruments utilisés et leur disposition dans la fosse d'orchestre.

L'ensemble de ces traces iconographiques est donc une mine d'indices pour le musicologue. Cette dimension picturale se situe à la croisée de la musique et des Beaux-Arts, ce qui rend leur exploitation pédagogique pertinente dans le cadre de l'Histoire des Arts.

IV. La démarche pédagogique

La démarche pédagogique est le moyen adopté par l'enseignant pour atteindre l'objectif d'apprentissage qu'il s'est préalablement fixé. Dans l'enseignement d'histoire des arts, comme dans toutes les disciplines, plusieurs démarches sont possibles et complémentaires (Éduscol) :

- La démarche « transmissive » dans laquelle l'enseignant délivre des connaissances sous forme d'exposé.
- La démarche « interrogative », proche de la maïeutique, dans laquelle l'élève est invité par des questionnements à exprimer ce qu'il sait ou ce qu'il pense.
- La démarche « active » dans laquelle l'élève dispose d'outils de recherche pour apprendre.

Ces trois démarches peuvent parfaitement coexister dans une même séquence : face à une œuvre, la démarche « interrogative » permet de faire émerger les représentations des élèves ; Internet est un outil de recherche – mais pas le seul – avec lequel l'élève peut enrichir ses connaissances de manière « active » ; enfin, l'enseignant a pour rôle de valider et de compléter les informations recueillies par des apports scientifiques supplémentaires. Cependant, les démarches pédagogiques actuelles privilégient l'engagement, l'activité et le questionnement plutôt qu'une démarche purement transmissive.

A. L'interdisciplinarité

D'une manière générale, l'interdisciplinarité peut se définir comme l'approche d'un même problème à partir de points de vue spécifiques issus de disciplines différentes. En histoire des arts, l'interdisciplinarité peut se traduire de trois manières différentes : premièrement, l'étude d'une œuvre peut interroger le regard de plusieurs disciplines ; deuxièmement, une œuvre peut être par essence même pluridisciplinaire ; troisièmement, l'objet d'étude concerne plusieurs œuvres issues de champs artistiques différents.

L'étude d'une représentation iconographique de la musique peut être abordée à la fois par le musicologue qui va s'interroger sur les types d'instruments représentés, la tenue des instruments et l'éventuel rendu sonore de ce qu'il voit, par le plasticien qui va en étudier la forme, la technique et l'esthétique, et par l'historien qui va replacer l'œuvre dans son contexte historique, social et culturel.

Le *happening* est une œuvre interdisciplinaire éphémère, puisqu'il s'agit d'une performance instantanée et simultanée de plusieurs expressions artistiques : *Theater Piece* n° 1 (1952) de John Cage fit dérouler en même temps la déclamation de textes poétiques, l'interprétation de musique sur un « piano préparé », l'exposition de peintures de Robert Rauschenberg et la chorégraphie de Merce Cunningham.

B. L'objet d'étude

Pour concevoir sa proposition pédagogique, l'enseignant doit choisir un « objet d'étude » qui sera le pôle d'attraction des œuvres sélectionnées dans divers domaines. L'objet d'étude est donc essentiel et stratégique. Certains objets d'étude peuvent être des thèmes assez larges, mais ils sont forcément précisés par les œuvres qui leur sont associées. Selon les projets, tous les champs artistiques ne seront pas toujours présents. Cependant, le projet pédagogique devant impliquer la discipline de l'histoire, certaines œuvres doivent avoir en commun une période historique, même si l'on peut en choisir dans des périodes différentes, ou un thème en lien avec les programmes d'histoire.

Le choix dans ce champ très vaste pourra se porter sur des œuvres majeures mais aussi sur des œuvres plus confidentielles mais pertinentes par rapport à l'objet d'étude. Le professeur équilibrera ses choix par la préoccupation de transmettre une culture commune et la volonté d'assurer de la cohérence dans son projet pédagogique. Le patrimoine de proximité sera également sollicité car il permet une véritable rencontre sensible et répond à la nécessaire ouverture de l'école sur les structures de diffusion culturelle.

1. À partir des arts plastiques et visuels

Plusieurs modalités de choix s'offrent à l'enseignant :

Autour des langages artistiques (le contraste, le rythme, le collage, la matière...)

L'objet d'étude devant avoir suffisamment de « plasticité » pour pouvoir se décliner, l'on évitera les entrées trop spécifiques. Cependant, des entrées langagières transposables d'un langage artistique à un autre ne sont pas à négliger.

Une technique : la composition				
Arts plastiques	Architecture	Musique	Littérature	Arts appliqués
Une peinture	Une façade urbaine	Une pièce musicale	Un poème	Un meuble

On peut choisir une période historique pour opérer des choix plus précis.

Autour d'une thématique transversale large (le paysage, la nature morte, le portrait)

Des thématiques larges peuvent concerner très facilement les arts plastiques via la question de la représentation. Les genres se prêtent à cela.

Une thématique transversale : Le portrait au XIXe siècle			
Arts plastiques	Musique	Littérature	Arts appliqués
Portrait photographique et pictural	La musique évocatrice	Une description littéraire	Un vêtement

Pour les arts plastiques et visuels, on peut choisir deux œuvres, une peinture et une photographie, pour permettre de voir en quoi le portrait photographique se distingue mais reprend aussi certains code picturaux.

Autour d'un sujet transversal mais plus précis (le tissu, l'animal, la montagne).

Un sujet plus précis : La machine au début du XXe siècle			
Cinéma	Musique	Littérature	Arts appliqués
Un film de C. Chaplin et une œuvre de Fernand Léger	Luigi Russollo, compositeur futuriste	Un poème de Blaise Cendrars	Une automobile

Autour des œuvres choisies par l'enseignant, qui seront particulièrement étudiées et analysées, on peut mettre en place des activités de recherche afin que les élèves collectent d'autres œuvres ayant à voir avec l'objet d'étude.

Autour d'une œuvre des arts plastiques ou visuels (peinture, film, sculpture...)

Une œuvre : *L'Embarquement pour Cythère* de Watteau, vers 1718.			
Spectacle vivant	Musique	Art du jardin	Arts appliqués
Un spectacle de la *commedia dell'arte*	La chanson *Il pleut, il pleut, bergère*	Le jardin anglais	Une commode de style Louis XV

Autour d'une question engageant l'art et un autre domaine (politique, social, économique, religieux)

Une question : L'art a-t-il à voir avec la politique ? (Années 1930)			
Arts plastiques	Musique	Architecture	Arts appliqués
Une œuvre considérée comme « dégénérée », une œuvre d'Arno Breker	*Le Chant des Partisans*	Une architecture moderne italienne du temps de Mussolini	Une affiche nazie

Autour de problématiques artistiques (la narration, la mémoire, l'expression d'un sentiment, la citation, la modernité)

Une problématique : L'influence des arts non occidentaux sur l'art européen au début du XXe siècle				
Arts plastiques	Musique	Architecture	Spectacle vivant	Littérature
Une œuvre de Picasso	Musique de I. Stravinsky *Le Sacre du Printemps*	Le Palais de la Porte dorée à Paris	Chorégraphie de Nijinski *Le Sacre du Printemps*	Poème *Îles* du recueil *Feuilles de route* de Blaise Cendrars

Autour d'un événement culturel (une exposition dans un musée, une exposition historique)

Un événement : L'Exposition universelle de 1889			
Arts plastiques	Littérature	Architecture	Arts appliqués
Une œuvre de Robert Delaunay représentant la Tour Eiffel	Un extrait de la lettre ouverte des artistes contre la Tour et la réponse d'Eiffel	La Tour Eiffel	Une affiche de l'exposition

L'œuvre de Delaunay est plus tardive que l'époque de l'exposition mais va être pertinente car permettant de saisir l'impact du bâtiment dans sa postérité.

Une grande figure des arts plastiques (Vinci, Manet, Van Gogh, Picasso...)

Un artiste : Henri Matisse			
Arts plastiques	Architecture	Arts plastiques	Littérature
Une peinture de Matisse	La chapelle de Vence décorée par Matisse	Le livre *Jazz*, livre d'artiste de Matisse	Poème d'Aragon, *Matisse parle*

Ce type d'approche focalisée sur une œuvre ne peut se répéter trop souvent car l'enseignement de l'histoire des arts ne se résume pas aux grandes figures.

Autour d'un phénomène culturel (les grandes découvertes, la révolution industrielle) ou d'un mouvement (le Classicisme, le Symbolisme)

Un phénomène culturel : La société de consommation			
Arts plastiques	Musique	Architecture	Arts appliqués
Une sculpture de Oldenburg	*La Complainte du Progrès* de Boris Vian	La ville utopique du groupe d'architectes Archigram	Une affiche de Savignac

2. À partir de la musique

L'entrée thématique en Histoire des Arts permet de confronter des œuvres de plusieurs époques autour d'un même sujet fédérateur qui dépasse largement le simple cadre historique. C'est une manière de comprendre ainsi la perception de l'artiste face à la nature, l'amour ou la mort. Ces quelques exemples issus de la création musicale vont naturellement trouver des échos dans les autres champs artistiques :

Thématiques	Œuvres musicales
La nature	*Les Quatre Saisons* d'Antonio Vivaldi (1725) La *Symphonie n° 6* dite « Pastorale » de Ludwig van Beethoven (1808) *Rain Coming* pour orchestre de chambre de Toru Takemitsu (1982)
L'amour	*Belle qui tiens ma vie* chanson-Pavane de Thoinot Arbeau (XVIe) *Les Amours du poète* cycle de lieder de Robert Schuman (1840) *West Side Story* drame lyrique de Leonard Bernstein (1957)
La mort	*La Jeune Fille et la Mort* quatuor à cordes de Franz Schubert (1824) *Le Festin de l'Araignée* ballet-pantomime d'Albert Roussel (1913) *Le Livre des Morts Égyptien* musique électroacoustique de Pierre Henry (1990)

Au-delà de ces trois thématiques, très présentes dans l'ensemble de la création artistique, il est tout à fait concevable d'aborder avec les élèves des thématiques plus légères, sans doute plus proches de leurs préoccupations, comme le sport, l'humour ou le merveilleux. Ces thématiques deviennent donc des objets d'étude pour l'HIDA. Mais le nombre d'entrées possibles est presque infini à partir d'un personnage historique, d'un lieu, d'une activité, d'une idée, d'un artiste…

La démarche réflexive qui conduit au choix de l'objet d'étude et des œuvres qui s'y rattachent est donc souvent délicate.

De toute manière, l'enseignant ne doit pas perdre à l'esprit qu'il est très rare de faire écouter une œuvre musicale en entier. Il lui faut donc, dans le cas d'une œuvre longue, sélectionner les passages les plus pertinents pour atteindre l'objectif qu'il s'est fixé. La concentration des élèves étant limitée dans le temps, la barre maximum des trois minutes semble raisonnable pour des élèves de cycle 3.

a. Autour d'une œuvre musicale

L'écoute en classe d'un extrait de chant grégorien est un excellent exemple qui permet de comprendre comment un ensemble d'œuvres peut s'ancrer dans une même époque et une même esthétique. Le chant grégorien étant un chant religieux du Moyen Âge lié à l'Église catholique, l'enseignant va rechercher des œuvres similaires dans les autres champs artistiques pour construire sa séquence.

Autour d'une écoute de chant grégorien				
Architecture	Littérature	Arts appliqués	Arts appliqués	Spectacle vivant
Une église romane ou gothique	L'écriture gothique Un manuscrit	Un vitrail Une enluminure	Le vêtement des moines	Un extrait du film *Le Nom de la Rose* (1986)

La méthodologie de l'enseignant consiste ici à partir d'une œuvre musicale pour la mettre en relation avec d'autres œuvres, de même époque ou de même esthétique, dans des domaines artistiques différents. Cette démarche de recherche peut aussi être réalisée par les élèves.

b. Autour d'un foyer de création artistique

Un autre type de démarche peut se construire à partir d'une thématique génératrice. Il s'agit alors de décliner des œuvres de différents domaines artistiques à partir d'un mot-clé. Dans cet exemple, le terme « Paris » est le point de départ de la séquence.

Paris comme lieu de création artistique					
Architecture	Littérature	Arts visuels	Arts appliqués	Spectacle vivant	Musique
Le quartier de *La Défense* à Paris	*Les Embarras de Paris* poésie de Nicolas Boileau (XVIIe)	Photos de Paris de Robert Doisneau (XXe)	Les créateurs de mode et de luxe (XXe)	*Un Américain à Paris* spectacle de Broadway (1950)	*Les Cris de Paris* de Clément Janequin (XVIe)

Ce type de séquence thématique permet une certaine perméabilité entre les époques et les œuvres. La ville de Paris est entrevue sous différents regards complémentaires. La ville est ici considérée comme une œuvre d'art en elle-même, comme une source d'inspiration pour les artistes et comme un foyer de création. Là encore, l'élève peut être acteur de la conception de la séquence grâce à une phase de recherche personnelle.

c. Autour d'une technique transversale

Une technique de création peut s'appliquer à plusieurs domaines artistiques, avec naturellement une idée de transposition, c'est-à-dire une adaptation de la technique au domaine concerné. On peut même constater qu'une même notion technique peut avoir plusieurs significations en glissant d'un domaine à l'autre. Par exemple, le mot « couleur » ne revêt pas le même sens en musique et en arts plastiques. Sur ce modèle, la notion de « perspective » peut se décliner dans les différents domaines artistiques.

La notion de « perspective » (aspects spatial et sémantique)					
Urbanisme	Littérature	Peinture	Arts appliqués	Spectacle vivant	Musique
Percées urbaines	Point de vue de l'auteur (métaphore)	Perspective linéaire (point de fuite)	Couleur, décor figuré, trompe-l'œil	Différents plans du décor	Plans sonores

Si le terme de « perspective » est défini au sens propre comme un « phénomène affectant la vision de loin des objets ou des apparences » (Centre National de Ressources Textuelles et Lexicales, CNRS), c'est-à-dire un phénomène lié à la perception visuelle, il peut être aussi pris dans son sens figuré comme « une manière particulière d'envisager les choses » (*Ibidem*, CNRS). Ce double sens permet donc une transposition de la notion dans l'ensemble des domaines artistiques.

C. Les activités spécifiques

Au cycle 3, le professeur dispose, pour son enseignement de l'histoire des arts, d'horaires dédiés qui s'ajoutent aux horaires des disciplines concernées par le projet pédagogique interdisciplinaire (histoire, enseignement(s) artistique(s) et autres disciplines suivant les projets). Durant les horaires d'histoire des arts, se déroulent des activités spécifiques à ce domaine.

1. La démarche d'analyse de l'œuvre

Analyser constitue une des quatre compétences pointées par les programmes de 2016 (BO 2015).

a. L'approche de l'œuvre par le visible : les points à analyser

La technique

La technique se rapporte aux opérations de production de l'œuvre. Elle nous transporte dans l'atelier du peintre, le studio du photographe, le bureau de création du designer, le chantier de construction… À partir de l'œuvre achevée, il faut inférer des considérations de fabrication à partir d'indices visuels comme la trace d'un outil ou l'aspect des matériaux. Le cartel et une recherche documentaire sont utilisés (texte d'un artiste, d'un critique, image d'atelier…) pour confirmer ou non les hypothèses. La rencontre avec un artiste ou un professionnel peut également permettre d'approfondir cet aspect.

La forme

La forme concerne l'aspect avéré de l'œuvre qui se présente à nous, sa structure, telle qu'elle est formulée à partir des langages artistiques. Chaque expression, comme le cinéma ou l'art des jardins, a ses propres spécificités. Cependant, pour ces domaines faisant appel au visible, on repère un certain nombre de points communs liés à la sensibilité plastique : forme, ligne, couleur, lumière, matière, volume, composition… (se reporter pour plus d'informations au chapitre consacré aux arts plastiques). Il y a dans ce repérage de la structure formelle des aspects objectifs mais demandant une vision perspicace qui résulte d'apprentissages. L'histoire des arts ainsi que la discipline des arts plastiques permettent cette éducation du regard.

Le sens

Le sens a plusieurs sources. C'est d'abord l'intention de l'artiste, en lien parfois avec le sujet choisi par lui ou imposé par un commanditaire. La structure de l'œuvre fait également sens (telle couleur associée à tel motif générera un signifié particulier). Enfin, le spectateur et le contexte de la réception, feront sens. Selon ses connaissances, sa subjectivité, le contexte public ou familial, l'époque, la culture d'appartenance, le spectateur aura des intérêts, des associations d'idées et de formes et des interprétations qui changeront. Au sein de la classe, cette polysémie sera entendue car constitutive de la réception de l'œuvre d'art. L'étude permettra la compréhension du lien entre forme et sens et des intentions de l'artiste. Elle permettra à l'élève de se repérer et d'argumenter une remarque interprétative ou appréciative.

L'usage

L'usage renvoie à la destination sociale et à l'emploi effectif de l'œuvre ou de l'objet. Un retable lié au culte dans une église pourra avoir un usage actuel dans un musée qui différera radicalement de sa destination d'origine. Cela amène à commencer à prendre en compte la spécificité de la relation esthétique aux œuvres par rapport à l'utilisation fonctionnelle des objets. Cela amène aussi à considérer les conditions sociologiques de l'art : le commanditaire, le statut de l'artiste, les systèmes de diffusion, la reconnaissance, le devenir de l'œuvre après sa création… L'élève sera amené ici à faire le lien entre les connaissances d'ordre historique sur les sociétés étudiées en histoire et les œuvres qui en sont issues. Le recours à des œuvres contemporaines et à des visites de lieux culturels lui donneront des repères sur l'art dans notre société actuelle.

b. L'approche de l'œuvre par le visible : une démarche

L'observation est à la base de l'analyse de l'œuvre dans de multiples domaines qui ont en partage une visibilité. La démarche d'approche d'une œuvre répond à la nécessité de conjuguer le sensible et le réfléchi. Il s'agit de partir d'une perception et de réactions spontanées pour aller vers la réflexion et l'approfondissement. Cette démarche travaille les compétences d'analyse et d'identification du programme. Diverses phases seront mises en œuvre, permettant à l'élève de voir, de verbaliser, de chercher et de garder trace :

- Temps perceptif : laisser le temps à l'élève de prendre connaissance visuelle avec l'œuvre.
- Temps subjectif : l'élève va dire ce qu'il pense de prime abord et ce qu'il ressent ou le sens qu'il pressent. Des questions peuvent être listées sans y répondre car ce sont les phases suivantes et la phase finale qui y pourvoiront. Le professeur ne censure pas les remarques.
- Temps d'appropriation : éventuellement, pour approfondir l'approche perceptive et pour préparer les phases suivantes, une activité de croquis, de schématisation, de cadrage ou de transposition dans une expression artistique autre peut être mise en place dans le temps d'HIDA ou dans une discipline artistique si cela est plus long.
- Approche iconographique : l'élève va décrire l'image en disant ce qu'il reconnaît. En effet, quand il y a image, c'est cet aspect qui est le plus rapidement noté par les élèves. Des thématiques, des figures de notre imaginaire collectif et des genres sont repérés. Pour certaines œuvres jouant sur le fantastique, le merveilleux ou sur un caractère plastique particulier, la reconnaissance ne relève pas de l'évidence. Pour l'objet et l'espace, c'est l'aspect fonctionnel qui peut être abordé.
- Approche plastique : l'élève va dire ce qu'il voit, les constituants plastiques de l'œuvre (couleurs, matières…), la composition. Des liens avec la représentation ou la fonction sont établis. Du sens émerge en lien avec les caractéristiques plastiques.
- Approche technique : l'élève va faire des hypothèses à partir des indices perçus dans l'œuvre sur la technique à l'origine de ce qu'il voit (outils, gestes, support…). Les opérations plastiques sont abordées ici si elles ne l'ont pas été précédemment. Les aspects sémantiques de la démarche de l'artiste apparaissent sous forme de questions ou d'hypothèses.
- Approche culturelle et historique : diverses opérations sont menées (recherche documentaire, mise en réseau, contextualisation historique) afin de documenter l'œuvre, l'artiste, sa démarche, son contexte. Dans le cas d'une

approche approfondie, les cours disciplinaires d'histoire peuvent s'intercaler pour fournir des éléments de connaissance.

- Phase de synthèse : les données objectives sur la structure de l'œuvre, le positionnement de l'artiste, les contextes… sont récapitulés. Des interprétations peuvent être construites en étant argumentées par des éléments résultant de l'analyse iconographique, plastique, technique et de la documentation.

Tout au long de la démarche, des traces écrites collectives (tableau numérique, frise d'histoire et d'histoire des arts, posters…) et personnelles (cahier d'histoire des arts) sont utilisées et conservées.

c. L'analyse d'une œuvre musicale

Analyser une œuvre musicale consiste à « dégager par l'écoute ses principales caractéristiques techniques et formelles » (BO 2015). Il s'agit donc de comprendre les différentes combinaisons sonores utilisées par le compositeur pour réaliser sa pièce.

Dans sa démarche, le compositeur cherche d'abord une idée qu'il va devoir exprimer avec des sons. Ces sons peuvent provenir de matériaux les plus divers : instruments, voix, sons concrets, sons électroniques, voire tout cela à la fois. Il sélectionne une palette de couleurs appelés « timbres ». Ces timbres vont être organisés dans le temps sous forme d'événements sonores successifs et dans l'espace des hauteurs sous forme de superpositions (la polyphonie). De plus, le compositeur peut créer des plans sonores, c'est-à-dire des effets de proche ou de lointain, en jouant sur les contrastes d'intensités. Composer, c'est organiser les sons en trois dimensions : horizontalité du déroulement du temps, verticalité des superpositions et profondeur des plans, l'ensemble coloré par les timbres (Cf. chapitre « Éducation musicale »).

L'élève qui écoute va devoir identifier les matériaux, reconstituer les agencements sonores et dégager des éléments de sens. Analyser, c'est un peu reconstituer la démarche du compositeur dans l'élaboration de son œuvre, ce qui pourrait se synthétiser, par exemple, sous cette forme :

	Idée 1	**Idée 2**	**Idée 3**
L'idée (événement sonore)	Plutôt mélodique	Plutôt rythmique	Plutôt mélodique
La couleur (timbre – matériau)	Bois Cordes	Tutti	Hautbois solo Harpe
Le plan sonore (intensité)	Proche (*Forte*)	Proche (*Forte*)	Lointain (*piano*)
Le ressenti	Joyeux	Dramatique	Triste

Le tableau ci-dessus déroule, dans une lecture de gauche à droite, l'horizontalité du temps, caractérisée dans cet exemple fictif par une succession de trois idées musicales contrastées. Chaque idée possède une couleur orchestrale différente, avec une alternance de plans sonores proches et lointains symbolisés par des changements de nuances. Enfin, chaque idée transmet une expression particulière.

2. La recherche documentaire

Autour de l'objet d'étude, des connaissances sur les faits historiques, artistiques et culturels sont en jeu. Le cours d'histoire constitue un temps d'apports et de recherches. Les temps spécifiques d'histoire des arts peuvent aussi être utilisés pour des démarches documentaires sur les faits artistiques et culturels. Deux approches principales sont possibles :

- Le dossier d'étude : l'enseignant met à disposition des élèves un ensemble de documents textuels, iconiques, sonores ou audiovisuels. Les élèves sont amenés à les considérer d'un point de vue externe (nature du document, liens avec le contexte) et interne (contenu du document). Une synthèse est alors effectuée.
- La recherche sur le Web : de nombreux sites étant consacrés à l'art, l'enseignant présélectionnera parmi eux un certain nombre de sites vérifiés et scientifiquement fiables (site des structures culturelles, visites virtuelles...). La recherche sera indexée avec des mots-clés (noms d'artistes, de lieux, de notions...) constituant des axes de recherches. Certaines recherches peuvent être construites de manière plus précise comme des enquêtes à partir de questions que la classe s'est posées. Les élèves doivent explorer la ressource, lire des pages pluri-codées (images, textes, sons), sélectionner des informations pour pouvoir répondre aux objectifs. Une synthèse est effectuée. Cette modalité de recherche active les compétences du B2i.

3. La mise en réseau des œuvres

La démarche comparative, mettant en relation de manière dialectique deux œuvres ayant des points communs et des différences, permet à l'élève de mieux situer la particularité de chacune d'entre elles. De ce principe comparatif naîtront des classements permettant de constituer des « familles » d'œuvres d'un même domaine ou de plusieurs, selon des aspects techniques, formels, sémantiques ou d'usage.

L'enseignement de l'histoire des arts tend à permettre l'émergence d'un musée ou d'une discothèque imaginaires. Cela va se concrétiser par la mise en place d'un musée/discothèque de classe regroupant, par affichage, dans un classeur ou sur un support numérique, une documentation qui permet de se rappeler, de manipuler les références en les rapprochant chronologiquement ou par entrées formelles.

4. La mise en réseau des connaissances

L'aspect interdisciplinaire des projets pédagogiques amène la nécessité de mettre en relation entre elles des connaissances artistiques, historiques, géographiques, culturelles... Des temps peuvent être consacrés à cela en prenant pour appuis la frise d'histoire (déclinée dans ses aspects d'histoire des arts), le musée/

discothèque, les productions artistiques de la classe, les traces écrites collectives ou individuelles…

Le projet d'activité en histoire des arts peut être finalisé par la tâche confiée aux élèves de confectionner une exposition explicative autour de l'objet d'étude, de rédiger un article sur l'ENT de l'école, de préparer la visite d'un musée, la rencontre avec un orchestre, etc. Ces activités permettront d'utiliser les connaissances de natures diverses, de les organiser, de mobiliser une réflexion.

D. La rencontre avec l'œuvre

1. Le partenariat

La sortie culturelle est indispensable si l'on souhaite, comme le demande le programme, que l'élève puisse « se repérer dans un musée, un lieu d'art, un site patrimonial ». Les structures culturelles disposent de services des publics et de médiateurs qui offrent la possibilité de tisser une relation de partenariat. Celle-ci implique des temps de co-interventions devant la classe. Chaque partenaire doit avoir conscience de la spécificité et de la complémentarité des rôles de chacun. La collaboration qui s'installe doit permettre d'insérer le temps hors classe dans l'ensemble du projet pédagogique. Le médiateur peut souvent adapter les modalités de l'action dans la structure aux objectifs de l'enseignant. Son expertise est un plus pour réfléchir ensemble à la conception du projet pédagogique comme cela est préconisé pour les Parcours d'Éducation Artistique et Culturelle. Un retour sur le partenariat est nécessaire à posteriori pour co-évaluer l'action.

Notons que le partenariat peut aussi se faire avec un artiste plasticien, danseur, musicien et se concrétiser par une rencontre ou une visite d'atelier par exemple.

2. La classe au musée

Il faut distinguer l'œuvre de sa reproduction sous forme photographique par exemple. En classe, l'enseignant dispose d'une documentation iconographique de plus en plus riche avec les ressources du Web. Néanmoins, on parlera de « rencontre » si la relation se fait dans toutes les dimensions sensibles. L'élève éprouvera l'œuvre, fera l'expérience de sa matérialité, de sa taille, de sa relation à l'espace d'exposition, des relations de proximité avec d'autres œuvres accrochées dans le même espace. La visite au musée ou au centre d'art est donc l'occasion privilégiée de cette rencontre. Parfois, la visite des élèves peut être appareillée par des fiches de « jeux de pistes » ou autres questionnaires. Cependant, l'enseignant sera vigilant à ce que ce type de document didactique n'empêche pas l'élève de porter un regard approfondi sur les œuvres. Par contre, les activités de croquis, de schémas, de notations écrites et repérages brefs sont aptes à activer la vision dans une découverte autonome des lieux par les élèves.

La visite est un temps fort du projet pédagogique. Elle a un amont et un aval et s'inscrit donc dans une progression pédagogique. Sur place, suivant l'âge des élèves et le projet, alternent des temps de découverte autonome des lieux, de « face à l'œuvre » collectifs et de pratique (dans beaucoup de musées, des espaces dédiés à la pratique plastique permettent de trouver là un outil de médiation). Le « face à l'œuvre », à partir d'un nombre restreint d'œuvres présélectionnées, va permettre de convoquer les ressentis, les remarques et les réflexions des élèves. Le médiateur donne des informations précises liées à son expertise.

3. Les lieux de médiation musicale

L'histoire des arts à l'école doit aussi être l'occasion d'aller à la rencontre de compositeurs, d'interprètes et d'œuvres au travers de l'expérience vivante et irremplaçable du concert. La démarche de se rendre dans un lieu particulier pour y écouter de la musique donne à la rencontre un côté événementiel, presque parfois « solennel ». Mais ce moment de rencontre permet aussi de désacraliser certains lieux réputés inaccessibles. Les visites de musées (la Cité de la Musique à Paris, le Musée de l'Accordéon à Tulle) ou d'expositions (à la Philharmonie de Paris, au Musée de la musique mécanique à Les Gets [74]) consacrées à la musique peuvent très efficacement compléter l'ensemble des activités faites dans la classe.

De plus, la connaissance des métiers liés à la musique (luthier, facteur d'orgue, ingénieur du son) est aussi une piste intéressante à développer et à concrétiser par la visite d'un atelier artisanal ou d'un studio d'enregistrement. Ces diverses circonstances de rencontres provoquées par l'enseignant peuvent aussi faire naître de nouvelles perspectives dans les métiers de l'art et de la culture.

V. Élaboration d'un dossier en HIDA

Élaborer un dossier en HIDA implique d'abord le choix personnel et stratégique de l'objet d'étude. Le dossier prend appui sur les horaires d'enseignement d'histoire des arts au cycle 3. Il ne s'agit pas ici de donner un modèle « clé en main », mais plutôt d'aider le candidat à se déterminer grâce à une méthodologie illustrée par un exemple.

L'objet d'étude choisi s'intitule : *Le corps à travers les arts à la Renaissance*. Les champs artistiques convoqués sont au nombre de quatre : les arts plastiques, la musique, le spectacle vivant et la poésie.

A. La partie scientifique

La partie scientifique doit présenter le contexte historique, l'importance de l'objet d'étude dans son époque, la justification des champs artistiques choisis et des éléments d'analyse des œuvres sélectionnées.

Dans l'exemple présenté, on donnera des précisions historiques sur l'époque de la Renaissance, notamment sur la place du mécénat royal et sur le développement de l'humanisme. Le candidat situera cette période comme un renouveau artistique inspiré par l'art antique. La place du corps sera développée à travers des œuvres issues des champs artistiques cités plus haut. Le tableau ci-dessous synthétise l'armature du contenu :

Le corps à travers les arts à la Renaissance	
Période : XVe et XVIe siècles	
Les arts plastiques	Paul Véronèse, *Les Noces de Cana*, 1563, huile sur toile, 677 x 994 cm, Musée du Louvre, Paris. Jean Goujon, ornementation de la façade du Palais du Louvre, aile Lescot, 1549-1556, reliefs, Paris.
La musique	Thoinot Arbeau, *Belle qui tiens ma vie*, pavane, voix et instruments, 1589. (document sonore) Extraits sonores de viole de gambe et de *viola da braccio*. (Cf. *Les Noces de Cana*)
Le spectacle vivant (la danse)	Thoinot Arbeau, *Orchésographie*, traité de danse, 1589. (chorégraphie de la pavane)
La poésie	Thoinot Arbeau, *Orchésographie*, traité de danse, 1589. (texte explicatif dialogué) Thoinot Arbeau, *Belle qui tiens ma vie*, pavane chantée. (texte poétique)

1. Le choix des œuvres plastiques

La première œuvre, une peinture italienne de très grand format, prend pour sujet un épisode biblique. Pour cette représentation, Véronèse convoque une multitude de corps en action. Les postures sont diverses et résultent d'une observation du corps humain. En effet, le paramètre artistique qui sera intéressant à reconnaître est la représentation d'après modèle vivant qui, à la Renaissance, va se développer pour renouveler la figuration du corps. L'imitation, impliquant une part d'idéalisation, va devenir un principe que vont mettre en œuvre les peintres et sculpteurs.

La deuxième œuvre, un ensemble de reliefs ornementant la façade d'une architecture royale, met en scène des corps sur des sujets mythologiques. Le corps, grand sujet de l'art antique, est repris par les artistes de la Renaissance. Les sujets de la mythologie gréco-romaine se prêtent à traiter ce sujet. Le canon est la règle suivie par les artistes quant aux proportions du corps. Le drapé, jeu du tissu à l'effet « mouillé », met en valeur les corps, tout comme dans la statuaire grecque.

2. Autour de l'aspect musical

Les relations entre le corps et la musique sont plurielles, mais la relation première qui semble la plus naturelle est le domaine vocal, la voix chantée étant fondamentalement liée au corps. D'un point de vue instrumental, le corps est sollicité à la fois dans la tenue de l'instrument (la posture) et dans le jeu instrumental même qui utilise les bras, les poignets et les doigts. Parfois le corps se trouve aidé par un outil, archet ou plectre, qui n'est qu'un prolongement artificiel de la corporéité. Quant à la mobilité physique provoquée par la musique, autrement dit la danse, elle trouve son origine dans l'aspect rythmique qui donne du mouvement aux sons.

La *Pavane* de Thoinot Arbeau est à la fois une œuvre vocale, une œuvre instrumentale, une danse et la mise en musique d'un texte poétique. Le traité de la danse explique sous forme dialoguée les pas de danse et les déplacements. Les extraits de viole de gambe et de *viola da braccio* se justifient par la présence de ces deux instruments dans la peinture de Véronèse.

B. La conception de la séquence

Comme toute séquence, la séquence d'histoire des arts met en œuvre une progression pédagogique du temps introductif de la première séance à la finalisation de la dernière séance. Cette progression doit intégrer quatre points essentiels qui sont : la démarche de projet, l'interdisciplinarité, des temps spécifiques d'HIDA et une rencontre élaborée en partenariat.

1. La démarche de projet

Le projet pédagogique de l'enseignant se concrétise dans un projet d'activité pour les élèves. Cela permet motivation et implication afin de réaliser la tâche finale. Chaque discipline participe, par des apports spécifiques, à cette réalisation.

En ce qui concerne la séquence proposée ici, deux types de projets sont envisageables :

- Un projet à dominante artistique sur la représentation du corps en arts plastiques ou un projet musique/danse en expression corporelle.
- Un projet à dominante culturelle sur la confection de panneaux présentant le traitement du corps dans les arts à la Renaissance.

2. L'interdisciplinarité

Les arts plastiques vont être convoqués autour d'activités de pratique comme le croquis et la composition bidimensionnelle (mise en scène du corps, postures). Une activité avec de l'argile est souhaitable pour aborder le bas-relief. Pour ce qui est des activités musicales, l'enseignant fera découvrir des pratiques instrumentales à partir d'extraits sonores et d'une iconographie. Une pratique vocale est possible par l'interprétation à une seule voix du chant *Belle qui tiens ma vie*. Le texte poétique du chant sera tout naturellement explicité. Enfin, une activité danse est réalisable à partir des mouvements de pavane décrits dans l'*Orchésographie*.

En français, l'enseignant peut aborder la forme dialoguée qui est présente dans le traité de danse. Les textes explicatifs des panneaux sont l'occasion d'une production écrite. En histoire, il est inévitable de développer le chapitre concernant François Ier et les arts.

3. Les temps spécifiques d'HIDA

Il est parfois difficile d'isoler les activités culturelles de certaines disciplines artistiques des activités d'analyse spécifiques d'HIDA. En fait, ces dernières peuvent être mises en œuvre sur un temps plus long qui permet d'approfondir davantage.

En complément des temps d'analyse, les élèves effectuent des recherches documentaires sur le Web. Par exemple, le site du Musée du Louvre pourra être exploité autour d'axes de recherche comme l'histoire du palais, la sculpture, les artistes Jean Goujon et Véronèse… Le site de la Cité de la musique est riche de documentation autour des compositeurs, des œuvres et des instruments. D'autres ressources sont disponibles, mais l'enseignant veillera à la sélection opportune de la documentation.

La confection des panneaux permettra de synthétiser et de mettre en réseau les différentes connaissances acquises.

4. La rencontre en partenariat

En fonction de la situation géographique de l'école, l'enseignant choisira une structure de diffusion culturelle ou un patrimoine en adéquation avec l'objet d'étude. La proximité du patrimoine peut conduire l'enseignant à choisir des œuvres différentes.

Le Musée du Louvre est ici un partenaire privilégié de rencontre avec les deux œuvres visuelles, notamment pour éprouver les dimensions impressionnantes de la peinture de Véronèse. La richesse des collections sera également l'occasion de tisser du lien entre art antique et art de la Renaissance.

Le monde musical offre de nombreux ensembles instrumentaux et vocaux qui pratiquent la musique de la Renaissance. Des compagnies de danse ancienne interviennent souvent lors de reconstitutions festives. Des sorties dans les lieux dédiés au spectacle vivant ou des interventions ponctuelles dans l'école de ces différents groupes peuvent être organisées.

VI. Préparer l'exposé et l'entretien

Le dossier n'étant pas évalué en tant que tel, la prestation orale est fondamentale. Le candidat conçoit à l'avance son exposé mais il doit réagir dans l'instant aux questions du jury. De toute manière, ces deux étapes se préparent.

A. L'exposé

L'exposé (sans notes écrites) doit contenir une brève synthèse des contenus et du projet pédagogique pour rappeler au jury la teneur du dossier.

Il est ensuite l'occasion de détailler certains aspects artistiques, culturels et pédagogiques non approfondis dans le dossier :

- justification du choix des œuvres et des domaines,
- analyse d'une des œuvres plastiques ou musicales,
- explicitation des partis pris pédagogiques et de l'interdisciplinarité,
- présentation du temps de rencontre prévu,
- analyse approfondie d'une séance,
- pistes de remédiations.

Enfin, le candidat peut proposer un élargissement concernant l'enseignement de l'HIDA : la démarche de partenariat, la démarche d'analyse, la recherche documentaire, la mise en réseau…

B. L'entretien

Le candidat doit s'attendre à des questions sur le projet pédagogique, sur l'enseignement de l'HIDA à l'école (ses finalités et ses modalités), sur le contenu spécifique et scientifique traité. Nul candidat ne saurait aussi ignorer l'ÉAC et les textes officiels (programmes, socle).

Bibliographie

- BOSSEUR Jean-Yves. *Musique. Passion d'artistes*. Genève : Éditions Skira, 1991. 198 p.
- BOSSEUR Jean-Yves. *La musique du XXe siècle à la croisée des arts*. Paris : Éditions Minerve, collection « Musique ouverte », 2008. 252 p.
- JOLLET Jean-Clément et CARILLO Olivier. *L'histoire de la musique pour les nuls*. Paris : First Éditions, 2011. 280 p.
- LOILIER Hervé. *Histoire des arts*. Paris : Ellipses, 1998. 240 p.
- LOILIER Hervé. *Histoire de l'art occidental*. Paris : Ellipses, 2003. 480 p.
- MASSIN Brigitte et Jean (sous le direction de). *Histoire de la musique occidentale*. Paris : Fayard, 1987. 1312 p.
- RIOUT Denys. *Qu'est-ce que l'art moderne ?* Paris : Gallimard, collection Folio, 2000. 576 p.
- SABATIER François. *Miroirs de la musique*. 2 volumes. Paris : Fayard, 1998. 671 p.
- Site Histoire des Arts du Ministère de la Culture. Disponible sur : http://www.histoiredesarts.culture.fr/
- Site Histoire des Arts du Ministère de l'Éducation nationale. Disponible sur : http://eduscol.education.fr/histoire-des-arts/enseigner.html
- Site du Musée du Louvre. Disponible sur : http://www.louvre.fr/
- Site du Musée d'Orsay. Disponible sur : http://www.musee-orsay.fr/
- Site du Centre Georges Pompidou. Disponible sur : https://www.centre-pompidou.fr/
- Site de la médiathèque de la Cité de la Musique/Philharmonie de Paris. Disponible sur : http://mediatheque.cite-musique.fr/masc/

Chapitre 6 : Géographie[1]

L'image de la géographie est encore très souvent brouillée aux yeux des non-spécialistes qui l'associent aux récits d'explorations, aux voyages, aux localisations, à la topographie, à l'observation des paysages naturels, aux descriptions des aspects physiques et socio-économiques des différentes parties du monde, à l'élaboration de cartes et d'atlas. Dans les médias, la géographie est surtout géopolitique. Dans l'enseignement primaire et secondaire en France, elle est liée à l'histoire depuis 1870. Il est bien connu par ailleurs que beaucoup de géographes, non enseignants, travaillent dans les domaines de l'urbanisme et de l'aménagement des territoires. Mais on a beaucoup de mal à dire si la géographie est une science sociale et/ou une science de la nature. On ne sait pas bien préciser son objet, ni à l'occasion endosser le raisonnement géographique pour mieux avancer dans la connaissance du monde en ses réseaux et territoires.

On constate pourtant une prise de conscience accrue dans la société du rôle de la dimension spatiale des grands problèmes du monde actuel. À travers des questions comme celles de la surpopulation, du sous-développement, des relations Nord-Sud, des inégalités, des risques naturels, technologiques, sociaux, de la protection de l'environnement, du développement durable, des ruptures géopolitiques, des conflits, l'espace est perçu comme un champ de différenciations, de contradictions, de tensions, de compétitions. Il est pensé comme un enjeu entre grands systèmes économiques et politiques qui se disputent la planète.

L'objectif de ce chapitre est d'éclairer ce qui fait la spécificité du raisonnement géographique, ce que signifie faire de la géographie aujourd'hui, alors que la géographie partage de nombreux objets d'étude avec d'autres disciplines. Il s'agit d'essayer de donner des clés de lecture de la géographie aux futurs enseignants du primaire pour qu'ils se familiarisent avec la discipline, qu'ils la pratiquent avec plaisir et compétence et, d'un point de vue pratique, qu'ils puissent construire un dossier d'oral, s'ils choisissent de le faire, répondant aux exigences de pertinence scientifique et scolaire de la discipline.

1. Chapitre rédigé par Catherine SÉLIMANOVSKI, géographe, université de Montpellier.

I. Faire de la géographie aujourd'hui

A. L'espace des sociétés est l'objet de la géographie

L'espace des sociétés est l'objet central de la géographie. Les géographes étudient à la fois l'organisation de l'espace des sociétés et les pratiques de l'espace (la spatialité et la territorialité) des acteurs des sociétés. À l'image des autres chercheurs en sciences sociales, ils ont adopté une pensée systémique du monde.

Dit autrement, l'objet et le projet de la géographie peuvent se résumer en trois questions triviales : « où ? », « pourquoi là ? », « avec quels effets ? ». La question « où ? » n'est pas suffisante. Même s'il est indispensable de localiser, le sens de la géographie dépasse largement la récitation classique de nomenclatures (départements et chefs-lieux, fleuves et affluents, etc.). Dit autrement encore, faire de la géographie revient toujours à prendre en compte la dimension spatiale des faits de société ; entre ancrages et mobilités ; à travers l'étude des lieux, des paysages, des territoires, des géosystèmes (ensembles systémiques des éléments des milieux naturels) ; en raisonnant à différents ordres de grandeur, du local au mondial, avec des cartes, des photographies aériennes verticales, des images satellitaires à différentes échelles et bien d'autres documents, eux aussi déclinés à différents ordres de grandeur.

> « La géographie place au premier plan, l'organisation de l'espace son fonctionnement ; qu'elle cherche à expliquer sa diversité ou plutôt sa diversification, aux différentes échelles ; qu'elle pose comme prioritaire la question de la localisation (pourquoi est-ce là et pas ailleurs ?) ; qu'elle parte de l'espace pour interroger le réel, et singulièrement la société, en rapport avec son support matériel, hérité à la fois de l'action des générations passées et des forces de la nature. »
>
> DURAND-DASTÈS, François, « Sur un espace intellectuel », *L'Espace Géographique,* 1989, n° 2, p. 86.

> « Dire que la géographie est science sociale, c'est dire que tous les déterminants, et pas seulement physiques, s'imbriquent en complexes explicatifs de situations sociales variées. Poser pour principe (ou hypothèse, comme on voudra), que la géographie, toute la géographie est science sociale, c'est en fait recentrer celle-ci fortement, lui donner une finalité spécifique et claire. La laisser à l'articulation des sciences de la société et des sciences de la nature, c'est l'autoriser à toutes les dérives, tant dans un sens que dans l'autre, dérives qui l'ont menacée d'éclatement à plusieurs reprises. Les géographes, tous les géographes rentrent dans l'étude des sociétés par l'espace, c'est ce qui fait l'unité et la spécificité de leur démarche. »
>
> AURIAC, Franck « Géographie et géographes pour les sciences sociales », *L'Espace Géographique,* 1989, n° 2, p. 145-146.

> « La géographie est une science sociale, qui travaille, à travers la dimension spatiale, la tension entre acteurs et systèmes, qui considère avec une égale légitimité explicative la dimension causale et la compréhension, l'analytique et le synthétique, la partie et le tout, le qualitatif et le quantitatif, les formalisations langagières et mathématiques, le texte et la carte, le singulier et l'universel, et qui intègre la nature comme réalité significative au sein du social. Le dépassement de ces antinomies ne se fait pas sur la base d'un compromis mais par une intégration répondant aux objectifs d'un « programme fort » : celui de progresser dans l'intelligence de l'espace des hommes et d'apporter ainsi une double contribution à la maîtrise de cet espace par ses acteurs, petits ou grands, et d'enrichir la connaissance transdisciplinaire du monde social. »
>
> LÉVY, Jacques, LUSSAULT, Michel (dir.), *Dictionnaire de la géographie et de l'espace des sociétés,* Paris, Belin, 2003, p. 14.

Ces courtes citations reflètent le contexte de la fin de la période des grands débats ayant traversé la discipline depuis les années 1970 et que marque par exemple la publication de quatre dictionnaires emblématiques de géographie[1]. Franck AURIAC, François DURAND-DASTÈS, Jacques LÉVY, Michel LUSSAULT affirment tous les quatre que la géographie est une science sociale dont l'objet est l'espace des sociétés dans ses dimensions plurielles et suggèrent d'interroger les interactions entre espace et société, les méthodes de la géographie et le rôle social des géographes.

B. La géographie est une science sociale

Contrairement à ce qui est parfaitement admis dans la communauté scientifique des géographes depuis plusieurs décennies, l'article « Géographie » du très reconnu dictionnaire de la langue française, *Le Petit Robert*, ne tranche pas quant à la nature de la discipline, définissant la géographie, comme une discipline mixte, à la croisée des sciences de la nature et des sciences sociales : « La géographie est une science naturelle et humaine »[2]. Pourquoi la géographie est-elle encore si mal définie hors du cercle des spécialistes ? Pourquoi n'est-il pas rare de rencontrer bon nombre d'étudiants ne sachant ni qualifier la discipline, ni son objet ? Pourquoi la persistance de l'idée d'une discipline mixte ? Or d'un point de vue logique, comment pourrait-on expliquer des faits sociaux par des mécanismes empruntés à la physique et aux sciences de la nature et inversement comment pourrait-on expliquer des faits naturels par des faits sociaux ? Cet archaïsme est en partie lié à l'histoire unique de la géographie au sein des sciences humaines et sociales.

1. Voir la bibliographie, en fin de deuxième partie de ce chapitre.
2. Édition 2011, page 1147.

Elle est en effet la seule science à avoir fait un double grand écart épistémologique entre le moment de son institutionnalisation, à la fin du XIXe siècle, et la deuxième moitié du XXe siècle, en passant des sciences de la nature aux sciences de la société et en glissant conjointement des méthodes descriptives attachées à la reconnaissance de particularismes régionaux à des méthodes hypothético-déductives tendues vers la découverte de régularités et de « lois ». Son objet a changé, ses méthodes aussi. De science descriptive, idiographique, c'est-à-dire cherchant des spécificités locales, régionales, à travers la description de paysages, de régions, pour atteindre le réel, le plus fidèlement possible, la géographie est devenue une science qui interroge le réel en posant des hypothèses, interprète le réel, après vérification des hypothèses, s'occupe d'invariants, de processus spatiaux (comme par exemple ceux de la métropolisation, phénomène urbain inscrit dans la mondialisation), en essayant de démêler les fils de la complexité du monde. Les particularités locales, les différences entre les lieux ne sont pas pour autant gommées, niées, mais comprises comme des déclinaisons, des configurations spécifiques, des écarts aux modèles (graphiques, mathématiques, conceptuels), d'où cette tension en géographie entre « le singulier et l'universel ».

La géographie est incontestablement une science sociale dont l'objet, l'espace géographique, est produit par les relations entre l'espace et la société. Dans les années 70, des sociologues urbains conceptualisèrent ces relations et leurs avancées furent à la base d'un courant de pensée pluridisciplinaire qui s'est intéressé à l'inscription spatiale des inégalités sociales, à la ségrégation et aux divisions sociales dans la ville. En géographie, ce courant s'est affirmé dans les textes fondateurs de la géographie sociale[1]. Par la suite, tous les géographes ont interrogé subtilement les relations entre le social et le spatial, en déplaçant le centre de gravité de l'analyse tantôt sur le social, tantôt sur le spatial. L'accent a porté sur l'interdépendance du social et du spatial, sur l'espace comme facteur explicatif des faits sociaux, il a aussi porté sur les rapports que les sociétés nouent avec leur espace géographique. Des géographes et des historiens ont également montré les paradoxes indépassables qui accompagnent l'explication des relations entre le social et le spatial. Les recherches récentes s'appuient sur le postulat de la consubstantialité du social et du spatial et reprennent, à travers le filtre de la territorialité, l'étude des rapports que les individus et les sociétés entretiennent avec leur espace.

Tous ces travaux attestent du pouvoir explicatif de l'espace et, en même temps, ils soulignent que l'espace ne signifie rien s'il est détaché du social. Si le social explique le spatial et si le spatial explique le social, il n'y a ni correspondance, ni réciprocité automatiques dans les relations qu'entretiennent le social et le spatial. L'espace géographique n'est pas un simple décalque des rapports sociaux. S'il arrive qu'à un niveau local très fin, la hiérarchie des faits sociaux s'inscrive

1. FRÉMONT, Armand, CHEVALIER, Jacques, HÉRIN, Robert, RENARD, Jean, *Géographie sociale*, Paris, Masson, 1984.

de manière transparente dans l'espace, ce n'est pas du tout le cas général. De nombreux facteurs viennent perturber une inscription des faits sociaux qui serait automatique et de nombreux effets spatiaux interfèrent en retour dans la production des faits sociaux. De plus, les interactions entre les territoires hérités construits par des logiques aujourd'hui dépassées et les territoires actuels brouillent encore un peu plus l'intelligibilité des liens entre le social et le spatial.

C. L'espace géographique est un objet complexe

Étudier la complexité de l'espace géographique demande que l'on se saisisse d'au moins trois séries d'éléments en interactions :

- l'inscription spatiale des différentes activités des hommes en société,
- les jeux et les enjeux du système des acteurs de la société sur l'espace,
- les recompositions de l'espace en cours de production avec l'espace « reçu » des sociétés (l'espace historique et l'espace naturel).

L'inscription des multiples activités des hommes en société dans la matérialité de l'espace génère une première série d'interactions expliquant la complexité de la production de l'espace géographique. Roger BRUNET distingue quatre actions associées (figure ci-dessous)[1]. Dans le vocabulaire employé, le « maillage » correspond au processus de découpage de l'espace en mailles ou entités territoriales de tailles identiques ou différentes, le treillage au processus de différentiation spatiale adossé à l'espace réticulaire, c'est-à-dire à l'espace des réseaux (de transports, de villes, etc.) et les mots « exploiter, lieu de travail » renvoient à ce que l'on met plus couramment aujourd'hui sous l'expression « espaces productifs ».

1. BRUNET, Roger, « Le déchiffrement du monde », *Géographie universelle, Monde nouveaux*, tome 1, Paris, Hachette/RECLUS, 1990, p. 32.

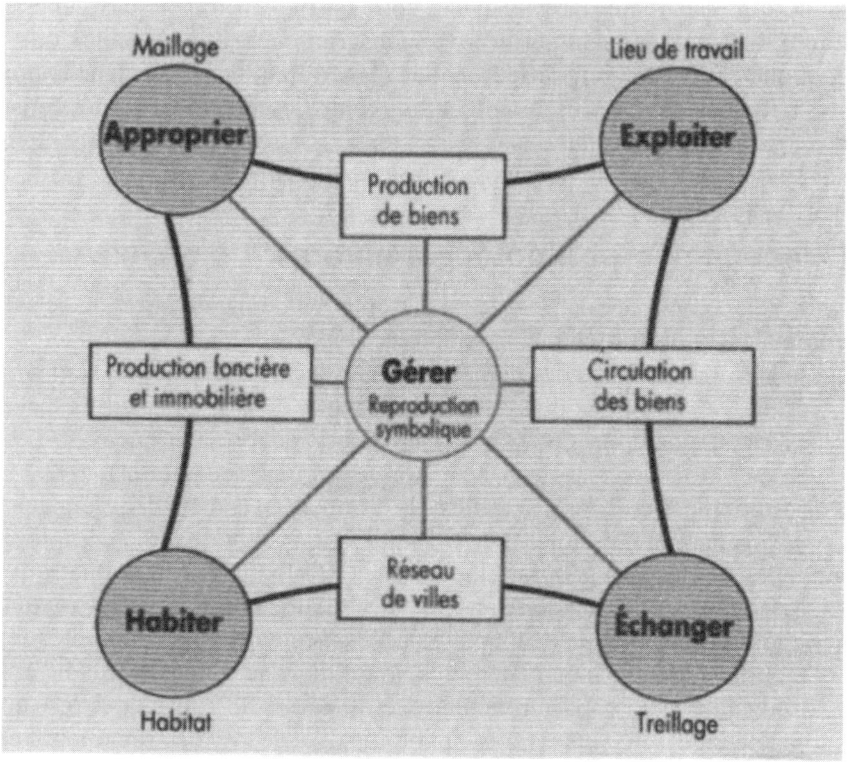

La production de l'espace géographique

« Quatre actions associées, habiter, approprier, exploiter et échanger sont coordonnées par les modes de gestion au sens large (culturelle, politique, sociale, économique). Leurs couples sont à l'origine d'autres actions à dimension géographique sensible. Quatre structures spatiales leur correspondent : les lieux de travail et d'habitat, le maillage et treillage. »

Les stratégies et les rapports à l'espace des acteurs de la société, leur spatialité et territorialité, leurs jeux et leurs enjeux sur l'espace génèrent une deuxième série d'interactions façonnant l'espace géographique. Roger BRUNET (figure ci-dessous)[1] décrit un système d'acteurs de l'espace à cinq pôles.

1. BRUNET, Roger, *Ibid.*, p. 47.

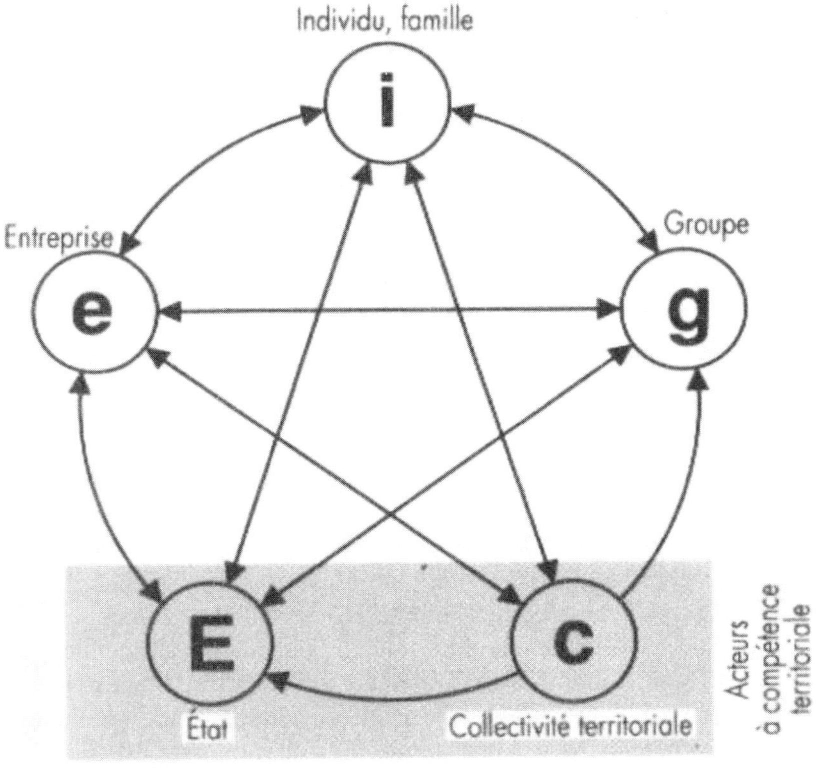

Le système des acteurs de l'espace

« l'État a des installations spécifiques, un domaine foncier et immobilier, assure les grands travaux et les principales infrastructures, fait des lois et règlements qui ont des effets spatiaux, fixe les règles de la fiscalité, gère le territoire national et les frontières, il est parfois entrepreneur. L'entreprise exploite et transforme les ressources, a des installations spécifiques dont elle choisit la localisation, crée des flux d'échanges, dispose d'un domaine foncier, lui arrive d'assurer localement des infrastructures et des logements, et de produire des nuisances. La collectivité territoriale gère un territoire, assure des équipements et des installations spécifiques, a une certaine marge de réglementation et d'intervention fiscale et financière, et peut disposer d'un domaine foncier. L'individu (avec le ménage ou la famille) est détenteur ou usager d'un domaine foncier et immobilier, habite, se déplace, produit et consomme, rêve et jouit, crée des flux. Le groupe agit plus ou moins directement selon sa nature même : des groupes créent et gèrent directement de l'espace, comme communautés, comme entrepreneurs collectifs, comme usagers ou en faisant pression. »

Les actions associées, habiter, approprier, exploiter, échanger, et les stratégies d'acteurs, ne s'inscrivent pas dans un espace vierge qui serait une simple feuille de papier calque, mais dans un espace « reçu », lui-même palimpseste, ce qui complexifie d'autant l'interprétation de la production de l'espace. Selon François DURAND-DASTÈS, qui emploie souvent cette expression, l'espace « reçu » est à la croisée de l'histoire et de la nature. D'une part, nous héritons de l'espace des générations passées relevant de logiques de localisation obsolètes que nous appréhendons à travers les traces qui nous en restent. Notre espace est ainsi le produit des recompositions entre territoires actuels et territoires hérités, dans lesquels le poids des formes léguées, varie ainsi que leur devenir. C'est une des raisons pour laquelle la question du temps est très prégnante en géographie, bien que le temps, contrairement à l'espace, ne soit pas l'objet premier de la discipline.

D'autre part, les actions associées, habiter, approprier, exploiter, échanger, et les stratégies d'acteurs s'inscrivent dans un espace qui est le produit de la rencontre entre nature et société ; le(s) milieu(x) naturel(s) conditionne(nt) notre vie sur terre. Cependant les facteurs physiques ne sont plus placés au centre de l'explication géographique. La géographie n'est plus une science de la nature cherchant à expliquer comment les hommes s'insèrent dans la nature. Le renversement de perspective épistémologique conduit au contraire à chercher comment les sociétés utilisent et modifient le milieu naturel dans lequel elles vivent, selon le moment de leur histoire et leur niveau de développement, comment elles se saisissent de ses potentialités et contraintes plus ou moins fortes, comment elles gèrent les risques naturels qui interfèrent avec les risques technologiques et sociaux inhérents à notre modernité.

À travers les questions relatives aux activités, aux acteurs, à l'espace « reçu » nous avons commencé à démêler les fils de la complexité de la production de l'espace, pourtant nous n'avons encore rien dit des propriétés intrinsèques de l'espace (l'étendue, la distance, la centralité…) qui conditionnent pourtant la méthode géographique.

D. Le feuilleté de l'espace géographique

Prenant en compte des objets qui ont des dimensions très différentes, les géographes affirment de manière unanime que l'espace doit être pensé à différents ordres de grandeurs et étudié avec des documents à différentes échelles. Le raisonnement multiscalaire se présente donc comme une médiation essentielle dans la définition et l'interprétation des faits géographiques.

On sait bien que les processus de localisation industrielle se déploient du mondial au local et que pour être efficaces, les grandes stratégies planétaires s'articulent à des stratégies menées finement au niveau local. Lorsqu'une firme multinationale décide de créer une nouvelle usine, le questionnement se fait d'abord au niveau planétaire. Où l'implanter ? Dans le monde des Suds, des Nords ? Il s'agira ensuite au sein d'un des continents, de choisir l'État qui offre le plus de stabilité politique et les solutions les plus avantageuses, puis au sein de cet État, la région où les commodités (aménités) sont les plus nombreuses ; *in fine*, l'usine sera construite en un certain lieu, sur un certain terrain, dont les avantages ne peuvent pas être compris à la lecture de la carte nationale, ni à celle du continent…

De nombreux textes épistémologiques et didactiques posent l'impératif de la multiscalarité comme un manifeste. Yves LACOSTE écrit par exemple en 1987, « Dans cette façon de penser l'espace comme s'il était feuilleté, une série de hiatus sépare les différents niveaux d'analyse. Or c'est tout le but d'un véritable raisonnement de géographie que de chercher à les articuler les uns aux autres. C'est aussi une nécessité pour l'action. ». Dix ans plus tard, Roger BRUNET écrit de même : « La première des exigences d'une géographie de notre temps est de traiter de *toutes les échelles*. […] Ceci amène à se demander comment s'articulent les espaces d'un même niveau entre eux, et les différents niveaux les uns par rapport aux autres. ».

En pratique, tout se passe comme si en changeant d'échelle, on changeait non seulement d'intention et de configurations mais, partiellement du moins, de problème et d'explication. Est-ce dire pour autant que ce qui est vrai à une échelle ne l'est plus à l'autre ? Certainement pas, d'autant plus qu'à chaque échelle sont attachés des risques d'erreurs d'interprétation liés aux problèmes d'observation et de biais statistiques. Il semble néanmoins qu'en se rapprochant de la plus grande échelle cartographique et des niveaux les plus fins, avec des données moins agrégées, l'explication devienne plus complexe, réclamant à côté des registres traditionnels de l'analyse sociospatiale et spatioéconomique, la mobilisation de registres historiques et culturels dans lesquels la part de l'onirique et du symbolique ne doit pas être oubliée[1].

La notion d'*échelle* prête à de nombreux pièges et malentendus de langage car elle est polysémique. D'un côté, le mot désigne des rapports de taille entre des réalités géographiques, de l'autre, en cartographie, le mot signifie des rapports de réduction entre un référent « le terrain » et un référé, « la carte ». C'est pourquoi dans le tableau ci-après les intitulés des colonnes distinguent les ordres de grandeurs (du local au mondial) des échelles des cartes au sens strict (petite et grande échelles).

Le mot *échelle* désigne habituellement un objet formé de deux montants de bois agrémentés de barreaux qui constituent autant de marches. Sur le papier, cette barre munie de graduations en kilomètres figure depuis plusieurs siècles dans la marge des cartes. L'échelle graphique se double sur certaines cartes d'une

1. On peut lire à ce sujet un article très éclairant, facilement accessible en ligne : RACINE, Jean-Bernard, « Les Suisses et l'Europe : questions d'échelle », *Mappemonde* 3/1997, p. 31-34.

fraction (1/20 000, 1/1 000 000, etc.). Le numérateur « 1 » correspond à la distance mesurée sur la carte soit 1 cm, tandis que le dénominateur (20 000, etc.) correspond à la distance mesurée en cm sur le « terrain » c'est-à-dire aux dimensions géographiques de l'espace représenté. Il résulte de cette division qu'une carte au 1/250 000 pour laquelle 1 cm sur la carte représente 250 000 cm, soit 2,5 kilomètres, permet de représenter un territoire plus vaste (comme par exemple celui d'une grande région française) qu'une carte au 1/25 000, soit 1 cm sur la carte pour 250 mètres dans la réalité, représentant un territoire de dimension locale (comme une agglomération de la taille de Grenoble, Montpellier ou Strasbourg). Une carte à grande échelle correspond ainsi à un territoire réduit, local, et réciproquement. L'emboîtement des échelles des cartes topographiques que réalise l'Institut de Géographie Nationale (IGN) démontre bien ce fait :

- Série Bleue au 1/25 000, 1 cm correspond à 250 mètres, la France en 2 000 cartes ;
- Série Orange au 1/50 000, 1 cm correspond à 500 mètres, la France en 1 100 cartes ;
- Série Verte au 1/100 000, 1 cm correspond à 1 kilomètre, la France en 74 cartes ;
- Série Rouge au 1/250 000, 1 cm correspond à 2,5 kilomètres, la France en 16 cartes.

Mais attention ! Quand on parle d'une opération d'aménagement *à grande échelle*, on imagine de vastes territoires et d'importants moyens mis en œuvre, même si ce contre-sens cartographique procède d'un raisonnement de bon sens. De même l'expression *à grande échelle* est souvent utilisée dans le langage courant au sujet de la mondialisation. Afin d'éviter les confusions, chaque fois qu'il s'agit d'un raisonnement sur les espaces et territoires (vastes espaces, vaste monde, ordre de grandeur du général, du mondial) et non d'une observation de cartes à petite échelle et inversement, on gagnerait à substituer la notion d'*ordre de grandeur* à celle d'*échelle*.

Le feuilleté de l'espace
Ordres de grandeur et échelles en géographie

Ordres de grandeur Rapports de taille entre réalités géographiques		***Concepts spatiaux***	***Unité de mesure***	***Échelle des documents Rapport de réduction entre référent (« terrain ») et référé (« carte »)***	***Objets géographiques***
Mondial	**1**	Espace, territoire, géosystème	10 000 km et x	**Cartes à petite échelle** 1/50 000 000 (Petite fraction car grand dénominateur)	Monde en tant que tel, avec ses archipels, ses réseaux, ses aires géopolitiques, culturelles, les Suds, les Nords… zones climatiques, continents, océans, grandes aires géophysiques
Régional	**2**	Espace, territoire, géosystème, régions, milieux	1 000 km et x	1/10 000 000	Mers, déserts, grands États, regroupements d'États, Systèmes de villes…
	3		100 km et x	1/1 000 000, 1/500 000	Chaînes de montagnes, États, systèmes de villes…
	4		10 km et x	1/250 000, 1/50 000	Massifs montagneux, grands bassins hydrologiques, parties de la France, agglomérations de la taille de Paris…
Local	**5**	Espace, territoire, géosystème, paysages, lieux	1 km et x	**Cartes à grande échelle** (grande fraction car petit dénominateur) 1/25 000	Vallées, littoraux, agglomérations de la taille de Toulouse…
	6		10 à 100 m	Cartes et plans, 1/10 000, 1/2 000	Terroirs, formes de modelé, quartiers urbains, villages…
	7		1 m et x	Plans, 1/500	Lapiez, marmites de géant, îlot urbain, carrefours intra-urbains, hameaux…

On peut ajouter ici deux remarques quant à la question des ordres de grandeur. Premièrement, pour désigner les rapports de taille entre réalités, il est préférable d'utiliser l'expression *ordre de grandeur* plutôt que *niveaux de l'étendue*. L'expression *ordre de grandeur* contient une référence implicite aux échelles de temps, dont la théorisation est liée aux recherches, fondatrices en géohistoire, de l'historien Fernand BRAUDEL qui a décrit le temps (long) de l'espace de la Méditerranée[1].

Deuxièmement, on peut souligner l'historicité du raisonnement multiscalaire en géographie. Les ordres de grandeur du local, régional et général, avec une invocation très descriptive du principe de « l'unité terrestre » sont présents dès l'institutionnalisation de la discipline, à la fin du XIXe siècle mais, ils ne sont théorisés qu'à partir des années 1960-1970. Quant à l'ordre de grandeur du mondial, il devient un niveau à part entière, un ultime niveau, en même temps que se diffuse, au début des années 1980, la pensée du monde dans sa globalité. Olivier DOLLFUS parle pour la première fois de *système monde* en 1984. Depuis lors, l'idée selon laquelle l'interrelation entre les espace du Monde construit un espace unique est prégnante, aussi bien dans le champ scientifique que scolaire[2]. L'histoire du Monde et la manière dont il est appréhendé a donc changé. Il semble bien que, de plus, le Monde devienne un territoire, en ce sens qu'émerge une société-monde. Cette société doit résoudre de grands défis environnementaux, énergétiques, alimentaires, sanitaires, sécuritaires, qui touchent tous les habitants du Monde, indépendamment des effets de frontières.

E. Les dimensions plurielles de l'espace géographique entre l'objectif, le vécu et le symbolique

Si au regard de la distance, l'espace géographique peut être comparé à un feuilleté pris dans le sens habituel de l'horizontalité, au regard des facteurs humains, l'espace géographique peut être pensé dans des dimensions plurielles, verticales, entre l'objectif, le vécu et le symbolique. L'évolution récente de la discipline permet d'introduire du subjectif, là où, jusqu'à présent, il n'était question que de phénomènes objectifs. Par exemple, dans les recherches de géographie de la population, on pouvait au mieux distinguer des sous-populations, mais il n'y avait pas de place pour l'étude des personnes et leurs rapports à l'espace en tant que sujets sociaux et sujets singuliers.

1. BRAUDEL, Fernand, *La Méditerranée et le monde méditerranéen à l'époque de Philippe II*, Paris, Armand Colin, 1949.
2. DOLLFUS, Olivier, GRATALOUP, Christian, LÉVY, Jacques « Trois ou quatre choses que la mondialisation dit à la géographie », *L'Espace géographique* n° 1, 1999, p. 1-11. Sans doute le texte qui résume le plus ce que la prise en compte du niveau mondial impose comme évolutions problématiques à la géographie.

Le texte suivant de Guy DI MÉO résume bien cette nouvelle perspective[1] :

> « L'espace géographique qui accueille la vie sociale et au sein duquel s'accomplissent les destinées humaines n'a pas cette objectivité placide que la géographie classique et ses versions positivistes retenaient naguère, implicitement. [...] Les hommes produisent cet espace et s'y inscrivent. Cependant cette opération revêt beaucoup plus de complexité qu'il n'y paraît de prime abord. Cette production-inscription ne se réduit pas à une stricte somme d'actes concrets et de travaux de nature matérielle. L'homme qui se représente l'espace et son milieu, qui le façonne et le transforme est à la fois une conscience, une psyché, un sujet philosophique et politique, un individu, une personne, un être humain et un être social. À ces divers titres, tous différents et complémentaires, il établit une palette diversifiée de rapports spatiaux. Il secrète une large variété de représentations spatiales ».

Formalisant ces avancées, on peut caractériser d'une part une strate de l'espace objectif et d'autre part une strate de l'espace subjectif. L'espace objectif est produit par l'imbrication des lieux, des rapports sociétaux et des représentations qui sont associées à ces lieux et à ces rapports sociétaux. Au regard des règles de fonctionnement dominantes dans la société, l'espace objectif est subdivisé en deux sous-espaces. Le premier, l'espace des activités sociales, est configuré par les rapports sociaux liés aux actions d'habiter, de produire (dans l'acception la plus large), d'échanger, et les représentations collectives qui réifient cet espace de production-inscription des activités sociales. Le deuxième, l'espace de la puissance publique, est configuré par les politiques publiques, qui s'inscrivent dans des territoires de projet ou de gestion, et par leur image dans les représentations collectives.

L'espace subjectif est produit par l'imbrication des lieux, des séquences d'espace-temps vécues par les personnes, en tant qu'individus et membres de groupes, et les représentations qu'elles associent à ces lieux et à ces moments de vie. Au vu des temporalités humaines, on peut séparer l'espace subjectif en deux sous-espaces. Le premier, le milieu vécu, est configuré par la territorialité des personnes, leurs représentations, leur imaginaire, à l'échelle du temps quotidien. Le deuxième, l'espace vécu, est configuré par la territorialité des personnes, leurs représentations, leur imaginaire, à l'échelle du temps d'une vie.

1. DI MÉO, Guy, « Que voulons-nous dire quand nous parlons d'espace ? », *Logiques de l'espace*, LÉVY, Jacques., LUSSAULT, Michel. (dir.), Paris, Belin, 2000, coll. « Mappemonde », p. 37-48.

L'espace géographique

<u>*Le feuilleté de l'espace*</u>

← *Les échelles du niveau local au niveau mondial* →

↑

LA STRATE DE L'ESPACE OBJECTIF

Espace produit par l'imbrication des lieux, des rapports sociétaux et des représentations collectives qui leur sont associées

Deux sous-espaces

Espace des activités sociales et économiques : espace configuré par les rapports sociaux liés aux actions d'habiter, de produire, d'échanger, et par les représentations collectives qui réifient cet espace

Espace de la puissance publique : espace configuré par les politiques publiques qui s'inscrivent dans des territoires de projet ou de gestion et par leur image dans les représentations collectives

↓

↑

LA STRATE DE L'ESPACE SUBJECTIF

Espace produit par l'imbrication des lieux, des séquences d'espace-temps vécues par les personnes, en tant qu'individus et membres de groupes, et les représentations qu'elles associent à ces lieux et à ces moments de vie

Deux sous-espaces

Milieu vécu : espace configuré par la territorialité des personnes, leurs représentations, leur imaginaire, à l'échelle du temps quotidien

Espace vécu : espace configuré par la territorialité des personnes, leurs représentations, leur imaginaire, à l'échelle du temps de la vie humaine

↓

Source : SÉLIMANOVSKI, Catherine, *La frontière de la pauvreté*, Rennes, PUR, 2008, p. 100

La géographie a connu une évolution singulière. Elle s'est confirmée comme une science sociale qui s'occupe de l'espace des sociétés, c'est-à-dire de l'organisation de l'espace et des pratiques de l'espace de tous les acteurs de la société. De cette longue histoire restent des courants de géographie, des « écoles » complémentaires, quelquefois rivales ; un peu comme dans une ville coexistent dans le temps présent des espaces hérités de différents moments de l'histoire. Le schéma de Gérard HUGONIE, ci-après, présente l'intérêt de résumer les foisonnements de la géographie.

De manière très générale, les géographes d'aujourd'hui se partagent entre trois groupes, dont les limites sont bien sûr floues, privilégiant chacun une entrée forte en géographie. Premièrement, il y a le groupe des spécialistes de géographie physique qui ont intégré les changements de perspectives que la discipline a connus. Deuxièmement, les géographes, dits de « la nouvelle géographie » entrent en géographie par l'analyse des formes de l'espace, en modélisant, parfois de manière mathématique. Ce sont eux les représentants de ce que l'on appelle *l'analyse spatiale* (l'expression ne figure pas sur le schéma). Enfin, il y a tous les géographes, ayant aussi largement participé au renouveau de la géographie que les précédents, qui entrent en géographie par l'étude des acteurs de la société dans ses territoires, du côté plutôt du champ de l'économie (géographie économique), ou de l'aménagement (géographie active) ou du social (géographie sociale), ou du culturel (géographie culturelle), ou du politique (géographie politique, géopolitique) ou de l'histoire (géohistoire).

Enfin, des savoirs émergents, *la complexité, la durabilité, l'identité*, issus respectivement de l'analyse spatiale, de la géographie active, de la géographie culturelle diffusent leurs problématiques dans toute la géographie, en traversant tous les champs de la discipline.

La consécration depuis les années 1990 du *territoire* comme concept fort de la géographie, relayant celui d'*espace*, qui a été le concept phare depuis les années 1970, révèle la richesse des développements de la discipline. Les deux concepts spatiaux sont polysémiques. L'espace est le concept le plus général, le plus abstrait. Le territoire signifie toujours une appropriation de l'espace, mais pas forcément un titre de propriété, il suffit parfois d'un regard. Le territoire peut être défini par des pratiques spatiales (le territoire des personnes âgées dans la ville), ou par une gestion collective de la puissance publique (des territoires de projet comme les réseaux d'éducation prioritaire, des territoires de gestion comme les académies scolaires) ou par l'affirmation d'une souveraineté politique (les territoires des collectivités locales, régionales, les territoires des États, le territoire de l'Union Européenne à vingt-huit).

De la géographie classique aux tendances actuelles de la géographie

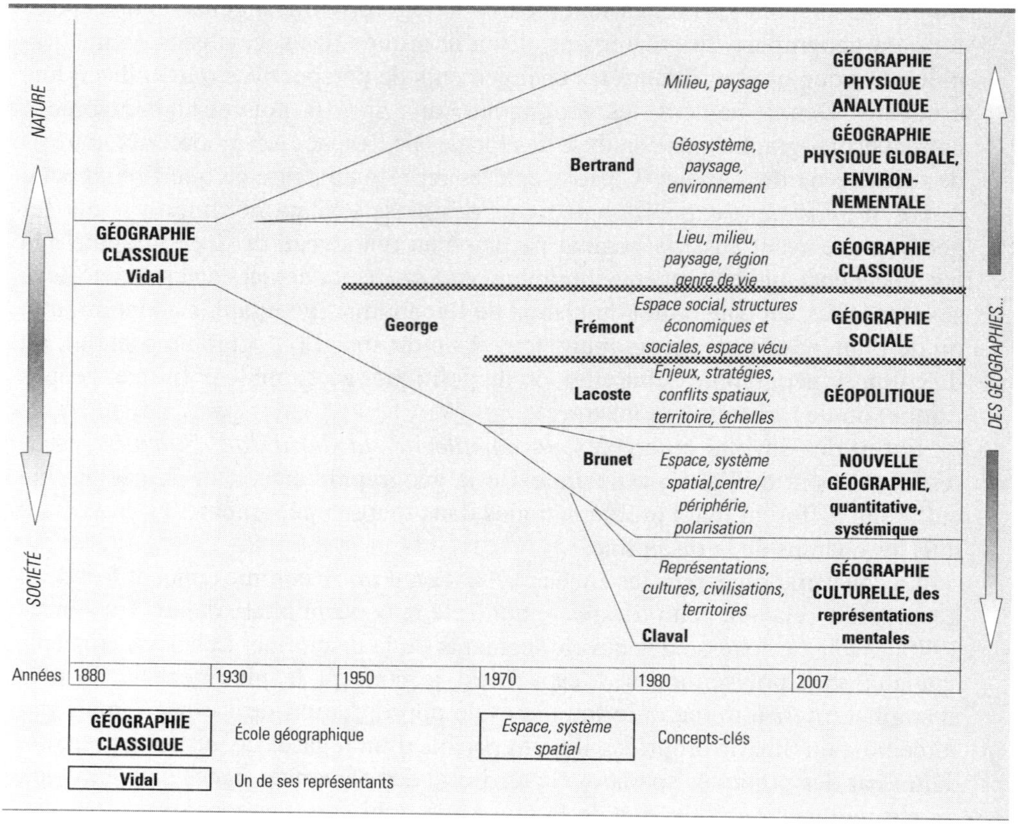

HUGONIE, Gérard, « La géographie de l'étude des lieux
à celle de l'action des hommes sur la terre », *Éducation & formation*,
n° 76, décembre 2007, p. 59-66.

On peut ajouter à ce schéma le concept clé de *territoire* qui émerge depuis les années 1990.

II. Pratiquer la géographie à l'école primaire

Faire de la géographie à l'école primaire demande de se conformer aux règles des programmes de l'école, comme pour toutes les autres matières à enseigner, de respecter la pertinence scientifique de la discipline (on ne peut plus réduire la géographie à la seule étude des milieux naturels, en tenant une posture déterministe, comme cela pouvait encore se faire il y a une génération) et de construire ses enseignements en tenant compte des capacités des élèves et de la dynamique de classe.

La géographie enseignée à l'école ne transpose pas, en les affadissant, les savoirs universitaires de référence. Il s'agit de recomposition. Pourquoi ? Les finalités de la géographie universitaire et scolaire sont différentes. La finalité de la recherche est d'apporter sa contribution à la connaissance du monde ; en géographie, par le prisme de la dimension spatiale des phénomènes de société. La finalité de l'enseignement scolaire est autre. Elle se décline grossièrement en trois objectifs qui sont de contribuer au développement intellectuel des élèves, d'apporter aux élèves des connaissances sur le monde et de former des élèves-citoyens. De manière un peu plus précise pour la géographie, ces objectifs répondent à des finalités essentielles : se situer dans l'espace terrestre, connaître l'espace terrestre et la vie des hommes, penser l'espace, comprendre les mutations de l'espace terrestre, agir dans l'espace terrestre, mieux utiliser l'espace et comprendre la responsabilité des individus, des sociétés face à l'espace terrestre, enfin développer des capacités générales et transversales.

Les objectifs essentiels de la géographie scolaire sont transcrits dans les programmes officiels de l'enseignement primaire, avec des inflexions différentes à chaque nouveau changement de programme. Sur ces programmes pèsent toujours une triple exigence. Premièrement, on l'aura compris, pèse l'exigence de la pertinence scientifique des contenus d'enseignements. Deuxièmement, parce que l'école est républicaine et laïque, pèsent les exigences d'une demande sociale et politique forte, celle de l'enseignement du développement durable notamment. Troisièmement, pèse la nécessaire adaptation et progressivité des enseignements au niveau de cognition des enfants selon leur âge. C'est ainsi que se constituent, forcément, des écarts importants entre les projets et les méthodes de la géographie universitaire et les programmes de l'enseignement de la géographie à l'école primaire que nous pouvons lire dans des instructions officielles du cycle 2 et du cycle 3.

A. La géographie au cycle 2 (CP-CE2), lecture du Bulletin Officiel (BO) spécial n° 11, du 26 novembre 2015

Au cycle 2, la géographie n'est pas encore une discipline d'enseignement à part entière. Elle est intégrée à la partie du volet 3 « Les enseignements » intitulée « Questionner le monde » regroupant des savoirs relatifs à la géographie, à l'histoire, aux sciences de la vie et de la terre. Dans l'introduction, on retrouve les trois objectifs généraux de la géographie scolaire, énoncés pour chaque classe, de l'école primaire à la classe de terminale, tels qu'ils ont été décrits à la page précédente : « Les objectifs généraux de 'Questionner le monde' sont donc : d'une part de permettre aux élèves de construire des connaissances nécessaires pour décrire et comprendre le monde qui les entoure et développer leur capacité à raisonner ; d'autre part de contribuer à leur formation de citoyens. ».

Ce questionnement du monde déborde d'ailleurs le strict champ disciplinaire, puisque dans l'introduction générale du volet 1 consacré aux spécificités du cycle, dès la ligne 4, il est dit que l'enseignement du monde traverse tous les enseignements pendant les trois années : « Au cycle 2, tous les enseignements interrogent le monde. » L'objectif n'en est pas seulement de découvrir le monde, mais comme le dit l'intitulé, de le questionner. Cela suppose de commencer à poser les bases d'un raisonnement scientifique avec les élèves. « Dès l'école maternelle les élèves explorent et observent le monde qui les entoure ; au cycle 2, ils vont apprendre à le questionner de manière plus précise, par une première démarche scientifique et réfléchie.

Questionner le monde consiste premièrement à apprendre à « se situer dans l'espace et le temps » (*cf.* le domaine 5 du socle commun des connaissances, la culture humaniste). Il s'agit pour l'élève de se situer dans le monde, de se repérer, de s'orienter et de se situer dans un espace géographique, en passant progressivement d'un espace autocentré à un espace géographique et cosmique. Cette capacité de décentration doit permettre aux élèves de comprendre les interactions entre l'espace et les activités humaines et de comparer des espaces géographiques simples. Nous retrouvons la première question fondamentale que pose la géographie : « où ? », mais avec des enfants de 6 à 9 ans, on commence par le niveau local le plus fin qui est celui de leur espace de vie quotidien, leur espace « vécu ».

Deuxièmement, questionner le monde passe par l'apprentissage de l'utilisation des représentations de l'espace et la production de représentations de l'espace. Grâce à ce mode de questionnement scientifique, très explicitement développé en géométrie aussi, les élèves pourront progressivement appréhender leur espace personnel de manière plus abstraite. À la fin du CE2, il est attendu qu'ils pensent la planète comme un tout, donc sa géographie, dans sa variété et sa complexité.

▶ **CYCLE 2** QUESTIONNER LE MONDE

Connaissances et compétences associées	Exemples de situations, d'activités et de ressources pour l'élève
Se repérer dans l'espace et le représenter	
Se repérer dans son environnement proche. Situer des objets ou des personnes les uns par rapport aux autres ou par rapport à d'autres repères. » Vocabulaire permettant de définir des positions (gauche, droite, au-dessus, en dessous, sur, sous, devant, derrière, près, loin, premier plan, second plan, nord, sud, est, ouest…). » Vocabulaire permettant de définir des déplacements (avancer, reculer, tourner à droite / à gauche, monter, descendre…). Produire des représentations des espaces familiers (les espaces scolaires extérieurs proches, le village, le quartier) et moins familiers (vécus lors de sorties). » Quelques modes de représentation de l'espace. Lire des plans, se repérer sur des cartes. » Éléments constitutifs d'une carte : titre, échelle, orientation, légende.	Ce travail est mené en lien avec les mathématiques. Passer, dans les activités, de l'espace proche et connu à un espace inconnu. Mises en situations, avec utilisation orale puis écrite d'un langage approprié. Ce travail est mené en lien avec les mathématiques. Étudier des représentations de l'espace environnant (maquettes, plans, photos), en produire. Dessiner l'espace de l'école. Prélever des informations sur une carte.
Situer un lieu sur une carte ou un globe ou un écran informatique	
Identifier des représentations globales de la Terre et du monde. Situer les espaces étudiés sur une carte ou un globe. Repérer la position de sa région, de la France, de l'Europe et des autres continents. Savoir que la Terre fait partie d'un univers très vaste composé de différents types d'astres. » De l'espace connu à l'espace lointain : • les pays, les continents, les océans ; • la Terre et les astres (la Lune, le Soleil, …).	Cartes, cartes numériques, planisphères, globe comme instruments de visualisation de la planète pour repérer la présence des océans, des mers, des continents, de l'équateur et des pôles… Cartes du système solaire ; repérage de la position de la Terre par rapport au Soleil. Saisons, lunaisons, à l'aide de modèles réduits (boules éclairées).

Repères de progressivité

Au **CE2**, on commence l'étude de l'espace géographique terrestre à travers quelques milieux géographiques caractéristiques. En partant de l'espace vécu puis en abordant progressivement les espaces plus lointains ou peu familiers, on contribue à la décentration de l'élève.

En fin de cycle on attend que les élèves comparent des modes de vie dans quelques espaces emblématiques à partir de l'alimentation, l'habitat, les vêtements, les outils, la guerre, les déplacements, deuxièmement, qu'ils comprennent qu'un espace est organisé (quartier, village, ville) et troisièmement, qu'ils identifient des paysages, en France, en s'appuyant sur des lieux de vie, et dans le monde.

B. La géographie au cycle 3 (CM1-classe de 6e du collège), lecture du Bulletin Officiel (BO) spécial n° 11, du 26 novembre 2015

En cycle 3, la géographie devient une discipline d'enseignement à part entière dont le premier objectif « se repérer dans l'espace et construire des repères géographiques » prolonge les contenus du cycle 2 et dont les objectifs suivants permettent d'avancer pas à pas dans le projet géographique « nommer et localiser les grands repères géographiques ; nommer et localiser un lieu dans un espace géographique ; nommer, localiser et caractériser des espaces ; situer des lieux et des espaces les uns par rapport aux autres ; appréhender la notion d'échelle géographique ; mémoriser les repères géographiques liés au programme et savoir les mobiliser dans différents contextes » (domaine 1, 2, 5 du socle commun des connaissances). Il y a bien une progressivité des savoirs entre décrire des espaces, les repérer, les nommer (le domaine qui s'intéresse aux noms de lieux s'appelle la toponymie), puis mettre en relations des lieux les uns par rapport aux autres, les situer, et enfin mettre des espaces en relations.

▶ **CYCLE 3** HISTOIRE ET GÉOGRAPHIE

Classe de CM1	
Repères annuels de programmation	**Démarches et contenus d'enseignement**
Thème 1 **Découvrir le(s) lieu(x) où j'habite** » Identifier les caractéristiques de mon(mes) lieu(x) de vie. » Localiser mon (mes) lieu(x) de vie et le(s) situer à différentes échelles.	Ce thème introducteur réinvestit la lecture des paysages du quotidien de l'élève et la découverte de son environnement proche, réalisées au cycle 2, pour élargir ses horizons. C'est l'occasion de mobiliser un vocabulaire de base lié à la fois à la description des milieux (relief, hydrologie, climat, végétation) et à celle des formes d'occupation humaine (ville, campagne, activités…). L'acquisition de ce vocabulaire géographique se poursuivra tout au long du cycle. Un premier questionnement est ainsi posé sur ce qu'est « habiter ». On travaille sur les représentations et les pratiques que l'élève a de son (ses) lieu(x) de vie. Le(s) lieu(x) de vie de l'élève est (sont) inséré(s) dans des territoires plus vastes, région, France, Europe, monde, qu'on doit savoir reconnaitre et nommer.
Thème 2 **Se loger, travailler, se cultiver, avoir des loisirs en France** » Dans des espaces urbains. » Dans un espace touristique.	Le thème permet aux élèves de sortir de l'espace vécu et d'appréhender d'autres espaces. En privilégiant les outils du géographe (documents cartographiques, photographies, systèmes d'information géographique), les élèves apprennent à identifier et à caractériser des espaces et leurs fonctions. Ils comprennent que les actes du quotidien s'accomplissent dans des espaces qui sont organisés selon différentes logiques et nécessitent des déplacements. Le travail sur un espace touristique montre par ailleurs qu'on peut habiter un lieu de façon temporaire et il permet d'observer la cohabitation de divers acteurs. Ils découvrent la spécificité des espaces de production.
Thème 3 **Consommer en France** » Satisfaire les besoins en énergie, en eau. » Satisfaire les besoins alimentaires.	Consommer renvoie à un autre acte quotidien accompli dans le lieu habité afin de satisfaire des besoins individuels et collectifs. L'étude permet d'envisager d'autres usages de ce lieu, d'en continuer l'exploration des fonctions et des réseaux et de faire intervenir d'autres acteurs. Satisfaire les besoins en énergie, en eau et en produits alimentaires soulève des problèmes géographiques liés à la question des ressources et de leur gestion : production, approvisionnement, distribution, exploitation sont envisagés à partir de cas simples qui permettent de repérer la géographie souvent complexe de la trajectoire d'un produit lorsqu'il arrive chez le consommateur. Les deux sous-thèmes sont l'occasion, à partir d'études de cas, d'aborder des enjeux liés au développement durable des territoires.

CYCLE 3 HISTOIRE ET GÉOGRAPHIE

Classe de CM2	
Repères annuels de programmation	**Démarches et contenus d'enseignement**
Thème 1 **Se déplacer** » Se déplacer au quotidien en France. » Se déplacer au quotidien dans un autre lieu du monde. » Se déplacer de ville en ville, en France, en Europe et dans le monde.	Les thèmes traités en CM1 ont introduit l'importance des déplacements. En s'appuyant sur les exemples de mobilité déjà abordés et en proposant de nouvelles situations, on étudie les modes et réseaux de transport utilisés par les habitants dans leur quotidien ou dans des déplacements plus lointains. L'élève découvre aussi les aménagements liés aux infrastructures de communication. On étudie différents types de mobilités et on dégage des enjeux de nouvelles formes de mobilités.
Thème 2 **Communiquer d'un bout à l'autre du monde grâce à l'Internet** » Un monde de réseaux. » Un habitant connecté au monde. » Des habitants inégalement connectés dans le monde.	À partir des usages personnels de l'élève de l'Internet et des activités proposées pour développer la compétence « S'informer dans le monde du numérique », on propose à l'élève de réfléchir sur le fonctionnement de ce réseau. On découvre les infrastructures matérielles nécessaires au fonctionnement et au développement de l'Internet. Ses usages définissent un nouveau rapport à l'espace et au temps caractérisé par l'immédiateté et la proximité. Ils questionnent la citoyenneté. On constate les inégalités d'accès à l'Internet en France et dans le monde.
Thème 3 **Mieux habiter** » Favoriser la place de la « nature » en ville. » Recycler. » Habiter un écoquartier .	Améliorer le cadre de vie et préserver l'environnement sont au cœur des préoccupations actuelles. Il s'agit d'explorer, à l'échelle des territoires de proximité (quartier, commune, métropole, région), des cas de réalisations ou des projets qui contribuent au « mieux habiter ». La place réservée dans la ville aux espaces verts, aux circulations douces, aux berges et corridors verts, au développement de la biodiversité, le recyclage au-delà du tri des déchets, l'aménagement d'un écoquartier sont autant d'occasions de réfléchir aux choix des acteurs dans les politiques de développement durable.

Le programme du cycle 3 est construit à l'image du programme de la classe de 6e du collège depuis 2009 sur la notion d'*habiter* à laquelle les recherches géographiques récentes donnent une dimension nouvelle. L'*habiter* articule à la fois l'étude des formes de l'organisation de l'espace et celle des pratiques de l'espace. L'*habiter* invite à la découverte du monde dans la complexité des différents ordres de grandeur. « S'intéresser à l'habiter consiste à observer les façons dont les humains organisent et pratiquent leurs espaces de vie, à toutes les échelles. »

Le deuxième fil directeur du programme est celui du *développement durable*, pris plutôt dans sa dimension environnementale. Les dimensions sociales et économiques ne sont pas énoncées. Le recours à la notion de *développement durable*, sous-jacent dans thème 3 de la classe de CM1 est parfaitement explicite dans le thème 3 de la classe de CM2. L'objectif est, *in fine*, de sensibiliser les élèves à la prospective territoriale.

« La nécessité de faire comprendre aux élèves l'impératif d'un développement durable et équitable de l'habitation humaine de la Terre et les enjeux liés structurent l'enseignement de géographie des cycles 3 et 4. Ils introduisent un nouveau rapport au futur et permettent aux élèves d'apprendre à inscrire leur réflexion dans un temps long et à imaginer des alternatives à ce que l'on pense comme un futur inéluctable. C'est notamment l'occasion d'une sensibilisation des élèves à la prospective territoriale. »

C. Lire une carte : repères scientifiques, pédagogiques et didactiques

Pour bien lire une carte, soi-même, et bien faire lire des cartes aux élèves, que faut-il garder présent à l'esprit ?

La carte est une représentation, plus précisément la matérialisation graphique d'une représentation. La carte n'est pas l'objet, ni la terre, ni l'espace, ni le territoire. Elle n'en est même pas le simple reflet. Le paradoxe de la carte à l'échelle du 1/1 imaginé par Jorge Luis Borgès (écrivain argentin mort en 1986) dans un petit conte philosophique, en un empire où la cartographie fut poussée à une telle perfection que la carte d'une seule province occupait toute la ville, la carte de l'empire toute une province et que par la suite les cartographes levèrent une carte de l'empire qui avait le format de l'empire, montre combien l'identification de la carte à l'objet conduit à l'absurde[1]. La carte est donc une construction intellectuelle et technique. La carte est une abstraction et non une réduction de la réalité.

Toute carte résulte d'un système de représentation du monde : des cosmogonies antiques, des cosmogonies religieuses à la connaissance scientifique du monde et à notre vision systémique du monde.

Toute carte est le fruit d'un système de techniques inscrit dans l'histoire du progrès technique : des observations et mesures sur le terrain à la télédétection (photographies aériennes verticales et imagerie satellitaire) pour les cartes de type IGN ; pour des cartes thématiques, des données statistiques plus ou moins agrégées à une maille territoriale plus ou moins fine avec des traitements réalisés au moyen de la statistique descriptive assistée par ordinateur, aux systèmes d'information géographique (SIG) et aux « big data ».

Toute carte reflète un système de choix liés aux objets à représenter, à leur échelle d'observation, aux auteurs de la carte et à leurs intentions. La cartographie est un langage qui organise l'utilisation d'un système de signes pour transmettre des renseignements, d'où l'importance de la légende et du titre de la carte.

1. *Cf.* GRISON, Laurent, « L'empire des cartes », *Mappemonde*, n° 52, 1998, p. 43-44.

À côté d'un code analogique (le signe cherche à imiter l'objet représenté, par exemple un épi de blé pour les grandes cultures céréalières), un code plus abstrait est apparu dès la fin du XVIIIe siècle, où au souci de l'exhaustivité de l'information s'est ajouté celui de sa communication et de sa lisibilité. Le travail sur la lecture des signes (la sémiologie graphique) est essentiel en classe, de même que la réflexion sur le choix des signes pour la construction de cartes avec les élèves.

Enfin, toute carte a une utilité sociale ou politique. Pas plus qu'un texte, la carte n'est jamais neutre ! Dessiner la carte de l'Afrique au XIXe siècle, traçant des limites en s'appropriant les « blancs » de la carte, revenait à une appropriation réelle de l'espace dans un contexte tendu par des rivalités coloniales. De même, au Maroc aujourd'hui, on achète des cartes postales représentant un territoire marocain où ne figure aucune limite entre le Sahara Occidental, territoire encore disputé, et le territoire marocain « classique » situé au nord des îles Canaries. On se souvient que la carte de Roger BRUNET figurant la mégalopole européenne par un croissant bleu a conduit à une naturalisation de cet objet géographique de par sa dénomination « Banane bleue », alors même que ses limites et son extension peuvent être largement discutées.

D. Lire un paysage : repères scientifiques, pédagogiques et didactiques

Pour bien lire un paysage, soi-même, et bien faire lire les paysages aux élèves, que faut-il garder présent à l'esprit ?

Le paysage est un objet géographique de dimension locale que l'on ne doit pas confondre avec le lieu qui est aussi un objet de dimension locale. Un lieu est un point de l'étendue. C'est la plus petite unité complexe de l'espace. Le lieu est à la fois une forme de l'espace de par sa matérialité et un endroit où il se passe quelque chose, comme par exemple au théâtre (ce mot désigne un bâtiment et un type de spectacle). Le lieu est aussi un espace où la distance est « relativement » annulée. L'idée de paysage ajoute une dimension supplémentaire, celle du regard, celle de la verticalité.

Un paysage est un espace regardé, cet espace regardé existe indépendamment du regard, mais s'il n'est pas regardé, ce n'est pas un paysage. Un paysage est un espace objectif **et** subjectif, du fait des représentations que véhicule tout regard. Le paysage n'est pas un espace objectif seul, ce serait alors un lieu ou un espace de dimension locale à un niveau scalaire fin ; le paysage n'est pas un espace seulement chargé de représentations culturelles, ce serait alors une espèce de mythe ; le paysage n'est pas seulement un espace subjectif, il s'apparenterait alors à une rêverie… Le paysage est à la fois objectif **et** subjectif. Ajoutons que le paysage n'est pas un espace figé.

> « Paysage
> … *Ce que l'on voit du pays*, d'après le mot italien *paesaggio*, apparu à propos de la peinture pendant la Renaissance ; ce que l'œil embrasse… d'un seul coup d'œil, le champ du regard. Le paysage est donc une apparence et une représentation : un arrangement d'objets visibles perçu par un sujet à travers ses propres filtres, ses propres humeurs, ses propres fins […]. Certains de ses éléments n'ont pas attendu l'humanité pour exister ; mais s'ils composent un paysage c'est à la condition qu'on les regarde. Seule la représentation les fait paysage. Or ces représentations sont extrêmement variables selon les sociétés et les personnes, selon les cultures et les modes de vie […] »
>
> BRUNET, Roger, FERRAS, Robert, THÉRY Hervé, *Les mots de la géographie*, Paris, Montpellier, RECLUS/La Documentation française, 1992, 470 p.

Quelles sont les implications pédagogiques de la définition du paysage en tant qu'espace soumis au regard ?

Premièrement, le paysage regardé lors d'une sortie de classe apporte beaucoup de plus de sensations qu'une photographie regardée en classe. Le paysage *in vivo* est synoptique et mobilise d'autres sens que le regard. On peut énumérer le froid/le chaud, le sec/l'humide, la qualité de la lumière, les odeurs… L'observateur peut se fondre dans le paysage. Il est toujours extérieur à une photographie. De plus, la photographie ajoute un double filtre à la lecture du paysage. D'abord, le filtre de l'opérateur et de ses intentions. Une photographie de paysage captée par un photographe d'art comme Raymond DEPARDON ne ressemble pas à une photographie de paysage prise par un géographe : questions d'intentions, de cadrage, etc. Il y aussi le filtre technique lié à la qualité de l'appareil photographique : la profondeur de champ, les contraintes du cadrage, alors que l'œil peut embrasser le paysage à 180 degrés puis 360 quand l'observateur pivote sur ses jambes, la manière de cadrer, en plongée ou contre-plongée, etc.

Deuxièmement, dans le milieu scolaire on oublie presque toujours la dimension des représentations. On demande à l'élève de décrire les éléments objectifs du paysage, de localiser ces éléments les uns par rapport aux autres, on lui fait faire ou fait lire un croquis interprétatif avec sa légende, mais on passe presque toujours sous silence ce que l'élève ressent, ce à quoi il pense. Or dans une classe, cet aspect peut être très riche. Demander à l'élève ce qu'il ressent l'implique. Demander à l'élève à quoi il pense peut conduire l'enseignant à travailler sur des représentations picturales des paysages. On connaît bien les photographies de la montagne de la Sainte-Victoire, au-dessus d'Aix-en-Provence, et les peintures et dessins de cet objet réalisés par Paul CÉZANNE à la fin du XIXe siècle (environ quatre-vingts œuvres).

E. Quelques éléments de bibliographie

Quatre dictionnaires emblématiques de la géographie auxquels se référer pour les notions et le vocabulaire spécifiques de la géographie :

- GEORGE, Pierre, VERGER, Fernand, *Dictionnaire de la géographie*, Paris, PUF, 2013, col. Quadrige (7e éd.), 500 p.
- BRUNET, Roger, FERRAS, Robert, THÉRY, Hervé, *Les mots de la géographie*, Paris, Montpellier, RECLUS/La Documentation française, 1992, 470 p.
- LACOSTE, Yves, *De la géopolitique aux paysages. Dictionnaire de la géographie,* Paris, Armand Colin, 2003, 413 p.
- LÉVY, Jacques, LUSSAULT, Michel (dir.), *Dictionnaire de la géographe et de l'espace des sociétés,* Paris, Belin, 2003, 1033 p., réédition en 2013.

Pour se faire une culture géographique, si l'on s'intéresse à l'histoire, à la didactique et aux objets de la discipline :

- CLAVAL, Paul, *Histoire de la géographie française de 1870 à nos jours*, Paris, Nathan/Universités, 1998.
- CLERC, Pascal (dir.), *Géographies. Épistémologie et histoire des savoirs sur l'espace*, Paris, SEDES (CNED, coll. CAPES-Agrégation), 2012.
- LAZZAROTI, Olivier, *Habiter le monde*, *La Documentation Photographique*, n° 8100, Paris, 2014, 64 p.
- LAZZAROTI, Olivier, (dir.), *Habiter : mots et regards croisés, Annales de géographie* n° 704, 4/2015.
- LUSSAULT, Michel, *L'homme spatial, la construction sociale de l'espace humain,* Paris, Seuil (La couleur des idées), 2007.
- MÉRENNE-SCHOUMAKER, Bernadette, *Didactique de la géographie : organiser les apprentissages*, Bruxelles, De Boeck, 2012.
- ROBIC, Marie-Claire (coord.), *Couvrir le monde. Un grand XXe siècle de géographie française*, Paris, ADPF, Ministère des Affaires étrangères, 2006 (distribué par La Documentation Française).

Sur le paysage :

- BESSE, Jean-Marc, *Le goût du monde, exercice de paysage*, Paris, Actes Sud, 2009, 227 p.
- BRUNET, Roger, « Visions de l'espace », *Monde nouveau,* Géographie Universelle, tome 1, Paris, Hachette/RECLUS, p. 24-30.
- LE ROUX, Anne, *Enseigner le paysage*, Caen, Centre Régional de Documentation Pédagogique (Documents, Actes et Rapports pour l'Éducation), 2001.

– PINCHEMEL, Philippe, *Lire le paysage*, *La Documentation Photographique*, n° 6088, Paris, La Documentation Française, 1987.

Sur les cartes :

– ANDRÉ, Yves *et alii*, *Représenter l'espace. L'imaginaire spatial à l'école,* Paris/Montpellier, Anthropos/RECLUS, 1989.
– BORD, Jean-Paul, *L'univers des cartes. La carte et le cartographe*, Paris, Belin (coll. Mappemonde), 2012.
– GRATALOUP, Christian, *Représenter le monde*, *La Documentation Photographique*, n° 8084, Paris, La Documentation Française, 2011.
– LÉVY, Jacques, *et alii*, *La carte enjeu contemporain*, *La Documentation Photographique*, n° 8036, Paris, La Documentation Française, 2004.

De l'utilitaire, si l'on n'a plus jamais fait de géographie depuis le lycée, et pour préparer des dossiers :

– BEUCHER, Stéphanie, CIATTONI, Anette, REGHEZZA, Magali, *La géographie, pourquoi, comment. Objets et démarches de la géographie d'aujourd'hui ?*, Paris, Hatier, 2005.
– BAVOUX, Jean-Jacques, *La géographie – Objets, méthodes, débats*, Paris, Armand Colin (col. U), 2016.
– *Documentation photographique (La)* (une revue très précieuse pour préparer des cours ou un dossier, contient dans chaque numéro une synthèse faite par le ou la spécialiste de la question et beaucoup de documents (cartes, photographies, textes, graphiques).
– GÉOCONFLUENCES, Site de ressources pour l'enseignement en Géographie (collèges, lycées) - Desco - (Direction de l'Enseignement Scolaire) et l'ENS LSH (École Normale Supérieure, de Lyon), ce site est une vraie mine de documentation scientifique pour les enseignants http://geoconfluences.ens-lsh.fr/
– *Mappemonde* (une revue de cartographie, les articles sont courts, la version papier a été remplacée par une version en ligne en 2004, tous les numéros récents ou anciens sont accessibles).

III. Constituer un dossier de géographie, le présenter à son jury

L'objectif de l'étudiant-candidat est de présenter au jury de concours un dossier de géographie qui fasse état de savoirs préparés à être enseignés. Cela correspond à un moment précis du processus didactique, à la croisée des savoirs scientifiques géographiques de référence, des savoirs à enseigner (publiés dans les BO), qui sont des savoirs bien établis (comme nous venons de le voir dans les deux premières parties de ce chapitre) et de savoirs dépendants des contingences de l'enseignement, que l'étudiant ne maîtrise pas, sauf par anticipation, les savoirs réellement enseignés, les savoirs acquis par les élèves. Si l'étudiant a pu tester sa préparation pendant l'année et mesurer les écarts entre ces savoirs préparés à être enseignés et les savoirs réellement enseignés, s'il a pu mener une évaluation en classe et tester les écarts entre savoirs réellement enseignés et savoirs acquis, cela représente un grand avantage pour lui.

Ainsi la constitution d'un dossier commence par une réflexion sur ce que l'on veut faire en commençant par une lecture très attentive du programme en vigueur pour trouver un thème. Cette phase initiale est importante car il faut choisir un thème parlant pour soi, dans la mesure où l'on va creuser ce thème pendant de longs mois et qu'au final, il faudra être à l'aise, avoir eu le goût de la géographie, pour être devenu un peu « spécialiste », tant sur les contenus savants que sur la mise en œuvre pédagogique. Un (futur) enseignant qui se met soi-même en situation de recherche pour mieux maîtriser son sujet sera bien plus à l'aise dans sa classe pour transmettre des connaissances en mettant également ses élèves en situation de recherche. Il n'y a pas de meilleure façon de lutter contre l'ennui !

L'objectif de cette partie de chapitre n'est pas de proposer un dossier modèle, mais d'indiquer des pistes de travail en didactique de la géographie. Par contre, pour ce qui est de la pédagogie et de la mise en œuvre en classe, il n'y a rien de particulièrement spécifique à l'enseignement de la géographie. Les procédés pédagogiques sont les mêmes que dans les autres disciplines et ce d'autant plus qu'un (futur) professeur d'école, contrairement à l'enseignant de collège, maîtrise tout le temps scolaire (ou presque) et pratique la polyvalence pendant toute l'année.

A. « Se loger, travailler, se cultiver, avoir des loisirs en France, dans des espaces urbains » mise au point pour la partie scientifique

Le sujet retenu ici est le thème 2 de la classe de CM1, en se limitant aux espaces urbains. Après une petite introduction générale au dossier, il faut présenter la/les problématiques clés du thème. Comme nous l'avons dit plus haut, la question de l'*habiter* à différents ordres de grandeur est capitale dans tout le programme du cycle 3. La colonne « démarches et contenus d'enseignement » du BO dit que par l'étude de ce thème les élèves vont pouvoir sortir de leur espace local « vécu » pour s'ouvrir à des espaces plus vastes, en apprenant entre autre à identifier et caractériser des espaces et leurs fonctions et en découvrant la spécificité des espaces de production. Donc deux mises au point scientifiques s'imposent, l'une sur la notion d'*habiter* et l'autre sur la structuration et les mutations récentes de l'espace intra-urbain.

1. Habiter l'espace, être habité par l'espace

On habite sa langue, on est habité par sa langue, on habite son corps et on est habité par son corps, de même on habite l'espace et on est habité par l'espace. Si habiter est une activité primordiale constitutive de l'être humain, on peut établir une distinction radicale entre l'habiter, la mise en rapport « poétique » avec le monde et le fait de se loger, l'acte fonctionnel. Dans la théorie géographique, l'habiter interroge la spatialité des acteurs. L'habiter se caractérise par une forte interactivité entre ceux-ci et l'espace organisé dans lequel ils évoluent. Saisir l'habiter dans le monde d'aujourd'hui, majoritairement urbain, métropolisé et réticulaire, relève d'une problématique complexe, sociale *et* spatiale, qui engage à dépasser des oppositions binaires courantes, organisation de l'espace/espace vécu, ancrage/mobilité, territoire/réseau, société/individu, nourrissant les clichés d'une géographie figée.

Habiter l'espace c'est l'occuper, être acteur de « l'organisation de l'espace », produire et aménager l'espace mais aussi vivre l'espace, l'espace est « vécu ». Ce n'est pas l'un ou l'autre, c'est l'un *et* l'autre. Glissant de l'espace au territoire, la problématique de la territorialité permet d'articuler ces différents registres de la géographie. Habiter l'espace signifie à la fois l'ancrage *et* la pratique de toutes les formes de mobilités s'inscrivant dans le(s) territoire(s) *et* le(s) réseau(x). Contre les idées reçues, habiter l'espace englobe les déplacements de différentes échelles *et* un investissement de l'espace qui se réalise selon des temporalités multiples. L'habiter remet en cause l'opposition entre territoire et réseau. Cette opposition est pourtant au cœur du catalogue de l'exposition « Terre natale, ailleurs commence ici », co-construite par le photographe Raymond DEPARDON et le philosophe-architecte Paul VIRILIO à la Fondation Cartier à Paris en 2009. L'enracinement, la lenteur, le territoire seraient l'apanage de la géographie alors que la vitesse, le déracinement, l'exode, la pollution des distances révéleraient la fin de l'espace géographique. Or c'est précisément le paradoxe de l'enracinement *et* du mouvement qui définit l'habiter. La position du philosophe Michel SERRES (2011), épousant la métaphore de la vie, est inverse. Selon lui, habiter l'espace relève du dedans, du dehors, du passage du dedans au dehors, du retour du dehors au-dedans : « habitats », « villes et campagnes », « passages » sont ainsi les trois parties de l'ouvrage.

Habiter c'est « être là », faire société, faire territoire, mais aussi passer des frontières (voir document 2), à l'heure de la mondialisation. Habiter interroge ainsi le lien social constitutif de l'ancrage et de toutes les formes de mobilités. En croisant les attentes, les regards individuels et sociaux, l'habiter se conçoit à différentes échelles du monde, du local au mondial. Ainsi comprendre l'habiter de l'espace conduit à décliner à différents ordres de grandeur spatio-temporels la dimension objective du feuilleté de l'espace des sociétés, de leurs populations *et* la dimension subjective des strates de l'espace vécu par les individus, au quotidien et dans la durée de la vie. Ces derniers sont à la fois des sujets singuliers *et* des sujets sociaux.

2. Structures et dynamiques de l'espace intra-urbain

Le mouvement continu de l'urbanisation contemporaine a conduit au débordement du tissu bâti au-delà des limites de la ville *intramuros* de la période classique, d'abord dans des couronnes de banlieue, puis aujourd'hui dans des couronnes périurbaines étendues. Ce glissement a consacré le passage de la ville à l'espace urbain et nous interroge sur la complexité de l'organisation de l'espace des grandes agglomérations françaises dans le contexte de la métropolisation.

En dépit de la diminution de leur population, du départ des activités industrielles à l'extérieur et du glissement des activités tertiaires consommatrices d'espace vers les couronnes de banlieue, les centres des grandes villes françaises n'ont pas connu la crise des centres de type anglo-saxon. Cette évolution conduit à se demander quel a été l'avenir du passé des villes françaises en termes de réhabilitation et de rénovation.

La loi MALRAUX, adoptée en 1962, a facilité la sauvegarde et la réhabilitation d'une partie du tissu bâti et des monuments historiques des villes. Les périmètres, parfois inscrits au Patrimoine mondial de l'UNESCO, ont conforté la valeur symbolique du centre des villes anciennes et renforcé l'image attractive de ces villes. Pourtant la restauration scrupuleuse du bâti, le développement de zones piétonnes, la transformation des commerces de proximité en boutiques de souvenirs, en restaurants, en galeries ont contribué à la muséification du centre. De plus, les opérations de réhabilitation ont souvent conduit, par le jeu du marché foncier, à un renouvellement total du contenu social de certains périmètres – ou gentrification – par l'éviction des catégories modestes au profit des couches plus aisées redécouvrant les séductions de la centralité.

Parallèlement, en marge de ces secteurs, les opérations de rénovation se sont multipliées à partir des années 1970 aux dépens des friches industrielles et des îlots bâtis les plus dégradés et insalubres. Il s'agit de renforcer la fonction d'affaires et le prestige culturel des métropoles en édifiant de grands équipements (palais des congrès, salles de concerts, musées, grandes médiathèques, etc.) et des centres directionnels suivant le modèle des CBD. nord-américains : La Part-Dieu à Lyon, Mériadeck à Bordeaux, La Défense à Paris, le centre Euralille ou le projet Euroméditerranée à Marseille par exemple. Les processus associés de la rénovation et de la réhabilitation ont ainsi produit des recompositions renforçant l'attractivité et la centralité de la ville dense dans un contexte de compétitivité des territoires métropolitains. Mais la muséification du centre des villes et le développement d'un urbanisme de prestige n'ont pas atténué les divisions de l'espace social de la ville (Est-Ouest à Paris ou Nord-Sud à Marseille par exemple).

Dans le vocabulaire courant, la banlieue désigne les grands ensembles d'habitat collectif, les « cités », (voir document 1) où se concentrent des populations en situation de précarité et où s'appliquent les mesures de requalification de la politique de la ville. Pourtant la banlieue est un espace très composite. Tandis que les proches banlieues ouvrières continuaient de subir une désindustrialisation génératrice de friches industrielles, à la périphérie, se sont implantées des zones industrielles et commerciales engendrant l'uniformisation des paysages urbains. Les couronnes externes ont accueilli les laboratoires de la haute technologie que sont les technopôles, les grandes aires récréatives, les infrastructures liées à la révolution des communications (téléports, plates-formes multimodales), les indispensables échangeurs autoroutiers, les grands nœuds de communications rapides (gare T.G.V., aéroports) et d'autres zones d'activités associées. Dans les couronnes périurbaines, la poussée résidentielle s'intensifie sous une forme peu dense. Le pavillonnaire domine et les limites avec le rural deviennent floues.

Ainsi la ville s'étale, se standardise, se recompose, se divise par les triples processus de la relégation, de la gentrification, de la périurbanisation. Les confins de l'espace urbain sont de plus en plus éloignés du centre des agglomérations, ce qui génère des coûts d'urbanisation élevés et pousse au retour de l'idée de ville dense et à la promotion du développement durable.

B. « Se loger, travailler, se cultiver, avoir des loisirs en France, dans des espaces urbains » pistes de mise en œuvre pour la partie didactique

Dans cette partie du dossier, on commence par présenter la séquence d'enseignement par rapport aux instructions officielles, on la situe dans la progression de l'année. Nous partons d'un cas de figure théorique, celui d'une séquence réalisée avec des élèves d'une classe de CM1 de la périphérie nord de Strasbourg, située dans un quartier où l'habitat social domine sans que le quartier soit classé en territoire « sensible » de la politique de la ville. Trois types de documents sont mobilisés : des photographies de paysages, la carte topographique IGN de l'agglomération, au 1/25 000, un poster satellitaire de l'agglomération.

SIX SÉANCES D'ENSEIGNEMENT

1re séance. **Les représentations urbaines des élèves**. 20 minutes. Séance d'accroche. À partir de photographies de paysages de villes de France, cartes postales, photographies découpées dans les journaux, etc. apportées par les enfants. Laisser s'exprimer librement les élèves en faisant passer la parole. Aboutir à une première définition collective de ce qu'est l'espace urbain. Dans le cahier on collera un paysage de ville et une trace écrite de quelques lignes.

2e séance. **Le paysage de mon quartier ressemble-t-il à celui de Hautepierre ?** 50 minutes. (doc. 1). Objectif méthodologique : poursuivre l'initiation à l'apprentissage de la lecture de photographies de paysages urbains en étant plus systématique, en faisant faire un croquis de paysage et en proposant une triple grille à construire (1/éléments objectifs, 2/j'aime ou j'aime pas ce paysage, pourquoi ? 3/en général, dans la société, on aime ou aime pas, pourquoi ? Dire si ce quartier ressemble à celui dans lequel vivent les élèves. Situer le quartier sur la carte topographique. Coller les productions dans le cahier.

3e séance. **Le paysage de Strasbourg vu du Rhin, une ville frontière.** 50 minutes (doc. 2). Objectif méthodologique : poursuivre l'initiation à l'apprentissage de la lecture de photographies de paysages urbains. Séance développée ci-dessous.

4e séance. **Strasbourg, métropole européenne**. 50 minutes (doc. 2 et un document graphique de Toni Ungerer par exemple). Rechercher dans l'œuvre de Toni Ungerer une image forte symbolisant les fonctions européennes de Strasbourg pour l'associer à l'étude de la photographie. Toni Ungerer est un illustrateur alsacien, mondialement connu, ayant écrit et dessiné de nombreux livres pour enfants ; un musée à Strasbourg lui est consacré. On peut penser à un dessin coloré comme celui du signet qu'il avait réalisé pour la SNCF et fut distribué à la gare de Strasbourg à l'occasion de l'arrivée du TGV en juin 2007. Le dessin associe la tour Eiffel dont le sommet se termine par la silhouette de la cathédrale sur fond de ciel bleu, étoilé ; sous la tour Eiffel-cathédrale filent vers le haut des rails de chemin de fer. Le graphisme est vertical sur la face du signet où est écrit « Paris-Strasbourg, 2 h 20, C'est parti » et oblique, sur l'autre face, où le dessin occupe tout l'espace. L'objectif de la séance est de découvrir sur la photographie, sur le signet, ou un autre document de la même veine, les symboles européens de la ville, son paysage emblématique (reprise de la séance précédente, la cathédrale, le parlement, la passerelle sur le Rhin), les attributs de la métropolisation (l'importance des connexions rapides entre villes, en particulier en France avec Paris, le lien avec le TGV qui arrive tard !) et le symbole du drapeau européen associé à Strasbourg. Strasbourg est une capitale européenne où est implanté le Conseil de l'Europe depuis 1949, or son drapeau est devenu le drapeau européen actuel. D'un point de vue méthodologique, la séance permet d'initier les élèves à la lecture croisée du paysage urbain par la photographie et du dessin politique/artistique en s'initiant à l'analyse sensible d'un document graphique, comme dans une séance d'histoire des arts.

5e séance. **Le paysage *in vivo* du centre de Strasbourg**. (2 heures – 3 heures environ, trajets compris). Sortie en tram jusqu'au centre de la ville. Objectif méthodologique poursuivre l'initiation à l'apprentissage de la lecture des paysages urbains, *in vivo*. Objectif cognitif repérer en ville les éléments du patrimoine et ce qui a été rénové. Méthode : les élèves auront un questionnaire à remplir de type jeu de piste et un appareil photographique pour deux ou trois. Ils auront en leur possession des consignes très précises

6e séance. **Évaluation** (20 minutes). Visionnement d'un powerpoint avec quelques photographies prises par les élèves au centre de Strasbourg. Demander aux élèves qu'à partir de ces images ils caractérisent l'urbain en général et en particulier la ville de Strasbourg.

LA 3e SÉANCE DÉTAILLÉE. Le paysage de Strasbourg vu du Rhin, une ville frontière

Objectifs cognitifs : repérer les symboles urbains de la ville, la cathédrale gothique (à gauche sur l'image) et le Parlement européen (à droite), au premier plan la passerelle Mimram construite en 2004 pour le Festival du Jardin des deux rives. Objectifs méthodologiques : poursuivre l'initiation à l'apprentissage de la lecture de photographies de paysages urbains. Apprendre à lire les éléments remarquables du paysage sur la carte topographique et le poster satellitaire (une carte et un poster pour trois élèves, tables disposées de manière à pouvoir étaler les cartes et les regarder de près). Objectifs notionnels comprendre l'organisation de l'espace urbain.

1er temps de 10 minutes. Observation longue de la photographie (document 2) en silence absolu, en classe entière, puis se saisir collectivement d'une grille d'analyse de la photographie inspirée d'une « grille d'analyse de l'image photographique » du CLEMI (Centre pour L'Éducation aux Médias et à l'Information) de l'Hérault.

Analyse technique de la photo par écrit : format carré ou rectangulaire ; cadrage, plan d'ensemble, plan moyen, plan américain (le spectateur est proche), très gros plan ; angle de prise de vue, frontal, en plongée, en contre-plongée, oblique lumière du jour ou de la nuit.

Analyse formelle et informationnelle par écrit : quelles lignes dominent ? Quels sont les repères urbains très visibles sur l'image ?

Émotion à exprimer oralement. Moi spectateur où est ma place, où est mon regard dans cette photographie ? Quels sont mes sentiments face à cette image ? Évoque-t-elle un rêve, un souvenir, un fait d'actualité, une situation particulière ? Qu'est-ce que le photographe a voulu nous dire ? Quels moyens a-t-il utilisés pour parvenir à ses fins ?

2e temps de 10 minutes. Dessin libre à partir de la photographie. Observe et dessine sur dans un cadre une demi-page les éléments qui te semblent importants dans l'image.

3ᵉ temps de 15 minutes. Analyse orale de l'espace urbain. Dire en préambule aux enfants qu'une image satellitaire n'est pas une photographie (image résultant de l'enregistrement de la lumière réfléchie au sol sous forme numérique par un capteur porté par un satellite), demander de situer l'espace photographié sur la carte topographique et le poster satellitaire, les repères dessinés précédemment. Repérer les différents types d'espaces urbains à l'échelle de toute l'agglomération, les situer les uns par rapport aux autres.

4ᵉ temps d'un quart d'heure. Institutionnalisation. Noter dans son cahier les définitions des mots du vocabulaire urbain de la leçon. Vocabulaire : frontière, centre, banlieue, couronne périurbaine.

Document 1. Le Quartier de Hautepierre à Strasbourg (2010), cliché Aliénor Heil-Sélimanovski

Document 2. Strasbourg vue de la frontière sur le Rhin (2013), cliché Catherine Sélimanovski

C. La présentation du dossier à l'oral, l'entretien avec le jury

Il n'y a rien de bien spécifique à la présentation d'un dossier de géographie, si ce n'est qu'il faut absolument monter les documents, cartes et photographies, tout au long de l'exposé, les commenter dans les deux parties, scientifique et didactique, en continuant à parler au jury sans rester collé à ses notes. Les étudiants ne doivent pas oublier qu'ils passent un concours. Le jury juge leur capacité à raisonner, construire, communiquer, transmettre, juge leur niveau de connaissances mais aussi leur curiosité intellectuelle et leur faculté d'adaptation et d'écoute.

À l'entretien les questions sont diverses. Elles portent sur la partie scientifique. Le jury peut demander de préciser le sens d'un concept spatial, de donner des éclaircissements sur des éléments présentés de manière un peu confuse ou bien mal articulés entre eux. Sur la partie pédagogique, les candidats peuvent être interrogés sur la faisabilité des tâches prévues ; par exemple pour un travail de groupe, il n'est pas conseillé de mettre plus de trois-quatre élèves si l'on veut que tous les élèves s'impliquent. On leur posera des questions sur les consignes, parce qu'il est essentiel qu'elles soient claires si l'on veut avoir des résultats. On leur posera aussi des questions sur la manière de faire face à une classe dont les niveaux des élèves sont hétérogènes. Enfin il y aura des questions sur les liens entre la géographie et les autres disciplines (géométrie, littérature, histoire des arts, patrimoine…) et sûrement quelques questions inclassables relatives à l'actualité législative ou politique du dossier traité.

Chapitre 7 : Sciences et Technologie[1]

I. Les sciences et la technologie dans le contexte scolaire

Les Sciences et la Technologie trouvent leur spécificité à la fois dans les **objets** de leurs études et également dans les **méthodes** utilisées pour produire du savoir scientifique et technologique.

Les sciences expérimentales utilisent des démarches scientifiques centrées sur la résolution de problèmes scientifiques. Ces démarches sont de plusieurs types : observation, expérimentation, modélisation, simulation informatique, etc. Elles permettent d'obtenir des données quantitatives et conduisent de façon rigoureuse à la production du savoir scientifique, avec une soumission permanente à la validation par des pairs.

La diversité des sciences expérimentales est à l'image de la diversité des objets d'étude. Ainsi la **biologie** se consacre à l'étude du vivant, quelle que soit l'espèce, et tente de construire une histoire évolutive du vivant. Elle analyse les interactions entre les êtres vivants dans un écosystème donné ainsi que l'impact de l'Homme sur les écosystèmes. La **géologie** se consacre à l'étude de la planète Terre dans sa structure et dans sa dynamique pour expliquer les séismes et les volcans qui sont les manifestations des activités à la fois internes et externes de la Terre. La **chimie** analyse les propriétés des substances (minérales ou organiques) et étudie comment les substances interagissent entre elles pour former de nouvelles substances. La **physique** étudie la matière à toutes les échelles (du nano au macro) ainsi que les différentes interactions dont elle est le siège pour dégager des lois physiques comme celle de la gravité. Elle s'intéresse aussi à l'histoire évolutive de l'Univers.

La Technologie est appelée la science de l'ingénieur. Elle a pour objets les outils et les techniques et elle s'appuie sur la démarche technologique pour satisfaire différents besoins. Le plus vieil outil connu est le chopper, un galet avec un

1 Partie rédigée par Manuel BÄCHTOLD, maître de conférences en épistémologie et didactique de la physique à la faculté d'éducation de l'université de Montpellier (site de Montpellier) et Gabriel MOUAHID, maître de conférences à la faculté d'éducation de l'université de Montpellier (site de Perpignan) et chercheur en Biologie au sein de l'UMR 5244 du CNRS_UM_UPVD_IFREMER.
Remerciement des auteurs pour Mme Hélène MONÉ, directrice de recherche au CNRS, pour sa lecture éclairée et ses suggestions très utiles.

bord tranchant. Il a été utilisé il y a 2,5 à 2,6 millions d'années en Ethiopie et en Tanzanie par des hominidés avant l'apparition de l'espèce humaine.

Les sciences et la technologie sont présentes dans les 3 cycles de l'école primaire. Nous proposons ici une lecture rapide des programmes par cycle :

A. Cycle 1 (Bulletin officiel spécial n° 2 du 26 mars 2015)

L'école maternelle (petite, moyenne et grande sections) organise des situations d'apprentissage variées dont des situations qui permettent aux élèves d'apprendre en explorant et en résolvant des problèmes. On devine assez aisément une initiation à quelques éléments de la démarche d'investigation même si ces mots ne figurent pas dans le corps du texte des programmes. C'est dans le domaine 5 intitulé « Explorer le monde » que les activités de Sciences et Technologie sont concentrées avec un chapitre intitulé « Explorer le monde du vivant, des objets et de la matière » où l'on voit clairement qu'il s'agit respectivement de la biologie (découvrir le monde vivant), de la technologie (utiliser, fabriquer, manipuler des objets) et de la physique (explorer la matière).

B. Cycle 2 (Bulletin officiel spécial n° 11 du 26 novembre 2015)

Le cycle 2 comprend le CP, le CE1 et le CE2. Comme dans le cycle 1, les apprentissages sont centrés sur le monde du vivant, de la matière et des objets, avec cependant un passage de l'état d'exploration à l'état de questionnement. C'est l'objet du chapitre « Questionner le monde » où il est clairement noté l'importance des démarches d'investigation dans la construction de l'esprit critique (des manières de penser, parler et agir), de la rigueur, du goût de la recherche, de la collaboration, de la curiosité et de la créativité.

C. Cycle 3 (Bulletin officiel spécial n° 11 du 26 novembre 2015)

Le cycle 3 comprend le CM1, le CM2 et la classe de 6ème de collège. Pour construire une image globale, rationnelle et cohérente du monde dans lequel l'élève vit, les apprentissages au cycle 3 s'organisent autour de 3 grands thèmes en lien avec les enjeux sociétaux actuels : « *l'Homme et son environnement* », «*transformation de la matière, mouvement et énergie* » et « *diversité et unité du vivant et des matériaux* ». Comme dans les cycles précédents, on retrouve des éléments en lien avec le monde du vivant, de la matière, des objets et des techniques. Une place importante est donnée à la mise en œuvre des démarches scientifiques pour permettre à l'élève de distinguer science, opinion et croyance. Dans

cette approche, l'élève émet des hypothèses et mène une investigation (observation, modélisation avec fabrication de maquettes, expérimentation, enquêtes de terrain, etc.) afin de tester leur validité. C'est ainsi que l'élève acquiert les bases d'une culture scientifique et technique incluant la communication des résultats et des procédures sous différentes formes (orale, écrite, numérique, individuelle ou collective) avec comme ressource construite, le cahier d'expériences.
Les différentes activités scientifiques et techniques menées dans les 3 cycles de l'école primaire ainsi que celles menées dans le cycle 4 de collège concourent à construire un des cinq domaines de formation du Socle commun de connaissances, de compétences et de culture (Bulletin officiel n° 17 du 23 avril 2015). Ce domaine intitulé « les systèmes naturels et les systèmes techniques » est centré sur l'approche scientifique et technique de la Terre et de l'Univers ; il vise à développer la curiosité, le sens de l'observation et la capacité à résoudre des problèmes.

II. Repères didactiques et scientifiques

Dans cette partie, nous présentons tout d'abord brièvement des éléments didactiques sur l'enseignement des sciences et de la technologie à l'école primaire (les conceptions des élèves, la transposition didactique et les modes d'enseignement préconisés). Nous donnons ensuite des repères sur les contenus scientifiques aux programmes en précisant les principaux enjeux d'enseignement.

A. Les conceptions des élèves

En dehors du cadre scolaire, les élèves ont généralement déjà développé des conceptions concernant les phénomènes qui sont traités en classe. Celles-ci sont à prendre en compte par l'enseignant. En effet, elles peuvent entraver l'apprentissage des contenus scientifiques ou, suivant l'expression de Gaston Bachelard (1884-1962), constituer des « obstacles épistémologiques ». Présentons quelques caractéristiques des conceptions.

1. Les sources des conceptions

Deux sources principales des conceptions peuvent être distinguées. La première correspond aux expériences de l'enfant lorsqu'il interagit avec le monde matériel. Comme l'a bien décrit Jean Piaget (1896-1980), les conceptions résultent en partie d'un processus d'adaptation de l'enfant à son environnement physique dans le but d'expliquer ce qu'il observe et d'anticiper au mieux les effets de ses actions. L'environnement social de l'enfant (sa famille, ses amis, ses enseignants…) correspond à la seconde source des conceptions. Cet environnement social est en effet porteur de conceptions partagées issues d'un long processus historique et culturel. En communiquant avec les autres, l'enfant accède à ces conceptions et les intériorise de manière personnelle.

2. La question de la cohérence

En fonction des phénomènes étudiés, un enfant peut mobiliser des conceptions qui sont mutuellement contradictoires. Pour un scientifique, cette absence de cohérence est problématique. Cependant, il convient de remarquer que l'enfant n'en a généralement pas conscience. Ce qui lui importe, c'est que dans chaque situation considérée, la conception qu'il mobilise soit localement valide et lui permette d'expliquer les phénomènes, voire de les anticiper avec succès.

3. La stabilité des conceptions

De nombreuses études montrent que les conceptions que se forgent initialement les élèves sont extrêmement stables et ont tendance à persister tout au long de la scolarité, malgré l'enseignement qui leur est proposé. Lorsque les élèves intègrent les conceptions scientifiques enseignées, il arrive que celles-ci ne supplantent pas les conceptions initiales, mais coexistent avec elles. Ainsi, un élève peut mobiliser la conception scientifique apprise dans les situations qui sont celles étudiées en classe et continuer à mobiliser sa conception initiale dans les situations de la vie quotidienne où il était habitué à le faire.

Pour expliquer cette stabilité, on peut remarquer que les conceptions initiales d'un enfant ont été très fréquemment appliquées avec succès dans sa vie quotidienne, par contraste avec les conceptions scientifiques qui ne sont présentées en classe que dans un nombre très limité de situations. Il se peut aussi que certaines conceptions reposent sur des structures cognitives héritées et résultant d'un très long processus évolutif. Dans les deux cas, on pourrait ainsi comprendre que les conceptions initiales sont profondément ancrées dans la pensée de l'enfant et ne sont guère susceptibles d'être abandonnées.

4. Diversité et récurrence des conceptions

À propos de certains phénomènes, on observe une diversité de conceptions entre les élèves. Il en va ainsi, par exemple, concernant la description de la circulation sanguine ou encore de l'explication de l'alternance du jour et de la nuit. Toutefois, ces diverses conceptions ont été relativement bien identifiées (voir la littérature de recherche en didactique des sciences).

Par ailleurs, les conceptions des élèves sont souvent associées à certains modes de raisonnement qui sont en rupture avec les modes de raisonnement scientifiques. Faire évoluer les élèves à ce niveau est un enjeu crucial de l'enseignement des sciences. Mentionnons deux modes de raisonnement récurrents. Les élèves ont une forte tendance à substantialiser, c'est-à-dire à interpréter les phénomènes observés en termes d'une substance dont les propriétés seraient la cause des phénomènes observés (par exemple, ils considèrent souvent le chaud et le froid comme des propriétés des corps). Les élèves suivent fréquemment un raisonnement séquentiel, lequel consiste à expliquer un phénomène comme résultant d'une chaîne d'événements distincts dans l'espace et le temps (par exemple, ils sont nombreux à concevoir l'électricité comme une sorte de fluide sortant de la pile et traversant successivement les différents composants d'un circuit électrique).

B. La transposition didactique

Les savoirs savants, c'est-à-dire les savoirs élaborés par les scientifiques, peuvent présenter une certaine complexité et leur formulation peut apparaître opaque aux non-initiés. C'est pourquoi, avant d'être enseignés en classe, ces savoirs doivent faire l'objet d'une transposition didactique, c'est-à-dire une transformation au niveau de leur contenu, de leur formulation et de leur structuration.

Une telle transposition est nécessaire pour que les savoirs enseignés deviennent accessibles aux élèves, pour qu'ils puissent comprendre la signification de ces savoirs et qu'ils soient capables de les appliquer correctement. La présentation de ces savoirs doit être adaptée au langage des élèves, aux connaissances qu'ils maîtrisent et aux capacités cognitives qu'ils possèdent.

Cette transposition doit intégrer également une progression, c'est-à-dire qu'à chaque niveau de la scolarité, les savoirs s'enrichissent graduellement à la fois sur le plan du contenu et sur celui de la formulation. Durant leur scolarité, les élèves explorent le monde sous des aspects toujours plus variés et de manière toujours plus précise. De façon corrélative, les concepts et les modèles enseignés s'enrichissent. Cet enrichissement s'opère de manière non pas linéaire mais spiralaire, car il implique des réorganisations successives du système conceptuel des élèves et de l'ensemble de leurs connaissances.

C. Les modes d'enseignement préconisés

1. L'exploration du monde proche à l'école maternelle

L'entrée des élèves dans la culture scientifique et technologique nécessite qu'ils se familiarisent d'abord avec le monde matériel qui les entoure : les objets techniques, la matière et les êtres vivants. Cette exploration du monde proche dépasse le seul cadre des sciences et de la technologie : elle implique également une première approche des formes, des grandeurs, des quantités et des nombres, et un apprentissage des repères temporels et spatiaux.

Pour permettre cette familiarisation des enfants avec leur monde proche, l'enseignant(e) peut d'abord permettre aux enfants une exploration libre et en autonomie. Cette exploration se fait par la manipulation et par les sens. Il s'agit pour les enfants d'entrer en contact avec ce monde, de l'observer, d'agir sur lui et d'en identifier des propriétés simples. Pour motiver les enfants dans cette exploration, l'enseignant(e) présente des situations qui éveillent leur curiosité. Il ou elle peut s'appuyer sur des jeux, ou encore mettre en place des coins sciences.

Après cette première exploration, l'enseignant(e) peut proposer aux élèves des activités plus structurées et collectives. Celles-ci peuvent s'inspirer de la démarche d'investigation, mais avec des ambitions plus modestes. Ces activités d'exploration du monde proche consistent souvent pour les enfants à observer, comparer, trier, puis ordonner ou classer. L'activité de comparaison guide l'observation des enfants et les aide à décrire les objets.

2. La démarche d'investigation à l'école élémentaire

La démarche d'investigation désigne une méthode d'enseignement des sciences qui consiste à faire suivre aux élèves une démarche de construction des connaissances similaire, sous certains aspects, à celles des scientifiques. L'intérêt de cette méthode est multiple : elle rend l'initiation aux sciences plus vivante et attrayante, elle permet de donner aux élèves une image plus authentique des sciences (non pas comme une collection de connaissances figées, mais comme le produit d'une activité humaine complexe) et, surtout, elle rend les élèves actifs sur les plans manipulatoire et intellectuel, ce qui favorise leur apprentissage des connaissances scientifiques.

Une démarche d'investigation peut comporter plusieurs étapes. La liste de ces étapes ne doit pas être considérée comme unique et rigide. De plus, des allers-retours entre certaines étapes sont possibles. À titre indicatif, donnons les étapes qui sont souvent mises en œuvre :

- une situation de départ qui peut être l'occasion de faire émerger les conceptions des élèves et qui débouche sur un problème de nature scientifique ou technologique ;
- l'émission d'hypothèses par les élèves afin de tenter de répondre au problème et le choix d'une investigation visant à tester ces hypothèses ;
- l'investigation à proprement parler, souvent menée en petits groupes ;
- la mise en commun des résultats de l'investigation et la formulation des nouvelles connaissances scientifiques, en accord avec les textes officiels ;
- le réinvestissement des nouvelles connaissances scientifiques dans de nouveaux contextes, afin d'en favoriser l'appropriation.

Soulignons enfin qu'il existe plusieurs types d'investigations : l'observation, l'expérimentation, la modélisation, l'analyse ou la fabrication d'un objet technique, la recherche documentaire (sur support papier ou sur internet) ou encore l'enquête sur le terrain (par exemple, dans un parc zoologique ou un musée).

D. Repères scientifiques en SVT

1. Le vivant et les fonctions qui le caractérisent

a. Organisation du vivant

La **cellule** constitue l'unité fonctionnelle du vivant. Certains êtres vivants sont constitués d'une seule cellule (la paramécie) et d'autres de plusieurs cellules (l'être humain). Dans ce dernier cas, une spécialisation cellulaire se met en place et on distingue différents types cellulaires: les cellules nerveuses, musculaires, osseuses, sanguines, épithéliales, sexuelles, etc.

b. Composition du vivant

Tout être vivant est composé de matière organique, principalement des **protéines**, des **glucides**, et des **lipides,** et de **matière minérale**, principalement de l'eau, des sels minéraux et quelques oligo-éléments. L'eau constitue le composé majeur, représentant au moins 70 % du poids corporel d'un organisme vivant.

c. Les fonctions du vivant

Durant sa vie, un organisme vivant entreprend différentes activités physiologiques qui lui assurent une survie et éventuellement une descendance. Toutes ces activités peuvent être classées en trois **fonctions** principales : la nutrition, la relation et la reproduction.

La nutrition

Un être vivant a besoin d'énergie pour assurer le bon déroulement des activités biologiques qu'il entreprend pendant toute sa vie. La **fonction de nutrition** permet de distinguer deux catégories d'êtres vivants :

- Les êtres vivants autotrophes, qui savent synthétiser les molécules énergétiques nécessaires à leur survie à partir de la matière minérale. C'est le cas de tous les végétaux chlorophylliens. Ils fabriquent de nombreuses substances organiques (huiles, amidon, protéines) à partir des sels minéraux, de l'eau et du gaz carbonique de l'air. Ce sont des producteurs primaires.
- Les êtres vivants hétérotrophes (champignons, animaux) n'ont pas cette capacité. Par conséquent, ils sont contraints à se nourrir au dépend d'autres êtres vivants pour s'approvisionner en matière organique. Cette dépendance nutritive (ou trophique) est à la base des chaînes alimentaires et des réseaux trophiques (plusieurs chaînes alimentaires interconnectées).

Chez les organismes hétérotrophes, la fonction de nutrition ne se limite pas uniquement à la prise de nourriture, mais prend un sens beaucoup plus large. Ainsi, tous les phénomènes relatifs à **l'alimentation** (régime alimentaire, chaînes et réseaux alimentaires, etc.), à la **digestion** des aliments, à l'**absorption** des nutriments (passages des nutriments de l'intestin vers la circulation générale), à la **circulation** (transport des nutriments à tous les organes du corps, et transport des déchets des organes vers des zones de sorties), à la **respiration** (apport d'oxygène et rejet du gaz carbonique), à l'**excrétion** (traitement des déchets transportés par la circulation sanguine en produisant l'urine évacuée à l'extérieur), etc. jouent un rôle déterminant dans le flux de matière et d'énergie à travers l'organisme et entre l'organisme et le milieu environnant.

La relation

Un être vivant est en permanence en relation avec les autres êtres vivants et avec son environnement. Il a besoin de rechercher sa nourriture, de rencontrer des partenaires pour se reproduire, de fuir des prédateurs, de se trouver un abri, de réagir aux changements climatiques, etc. La **fonction de relation** lui permet d'assurer ces interactions en faisant appel à différents systèmes comme le système nerveux, le système sensoriel, le système musculaire, etc.

La reproduction

Lorsque les fonctions de nutrition et de relation sont bien assurées, cela augmente la chance de laisser une descendance vigoureuse et plus ou moins nombreuse. Pour laisser une descendance, on distingue deux voies dans la **fonction de reproduction** : la voie asexuée (souvent appelée multiplication asexuée) et la voie sexuée (souvent appelée reproduction sexuée). Dans le premier cas, tous les descendants proviennent d'un même individu, leur patrimoine génétique est quasi identique (on parle de clone). Dans le deuxième cas, tous les descendants présentent une diversité génétique (à l'exception des vrais jumeaux) constituée par une combinaison de gènes provenant du père (50%) et de la mère (50%).

La reproduction sexuée met en jeu un appareil sexuel mâle et un appareil sexuel femelle. Chaque appareil est chargé de la production de cellules spécialisées, les gamètes mâles (spermatozoïdes) et femelles (ovules). Après fécondation (fusion des deux gamètes), les deux cellules donneront une cellule-œuf ou zygote dont le développement donne un nouvel organisme vivant.

Les plantes à fleurs (angiospermes) ont la particularité d'avoir une double fécondation qui se déroule dans la fleur. Chaque grain de pollen (partie mâle) contient 2 cellules reproductrices mâles (anthérozoïdes). Le pistil (partie femelle) a un sac embryonnaire avec 7 cellules dont une avec deux noyaux polaires et une appelée oosphère. Le sac embryonnaire est enfermé dans l'ovaire (la partie inférieure du pistil). Au moment de la double fécondation, un anthérozoïde fusionne avec l'oosphère donnant un embryon (œuf principal) qui sera la future plantule et l'autre anthérozoïde fusionne avec les deux noyaux polaires donnant l'œuf accessoire qui formera les réserves nutritives (albumen) pour la plantule lorsqu'elle entamera sa germination. Les 5 cellules non fécondées dégénèrent.

2. La diversité du vivant

Les êtres vivants interagissent avec les membres de leur espèce (interactions intraspécifiques) et avec les membres d'espèces différentes (interactions interspécifiques: systèmes hôtes-parasites, systèmes proies-prédateurs, etc.). Ils s'adaptent également aux variations physiques du milieu, comme par exemple les variations du climat. L'adaptation correspond aux aptitudes d'un organisme à survivre dans un environnement changeant. Lorsqu'on se place au niveau de l'espèce, les changements qui procurent des avantages transmis aux descendants sont interprétés en terme d'**évolution**. Lorsque les changements sont importants, au point que deux populations d'une même espèce ne peuvent plus se reproduire, on parle de la naissance d'une nouvelle espèce ou spéciation. C'est ainsi que l'on explique en grande partie l'origine de la diversité biologique.

Chaque espèce se caractérise par un cycle biologique déterminé. Généralement, et si tout se passe bien, tout être vivant naît, grandit, se reproduit, vieillit et meurt. Ce parcours difficile est possible lorsque l'organisme a des aptitudes à éviter la prédation, la maladie, les accidents ou tout autre événement fatal. Certains organismes ont un cycle de vie simple et rapide, comme les bactéries, et d'autres organismes ont un cycle biologique plus complexe et plus long, comme les papillons. La maîtrise des cycles de vie a permis à l'Homme de faire la culture et l'élevage de nombreuses espèces vivantes. Ces techniques ont fortement contribué à l'amélioration de la nutrition humaine.

La diversité du vivant est en relation avec la diversité des milieux de vie, les écosystèmes. Un **écosystème** est constitué d'une aire géographique et de la communauté vivante qui l'occupe (lire le dossier sur l'écosystème du sol). Une aire géographique est caractérisée par des facteurs physiques (les reliefs), climatiques et des facteurs chimiques (pH, salinité, taux d'oxygène, etc.). Il existe des écosystèmes artificiels (un aquarium, un terrarium, etc.) et des écosystèmes naturels dont la taille est très variable : un étang, une mer, une mare, une forêt, une haie, etc. Les limites d'un écosystème naturel ne sont pas toujours faciles à circonscrire. Comme elles partagent un même territoire, les populations d'une communauté sont en interaction permanente : compétition pour la nourriture, pour occuper les zones de reproduction, etc. Dans l'enseignement primaire, la notion d'écosystème est contenue dans la notion d'environnement. Cela a l'avantage de placer l'élève dans une perspective de protection des environnements proches et éloignés.

La diversité du vivant est bâtie sur la base des éléments qui constituent son unité. En effet, sauf exceptions, tous les êtres vivants ont la même composition chimique, la même organisation, les mêmes propriétés, un code génétique universel et une même tendance à évoluer de génération en génération. C'est tout cela qui constitue ce que l'on appelle l'unité du monde vivant. Le vivant a donc une origine commune à partir de laquelle une impressionnante diversité s'est mise en place, depuis plusieurs centaines de millions d'années. Les spécialistes de la classification phylogénétique du vivant placent toutes les espèces sur un arbre où le tronc symbolise l'origine commune, et les branches toutes les espèces issues de cette origine. Le passage d'une branche à l'autre est lié à une ou plusieurs innovations évolutives.

3. L'éducation à la santé humaine

L'espèce humaine (*Homo sapiens*) est unique en son genre. Elle a une organisation sociale très développée, caractérisée par la transmission des informations culturelles de manière très élaborée en utilisant les langages parlé et écrit. Le développement de la médecine a favorisé l'émergence du concept d'**éducation à la santé**. L'Institut national de prévention et d'éducation pour la santé (INPES) a été créé en France en mars 2002 et mis sous tutelle du Ministre chargé de la santé. Ses objectifs sont : exercer une fonction d'expertise et de conseil en matière de prévention et de promotion de la santé, et assurer le développement de l'éducation pour la santé et de l'éducation thérapeutique sur l'ensemble du territoire. L'éducation à la santé en milieu scolaire consiste à prodiguer des cours programmés et des messages cohérents en matière d'éducation à la santé permettant de réduire les maladies et les accidents. Elle inclut des notions présentes dans les programmes de l'école primaire comme l'hygiène, la prévention, l'éducation à la sexualité et le secourisme.

4. La planète Terre: activité interne

a. Les séismes

Les **séismes** sont des tremblements de terre qui font peur aux hommes : ils peuvent être dangereux. L'histoire humaine est malheureusement riche de séismes qui ont fait disparaître des villes entières. Depuis un siècle et demi, la géologie tente de traiter le problème de manière rationnelle. Elle s'est dotée d'un ensemble d'outils pour caractériser, mesurer, surveiller et prédire les séismes. Des appareils de mesure (sismographes et sismomètres) sont installés à l'échelle de la planète dans le cadre de réseaux de surveillance internationaux. La sensibilité des appareils de mesure permet à une station sismique de capter les ondes sismiques issues d'un tremblement de terre qui s'est produit à des milliers de kilomètres de la station. L'analyse des graphiques (sismogrammes) permet de savoir précisément les coordonnées du séisme (hypocentre et épicentre) et l'énergie libérée (magnitude). En plus de ces données, une enquête réalisée auprès de la population à l'aide d'un questionnaire standard permet d'estimer les dégâts causés aux habitations et de dresser une carte d'intensité sismique. Ces cartes sont précieuses pour l'architecture parasismique.

b. Les volcans

Les volcans présentent un danger permanent pour l'ensemble des êtres vivants et appartiennent à deux catégories selon la viscosité du magma. On distingue les volcans gris, très dangereux, et les volcans rouges, rarement dangereux. Les volcans gris ont un magma visqueux. Ils sont explosifs et les dégâts de l'explosion peuvent s'étendre sur plusieurs kilomètres à la ronde. Les produits de l'éruption dévalent les pentes à des vitesses qui avoisinent les 500 km/h. La prévision de ces éruptions est fondamentale pour préserver les populations. L'éruption des volcans rouges émet une lave liquide qui s'échappe à faible vitesse, laissant le temps aux populations d'admirer le spectacle ou de fuir, si c'est nécessaire. Comme la sismologie, la volcanologie s'est dotée de moyens d'étude et de surveillance. Avant une éruption, un volcan émet un certain nombre de signaux que l'on peut capter : ondes sismiques pendant la montée du magma, gonflement des parois du volcan, émission gazeuses, etc. Les volcanologues américains avaient prédit le réveil du Mont Saint Helens deux mois avant l'éruption de mai 1980. Les victimes avaient refuser de quitter les lieux !

c. Les plaques lithosphériques

La répartition des volcans et des séismes à l'échelle de la planète n'est pas due au hasard. Les deux phénomènes délimitent une mosaïque de **plaques** dont on sait aujourd'hui comment elles interagissent. Ces plaques ont une épaisseur moyenne de 100 km. Elles se déplacent les unes par rapport aux autres, à une vitesse de quelques centimètres par an, sur une couche chaude et convective. Dans certains endroits les plaques se séparent en émettant de grandes quantités de lave liquide. Dans d'autres endroits, elles s'affrontent en produisant des séismes ou des séismes et des volcans explosifs.

E. Repères scientifiques en physique et technologie

1. La matière

Après une première exploration des propriétés de la matière en maternelle, l'enseignement de la matière à l'école élémentaire (aux cycles 2 et 3) se centre sur les états et changements d'état de la matière. Les états sont identifiés à travers leurs caractéristiques manifestes (ex : à l'état liquide, un corps coule, mouille, ne peut être saisi avec les doigts, n'a pas de forme propre…). Les changements d'état sont étudiés en ne considérant qu'une seule condition de changement d'état : la température (la pression étant occultée). Lors des changements d'état, l'enjeu principal est de faire ressortir la notion de substance qui se conserve (par exemple, l'eau). Il s'agit également de mettre en évidence la conservation de la masse (la quantité de matière) et la non-conservation du volume. Une progression est à privilégier, avec l'étude d'abord des états liquide et solide, puis de l'état gazeux. Ce dernier, plus difficile à reconnaître comme un état de la matière, est exploré dans le cas de l'eau, mais aussi de l'air, avec une mise en lien avec la question sociétale des pollutions de l'air. Le thème de la matière comprend également, au cycle 3, l'étude de mélanges et de solutions, en lien avec une autre question sociétale, celle du traitement de l'eau. Pour étudier la matière, l'enseignant(e) pourra privilégier des activités expérimentales, par exemple, des expériences de changement d'état de l'eau, de purification de l'eau, ou encore des expériences visant à rendre manifeste la matérialité de l'air.

2. Le mouvement

L'enseignement du mouvement, au cycle 3, se centre sur deux éléments : la notion de trajectoire et la grandeur vitesse. Deux types de trajectoires sont distingués : circulaire et rectiligne. La grandeur vitesse est introduite avec ses unités (ex : m/s ou km/h). En CM1-CM2, seules des vitesses à valeur constante sont étudiées (autrement dit, la notion d'accélération est provisoirement écartée). Cet enseignement s'appuie sur diverses observations, par exemple dans la cour de l'école ou avec des logiciels de simulation. L'étude des mouvements doit notamment mettre en évidence le fait que la description d'un mouvement est relative à l'observateur (à son état de repos ou de mouvement).

3. L'énergie

L'enseignement de l'énergie se caractérise par deux enjeux distincts. Premièrement, ce thème se trouve au cœur de l'éducation au développement durable (EDD). L'objectif est de rendre les élèves responsables face à l'environnement, mais aussi de développer leur esprit critique et leur capacité à participer à un débat argumenté sur des questions complexes. Deuxièmement, il s'agit de poser les premiers jalons de l'enseignement du concept scientifique d'énergie, lequel est étudié jusqu'à la fin de la scolarité. Ainsi, à l'école élémentaire, au cycle 3, les élèves se familiarisent avec des sources d'énergie (ex : énergie solaire), certaines formes d'énergie (ex : énergie de mouvement), transformations d'énergie (énergie thermique en énergie de mouvement) et modes de transfert d'énergie (ex : électricité). Dans le thème de l'énergie, les notions de chaleur et de température sont également abordées en lien avec les questions d'isolation thermique et d'économie d'énergie. Pour traiter les questions de développement durable, l'enseignant(e) pourra proposer notamment des études de documents (par exemple, présentant les avantages et les inconvénients des différents dispositifs de production d'électricité). Pour étudier les transformations d'énergie ou la question de l'isolation thermique, il ou elle pourra privilégier des expériences.

4. L'électricité

Le thème de l'électricité, étudié principalement au cycle 2, se caractérise également par deux enjeux : sensibiliser les élèves aux dangers de l'électricité et les initier à des notions simples d'électricité en lien avec des réalisations de montages. La principale notion enseignée est celle de circuit électrique, lequel peut être décrit en termes de boucle électrique continue formée de matériaux conducteurs. L'apprentissage de cette notion implique un travail : sur la pile et l'ampoule et leurs points de contact, sur l'idée de circuit (c'est-à-dire de boucle fermée) et sur les conducteurs et les isolants. Ce dernier point peut être mis en lien avec la question des dangers de l'électricité pour le corps humain : avec l'étude d'un fil électrique qui se compose d'une partie métallique (conductrice) et d'une partie en plastique (isolante et donc protectrice) et en mettant en *évidence le fait que l'électricité peut passer dans l'eau et à travers le corps humain.* L'enseignant(e) pourra proposer aux élèves des activités de schématisation, de réalisation et de manipulation de montages électriques, et ce, suivant une progression au cours de l'école élémentaire : d'abord des circuits simples (avec une pile et une ampoule), puis des montages en série et en dérivation (avec plusieurs piles et/ou ampoules). La réalisation de montages électriques pourra se faire dans le cadre de la fabrication d'objets techniques (par exemple, un jeu d'adresse ou un quizz).

5. Matériaux et objets techniques

Les objets techniques sont explorés tout au long de l'école primaire, en lien avec leur utilisation dans la vie quotidienne et professionnelle. Aux cycles 2 et 3, les élèves observent et utilisent des objets techniques pour en comprendre la fonction d'usage (à quoi ils servent) et les analysent pour en comprendre le fonctionnement sur le plan technique (comment ils marchent). Au cycle 3, l'analyse de leur fonctionnement doit permettre d'identifier plus précisément leurs constituants et les fonctions techniques qu'ils remplissent. Un éclairage peut aussi être apporté par l'étude de l'évolution des objets techniques dans l'histoire. Le programme du cycle 3 privilégie une démarche de fabrication d'objets techniques, avec identification des problèmes techniques et recherche de solutions. Dans cette démarche, une attention particulière peut être portée au choix des matériaux, en considérant notamment leur intérêt sur le plan des propriétés physiques ou l'impact de leur utilisation pour l'environnement.

6. La Terre dans le système solaire

Lorsqu'il s'agit d'étudier l'astronomie, au cycle 3, beaucoup d'élèves possèdent déjà de nombreuses connaissances sur ce thème. Cependant, celles-ci ne sont généralement pas clairement mises en ordre. En particulier, ils ont des difficultés à distinguer les deux mouvements de rotation de la Terre et à maîtriser leurs conséquences respectives. Ainsi, l'enjeu principal de l'enseignement de l'astronomie est que les élèves parviennent à distinguer ces deux mouvements de la Terre et à les relier chacun à leurs principaux effets observables : (1) la rotation de la Terre sur elle-même, qui a pour effet le mouvement apparent du Soleil au cours d'une journée et l'alternance de la journée et de la nuit ; (2) la révolution de la Terre autour du Soleil, qui a pour effet la durée variable des journées et, par suite, le phénomène des saisons. Cet enseignement devra permettre le développement chez les élèves de capacités d'abstraction, de schématisation et de décentration. L'enseignant(e) pourra proposer des activités centrées sur des modèles : des schémas, des mimes, des maquettes et des logiciels.

III. La constitution du dossier

A. Contenu et organisation du dossier en sciences et technologie

Le dossier est un élément majeur de la 1ère épreuve orale d'admission. L'épreuve vise à évaluer les compétences scientifiques, didactiques et pédagogiques du candidat dans le domaine que le candidat a choisi, ici sciences et technologie. Le candidat remet préalablement au jury un dossier de 10 pages au plus. Il est adressé au président du jury sous format papier accompagné le cas échéant d'un support numérique Compact Disc, dans un délai et des modalités fixés par le jury.

L'épreuve se déroule en 1 heure : 20 min de présentation du dossier par le candidat et 40 min d'entretien avec le jury portant, d'une part, sur les aspects scientifiques, pédagogiques et didactiques du dossier et de sa présentation, et, d'autre part, sur un élargissement et/ou un approfondissement dans le domaine considéré (quarante minutes), pouvant notamment porter sur sa connaissance réfléchie des différentes théories du développement de l'enfant. L'épreuve est notée sur 60 points (20 pour la présentation et 40 pour la qualité de l'entretien).

Le contenu du dossier (scientifique, didactique et pédagogique) doit être bien connu du candidat et il est préférable qu'une séance voire 2 soient testées dans une classe pour avoir des éléments sur les conceptions des élèves, sur la manière dont ils vivent la démarche d'investigation et sur les difficultés de constructions des connaissances. Le dossier se compose de deux ensembles: la synthèse des fondements scientifiques et la description d'une séquence pédagogique.

B. Un exemple de dossier en SVT : Le sol, une usine naturelle de recyclage de la matière organique

Le thème du présent dossier est au cœur de l'éducation au développement durable (EDD). Il est centré sur un écosystème proche et accessible à tous, le sol. Dans la conception des élèves des zones urbaines, le sol est synonyme de carrelage et de revêtement et en aucun cas un environnement avec une organisation topographique et une communauté d'êtres vivants en interaction. Depuis la conférence de Rio, tous les états ont inscrit l'EDD comme une priorité dans l'éducation citoyenne de leur jeunesse. Ainsi, le présent dossier revêt un caractère scientifique, technologique, didactique et social avec l'enjeu de la préservation des écosystèmes nécessaires à notre propre survie.

1. Synthèse des fondements scientifiques

Le sol est un écosystème (ou un milieu) composé de matière minérale issue de la dégradation des roches et de matière organique issue de la dégradation des organismes vivants ou de leur composants. La matière organique a pour origine les êtres vivants inféodés au sol (bactéries, champignons, végétaux et animaux) ainsi que leurs productions (feuilles, aiguilles, bois, pollen, racines, écorces, cadavres, excréments, etc.). Le sol a une profondeur qui varie entre 0 et 2 mètres et présente une structure poreuse (30 à 60% de vide) où circulent l'eau contenant les éléments minéraux et l'air. On estime à 260 millions d'êtres vivants dans 1 m^2 d'un sol couvert de végétation de manière permanente. Ces habitants du sol (biocénose) assurent une double action, la transformation de la matière organique par un processus de minéralisation et l'aération en se déplaçant dedans.

Une feuille morte qui tombe sur le sol de la forêt est envahie par les filaments des champignons. Ces derniers pénètrent dans la feuille par les stomates et perforent les parois cellulaires pour consommer leur contenu. L'action des champignons est complétée par celle des bactéries. Les nervures persistent plus longtemps que le reste du limbe car elles sont composées de lignine qui assure force et rigidité. Ce sont les champignons lignivores qui vont intervenir pour les consommer. D'autres organismes participent à la dégradation de la matière organique comme les vers de terre ainsi qu'un grand nombre d'arthropodes du sol. Le stade ultime de la décomposition de la litière est la formation de l'humus (minéralisation primaire). L'humus, d'aspect foncé, varie selon la nature du sol (forestier, prairie, sol cultivé, etc.). Sa formation est un processus lent : 2 à 3 ans selon les espèces végétales. La faune fouisseuse (vers de terre, fourmis, termites) contribue à la mise en contact des composés humiques avec la matière minérale pour former le complexe argilo-humique qui assure la fertilité du sol.

Le stade ultime de la décomposition de l'humus est la minéralisation secondaire par des bactéries avec libération, dans le sol, des minéraux sous forme de sels minéraux. Par exemple, les protéines sont minéralisées en composés ammoniacaux (NH_4^+) puis en nitrites (NO_2^-) et en nitrates (NO_3^-).

L'accessibilité de cet écosystème permet d'inviter les élèves à effectuer un voyage d'aventure dans un volume du sol pour observer, décrire et expliquer ce qui vit sous nos pieds en terme d'unité et de diversité du vivant et en terme fonctionnel dans le recyclage de la matière organique qui se dépose régulièrement sur le sol et en très grande quantité à l'automne.

L'étude de l'écosystème du sol, avec des êtres vivants en interaction au sein d'un réseau trophique où les prédateurs se nourrissent des proies, se heurte aux conceptions des élèves qui imaginent que les êtres vivants sont indépendants et vivent sans compétition. Or, c'est ce qui est à la base du recyclage de la matière organique.

2. Description de la séquence pédagogique

a. Ressources de la séquence

a. Feuilles mortes dans l'allée d'une haie de laurier tin.

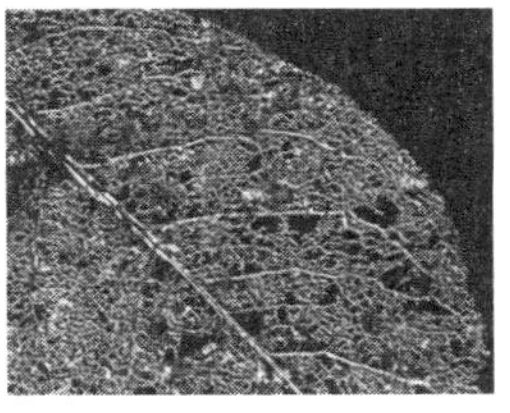

b. L'action des champignons, des bactéries, et autres organismes ont réduit cette feuille à ses nervures.

Document 1

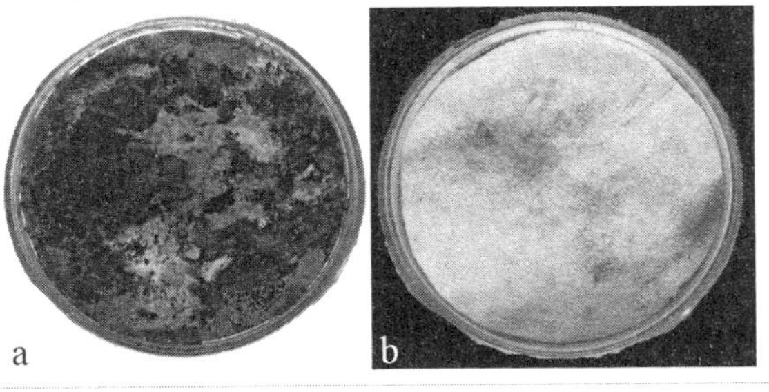

a. Dans le fond d'une boite de Pétri, on dépose une feuille de papier «essuie-tout», on la recouvre de terre et on observe le résultat 2 mois plus tard.
b. Dans le fond d'une boite de Pétri, on dépose une feuille de papier «essuie-tout», on la recouvre d'une terre qui a été préalablement chauffée à haute température et on observe le résultat 2 mois plus tard.

Document 2

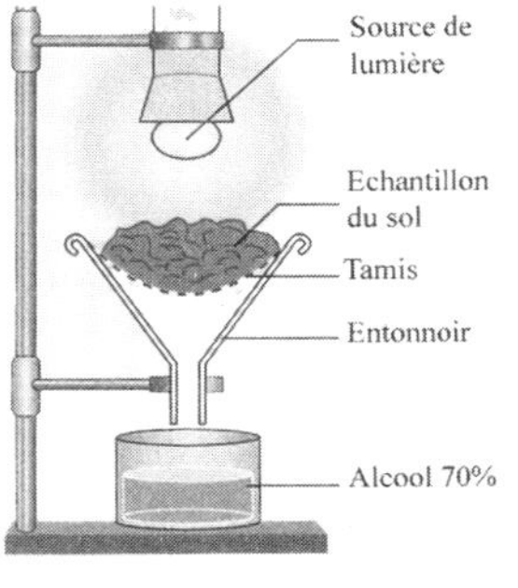

Document 3

 Escargot (10 mm)	 Limace (20 mm)	 Ver de terre (10 cm)
 Collembole (1,7 mm)	 Collembole (3 mm)	 Collembole (1 mm)
 Protoure (0,9 mm)	 Coléoptère (1,2 mm)	 Coléoptère à ailes frangées (1,3 mm)
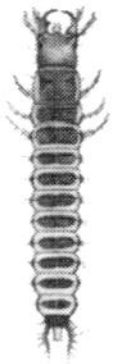 Larve de carabe (,7 mm)	 Hyménoptère (1,7 mm)	 Thysanoptère(1,1 mm)
 Larve de diptère (3,9 mm)	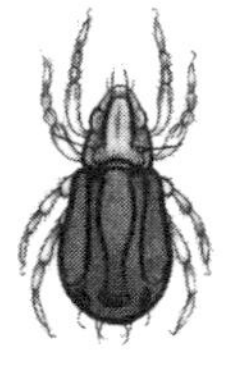 Acarien Oribate (0,75 mm)	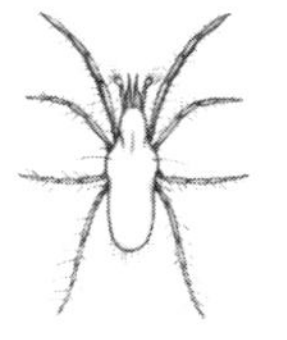 Acarien gamaside (1 mm)
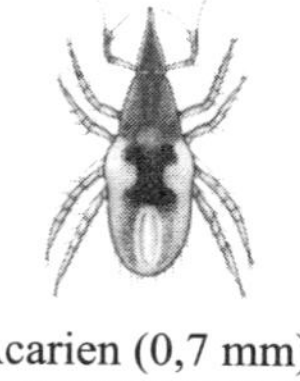 Acarien (0,7 mm)	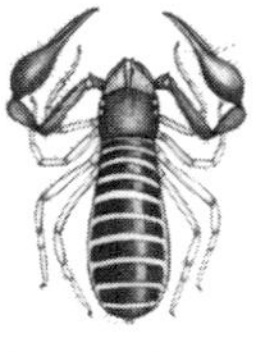 Pseudoscorpion (3 mm)	 Opilion (2,7 mm)
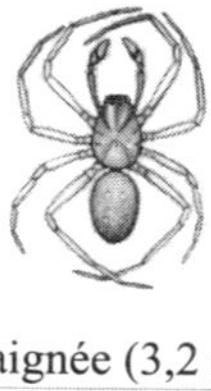 Araignée (3,2 mm)	 Cloporte (10 mm)	 Nématodes (< 1 mm)

Document 4

La litière est le point de départ de nombreuses chaines alimentaires. Les spécialistes estiment que 1m^2 carré du sol d'une forêt de feuillus contient environ:150 vers de terre qui consomment à eux seuls plus de 60% de la litière; 200 000 petits insectes; 300 000 arachnides et 1250 mille-pattes.
Chaque gramme de sol renferme entre 1 et 4 milliards de bactéries et des dizaines de mètres de filaments de champignons (source de nourriture pour un grand nombre d'arthropodes, de nématodes et de protozoaires).

Nom	Régime alimentaire	Nom	Régime alimentaire
Limace	Végétaux vivants, champignons, débris organiques	**Ver de terre**	Débris organiques
Collembole	Débris de végétaux, excréments, filaments de champignons	**Coléoptère**	Débris organiques, excréments, champignons
Protoure	Petits invertébrés du sol	**Larves de coléoptères**	Bois mort et écorce
Larves d'insectes	Débris végétaux et animaux	**Opilion**	Insectes et leurs larves, myriapodes
Acariens gamasides	Vers de terre, acariens oribates, insectes, gros nématodes	**Araignée**	Insectes
Trombidion	Collembole, débris de végétaux, arachnides	**Pseudoscorpion**	Collembole, trombidions, oribates
Lithobie	Limaces, vers de terre et insectes	**Géophile**	Insectes, vers de terre et araignées
Cloporte	Feuilles mortes, champignons, débris organiques	**Acariens oribates**	Débris de végétaux
Bactéries et champignons	Matière organique, cadavres	**Petits nématodes** (vers ronds)	Végétaux vivants, protozoaires, champignons, bactéries

Document 5

b. Organisation de la séquence (5 séances)

Séance1: Qu'est-ce que le sol ? Dans le Bulletin officiel spécial n°11 du 26 novembre 2015, le chapitre « Les êtres vivants dans leur environnement » note l'objectif de développer chez les élèves des connaissances sur l'organisation d'un milieu avec sa biodiversité et sur l'impact de l'Homme dans la modification des milieux. Pour cela, nous avons choisi l'écosystème du sol (environnement proche) pour appréhender les objectifs ci-dessus: – L'adaptation des êtres vivants aux conditions du milieu. – Places et rôles des êtres vivants ; notions de chaînes et de réseau alimentaires. – L'évolution d'un environnement géré par l'Homme : importance de la biodiversité.
Séance 2 : Que deviennent les feuilles mortes? **Séance 3** : Comment extraire la faune du sol? Les séances 2 et 3 vont permettre aux élèves de se construire la compétence 3 du socle commun de connaissances et de compétences au palier 2 qui stipule la pratique des démarches scientifique et technologique en lien avec la culture scientifique et technologique.
Séance 4 : Identification de la faune du sol Dans le Bulletin officiel spécial n°11 du 26 novembre 2015, le chapitre « Identifier les enjeux liés à l'environnement » prend en charge tous les aspects relatifs à l'étude de la biodiversité en relation avec la classification moderne du vivant dite phylogénétique. Les élèves auront une bonne occasion de travailler sur la notion d'espèce.
Séance 5: Les chaînes alimentaires du sol La fiche connaissance n°10 « Rôle et place des êtres vivants dans leur milieu » est centrée sur des concepts comme celui de chaînes alimentaires et de réseau trophique. C'est l'organisation de ce réseau qui apportera la réponse à la question de la dégradation des feuilles mortes et au recyclage de la matière organique dans les conditions naturelles.

c. Déroulement de la séquence

Séance 1 : Qu'est-ce que le sol?

Pour déclencher chez les élèves un intérêt pour le sujet, une sortie en forêt ou dans un espace boisé non loin de l'école durant l'automne est organisée. Pendant la sortie, les élèves sont invités à observer les arbres et les feuilles jaunes qu'ils portent ainsi que le sol. Ils observent que le sol est la partie superficielle de l'écorce terrestre colonisée par les plantes. Le sous-sol est constitué de roches dont l'altération et l'association avec la matière organique forme le sol (visible au niveau d'un affleurement).

Les élèves notent que le sol de la forêt est couvert de feuilles mortes (**document 1a**), de brindilles et de fruits tombés des arbres. Lorsque les élèves écartent cette première couche à l'aide de quelques outils de jardinier, ils découvrent une deuxième couche plus humide et composée des mêmes éléments mais présentant un aspect abimé et dégradé (**document 1b**). Cette couche correspond aux feuilles tombées un an auparavant, plus quelques animaux (insectes, limaces, cloportes, millepattes, etc.). La première et la deuxième couche forment la litière végétale du sol. En dessous de la deuxième couche, ils notent la présence d'une terre foncée, souple, bien aérée, humide (l'humus) issue de la transformation des feuilles mortes et des cadavres d'animaux des années précédentes et contenant des particules minérales.

Les élèves prélèvent un échantillon de la litière ainsi qu'un cube de terre de 10cm de côté pour une étude ultérieure en classe. De retour en classe, une synthèse est menée avec le groupe classe pour définir ce qu'est un sol en illustrant avec un schéma et une photo prise sur le terrain.

Séance 2 : Que deviennent les feuilles mortes ?

Après un rappel des éléments vus dans la séance précédente, on focalise le débat sur le devenir des feuilles mortes du présent automne et sur les raisons qui aboutissent à leur dégradation puis à leur disparition progressive. L'enseignant fait remarquer aux élèves que si les feuilles ne se dégradaient pas d'une année sur l'autre, l'accumulation de plusieurs couches successives de feuilles gênerait la visite de la forêt. Les élèves travaillent en petits groupes pour élaborer leurs hypothèses. Pour vérifier la pertinence de leurs hypothèses, l'enseignant leur distribue un exemplaire du **document 2**. Il s'agit d'une expérimentation, et pour aider les élèves à l'analyser, le document s'appuie sur une série de questions : Quel est le dispositif expérimental utilisé dans le document 2a et 2b? Que représente le papier «essuie-tout» dans cette expérimentation? Quel est le résultat obtenu ? Quelle est votre interprétation des résultats? Est-ce que cette expérimentation vous a aidé à revoir vos hypothèses sur la dégradation des feuilles tombées à l'automne? Quelle est votre hypothèse d'explication définitive et comment la vérifier?

Les élèves sont placés ici au cœur de la démarche d'investigation avec ses différentes étapes. L'hypothèse la plus probable est que dans la terre non chauffée, des organismes vivants, beaucoup plus petits que ceux observés dans la litière, dégradent petit à petit le papier «essuie-tout» et c'est ce qu'il faut rechercher dans l'échantillon du sol collecté dans la forêt.

Séance 3 : Comment extraire la faune du sol ?

Les élèves sont invités à travailler par groupe pour mettre en œuvre un moyen (une approche technologique) qui permette d'extraire les animaux contenus dans l'échantillon du sol forestier. Chaque dispositif envisagé doit être schématisé et les étapes de la procédure de capture expliquées à la manière d'une recette de cuisine. Un responsable de chaque groupe expose les travaux au tableau. Le débat qui s'ensuit permet de choisir les dispositifs les plus adaptés. Certains élèves proposent d'attirer les animaux avec un bout de viande suspendu à l'hameçon d'une petite canne à pêche, certains proposent d'inonder l'échantillon d'eau et de prélever les animaux qui flottent et d'autres proposent d'utiliser la loupe pour examiner de petits échantillons de terre et de collecter les animaux avec une pince.

Le dispositif le plus adapté figure dans le **document 3**. Il s'agit de l'appareil de Berlèse. Il est équipé d'une lampe qui apporte chaleur et lumière ce qui fait orienter la faune du sol vers le bas de l'appareil où se trouve un tamis dont on peut faire varier le vide de maille (ici 2 mm de diamètre) puis un cristallisoir. Selon le type d'observation que l'on veut faire, on place ou non un peu d'alcool éthylique (70%) dans le cristallisoir. Le dispositif avec alcool présente l'avantage de préserver les animaux intacts et de les observer au moment souhaité. Pour cela, on les transfère dans des piluliers munis de couvercles hermétiques, pour éviter l'évaporation de l'alcool, et étiquetés avec les informations utiles (date, lieu de prélèvement, groupe d'élèves, etc.).

L'appareil de Berlèse est fabriqué par les élèves avec du matériel simple: tamis, bouteilles en plastique coupées en deux dont la partie inférieure sert de réservoir et dont la partie supérieure, en forme d'entonnoir où l'on place le tamis, reçoit l'échantillon de terre. Le tout est recouvert par de la cartoline noire pour créer les conditions obscures du sol.

Séance 4: Identification de la faune du sol

Comme l'étude de la faune du sol collectée ne peut se faire en 45 minutes, on propose d'organiser un atelier autonome au fond de la classe avec 3 loupes binoculaires et du matériel nécessaire pour observer et réaliser des dessins dits scientifiques. Les élèves travaillent par deux sur chaque loupe. Ils disposent de leur propre pilulier contenant les animaux dans l'alcool éthylique, une pipette pasteur en polyéthylène, une petite bouteille contenant 30 ml d'alcool éthylique, 2 petites boites de Pétri, des feuilles à dessin, une gomme et un crayon gras.

La technique consiste à prélever un petit échantillon du pilulier à l'aide de la pipette pasteur, à le disposer au centre de la boite de Pétri et à placer le tout sous la loupe. Une fois qu'un élève à achevé son dessin, il passe la main à son camarade. Pour chaque binôme, la règle veut que l'on dessine à chaque fois un animal différent et que l'on échange les avis sur ce que l'on observe et sur l'exactitude du dessin. On peut également prendre des photos numériques par dessus les oculaires de la loupe. Chaque binôme dispose ainsi d'une collection d'animaux consignée dans le cahier d'expériences.

Le **document 4** donne un aperçu de ce que les élèves pourraient rencontrer en tenant compte également des animaux observés dans la litière. La mise en commun des productions des élèves permettra de dresser un panorama de la biodiversité dans le sol étudié. Les élèves regroupent ensemble tous les animaux qui appartiennent aux grands groupes; les insectes, les arachnides, les myriapodes, les crustacés, les vers, les mollusques, etc. Au sein de chaque sous-groupe, les élèves opèrent de nouveaux regroupements et plus on a de groupes plus la biodiversité est importante.

Séance 5: Les chaînes alimentaires du sol

Dans cette séance, on propose aux élèves de travailler par groupes de 4 et d'identifier toutes les chaînes alimentaires présentes dans l'écosystème du sol sur la base du **document 5**. Le lien entre les maillons d'une chaîne alimentaire est symbolisé par une flèche qui signifie «... *est mangé par* ...». Ainsi, on va de la proie vers le prédateur et donc dans le sens de la circulation de la matière.

La figure ci-dessous montre un grand nombre de chaînes alimentaires dont chacune commence par une ressource alimentaire constituée de débris végétaux, de feuilles mortes ou de la matière organique. Ce niveau de la chaîne alimentaire est noté P pour producteur et tous les autres niveaux qui suivent sont des consommateurs (C) et producteurs. L'ensemble des chaînes alimentaires d'un écosystème forme un réseau alimentaire (ou réseau trophique).

C'est grâce à ce réseau trophique que les feuilles mortes de l'automne ainsi que les cadavres d'animaux et autres matières organiques sont transformés progressivement en humus puis en matière minérale prête à être utilisée par les végétaux chlorophylliens qui sont les producteurs primaires de la matière organique.

<table>
<tr><td rowspan="12">Débris végétaux
Feuilles mortes
Matière organique</td><td rowspan="12">→</td><td rowspan="2">Vers de terre</td><td rowspan="2">→</td><td>Géophiles</td><td colspan="4" rowspan="6"></td></tr>
<tr><td>Lithobies</td></tr>
<tr><td>Cloportes</td><td>→</td><td>Araignées</td></tr>
<tr><td rowspan="3">Acariens oribates</td><td rowspan="3">→</td><td>Pseudo-scorpions</td></tr>
<tr><td>Acariens gamasides</td></tr>
<tr><td>Opilions</td></tr>
<tr><td rowspan="4">Champignons</td><td rowspan="4">→</td><td rowspan="3">Collemboles</td><td rowspan="3">→</td><td>Lithobies</td><td colspan="2" rowspan="2"></td></tr>
<tr><td>Acariens gamasides</td></tr>
<tr><td>Trombidions</td><td>→</td><td>Pseudo-scorpions</td></tr>
<tr><td>Protozoaires</td><td>→</td><td rowspan="3">Gros nématodes</td><td rowspan="3">→</td><td rowspan="3">Acariens gamasides</td></tr>
<tr><td rowspan="2">Bactéries</td><td rowspan="2">→</td><td>Petits nématodes</td><td>→</td></tr>
<tr><td>Protozoaires</td><td>→</td></tr>
<tr><td>P</td><td>→</td><td>C1</td><td>→</td><td>C2</td><td>→</td><td>C3</td><td>→</td><td>C4</td></tr>
</table>

Les chaînes alimentaires de l'écosystème du sol forment le réseau trophique du sol

d. Conclusion

Par son action, l'Homme modifie les milieux. Si l'on veut faire un prolongement du thème étudié dans une perspective d'évaluation formative et sommative, il suffit de faire la même étude sur un échantillon d'un sol cultivé où l'utilisation des pesticides et autres produits phytosanitaires est régulière. La biodiversité dans ces sols est fortement réduite ce qui nécessite l'utilisation des engrais pour palier ce que le sol sait faire naturellement. On peut évaluer les élèves aussi sur des environnements différents comme le milieu marin avec ses réseaux alimentaires. Il est important de voir si les élèves sont capables de s'appuyer sur leurs connaissances pour résoudre des situations nouvelles et en tirer des conclusions.

IV. Références

A. Documents officiels

– Bulletin officiel spécial n°11 du 26 novembre 2015
– http://media.eduscol.education.fr/file/socle_commun/99/7/Socle-Grilles-de-reference-palier2_166997.pdf
– http://media.eduscol.education.fr/file/evaluation/48/7/aide_evaluation_elementaire_sciences_137487.pdf
– http://www2.cndp.fr/archivage/valid/38285/38285-5692-5495.pdf

B. Connaissances

– Manuels scolaires de SVT de collège.
– Coineau Y., 1974. Introduction à l'étude des Microarthropodes du sol et de ses annexes. Documents pour l'enseignement pratique de l'écologie, Doin, Paris, 117 p.
– Coineau Y., Cleva R., Du Chatenait G., 1997. Ces animaux minuscules qui nous entourent. Coll. Les guides pratiques du naturaliste, Delachaux et Niestlé, Lausanne-Paris, 77 p.
– Stengel P. et Gelin S. 1998. Sol : interface fragile. INRA Éditions, 222p.

C. Outils pédagogiques

– Manuels scolaires de CM2.
– http://www.perigord.tm.fr/~ecolescienc/pages/activite/monde_vivant/Feuillemorte_pdf/CleSol.pdf

V. Présentation orale du dossier

A. Le contenu et la structuration de la présentation orale

Lors de la partie « présentation du dossier » (20 minutes), vous devez montrer au jury que vous maîtrisez les aspects scientifiques, pédagogiques et didactiques de votre séquence d'enseignement.

Pour cette présentation orale, vous pouvez reprendre la structure en deux parties indiquée par le texte officiel : une première partie sur les « fondements scientifiques » relatifs au thème de la séquence, puis une seconde partie exposant la séquence. Si vous optez pour cette structure en deux parties, il est important de bien les articuler. Rappelons que les « fondements scientifiques » doivent inclure les conceptions et difficultés des élèves sur le thème de la séquence. Il est aussi envisageable d'intégrer les fondements scientifiques dans la présentation de la séquence. Cette seconde option pourra être privilégiée par exemple si la séquence se situe au niveau de la maternelle et que les connaissances scientifiques en jeu sont plus limitées.

S'agissant des aspects pédagogiques et didactiques, vous devez préciser le niveau d'enseignement et présenter clairement les principaux objectifs des séances en termes d'apprentissage, sur le plan des connaissances, des capacités et/ou des attitudes. Il convient de bien distinguer ces objectifs des activités proposées aux élèves pour les atteindre. Les activités doivent être réalisables et adaptées à l'âge des élèves.

Il est attendu que vous ne soyez pas simplement dans le descriptif (description des objectifs et des activités) ou dans le compte-rendu de votre vécu professionnel (si vous avez expérimenté votre séquence), mais également dans l'analyse, dans le réflexif. Il s'agit de prendre du recul par rapport aux activités proposées.

Vous pouvez ainsi apporter des précisions sur la méthode d'enseignement (démarche de découverte à la maternelle et démarche d'investigation à l'école élémentaire), ainsi que sur les processus d'apprentissages des élèves. (conceptions initiales, difficultés, développement sur le plan cognitif…). Il est en particulier attendu que vous précisiez, sur le sujet que vous traitez, quelles sont les conceptions initiales des élèves les plus récurrentes et quelles sont les difficultés auxquelles ils peuvent se heurter. Il s'agit également d'expliquer comment vous prenez en compte ces conceptions et ces difficultés et chercher à surmonter ces dernières.

Sur les méthodes d'enseignement, certains écueils concernant la démarche d'investigation sont à éviter. La démarche de découverte à la maternelle peut s'inspirer de certains éléments de la démarche d'investigation, mais doit en être bien distinguée (par exemple, les élèves de maternelle ne sont pas en mesure d'élaborer un protocole expérimental). À propos de la démarche d'investigation, il s'agit notamment de ne pas confondre hypothèse et prévision, ou encore d'éviter de parler du recueil de conceptions d'élèves si vous ne précisez pas l'exploitation que vous en faites.

Il convient de ne pas rester dans une description et une analyse trop générales et de présenter quelques éléments concrets. Vous pouvez notamment donner des exemples de productions ou de réponses d'élèves, que ce soit oralement ou à l'aide de diapos. Par ailleurs, il est apprécié des jurys que vous fassiez des liens avec des sujets d'actualité.

Enfin, il est attendu que vous apportiez des précisions sur les évaluations, sur leurs modalités et les contenus. Ne vous restreignez pas à une évaluation sommative. Les évaluations diagnostiques et surtout formatives sont considérées comme très importantes dans le primaire.

Sur la forme, il convient de bien structurer votre exposé. Afin que le jury puisse en apprécier la cohérence, il est recommandé de présenter un plan et de bien le suivre.

B. L'expression orale et les supports utilisés

Les qualités de communication et la maîtrise de la langue française constituent des aspects essentiels du métier d'enseignant. Le jury sera donc très attentif à votre prestation orale.

Il est attendu ainsi que votre présentation soit claire, dynamique et bien rythmée. Il s'agit d'être convaincant, de montrer l'intérêt et la pertinence de votre séquence d'enseignement. Vous devez également bien respecter le temps de parole, en exploitant les 20 minutes sans les dépasser.

La langue française doit être très soignée, tant au niveau de la syntaxe que du lexique. Il convient d'utiliser les termes précis et adaptés à la séquence.

Le dossier écrit constitue un support sur lequel vous pouvez vous appuyer pour étayer ou illustrer votre propos. Toutefois, évitez de le lire ou de lire des notes (qui, selon les académies, peuvent être interdites). Le jury a en principe déjà lu le dossier et n'attend pas qu'on le lui relise.

Vous pouvez utiliser un diaporama sur ordinateur. Dans ce cas, veillez à ne pas perdre de temps pour le mettre en route. Les diapos peuvent être utilisées soit pour faire ressortir la structure de votre exposé, soit pour apporter des illustrations. Elles ne doivent pas être chargées. Evitez toute redondance avec votre discours oral.

Vérifiez les supports que le jury de votre académie vous autorise à amener. Dans certains cas, les supports autorisés (dossier et CD) sont restitués par le jury lorsque vous vous présentez devant lui.

Nous vous recommandons de répéter plusieurs fois votre présentation et si possible devant d'autres personnes. Il s'agit de bien mémoriser l'enchaînement des idées. Cependant, évitez d'apprendre un texte par cœur. Vous risqueriez d'être déstabilisé si vous en perdez le fil et de donner au jury l'impression d'une présentation artificielle.

VI. Entretien avec le jury

A. Les points susceptibles d'être discutés

L'entretien avec le jury (40 minutes) vise, d'une part, à approfondir les aspects scientifiques, pédagogiques et didactiques de la séquence d'enseignement présentée et, d'autre part, à élargir la discussion à d'autres aspects de l'enseignement des sciences à l'école primaire.

Trois grandes catégories de questions peuvent vous être posées. Premièrement, des questions sur les connaissances scientifiques, que ce soit celles en jeu dans votre séquence ou des connaissances diverses qui sont au programme des sciences et technologie à l'école primaire. Le jury peut élever progressivement la complexité des questions afin d'évaluer votre degré de maîtrise de ces connaissances. Les questions sur les connaissances peuvent être prolongées par des questions sur la manière de les transposer pour les élèves ou sur les conceptions récurrentes des élèves sur le sujet considéré. Voici des exemples de questions possibles : « Quelle différence faites-vous entre ébullition et évaporation ? », « Qu'est-ce qu'une cellule ? », « Si des élèves vous demandent ce qu'est l'expansion de l'Univers, que leur diriez-vous ? », « Comment un élève de trois ans se représente le corps humain ? ».

Une seconde catégorie de questions, généralement les plus nombreuses dans l'entretien, porte sur les aspects pédagogiques et didactiques de votre séquence. Ces questions tournent autour de la séquence que vous avez présentée. Pourquoi privilégier telle activité ? Quels sont ses objectifs ? Quels en sont les avantages et les inconvénients ? Pourrait-on envisager une autre manière de faire ? À travers ces questions, le jury vous engage dans une discussion sur les choix que vous avez faits pour votre séquence et les options alternatives. Il cherche ainsi à évaluer vos connaissances pédagogiques et didactiques et votre capacité à mener une réflexion critique à propos de votre séquence. Il est attendu que vous sachiez prendre du recul et problématiser. Lors de cette discussion, il faut montrer également une très bonne connaissance des programmes et savoir mettre en lien les notions scientifiques abordées avec le développement de l'enfant. De nombreuses questions portent sur les méthodes d'enseignement (démarche de découverte à la maternelle et démarche d'investigation à l'école élémentaire). À ce propos, il convient de se dégager d'une vision trop schématique et rigide. En outre, les questions peuvent concerner l'évaluation, la différentiation, la place de l'écrit dans l'enseignement des sciences, le cahier d'expérience, la gestion du matériel… À titre d'exemple, voici des questions possibles : « L'objectif de votre activité étant de faire allumer une lampe avec une pile, pourquoi demander aux élèves de faire un schéma avant de manipuler ? Ne pourrait-on pas faire manipuler les élèves dès le début ? », « En quoi votre séquence suit-elle une démarche d'investigation ? », « Pourquoi faire des groupes hétérogènes ? », « En GS, comment pourrait-on évaluer les élèves autrement que sous forme écrite ? ».

Une troisième catégorie de questions étend la discussion au-delà de votre séquence et vise à évaluer votre culture générale sur l'enseignement des sciences à l'école primaire. Les questions peuvent être très diverses. Elles peuvent porter sur l'enseignement du thème de votre séquence dans les autres cycles de l'école primaire, sur les liens possibles avec les autres domaines en sciences ou avec les autres disciplines, sur les éducations au développement durable, à la santé ou à la sécurité, sur la pédagogie de projet, sur les classes multiniveaux, sur le rôle de l'ATSEM, sur les sorties scolaires…

Nous vous recommandons d'anticiper au mieux les questions susceptibles d'être posées en lien avec votre séquence et de préparer des éléments de réponse.

B. La posture à adopter face au jury

Le jury attend que vous soyez à l'écoute de ses questions, que vous cherchiez à échanger avec lui en vous situant sur le plan d'une discussion de professionnels. Il convient d'argumenter, d'étayer vos idées en invoquant des connaissances ou des exemples pertinents. Vous devez vous attendre à ce que vos propositions soient remises en question. Il s'agit alors de ne pas se laisser déstabiliser, mais de rebondir. Ces remises en cause par le jury sont des invitations à discuter vos propositions. Gardez à l'esprit qu'il n'existe pas, sur un sujet donné, une séquence d'enseignement idéale. Plusieurs choix sont possibles. Ces choix, il convient de les assumer, de savoir les justifier, d'en identifier les avantages et d'en reconnaître les limites. Le jury cherche à évaluer votre posture professionnelle à cet égard.

Par ailleurs, il est déconseillé de contredire le jury et de montrer que vous êtes très sûrs de vous. Cherchez plutôt à développer et discuter les idées avancées par le jury. Il est tout à fait acceptable que vous ne sachiez pas répondre à certaines questions, étant donné que le métier de professeur des écoles requiert des connaissances très nombreuses et variées. Si vous ne savez pas répondre, ne cherchez pas à donner une réponse, mais expliquez plutôt comment vous feriez pour trouver des éléments de réponse (selon le cas, sites internet pertinents, publications dans le champ de la didactique des sciences, échanges avec des collègues …).

Pour vous préparer au mieux pour votre présentation et l'entretien, nous vous recommandons d'assister aux oraux d'autres candidats et de **lire attentivement les rapports des jurys CRPE** des années précédentes, *a minima* celui de l'académie où vous passez le concours. Expérimenter votre séquence lors de stages vous permettra de la rendre plus adaptée et crédible et de savoir comment les élèves peuvent se comporter. Si vous n'en avez pas l'occasion, vous pourrez compenser par la lecture de nombreuses propositions de séquence sur le sujet et éventuellement de la littérature de recherche en didactique des sciences.

Quatrième partie : Entretien à partir d'un dossier

Introduction

L'épreuve comporte **deux parties**.

- La **première partie** permet d'évaluer les compétences du candidat pour l'enseignement de l'éducation physique et sportive (EPS) ainsi que sa connaissance de la place de cet enseignement dans l'éducation à la santé à l'école primaire.
- La **deuxième partie** de l'épreuve vise à apprécier les connaissances du candidat sur le système éducatif français, et plus particulièrement sur l'école primaire (organisation, valeurs, objectifs, histoire et enjeux contemporains), sa capacité à se situer comme futur agent du service public (éthique, sens des responsabilités, engagement professionnel) ainsi que sa capacité à se situer comme futur professeur des écoles dans la communauté éducative.

Pour chaque session, le recteur d'académie établit un **programme de quatre activités physiques, sportives et artistiques** (APSA) parmi celles les plus couramment enseignées à l'école primaire (maternelle et élémentaire) :

- activités athlétiques,
- arts du cirque,
- danse,
- activités aquatiques,
- jeux et sports collectifs,
- activités d'orientation,
- activités gymniques,
- jeux de lutte.

Ce programme est publié sur le site internet de l'académie et communiqué au directeur de l'école supérieure du professorat et de l'éducation de l'académie.

Dans le cadre de la **première partie**, le jury propose au candidat un **sujet** relatif à une activité physique, sportive et artistique praticable à l'école élémentaire ou au domaine des activités physiques et expériences corporelles réalisables à l'école maternelle. Le sujet pourra être présenté à l'aide des différentes possibilités offertes par les technologies de l'information et de la communication usuelles, y compris audiovisuelles. Le sujet se rapporte soit à la progression au sein d'un cycle d'activités portant sur l'APSA ou la pratique physique et corporelle considérée, soit à une situation d'apprentissage adossée au développement d'une compétence motrice relative à cette même APSA ou pratique physique et corporelle.

Le candidat expose ses **réponses** (10 minutes) et s'entretient avec le jury (20 minutes). Le jury élargit le **questionnement** aux pratiques sportives personnelles du candidat ou encore au type d'activités sportives qu'il peut animer ou encadrer.

La **deuxième partie** consiste en un exposé du candidat (15 minutes) à partir d'un dossier de 5 pages maximum fourni par le jury et portant sur une situation professionnelle inscrite dans le fonctionnement de l'école primaire, suivi d'un entretien avec le jury (30 minutes).

L'**exposé du candidat** présente une analyse de cette situation et des questions qu'elle pose, en lui permettant d'attester de compétences professionnelles en cours d'acquisition d'un professeur des écoles.

L'**entretien** permet également d'évaluer la capacité du candidat à prendre en compte les acquis et les besoins des élèves, en fonction des contextes des cycles de l'école maternelle et de l'école élémentaire, et à se représenter de façon réfléchie la diversité des conditions d'exercice du métier, ainsi que son contexte dans ses différentes dimensions (classe, équipe éducative, école, institution scolaire, société), et les valeurs qui le portent dont celles de la République.

En ce qui concerne la **durée**, chaque candidat dispose de 3 heures pour préparer une épreuve qui dure 1 heure 15.

L'épreuve est notée sur **100 points** :

- 40 points pour la première partie ;
- 60 points pour la deuxième partie (20 points pour l'exposé et 40 pour l'entretien).

Chapitre 1 : Éducation physique et sportive[1]

L'objectif de ce chapitre consiste à présenter et à analyser le plus précisément possible le nouveau cadre de l'épreuve orale d'EPS. À partir du texte national et des déclinaisons éventuelles à l'échelle académique, une analyse approfondie permet de mettre en lumière les attentes institutionnelles sous jacentes au libellé, les enjeux cachés par la terminologie employée, ainsi que les axes de réflexion et de préparation qu'il est nécessaire de maîtriser pour se préparer à cette 2e épreuve d'admission. Constater et comprendre que dorénavant, l'oral d'EPS apporte autant de points au concours, que chaque écrit des épreuves d'admission, modifie considérablement la représentation que le néophyte peut accorder à cette discipline d'enseignement. La présentation de quelques sujets utilisés pour les sessions 2014 et 2015, des outils dévaluation et des rapports de jurys, complètent l'analyse et affinent la prise de conscience sur le travail et l'investissement qu'il faut consentir pour réussir cette épreuve.

I. L'épreuve d'EPS au CRPE

A. La logique du concours et le cadre de la deuxième épreuve orale d'admission : ce que précisent les textes de référence

Les épreuves du concours ont été modifiées par un arrêté publié au journal officiel le 27 avril 2013. Vous pouvez consulter ces textes sur le portail du ministère de l'éducation nationale à l'adresse suivante : http://www.education.gouv.fr/pid97/siac1.html

Préambule :

Avant de se focaliser essentiellement sur l'épreuve d'EPS, il est judicieux de repérer dans le texte de cadrage, les informations générales qui peuvent être données sur les attentes des épreuves orales. À ce titre, le bandeau du texte qui

1. Partie rédigée par Christian RIGAL, professeur agrégé d'EPS.

présente les deux épreuves d'admission donne le ton sur les enjeux professionnels de ce concours de recrutement.

« Les deux épreuves orales d'admission comportent un entretien avec le jury qui permet d'évaluer la capacité du candidat à s'exprimer avec clarté et précision, *à* réfléchir aux enjeux scientifiques, didactiques, épistémologiques, culturels et sociaux *que revêt* ***l'enseignement des champs disciplinaires du concours, et des rapports qu'ils entretiennent entre eux.***

Même si cette partie reprend des généralités, il est important de comprendre que le cloisonnement d'un concours en une pluralité d'épreuves apparemment différentes (deux écrits différents, deux oraux différents), cache en toile de fond les mêmes attentes :

« ***capacité à communiquer, clarté, précision*** » : La communication est la première compétence de l'enseignant : la posture, la distance pédagogique, les déplacements, la gestuelle, le regard, le timbre de la voix, les variations de tons, l'écoute de chacun, la sollicitation de tous, l'adaptation du langage, les encouragements, l'autorité, sont autant de capacités, non exhaustives, incontournables au quotidien. Les épreuves orales, seules, contrairement aux épreuves écrites, permettent aux jurys d'évaluer cette capacité, en germe ou avérée, cette compétence parfois « *irrationnelle* » qui permet à l'enseignant de capter l'attention de ses élèves en théâtralisant son métier. Il revient au candidat de ne pas minimiser le développement de cette compétence et de se confronter le plus souvent possible à la nécessité de présenter oralement à des pairs, dans un contexte proche du concours, des contenus qui progressivement dans l'année, prendront la forme d'une réflexion personnelle organisée dans un temps contraint.

« ***réflexion sur les enjeux scientifiques, didactiques, épistémologiques, culturels et sociaux*** » : Comment articuler le scientifique, le didactique, l'épistémologique, le culturel et le social dans une réflexion professionnelle ? L'enseignement ne se limite pas à la restitution de connaissances scientifiques propres aux champs disciplinaires que vous allez aborder au quotidien. Les différents états de la matière constituent une donnée scientifique du cycle 3. La transformation de cette connaissance scientifique en un objet d'enseignement n'est possible que par un traitement didactique à même de démystifier l'accès à cette connaissance et d'en permettre l'assimilation par une population hétérogène. Le questionnement sur l'utilité de cette connaissance, sur son évolution dans l'histoire, constitue le versant épistémologique de ce contenu, que vous allez enseigner. Enfin, certains paramètres influencent le choix des contenus, la manière de les présenter, le moment de les aborder. Tous les enseignants vous confirmeront que « leur métier » n'est pas le même si l'école est située dans un milieu sensible, un milieu rural ou zone résidentielle. ils vous préciseront que pour aborder certaines connaissances, il va falloir lutter contre des représentations socioculturelles tenaces, qui font obstacles aux apprentissages. Parfois, l'absence de règle ou leur transgression, est le quotidien des élèves dont vous aurez la charge, mais qui malheureusement, à l'extérieur de l'école, vivent 75 % du temps de leur journée, dans un contexte socioculturel à l'opposé du cadre que vous souhaitez mettre en place dans votre classe. À l'opposé, d'autres contextes d'enseignement ne vous confronteront pas à des incivilités plaçant le règlement intérieur au centre de vos préoccupations, mais vous amèneront à tempérer les attentes des parents, soucieux du suivi de leurs enfants et de la qualité du travail que vous proposerez en classe ou par extension, sous forme de devoir à la maison. En tant que futur enseignant vous devrez prendre en considération cette dimension sociale et culturelle, qui impose une entrée particulière dans les apprentissages, et ne se limite pas à la constitution de groupes d'affinité, de niveau, ou de besoin. Les représentations socioculturelles, les *usages sociaux du corps*, pour reprendre les propos de Luc Boltanski[1] nécessiteront, de la part de l'enseignant, des entrées préférentielles ayant pour seul but : Partir des représentations des élèves pour mieux les transformer.

« L'enseignement des différents champs disciplinaires des programmes du concours et des rapports qu'ils entretiennent entre eux ». Il s'agit là d'une attente essentielle pour le CRPE. Trop souvent, les étudiants construisent leur oral à partir de connaissances issues d'un même champ, si bien que leur prestation s'apparente davantage aux attentes d'un CAPES, monodisciplinaire, qu'à celles d'un concours spécifique au 1er degré, où l'unicité du maître constitue l'essence même de cet enseignement. La pluridisciplinarité, au sens d'interface entre les champs disciplinaires, doit être le plus souvent au centre de la réflexion du maître et de son métier de conception. Il en va du sens et de l'utilité des connaissances abordées en classe

Les deux parties qui composent cette deuxième épreuve d'admission peuvent vous donner l'occasion de faire des liens entre les deux exposés et les deux entretiens. Rien n'interdit le candidat qui vient de passer trois heures à organiser deux exposés bien distincts, à réutiliser des connaissances à bon escient pour illustrer ses propos et donner une touche plus professionnelle à son argumentation. Certains thèmes s'y prêtent bien évidemment mieux que d'autres. Les pratiques genrées, l'inclusion des élèves en situation de handicap, l'évaluation, les sanctions, sont autant d'occasion d'illustrer par l'EPS, les pistes que vous seriez amenés à proposer dans une dernière partie de votre exposé. À l'inverse, un dossier sur le handicap peut vous donner l'occasion de traiter cette problématique, par extension ou enrichissement de la situation pédagogique, de la séance, de la séquence ou de la progression d'EPS que vous seriez amenés à présenter dans la 1re partie de l'oral 2.

1. Boltanski, Luc, « Les usages sociaux du corps », *Annales. Économies, Sociétés, Civilisations*, n° 1, volume 26, 1971, pages 205-233.

B. Place et importance de l'épreuve d'EPS dans les épreuves orales

L'épreuve d'EPS constitue la 1re partie de l'oral 2 du concours. La deuxième partie, appelée « *analyse de situations professionnelles* », (ASP), consiste à découvrir un dossier thématique sur l'école (la relation aux parents, les devoirs à la maison, les punitions, l'ATSEM, le handicap, etc.). La schématisation proposée ci-dessous tente de résumer l'architecture temporelle des deux épreuves orales tout en rappelant leurs valeurs pondérées :

Organigramme des épreuves d'admission

Oral 1 : **60 pts**	Oral 2 : **100 pts**	
Oral d'option. Mise en situation professionnelle dans un domaine au choix du candidat 20 mn d'exposé (20 pts) 40 mn d'entretien (40 pts) 1 heure de préparation.	1re partie : EPS **(40 pts)** **10 min d'exposé** **20 min d'entretien**	2e partie : ASP **(60 pts)** 15 min d'exposé 30 min d'entretien
	3 heures pour préparer les deux temps de cet oral. Libre au candidat d'accorder dans la préparation plus ou moins de temps à telle ou telle partie. Après 4 années de formation à l'Université de Montpellier, les étudiants consacraient 1 heure à 1h30 à la préparation de l'oral d'EPS et 1h30 à 2 heures à l'analyse de situations professionnelles.	

Commentaire :

- Avec 40 points sur les 100 de l'oral 2 et les 160 que représentent les deux épreuves d'admission, l'oral d'EPS devient une épreuve incontournable pour la réussite au CRPE, représentant 25 % des points disponibles à l'oral, autant que les points accordés à chaque épreuve écrite (français et maths) pour l'admissibilité. Autrement dit, la donne n'est plus la même, et le candidat au CRPE doit se convaincre de cette nouvelle répartition des points, laissant aux oubliettes les représentations du passé qui consistait à appréhender l'EPS comme une épreuve subsidiaire, à faible coefficient, une sorte de plus value pour le classement.
- La gestion des 3 heures de préparation pour les deux épreuves de cet oral 2 est libre, laissant au candidat le soin d'accorder plus ou moins de temps à telle ou telle partie. Après trois années de formation à l'Université de Montpellier, les étudiants accordent globalement, 1 heure à 1h30 à la préparation de l'oral d'EPS et 1h30 à 2 heures à l'analyse du dossier professionnel. Ce qui semble une répartition à la fois juste et cohérente au regard de la durée de l'oral et des points attribués pour chaque partie de cette deuxième épreuve d'admission. Il est par contre important de constater et de comprendre que le chaînage des deux parties de cet oral 2 constitue une entité d'épreuve de 4 heures et

15 minutes effectives, soit globalement 4h30, entre l'entrée dans la salle de préparation et la fin de l'entretien. Il va s'en dire que la durée de cet oral 2 est une épreuve en soi qui doit être découverte avant l'oral du concours, construite progressivement pour mieux la vivre et s'habituer à être concentré, vigilant, performant sur la totalité des 255 minutes ! Trop souvent les jurés constatent une baisse de régime entre les deux parties, parfois entre l'exposé et l'entretien de chaque partie. Dans un contexte de stress, qui s'installe à minima sur toute la durée des épreuves orales, propice à une alimentation négligée, un sommeil perturbé et une fatigue croissante, il convient de s'hydrater, de s'alimenter pendant la préparation pour éviter toute faiblesse face au jury.

C. Ce que précise l'arrêté d'avril 2013 plus spécifiquement pour l'EPS

« La première partie permet d'évaluer les compétences du candidat pour l'enseignement de l'éducation physique et sportive (EPS), ainsi que sa connaissance de la place de cet enseignement dans l'éducation à la santé à l'école primaire. La deuxième partie de l'épreuve vise à apprécier les connaissances du candidat sur le système éducatif français et plus particulièrement sur l'école primaire (organisation, valeurs, objectifs, histoire et enjeux contemporains), sa capacité à se situer comme futur agent du service public (éthique, sens des responsabilités, engagement professionnel), ainsi que sa capacité à se situer futur professeur des écoles dans la communauté éducative.

***Première partie :** Le jury propose au candidat un sujet relatif à une activité physique, sportive et artistique (APSA) praticable à l'école élémentaire ou au domaine des activités physiques et expériences corporelles réalisables à l'école maternelle. Le sujet pourra être présenté à l'aide des différentes possibilités offertes par les technologies de l'information et de la communication usuelles, y compris audiovisuelles. Le sujet se rapporte soit à la progression au sein d'un cycle d'activités portant sur l'APSA ou la pratique physique et corporelle considérée, soit à une situation d'apprentissage adossée au développement d'une compétence motrice relative à cette APSA ou pratique physique et corporelle. Le candidat expose ses réponses (dix minutes) et s'entretient avec le jury (vingt minutes). Le jury élargit le questionnement aux pratiques sportives personnelles du candidat ou encore au type d'activités sportives qu'il peut animer ou encadrer. »*

Analyse du texte et commentaires :

Plusieurs indications sont à prendre en considération dans ce texte de cadrage et méritent une analyse fine pour en comprendre les enjeux.

1. L'épreuve « *permet d'évaluer les compétences du candidat pour l'enseignement de l'éducation physique et sportive (EPS),* ***ainsi que sa connaissance de la place de cet enseignement dans l'éducation à la santé à l'école primaire*** ».

Cette première partie du texte met en évidence deux axes bien distincts et complémentaires, à savoir évaluer :

2. ***les compétences du candidat pour l'enseignement de l'éducation physique et sportive (EPS),***
3. ***sa connaissance de la place de cet enseignement dans l'éducation à la santé à l'école primaire***

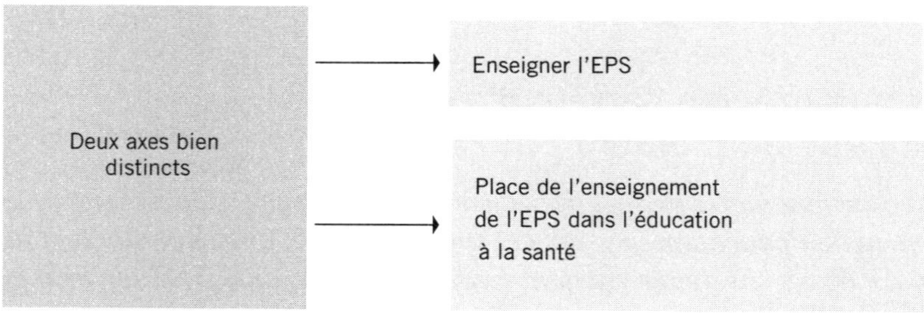

1er axe : « *Enseigner l'EPS* »

La modélisation ci-dessous présente plusieurs problématiques inhérentes à l'enseignement de l'EPS. Chaque problématique renvoyant à son tour à une multitude de questions :

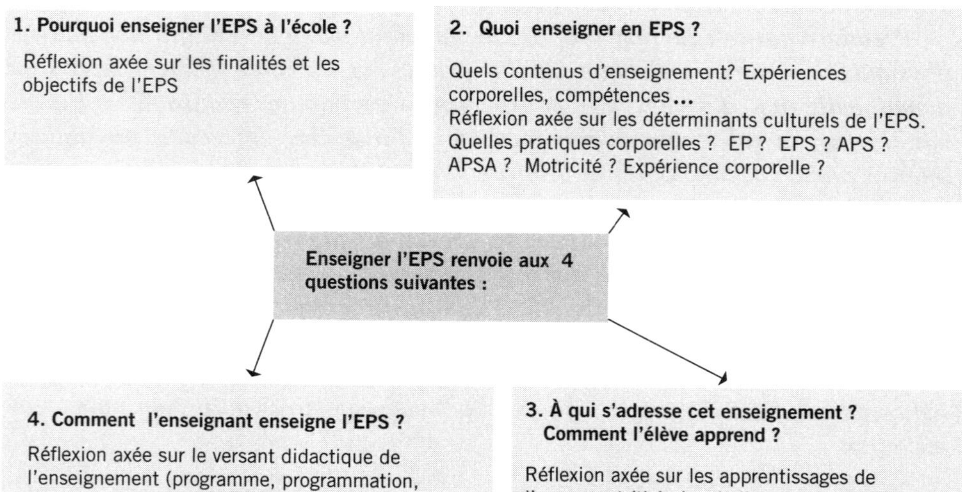

2e axe : « *la place de l'enseignement de l'EPS dans l'éducation à la santé* »

Ce deuxième axe questionne le candidat également sur un certain nombre de questions.

- Qu'est-ce que la santé ?
- Qu'est-ce que l'éducation à la santé ?
- Quelle(s) contribution(s) l'EPS peut-elle apporter dans l'éducation à la santé des élèves ?
- Est-ce un effet d'annonce ou un véritable enjeu éducatif ?

Toutes ces questions trouveront une réponse dans la 3e partie de cette publication destinée à analyser exhaustivement la notion de santé en EPS et l'éventuelle contribution de cette discipline à une éducation à la santé à l'école. La problématique de cette partie consistera à clarifier le champ des possibles, à mesurer l'écart entre l'intention du discours et la réalité des actes, pour cibler au final des ambitions réalistes.

Après avoir précisé les compétences attendues pour cette épreuve, le texte de cadrage précise dans un deuxième temps le support et la forme de l'oral.

« *Le jury propose au candidat un sujet relatif à une activité physique, sportive et artistique (APSA) praticable à l'école élémentaire ou au domaine des activités physiques et expériences corporelles réalisables à l'école maternelle. Le sujet pourra être présenté à l'aide des différentes possibilités offertes par les technologies de l'information et de la communication usuelles, y compris audiovisuelles* ».

Commentaire 1 :

Pour éviter certaines dérives constatées dans les déclinaisons académiques de ce texte de cadrage, et le manque d'équité sur le territoire, le Ministère a demandé aux Recteurs, informés par une note de service, de réduire à 4 APSA différentes les supports des sujets. Dans la majorité des académies, et notamment dans l'académie de Montpellier, il a été retenu les 4 APSA suivantes : course longue (athlétisme), natation, danse, jeux et sports collectifs

Illustration ci-dessous de quelques sujets issus de l'académie de Montpellier et de Nice :

Champ d'apprentissage 1 : réaliser une performance mesurée :

Montpellier : « *Vous apprenez à vos élèves de CP à courir longtemps en vue de développer leur compétence à réaliser une performance. Vous avez constaté que les 2/3 de la classe s'arrêtent de courir après une à deux minutes.*

Vous proposerez plusieurs hypothèses sur l'origine prématurée de ces arrêts et présenterez les situations (aménagement de l'espace, tâches à réaliser, consignes de l'enseignant…) que vous pensez mettre en place au cours de la 2e et 3e séance pour les aider à progresser. »

Champ d'apprentissage 2 : adapter ses déplacements à différents types d'environnement

Nice : « *Votre classe de CM2 a déjà participé lors de sa scolarité primaire à deux modules d'enseignement « activités aquatiques » dans le cadre du parcours obligatoire du savoir nager. Lors de la 1re séance, vous constatez que plus de la moitié d'entre eux n'a pas acquis certaines capacités motrices du palier 2 du savoir nager. Ainsi les élèves ne maîtrisent pas le déplacement orienté en immersion.*

Question : Vous proposerez une situation que vous ferez évoluer afin que les élèves soient capables d'orienter leur immersion en grande profondeur. »

Commentaire 2 :

La lecture de ces sujets met en évidence, des scénarios qui n'ont pas la même structure, n'utilisent pas exactement le même champ notionnel, varient la temporalité de l'énoncé (situation, situation évolutive, ensemble de situations, séances, modules, suite de séances, séquence, progression, programmation…). Ces différences entre deux académies en disent long sur les déclinaisons possibles des sujets, à l'échelle nationale. Nous verrons dans la partie méthodologique l'intérêt porté à ces nuances et les incidences sur les connaissances qui structurent la réponse à la question posée. Cependant, ces nuances terminologiques ne devraient pas exister dans la structure des sujets qui ont été retenus par les services académiques. Seules les échelles « situation » et « progression » devraient, en conformité avec le texte de cadrage, servir de support aux différents énoncés. Pour l'académie de Montpellier, une démarche a été initiée dès septembre 2015 par les formateurs de la faculté de l'éducation (ESPE), pour sensibiliser le Président du concours de la future session sur les incidences de ces dysfonctionnements. Les remarques ont été acceptées par le Rectorat, et un courrier de cadrage précis sur le montage et la sélection des sujets a été communiqué aux équipes départementales chargées de faire des propositions avant la fin du mois de janvier 2016. Depuis, un réel travail de collaboration s'est installé entre le rectorat, via le corps d'inspection en EPS, et les formateurs de la faculté de l'éducation.

Commentaire 3 :

À ce jour, malgré la possibilité de présenter les sujets sous des formes différentes (format papier, ou utilisation *« des différentes possibilités offertes par les technologies de l'information et de la communication usuelles, y compris audiovisuelles »,* les premières sessions du CRPE rénové, ont mis en évidence exclusivement des supports papier associant parfois un texte à une image ou un dessin de la situation ou du problème posé. Cette uniformité des supports s'explique par l'urgence dans laquelle les académies ont été tenues de faire des choix, simplifiant au mieux l'architecture et l'organisation matérielle du concours, et repoussant aux sessions ultérieures la possibilité d'utiliser de courtes séquences vidéos pour scénariser les sujets et formuler une question. À n'en pas douter, certaines académies pilotes dans les nouvelles technologies n'hésiteront pas à se lancer dans ce format d'épreuve comme cela se fait pour l'oral 2 du CAPEPS externe, depuis maintenant plus de 7 ans. Mais la lourdeur du dispositif nécessite une anticipation sur les moyens audio visuels, sur l'organisation matérielle et la gestion différentes des candidats, confrontés par séries, au même sujet.

La dernière partie du texte de cadrage précise la durée de l'exposé et de l'entretien ;

« Le candidat expose ses réponses (dix minutes) et s'entretient avec le jury (vingt minutes). Le jury élargit le questionnement aux pratiques sportives personnelles du candidat ou encore au type d'activités sportives qu'il peut animer ou encadrer. »

Ces deux temps, à la fois distincts et complémentaires permettent aux jurés d'apprécier la prestation du candidat sur une entité temporelle de 30'.

L'exposé :

Il dure 10 min. et vous donne l'occasion de présenter les éléments de la réponse que vous faites à la question qui vous a été posée. Les jurys ne peuvent pas intervenir dans le temps de l'exposé et proposent souvent au candidat de l'avertir lorsque ce dernier aborde la dernière minute du temps qui lui est accordé. Si cette aide vous est proposée, ne la refusez pas. Associée à votre chronomètre posé sur la table, vous aurez la garantie de gérer au mieux l'espace temps qui vous est offert. Sur une épreuve aussi courte, la gestion du temps devient incontournable et conditionne considérablement la qualité de la prestation. Un candidat qui utilise 50 % du temps de l'exposé, soit 5 minutes, sera souvent considéré comme un candidat en difficulté, ne disposant pas suffisamment de connaissances pour organiser une réflexion recevable. Bien souvent, dans un format d'épreuve de 30', le jury récupère le temps d'exposé qui n'a pas été utilisé par le candidat, augmentant de fait, pour ce candidat en difficulté, la durée de l'entretien, qui passe de 20 à 25 minutes. Il y a donc, dans toute épreuve orale, un objectif maximaliste, qui consiste à exploiter tout le temps dont vous disposez.

À l'opposé, certains candidats perdent énormément de temps dans des généralités qui ne sont pas liées à la question posée et éprouvent des difficultés à conclure dans les 10 minutes prévues par l'épreuve. Par souci d'équité, le jury est contraint à ce moment là d'interrompre le candidat, assez brutalement, mais courtoisement, lui expliquant qu'il n'est pas autorisé à le laisser discourir au-delà du temps imparti.

L'entretien :

L'entretien de 20 min. permet aux jurys de revenir sur certains éléments de réponse du candidat dans un souci de clarification, d'approfondissement et de vérifications des connaissances abordées. À ce moment là de l'épreuve, vous devez être convaincu que le jury n'attend pas une réponse particulière, précise, comme la somme d'une addition ou la règle grammaticale sur les accords en genre et en nombre. Il souhaite avant tout comprendre le bien fondé de votre argumentation, sa logique de présentation et le degré de maîtrise des connaissances utilisées.

Dans un 2e temps de l'entretien, le jury « *élargit le questionnement aux pratiques sportives personnelles du candidat ou encore au type d'activités sportives qu'il peut animer ou encadrer* ». Cette extension n'est pas systématique et le jury, dans le peu de temps qui lui est imparti, arrive quelquefois à conserver une partie de son temps pour interroger le candidat sur cette dimension personnelle de pratiquant et/ou d'animateur. C'est l'occasion de cautionner ici, lorsque votre expérience personnelle vous le permet, certains arguments avancés dans l'exposé. Grâce aux ressentis de votre pratique personnelle, au plaisir éprouvé ou aux difficultés rencontrées, vous pouvez mettre en évidence une relation de cause à effet qui permet de faire le lien avec les choix opérés pendant votre entretien.

Illustration :

Sur la pratique personnelle :

« *J'ai le souvenir des séquences de course d'endurance au collège et au lycée qui se répétaient immuablement sans véritable motivation ou engouement. Le jour où j'ai constaté des progrès, j'ai écouté davantage, compris l'utilité des contenus personnels qui m'étaient donnés (temps de passage, pourcentage de VMA, etc.). Mon regard a changé sur cette activité, que je pratique depuis sur mon temps libre. J'ai surtout compris que pour mon futur métier,* ***la connaissance du résultat et la quantification des progrès était un facteur déterminant dans l'engagement des élèves.*** »

« *Par ailleurs, le fait d'aller* ***courir en groupe****, entre amis est* ***un facteur motivationnel important*** *qui permet de fournir des efforts et de persévérer dans le temps. Cette dimension collective me parait également importante pour favoriser l'engagement des élèves dans les situations qu'on leur propose.* »

Sur l'animation et l'encadrement :

« *Lorsque l'été j'anime les concours de pâtés de sable sur la plage, avec les 4/6 ans, dans le club qui m'emploie en tant que saisonnier, j'ai pu constater la nécessité d'être proche des enfants de cet âge pour leur parler, de se baisser pour être à leur hauteur, d'être à l'écoute de chacun pour qu'ils se sentent investis. Je me dois de me déplacer, de faire le tour du dispositif que j'ai mis en place. J'ai pu constater également* ***l'obligation d'adapter mon vocabulaire pour m'assurer de la bonne compréhension des élèves*** ».

« *Lorsque j'encadre mes cours de tennis le mercredi après midi, j'ai pu constater* ***la nécessité de différencier la même situation d'apprentissage, malgré le groupe assez homogène qui m'est confié****. J'imagine que face à une classe* *hétérogène, composée d'élèves qui n'ont pas forcément tous envie de faire de l'EPS, la différenciation s'impose davantage »*.

Si ces illustrations peuvent trouver une place dans l'entretien, vous devez éviter l'écueil du récit qui s'éternise et ne joue plus le rôle d'un cautionnement des choix opérés pour structurer la réponse à la question qui vous a été posée par le sujet. Autrement dit, l'effort de concision s'impose, au risque de générer des effets inverses à ceux que vous espérez.

> ☛ **Important**
> Quelques sujets ou questions dans l'entretien, rarement, peuvent conduire le candidat à se mettre en rupture avec les idées reçues véhiculées par certaines propositions didactiques, ou carrément avec les enjeux de l'EPS au 1er degré. Dès lors que votre argumentation est sérieuse et qu'elle ne révolutionne pas le cadre programmatique, il est parfois plus judicieux de donner sa propre vision du phénomène étudié que de plagier des idées qui ne vous appartiennent pas, que vous ne pouvez pas défendre et argumenter avec conviction. Les rapports de jurys soulèvent systématiquement la crainte qui est ressentie par les candidats pour sortir des sentiers battus. *« Certains sujets peuvent engager à une approche critique (propositions pédagogiques, matériel utilisé, organisation de l'espace...) de la part du candidat. Il ne faut pas hésiter à être dans cette démarche, en justifiant ses options et ses choix »* (rapport du jury, CRPE rénové, académie de Grenoble, juillet 2014). Lorsque la réflexion est structurée, logique et référencée, qu'elle évite le piège de la doctrine ou du discours partisan, elle apparaît comme pertinente et devient un levier pour booster la note finale.

Illustration d'un argument que pourrait donner un candidat sur le nouveau cadre programmatique : « *Il est curieux de constater que les nouveaux programmes pour l'ensemble des cycles, ne respectent pas le cadre donné par le socle commun. Les termes de connaissances et de compétences n'organisent pas vraiment les étapes de progressions proposées. Une terminologie ambiguë se substitue à la terminologie institutionnelle : "expériences corporelles et objectifs spécifiques" pour le C1, "champ d'apprentissage complémentaire" pour les C2 et C3. Comme s'il existait une sorte de frilosité à utiliser le terme de compétence et de connaissances pour afficher clairement ce qui est attendu. Face à ces incohérences ou ambiguïtés, il parait nécessaire de dire qu'elles ne représentent qu'un habillage terminologique ou langagier secondaire, au regard des véritables enjeux de l'EPS centrés avant tout sur la mobilisation des ressources dans des contextes d'enseignement particuliers. Les notions de compétences et de connaissances restent les seuls fils rouges qui donnent toute la cohérence nécessaires aux programmes du 1er et du 2nd degré.*

Une autre illustration consisterait à préciser que le classement des ex compétences "propres" a changé. ***Conduire et maîtriser un affrontement*** *collectif ou interindividuel devient le 4e champ d'apprentissage complémentaire, à la place* *de la composante artistique, qui occupe à présent la 3ᵉ place dans l'affichage programmatique. Cette permutation, apparemment banale, sans incidence sur les apprentissages des élèves est avant tout motivée par le souci de se caler sur la présentation du secondaire, collège et lycée, qui, depuis 2008, présentent dans leurs programmes, un ordre d'intitulés que l'enseignement du 1ᵉʳ degré semble découvrir. Cette filiation entre les degrés d'enseignement présente enfin le souci de chaîner les acquisitions visées par et en EPS dans un cadre programmatique identique de la petite section de maternelle à la Terminale.* »

D. Les autres sources d'information pour mieux comprendre l'épreuve

Les rapports de jury (à consulter sur les serveurs informatiques des sites académiques)

Le contenu de ces rapports ne surprend pas sur le constat qui est fait, et sur les conseils qui sont donnés aux candidats. Même si l'épreuve a changé, les attentes restent sensiblement les mêmes.

Les outils d'évaluation

En l'absence d'un cadrage national précis sur l'évaluation de cette épreuve, il revient aux Rectorats et aux Présidents de jury, généralement des DASEN (Directeur académique des services de l'éducation nationale), de mobiliser les compétences locales pour construire un outil d'évaluation et une cohorte de sujets.

Antérieurement, les grilles avaient pour ambition d'évaluer séparément l'exposé et l'entretien. Il semble que de nos jours, logiquement et en conformité avec l'évolution des autres concours de recrutement (CAPES et Agrégation), les outils soient construits pour apprécier la globalité de l'épreuve. Si l'utilisation de documents assez simples, synthétisant les attentes en matière de contenus, sont toujours en vigueur, le principe d'un bandeau classant semble devenir la modélisation la plus appropriée.

> ☛ **Important**
> Quel que soit l'outil utilisé, malgré la volonté de proposer une note globale sur l'épreuve, implicitement, l'exposé est toujours minoré au profit de l'entretien, parfois dans des proportions importantes : moins de 25 % des points alloués à l'épreuve, soit moins de 10 points sur les 40 disponibles.
> Ces disproportions s'expliquent par le fait que, souvent le jury est surpris par le décalage qui peut exister entre la qualité de l'exposé et celle de l'entretien. Comme s'il n'avait pas à faire au même candidat. Comme si les connaissances utilisées dans la 1ʳᵉ partie de l'épreuve n'étaient pas maîtrisées, ou avaient été apprises par chœur, sans réelle réflexion profes-

sionnelle. Pour éviter de se retrouver piégé par un outil d'évaluation qui l'obligerait à apprécier un exposé correct, malgré les incohérences de l'entretien, ou l'absence de réponse aux questions, le jury minore volontairement la pondération de la 1re partie, considérant logiquement, que tout se joue dans la cohérence de la 2e. La grille dévaluation, sous forme de bandeau, ci après, appréhende l'oral dans son intégralité, sans séparer les deux temps, exposé et entretien.

E. Conseils

Au-delà delà de la compréhension du texte de cadrage, vous ne pouvez pas faire l'économie d'une lecture des rapports de jurys et des documents d'évaluation qui peuvent être mis en ligne sur certains sites académiques. Si leur fonction est différente, (document d'information ou outil d'évaluation), ils révèlent néanmoins des orientations précises sur les attentes des jurys, sur l'importance accordée à certains champs (la communication, l'esprit critique, l'expérience personnelle, la mise en relation des connaissances scientifiques, didactiques, institutionnelles, culturelles et sociales). C'est une plus value incontestable pour la compréhension de l'épreuve, en début de préparation. Par ailleurs, les inscriptions des étudiants, en dehors de leur académie de formation, ayant tendance à se généraliser, il devient incontournable de consulter prioritairement les documents mis en ligne par l'académie où vous allez passer les épreuves. Car le texte de cadrage national laisse une marge de manœuvre à l'échelle académique quant au choix des 4 APSA supports de l'oral, ou au support technique du sujet (texte sur format A4, photo, schéma, ou rush vidéo).

II. Les connaissances nécessaires pour réussir cette épreuve orale

Cette 2e partie a pour ambition de poser les bases d'une réflexion professionnelle sur l'enseignement de l'EPS à l'école. Après avoir compris, dans la partie précédente, les enjeux de l'épreuve orale, il convient d'être au clair sur ce qui est attendu en matière d'enseignement. À partir des programmes en vigueur, illustrés dans une configuration novatrice pour le 1er degré, sous forme de fiches ressources analogues à celles du second degré, l'analyse abordera les notions de compétences, de connaissances, de programmation, de progression, de séquence, de séance et de situation.

A. L'enseignement de l'EPS

Par définition, l'éducation physique et sportive est **une discipline d'enseignement scolaire, obligatoire, inscrite dans les programmes** à raison **de 108 heures année**, soit une moyenne de 3 heures hebdomadaires. Sa spécificité scolaire lui assigne les mêmes finalités que les autres disciplines d'enseignement : « *Tout au long de la scolarité, l'EPS a pour finalité de former un citoyen lucide, autonome, physiquement et socialement éduqué, dans le souci du vivre ensemble*[1] ». **Elle participe à l'éducation à la santé, la sécurité pour soi et autrui, à la responsabilité, l'autonomie et plus largement à l'éducation à la citoyenneté**. Ses programmes mettent clairement en évidence **des contenus d'enseignement hiérarchisés, par niveau de classe** et par cycle. Son caractère obligatoire lui permet de **s'adresser à tous les élèves**, indépendamment de leurs ressources. Elle participe à **l'intégration des élèves en situation de handicap.** Trois objectifs généraux permettent à l'EPS de participer :

- **Au développement des conduites motrices** et à l'ensemble des ressources des élèves (cognitives, affectives, sociales, physiologiques, motrices…).
- **À l'acquisition de compétences** (articulant des capacités, des connaissances et des attitudes) par la pratique d'exercices corporels, et d'APSA (activités physiques, sportives et artistiques), appréhendés comme moyens et non comme fin en soi.
- **À l'accès aux connaissances relatives à l'organisation et à l'entretien de sa vie physique**, aux différents âges de son existence.

1. L'EPS dans les textes et les programmes :

Par manque de place et souci de synthèse, les 4 pages ci après présentent des schématisations « programmatiques » qui mettent en scène les liens qui s'établissent entre :

1. Le socle commun de compétences, de connaissances et de culture (SCCCC) et les compétences générales des nouveaux programmes (2015),
2. Les 5 domaines du SCCCC et les programmes de la maternelle (C1),
3. Les finalités de l'EPS, le SCCCC et les programmes de l'élémentaire (C2 et C3),
4. Les différentes acquisitions visées pour un niveau de scolarité. (Pour illustration, la fiche ressource du C3 construite pour le 1er champ d'apprentissage complémentaire (CAC) « *Produire une performance optimale, mesurable à une échéance donnée* »). L'ensemble des fiches ressources est proposé dans une publication exclusive à la préparation de l'épreuve d'EPS au CRPE[2].

1. Programmes de l'école élémentaire, Bulletin officiel spécial n° 11 du 26 novembre 2015.
2. Rigal, Christian, *Comprendre et se préparer à l'épreuve orale d'EPS du CRPE*, Ellipses, automne 2016.

Le SCCCC** couvre la période de la scolarité obligatoire, c'est-à-dire dix années fondamentales de la vie et de **la formation des enfants, de six à seize ans**. Il correspond pour **l'essentiel aux enseignements de l'école élémentaire et du collège** qui constituent une **culture scolaire commune.

***5 domaines de formation définissent les grands enjeux de formation** durant la scolarité obligatoire*

Domaine 1 : « *Les langages pour penser et communiquer* »

- Toutes les formes de langages y compris celles des arts et du corps
- Comprendre, s'exprimer en utilisant les langages des arts et du corps

Lien prioritaire avec la 1ère compétence générale (CG1) des programmes pour tous les cycles de 2015 : *« développer sa motricité et apprendre à s'exprimer en utilisant son corps ».*

Domaine 2 : « *Les méthodes et outils pour apprendre* »

- Moyens d'accès à l'information, la documentation, les outils numériques, la conduite de **projets individuels et collectifs** ainsi que de l'**organisation des apprentissages**
- la maîtrise des méthodes et **outils pour apprendre développe l'autonomie et les capacités d'initiative**, l'entraide et la coopération.

Liens prioritaire avec la CG2 *« s'approprier, par la pratique physique et sportive, des méthodes et des outils »*

Domaine 3 : « *la formation de la personne et du citoyen* »

- Expression de la sensibilité et des opinions, **respect des autres. La règle et le droit**
- L'élève **sait prendre des initiatives**, entreprendre et mettre en œuvre des projets, après avoir évalué les conséquences de son action. (Vers un citoyen responsable)

Liens prioritaires avec la CG3 : *« Partager des règles, assumer des rôles et des responsabilités »*

Domaine 4 : « *les systèmes naturels et les systèmes techniques* »

- L'élève sait mener une démarche d'investigation. Pour cela, il décrit, questionne ses observations, prélève, organise et traite l'information utile. Il formule des hypothèses, les teste et les éprouve.
- Il connaît l'importance d'un comportement responsable vis-à-vis de l'environnement et de la santé, comprend ses responsabilités, ndividuelle et collective. Il est conscient des enjeux de bien-être et de santé des pratiques alimentaires et physiques. Il observe les règles élémentaires de sécurité liées aux techniques et produits rencontrés dans la vie quotidienne
- **Lien prioritaire avec la CG4** : *« Apprendre à entretenir sa santé par une activité physique régulière ».*

Domaine 5 : « ***les représentations du monde et l'activité humaine*** »

- Développement du **goût pour les pratiques** artistiques, physiques et sportives
- L'élève **se repère dans l'espace** à différentes échelles
- Il **connaît les contraintes et les libertés qui s'exercent dans le cadre des APSA personnelles et collectives**. Il sait en tirer parti et **gère son activité physique** et sa production ou sa performance artistiques pour les améliorer, progresser et se perfectionner. Il cherche et utilise des **techniques pertinentes, il construit des stratégies** pour réaliser une performance sportive. Dans le cadre d'activités et de projets collectifs, il prend sa place dans le groupe en étant attentif aux autres pour coopérer ou **s'affronter dans un cadre réglementé**.
- **Lien prioritaire avec la CG4** : *« S'approprier une culture physique, sportive et artistique »*

Vers une formalisation possible des interactions entre les 5 domaines des programmes du Cycle 1 qui placent l'EPS au centre des pistes pluridisciplinaires et des acquisitions visées par la maternelle

1er domaine

Mobiliser le langage dans toutes ses dimensions

3e domaine

Agir, s'exprimer, comprendre à travers les activités artistiques

2e domaine : Agir, s'exprimer, comprendre à travers l'activité physique, *(décliné en 4 objectifs caractéristiques qui doivent être présents dans les programmations de chaque niveau de classe. Une séance quotidienne de 30 à 45').*

5e domaine

Explorer le monde

4e domaine

Construire les premiers outils pour structurer sa pensée

Pour atteindre ces **4 objectifs caractéristiques**, ce 2ième domaine n'utilise jamais les termes de compétences et de connaissances, contrairement aux préconisations du SCCCC ! Le législateur utilise principalement, pour le cycle 1, le terme « *d'expériences corporelles* », parfois d'habiletés motrices, de possibilités physiques, ou de capacités. Par convention et souci de filiation et cohérence avec les C2, C3 et C4, nous considérerons qu'il s'agit ici également des ***« champs d'apprentissage complémentaires »*** **(CAC)**, qui permettent de développer des compétences (articulant des connaissances, des capacités et des attitudes).

CAC 1 : *« Agir dans l'espace, dans la durée et sur les objets »*

- Courir, sauter, lancer de différentes façons, dans des espaces et avec des matériels variés, dans un but précis.
- Ajuster et enchaîner ses actions et ses déplacements en fonction d'obstacles à franchir ou de la trajectoire d'objets sur lesquels agir.

CAC 2 : *« Adapter ses équilibres et ses déplacements à des environnements ou des contraintes variés »*

- Se déplacer avec aisance dans des environnements variés, naturels ou aménagés.

CAC 3 : *« Communiquer avec les autres au travers d'actions à visée expressive ou artistique »*

- Construire et conserver une séquence d'actions et de déplacements, en relation avec d'autres partenaires, avec ou sans support musical.
- Coordonner ses gestes et ses déplacements avec ceux des autres, lors de rondes et jeux chantés

CAC 4 : *« Collaborer, coopérer, s'opposer »*

- Coopérer, exercer des rôles différents complémentaires, s'opposer, élaborer des stratégies pour viser un but ou un effet commun

Finalité de l'EPS

*« Tout au long de la scolarité, l'éducation physique et sportive a pour finalité de **former un citoyen lucide, autonome, physiquement et socialement éduqué, dans le souci du vivre-ensemble**. Elle amène les enfants et les adolescents à rechercher le bien-être et à se soucier de leur santé. Elle assure l'inclusion, dans la classe, des élèves à besoins éducatifs particuliers ou en situation de handicap. L'éducation physique et sportive initie au plaisir de la pratique sportive ».* (2)

Liens avec le socle

*« L'éducation physique et sportive répond aux enjeux de formation du socle commun en **permettant à tous les élèves, filles et garçons ensemble et à égalité, a fortiori les plus éloignés de la pratique physique et sportive, de construire cinq compétences travaillées en continuité durant les différents cycles** :*

- ***Développer sa motricité** et apprendre à s'exprimer en utilisant son corps*
- ***S'approprier**, par la pratique physique et sportive, **des méthodes et des outils***
- ***Partager des règles, assumer des rôles et des responsabilités***
- ***Apprendre à entretenir sa santé** par une activité physique régulière*
- ***S'approprier une culture** physique sportive et artistique ».*

4 champs d'apprentissage complémentaires (CAC) (considérés comme 4 enjeux spécifiques d'apprentissage qui mobilisent prioritairement

*« Pour développer ces compétences générales, l'éducation physique et sportive propose à tous les élèves, de l'école au collège, un parcours de formation constitué de **quatre champs d'apprentissage complémentaires** :*

- ***CAC1 : Produire une performance** optimale, mesurable à une échéance donnée*
- ***CAC2 : Adapter ses déplacements** à des environnements variés*
- ***CAC3 : S'exprimer devant les autres** par une prestation artistique et/ou acrobatique*
- ***CAC4 : Conduire et maitriser un affrontement** collectif ou interindividuel ».(2)*

Compétence attendues en fin cycle 3 :

- Réaliser des efforts et enchainer plusieurs actions motrices dans différentes familles pour aller plus vite, plus longtemps, plus haut, plus loin.
- Combiner une course un saut un lancer pour faire la meilleure performance cumulée.
- Mesurer et quantifier les performances, les enregistrer, les comparer, les classer, les traduire en représentations graphiques.
- Assumer les rôles de chronométreur et d'observateur

Connaissances	Composante motrice	Composante sociale (D3)	Composante méthodologique (D2)
Du pratiquant : -Le vocabulaire spécifique (foulée, allure, vitesse maximale aérobie. **Les repères externes** spatiaux et temporels (plots, coups de sifflet, à intervalles réguliers..) **Les repères internes** liés à la ventilation, au rythme cardiaque, **Le pouls** : Connaitre sa fréquence cardiaque au repos, en course longue, et le temps nécessaire pour une récupération totale **Connait** au moins deux allures de course différentes (une lente et une rapide) pour un effort prolongé **Connait** quelques principes d'échauffement **Des autres rôles sociaux :** **Connait** le fonctionnement d'un chronomètre **Connait** les outils d'évaluation (fiches, calcul des distances / au nombre de plots ou de tour), les observables (bruit des appuis au sol, rôle des bras, tête haute)	- Combiner des actions simples : courir-lancer ; courir-sauter. - Mobiliser ses ressources pour réaliser la meilleure performance possible dans des activités athlétiques variées (courses, sauts, lancers). - Utiliser sa vitesse pour aller plus loin, ou plus haut.	- Respecter les règles de sécurité édictées par le professeur. - Assurer sa sécurité et celle d'autrui dans des situations variées. - Respecter les règles des activités. - Passer par les différents rôles sociaux (joueur arbitre, juge, coach, chronométreur..) - Sait renseigner son partenaire sur son projet de course	• Appliquer des principes simples pour améliorer la performance dans des activités athlétiques. • Pendant la pratique, prendre des repères extérieurs et des repères sur son corps pour contrôler son déplacement et son effort. • Utiliser des outils de mesures simples pour évaluer sa performance. • Apprendre par l'action, l'observation, l'analyse de son activité et de celle des autres. • Répéter un geste pour le stabiliser et le rendre plus efficace. • Utiliser des outils numériques pour observer, évaluer et modifier ses actions.

Repères de progressivité : Des aménagements sont envisageables pour permettre aux élèves d'exploiter au mieux leurs ressources pour produire une performance maximale, source de plaisir. Privilégier la variété des situations qui permettent d'exploiter différents types de ressources dans un temps d'engagement moteur conséquent
Les retours sur leurs actions permettent aux élèves de progresser

Liens avec le socle :

- **D1 : Prendre conscience des différentes ressources à mobiliser pour agir avec son corps** (Adapter sa motricité à des situations variées. Acquérir des techniques spécifiques pour améliorer son efficacité. Mobiliser différentes ressources (physiologique, biomécanique, psychologique, émotionnelle) pour agir de manière efficiente).
- **D4** : **Apprendre à entretenir sa santé par une activité physique régulière** : Évaluer la quantité et la qualité de son activité physique quotidienne dans et hors l'école. Connaitre et appliquer des principes d'une bonne hygiène de vie. Adapter l'intensité de son engagement physique à ses possibilités pour ne pas se mettre en danger.
- **D5** : **S'approprier une culture physique sportive et artistique :** Savoir situer des performances à l'échelle de la performance humaine. Comprendre et respecter l'environnement des pratiques physiques et sportives

☛ Remarque :
Le document ci-dessus, certes critiquable sur le fond, a été conçu dans l'idée de faciliter le travail de conception de l'enseignant en ordonnant les informations selon les priorités du socle commun de connaissances et de compétences. Son exploitation est simplifiée et son utilité en est décuplée.

Pour aller plus loin dans les textes officiels

Les lois d'orientation

- Loi du 8 juillet 2013 d'orientation et de programmation pour la refondation de l'école de la République :
  http://www.legifrance.gouv.fr/affichTexte.do;jsessionid=B92681E1F2D2E67C4DE030254095DB81.tpdjo12v_2?cidTexte=JO
- Loi du 23 avril d'orientation et de programme pour l'avenir de l'école
  Bulletin officiel n° 18 du 5 mai 2005 :
  http://www.education.gouv.fr/bo/2005/18/MENX0400282L.htm
- Loi du 10 juillet 1989 d'orientation sur l'éducation
  http://www.legifrance.gouv.fr/affichTexte.do;jsessionid=8F2285E354D2A6D2E6C2E42501F640F8.tpdjo07v_1?cidTexte=JORFTEXT000000509314&categorieLien=id

Le socle commun 2013

- Socle commun de connaissances, de compétences et de culture (décret) :
  Bulletin officiel n° 17 du 23 avril 2015
  http://www.education.gouv.fr/pid25535/bulletin_officiel.html?cid_bo=87834
- Socle commun de connaissances et de compétences
  Bulletin officiel n° 29 du 20 juillet 2006
  http://www.education.gouv.fr/bo/2006/29/MENE0601554D.htm

Programmes d'enseignement

- Cycles d'enseignement à l'école primaire et au collège : Modification (décret)
  Bulletin officiel n° 35 du 24 septembre 2015
  http://www.education.gouv.fr/pid285/bulletin_officiel.html?cid_bo=92646
- Programme d'enseignement moral et civique. École élémentaire et collège (arrêté)
  Bulletin officiel n° 6 du 25 juin 2015
  http://www.education.gouv.fr/pid25535/bulletin_officiel.html?cid_bo=90158

- Horaires d'enseignement. Écoles maternelles et élémentaires (arrêté) Bulletin officiel n° 6 du 25 juin 2015 : http://www.education.gouv.fr/pid25535/bulletin_officiel.html?cid_bo=90474
- Programme d'enseignement de l'école maternelle (arrêté) Bulletin officiel spécial n° 2 du 26 mars 2015 http://www.education.gouv.fr/pid25535/bulletin_officiel.html?cid_bo=86940

La sécurité des élèves en EPS

- Note de service n° 94 116 du 9 mars 1994 ftp://trf.education.gouv.fr/pub/edutel/syst/ons/ns_94116.pdf

L'enseignement de la natation à l'école

- BO n° 34 du 12 octobre 2017

Les sorties scolaires

- Transport et encadrement des élèves dans le cadre des sorties et voyages scolaires dans les premier et second degrés (circulaire) Bulletin officiel n° 29 du 18 juillet 2013 http://www.education.gouv.fr/pid25535/bulletin_officiel.html?cid_bo=72758
- Organisation des sorties scolaires dans les écoles maternelles et élémentaires publiques (circulaire) Bulletin Officiel HS n° 7 du 23 septembre 1999 www.education.gouv.fr/bo/1999/hs7/sorties.htm

Les liens locaux, propres à chaque département : Services départementaux (IA) et associatifs ou fédéraux (USEP), pour lesquels il suffit de changer le chiffre du département

À titre d'illustration, le site EPS 1er degré du département de l'Hérault (34), propose des ressources en lignes structurées par l'équipe des conseillers pédagogiques (de circonscription et départementaux) http://www.ac-montpellier.fr/eps34/

Site de l'USEP 34, département de l'Hérault

http://www.usep34.com/

2. Les objectifs caractéristiques de l'EPS (pour le C1) et les champs d'apprentissage complémentaires (C2, C3)

Le format assez restreint de cette publication ne nous permet pas de donner à cette partie la dimension didactique souhaitée. Elle se limite par conséquent au rappel des 4 APSA retenues généralement par les Rectorats pour illustrer les sujets du concours. Pour rappel, et pour éviter de créer une confusion entre la terminologie propre à la maternelle, et celle utilisée pour les C2 et C3, nous emploierons, par convention, le terme de compétence (1, 2 3, ou 4).

- **Compétence 1 : Activités athlétiques** (la course longue principalement)
- **Compétence 2 : Activités aquatiques,** (natation, plus spécifiquement pour les débutants)
- **Compétence 3 : Activités artistiques** (danse)
- **Compétence 4 : Jeux et sports collectifs** (Hand Ball)

Cette sélection repose avant tout sur deux arguments essentiels :

- **Ces APSA correspondent au choix réalisé par une majorité d'académies pour le CRPE**.
  Les rapports de jurys et les retours d'étudiants après les oraux confirment que globalement, ces 4 APSA servent de supports à l'épreuve orale. Pour la session 2014, quelques académies avaient cependant retenu un nombre plus important d'APSA pour confectionner les sujets. Entre temps, une note du ministère, en juillet 2014, a été adressée aux Recteurs, pour que des dispositions d'équités soient appliquées dès la session 2015, en respectant ce principe de 4 APSA pour le concours. Ce qui, depuis, compte tenu des retours des étudiants après le concours, semble avoir été respecté.
- **Elle prend en compte les statistiques affichées par l'Inspection Générale**[1], dans son rapport de juin 2013, sur le bilan de la mise en œuvre des programmes issus de la réforme de l'école primaire en 2008. Lorsque les enseignants sont consultés par questionnaire anonyme sur les activités les plus programmées, on découvre que les jeux et les sports collectifs sont les activités les plus programmées à l'école primaire, pour 100 % des enseignants consultés. Que l'athlétisme arrive en 2e place avec 80 % de satisfaction, la natation en 3e place avec 71 %, la lutte 4e avec 67 %, et la danse 5e avec 61 %. Suivent ensuite, les activités gymniques (44 %), les activités de raquettes (44 %), la course d'orientation (43 %), le vélo et le roller (20 %), l'escalade (14 %). Il parait donc logique que les services départementaux des différentes académies prennent appui sur ces 4 APSA, principalement retenues pour confectionner les sujets.

Pour les contenus relatifs aux 4 APSA nous vous renvoyons à deux références

- Ramos, Michel, Rigal, Christian, *L'Épreuve orale d'EPS/Système éducatif,* Paris, Éditions Ellipses, 2015, 496 pages.
- Rigal, Christian, *Comprendre et se préparer à l'épreuve orale d'EPS*, Paris, Éditions Ellipses, automne 2016, *à paraître.*

1. Inspection Générale, rapport n° 2013-066, juin 2013.

3. L'entrée par les compétences en EPS

Le texte cadre de 2013, sur la refondation de l'école, précise qu'un « *programme doit définir conjointement :*

- Les ***objectifs*** en matière de connaissances. Leur définition doit tenir compte des capacités d'assimilation des élèves au niveau concerné ;
- Les ***compétences attendues***, en exprimant clairement le ou les ***différents niveaux de maîtrise visés. Par compétences, on entend ici la capacité à mobiliser des ressources*** (savoirs, mais également savoir-faire ou savoir-être) ***devant une tâche ou une situation complexe***[1] ».

Ces définitions sont en filiation directe avec le cadre terminologique de cette publication : objectif, capacité, compétence attendue, niveau de maîtrise, mobilisation de ressources ou tâche complexe.

Les programmes en vigueur, (mars 2015 pour le C1, et novembre 2015 pour les C2, 3 et 4) proposent quatre enjeux de formation, appelés distinctement, « *objectifs caractéristiques* » en maternelle, ou « *champ d'apprentissage complémentaires* » (CAC), pour les C2, 3 et 4. Par souci de simplicité nous emploierons le terme de compétence, pour aborder aussi bien les enjeux de la maternelle que ceux de l'élémentaire. Nous considérerons également que les nuances dans les libellés entre le C1 et les autres cycles sont insignifiantes, et nous permettent de considérer que sur le fond, il convient de parler des mêmes enjeux, ramenés aux libellés de l'élémentaire.

- Compétence n° 1 : « *Produire une performance optimale, mesurable à une échéance donnée* »
- Compétence n° 2 : « *Adapter ses déplacement à des environnements variés* »
- Compétence n° 3 : « *s'exprimer devant les autres par une prestations artistique et/ou acrobatique* »
- Compétence n° 4 : « *conduire et maîtriser un affrontement collectif ou interindividuel* »

Analyse des enjeux de formation des compétences en EPS

Chaque compétence, ou champ d'apprentissage complémentaire (CAC), correspond à une mobilisation particulière des ressources.

Entre la réalisation d'une performance mesurée, la production d'une chorégraphie artistique, l'opposition duelle en jeu collectif ou en combat, et l'adaptation de sa motricité à un milieu inhabituel, l'engagement moteur de l'élève ne mobilise pas prioritairement les mêmes ressources. Qu'elles soient informationnelles, physiologiques, cognitives, motrices, sociales, affectives ou émotionnelles, les ressources d'un individu n'entrent pas en jeu dans les mêmes proportions à chaque fois et dans toutes les activités pratiquées. Il devient donc incontournable

1. Loi d'orientation et de programmation pour la refondation de l'École de la République du 8 juillet 2013.

de bien identifier les formes d'engagement, les ressources nécessairement mobilisées dans les supports culturels que l'on propose à ses élèves. Dans la perspective d'une formation équilibrée du futur citoyen, l'enseignant se doit d'aborder les quatre compétences (CAC), chaque année, entre la rentrée de septembre et les vacances d'été. Cette exigence est soulignée par les nouveaux programmes. C'est une réelle obligation et un enjeu majeur pour l'EPS : « *Chaque cycle des programmes (cycles 2, 3, 4) doit permettre aux élèves de rencontrer les quatre champs d'apprentissage*[1] ». Cette obligation garantit la diversité des expériences motrices et limite les écueils du passé qui autorisaient certains enseignants à utiliser toujours les mêmes activités corporelles ou sportives selon leurs hobbies, leurs compétences ou l'intérêt qu'ils accordaient à cette discipline au quotidien.

Les programmes précisent les APSA supports de chaque compétence, tout en distinguant deux formes d'intitulés, l'un pour la maternelle, l'autre pour l'élémentaire. Indépendamment de la volonté légitime de prendre en considération les ressources qui caractérisent la motricité du jeune enfant de C1, il y a avant tout une ambiguïté, pour ne pas dire une incohérence, que le législateur aurait pu s'éviter, mais qui s'explique en réalité, par les stigmates d'une « *culture motrice* » propre au 1er degré, qu'il est bien difficile à transformer.

La compétence 1 :

Pour la maternelle : « ***Agir dans l'espace, dans la durée et sur les objets*** ».

Pour l'élémentaire : « ***Produire une performance optimale, mesurable à une échéance donnée*** ». Ce champ d'apprentissage complémentaire renvoie aux activités athlétiques (les courses, les sauts, les lancers) et à la natation de vitesse. Les ressources prioritairement sollicitées sont essentiellement physiologiques et neurologiques : la vitesse d'exécution, la qualité de contraction des fibres musculaires, le temps de réaction, et bien évidemment les ressources cardiorespiratoires (fréquence cardiaque, temps de récupération, vitesse maximale aérobie, capacités pulmonaires…).

La compétence 2 :

Pour la maternelle : « ***Adapter ses équilibres et ses déplacements à des environnements ou des contraintes variées*** »

Pour l'élémentaire : « ***Adapter ses déplacements à des contraintes variées*** »

Ce champ d'apprentissage renvoie aux activités qui exigent un engagement moteur différent de la motricité habituelle. Ce sont les activités de roule et glisse pour la maternelle, de pleine nature, d'orientation, d'escalade, ou de natation pour les débutants principalement. Il est cependant possible d'y ajouter par extension, les activités nautiques (voile, canoë), l'équitation, le ski, souvent programmées lors d'une classe transplantée. Dans cette compétence, les ressources prioritaires sont celles qui permettent l'adaptation à un environnement différent, celles qui autorisent une régulation de sa motricité qui n'est plus pilotée par la vitesse

1. Programmes de l'école élémentaire, Bulletin officiel spécial n° 11 du 26 novembre 2015.

de réalisation mais par les ajustements précis qui garantissent l'adaptation au nouveau milieu. Il s'agira avant tout, de la prise d'information, de la coordination motrice fine, ou de la régulation de l'équilibre régulièrement perturbé. Parfois l'adaptation exige une révolution motrice et la construction de nouveaux repères spatiaux temporels pour se déplacer. C'est le cas de la natation pour le débutant qui le contraint à adopter une position horizontale pour optimiser son déplacement dans l'eau. L'abandon de l'équilibre vertical du terrien pour adopter celui du nageur, horizontal, entraîne la modification d'un certain nombre de repères automatisés chez le bipède. Le débutant vit une véritable révolution au niveau de l'équilibre, de la modification de la qualité des appuis plantaires, du rythme de la respiration, du rôle des bras dans la propulsion, jusqu'alors assurée exclusivement par les jambes, etc.

La compétence 3 :

Pour la maternelle : « ***Communiquer avec les autres au travers d'actions à visée expressive ou artistique*** »

Pour l'élémentaire : « ***S'exprimer devant les autres, par une prestation artistique et/ou acrobatique*** »

Ce champ d'apprentissage renvoie à la danse, au cirque, au mime, à la gymnastique et à l'acrosport qui accordent à la dimension artistique une place prépondérante. L'imaginaire, la création, l'écoute de son corps, la gestion de l'affectivité et de la composante émotionnelle, seront les ressources prioritairement mobilisées pour parvenir à construire seul ou à plusieurs une chorégraphie, à alterner différents rôles (danseur, spectateur, chorégraphe). Ce sont des activités vouées à être appréciées et jugées par des pairs.

La compétence 4 :

Pour la maternelle : « ***Collaborer, coopérer, s'opposer*** »

Pour l'élémentaire : « ***Conduire et maîtriser un affrontement collectif ou individuel*** »

Ce champ d'apprentissage renvoie aux jeux et sports collectifs, avec ou sans ballon, aux jeux et sports de raquette, aux jeux et sports de combat. Les ressources prioritairement sollicitées dans cette compétence sont avant tout informationnelles. Ce sont celles qui permettent de s'informer avant de décider et d'agir dans un contexte d'opposition qui ne cesse de se modifier. Bien entendu, la composante physiologique est présente, la dimension sociale l'est assurément, tout comme peut l'être la dimension motrice et technique. Mais ce qui prime, c'est la prise d'information dans un contexte d'opposition. C'est cette ressource qui permet d'anticiper, de décoder, de réagir et d'opter pour une stratégie opportune pour devenir compétent dans la gestion des rapports de force. Cette gestion est d'ailleurs le dénominateur commun des trois groupes d'activités présents dans ce champ d'apprentissage complémentaire : sports collectifs, sports de raquette, sports de combat. Comment expliquer que le hand-ball, le tennis et la lutte puissent appartenir à la même famille d'enjeux d'apprentissage, si ce n'est par leurs similitudes à solliciter prioritairement les mêmes ressources avant de s'engager corporellement.

Cette rapide présentation fait donc apparaître 4 familles d'enjeux d'apprentissage, propres à un domaine d'engagement moteur. Ils doivent être perçus comme des « *filtres didactiques* » à partir desquels l'enseignant est à même de sélectionner des APSA propices à mobiliser plus particulièrement certaines ressources. Mais ces filtres ne doivent en aucun cas être perçus comme des camisoles de force prédéfinissant les choix de l'enseignant. Il se présente avant tout comme une modélisation qui pose les règles du jeu, mais laisse le maître entièrement concepteur de sa programmation et du traitement didactique qu'il souhaite mettre en place.

Si bien qu'il serait possible d'imaginer que la natation puisse servir au développement de l'ensemble des enjeux d'apprentissage, selon l'entrée pédagogique retenue :

- La natation de vitesse pour le champ d'apprentissage 1
- la familiarisation avec le milieu aquatique (débutants) pour le champ d'apprentissage 2
- la natation synchronisée ou le plongeon pour le champ d'apprentissage 3
- le water polo pour le champ d'apprentissage 4

Les compétences « *générales* », ou méthodologiques :

Les nouveaux textes les associent aux 5 domaines du SCCCC :

- Pour le D1 : « *développer sa motricité et apprendre à s'exprimer en utilisant son corps* »
- Pour le D2 : « *s'approprier, par la pratique physique et sportive, des méthodes et des outils* »
- Pour le D3 : « *Partager des règles, assumer des rôles et des responsabilités* »
- Pour le D4 : « *Apprendre à entretenir sa santé par une activité physique régulière* ».
- Pour le D5 : « *S'approprier une culture physique, sportive et artistique* »

Ces 5 compétences générales constituent le fond de commerce des acquisitions motrices et culturelles représentées par les champs d'apprentissage complémentaires. Elles ont un caractère transversal, mais représentent des acquisitions fondamentales pour l'autonomie, la citoyenneté et l'intégration des générations montantes dans la société sans cesse en mutation. Souvent délaissées au profit des pratiques motrices « sportives » ou ludiques, elles s'imposent désormais comme de véritables acquisitions mises prioritairement en avant par le nouveau socle commun de compétences, de connaissances et de culture.

Enfin, les nouveaux programmes confirment la nécessité d'adapter l'enseignement au contexte singulier d'une école et à l'esprit d'initiative de l'équipe enseignante. Ne pas l'interpréter comme un carcan étroit dont les acquisitions visées seraient perçues comme des passages en force mais plutôt « Laisser aux enseignants des espaces d'initiative et de responsabilité pour leur permettre d'apprécier comment atteindre les objectifs du programme dans chaque situation[1]. »

4. La programmation

Ce que disent les programmes :

Pour la maternelle :

*« **Le choix des activités physiques variées, prenant toujours des formes adaptées à l'âge des enfants, relève de l'enseignant, dans le cadre d'une programmation de classe et de cycle pour permettre d'atteindre les quatre objectifs caractéristiques de ce domaine d'apprentissage.** Le besoin de mouvement des enfants est réel. **Il est donc impératif d'organiser une séance quotidienne (de trente à quarante-cinq minutes environ,** selon la nature des activités, l'organisation choisie, l'intensité des actions réalisées, le moment dans l'année, les comportements des enfants...). **Ces séances doivent être organisées en cycles de durée suffisante pour que les enfants disposent d'un temps qui garantisse une véritable exploration et permette la construction de conquêtes motrices significatives**[2] ».*

Pour les C2 et C3 :

*« Chaque cycle des programmes (cycle 2, 3, 4) doit permettre aux élèves de **rencontrer les quatre champs d'apprentissage.** À l'école et au collège, **un projet pédagogique définit un parcours de formation équilibré et progressif, adapté** aux caractéristiques des élèves, aux capacités des matériels et équipements disponibles, aux ressources humaines mobilisables[3] ».*

Commentaires :

- Hormis pour le C1, qui impose (« il est impératif ») la durée d'une séance hebdomadaire de 30 à 45 minutes, sans spécifier un horaire annuel, l'EPS représente pour le C2 et le C3 un volume global de 108 heures années, déclinées en moyenne, sous la forme de 3 heures hebdomadaires. L'éducation « corporelle » des élèves a donc pour ambition de représenter le 3e volume horaire des programmes sur l'ensemble de la scolarité du 1er degré :
  - 2 à 3 heures à minima par semaine, pour la maternelle
  - 3 heures par semaine pour l'élémentaire
- Plusieurs informations importantes cadrent ce que doit être une programmation à l'école :

1. Programmes de l'école élémentaire, Bulletin officiel spécial n° 11 du 26 novembre 2015
2. Programmes de la maternelle, Bulletin officiel spécial n° 2 du 26 mars 2015.
3. Programmes de l'école élémentaire, Bulletin officiel spécial n° 11 du 26 novembre 2015.

- Les 4 « objectifs caractéristiques » et/ou les 4 « champs d'apprentissage » doivent être programmés chaque année du cycle.
- C'est cette variété qui permet de définir un parcours de formation équilibré en termes d'enjeux disciplinaires ainsi qu'une ouverture culturelle à un âge qui n'autorise pas vraiment de spécialisation sportive.
- Le volume de travail dans une séance et une séquence doit être conséquent pour ambitionner les transformations motrices visées par les programmes. Des séances trop courtes qui ne s'étalent pas dans la durée ne permettent pas de garantir les effets escomptés.
- Une programmation doit être progressive. Autrement dit, en lien avec des progressions didactiques pertinentes, elle doit articuler des étapes hiérarchisées en difficulté et en complexité pour confronter les élèves à des situations cohérentes en termes de contenus d'apprentissage.
- Une programmation doit être adaptée à un contexte d'enseignement singulier. Il n'existe pas de programmation téléchargeable sur le site du ministère ou dans une école d'application. Elle doit être le fruit d'une réflexion d'équipe qui a pris en considération un certain nombre de paramètres spécifiques à l'école pour aboutir au meilleur compromis possible. C'est en s'appuyant sur les caractéristiques des élèves du bassin de recrutement, sur les compétences enseignantes locales, et sur les contingences matérielles disponibles, que l'école pourra afficher un parcours de formation légitime et cohérent, en prise directe avec les attentes institutionnelles.
- Le volume horaire est non négociable. Malheureusement, les enquêtes nationales et académiques affichent une réalité moins glorieuse, ne dépassant pas, dans certaines écoles une heure à une heure trente par semaine. La moyenne nationale se situant en dessous des deux heures hebdomadaires. Les raisons invoquées par les collègues sont liées au manque de temps pour boucler les programmes des autres disciplines, notamment en mathématiques et en français. Argument non recevable pour un candidat à l'oral qui doit être avant tout, en bon fonctionnaire, promoteur de la discipline !
- La durée des séquences est intimement liée à l'âge des enfants. Plus ils sont jeunes, plus il semble logique de ne pas programmer de séquences trop longues, souvent perçues comme ennuyeuses. À l'inverse plus les élèves sont grands, plus il est possible de se rapprocher du fonctionnement du collège.

La programmation rentre dans la dynamique d'un projet. Elle en est un des éléments constitutifs. Comme le projet d'école, elle est l'aboutissement d'un travail collectif et le reflet d'une réflexion consensuelle d'une équipe d'enseignants. Elle met en forme et affiche la meilleure EPS possible dans un contexte singulier d'enseignement

5. Construire une progression

Une progression se caractérise par un ensemble articulé d'étapes, hiérarchisées en niveaux de difficultés croissantes, permettant de schématiser une évolution des acquisitions du débutant à l'expert. L'illustration ci après, met en forme une progression en natation, présentant les étapes prioritaires qu'il est nécessaire de stabiliser avant de passer aux étapes supérieures. La maîtrise de l'étape 1 étant requise pour aborder les enjeux de l'étape 2, et ainsi de suite…

Cette schématisation sert de cadre à une publication qui aborde les 4 progressions utiles pour préparer les 4 champs d'apprentissage complémentaires supports des sujets du concours[1].

1. Rigal, Christian, *Comprendre et se préparer à l'épreuve orale d'EPS du CRPE*, Ellipses, automne 2016.

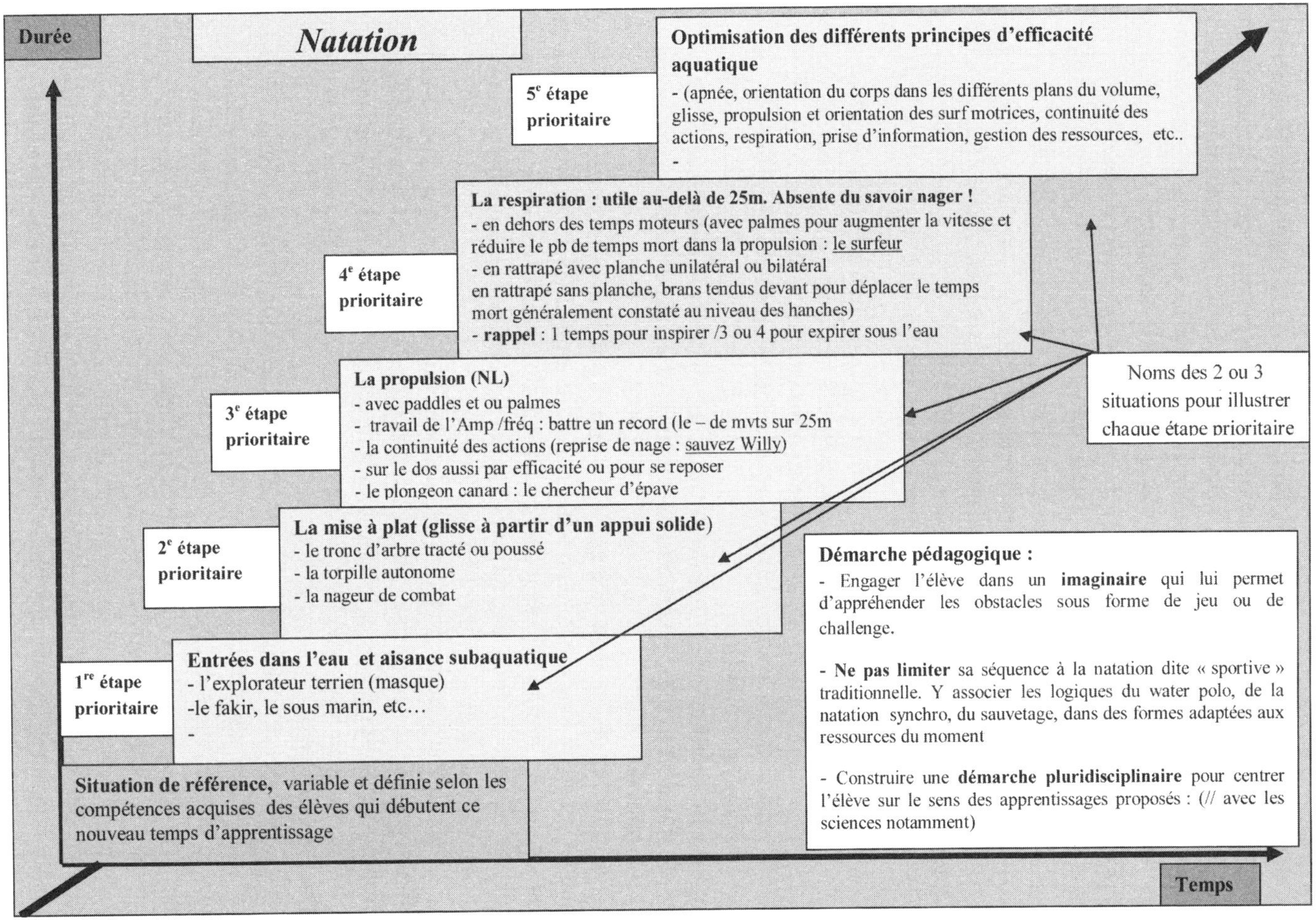
Durée
Natation
5e étape prioritaire
Optimisation des différents principes d'efficacité aquatique
- (apnée, orientation du corps dans les différents plans du volume, glisse, propulsion et orientation des surf motrices, continuité des actions, respiration, prise d'information, gestion des ressources, etc..
-
4e étape prioritaire
La respiration : utile au-delà de 25m. Absente du savoir nager !
- en dehors des temps moteurs (avec palmes pour augmenter la vitesse et réduire le pb de temps mort dans la propulsion : le surfeur
- en rattrapé avec planche unilatéral ou bilatéral
en rattrapé sans planche, brans tendus devant pour déplacer le temps mort généralement constaté au niveau des hanches)
- rappel : 1 temps pour inspirer /3 ou 4 pour expirer sous l'eau
3e étape prioritaire
La propulsion (NL)
- avec paddles et ou palmes
- travail de l'Amp /fréq : battre un record (le – de mvts sur 25m
- la continuité des actions (reprise de nage : sauvez Willy)
- sur le dos aussi par efficacité ou pour se reposer
- le plongeon canard : le chercheur d'épave
Noms des 2 ou 3 situations pour illustrer chaque étape prioritaire
2e étape prioritaire
La mise à plat (glisse à partir d'un appui solide)
- le tronc d'arbre tracté ou poussé
- la torpille autonome
- la nageur de combat
1re étape prioritaire
Entrées dans l'eau et aisance subaquatique
- l'explorateur terrien (masque)
-le fakir, le sous marin, etc…
-
Situation de référence, variable et définie selon les compétences acquises des élèves qui débutent ce nouveau temps d'apprentissage
Démarche pédagogique :
- Engager l'élève dans un imaginaire qui lui permet d'appréhender les obstacles sous forme de jeu ou de challenge.
- Ne pas limiter sa séquence à la natation dite « sportive » traditionnelle. Y associer les logiques du water polo, de la natation synchro, du sauvetage, dans des formes adaptées aux ressources du moment
- Construire une démarche pluridisciplinaire pour centrer l'élève sur le sens des apprentissages proposés : (// avec les sciences notamment)
Temps

6. Construire une séquence

Une fois la programmation établie, il revient à l'enseignant d'utiliser les progressions dont il dispose pour construire les séquences qu'il souhaite mettre en œuvre avec ses élèves. À partir de cette conception formelle des étapes qui organisent les acquisitions, il sélectionne et ordonne les contenus d'enseignement qu'il compte faire acquérir dans un temps donné : la séquence.

Définition

Une séquence est un ensemble articulé dans le temps, de séances (ou leçons) dont les contenus, issus d'une progression, sont hiérarchisés, en difficulté et ou complexité, adaptées aux ressources des élèves et aux problèmes rencontrés.

Les séances qui structurent une séquence ont des finalités différentes :

- Elles permettent d'évaluer les ressources des élèves généralement au début pour faire un diagnostic, au milieu pour vérifier le bien fondé des décisions prises en matière de contenus, et en fin de séquence pour valider les acquisitions des élèves.
- Elles permettent en grande partie, d'organiser les apprentissages des élèves qui découvrent, s'approprient, stabilisent et généralisent leurs nouveaux pouvoirs d'agir

Autrement dit, la séquence est le produit d'une réflexion professionnelle qui met en scène un ensemble de connaissances, de capacités et d'attitudes, réparties sur un certain nombre de séances, ayant des finalités différentes, programmées sur une période donnée, et destinées à doter les élèves de nouvelles acquisitions, et plus globalement, de nouvelles compétences.

C'est un élément de la chaîne de décisions que chaque enseignant doit mettre en œuvre. Elle se positionne entre les décisions relatives à la programmation, aux progressions disponibles et le corps des séances et des situations d'apprentissage.

Bien souvent les étudiants éprouvent des difficultés à différencier la séquence d'une progression.

Une progression peut être définie par une succession d'étapes hiérarchisées en difficulté ou complexité, qui organisent les contenus d'enseignement relatifs à un apprentissage précis, l'apprentissage de la lecture, le calcul en mathématiques, ou le savoir nager en EPS. Lors des mises en stage, les étudiants éprouvent régulièrement le besoin de récupérer les progressions des enseignants qu'ils remplacent, comme si l'enseignement se résumait à la transmission de connaissances organisées par étapes, qu'il suffirait de saucissonner dans le temps pour en assurer l'acquisition pendant les séances. Il est possible de dire qu'**une progression représente seulement le fond de commerce théorique qui traduit les acquisitions**

hiérarchiquement organisées en difficulté et en complexité, du pratiquant novice à l'expert, dans une compétence donnée. Alors que **la séquence traduit seulement une étape de cette progression, un moment opportun sélectionné par l'enseignant parce qu'il correspond à un enjeu de formation pour ses élèves pour une période donnée.** Ce morceau ce progression fait l'objet d'un traitement didactique propre à un contexte d'enseignement (prise en compte des représentations, de l'environnement socioculturel, des acquisitions, de l'hétérogénéité, du temps disponible, du matériel à disposition, de la compétence de l'enseignant...).

Si les progressions sont des éléments incontournables pour construire son enseignement, elles ne représentent qu'un élément dans la chaîne de décisions qu'impose une séquence.

La modélisation ci-dessous tente de synthétiser les éléments constitutifs d'une séquence composée de deux modules d'apprentissage, organisés chacun autour d'une transformation prioritaire.

Pour une séquence de 10 Séances en hand ball, CAC4, avec des CM1									
Entrée Dans L'activité **Situation de référence**		Transformation prioritaire n° 1 Ex : accéder progressivement à la zone favorable de marque dans une sport collectif			Evaluation formative Reprise de la situation de référence	Transformation n° 2 « optimiser l'efficacité au tir »			Evaluation Sommative Bilan des acquis de la séquence
S1	**S2**	**S3**	**S4**	**S5**	**S6**	**S7**	**S8**	**S9**	**S10**
Prétexte à une évaluation diagnostique Une à deux séances selon la durée de la séquence pour entrer dans l'activité et faire l'état des lieux sur : *« ce qui est déjà là »* et sur *« ce qui pose problème »*		**transformer**	**Renforcer et stabiliser**	**complexifier**	**Evaluer généraliser**	**transformer**	**Renforcer et stabiliser**	**complexifier**	**Évaluer Généraliser**

7. Construire une séance :

La séance ou la leçon (peu importe l'appellation que vous retenez), organise dans un temps généralement assez court, les contenus disciplinaires de la journée. Sa durée varie de quelques minutes à plus d'une heure.

Elle organise le déroulement du travail préparé en amont, pour vos élèves, dans ce laps de temps, en précisant un certain nombre d'informations incontournables pour votre enseignement.

En EPS, elle se caractérise par plusieurs temps bien identifiés :

- Une prise en main des élèves
- Un échauffement
- Une ou plusieurs situations d'apprentissage
- Un retour au calme associé bien souvent à un bilan de séance propice à des échanges réflexifs sur ce qui a été réalisé précédemment par les élèves.

La prise en main :

Elle permet de poser le cadre des situations qui composent la séance du jour et se met en place généralement sur le lieu de pratique. Mais lorsque les installations locales, à l'extérieur ne sont pas adaptées, qu'un bruit ambiant ou un vent violent perturbe la passation de consignes, il est parfois judicieux d'utiliser le cadre magistral de la classe pour faire passer les informations importantes au bon déroulement de la séance.

La prise en main permet de faire le lien entre ce qui s'est passé la séance précédente et d'introduire les activités du jour. Elle participe à la justification des apprentissages que vivent les élèves, à leur compréhension pour qu'ils trouvent le sens et l'utilité qui conditionnent leur engagement.

Illustration :

« *Qui peut me dire ce que nous avions fait lundi dernier à la piscine ? Quels étaient les problèmes rencontrés ? Qui a réussi ? Pourquoi ? Nous avions tous décidé à la fin de la séance qu'il était important de connaître le règlement autour du bassin. Qui peut me rappeler les règles ? Aujourd'hui, nous allons continuer à chercher l'entrée du château dans lequel est prisonniers notre chef. Pour cela il faudra trouver l'entrée secrète qui se trouve au fond de la piscine. Tout le onde à compris ? Mélanie, peux tu me dire ce qu'il faut faire ?* »

L'échauffement :

C'est par lui que commence l'engagement moteur des élèves. Il doit leur donner l'occasion de préparer progressivement le corps à développer une motricité spécifique à l'activité support de la séquence. Si quelques routines de fonctionnement peuvent s'installer en cours d'année, comme le fait de trottiner, de multiplier les formes de déplacements pour élever la température du corps, il doit très tôt être en lien direct avec les groupes musculaires qui seront sollicités dans le corps de la séance. Autrement dit, il doit y avoir une réelle cohérence entre le contenu même de l'échauffement et les situations d'apprentissage qui suivent. « *Des roulades avant sur un tapis sont inutiles pour préparer les élèves à une séance de tennis de table* ». Si cette illustration peut faire sourire, les échauffements traduisent souvent des incohérences de ce type, tout simplement par manque de réflexion. Trop souvent, les échauffements ne produisent pas les effets escomptés tels qu'ils étaient prévus sur les fiches de préparation, soit parce qu'ils ne sont pas suffisamment longs, soit parce qu'ils ne mobilisent pas le corps, dans une logique proche de la compétence travaillée. Un échauffement réussi répond à plusieurs critères objectifs :

- Une élévation de la température et du système cardiorespiratoire
- Des rougeurs sur le visage associées à la transpiration, s'installent généralement au bout de quelques minutes d'exercice
- L'envie d'aller boire
- La nécessité de se découvrir

Illustration :

Ce moment de la séance doit donner l'occasion aux élèves de mobiliser les ressources qui vont être centrales dans la séance et d'en comprendre les raisons. Dans une séquence d'acrosport, où l'équilibre des postures, seul, en duo, en trio ou en quatuor est sans cesse modifié, il est opportun de confronter les élèves, dès l'échauffement à des principes d'équilibre plus ou moins exigeants, seul ou à plusieurs. Dans cette logique on peut imaginer que le fait de trottiner autour ou sur le tapis, donne l'occasion à l'enseignant d'y associer très tôt des consignes destinées à faire vivre des postures équilibrées.

« *Au coup de sifflet vous arrêtez de trottiner et vous vous immobilisez dans une position où seules les parties du corps que je vous donne, doivent entrer en contact avec le sol...* » L'enseignant énumère ainsi pendant 3 à 5 minutes un certains nombre de consignes qui traduisent des statues dont l'équilibre est inhabituel. « *Main gauche et pied droit... Les deux talons et les épaules... uniquement les fesses... les genoux et le front... etc.* »

Au-delà de la mise en activité, l'élève est confronté, dès l'échauffement, d'une part à une mobilisation des ressources prioritaires, propres à activité support, et d'autre part à des formes d'exercice qui exigent des postures spécifiques, proches de celles qui seront au centre des situations d'apprentissage dans le corps de la séance.

L'échauffement à pour objectif :

- **Une mise en disponibilité** physiologique, motrice et cognitive
- Une **mobilisation des ressources prioritairement** sollicitées par l'activité support de la séance
- **Un lieu d'appropriation d'éléments techniques**, qui **par répétition dans un contexte favorable**, donne l'occasion à l'élève de vivre **un volume de travail qui participe au développement de la compétence**. Lorsque deux élèves, face à face, dans une séance de badminton, on pour objectif de faire durer l'échange le plus longtemps possible, ils ne se retrouvent pas dans un duel les opposant, mais dans la nécessité de créer les conditions pour que leurs frappes ne mettent pas en difficulté leur partenaire. En jouant en duo et non en duel pendant l'échauffement, l'intensité est limitée, la prise d'information est au centre de l'action, et la répétition des échanges

augmente le calibrage des frappes, apprentissage nécessaire aux situations qui suivront dans le corps de la leçon.

Une ou plusieurs situations d'apprentissage (cf. chapitre suivant)

La durée de la séance permet à l'enseignant de décider si les contenus qu'il veut faire passer nécessitent une, deux ou trois situations.

Lorsque la séance est inférieure à une durée de 45 minutes il est préférable d'opter pour une situation évolutive. Elle permet d'engager l'élève dans une situation qui conserve globalement le même dispositif, mais qui se différencie de l'étape précédente par une consigne, une variable, une forme de groupement nouvelle.

Lorsque plusieurs situations structurent la séance, la difficulté consiste à trouver un ordre logique qui facilitent les apprentissages visés.

Il ne suffit pas de télécharger sur un site deux ou trois activités différentes en danse pour considérer qu'elles correspondent aux besoins des CP dont j'ai la charge. Elles doivent répondre aux questions que je me pose :

– *« En quoi ces situations me permettent-elles de dépasser le problème que je rencontre avec mes élèves ? »*
– *« Quelles évolutions puis-je anticiper ? »*
– *« Dans quel ordre logique vais-je les proposer dans la séance pour qu'elles participent à l'atteinte des compétences visées pour ce niveau de classe ? »*

Un retour au calme

Il est souvent associé à un bilan de séance propice à des échanges réflexifs sur ce qui a été réalisé précédemment par les élèves. Il permet tout d'abord de faire retomber le niveau d'excitation que la pratique physique peut générer dans certains cas, notamment pour les activités liées au CAC1 (course, défis, dépassement de soi) et CAC4 (jeux et sports collectifs, jeux et sports de raquettes, jeux et sports de combat), qui par essence, engagent dans une activité duelle, un ou plusieurs protagonistes. Il est opportun quelquefois d'instaurer un temps de relaxation pour permettre aux élèves de retrouver le calme nécessaire à la poursuite des activités programmées en classe, pour le reste de la journée.

En continuité de la prise en main, ce temps permet également de faire le bilan de ce qu'il s'est passé pendant la séance. Par un questionnement guidé, l'enseignant fait émerger des principes de fonctionnement qui pourront éventuellement être formalisés par écrit en classe, et utilisés pour la suite de la séquence.

Illustration :

« Qui peut me dire sans regarder les fiches que vous aviez dans votre atelier, ce qui a été appris aujourd'hui en acrosport pour construire une pyramide à 3, en toute sécurité ? Pour le porteur ? Pour le voltigeur ? »

Il est attendu des élèves qu'ils listent et démontrent à la classe regroupée autour du maître, les contenus sécuritaires qui ont jalonné la séance d'aujourd'hui avec notamment :

- *Pour le porteur :*
  - *La verticalité des appuis au sol (bras et jambes en angle droit)*
  - *Un écart des mains égal à la largeur des épaules et un écart entre les genoux égal à la largeur du bassin pour assurer la stabilité de la structure.*
- *Pour le voltigeur*
  - *L'interdiction pour de poser ses pieds ou ses genoux sur les zones interdites du porteur (nuque, courbure lombaire)*
  - *L'obligation de déconstruire la pyramide à l'inverse de la montée avec interdiction de sauter pour aller plus vite (le saut génère une impulsion du voltigeur et un tassement du dos du porteur, souvent source de blessure).*

Cette dernière partie de la séance est très importante pour la structuration des apprentissages. Elle permet de mettre au clair, en dehors de toute agitation, les connaissances, les capacités et les attitudes qui étaient placées au centre de la séance d'aujourd'hui. Malheureusement, et bien souvent par un manque de temps légitime, l'enseignant occulte ce moment d'échange. La séance s'arrête brutalement sans que les liens entre la réflexion et la pratique aient eu le temps de s'installer.

Il est important d'insister sur ce moment qui devrait donner l'occasion de reproduire ce qui se fait par ailleurs à la fin de certaines séances de la journée, à savoir un moment réservé à l'institutionnalisation de la connaissance travaillée. Comment mettre en forme ce qu'il faut savoir pour être capable par la suite de se démarquer en sport collectif ?

Ainsi, à l'image de ce qui pourrait être dit, écrit et synthétisé en calcul pour poser une addition, ou en grammaire pour appliquer la règle des accords en genre et en nombres, il serait possible de dire au cours du bilan, dans une séquence de sports collectifs en C3, qu'un démarquage c'est :

- *donner une solution au porteur de balle (PB)*
- *en se plaçant dans un espace où il n'y a pas de défenseur*
- *situé à distance de passe pour permettre au PB de me reconnaître disponible pour lui*
- *désaligné d'un défenseur qui pourrait se situer entre nous deux (PB et partenaire démarqué du PB)*
- *entièrement orienté vers le PB (pieds, bassin, épaules et mains), pour garantir au mieux la réception de la balle.*

Dans cette perspective, le bilan deviendrait, ce qu'ailleurs l'enseignant appelle l'institutionnalisation de la règle ou des connaissances abordées.

8. Construire une situation d'apprentissage, une tâche ou un exercice :

Définition

La situation d'apprentissage représente l'interface entre deux prises de décision de l'enseignant :

- La 1re est liée à la représentation qu'il se fait des modalités d'apprentissage de l'élève.
- La 2e correspond à la sélection d'une stratégie d'enseignement parmi celles dont il dispose, pour coller au mieux aux besoins de ses élèves.

Elle articule une pluralité de notions : objectif, but, consignes, critères de réalisation, critères de réussite, variables didactiques, dispositif matériel, forme et gestion des groupements d'élèves, prolongement, régulation… Elle est construite pour répondre à un problème rencontré par les élèves. Appelée également tâche ou exercice, la situation d'apprentissage confronte l'enseignant à la nécessité d'animer et de réguler un dispositif conçu pour apprendre des connaissances, des attitudes et des capacités.

Elle se veut traduire une réflexion qui place au centre, l'élève et non la connaissance. Pour cela, il est impératif qu'elle mette en évidence les raisons pour lesquelles certaines informations la justifient et la rendent cohérente.

Un premier niveau de mise en relation articule les **compétences acquises** (« *le déjà là* »), ce qui pose problème (d'un point de vue moteur, cognitif, social, culturel…) **et les hypothèses explicatives**.

La modélisation ci après tente de mettre en relation l'ensemble des items qui interagissent dans une situation d'apprentissage en se centrant essentiellement sur l'activité de l'élève. Sous forme de recto/verso, cette architecture a pour objectif de mettre à plat une relation de cause à effet entre « *le déjà là* » (les acquisitions des élèves), ce qui pose problème, et les hypothèses explicatives qui permettent de cibler l'origine de l'obstacle. C'est grâce à cette articulation que l'objectif retenu, ou la compétence visée, trouve toute sa place et sa légitimité, en répondant véritablement à un problème posé et à une recherche de solution.

Contrairement aux fiches de préparations habituelles qui placent le bilan des acquisitions de la séance ou de la situation en fin de document, cette présentation positionne en haut et à gauche le détail des acquisitions stabilisées et de ce qui pose problème, décliné en connaissances, capacités et attitudes. Ainsi, ce dispositif garantit un lien pédagogique et didactique entre les situations d'une même séance, et les séances d'une séquence. Par emboîtements successifs, à l'image des poupées gigognes, les prises de décisions de l'enseignant apparaissent logiques et cohérentes.

Conseil

En vous imposant cette logique explicative vous vous garantissez à l'oral, la capacité à pouvoir justifier :

- Dans une séquence, les raisons de la succession des objectifs qui pilotent chaque séance ou leçon.
- Dans une séance, les raisons pour lesquelles, la première situation est placée avant la deuxième et la deuxième avant la troisième, ou si éventuellement vous avez opté pour une seule situation évolutive en complexité et difficulté.

☛ **Important :**

La qualité de la réponse au sujet qui vous est posée dépend largement de la réflexion que vous engagez sur les relations qui s'établissent en amont de la formulation de l'objectif. C'est à ce niveau que ce joue la cohérence de vos propositions, la qualité de votre argumentation, indépendamment de l'expertise technique liée à l'APSA, qui bien qu'importante, n'est pas la compétence prioritairement recherchée par les jurys. Sur ce point, l'expérience viendra logiquement avec le temps et la pratique. Vous devez être convaincus que pour les agents recruteurs, le pari est avant tout fait sur la qualité de la réflexion professionnelle.

Les sujets traités dans la dernière partie, auront pour vocation de donner la priorité aux hypothèses explicatives qui permettent de formuler un objectif de transformation logique et cohérent.

1) Observations / Constat / Compétences acquises :
- Que sait faire l'élève à la fin de la séance précédente ?
- Qu'est-ce qui est déjà là ?
- Au niveau des connaissances
- Des capacités
- Des attitudes
- Qu'est ce qui lui pose problème ?

Leçon	1	2	3	4	5	6	7	8	9	10

2) Hypothèses explicatives et enjeux de formation :
- Comment expliquer ce qui lui pose problème ?
- Quelles hypothèses peuvent être avancées pour me donner des pistes de contenus ?
- C'est en vous demandant pourquoi, que vous rentrez dans l'explicatif et vous dépassez le simple constat.

3) Objectif : Il doit traduire la transformation que vous recherchez chez vos élèves et ne pas être le simple copié/collé d'une acquisition extraite de la progression utilisée. La formulation ci après permet de placer au centre de votre situation la réponse à l'hypothèse explicative que vous avez retenue :
« Passer de..... (La mobilisation initiale des ressources qui posent problème)............
...... à...... (La mobilisation des ressources recherchées)..... »

Place et rôle du maître
Que faire après le passage des consignes ?
Où me situer si je dois gérer un ou plusieurs ateliers ?

But de la tâche
C'est la consigne royale, celle qui organise les autres et permet à l'élève de comprendre simplement ce qu'il y a à faire, ce qu'on attend de lui

Consignes secondaires :
- Liées à l'espace
- Au temps
- Au nombre de joueurs

Critères de réalisation
(Ou conseils techniques)
C'est ce qu'il y a à faire pour faire. Ce sont les contenus techniques à apprendre pour être efficace dans un démarquage en jeu collectif, un plongeon en natation, ou l'utilisation en danse, de l'espace dans son volume et sa surface.

Critères de réussite
C'est ce que je donne comme information à un élève pour le renseigner sur ce qu'il vient de faire. Comment sait-il s'il a réussi ? Le critère de réussite quantifie le nombre de réussites sur le nombre d'essais : 5/7, ou 3/4.
Il permet à l'élève de mesurer l'écart entre ce qui est demandé et ce qu'il a réalisé. C'est cette prise de conscience qui conditionne sa mise en projet.

Variables didactiques prioritairement sollicitées
Sur quels éléments vais-je pouvoir jouer pour rendre plus facile ou plus difficile, plus simple ou plus complexe, la situation que je propose à mes élèves ?

Dispositif : *(schémas, formes de groupements, métrage, durée, …)*
La mise en forme du dispositif de votre situation conditionne l'aisance avec laquelle vous l'allez l'animer. Plus vous aurez anticipé le détail de l'organisation souhaitée, plus vous serez à même de le faire évoluer et de l'adapter au besoin.

Important :
Pour le concours, vous devez vous entrainer à retranscrire en temps contraint un schéma du dispositif qui illustre et détaille la situation que vous présentez. La clarté et la précision des informations que vous disposerez sur votre schéma traduiront le souci que vous avez pour vous faire comprendre. Face à un schéma ficelé dans l'urgence, peu signifiant pour son auditoire, le jury ne peut pas faire l'économie que dans une classe, face à ses élèves ce candidat procèderait de la sorte, utilisant des médias peu opérants.
Pendant l'exposé, lorsque vous donnez un schéma bien construit du dispositif de votre situation d'apprentissage, aux jurés, généralement, ces derniers cessent de prendre des notes, ou du moins continuent à prendre des notes mais à un rythme moins soutenu. C'est une plus value pour votre prestation, car dans ces conditions, le jury n'est plus contraint par sa prise de note qu'il souhaite la plus exhaustive possible. Il pose son stylo, vous écoute et apprécie davantage les autres dimensions de la communication dans un temps de l'épreuve que vous êtes censé maitriser car vous êtes seul à parler.

Conseil : Dans votre temps de préparation il est souhaitable de construire deux fois le même document. Un pour le jury, un pour vous. En trente seconde, grâce à une feuille carbone placée entre deux feuilles de brouillon, le tout maintenu par quatre trombones, vous faites l'économie de la production du deuxième schéma détaillé. Ces matériels au même titre que des feutres, du scotch ou des ciseaux, sont considérés comme du matériel personnel pour organiser votre réponse et restent tolérés par l'organisation du concours. Il vous reste ensuite à paginer vos feuilles, à les intégrer dans la continuité de votre document papier et à les utiliser au moment où ils deviennent le support de votre exposé, en conservant la copie et donnant l'original aux jurés.
Au-delà des précisions que ces documents apportent, vous démontrez au jury votre compétence à ne pas considérer la parole comme seul et unique moyen de communication et que, dans la perspective de votre futur métier, vous y associez une diversité de médias dans le but de convaincre votre auditoire.

Durée
15"
30"
1'
2'
3'
5'
10'
15'
20'
30'
45'

Si réussite, quelle(s) adaptation(s) et pourquoi ?

Vous devez anticiper les réponses de vos élèves, ou du moins envisager les deux alternatives suivantes : mes élèves réussissent trop rapidement et n'apprennent rien ou bien ils sont en situation d'échec.
Face à ce constat vous devez envisager des régulations en modifiant l'exigence et les contraintes de la situation de départ. Cette anticipation est nécessaire car en classe, face à ses élèves, les urgences ne permettent pas toujours de trouver les solutions au problème rencontré.

Si échec, quelle (s) adaptation(s) et pourquoi?

C'est l'utilisation raisonnée des variables didactiques liées au temps, à l'espace, aux formes de groupement, au matériel utilisé, aux règles du jeu, qui vous permettent d'adapter les ressources de vos élèves aux contraintes de la tâche, sans perdre de vue que cette adaptation peut concerner aussi bien des connaissances, des capacités ou des attitudes.

Contexte : CAC2, natation, CE1 5e séance de la séquence. Petit bassin ou bassin d'apprentissage, groupe des débrouillés, « *nageurs de combat* »

Leçon	1	2	3	4	5	6	7	8	9	10

Observations / Constat / Compétences acquises :

Ce qui est déjà là :

- Ils savent mettre la tête sous l'eau, et souffler
- N'ont pas peur de l'eau
- Acceptent la perte d'appuis solide

Ce qui pose problème (difficultés et /ou erreurs)

- Ont du mal à maintenir une position horizontale équilibrée en raison des nouveaux repères à **construire**
- le corps est à l'oblique avec un redressement de la tête en extension

Hypothèses explicatives et enjeux de formation :

/ à la difficulté de maintenir une position horizontale :

- Liée à la nécessité de construire de nouveaux repères pour passer du terrien marcheur vertical au nageur propulseur horizontal (repères visuel, labyrinthiques, proprioceptifs, kinesthésiques, respiratoires, ...)

Il est nécessaire de bien comprendre la portance de l'eau pour se libérer de toute appréhension par rapport au milieu et se centrer sur des sensations nécessaires aux progrès.

Objectif :

«Passer de d'un déplacement aquatique horizontal peu efficace
... à...
Une coulée hydrodynamique qui limite les résistances à l'avancement »

Place et rôle du maître

Que faire après le passage des consignes ?
Où me situer si je dois gérer un ou plusieurs ateliers ?

But de la tâche

Pousser au mur et se laisser glisser le plus loin possible sans bouger,

Consignes secondaires

- Comme une torpille
- Mesurer la distance parcourue (plots)
- Faire 10 passages

***Critères de réalisation* ou conseils techniques**

- Les épaules dans l'eau du début à la fin de la poussée
- Les bras tendus vers l'avant, collés aux oreilles
- Le regard vers le bas et l'avant Les jambes et les pieds tendus

Critères de réussite

Vous réussissez si vous atteignez le plot 10, sans bouger après la poussée au mur, au moins 7 fois sur les 10 essais
(1 plot = 50 cm)

Variables didactiques prioritairement sollicitées

- la profondeur utilisée pour cette situation
- la distance **minimale à atteindre**
- l'aide à la flottaison (planche, pool boy, un pair...)
- l'aide à la prise d'information (lunette, masque, repères au fond de la piscine...)
- le temps de glisse

Dispositif : (schémas, formes de groupements, métrage, durée, ...)

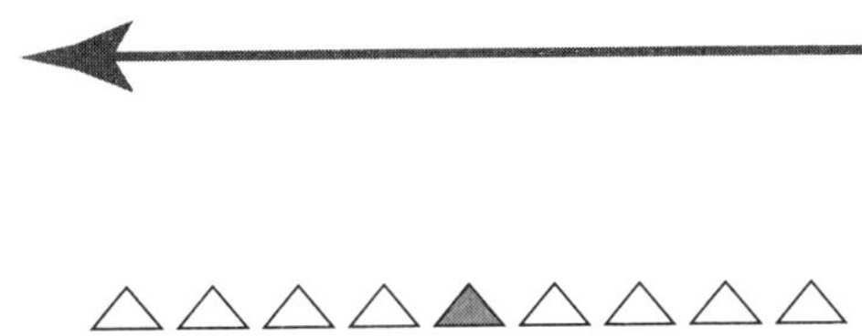

Plots sur le bord du bassin tous les 50 cm. En prévoir plus que ce que le meilleur élève peut réaliser (une quinzaine...). Le plot rouge étant la limite à minima de l'exercice, le smic à atteindre pour chaque élève. « Je réussis si j'atteins 3 fois sur 5 le plot rouge »

Durée
30 '
1'
2'
5'
10'
15'
20'
30'

Si réussite, quelle(s) adaptation(s) et pourquoi ?

Prolonger la glisse par des battements de jambes, déclenchés au moment optimal (ne pas attendre de ralentir en dessous de la vitesse que je suis capable de créer par mes mouvements...)

Connaissance : relative à l'entretien de la vitesse de glisse. « si je veux profiter de ma poussée, je ne dois pas attendre de trop ralentir »

Capacité : enchainer glisse et reprise de nage

Attitude : respecter les consignes, les critères de réussite, observer un partenaire pour le renseigner sur sa performance

Si échec, quelle (s) adaptation(s) et pourquoi ?

- Diagnostiquer la nature de l'échec
  - o Compréhension de la consigne ?
  - o Problème de décision ?
  - o Problème technique ?
  - o Problème émotionnel ?
- Cft algorithme de décision
- simplification 1 : le nageur se propulse mais avec planche comme appui
- simplification 2 : La propulsion est assurée par un pair (la remorque tractée ou la brouette poussée)

RQ : la régulation apportée ne doit pas s'opérer uniquement sur le registre technique ou l'ordre des difficultés hiérarchisées dans la progression support de la séquence. D'autres facteurs peuvent être à l'origine de la difficulté ou de l'erreur, comme la charge émotionnelle, ou l'incompréhension de ce qu'il y a à faire.

9. Pour résumer :

La progression est un cadre théorique qui structure dans le temps les contenus d'enseignement sous forme d'étapes hiérarchisées, du débutant à l'expert. Elle peut se définir sur une échelle annuelle ou sur toute la scolarité, de la maternelle à l'université.

La séquence est un ensemble de séances ou de leçons programmées dans un emploi du temps, sur une période plus courte que l'année scolaire : généralement de vacances à vacances, voire parfois sur 12 à 15 semaines comme pour la natation. Elle traduit des informations relatives :

- Au cadre institutionnel
- À un contexte d'enseignement singulier propre à l'école
- À une progression (comme ligne directrice des décisions à prendre en matière de contenus « techniques » dans l'activité physique support de la compétence travaillée)
- Un niveau de ressources d'élèves bien identifiées pour déterminer « ce qui est le déjà là ? » et « ce qui pose problème ? ». Une entrée dans l'activité sous forme d'évaluation diagnostique sur une à deux séances selon la durée de la séquence, pour valider les priorités retenues,
- Une articulation de moments d'évaluation et d'apprentissage
- Une conception de l'apprentissage et des stratégies d'enseignement (qui conditionnent l'organisation de la séquence)

Une séquence permet d'afficher :

- Une organisation dans le temps, des séances, des situations et des contenus d'enseignement appropriés
- Selon sa durée, un ou plusieurs modules d'apprentissage
- Des liens pluridisciplinaires par l'utilisation de connaissances abordées ailleurs qu'en EPS

La séance est structurée en plusieurs temps :

- une prise en main, un échauffement, une ou plusieurs situations d'apprentissage, un retour au calme associé à un bilan de fin de séance.

La situation d'apprentissage est le plus petit élément didactique qui organise les contenus d'enseignement. Elle organise et met en relation :

- des compétences acquises (« le déjà là »), un problème à résoudre, une hypothèse explicative, un objectif (pour l'enseignant), un but (pour l'élève), des consignes, des critères de réalisation, des critères de réussite, des variables didactiques, des régulations en cas de réussite ou d'échec, un schéma qui précise l'organisation matérielle du dispositif retenu, les formes de groupement, le temps de pratique, la place et le rôle de l'enseignant.

Autant dire que selon la temporalité du sujet, (progression ou situation), le cœur de la réponse doit mettre en avant prioritairement des connaissances de natures différentes.

B. La contribution de l'EPS à l'éducation à la santé

> Cette 3e partie, permet d'aborder un axe nouveau dans le concours de recrutement des professeurs des écoles, ou du moins, un axe officiellement affiché comme une réelle attente institutionnelle. En effet, si l'éducation à la santé a toujours fait partie des objectifs de l'EPS dans les programmes scolaires c'est la 1re fois qu'elle intègre le libellé de l'épreuve.
>
> Trois ambitions sont dédiées à cette partie :
> - À partir d'une analyse historique, il conviendra de modifier dans un 1er temps, la représentation habituellement donnée à ce vocable, et l'inscrire dans une réflexion professionnelle, en prise avec les finalités de l'école.
> - Ensuite, un apport de références scientifiques permettra de cautionner les arguments avancés.
> - Enfin, il s'agira de convaincre le lecteur, que l'éducation à la santé n'est pas une simple finalité dans l'air du temps, mais un réel enjeu identitaire pour l'EPS, et un axe majeur d'une politique d'éducation en prise avec les évolutions de la société.

Il est nécessaire de rappeler l'intitulé de l'épreuve pour bien mettre en évidence l'articulation des deux composantes de la phrase :

- L'épreuve « permet d'évaluer les compétences du candidat pour l'enseignement de l'éducation physique et sportive (EPS), ainsi que sa connaissance de la place de cet enseignement dans l'éducation à la santé à l'école primaire[1] ».

Autrement dit, dans l'organisation de sa réponse et au cours de l'entretien, il est attendu du candidat qu'il mette en évidence « *en quoi* » et « *comment* », l'EPS, discipline d'enseignement obligatoire, chargé de développer des compétences, participe à l'éducation à la santé des élèves du 1er degré.

Plus précisément, le libellé de cette épreuve renvoie **principalemen**t au rôle que l'EPS peut avoir sur l'éducation à la santé des élèves. Principalement, car il pourrait être compris dans le cadre d'une approche pluridisciplinaire, propre au 1er degré, que d'autres champs que l'EPS, comme les sciences expérimentales ou l'instruction civique et morale, pourraient servir d'argument de réponse, ou d'attente pour cette épreuve.

Si des liens possibles et complémentaires avec ces disciplines, qui participent également à une éducation à la santé, sont envisageables et logiques, il vous revient avant tout, dans le temps de l'exposé, assez court, de construire prioritairement une réponse avec des connaissances propres au champ de l'EPS.

Bien évidemment, des interfaces pluridisciplinaires peuvent donner davantage de caution à vos propositions, mais il convient avant tout de ne pas appauvrir

1. Arrêté du concours rénové, Journal Officiel du 27 avril 2013.

la place de « *la connaissance de l'enseignement de l'EPS dans l'éducation à la santé à l'école primaire* ». Autrement dit, il vous est possible d'y associer l'hygiène corporelle et l'équilibre de l'alimentation au C2 (Instruction civique et morale), ou le fonctionnement du corps humain et la santé au C2 (sciences expérimentales), mais seulement comme extension au corps de votre argumentation. Vous démontrerez ainsi, après avoir répondu à la question posée, que vous vous engagez dans une conception unitaire de l'enseignement à l'école, qui évite le piège du cloisonnement des apprentissages et la perte de sens.

1. Définition des termes

La santé :

Une enquête d'Alain HÉBRARD[1] en 1986, révélait que pour 76 % des élèves interrogés, l'EPS était synonyme de santé,

- Pour eux, être en bonne forme c'était avant tout :
  - être en bonne condition physique
  - être capable d'améliorer une performance

Même si cette enquête peut avoir subie l'usure du temps dans sa dimension sociologique et culturelle, il est fort probable que les représentations actuelles soient très proches de celles des années 80. Les clichés associés à l'EPS sont toujours présents. *« L'EPS c'est du sport et le sport c'est la santé ! »*. Un raccourci qui se vérifie au quotidien dans le secondaire où il est courant d'entendre un élève dire qu'il *« va en EPS faire du sport avec le prof de gym ! »*. La confusion terminologique témoigne de l'ambiguïté des vocables utilisés. Ces représentations qui associent l'EPS à la performance systématique et à la sélection des meilleurs sont tellement ancrées dans la société qu'elles persuadent parfois certains médecins à prescrire un certificat d'inaptitude totale ou partielle sans se poser la question de ce qu'a pu devenir l'EPS qu'ils ont connue quand ils la pratiquaient. Comme si les finalités poursuivies de nos jours par cette discipline ne permettaient pas à chaque élève de profiter d'une éducation motrice adaptée à leurs ressources.

Une première régulation terminologique s'impose donc pour comprendre l'évolution de l'EPS et de ses rapports avec la santé :

Contrairement aux idées reçues, l'objectif de santé est une permanence dans l'histoire de l'EP. C'est le seul objectif qui ait résisté à l'usure du temps « scolaire », du progrès scientifique, des choix politiques et culturels.

Mais cette permanence dans les textes ne veut pas dire constance de la définition. Un bref détour historique permet de comprendre l'évolution de cette finalité. Jusqu'au milieu du XXIe siècle, la santé a été appréhendée exclusivement par le prisme corporel, la recherche d'une santé physique, physiologique, voire thérapeutique

1. Hébrard, Alain, *Réflexion et perspectives*, Paris, Éditions EPS, 1986, 270 pages.

- Il faut attendre 1946 pour voir l'organisation mondiale de la santé (OMS) donner un cadre de définition différent, plus large. La santé étant définie à présent comme « un *état de bien être physique, mental et social et qui ne consiste pas uniquement en une absence de maladie ou d'infirmité*[1]. »
- Il faut attendre 1967, soit plus de 20 ans, pour que l'EPS traduise dans ces programmes une déclinaison liée à celle de l'OMS :
  - La santé apparaît « *comme la capacité pour un individu d'ajuster en permanence ses réactions et comportements aux conditions du monde extérieur, de s'accoutumer à l'effort, bref de se dépasser soi même. Prise dans cette acception, la santé doit s'apprendre sans cesse*[2] ». En référence aux Instructions Officielles d'octobre 1967 qui déclinaient le cadre programmatique de l'EPS de la fin des années 60.
- Certains auteurs en EPS avaient déjà pris position pour dépasser une conception dualiste de la santé, séparant corps et esprit. Jean Le Boulch, médecin et professeur d'EPS, qui a longtemps inspiré le 1er degré et l'inspire encore par le terme de « salle de motricité » écrivait en 1960 « *Nous manquons à notre tâche si nous formons des débiles moteurs resplendissants de santé, et notre discipline se réduirait à bien peu de chose si il ne fallait que le maintenir en bonne santé*[3] ! »

2. Qu'est-ce qui peut expliquer cette évolution terminologique ?

L'EPS, quelque soit son appellation et ses supports culturels (gym, sport, EP, EPS…) a toujours été perçue et utilisée par les pouvoirs publics comme un moyen d'éduquer les générations montantes selon les besoins de la société :

- Avant et pendant les guerres il fallait préparer les futurs soldats. La santé répondait à l'adage de l'époque « *être fort pour être utile !* »
- Après les guerres, il a fallu reconstruire une population meurtrie par les conflits mondiaux : la santé se percevait comme la reconstruction corporelle, comme une réhabilitation motrice, une thérapie.
- De nos jours, et depuis les 30 glorieuses (1945-1975) la santé est redéfinie selon une idée du monde moderne où le progrès accélère les transformations et exige une adaptation permanente à l'évolution de la société. La santé devient une santé adaptative, qui englobe toutes les composantes de l'individu. (cf. OMS 1946).

1. Constitution de l'Organisation Mondiale de la Santé, 1946.
2. Instructions Officielles du 19 octobre 1967.
3. Le Boulch, Jean, « Esquisse d'une méthode rationnelle et expérimentale d'éducation physique », *Revue EPS*, Édition revue EPS, n° 57, 1961. 66 pages.

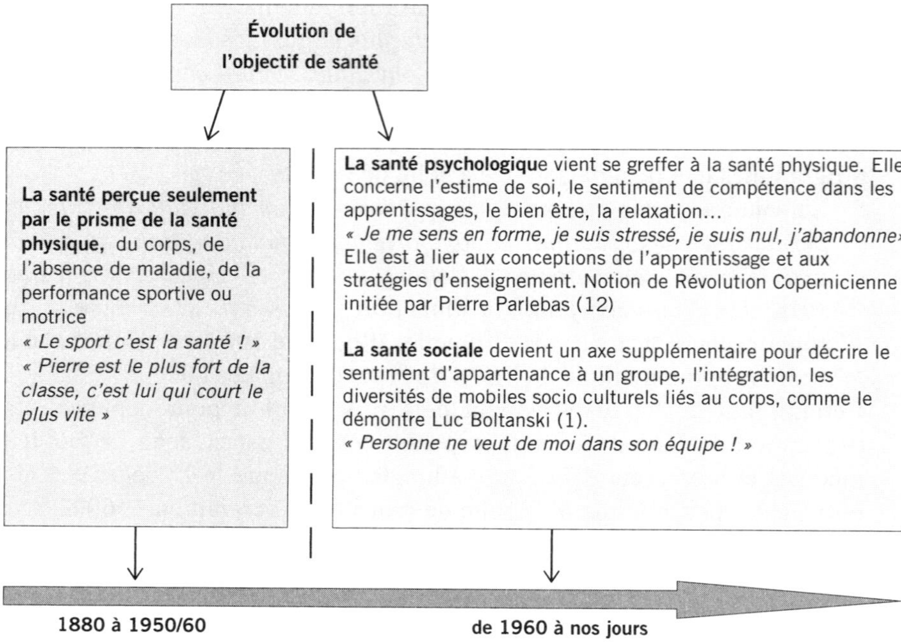

La définition de l'OMS de 1946, est reprise par la suite dans la Charte d'Ottawa en 1986. *« La santé est donc perçue comme une ressource de la vie quotidienne, et non un but de la vie, c'est un concept positif mettant l'accent sur les ressources sociales individuelles, et sur les capacités physiques*[1]*. »*

Cette conception de la santé intègre les interactions permanentes entre les individus et leur environnement (qui comprend les autres personnes, l'air que l'on respire, l'habitation, le lieu de travail, le fait d'habiter en ville ou à la campagne, les lois régissant la société où l'on vit...).

Mais si l'éducation d'un citoyen sain physiquement, psychologiquement équilibré, socialement intégré, constitue un enjeu politique et social fort de la société française, alors l'EPS constitue à n'en pas douter un levier scolaire de première importance pour parvenir à l'atteinte de cet objectif. Il reste cependant à réduire autant que faire se peut, les obstacles qui génèrent encore de nos jours, des écarts importants entre les discours et les actes, entre le dire et le faire (installations, volume horaire, dispense, représentations, us et coutumes). En 1988, le Conseil de l'Europe précisera que « *plus que l'absence d'infirmités ou de maladies, la santé est une qualité de vie comportant une dimension sociale, mentale, morale et affective tout autant que physique*[2]. »

1. Charte d'Ottawa sur la santé, 1re Conférence internationale pour la promotion de la santé, 21 novembre 1986.
2. Directive du Conseil de l'Europe, 89/106/CEC, J.O n° C326 du 19.12.1988.

Quelques années plus tard, les orientations sanitaires prennent une nouvelle dimension. La circulaire du 24 novembre 1998 a pour objet la mise en œuvre de l'éducation à la santé en milieu scolaire. Celle-ci y est définie de la manière suivante :

- *« À l'opposé d'un conditionnement,* ***l'éducation à la santé vise à aider chaque jeune à s'approprier progressivement les moyens d'opérer des choix, d'adopter des comportements responsables, pour lui-même comme vis-à-vis d'autrui et de l'environnement****... Elle permet ainsi de préparer les jeunes à exercer leur citoyenneté avec responsabilité, dans une société où les questions de santé constituent une préoccupation majeure. Ni simple discours sur la santé, ni seulement apport d'informations,* ***elle a pour objectif le développement de compétences****... Les compétences psychologiques renvoient :*
  - *à l'estime de soi : confiance en soi, sentiment de son efficacité personnelle, sentiment que les autres ont confiance en nous ;*
  - *au rapport au corps : compréhension des sensations provenant du corps (douleur, plaisir...), expression physique des sentiments (colère, peur...), besoins physiologiques (nourriture, sommeil...).*
- *Les compétences sociales renvoient aux relations aux autres : le respect, l'acceptation des différences et des règles de la vie en société*[1]*... »*

Ce texte ne précise pas une action directe sur la santé, mais plutôt des actions envers les élèves pour que eux-mêmes gèrent et décident... **C'est en vivant des situations qui nécessitent un choix, une prise de décision, que s'installe une véritable éducation chez l'élève**.

Au-delà de moyens conçus et mis en œuvre par l'enseignant, c'est l'élève qui progressivement devra s'approprier les connaissances, les compétences et les valeurs qui lui permettront de lui-même entretenir et développer sa santé.

Par ailleurs, au-delà des contributions spécifiques en EPS, une véritable éducation à la santé nécessitera l'action concertée de tous les partenaires de la communauté éducative. Ainsi au niveau de l'établissement (école, collège, lycée), c'est la multiplication des sources d'informations qui permettra la création de ce que Pierre Bourdieu a appelé *« un habitus santé*[2] *»*.

3. Santé – sécurité : un amalgame d'enjeux éducatifs

Qu'est-ce qu'une conduite sécuritaire ?

- c'est être attentif et vigilant dans toutes les situations habituelles ou inconnues,
- c'est percevoir et repérer l'incertitude et le risque,
- c'est identifier le problème à résoudre,
- c'est recueillir et traiter les informations en vue de l'action,

1. Circulaire n° 98 234 du 24 novembre 1998, La santé des élèves : programme quinquennal de prévention et d'éducation.
2. Bourdieu, Pierre, *La distinction*, Paris, Éditions de Minuit, 1979, 680 pages.

– c'est prendre une décision judicieuse par rapport à son intégrité et celle d'autrui

Les enquêtes et les statistiques sur la sécurité et l'accidentologie permettent d'aménager des pistes pour son enseignement et d'agir indirectement sur la santé des élèves. Ainsi, il est à la fois surprenant et logique de constater que :

– les risques d'accidents sont plus importants dans certaines activités physiques (sports collectifs, centration sur la balle, déplacements opposés…)
– le nombre des accidents est variable selon les mois, les jours, l'horaire,
  - les mois de janvier et février apparaissent comme les mois de plus grande fragilité,
  - le jeudi semble être le jour le plus « *accidentogène* », (probablement en raison de la pratique physique du mercredi après-midi et de la fatigue occasionnée).
  - le dernier quart d'heure des cours est inflationniste en matière d'accidents (baisse d'attention des élèves, fatigue associée à la précipitation pour terminer vite, fatigue physique des élèves, baisse de la vigilance des enseignants)
– à population égale, le nombre d'accidents augmente avec le niveau de classe, notamment du CP au CM2. Indice 14 pour les CP et indice 35 pour les CM2[1].

☛ Important

Éduquer à la santé et à la sécurité, c'est aider l'enfant à organiser sa prise de décision !

Il y a donc un amalgame, une symbiose entre les deux notions, si bien qu'il parait difficile de traiter l'une sans l'autre. La santé étant l'alter ego de la sécurité et réciproquement (d'un point de vue pédagogique, bien évidemment).

1. Eisembeis, Jean, Touchard Yves, *Éducation à la sécurité*, Édition EPS, collection recherche et formation, 1995, 247 pages.

4. Pour résumer

- **La santé est un terme polysémique** qui dépasse depuis le milieu du XXe siècle la simple recherche d'un état physique qualitatif. Elle traduit le passage progressif d'un entretien et du développement dans l'instant, à l'acquisition de compétences visant la gestion à long terme ; de l'absence de maladie à l'état de forme ; du purement physiologique à une ouverture à toutes les composantes de la personne. Comme la définit l'OMS en 1946, « c'est un état de bien être physique moral et social ».
- **C'est le seul objectif présent dans tous les programmes scolaires** depuis que l'EP est obligatoire à l'école, fin du XIXe
- **La santé doit être préservée, développée et entretenue** (importance et lien avec la sécurité et le risque),
- **C'est davantage un processus qu'un produit**
- **L'EPS y participe grâce aux connaissances et aux compétences** qu'elle permet d'acquérir (Compétences propres mais surtout Compétences méthodologiques et sociales).
- **La construction d'un habitus santé est confrontée à des obstacles culturels.** Les travaux des sociologues démontrent à quel point, le corps est perçu différemment selon les catégories sociales. Cela devient un déterminant dans le choix d'une entrée possible pour traiter les activités avec ses élèves. Autrement dit l'éducation à la santé en milieu sensible, rural ou protégé ne peut être abordée selon le même scénario. Une entrée différenciée s'impose.
- **Si l'EPS participe à l'éducation à la santé des élèves, elle n'est pas la seule discipline scolaire**. L'instruction civique et morale et les sciences expérimentales peuvent apporter des interfaces de connaissances incontournables pour s'inscrire dans une démarche pluridisciplinaire qui évite le piège de l'émiettement et la perte de sens des savoirs.
- Comme l'écrit Georg. Simmel, sociologue allemand :

« La valeur des choses dépend du sacrifice que l'on est prêt à consentir pour les acquérir ! »

La redéfinition de la place de l'EPS dans le nouveau CRPE traduit à l'évidence une volonté politique jusque là jamais égalée. Au regard de l'histoire, les seules mesures qui finissent par changer les pratiques des enseignants, sont celles qui sont liées à leur certification. Il est donc possible de penser qu'à court terme, nous verrons des effets qualitatifs dans les écoles, d'une véritable éducation à la santé par l'EPS.

5. Pour aller plus loin

- Berger, Dominique, Pizon, Franck, Bencharif, Léla, Jourdan, Didier, « Éducation à la santé dans les écoles élémentaires. Représentations et pratiques enseignantes ». *Didaskalia* n° 34, p. 15-25, 2008.
- Le Gallais, Daniel, « Pour une prise en compte des effets cliniques et physiopathologiques de l'EPS », *dossier EPS*, n° 29, p. 137-140, 1996.
- Loizon, Denis, « Éducation à la santé : quels savoirs enseignés en EPS à l'IUFM ? », *Revue EPS* n° 141, p. 27-29, 2009.
- Loudcher J.F., Vivier C., « La santé dans l'histoire de l'Éducation Physique », in *L'Éducation Physique au XXe siècle, approche historique et culturelle*, Gleyse Jacques et coll, *Collection sport + enseignement*, Vigot, p. 81-97, 1999.
- Perrin, Claire, « La santé en EPS : de l'évidence à l'éducation », *Spirale* n° 25, p. 83-88, 2000.
- Rauch, André, « la santé », in *L'EPS réflexions et perspectives, revue STAPS*, Édit. Revue EPS, p. 199-201, 1986.
- Van Praagh, Emmanuel, « À propos du développement organique et foncier à l'école : hier et aujourd'hui », *Dossier EPS*, n° 29, Édition EPS, p. 141-149, 1996.

Liens internet :

- Portail numérique éduscol, Le numérique en EPS, Contribution de l'EPS à l'éducation à la santé – 13 et 14 novembre 2014, *http://eduscol.education.fr/eps/formeps/pnfsante*
- Périodicité et contenu des visites médicales et de dépistage obligatoires prévues à l'article L. 541-1 du code de l'éducation (arrêté)
  Bulletin officiel n° 42 du 12 novembre 2015 : http://www.education.gouv.fr/pid285/bulletin_officiel.html?cid_bo=91594
- Politique éducative sociale et de santé en faveur des élèves (circulaire)
  Bulletin officiel n° 42 du 12 novembre 2015 :
  http://www.education.gouv.fr/pid285/bulletin_officiel.html?cid_bo=91598
- Surveillance des élèves dans les écoles maternelles et élémentaires publiques (circulaire)
  Bulletin officiel n° 28 du 10 juillet 2014 : http://www.education.gouv.fr/pid25535/bulletin_officiel.html?cid_bo=81106
- Surveillance et sécurité des élèves dans les écoles maternelles et élémentaires publiques (circulaire)
  Circulaire n° 97-178 du 18 septembre 1997 : http://circulaire.legifrance.gouv.fr/pdf/2009/04/cir_1508.pdf

- Information des parents lors des accidents scolaires (circulaire)
  Bulletin officiel n° 43 du 19 novembre 2009 : http://www.education.gouv.fr/cid49596/mene0915926c.html
- Enseignement de la natation dans les établissements scolaires du premier et du second degré
  Bulletin officiel n° 32 du 9 septembre 2004 : http://www.education.gouv.fr/bo/2004/32/MENE0401638C.htm
- Usage de l'internet dans le cadre pédagogique et protection des mineurs (circulaire)
  Bulletin officiel n° 9 du 26 février 2004 : http://www.education.gouv.fr/bo/2004/9/MENT0400337C.htm
- La photographie scolaire (circulaire)
  Bulletin officiel n° 24 du 12 juin 2003 : http://www.education.gouv.fr/bo/2003/24/MENE0301227C.htm
- La sécurité des aliments : les bons gestes (circulaire)
  Bulletin officiel n° 2 du 10 janvier 2002 : http://www.education.gouv.fr/botexte/bo020110/MENE0102836C.htm

III. Méthodologie : comment se préparer à cette épreuve ?

Cette 4e partie a pour objectif de vous proposer un cadre de fonctionnement pour questionner le sujet dans toutes ses dimensions, engager une réflexion professionnelle, et utiliser les connaissances des parties 2, 3 et 4, à bon escient. Ce sera l'occasion :

- De cibler : l'ADN du sujet,
- De comprendre les différents formats de réponses attendues,
- De comprendre la nécessité de contextualiser une situation d'enseignement singulière, pour rendre plus cohérents vos choix,
- De différencier un simple constat d'une véritable hypothèse explicative,
- De mettre en évidence vos compétences d'enseignant/concepteur de contenus d'enseignement adaptés aux besoins de vos élèves.
- De bien cerner les enjeux méthodologiques d'une introduction et d'une conclusion,
- D'opter pour un mode de présentation déductif (démonstration) ou inductif (argumentation).

A. Bonifier le temps de préparation en étant organisé et méthodique

Les trois heures de préparation prévues par le concours pour vous permettre d'organiser les deux réponses de cet oral, vous imposent de faire un choix pour convenir d'une répartition optimale et sereine. Après deux sessions, les étudiants étaient confortés à l'idée qu'il fallait consacrer **1h à 1h 15' maximum à l'oral d'EPS** et 1 H45 à 2H à l'oral professionnel sur dossier.

Il ressort également des échanges de fin d'année, qu'il est **préférable de démarrer par l'EPS,** pour mieux gérer la lourdeur du dossier professionnel et être moins stressé par le temps.

Vous devez cependant prendre en considération la **durée totale de l'épreuve à savoir 4h 15',** soit un temps de concentration et d'énergie qui impose également une organisation liée aux besoins de s'alimenter et de boire pour ne pas subir une baisse de régime. Tous les ans, des dizaines d'étudiants perdent pied dans leur oral en raison d'une fatigue physique qu'ils n'ont pas su anticiper. En préparant dans votre sac, en même temps que la convocation et la carte d'identité, une ou deux barres de céréales et une petite bouteille d'eau légèrement sucrée, vous vous mettez à l'abri d'une hypoglycémie au mauvais moment.

1. Analyser le sujet, extraire l'ADN de l'énoncé

Tout se passe dans les premières minutes de réflexion. L'erreur habituelle consiste à focaliser son attention sur une partie du sujet, sans véritablement prendre la mesure du problème qui vous est posé. En occultant un mot, ou un groupe de mots, le traitement devient logiquement, partiel, parfois hors sujet. Vous devez vous assurer d'avoir pris en considération toutes les informations qui vont orienter la réponse à la question posée. Ces informations constituent ce que nous pourrions appeler l'ADN du sujet.

ADN du sujet

- Le cycle ou le niveau de classe concerné
- La compétence (champ d'apprentissage complémentaire retenue)
  i. La compétence visée/au cycle/au niveau de classe
  ii. L'APSA au service du champ d'apprentissage complémentaire
- La présence ou non dans le sujet, d'un problème rencontré par les élèves
- La temporalité support de la réponse : Une progression ? Une situation ?
- Complément d'informations qui précisent un contexte particulier d'enseignement.

Illustration à partir d'un sujet utilisé par les jurys de l'académie de Montpellier pour la session de juin 2015 :« Dans un jeu collectif sans ballon mais avec des objets (type déménageurs), mis en place dans la cour de l'école, vos élèves de Moyenne Section ont du mal à comprendre les règles du jeu et à les appliquer pour profiter pleinement des situations que vous créez pour eux. Après avoir analysé les raisons pour lesquelles vos élèves éprouvent ces difficultés, vous proposerez dans une situation destinée à résoudre ces problèmes de compréhension ».

ADN du sujet

1) **Le cycle et le niveau de classe concerné** : MSM (2e année du C1)
Cela sous-entend :
– des connaissances sur les **ressources des enfants de cet âge**
a) une motricité précaire,
b) une cognition limitée par l'abstraction et le langage,
c) un rapport aux autres piloté par l'égocentrisme et un partage difficile
2) **La compétence retenue** : Compétence 4 ou CAC4 : « ***collaborer, coopérer et s'opposer*** »
Cela sous-entend :
– des connaissances sur les **notions de compétence, et de compétences générales**
– des connaissances sur les enjeux du champ d'apprentissage n° 4 et sur **les ressources prioritairement sollicitées**
– des connaissances sur **les transformations visées** pour le cycle et/ou le **niveau de classe**
– des connaissances sur les jeux sans ballon comme prélude aux activités collectives d'opposition
3) **La présence ou non d'un problème rencontré par les élèves** : « *Du mal à comprendre les règles du jeu et à les appliquer pour profiter pleinement des situations créées pour eux* »
Cela sous-entend **une hypothèse explicative** prioritaire *(Pourquoi éprouvent ils ces difficultés ? D'où peuvent venir ces difficultés de compréhension ? Du jeu ? De leurs ressources de MSM ? D'un autre facteur ?)*
4) **La temporalité support de la réponse : « *une situation* ».** Cela sous-entend :
– Des connaissances sur les différents paramètres qui structurent une situation (objectif, but, consignes, critères de réalisation, critères de réussite, variables didactiques, aménagement du milieu, formes de groupement, durée, place et rôle du maître…)
– Des connaissances sur la différence entre situation d'apprentissage/séance/séquence/progression/programmation

5) **Complément(s) d'information qui précise un contexte particulier** :

« *Un jeu type déménageurs sans ballon mais avec des objets* ». Cela sous-entend :

- Que vous connaissez ce type de jeu et son utilité pédagogique
- Qu'au même titre qu'un sport collectif il peut être aménagé pour faciliter l'investissement des élèves,
- Qu'il convient de choisir des objets transportables, non dangereux, en nombre suffisant pour alimenter le jeu.

« *Vos élèves* ». Cela sous-entend que :

- vous les connaissez, que vous enchaînez les moments d'apprentissage toute la journée avec eux, et qu'il peut être opportun de proposer des pistes pluridisciplinaires pour résoudre en partie les problèmes de compréhension rencontrés en EPS.

« *Dans la cour de l'école* ». Cela sous-entend :

- une surface qui pose problème en cas de chute, contrairement aux salles de motricité ou au gymnase.
- un espace qui devra être maîtrisé pour la sécurité (environnement proche des courses) et les distances qu'il autorise (problème énergétique, fatigue). Cohérence avec les ressources qui doivent être prioritairement maîtrisées, à savoir le pôle informationnel et décisionnel.

Aucune indication sur le moment de la séquence. Il conviendra alors de contextualiser le sujet pour lui apporter les informations qui rendront cohérentes vos propositions.

2. Répondre à la question posée :

Se limiter à l'analyse de cas, induite par le sujet : Vous devez vous convaincre de la nécessité à ne pas vous éloigner de l'énoncé et de l'ensemble des termes qui le structurent. Avec un format d'épreuve relativement court, (10' d'exposé), vous devez vous contraindre à organiser une réponse à partir de connaissances exclusivement en lien avec l'ADN, sans rentrer dans des généralités qui n'ont pas leur place. Trop souvent, les étudiants éprouvent le besoin de définir l'EPS, de lister ses objectifs généraux, de rentrer dans une sorte de narration qui ne fait pas la preuve de la qualité d'une réflexion. La sélection des connaissances est une épreuve difficile car la tentation est grande de plaquer sur les feuilles de brouillon toutes les connaissances à disposition. Pour éviter cet écueil, vous devez :

1. **Vous imposer de questionner l'ADN du sujet** pour éviter la compilation des connaissances, qui, présentées les unes après les autres, n'expliquent pas le problème étudié. Le questionnement de l'ADN concerne tous les termes du

sujet. C'est le fondement même du travail d'analyse de l'énoncé, qui garantit par la suite la conception d'une réponse en adéquation avec les attentes des jurys. Les étudiants éprouvent beaucoup de difficultés à décortiquer le problème rencontré par les élèves. Le sujet précise que la situation doit se dérouler dans la cours de l'école. Il convient alors de bien considérer ce que cette variable peut avoir comme incidence sur la réponse possible au sujet. Il sera important de ne pas restituer cette indication telle quelle dans son exposé, mais de se demander en quoi ce serait différent si cette activité se déroulait dans la salle de motricité ou dans un gymnase. Le bon sens vous placera devant la nécessité de réfléchir à l'implantation du dispositif pour ne pas être trop proche d'un arbre, d'une clôture ou d'un mobilier extérieur. Ce bon sens ou ce pragmatisme, vous permettra également de prendre en considération la surface, qui en cas de chute peut devenir bien plus traumatisante qu'un parquet de gymnase ou que le revêtement plastifié d'une salle de motricité. Il vous paraîtra alors logique de prendre en compte la vitesse de déplacement des élèves, l'éventualité d'une chute et votre souci de garantir l'intégralité physique de tous vos élèves. Au final, vous limiterez l'éloignement des caisses utilisées pour le déménagement des objets, limitant de fait la vitesse de course. Vous pourrez proposer aux jurys, un plan de la cour (construit à partir de celle que vous avez pu découvrir en stage par exemple) en justifiant une organisation matérielle réfléchie, tant d'un point de vue didactique que sécuritaire. Bref, vous devez considérer que tous les termes du sujet peuvent avoir une incidence sur votre réponse.

2. **Ensuite, tout l'enjeu du sujet repose sur les hypothèses explicatives que vous allez formuler, pour justifier le choix des contenus.** Ce sont elles qui vont apporter la cohérence de votre exposé. En leur absence, le jury ne comprend pas les choix que vous faites par la suite.

Illustration : *« J'émets l'hypothèse que ces élèves de MSM éprouvent des difficultés de compréhension principalement en raison du déficit d'abstraction qui caractérise les enfant de cet âge. Les consignes associées au jeu posent un réel problème à la fois langagier et cognitif. Pour tenter de palier à ces difficultés, je prends la décision de mettre en place 3 principes pédagogiques "stratégiques" :*

- *faire appel à l'imaginaire, pour accéder à un monde qui leur est familier*
- *enrichir l'aménagement du milieu par un code de couleur, facilitant le repérage dans l'espace,*
- *m'engager dans une démarche pluridisciplinaire pour permettre aux enfants de ne pas découvrir le contenu de la séance juste sur le temps d'EPS. En ce sens, les rituels et les ateliers sont des moments privilégiés pour travailler sur le thème des déménageurs ».*

3. **Important : la réponse au sujet est avant tout une question de temporalité !** Le sujet impose une temporalité particulière, qui selon le texte de cadrage du concours, est binaire : soit une progression, soit une situation.

Remarques

Mais l'expérience des deux sessions précédentes confirme qu'il ne faut pas se limiter à ces deux notions. Les sujets des précédentes sessions ont permis de découvrir des intitulés plutôt éloignés des directives nationales. Une terminologie bien plus large, malheureusement a donné naissance à des sujets parfois ambigus, pour ne pas dire complexes.

Illustration avec un sujet (parmi d'autres tout aussi problématiques) de la session 2015 pour l'académie de Montpellier :

SUJET : CM1 Hand Ball : « *Dans votre classe de CM1, vous envisagez de mettre en place un module d'enseignement sur le handball.* ***Vous présenterez votre première séance*** *et vous déclinerez les critères d'observation qui serviront à la mise en place de* ***votre module.*** *À partir de ces critères,* ***vous définirez les grands objectifs d'apprentissage de votre module*** *et* ***présenterez une situation d'apprentissage*** *visant à atteindre chacun d'entre eux. Vous préciserez de manière argumentée :*

- Les objectifs visés en termes de connaissances et de compétences
- Les situations ou supports pédagogiques retenus
- Les traces écrites attendues
- La progression envisagée tout au long de l'année
- La procédure envisagée pour l'évaluation des acquis de cette compétence
- Les conditions de mise en œuvre de l'une des séances du module présenté »

La lecture de ce sujet est pour le moins inquiétante, tant il mélange les genres et créé la confusion sur la commande du jury. La diversité des termes employés et l'ampleur du travail demandé restent incompatibles avec le temps de préparation alloué à cette épreuve.

- Bon nombre de jurys seraient en réelle difficulté s'ils étaient amenés à produire, en temps contraint, comme les candidats, une réponse pour un sujet aussi vaste.
- Il revient aux instances de formation académiques (ESPE/Faculté de l'éducation) d'être des forces de proposition pour conduire les Présidents du CRPE à respecter le cadre notionnel du concours : situation ou progression !

Car il va de soi que selon la temporalité du sujet, la nature de la réponse sera différente. C'est un moment clé dans l'analyse de l'énoncé, la sélection des connaissances et l'organisation de sa préparation.

3. Question de temporalités

Nous parlerons de temporalité horizontale pour traiter un sujet qui demande au candidat de construire une progression, ou une séquence.

La progression peut renvoyer à l'échelle de la séquence mais doit aussi et surtout être perçue dans une temporalité plus large. Il s'agira de construire une réponse autour d'une succession d'étapes d'apprentissage, hiérarchisées en difficultés croissantes, et s'articulant entre elles pour atteindre la compétence visée ou l'objectif de fin de séquence. Cette temporalité horizontale dévoile une planification des objectifs sur plusieurs jours, voire plusieurs semaines, plusieurs mois, voire sur toute la scolarité. Dans le cadre des 10' de l'exposé, votre réponse devra se limiter à cette articulation et aux arguments qui en justifient l'agencement que vous aurez présenté. Certains intitulés apportent quelques informations pour orienter la sélection et l'organisation des connaissances. *« Au milieu d'une séquence de 12 séances, vous constatez que la grande majorité de la classe n'arrive pas à... »*, *« À la fin de la 1re séance d'une séquence qui en comporte 7, vos élèves éprouvent des difficultés à... »*. Il convient dès lors de caler sa réponse sur le repère temporel qui vous indique le début de votre analyse. Si le sujet précise que *« vous constatez au milieu d'une séquence qui comporte 12 séances... »*, il vous revient alors de considérer que ce constat n'a pu se faire qu'en fin de 6e séance et que votre analyse doit vous conduire à planifier les objectifs des séances 7 à 12. Par contre, lorsque le sujet indique *« En fin de 1re séance... »*, ou *« au début de votre séquence de danse... »*, le sujet vous place indirectement dans la peau d'un enseignant qui doit orienter le contenu de sa séquence et sélectionner les objectifs des séances à venir. Dans ce cas de figure, nous pourrions considérer logiquement que votre réflexion prend appui sur une 1re séance qui a été conçue pour faire le diagnostic de qui est déjà là (les compétences acquises des élèves), et de ce qui pose problème.

Nous parlerons de temporalité verticale pour un sujet qui demande au candidat de construire une séance ou une situation. Il s'agira de reconsidérer l'espace temps, car contrairement à la logique temporelle de la séquence ou de la progression, la séance ou la situation induisent une temporalité verticale qui impose un contenu nécessairement différent. La séance devra être appréhendée comme un moment d'enseignement qui s'organise autour d'un objectif bien identifié, décliné en plusieurs temps pédagogiques (prise en main, échauffement, situation 1, situation 2, retour au calme, bilan). Il sera attendu du candidat qu'il fasse la preuve d'une sélection des contenus, à même de construire une séance d'une durée particulière. De 30'à 45' pour des élèves de maternelles à 1h ou 1h30 pour des élèves de C2 ou de C3. La durée va généralement conditionner la structure de la séance. Une séance de 30' renvoyant de fait à un contenu moins volumineux qu'une séance d'1h30.

Enfin, la situation pédagogique, considérée comme le plus petit élément didactique de votre travail de conception, devra vous imposer un effet de zoom sur tous les éléments qui l'organisent : l'objectif, le but, les consignes, la place et le rôle de l'enseignant, les critères de réalisation, les critères de réussite, l'aménagement du milieu, les formes de groupement, les variables didactiques à disposition, les évolutions prévues en cas de réussite, en cas d'échec…

☛ **Remarque** : Vous ne pouvez pas faire l'économie d'une réflexion sur la nature de la temporalité induite par l'énoncé, au risque de traiter partiellement le sujet ou de passer complètement à côté des contenus attendus par le jury, qui considérera votre prestation comme étant hors sujet par rapport à la commande initiale. Le schéma ci-dessous permet de visualiser, grâce aux couleurs, l'importance de la distinction à opérer en début de préparation, pour sélectionner ses connaissances.

Pour enrichir cette distinction temporelle, nous vous renvoyons à la partie consacrée à l'enseignement de l'EPS, et plus particulièrement aux chapitres qui présentent la construction d'une séquence, d'une séance et d'une situation.

Identifier et respecter la temporalité du sujet

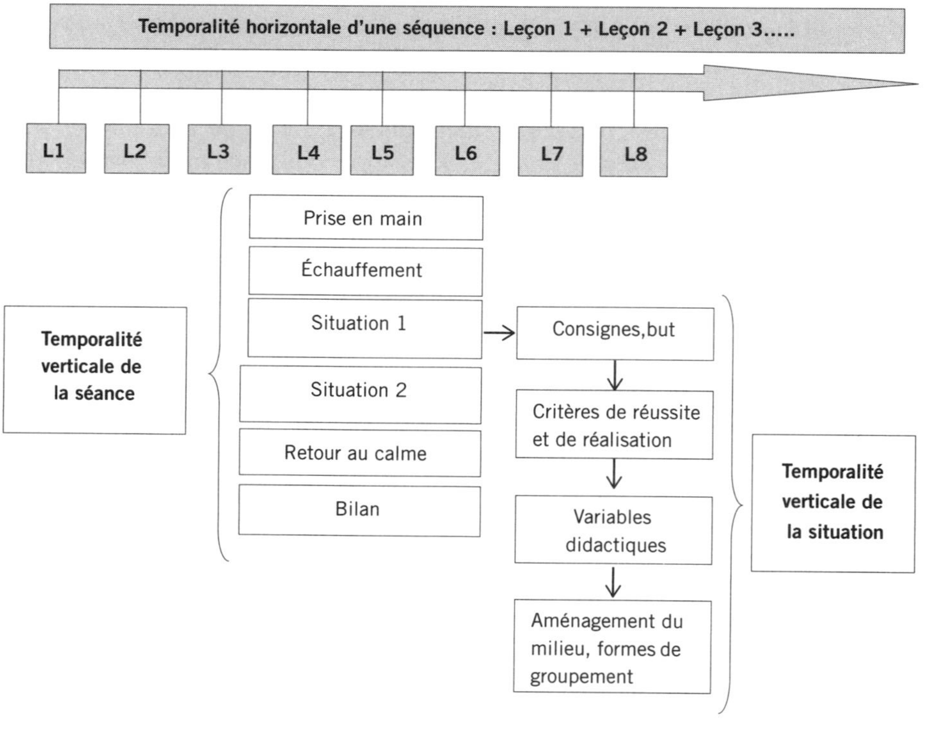

B. Construire l'exposé

Deux stratégies sont envisageables. Elles correspondent à deux niveaux de compétence pour organiser ses idées et construire un argumentaire voué à convaincre le jury.

Démarche déductive	Démarche inductive
C'est un 1er niveau de compétence à l'oral qui consiste à suivre un cheminement démonstratif linéaire où sont présentées successivement les connaissances liées aux textes, à la compétence propre, à l'activité physique ou l'APSA support, à l'analyse du problème rencontré. Le candidat sélectionne des connaissances pour légitimer le contenu de la situation, de la séance ou de la séquence qu'il présente dans un deuxième temps. Cette démarche est largement adoptée par les étudiants. Avantages : C'est un passage obligé pour comprendre l'épreuve, et pour accéder, si le temps de formation le permet, à un niveau de structuration plus élaboré, plus dynamique. Simple à mettre en application elle permet d'obtenir de bonnes notes à l'épreuve. Inconvénients : Le côté narratif de la présentation n'est pas très original. La très grande majorité des étudiants utilisent cette architecture d'exposé, donnant l'impression au jury d'assister à d'un certain formatage de présentation. Démarche qui ne permet pas de sortir du lot.	C'est le 2e niveau de compétence à l'oral. Contrairement à la démarche déductive, elle place la réponse au début de l'exposé et consiste à justifier ses choix au fur et à mesure que sont présentés les détails de la situation, de la séance ou de la séquence. Le jury est immédiatement confronté à la réponse du candidat et à la qualité de la réflexion qu'il organise pour convaincre son auditoire. Très peu d'étudiants adoptent cette stratégie, considérant qu'elle est plus difficile et donc plus risquée en temps contraint le jour du concours. Avantages : c'est sa rareté qui en fait son principal atout. L'accroche du jury est immédiate. Il n'a pas à construire les liens entre les connaissances, car le candidat les expose au fur et à mesure qu'il avance dans sa présentation. Démarche qui séduit et qui apporte généralement une plus value à la prestation. Inconvénients : Plus complexe à maîtriser. Nécessite d'avoir acquis au préalable, le 1er niveau méthodologique, déductif.

1. Modélisation de la démarche déductive

Introduction

↓

1re partie, qui présente les connaissances à partir desquelles sera construite la situation, la séance ou la séquence

↓

2e partie, destinée à organiser la réponse au sujet, justifiée par les connaissances de la partie précédente

↓

Conclusion

2. Modélisation de la démarche inductive

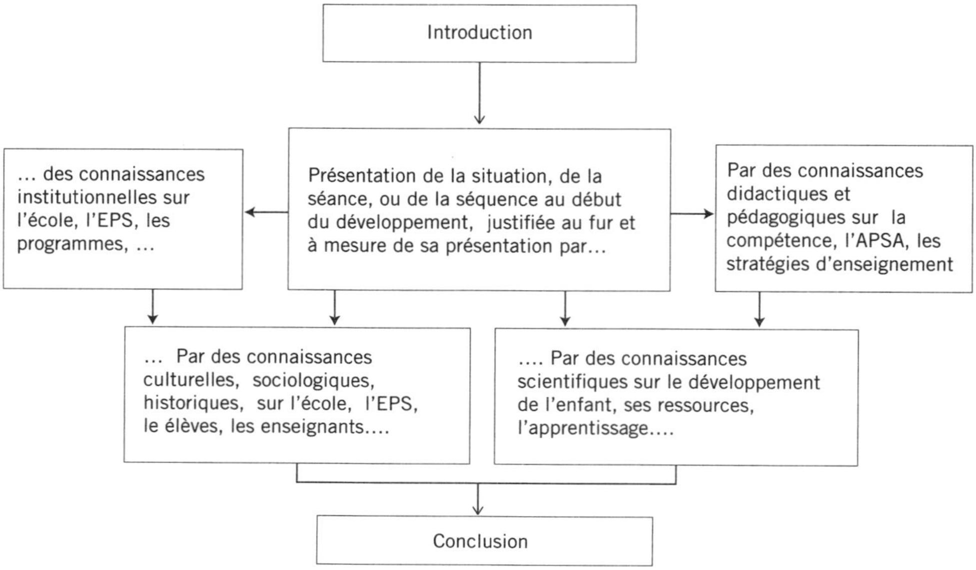

3. L'introduction

Il est préférable qu'elle soit construite après la conclusion, une fois l'ensemble des arguments classés, ordonnés selon une logique explicative qui ne sera plus modifiée. Lorsque le candidat sait d'où il part et où il va, il peut construire une introduction dans les dernières minutes de sa préparation. C'est d'ailleurs une stratégie qui évite de passer trop de temps à construire la première partie de son exposé, sans connaître la suite de l'histoire et sans avoir la garantie de disposer d'un temps nécessaire pour organiser la suite. Elle doit permettre de rentrer rapidement dans l'analyse du sujet en conduisant progressivement le jury à accepter votre point de vue. Compte tenu de la durée de l'exposé (10'), elle ne peut excéder 1'30 à 2' et doit donner l'occasion au candidat de décrypter l'enjeu du sujet, en associant l'analyse des termes à un questionnement qui oriente la réflexion, à l'image d'une boule de neige qui s'enrichit au fur et à mesure qu'elle se déplace.

4. Le développement

L'organisation est différente selon la démarche choisie. Il est souhaitable de consacrer 6 à 8 minutes au développement qui est le cœur de votre présentation. Le contenu de cette partie doit articuler des connaissances en EPS, des connaissances sur l'éducation à la santé par l'EPS, et des liens pluridisciplinaires conçus comme des interfaces entre deux ou plusieurs champs disciplinaires.

5. La conclusion

Il est souhaitable qu'elle :	Il n'est pas recevable qu'elle :
– soit construite avant l'introduction, et qu'elle ait une durée de présentation comprise entre 1' et 1'30, comme une suite logique au développement, – Synthétise ce qui vient d'être dit pour donner une réponse claire à la question posée, – Nuance les propos en pointant la portée et les limites de sa réflexion, – Dépasse le cadre de la situation, de la séance, de la séquence pour permettre au jury de prendre toute la mesure de votre compétence professionnelle, – Ouvre la réflexion vers une problématique qui englobe et dépasse le problème posé par le sujet – Permettre d'optimiser le temps de l'exposé par une construction à étages qui permet de s'adapter au temps disponible – Permette enfin au jury d'apprécier la rigueur de votre organisation	– Se réduise à une ou deux phrases construites par principe, très générales, et sans lien avec ce qui vient d'être présenté. C'est la dernière partie de votre exposé qui doit laisser une bonne impression au jury quant à sa fonction, sa logique de construction et la pertinence des idées qu'elle vous donne l'occasion de mettre en avant. – soit le lieu d'une allusion anecdotique à la pluridisciplinarité, à l'unicité du maître, à l'éducation à la santé ou au socle commun de connaissances et de compétences. Trop de candidats abordent ces deux problématiques éducatives uniquement en conclusion. C'est une erreur stratégique grave. – Permette de présenter des liens avec votre pratique personnelle, de pratiquant ou d'animateur. Cette expérience acquise trouve naturellement sa place, plutôt en introduction pour renforcer les choix que vous faites.

C. L'exposé face au jury

1. Conseils sur la forme

♦ **Respectez le format de l'épreuve**, en optimisant les 10' à votre disposition. Un exposé trop court ou trop long ne laisse pas une bonne impression au jury, tenu de rendre compte de cette compétence de gestionnaire dans son appréciation finale. La gestion du temps dévoile généralement la qualité de la préparation, le degré de maîtrise des connaissances utilisées et de leurs mises en relations. Par souci d'équité le jury ne vous laissera pas aller au-delà du temps prévu pour l'exposé et interviendra pour vous interrompre, même si vous n'avez pas terminé. Il appréciera seulement ce qui a été dit oralement même si vous mettez en avant des documents (brouillon) qui attestent que vous aviez d'autres informations à lui communiquer pour répondre au sujet. Pour vous aider à intégrer cette durée :

– **Utilisez un chronomètre pendant vos simulations**, déclenchez-le quand vous démarrez l'exposé et informez vous régulièrement du temps qui passe. C'est une compétence qui se construit par répétitions. Il ne suffit pas d'apporter un chronomètre le jour du concours pour qu'il vous apporte le repère espéré. Trop de candidats sous estiment le volume de travail nécessaire pour maîtriser un temps de parole. Le stress du jour « J » participe à la déstabilisation et à la perte des repères habituels que le chronomètre permet d'éviter.
– **Bornez votre exposé avec des temps de passage** en bas de page. En complément du chronomètre, des repères à intervalles réguliers, bien visibles vous permettent d'intégrer plus facilement un rythme de parole. Par analogie à la course de durée, la préparation à l'oral nécessite des aides extérieures, autorisées par le concours, pour réduire au maximum les incertitudes de communication. Ne vous en privez pas.
– **Contrôlez votre débit de parole** pour gérer l'avance ou le retard aux temps de passage précisés en bas des pages.
– **Routinisez la logique de présentation**, déductive ou inductive, qui réduit les incertitudes méthodologiques et accélère la mise en forme de l'exposé. C'est en multipliant les mises en situation que vous parviendrez à identifier les éléments méthodologiques qui apportent de la fluidité dans votre discours. Comment démarrer un paragraphe ? Comment enchaîner les idées pour renforcer la démonstration ou l'argumentation ? L'exemple ci-dessous démontre qu'un raisonnement logique pour convaincre un auditoire, peut être renforcé par des « connecteurs » (adverbes, pronoms, etc.) qui apportent un lien supplémentaire dans l'organisation des idées qui composent l'exposé.

1 →	2 →	3
Il est clair… Par ailleurs… De surcroît… Donc…	À l'opposé… En outre… De façon complémentaire… Si bien que…	Selon une perspective plus large… Alors que… Plus précisément… En conclusion…

♦ **Regarder alternativement les deux jurys** quand vous vous adressez à eux, pour qu'ils aient le sentiment que vous accordez autant d'importance à l'un qu'à l'autre. Il n'est pas rare de voir le candidat, dès son entrée dans la salle, focaliser son attention exclusivement sur un seul membre du jury, pour une raison inconnue (stress, statut des personnels, IEN, CPC, CPD) créant une sorte de malaise pour celui qui n'est jamais dans l'axe de vision du candidat. Cette marginalisation par le regard conduit souvent le jury « *invisible* » à faire une analogie avec ce qui pourrait se passer en classe, indépendamment des conditions liées aux enjeux du concours.

2. Conseils sur le fond

- **Maîtrisez le langage didactique, scientifique ou « professionnel » que vous utilisez.** Après votre exposé, le jury est régulièrement amené à questionner le vocabulaire que vous employez pour vérifier son degré de maîtrise. Bien souvent, il est curieux de constater dans l'entretien, que des notions basiques auxquelles vous faites largement références dans votre exposé, telles que « *apprentissage* », « *projet* », « *motivation* », « *compétence* », « *sens* », posent un réel problème lorsqu'il vous est demandé de les définir. Comme si vous utilisiez un champ notionnel sans en connaître le sens, les enjeux ou les problématiques professionnelles qu'il induit. Vous devez vous convaincre que le jury n'attend pas de vous que vous fassiez état d'un discours riche et technique d'un point de vue didactique ou scientifique, même si bien évidemment, il appréciera l'étendue de votre culture professionnelle. Il vous demande avant tout, d'être en mesure de clarifier les termes que vous employez, pour qu'il n'y ait pas d'ambiguïté dans les échanges au cours de l'entretien. Dans ces conditions, votre intérêt n'est pas d'adopter un discours à la mode qui vous est étranger, mais d'opter pour un vocabulaire moins sophistiqué, mais maîtrisé, qui vous permettra d'apporter, plus sereinement, une réponse à la question posée.
- **N'alourdissez pas votre exposé par des citations à rallonge** qui n'apportent pas la preuve d'une compétence professionnelle naissante, bien au contraire. La plus value apportée n'est généralement pas à la hauteur effets espérés. Préférez plutôt des mots clés tirés de citations d'auteurs, à partir desquels, dans un langage maîtrisé, vous construirez votre propre argumentation et justifierez vos choix. C'est plus économique au niveau de la mémoire, moins risqué au niveau de la maîtrise du vocabulaire employé et ça rassure le jury quant à votre façon de fonctionner.

L'utilisation de documents pendant le temps de préparation (tableau, schéma…). Il est judicieux d'associer son discours à d'autres médias pour multiplier les formes de communication et s'assurer de la compréhension du jury. Lorsque vous avez conçu un schéma qui présente une situation d'apprentissage, ou un document destiné aux élèves pour observer, il devient incontournable qu'un exemplaire soit destiné au jury. Pendant un moment, ce dernier cesse de prendre des notes, peut poser son stylo, vous écouter et comprendre le bien fondé de votre proposition. C'est l'occasion aussi pour lui de constater que vous ne concevez pas la transmission des connaissances uniquement par la passation de consignes orales, mais que vous avez le souci multiplier les formes de communication (consignes orales et écrites, schéma, démonstration…) pour vous assurer de la compréhension de tous les élèves. Mais la conception de deux documents identiques (un pour le jury et un pour vous peut être perçue comme une perte de temps qui peut être résolue en quelques secondes. **Grâce à une feuille carbone**

placée entre deux feuilles de brouillon, le tout maintenu par quatre trombones, vous multipliez par deux vos schémas ou document divers sans perte de temps.

Encore faut-il que l'organisation du concours autorise certains outils relevant de la papèterie comme des ciseaux, du scotch, une règle, des feutres, de la patafix, etc. Ce n'est pas une règle dans toutes les académies. Il convient dès lors de se renseigner sur cette liberté méthodologique qui n'est en aucun cas une fraude. Les concours de l'agrégation et du CAPEPS autorisent cet artifice de présentation qui bonifie la communication du candidat grâce aux outils qu'il crée et qu'il utilise pour optimiser son oral.

Il suffit d'intercaler ces médias dans votre exposé paginé, pour vous en servir au moment souhaité. Le jury appréciera votre organisation et le souci d'avoir multiplié les documents pour en faciliter l'accès et la compréhension.

D. L'entretien

Une fois l'exposé terminé, le jury vous donne généralement la possibilité de faire une rapide pause pour boire un peu d'eau pour peu que vous ayez fait suivre une bouteille, et vous annonce le début de l'entretien. Il démarre son chronomètre et pose sa 1re question. Il vous revient d'activer également votre chronomètre pour plusieurs raisons :

- ♦ La 1re consiste bien évidemment à avoir en permanence, sous les yeux, une idée du temps qui s'écoule et de la possibilité en conséquence, à prendre plus ou moins de temps pour structurer votre réponse.
- ♦ La 2e raison est liée à l'organisation de certaines académies qui, à juste titre et par souci d'équité construisent des outils destinés à aider les jurys dans leurs questionnements. Organisés généralement en trois ou quatre champs thématisés (institutionnel, didactique, pédagogique) ou plus ciblé sur les déterminants qui organisent votre réponse (l'analyse du problème rencontré, la compétence propre et l'activité support, la gestion de l'hétérogénéité, l'évaluation), ces outils présentent l'avantage de passer au crible tous les candidats avec le même filtre d'interrogation, limitant de fait, la liberté d'investigation des jurys, en les contraignant à suivre ce protocole en permanence. Dans ce cas de figure, le chronomètre remis à zéro pour l'entretien vous informe de la nature de la réponse attendue.

Illustration : Pendant votre préparation, vous avez pris connaissance, dans les rapports de jury de votre académie, que ce dernier organise son questionnement à partir de 4 champs d'interrogation de 5' bien distincts :

- Le 1er champ de questionnement est lié à la temporalité de la question,
- Le 2e aborde la nécessaire gestion de l'hétérogénéité des élèves,
- Le 3e, donne l'occasion de préciser la place et au rôle du maître dans l'animation de ses séances.

– Le 4e et dernier champ, permet l'ouverture de la réflexion en abordant, éducation à la santé, la pluridisciplinarité et l'enseignement de l'EPS en général.

Le jury A intervient seul sur les champs 1 et 3, le jury B sur les champs 2 et 4. Cette organisation accorde le même temps de parole à chaque membre du jury. En redémarrant votre chronomètre pour l'entretien, vous savez que le champ 1 organisera votre réponse entre la 1re et la 5e minute, que le champ 2, l'organisera entre la 6e et la 10e, et ainsi de suite. Vous devenez ainsi acteur d'un entretien qui ne vous surprend pas.

☛ **Remarque :** À ce jour, peu d'académies sont en mesure d'assurer cette mission de recrutement en ayant pris le soin de construire en amont du 1er candidat, un outil de questionnement, pour rendre plus équitable tous les entretiens. Parfois, et c'est regrettable, les jurys sont convoqués une heure avant l'ouverture de la session d'oral et découvrent une grille d'évaluation à laquelle ils n'ont pas participé, et qui au final leur est étrangère. La répartition des rôles, l'attribution des champs d'interrogation et les temps de parole ne sont pas vraiment cadrées, laissant libre court au questionnement le plus large, parfois déséquilibrés entre les jurys, associant des questions particulièrement pertinentes à des questions qui n'ont pas leur place dans un concours à ce niveau de recrutement. Il faut néanmoins souligner que certains jurés, notamment quelques Inspecteurs de l'éducation nationale (IEN), monopolisent la parole sur le temps de l'entretien, réduisant à néant l'implication du 2e juré, souvent un conseiller pédagogique de circonscription (CPC), qui subit dans l'entretien, un rapport d'autorité que l'on retrouve dans la dynamique des circonscriptions. Heureusement ces dérives sont minoritaires, mais aussi réduites soient elles, elles ne devraient pas exister dans le cadre d'un concours. Plus globalement, les jurys ne sont en aucun cas responsables de ce dysfonctionnement. Ce sont les services rectoraux, qui faute d'une organisation adaptée ou de moyens alloués, les placent dans une situation assez inconfortable d'improvisation. De ce point de vue, il est souhaitable qu'une véritable « *culture de jury* » puisse se développer dans toutes les académies, (pas seulement dans une minorité), pour instaurer une organisation digne de celle qui prévaut dans les concours nationaux (CAPES et agrégation). Aux dernières nouvelles (fin janvier 2016) l'académie de Montpellier étudie la possibilité de revenir à un jury composé de 3 personnes (1 CPC, 1 IEN, 1 professeur d'EPS du 2nd degré) pour s'assurer d'un meilleur cadrage de l'entretien et plus largement de l'ensemble de l'épreuve.

- **Rester humble et cohérent dans son discours** : Au cours de l'entretien le jury peut être amené, volontairement à vous mettre en difficulté dans la justification de vos arguments. C'est son rôle. Plus les questions deviennent difficiles plus s'est rassurant pour vous, dans la mesure où généralement, c'est une stratégie qui permet de sonder les limites de vos connaissances pour ne pas dire de votre compétence. L'erreur serait de vouloir systématiquement trouver, ou pire, inventer une réponse que vous n'avez pas à disposition. Il convient dès lors de faire preuve d'humilité en reconnaissant oralement les limites de ses connaissances. Cet aveu n'est pas une faiblesse, mais au contraire la preuve d'une cohérence dans le discours, compétence généralement appréciée par les jurys.
- **Ne pas perdre de vue l'unicité du maître** pendant toute la durée de l'épreuve. Vous n'êtes pas candidat à un CAPES, mono-disciplinaire mais à un CRPE qui vous conduira à enseigner un grand nombre de disciplines et à exploiter autant que faire se peut, les interfaces qui apportent le sens nécessaire à l'engagement des élèves dans les tâches que vous construirez pour eux. Quatre profils de candidats peuvent être identifiés à la fin de l'épreuve d'EPS (exposé et entretien) :
  - l'entraîneur ou le coach sportif
  - l'enseignant d'EPS
  - le professeur d'EPS
  - « the candidat », celui que les jurys recherchent…
- **Garder le cap. L'épreuve n'est pas finie à la fin de l'entretien**… Évitez le relâchement et la déconcentration indépendamment du sentiment de réussite ou d'échec, que légitimement vous pouvez ressentir après à la fin de ce 1er entretien. Vous devez encore être performant pendant 45', soit la durée de la deuxième partie de cet oral 2, l'épreuve professionnelle sur dossier. Votre posture doit traduire la volonté de défendre ses chances jusqu'au bout, sans excès, mais avec conviction.

E. Profils de candidats

- **1er candidat : L'entraîneur ou le coach sportif**
  - La logique de l'activité (APS) organise le contenu du candidat.
  - Il fait exclusivement appel à des connaissances relatives à ce champ de compétences.
  - L'objectif étant de former des joueurs de Hand ou des nageurs de club
  - La logique de l'activité est exclusive dans la réponse au sujet

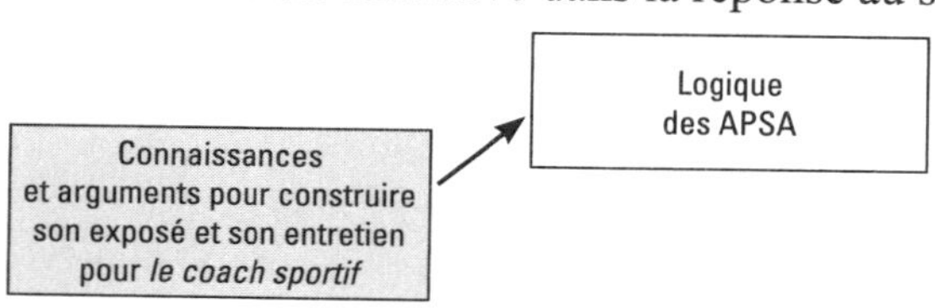

♦ **2e candidat : L'enseignant d'EPS**

- La logique de l'activité n'est plus le seul axe de réflexion du candidat pour organiser sa réponse
- Il situe son discours dans une perspective plus large, celle de l'éducation physique et sportive et de ses enjeux éducatifs. Cela lui donne l'occasion de faire des liens avec :
  - les autres activités de la même compétence générale ou champ d'apprentissage
  - les autres compétences des autres champs d'apprentissage
  - les compétences générales, le socle commun
  - les textes généraux sur l'école
- Il y a une sorte de pluridisciplinarité entre les APS mais à l'intérieur du champ de l'EPS

À ce niveau de réflexion, ce prof d'EPS n'est pas vraiment investi dans la communauté éducative d'un point de vue pluridisciplinaire

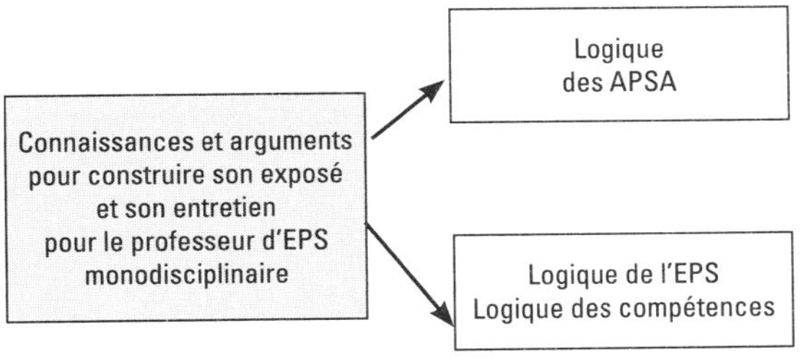

♦ **3e candidat : Le professeur des écoles**

Le candidat inscrit son analyse et sa réponse dans un système qui articule un maximum de champs disciplinaires.

- Sans tomber dans l'utopie, il peut justifier certains choix en donnant du sens à certaines connaissances et capacités abordées dans d'autres champs disciplinaire que celui de l'EPS.
- C'est l'unicité du maître par essence !

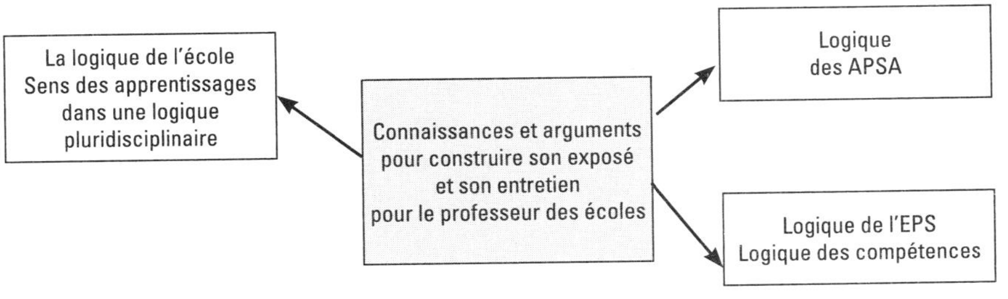

♦ **4e candidat : « *The candidat* »**
- Utilisation des 4 logiques explicatives. Importance accordée au contexte social, culturel et politique pour approfondir la réflexion autour de :
  - La place du corps dans la société/les sociétés
  - L'extension avec la notion de santé par et en EPS
  - L'évolution des programmes
  - La place de l'EPS à l'école (les liens avec le socle, les enjeux de société)
  - rôle des compétences générales ? Gadget ? Réelle utilité ?

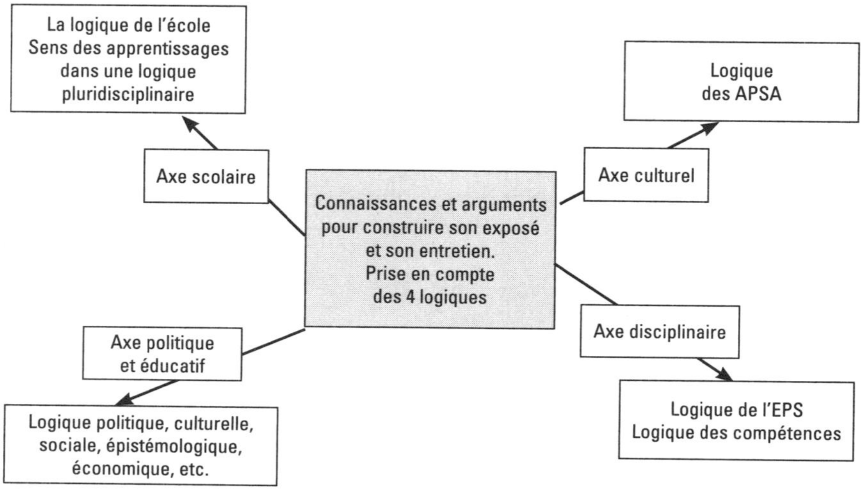

F. Pour résumer cette partie méthodologique

Il convient de rappeler que la qualité de votre oral (exposé et entretien) dépend de plusieurs paramètres :
- De la cohérence de votre réflexion professionnelle et de l'analyse du sujet qui vous a été proposé.
- Du degré de maîtrise des connaissances utilisées pour justifier vos choix.
- De l'ensemble des indicateurs qui caractérisent la qualité de votre communication (posture générale, intonations de la voix, assurance, gestion du temps, écoute, balayage du regard les deux jurys, expression orale, gestuelle, aptitude à débattre).
- De vos convictions professionnelles et votre volonté à défendre l'unicité du maître en tant que spécificité du 1er degré.
- De votre ouverture culturelle et votre capacité à être vous-même le jour « J »

IV. Illustration du cadre méthodologique avec un exemple de sujet traité par un étudiant, associé à un entretien imaginaire

- **CAC1** : produire une performance optimale, mesurable à une échéance donnée
- **Famille d'activités** : Athlétisme
- **APSA support** : Course longue
- **Niveau de classe** : Cycle 2, CP
- **Problème rencontré** : Difficultés à courir à allure régulière de plus en plus longtemps
- **Temporalité** : Une situation d'apprentissage

Sujet : « Au milieu d'une séquence de course longue, (4/8), vous constatez que **vos CP** éprouvent des *difficultés à « courir à allure régulière de plus en plus de longtemps* ». Après avoir analysé les raisons pour lesquelles vos élèves éprouvent ces difficultés, vous proposerez **une situation d'apprentissage** qui fait suite à ce constat. »

Pour ce sujet, **la méthode inductive sera mise en avant**, en proposant au jury la situation d'apprentissage au début de l'exposé juste après l'introduction. Si vous optez pour cette stratégie de présentation, vous justifiez vos choix au fur et à mesure que vous présentez le contenu de votre situation. Vous exposez en 1er le dispositif, schéma à l'appui, et vous apportez tous les arguments qui vous ont permis de faire les choix que vous proposez au jury.

Après et la mise à plat de l'ADN, un exemple d'introduction vous est proposé pour vous permettre de mieux cibler les enjeux d'une démarche inductive.

Mettre à plat l'ADN du sujet en 5 points

1. Le cycle et le niveau de classe concerné : CP (1re année du C2)

Cela sous-entend :

- Des connaissances sur les ressources des enfants de cet âge
  - Motrices : Des vitesses de course longue allant globalement de 5 à 10 km/h
  - Cognitives : Une abstraction qui commence à s'installer, et des connaissances acquises en mathématiques, en français et en sciences qui autorisent des ponts entre les disciplines (pluridisciplinarité)
  - Sociales : des rôles sociaux qui doivent avoir du sens, pour l'apprentissage du coureur, l'observateur/coach, l'arbitre/starter/juge.

2. La compétence (ou champ d'apprentissage) retenue : « produire une performance optimale, mesurable à une échéance donnée »

Cela sous-entend :

- des connaissances sur la notion de compétence en tant qu'articulation de connaissances, de capacités et d'attitudes
- des connaissances sur les enjeux de ce champ d'apprentissage, et sur les ressources prioritairement sollicitées (essentiellement énergétiques et cognitives)
- des connaissances sur la compétence visée déclinée au niveau des activités athlétiques/au cycle/au niveau de classe. Mais en l'absence de précision, dans les nouveaux programmes de novembre 2016, nous conservons les exigences motrices et énergétiques des précédents textes, à savoir :
  - À la fin du cycle 2 l'élève doit pouvoir courir à allure régulière et en aisance respiratoire 6 à 12 min.
- Des connaissances sur l'APSA (course longue) au service de ce champ d'apprentissage 1
  - À quelle étape de la progression en course longue, le problème identifié correspond-il ?

3. La présence ou non d'un problème rencontré par les élèves :

Des difficultés « ***courir à allure régulière de plus en plus longtemps*** ». Cela sous-entend une définition et une analyse de ce problème :

- qu'il faudra associer à l'aisance respiratoire, en tant qu'exigence institutionnelle couplée à l'allure régulière pour le C2 et le C3
- Pour déterminer une hypothèse explicative prioritaire :
  - Dans le cadre de ce sujet les difficultés des élèves sont liées prioritairement à la méconnaissance de leurs ressources (essentiellement énergétiques) et à l'incapacité à prendre des repères sur eux et le milieu dans lequel ils s'engagent.

4. La temporalité support de la réponse ?

- 1 situation. Cela sous-entend :
  - Des connaissances sur les éléments qui structurent une SA (objectif, but, critères de réussite, critères de réalisation, variables didactiques, formes de groupements, place et rôle du maître, régulations si échec ou réussite).
  - Des connaissances sur la différence entre la SA, la séance, la séquence, la progression. Une contextualisation de la proposition devra être faite pour apporter des précisions et une cohérence, sur le moment de la séance et le moment où vous proposez cette situation.
    - Juste après l'échauffement ?
    - Après une 1re situation ?
    - présence d'un bilan et/ou d'un retour avant de retourner en classe (ou en classe)

5. Complément(s) d'information qui précise un contexte particulier d'enseignement :

- ***« Vos élèves »***
  - Cela sous-entend une volonté du jury à vous voir vous approprier le groupe classe, et à proposer des dispositifs prenant en considération :
    - La gestion de l'hétérogénéité
    - Les formes de groupement, les rotations, les différents rôles
    - Un volume de travail prévu pour chaque élève

    ☛ Remarque : Il sera judicieux de définir un nombre d'élèves, pour apporter la cohérence nécessaire au fonctionnement du dispositif proposé, et ne pas attendre que le jury vous le demande. Enfin, « votre classe », « vos élèves », sont des formulations qui induisent un enseignant dynamique, impliqué, qui alterne les postures et les stratégies d'enseignement, conscient de l'hétérogénéité des ressources et des besoins auxquels il doit faire face.
- ***« Au milieu d'une séquence de course longue, (4/8) »*** :
  - Cela sous-entend :
    - Que votre réponse (la situation à construire et à proposer au jury) s'inscrit dans le déroulement de la 5e séance de la séquence de course longue. Il vous revient de situer votre situation dans cette séance 5, en choisissant son emplacement :
      - Juste après l'échauffement ?
      - Après une 1re situation ?
      - présence d'un bilan et d'un retour avant de retourner en classe (ou en classe)
      - Pour une durée totale de… X minutes
    - Qu'il faudra prendre en considération les bilans des 4 premières séances, et notamment celui de la 4e, pour identifier ce qui est déjà là, les compétences acquises, tout en s'appuyant sur les conduites typiques des élèves de cet âge, engagés dans une séquence de course longue.

Exposé : Des repères temporels indiquent le temps consacré à chaque partie, et vous permettent de planifier au mieux un temps de parole, et d'optimiser la gestion des 10 minutes.

Vers une idée d'introduction (environ 2') :

Le sujet m'amène à analyser des difficultés rencontrées par mes élèves de cycle 2, plus précisément de CP, engagés dans une séquence de course longue. Ils n'arrivent pas à « courir à allure régulière de plus en plus longtemps ». Il m'est indiqué par ailleurs, que ce constat est fait au milieu d'une séquence de 8 séances, par conséquent, à la fin de la 4e. Ma proposition, sous forme de situation, devra donc s'inscrire dans la 5e séance. Mais auparavant, il convient d'apporter un certain nombre d'informations et de connaissances, dans ce que je pourrais appeler une contextualisation du sujet, dans le but d'être le plus cohérent possible dans mes choix. (30")

Ainsi, je considérerai que ma classe de CP se compose de 28 élèves, un nombre assez courant dans la réalité. Que cette séquence est programmée en période 3, en hiver, car elle permet d'allier à la fois :

- la prise en compte d'impératifs climatiques. En période hivernale, il est judicieux de programmer à l'extérieur, les activités qui génèrent une élévation rapide de la température.
- un début de maturité cognitive de mes élèves dans une activité qui va les amener à fonctionner sur l'abstraction (dont on sait qu'elle ne commence à fonctionner véritablement que vers le CP), et à utiliser des connaissances en mathématiques, en sciences et en français pour donner du sens aux apprentissages.

Toutes les séances de ma séquence seront construites sur la même trame, à savoir, une prise en main de mes élèves pour rappeler le bilan de la semaine dernière et le but de la séance d'aujourd'hui, un échauffement spécifique, une situation d'apprentissage et un retour au calme associé à un bilan avant de retourner en classe. (1'15)

Le plan de mon intervention va me conduire à vous proposer dès la 1re partie de mon exposé, la situation d'apprentissage construite dans le but de dépasser les difficultés de mes élèves.

Ce sera l'occasion pour moi de vous expliquer le fonctionnement de ce dispositif, le matériel mis en place, les formes de groupement, les rotations instaurées, le temps prévu et les régulations envisagées.

Dans un 2e temps, j'aurai pour ambition de justifier mes choix en m'appuyant sur le cadre institutionnel, la logique des compétences, la spécificité des enfants de cet âge et les enjeux de la course longue à l'école.

Enfin, je conclurai mon exposé en synthétisant les points forts de la réponse apportée à ce sujet, je relativiserai mes propos au regard d'un contexte d'enseignement singulier et mettrai en perspective certains enjeux éducatifs liés à l'enseignement de l'EPS à l'école. (2')

Présentation de la situation, en proposant en 1er le dispositif, et en justifications par la suite les choix en termes de contenus d'enseignement. (Environ 5 à 6')

(*À ce moment-là il vous est possible de donner au jury un schéma du dispositif de votre situation, sur la base de ce qui est proposé ci-après*).

Dispositif : *(schémas, formes de groupements, métrage, durée, ...). Couleurs par analogie aux pistes de ski de piste ou de fond, ou aux parcours d'accrobranche !*

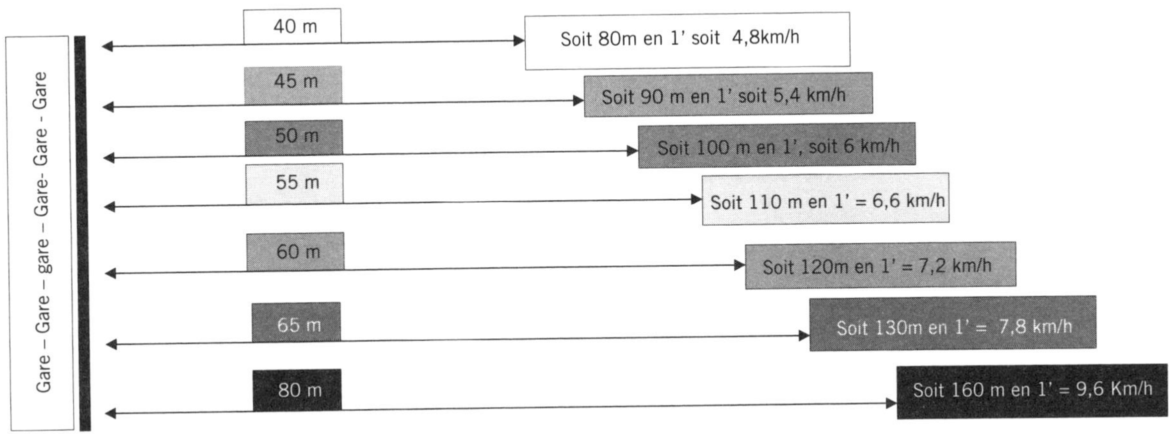

Durée
15"
30"
1'
2'
3'
5'
10'
15'
20'
30'
45'

Si réussite
- passer au parcours supérieur
- reproduire 3 fois la même intensité sur le parcours sélectionné
- être capable d'expliquer ce qui vient d'être appris
- être capable de contrôler le passage de pairs (chronomètre, prise de pouls, retranscription des données sur un tableau, etc..)

Si échec
Identifier l'origine de l'échec :
Problème de compréhension lié au vocabulaire employé = Réexpliquer
Problème de connaissance de soi. Ne sait pas trouver son pouls et ne connait pas sa FC après les essais sur les 1er parcours = L'aider à localiser au poignet ou aux carotides les pulsations.
Problème d'aisance respiratoire pas encore calée = descendre sur un parcours plus facile (code de couleur)

Une fois le dispositif présenté, schéma à l'appui, vous apportez les arguments, ci-dessous, qui justifient vos choix

1) Observations / Constat / Compétences acquises :

- Que sait faire l'élève à la fin de la séance précédente ?

A la fin de la séance 4, l'élève est capable de s'engager dans des courses de courtes durées, même si elles sont à intensité maximale (vitesse, relais, obstacle)

- Qu'est ce qui lui pose problème ?
  - o Ne sait pas prolonger sa course et la maintenir à une allure régulière

Leçon	1	2	3	4	5	6	7	8	9	10

2) Hypothèses explicatives et enjeux de formation :

ressources (essentiellement énergétiques) et à l'incapacité à prendre des repères sur eux et le milieu dans lequel ils s'engagent. Cette méconnaissance est amplifiée par une représentation exclusive de la course sur le registre « vitesse ».

3) Objectif :

« Passer de l'incapacité à produire un effort continu dans une course longue à une meilleure gestion de l'intensité de l'effort produit, par l'intégration progressive de repères sur soi et le milieu environnant »

Place et rôle du maître

Que faire après le passage des consignes ?
Où me situer si je dois gérer un ou plusieurs ateliers ?
Comment réguler les coureurs ?
Les observateurs ?

But de la tâche

Trouver le parcours qui permet de courir sans s'essouffler

Consignes secondaires :

- Vous passez sur tous les parcours. Tout le monde démarre par le parcours orange, le plus court.
- Vous devez vous retrouver à la gare au signal sonore.
- Votre cœur doit battre entre 35 et 40 pulsations en 15"
- Chaque course dure 1mn

Critères de réalisation

(Ou conseils techniques)

- Courir à allure régulière (pas d'accélération ni de ralentissement).
- Courir en ligne droite
- Tourner derrière les plots et pas devant
- Attendre le signal à la gare si vous êtes en avance
- Courir pour soi et pas au rythme du copain

Critères de réussite

- Etre dans la gare quand le signal sonne.
- L'absence d'arrêt
- La capacité à reproduire plusieurs fois la même course à la même intensité (au moins 3 fois sur 4)
- Le respect de la fourchette de FC (35/40 en 15") pour traduire l'aisance respiratoire.

Variables didactiques prioritairement sollicitées

- La longueur des différents parcours
- Le nombre de courses
- Le temps de course
- La présence ou pas de repères intermédiaires (toutes les 30", toutes les 15")

V. Vers une idée de conclusion

Au cours de cet exposé, j'ai souhaité partir de la pratique, de la mise en œuvre, avant de vous justifier mes choix de contenu, parce qu'il me semble essentiel, en EPS, plus qu'ailleurs, peut être, de partir du concret pour ensuite conceptualiser, mémoriser et apprendre. Cela renvoie à une conception de l'enseignement et de l'apprentissage qui me parait déterminante pour la réussite de mes élèves. Nous aurons peut être l'occasion d'y revenir dans l'entretien si vous le souhaitez.

La situation proposée me semble apporter une solution au problème rencontré par mes élèves de CP. En effet, j'ai fait l'hypothèse que les difficultés à courir à allure régulière de plus en plus longtemps avec des élèves de cet âge, provenaient essentiellement d'une méconnaissance de leurs ressources (essentiellement énergétiques, mais aussi cognitives) et à l'incapacité à prendre des repères sur eux et le milieu dans lequel ils s'engagent. **(40").**

J'ai donc proposé une diversité de parcours, de 40 m à 80 m dans le but de leur permettre d'établir une comparaison sur l'effort nécessaire pour effectuer un aller/retour en 1 mn. Ce temps identique à chaque fois, quelque soit le parcours, a permis à tous les élèves, disposant de ressources hétérogènes de sélectionner une distance qu'ils pouvaient parcourir dans un temps donné et dans une forme de course différente de celle qu'ils connaissent habituellement, à savoir la course de vitesse. Ce changement de représentation a été possible :

- par la mise en correspondance d'indicateurs temporels (coups de sifflet), visuels (plots) et proprioceptifs (la fréquence cardiaque, FC, et l'essoufflement). L'instauration d'un code de couleur a facilité cette mise en évidence, qui nous a permis d'engager une réflexion pendant les temps de repos et le bilan de fin de séance,
- par l'utilisation d'un vocabulaire adapté en EPS, à une classe de CP, mais spécifique à la course longue ou aux efforts physiques.
- par l'instauration, plus généralement, d'une démarche pluridisciplinaire associant des connaissances issues des enseignements réalisés en parallèle ou en amont, en français, en sciences et en mathématiques.
- par la prise en compte des différences prévoyant des vitesses probables à cet âge inférieures à 5 km/h et pouvant aller jusqu'à 10 voire 12 km/h.

Pour terminer, je considère que ma proposition participe pleinement à l'éducation à la santé en permettant à chacun de prendre des décisions conformes aux ressources dont ils disposent, grâce à un dispositif qui permet une alternative décisionnelle. Se retrouvant en situation de réussite les élèves vont ainsi développer leur sentiment de compétence et éprouver du plaisir par la pratique générée par cette situation ludique et imagée (gare, etc.) **(1'30).**

VI. Entretien imaginaire

10 sujets, balayant les 4 compétences en EPS, sont proposés sur ce modèle dans les ouvrages *L'épreuve orale d'EPS/Système éducatif*, Ramos/Rigal, Ellipses (2015) et *Comprendre et se préparer à l'épreuve orale d'EPS du CRPE,* Rigal, Ellipses (octobre 2016).

Question 1 : ***Votre conclusion met en avant une mise en synergie de plusieurs champs disciplinaires. Pouvez-vous illustrer le vocabulaire que vous utiliseriez pour cette situation et plus largement pour votre séquence avec ces élèves ?***

Cette question est à la fois logique et à la fois problématique car généralement, le candidat avance des pistes pluridisciplinaires en se contentant de faire références aux mathématiques, au français ou aux sciences. Dans un souci de cohérence du discours et de qualité de préparation, il vous revient de donner précisément quelques pistes extraites des programmes. Qu'y a-t-il aux programmes de mathématiques en CP, utiles pour ma séquence d'EPS en course longue ? Sur quelles connaissances en sciences puis je compter pour faire des liens avec la connaissance de soi ? Dans cette logique il serait possible de faire l'inventaire d'un vocabulaire nécessaire au bon fonctionnement des séances. Nous pourrions convenir que l'accent serait mis sur les mots suivants :

- **Pour la connaissance de soi** (accélération ou ralentissement des battements du cœur, le pouls et son contrôle au poignet, l'échauffement, la respiration, l'essoufflement). Il commence à mettre en relation deux repères externes (un plot pour matérialiser une distance, un repère sonore pour donner ou impulser une allure).
- **Pour être à l'aise sur le dispositif** (départ, arrivée, course longue, course de vitesse, les repères sur les parcours, les plots, le code de couleur, permettant de classer le parcours du plus facile au plus difficile). L'ensemble du vocabulaire utilisé dans cette situation, la séance et plus largement la séquence, est en lien à la fois avec le domaine 1 du SCCCC « *les langages pour penser et communiquer* », mais également prioritairement avec les compétences générales 1, 2, 4 et 5 des programmes d'EPS de novembre 2016.

◆ Pour rappel :

- La compétence générale 1 **(CG1)** en lien avec le domaine 1 du SCCCC *« développer sa motricité et apprendre à s'exprimer avec son corps »*
- **La CG2**, en lien avec le domaine 2 du SCCCC : *« s'approprier par la pratique physique et sportive, des méthodes et des outils »*
- **La CG4**, en lien avec le domaine 4 du SCCCC : *« apprendre à entretenir sa santé par une activité physique régulière »*

– **La CG5**, en lien avec le domaine 5 du SCCCC : *« s'approprier une culture physique, sportive et artistique »*

Question 2 : *Vous semblez accorder de l'importance à la prise de pouls. À quoi cela vous sert-il, et comment vous y prenez-vous avec ces élèves de CP ?*

Cette question n'est pas un piège, elle est vouée tout simplement à vérifier si ce que vous dites est réalisable à ce niveau de classe.

La fréquence cardiaque est le 1er repère d'une intensité physiologique. Elle permet d'objectiver cette intensité et de la mettre en rapport avec la notion de **course à allure régulière,** elle-même conditionnée par un paramètre déterminant, celui **d'aisance respiratoire,** sous-entendue dans les programmes 2016.

Nous définirons l'aisance respiratoire comme la capacité à entretenir un effort justement parce que l'intensité fournie ne génère pas de déséquilibre au niveau des échanges gazeux.

Statistiquement un adulte au repos à une FC de 60 à 80 battements par mn. La limite de l'aisance respiratoire se situe en moyenne entre 140 et 160 battements par minute pour un sujet moyennement entraîné. En théorie, la FC maximale est égale à 220 moins l'âge. Mais plus un organisme est petit, plus son cœur bat vite. Il sera donc nécessaire d'adapter nos propres repères cardiaques à l'âge des élèves dont on a la charge. Globalement, un jeune enfant de maternelle aura une FC de repos, supérieure à celle d'un adulte, de 15 à 20 battements par mn. Cet écart se maintenant pendant l'effort et diminuant avec l'âge

Fréquence cardiaque (Battements par mn)	Enfant	Adulte
Au repos	80/100	60/80
FC maximale	220 – l'âge	220 - l'âge
FC pour un travail en capacité (aisance respiratoire)	140/160 ou 150/170	135/150
FC pour un travail en puissance (endettement d'oxygène et production d'acide lactique sur effort long)	FC > 170	FC > 150-160

Le rythme respiratoire : une respiration haletante traduit un endettement de l'organisme et son adaptation pour récupérer la dette d'oxygène occasionnée par un effort trop intense.

♦ Il pourra être donné comme consigne de *« courir en pouvant parler à son partenaire de course »*

- Il y a cependant un risque à voir certains élèves courir trop lentement, en deçà d'un effort acceptable pour une véritable course. À trop vouloir ralentir on peut finir par être en deçà de la logique de l'activité.
- Nous admettrons alors que le seuil minimum d'effort devra se situer entre 35 et 40 pulsations en 15 secondes, soit une FC de 140 à 160/mn.
- Les élèves de CP pourront vérifier cette zone de travail par des moments de comptage sur 15 secondes instaurés à la fin de chaque temps de course. Un travail au préalable en mathématique aura permis de construire un tableau de correspondance qui facilite ensuite son utilisation. L'illustration ci-après donne un aperçu de ce qui pourrait être utilisé par des élèves de CP.

De 25 à 29	30 à 34	35	36	37	38	39	40	41 à 45	46 à 50

Des zones de couleurs, à l'image du code de la route, informent de la réussite (vert), des légers ajustements à opérer (en orange) ou des régulations plus importantes à mettre en place pour parvenir à cette aisance respiratoire. Sur 15", l'élève de CP devra vérifier si l'intensité de course se situe dans la zone de travail verte, soit 140/160 pulsations/mn. C'est le respect de cette intensité qui permettra aux élèves de découvrir la magie d'une course qui peut durer, à une intensité moins élevée que celle habituellement utilisée en course de vitesse.

Ce tableau pourra être utilisé avant ou après la séance d'EPS, pour affiner les calculs, revisiter son projet de course et mettre à profit tout ce qui est en train d'être compris.

Question 3 : *Dans votre introduction vous parlez de maturation cognitive de vos élèves de CP. Que voulez vous dire exactement ? Pouvez-vous illustrer comment vous la prenez en compte ?*

Le jury trouve très souvent des mobiles de question dans le vocabulaire employé par le candidat, qui, sans en être conscient, peut semer dans son exposé de véritables bombes à retardement, dès lors que le champ notionnel utilisé pour l'exposé, n'est pas maîtrisé. Il est essentiel de ne pas faire illusion dans ses propos, au risque de laisser une impression négative dans l'appréciation finale du jury. La question porte ici sur la maturation cognitive, mais elle porte parfois sur l'apprentissage, le sens, le projet, la motivation, bref, toute une terminologie professionnelle qu'il convient de s'approprier avant le concours.

En ce qui concerne la maturation cognitive des élèves, il s'agit de mettre en avant le déficit d'abstraction d'un enfant de moins de 6 ans. À la naissance, le nourrisson n'est pas doté des sphères neurologiques qui pilotent la capacité d'abstraction. Autrement dit, il n'a pas la capacité de faire référence à un objet et à ses propriétés, en l'absence de cet objet. La maturation anatomique de cette zone du cerveau se passe vers l'âge de 5/6 ans. C'est la raison pour laquelle Jean Piaget avançait le concept de « *pensée hypothético-déductive* » à cet âge charnière pour ses travaux. Mais il faut attendre pratiquement autant de temps pour que la maturation fonctionnelle de cette fonction cognitive arrive à son terme. Si bien, qu'il serait possible de penser, qu'à aucun moment de la scolarité du 1er degré, l'enseignant se retrouve face à des élèves qui ont autant d'abstraction que lui. Une réalité qu'il faut prendre en considération quand il s'agit de construire des dispositifs exigeant un degré de réflexion ou de mises en relation de connaissances, élevées. En CP, certaines acquisitions fondamentales (en langage, en mathématiques, ou en sciences) permettent de commencer à fonctionner sur l'abstraction et sur ces mises en relation. C'est exactement ce qui sera demandé à ces élèves quand ils devront établir des liens entre l'espace, le temps et l'intensité de l'effort, les repères sur soi, pour commencer à construire une nouvelle référence athlétique en course longue. Cependant, ces mises en relation doivent être adaptées par des aménagements du milieu (code de couleurs), des artifices pédagogiques, comme l'imaginaire ou la comparaison d'expériences concrètes qui permettent de prendre conscience d'une réalité. La démarche pluridisciplinaire vient renforcer ces relations par la permanence du vocabulaire utilisé en EPS, en français, en sciences, ou en mathématiques. Dans cette perspective éducative, l'enfant ne découvre pas un mot ou une connaissance, dans le cadre strict d'une discipline, mais grâce aux réinvestissements instaurés par l'enseignant, il en appréhende le sens, l'utilité pour son propre intérêt.

Question 4 : *Quels sont les enjeux éducatifs pour ces élèves de pratiquer la course longue ?*

Cette question renvoie à l'utilité des supports culturels utilisés pendant les séances d'EPS. L'athlétisme, par les courses, les sauts ou les lancers, les sports collectifs, la danse, le badminton ou la lutte en font partie, tout comme les jeux de patrimoine, ou les activités non fédérées. Par cette question, le jury souhaite surtout voir le candidat s'engager dans une réflexion qui dépasse les pratiques sportives ou non, pour mettre en avant la notion de compétence, telle que le socle commun la met en avant.

Il conviendra alors de dire que l'APSA support n'est pas une finalité en soi. Apprendre à courir, à jouer au tennis ou à marquer un panier au basket-ball ne doit pas se traduire par des contenus technicistes surtout à cet âge. Il sera par contre opportun de privilégier une entrée par les compétences. À ce titre, la course longue permet d'illustrer la compétence propre n° 1 des programmes, pour le cycle 2, « *produire une performance optimale, mesurable à une échéance donnée* ». Cette mesure peut être multiple. Elle peut bien évidemment concerner la distance parcourue, le temps de pratique, pour mesurer la durée de course, la fréquence cardiaque, pour mesurer l'intensité de l'effort, le temps de repos pour vérifier les capacités de récupération. Ces capacités de mesure font appel à des connaissances mathématiques dont l'enseignant pourra ainsi vérifier leur degré d'acquisition (notamment en calcul). Cette compétence, ou ce champ d'apprentissage complémentaire mobilise prioritairement certaines ressources, énergétiques et cognitives, en l'occurrence pour les activités athlétiques. L'éducation aux ressentis, à l'écoute de son corps pendant et après l'effort, la préparation à l'effort, l'alimentation et l'hydratation, sont autant de sujets qui peuvent abordés, dès le plus jeune âge, dès lors qu'une adaptation du vocabulaire facilite la compréhension des phénomènes étudiés.

Question 5 : *Pouvez-vous nous définir ce qu'est une compétence ?*

Cette question permet au jury de vérifier la maîtrise des connaissances utilisées pendant l'exposé.

C'est la mobilisation efficace de ses ressources. La notion d'efficacité traduit un niveau de compétence. Mais il convient de faire le lien avec le socle commun et l'école en rajoutant que cette mobilisation permet d'articuler des connaissances, une composante motrice, sociale et méthodologique. Si la définition ne permet pas d'aller plus loin, elle ne fait pas véritablement avancer la réflexion. Par contre, si elle permet au candidat de cibler, pour la situation qu'il propose, les connaissances, les capacités et les attitudes qu'il souhaite développer chez ses élèves, alors il fait un pas vers une cohérence professionnelle recherchée par le jury.

La fiche ressources (cf. publications 2016) a été construite justement pour faire la preuve de la maîtrise des notions utilisées ainsi que leurs relations au service d'une compétence.

Bibliographie

1. Boltanski, Luc, « Les usages sociaux du corps », *Annales. Économies, Sociétés, Civilisations*, n° 1, volume 26, 1971, pages 205-233.
2. Programmes de l'école élémentaire, Bulletin officiel spécial n° 11 du 26 novembre 2015.
3. Rigal, Christian, *Comprendre et se préparer à l'épreuve orale d'EPS du CRPE*, Ellipses, automne 2016.
4. Inspection Générale, rapport n° 2013-066, juin 2013.
5. Loi d'orientation et de programmation pour la refondation de l'École de la République du 8 juillet 2013.
6. Programmes de la maternelle, Bulletin officiel spécial n° 2 du 26 mars 2015.
7. Arrêté du concours rénové, Journal Officiel du 27 avril 2013.
8. Hébrard, Alain, Réflexion et perspectives, Paris, Éditions EPS, 1986, 270 pages.
9. Constitution de l'Organisation Mondiale de la Santé, 1946.
10. Instructions Officielles du 19 octobre 1967.

11. Le Boulch, Jean, « Esquisse d'une méthode rationnelle et expérimentale d'éducation physique », *Revue EPS*, Édition revue EPS, n° 57, 1961, 66 pages.
12. Parlebas, Pierre, *Activités physiques et éducation motrice*, Édition Revue EPS, Dossier EPS n° 4, 1990, 175 pages.
13. Charte d'Ottawa sur la santé, 1re Conférence internationale pour la promotion de la santé, 21 novembre 1986.
14. Directive du Conseil de l'Europe, 89/106/CEC, J.O n° C326 du 19.12.1988.
15. Circulaire n° 98 234 du 24 novembre 1998, La santé des élèves : programme quinquennal de prévention et d'éducation.
16. Bourdieu, Pierre, *La distinction*, Paris, Éditions de Minuit, 1979, 680 pages.
17. Eisembeis, Jean, Touchard Yves, *Éducation à la sécurité*, Édition EPS, collection recherche et formation, 1995, 247 pages.
18. Ramos, Michel, Rigal, Christian, *L'épreuve orale d'EPS/Système éducatif,* Ellipses, Collection Objectif professeur des écoles, 2015, 496 pages.

Chapitre 2 : Système éducatif[1]

Introduction

Ce chapitre de l'ouvrage est composé de trois sections.

Dans un **premier temps**, nous vous proposons une **présentation de l'épreuve** à partir de la description qui en est faite dans le texte officiel de cadrage du CRPE (arrêté du 19 avril 2013). Les attentes du jury y sont dégagées, ainsi qu'une **méthodologie** à mettre en œuvre durant le temps de préparation puis dans l'exposé et l'entretien avec le jury.

Dans un second temps, vous trouverez trois **dossiers de concours** dont un proposé lors de la session de juin 2014 dans l'académie de Montpellier et deux produits par nos soins, tous suivis d'une **proposition de traitement**. Vous observerez certaines différences dans la manière de traiter les dossiers. Elles témoignent de la diversité relative des approches et des choix méthodologiques des différents auteurs. Nous faisons le pari qu'une telle diversité des approches sera féconde et évitera un traitement trop standardisé des dossiers. Il est important de savoir que les rapports de jury du concours relatent souvent le fait que les membres des jurys regrettent une trop grande standardisation des exposés. Travail collectif avec approches diverses donc, mais cadrage commun puisque, pour chaque proposition de traitement des dossiers, vous retrouverez systématiquement les rubriques suivantes :

- liste de points à connaître sur le sujet, ou remarques préliminaires ;
- présentation et/ou analyse des textes ;
- exposé comprenant introduction avec problématisation, traitement des trois questions (sous des formes différentes) et conclusion ;
- quelques questions possibles pour l'entretien ;
- pistes d'approfondissement (ressources bibliographiques et sitographiques).

Il est évident que les deux dernières rubriques permettent de faire des liens avec d'autres problématiques : **le traitement d'un *dossier* ne se réduit pas au**

1. Les auteurs de cette partie sont tous formateurs à la faculté d'éducation de l'université de Montpellier, ESPE Languedoc-Roussillon : Carole ASDIH, maître de conférences en psychologie (site de Montpellier), Sylvie JOUAN, professeure de philosophie (site de Mende), Laurent KUHR, professeur de philosophie (site de Montpellier), Catherine LAPIERRE, professeure des écoles, directrice d'école d'application (site de Nîmes), Jean-Michel MARTINEZ, professeur de philosophie (site de Carcassonne), Michel RAMOS, professeur des écoles (site de Montpellier).

traitement d'un seul *sujet*. Cette approche permet au lecteur travaillant sur chacun des dossiers d'embrasser plus largement l'ensemble des sujets possibles.

Enfin, dans une **dernière partie**, sont listées les principales lois, décrets, circulaires et autres textes réglementaires qui cadrent l'école primaire et qui sont à connaître pour le CRPE.

Il ne nous reste plus qu'à vous souhaiter une bonne lecture et un travail de préparation efficace !

I. Présentation de l'épreuve et méthodologie

A. Présentation de l'épreuve et attentes du jury

Présentation de l'épreuve (Extrait de l'arrêté du 19 avril 2013 fixant les modalités d'organisation du concours de recrutement de professeurs des écoles)

« Deuxième épreuve orale : entretien à partir d'un dossier.

L'épreuve comporte deux parties. La première partie permet d'évaluer les compétences du candidat pour l'enseignement de l'éducation physique et sportive (EPS), ainsi que sa connaissance de la place de cet enseignement dans l'éducation à la santé à l'école primaire. La deuxième partie de l'épreuve vise à apprécier les connaissances du candidat sur le système éducatif français et plus particulièrement sur l'école primaire (organisation, valeurs, objectifs, histoire et enjeux contemporains), sa capacité à se situer comme futur agent du service public (éthique, sens des responsabilités, engagement professionnel), ainsi que sa capacité à se situer comme futur professeur des écoles dans la communauté éducative.

[...]

Deuxième partie : Elle consiste en un exposé du candidat (quinze minutes) à partir d'un dossier de cinq pages maximum fourni par le jury et portant sur une situation professionnelle inscrite dans le fonctionnement de l'école primaire, suivi d'un entretien avec le jury (trente minutes).

L'exposé du candidat présente une analyse de cette situation et des questions qu'elle pose, en lui permettant d'attester de compétences professionnelles en cours d'acquisition d'un professeur des écoles.

L'entretien permet également d'évaluer la capacité du candidat à prendre en compte les acquis et les besoins des élèves, en fonction des contextes des cycles de l'école maternelle et de l'école élémentaire, et à se représenter de façon réfléchie la diversité des conditions d'exercice du métier, ainsi que son contexte dans ses différentes dimensions (classe, équipe éducative, école, institution scolaire, société), et les valeurs qui le portent dont celles de la République.

Durée de la préparation : trois heures ; durée totale de l'épreuve : une heure et quinze minutes.

L'épreuve est notée sur 100. 40 points sont attribués à la première partie ; 60 sont attribués à la deuxième partie dont 20 points pour l'exposé et 40 pour l'entretien. »

Attentes du jury

Pour ce qui concerne l'exposé de 15 minutes, le candidat doit être capable de :

1. Repérer une situation professionnelle inscrite dans le fonctionnement de l'école primaire

Cette situation est à identifier à partir du dossier fourni.

- ♦ Le dossier comporte le plus souvent deux à quatre documents, la seule limite fixée étant cinq pages maximum. Les textes constituant les dossiers peuvent être de nature différente :
  - extrait de texte officiel ;
  - extrait d'ouvrage traitant de questions pédagogiques, de questions concernant l'école ;
  - extrait de manuel scolaire ;
  - production écrite d'élève ;
  - article de journal ;
  - extrait d'article de recherche scientifique ;
  - Etc.
- ♦ Les documents sont accompagnés d'un titre et de trois questions.

À partir de l'ensemble de ces données il s'agit de reconnaître un ensemble d'éléments concernant l'école primaire qui renvoient à :

- une question sur le système éducatif ;
- une interrogation touchant l'enseignement ;
- une difficulté que rencontre l'école.

Il s'agira, en effet, à partir de la situation qui constitue l'objet du dossier, de montrer clairement « *les questions qu'elle pose* ».

C'est le travail de problématisation qui conduira à un repérage précis de la situation à traiter.

2. Analyser une situation professionnelle

À partir d'événements qui se produisent dans le cadre de l'école primaire et qui conduisent à circonscrire précisément un phénomène, les documents fournis et les connaissances sur le système éducatif vont permettre d'examiner les aspects qui caractérisent la situation.

Les questions posées par le sujet visent à conduire cette réflexion.

On peut, d'ores et déjà, en tirer une conséquence méthodologique : **les questions posées donnent le plan du développement**, les réponses apportées seront autant d'étapes du traitement **d'un problème formulé dans une introduction**.

De plus, il est à noter que cette étude concerne *« une situation professionnelle inscrite dans le fonctionnement de l'école primaire »*, ce qui signifie qu'il s'agira de **tirer des conséquences d'ordre pratique** de ce travail d'analyse.

3. Attester de compétences professionnelles en cours d'acquisition

♦ Une première compétence attendue renvoie à la capacité du candidat à exploiter des ressources (les documents composant le dossier mais aussi les connaissances et les expériences acquises) afin de :

- formuler les questions que pose une situation ;
- montrer l'acuité d'une difficulté qui caractérise la situation ;
- examiner et instruire le problème qui a été formulé.

Mais être capable de réfléchir à une situation complexe à partir de la formulation d'un problème auquel elle renvoie ne suffit pas.

♦ Il faut aussi montrer qu'on est capable de :

- tirer des conséquences pratiques de ce qu'on a compris ;
- construire un discours qui articule théorie et pratique ;
- communiquer le résultat de sa réflexion.

S'il est inutile d'insister sur l'importance des qualités communicationnelles dans la profession de professeur, il est en revanche utile de préciser en quoi **la dimension pratique contenue dans son exposé atteste d'une compétence professionnelle**.

Les qualités pédagogiques d'un enseignement renvoient aux compétences d'un professeur qui se traduisent par la capacité à :

- inscrire son action dans le cadre d'une stratégie réfléchie ;
- atteindre un objectif clairement défini ;
- montrer l'adéquation entre, d'un côté, les actions et les dispositifs choisis, et de l'autre, le but fixé.

Or, cette capacité peut se révéler par un exposé qui fait toute sa place à des propositions constituant :

- des pistes de solution ;
- des mesures qui participeraient au règlement des difficultés ;
- des séquences d'enseignement qui resitueraient le questionnement au niveau d'une pratique pédagogique.

C'est ainsi qu'un candidat peut montrer comment le futur professionnel qu'il deviendra sera capable de mettre les qualités sur lesquelles repose son exposé au service de l'institution et de ses élèves.

Ces attentes renvoient à un certain nombre de *capacités* des candidats

1. Capacité à comprendre, analyser et synthétiser un corpus afin de répondre aux questions du sujet

C'est à partir d'un travail d'explication que les réponses aux questions posées par le sujet pourront être construites.

- L'analyse des documents permettra de :
  - déterminer le sens des notions importantes ;
  - clarifier le sens des idées.
- La synthèse permettra de :
  - montrer comment les parties du dossier s'articulent ;
  - identifier les convergences et les divergences contenues dans les documents afin d'alimenter les réponses aux questions.

2. Capacité à s'exprimer oralement et à communiquer

Les jurys sont composés d'Inspecteurs de l'Éducation nationale, de Conseillers Pédagogiques de Circonscription, des professionnels qui savent qu'une qualité fondamentale de l'acte d'enseigner est l'aptitude à communiquer.

Simple considération pour insister sur l'importance des qualités d'expression orale et de disposition à tenir compte de son auditoire en modulant le ton et le débit de sa voix en fonction de la nature de ce que l'on dit. Le ton n'est pas le même selon qu'on procède à :

- une clarification conceptuelle pour rendre intelligible une conception ;
- un raisonnement pour prouver la pertinence d'une position ;
- un exemple pour illustrer une idée.

S'il faut savoir énoncer clairement ce que l'on conçoit, il faut tout autant être attentif aux conditions qui rendent le discours accessible, à la manière dont pourra être reçu ce qu'on dit, ce qui est, à proprement parler, communiquer.

3. Capacité à mobiliser des connaissances sur le système éducatif français et plus particulièrement sur l'école primaire (organisation, valeurs, objectifs, histoire et enjeux contemporains)

Les connaissances constituent une condition nécessaire (le programme donne un certain nombre de thématiques à étudier) pour réussir l'épreuve. Cependant, pour exploiter convenablement les connaissances acquises, celles-ci doivent être mobilisées à bon escient.

Il convient ici d'insister : le dossier proposé n'est pas un pur prétexte à faire dire au candidat ce qu'il a appris sur le système éducatif. Le traitement du sujet suppose qu'il ait acquis des connaissances et qu'il soit capable de se servir de ce qu'il a appris comme autant de ressources pour son exposé. C'est cette capacité à appuyer sa réflexion sur des connaissances solides qui sera évaluée positivement.

Ces capacités précisées on peut chercher à en clarifier des critères de réussite et à identifier la manière dont ils peuvent se traduire dans le cadre d'un exposé (indicateurs).

Exemple de grille d'évaluation pour l'exposé

Capacités attendues	Critères	Indicateurs
À partir des instructions : - capacité à comprendre, analyser et synthétiser un corpus afin de répondre aux questions du sujet - capacité à s'exprimer oralement et à communiquer - capacité à mobiliser des connaissances sur le système éducatif français et plus particulièrement sur l'école primaire (organisation, valeurs, objectifs, histoire et enjeux contemporains)	*Pour l'exposé :* - bien problématisé - construit - bien appuyé sur les textes - adossé à l'expérience personnelle - étayé par des connaissances propres - le temps imparti à l'exposé est respecté	*Dans l'exposé :* - la problématique est présente ; elle correspond au titre du dossier et aux enjeux majeurs des textes et permet de les articuler entre eux - le plan intègre les questions posées et il est annoncé, respecté. Il contribue à rendre l'exposé clair et facile à suivre (articulations entre les parties) ; il permet de répondre à la problématique - les textes sont judicieusement cités - un exemple de situation au sein de l'école ou de situation de classe est présent et pertinent - l'exposé témoigne d'une bonne connaissance de l'école et de son actualité - le candidat a respecté le temps imparti à l'exposé ($\geq$ 13 min et $\leq$ à 15 min)

B. Méthodologie

1. Conseils méthodologiques pour l'exposé

1. Le dossier est composé de documents ; il s'agira d'en dégager les idées essentielles et de les expliquer, d'identifier leurs éventuelles convergences ou divergences. À partir de là, l'analyse des documents devrait permettre de déterminer à quelle question, parmi les trois posées, ce qui a été dégagé pourra constituer un élément de réponse.

> ☛ Remarque : ce travail peut se faire à l'aide d'un tableau à double entrée (une ligne par question et une colonne par document) ou en surlignant les documents (en utilisant une couleur par question).

Cette exploitation du dossier pourra être facilitée en déterminant :

♦ Le rôle des parties du dossier :

– Que m'apprend tel ou tel document sur le sujet du dossier ?

– Le document répond-il à des questions et si oui lesquelles ?
– Comment le document s'y prend-il ? Affirme-t-il quelque chose (thèse) ? Donne-t-il des arguments (preuve) ? Fait-il une critique (réfutation) ? Donne-t-il un exemple (illustration) ? etc.

♦ On pourra se demander si les documents permettent de répondre aux questions :
– « qu'est-ce que… ? » (définition) ;
– « qu'est-ce que cela vaut ? » (avantages et/ou inconvénients) ;
– « comment faire ? » (modalités pratiques) ;
– « pourquoi ? » (« parce que », les principes, les causes) ;
– « pour quoi ? « (« pour que », les finalités, les objectifs, les effets), etc.

2. L'articulation logique du dossier étant esquissée, on peut préciser la question examinée par le dossier : à propos d'un **thème** (donné en titre du dossier), le dossier traite une **question**, le dossier permet de réfléchir à un **problème**.

♦ Les éléments d'une **introduction** :
– **Présentation** du dossier et du thème (donné par le titre du dossier) ;
– **Problématique** : une question centrale, la formulation du problème qu'elle soulève et l'importance à donner à ce problème, autrement dit, son enjeu ;
– **Annonce du plan :** un plan qui reprend les questions auxquelles il faut répondre pour construire une réponse au problème identifié (les questions posées par le sujet).

*Il faut ici insister sur l'**importance de la problématique en introduction :** les rapports des jurys des différentes académies insistent sur l'attention des commissions à la présence d'une problématique dans l'exposé des candidats. La problématique en introduction permet de donner du relief au propos, et de montrer au jury en tout début d'exposé que l'on a conscience du problème qui traverse le dossier. Elle témoigne ainsi du recul que l'on est capable de prendre sur toutes les données du dossier.*

♦ On pourra **construire une introduction et la problématique** impliquée par le dossier en agençant entre eux :
– la présentation des documents constituant le dossier ;
– l'énoncé du thème donné par le titre du dossier ;
– l'identification du sujet de réflexion : une question générale sur le thème ;
– la formulation d'un problème, d'une difficulté : pourquoi la question sur le thème se pose-t-elle ? (Pour formuler une difficulté, un problème, on peut énoncer une contradiction, c'est-à-dire, une position que l'on peut affirmer et la position adverse que l'on peut également affirmer) ;
– un enjeu : dans quelle mesure ce problème est important, ce que l'on gagnera d'un examen du sujet ;
– un plan, un questionnement qui indique comment ce problème va être examiné (les questions posées par le sujet s'enchaînent pour constituer un programme de recherche).

Lors de l'exposé oral la présentation des documents précisera brièvement l'origine du document (nom de l'auteur, source, date) et le type de document auquel on a affaire (extrait d'un document officiel, extrait de manuel, extrait d'un texte philosophique, de pédagogie, etc.). Il convient d'éviter une simple lecture des références données en première page du sujet.
La place de cette présentation dans le cadre de l'introduction peut varier :
- en début d'introduction, les documents sont considérés comme ce qui va permettre de faire émerger une problématique ;
- en fin d'introduction, les documents sont vus comme ce qui va permettre d'instruire le problème.

3. Quant aux **réponses aux questions** posées par le sujet qui constituent le développement, elles s'appuient sur l'étude réalisée dans un premier temps (cf. la première étape). Ces réponses devraient, au-delà de la clarification des notions et du sens des idées (clarification essentielle) et de la mise en évidence des convergences et des divergences entre les documents (travail de synthèse), insister sur les conséquences « professionnelles » de ce que disent les documents :
- Que m'apprennent-ils sur le métier d'enseignant ?
- Sur la manière d'enseigner ?
- Sur ce qu'il convient d'enseigner ?
- Que m'apprennent-ils sur telle ou telle pédagogie ?
- Que m'apprennent-ils sur l'école ?
- Sur sa finalité ?
- Sur ses difficultés ?
- Que m'apprennent-ils sur l'enfant ?
- Sur les élèves ?
- Etc.

L'explication des idées importantes pourra s'appuyer sur des **exemples** tirés de l'expérience acquise lors de stages, lors d'une activité professionnelle ou lors de son vécu scolaire.

En général, **la dernière question invite à donner des pistes pédagogiques** et son objet est de permettre aux candidats de montrer comment se traduiraient les idées qu'ils viennent d'explorer dans leur pratique professionnelle.
- ♦ Il s'agit alors d'énoncer un certain nombre d'actions à mettre en œuvre car porteuses de solution.
- ♦ Parmi les points listés il est important d'en développer au moins un afin de préciser les modalités de sa mise en œuvre.
- ♦ Par exemple, après avoir présenté une séquence pédagogique appropriée en précisant l'objectif visé et à quels élèves elle serait destinée (leur profil, leurs acquis, leurs besoins, leurs réussites et leurs difficultés), une séance peut être détaillée en explicitant sa place dans la séquence et le dispositif qui la constitue.

Cet exercice suppose une capacité à se projeter qui peut témoigner d'une première acquisition de postures professionnelles.

4. D'un point de vue formel, les parties du développement qui constituent les réponses aux questions posées par le sujet peuvent être considérées comme des étapes du traitement d'un problème et en tant que telles elles devront être articulées par des **transitions** (court paragraphe de deux à trois phrases à rédiger pendant la préparation), la progression étant dictée par la problématique dégagée.

Afin de construire une transition entre les parties du développement, on peut faire un bref bilan de ce qui vient d'être examiné dans la partie précédente et en déduire la question, le point que l'on va maintenant pouvoir examiner dans la partie suivante.

5. La conclusion devra faire le point sur le problème traité, apporter une réponse concise à la question initiale et, éventuellement, selon le temps écoulé, apporter un commentaire (prise de position du candidat par rapport à la problématique dans son ensemble, par rapport à un point abordé par le dossier). On peut clore l'exposé en indiquant une piste de réflexion à laquelle conduisent le dossier et le traitement que l'on vient d'en faire, piste que l'on ne peut pas explorer dans le cadre de l'exposé par manque de temps…

2. Conseils méthodologiques pour l'entretien

Pour ce qui concerne l'entretien de 30 min, rappelons que le candidat doit être capable de *« prendre en compte les acquis et les besoins des élèves, en fonction des contextes des cycles de l'école maternelle et de l'école élémentaire, se représenter de façon réfléchie la diversité des conditions d'exercice du métier, ainsi que son contexte dans ses différentes dimensions (classe, équipe éducative, école, institution scolaire, société), et les valeurs qui le portent dont celles de la République. »* (Arrêté du 19 avril 2013)

Pour cela les candidats doivent avoir :

- ♦ une **connaissance des processus d'apprentissage** selon le **développement de l'enfant**, que ce soit à l'école maternelle ou à l'école élémentaire ;
- ♦ une **connaissance des situations diverses d'enseignement ;**
- ♦ la **capacité à se situer comme futur agent du service public** (éthique, sens des responsabilités, engagement professionnel) : ce qui veut dire qu'avoir un idéal, des principes, une éthique, constitue une condition nécessaire pour devenir professeur.

Encore faut-il, au-delà de la simple affirmation des valeurs qui fondent le métier d'enseignant, montrer :

- pourquoi ces valeurs sont essentielles ;
- comment on ferait vivre ces valeurs en tant qu'enseignant.

On peut voir ici l'attention particulière qui sera portée à la maturité de la réflexion du candidat concernant les enjeux de l'école du point de vue :

- de la personne de l'élève ;
- des parents ;
- de la société.

Les membres des jurys auront assurément le souci d'évaluer le positionnement du candidat par rapport aux interrogations qui travaillent l'école (par exemple, la laïcité, l'autorité, l'éducation à la citoyenneté...). Il faut s'attendre aussi à ce qu'ils aient la volonté d'apprécier l'engagement du candidat, sa motivation, la conscience professionnelle dont il fera preuve.

♦ la capacité à **se situer comme futur professeur des écoles** dans la communauté éducative : il s'agit pour le candidat de bien montrer qu'il a conscience qu'au travers de sa personne et de sa posture, c'est en tant que représentant d'une profession et d'une institution qu'il devra agir et s'exprimer.

Exemple de grille d'évaluation pour l'entretien

Connaissances et capacités attendues	***Critères pour l'entretien***	***Indicateurs***
- une connaissance des processus d'apprentissages selon le développement de l'enfant, que ce soit à l'école maternelle ou à l'école élémentaire - une connaissance des situations diverses d'enseignement - capacité à se situer comme futur agent du service public (éthique, sens des responsabilités engagement professionnel) - capacité à se situer comme futur professeur des écoles dans la communauté éducative	- des réponses claires et documentées aux questions de savoir - des réponses claires et élaborées aux questions de réflexion - une réelle capacité d'écoute - une expression orale de qualité - une bonne capacité à communiquer	- réponses complètes, références précises - mise en œuvre de questionnements, réponses argumentées - le candidat prend en compte dans ses réponses les avis, remarques et/ou les interrogations des membres du jury - le niveau de langue est correct. Le candidat se fait facilement comprendre - le candidat s'adresse à tous les membres du jury, lit peu pendant l'exposé. Il manifeste présence, dynamisme, implication

Quelques conseils pour l'entretien

1. Être attentif à la question posée, ne pas tenter d'éviter la question en répondant à une autre question.
2. Éventuellement, reformuler la question pour s'assurer de sa bonne compréhension.
3. Montrer pourquoi la question se pose, la difficulté qu'elle soulève, le problème qu'elle amène à examiner.
4. Envisager les différentes réponses possibles ainsi que les arguments qui les fondent, expliquer sa préférence pour l'une d'elles en justifiant sa position par un argument décisif.
5. Tenir compte d'une objection, d'un contre-argument, en reconsidérant sa réponse ; formuler son jugement après cet examen (il ne faut pas hésiter à s'engager quand sa position n'est pas une simple opinion, un préjugé, mais au contraire, un jugement réfléchi et fondé en raison).
6. Établir le lien entre une réponse et une réponse apportée à une question précédente.
7. Décrire avec précision les exemples que l'on prend.
8. Définir les termes techniques que l'on utilise, les concepts auxquels on fait appel.
9. Ne pas utiliser un terme technique ou une expression du champ de l'éducation si on n'est pas en mesure d'en donner une définition précise ou d'en éclairer le sens.
10. Si l'on n'a pas l'information demandée, montrer que l'on serait capable de la trouver en indiquant à quels dispositifs, à quelles ressources, à quelles personnes on pourrait faire appel.

II. Exemples de dossiers et traitements possibles

A. La laïcité à l'école

1. Dossier n° 12 du CRPE de l'académie de Montpellier (juin 2014)

La laïcité à l'école

Liste des documents fournis

- Document 1 : Définitions de la laïcité. Henri Pena-Ruiz (*Qu'est-ce que la laïcité* ?, Gallimard-Folio actuel 2003) et Ferdinand Buisson (*Nouveau dictionnaire de pédagogie et d'instruction primaire* [1911]).
- Document 2 : Rappel à la loi à propos de la laïcité et du fait religieux (Observatoire de la laïcité 15 octobre 2013).
- Document 3 : Charte de la laïcité (ministère de l'Éducation nationale, 2013, Circulaire n° 2013-144 du 6 septembre 2013).

Questions

- En quoi la laïcité fait-elle partie intégrante de l'école de la République ?
- Quels domaines d'enseignement concourent à l'acquisition des valeurs de la laïcité ?
- Quelles sont à votre connaissance les situations délicates rencontrées par les écoles sur cette thématique et quelle analyse en faites-vous ?

Document 1 : définitions de la laïcité

Henri Pena-Ruiz

(Henri Pena-Ruiz est un philosophe et écrivain français. Agrégé et docteur en philosophie, il est réputé pour ses travaux au sujet de la laïcité en France. Il est aussi maître de conférences à l'institut d'études politiques de Paris).

La laïcité est un principe de droit politique. Elle met en jeu un idéal universaliste d'organisation de la cité et le dispositif juridique qui en rend possible la réalisation concrète. Ce dispositif est celui de la séparation, qui émancipe l'ensemble des institutions publiques, et tout d'abord l'État, des Églises, tout en libérant celles-ci de toute ingérence politique. Le mot qui désigne le principe, laïcité, fait référence à l'unité du peuple, en grec le laos, telle qu'elle se comprend dès lors qu'elle se fonde sur trois exigences indissociables : la liberté de conscience, irréductible à la seule « liberté religieuse », qui n'en est qu'une version particulière, l'égalité de traitement de tous les citoyens quelles que soient leurs convictions ou leurs options spirituelles, et la visée de l'intérêt général, du bien commun à tous, comme seule raison d'être de l'État. Pour donner à ces trois valeurs une garantie institutionnelle forte, la laïcité affranchit la sphère publique de toute emprise exercée au nom d'une religion ou d'une idéologie particulière. Elle la préserve ainsi de tout morcellement pluriconfessionnel ou communautariste, afin que tous les hommes puissent s'y retrouver.

Ferdinand Buisson (né le 20 décembre 1841 à Paris et mort le 16 février 1932 à Thieuloy-Saint-Antoine, est un homme politique français, cofondateur et président de la Ligue des droits de l'Homme, président de la Ligue de l'enseignement.)

« Ce mot est nouveau, et, quoique correctement formé, il n'est pas encore d'un usage général. Cependant le néologisme est nécessaire, aucun autre terme ne permettant d'exprimer sans périphrase la même idée dans son ampleur [...] La laïcité ou la neutralité de l'école à tous les degrés n'est autre chose que l'application à l'école du régime qui a prévalu dans toutes nos institutions sociales. Nous sommes partis, comme la plupart des peuples, d'un état de choses qui consistait essentiellement dans la confusion de tous les pouvoirs et de tous les domaines, dans la subordination de toutes les autorités à une autorité unique, celle de la religion. Ce n'est que par le lent travail des siècles que peu à peu les diverses fonctions de la vie publique se sont distinguées, séparées les unes des autres et affranchies de la tutelle étroite de l'Église. La force des choses a de très bonne heure amené la sécularisation de l'armée, puis celle des fonctions administratives et civiles, puis celle de la justice. Toute société qui ne veut pas rester à l'état de théocratie pure est bientôt obligée de constituer comme forces distinctes de l'Église, sinon indépendantes et souveraines, les trois pouvoirs législatif, exécutif, judiciaire. Mais la sécularisation n'est pas complète quand sur chacun de ces pouvoirs et sur tout l'ensemble de la vie publique et privée le clergé conserve un droit d'immixtion, de surveillance, de contrôle ou de veto. Telle était précisément la situation de notre société jusqu'à la Déclaration des droits de l'homme. La révolution française fit apparaître pour la première fois dans sa netteté entière l'idée de l'État laïque, de l'État neutre entre tous les cultes, indépendant de tous les clergés, dégagé de toute conception théologique. L'égalité de tous les Français devant la loi, la liberté de tous les cultes, la constitution de l'état-civil et du mariage civil, et en général l'exercice de tous les droits civils désormais assuré en dehors de toute condition religieuse, telles furent les mesures décisives qui consommèrent l'œuvre de sécularisation. Malgré les réactions, malgré tant de retours directs ou indirects à l'Ancien Régime, malgré près d'un siècle d'oscillation et d'hésitation politiques, le principe a survécu : la grande idée, la notion fondamentale de l'État laïque, c'est-à-dire la délimitation profonde entre le temporel et le spirituel, est entrée dans nos mœurs de manière à n'en plus sortir. Les inconséquences dans la pratique, les concessions de détail, les hypocrisies masquées sous le nom de respect des traditions, rien n'a pu empêcher la société française de devenir, à tout prendre, la plus séculière, la plus laïque de l'Europe. » (Publication de 1881)

Document 2 :
Rappel à la loi à propos de la laïcité et du fait religieux

Objet : Rappel à la loi à propos de la laïcité et du fait religieux.

Article premier de la loi du 9 décembre 1905 concernant la séparation des Églises et de l'État : « La République assure la liberté de conscience. Elle garantit le libre exercice des cultes sous les seules restrictions [...] édictées dans l'intérêt de l'ordre public. »

1. La responsabilité de la puissance publique dans la promotion et l'application de la laïcité

Le respect de la laïcité suppose un engagement fort et constant de la puissance publique pour assurer sa pédagogie et sa promotion.

La puissance publique doit garantir à tous et sur l'ensemble du territoire la possibilité d'accéder à des services publics, où s'impose le respect du principe de neutralité, à côté d'autres services d'intérêt général.

La laïcité ne peut être invoquée pour résoudre tous les problèmes sociétaux qui peuvent être liés à la situation économique et sociale, au contexte urbain ou aux problèmes de l'intégration.

La laïcité, parce qu'elle est une des conditions fondamentales du vivre ensemble, requiert la lutte constante contre toutes les discriminations.

2. Ce que garantit la laïcité

La laïcité garantit à chacun la liberté de conscience, ce qui inclut la liberté de croire ou de ne pas croire.

La laïcité garantit le droit d'exprimer publiquement ses convictions, quelles qu'elles soient, dans la limite du respect de l'ordre public et de la liberté d'autrui.

La laïcité garantit la neutralité de l'État, condition de l'impartialité de l'État et des services publics vis-à-vis de tous les citoyens, quelles que soient leurs croyances et leurs convictions.

Au titre de la laïcité, la République ne reconnaît, ne salarie ni ne subventionne aucun culte, ce qui implique qu'aucune religion ou conviction puisse être, ni privilégiée ni discriminée.

La laïcité repose sur la séparation des Églises et de l'État, ce qui implique que les religions ne s'immiscent pas dans le fonctionnement des pouvoirs publics et que les pouvoirs publics ne s'ingèrent pas dans le fonctionnement des institutions religieuses.

La République laïque garantit l'exercice de tous les droits civils quelles que soient les convictions ou les croyances de chacun.

Au titre de la laïcité, la République garantit un enseignement public neutre, dans le respect des programmes.

3. Ce qu'interdit la laïcité

Aucune religion ne peut imposer ses prescriptions à la République. Aucun principe religieux ne peut conduire à ne pas respecter la loi.

Dans l'enceinte des écoles, collèges et lycées publics et dans le cadre des activités éducatives et péri-éducatives, les élèves ne doivent être soumis à aucun prosélytisme, de quelque sorte que ce soit, de la part des personnels, de parents d'élèves ou d'autres élèves.

Aucun établissement d'enseignement privé sous contrat ne peut déroger à ses obligations liées au respect du contenu des programmes de l'Éducation nationale. Par ailleurs, ces établissements ne peuvent pratiquer aucune discrimination, qu'elle soit fondée ou non sur la religion.

Aucun agent d'une administration publique, ou du gestionnaire d'un service public ne peut manifester ses convictions religieuses par des signes ou un comportement prosélyte. Il se doit d'adopter un comportement impartial vis à vis des usagers du service public et de ses collègues de travail. Les manquements à ces règles doivent être relevés et peuvent faire l'objet de sanctions.

Dans les structures soumises au droit du travail et non au régime du service public, si les libertés individuelles sont garanties, l'expression des convictions religieuses peut être limitée par le règlement intérieur si la nature de la tâche à accomplir le justifie, à condition que la limitation soit proportionnée au but recherché.

Avis adopté par l'observatoire de la laïcité le mardi 15 octobre 2013.

Adoption par consensus.

Document 3 :
Charte de la laïcité à l'école

1 La France est **une République indivisible, laïque, démocratique et sociale**. Elle assure l'égalité devant la loi, sur l'ensemble de son territoire, de tous les citoyens. Elle respecte toutes les croyances.

2 La République laïque organise **la séparation des religions et de l'État**. L'État est neutre à l'égard des convictions religieuses ou spirituelles. Il n'y a pas de religion d'État.

• • LA RÉPUBLIQUE EST LAÏQUE • •

3 La laïcité garantit **la liberté de conscience** à tous. **Chacun est libre de croire ou de ne pas croire**. Elle permet la libre expression de ses convictions, dans le respect de celles d'autrui et dans les limites de l'ordre public.

4 La laïcité permet l'exercice de la citoyenneté, en conciliant **la liberté de chacun** avec **l'égalité et la fraternité de tous** dans le souci de l'intérêt général.

5 La République assure dans les établissements scolaires le respect de chacun de ces principes.

CHARTE DE LA LAÏCITÉ À L'ÉCOLE

La Nation confie à l'École la mission de faire partager aux élèves les valeurs de la République.

6 La laïcité de l'École offre aux élèves les conditions pour forger leur personnalité, exercer leur libre arbitre et faire l'apprentissage de la citoyenneté. **Elle les protège de tout prosélytisme et de toute pression** qui les empêcheraient de faire leurs propres choix.

7 La laïcité assure aux élèves l'accès à **une culture commune et partagée**.

8 La laïcité permet l'exercice de **la liberté d'expression** des élèves dans la limite du bon fonctionnement de l'École comme du respect des valeurs républicaines et du pluralisme des convictions.

9 La laïcité implique **le rejet de toutes les violences et de toutes les discriminations**, garantit **l'égalité entre les filles et les garçons** et repose sur une culture du **respect** et de la compréhension de l'autre.

10 **Il appartient à tous les personnels de transmettre aux élèves le sens et la valeur de la laïcité**, ainsi que des autres principes fondamentaux de la République. Ils veillent à leur application dans le cadre scolaire. Il leur revient de porter la présente charte à la connaissance des parents d'élèves.

11 **Les personnels ont un devoir de stricte neutralité** : ils ne doivent pas manifester leurs convictions politiques ou religieuses dans l'exercice de leurs fonctions.

• • L'ÉCOLE EST LAÏQUE • •

12 **Les enseignements sont laïques.** Afin de garantir aux élèves l'ouverture la plus objective possible à la diversité des visions du monde ainsi qu'à l'étendue et à la précision des savoirs, **aucun sujet n'est a priori exclu du questionnement scientifique et pédagogique**. Aucun élève ne peut invoquer une conviction religieuse ou politique pour contester à un enseignant le droit de traiter une question au programme.

13 Nul ne peut se prévaloir de son appartenance religieuse pour refuser de se conformer aux règles applicables dans l'École de la République.

14 Dans les établissements scolaires publics, les règles de vie des différents espaces, précisées dans le règlement intérieur, sont respectueuses de la laïcité. **Le port de signes ou tenues par lesquels les élèves manifestent ostensiblement une appartenance religieuse est interdit.**

15 Par leurs réflexions et leurs activités, **les élèves contribuent à faire vivre la laïcité** au sein de leur établissement.

Liberté • Égalité • Fraternité
RÉPUBLIQUE FRANÇAISE

ministère éducation nationale

2. Traitement possible proposé par Jean-Michel Martinez

Ce qu'il est bon de savoir sur le sujet

♦ Le nouveau référentiel des compétences professionnelles des métiers du professorat et de l'éducation (arrêté du 1er juillet 2013) indique en préambule : *En tant qu'agents du service public d'éducation, les professeurs et les personnels d'éducation, acteurs du service public d'éducation transmettent et font respecter les valeurs de la République. Ils agissent dans un cadre institutionnel et se réfèrent à des principes éthiques et de responsabilité qui fondent leur exemplarité et leur autorité.*

Ensuite, la compétence 1 portant sur la transmission des valeurs républicaines est définie ainsi :

1. Faire partager les valeurs de la République
Savoir transmettre et faire partager les principes de la vie démocratique ainsi que les valeurs de la République : la liberté, l'égalité, la fraternité ; la laïcité ; le refus de toutes les discriminations.
Aider les élèves à développer leur esprit critique, à distinguer les savoirs des opinions ou des croyances, à savoir argumenter et à respecter la pensée des autres.

♦ Historique de la laïcité à l'école publique
Sont tenus à la neutralité laïque :
- les programmes d'enseignement et les locaux : la loi Ferry du 28 mars 1882 (cette loi rend l'instruction obligatoire)
- les enseignants : la loi Goblet du 30 octobre 1886 (la séparation des Églises et de l'État date de la loi du 9 décembre 1905) ;
- les élèves : la loi du 15 mars 2004. Art. L. 141-5-1. – Dans les écoles, les collèges et les lycées publics, le port de signes ou tenues par lesquels les élèves manifestent ostensiblement une appartenance religieuse est interdit. Le règlement intérieur rappelle que la mise en œuvre d'une procédure disciplinaire est précédée d'un dialogue avec l'élève.

♦ Principe de neutralité laïque et adultes accompagnant les élèves
En l'absence de loi sur la question de la neutralité laïque des adultes accompagnants les élèves lors des sorties scolaires, les textes suivants servent de référence :
- Circulaire du 27 mars 2012 (circulaire « Chatel »)
  « Il est recommandé de rappeler dans le règlement intérieur que les principes de laïcité de l'enseignement et de neutralité du service public sont pleinement applicables au sein des établissements scolaires publics. Ces principes permettent notamment d'empêcher que les parents d'élèves ou tout autre intervenant manifestent, par leur tenue ou leurs propos, leurs convictions religieuses, politiques ou philosophiques lorsqu'ils accompagnent les élèves lors des sorties et voyages scolaires. »

- Rapport du Conseil d'État de décembre 2013.
  « Les usagers du service public et les tiers à ce service ne sont pas soumis en tant que tels à l'exigence de neutralité religieuse ».
  Mais il a admis aussi que *« l'autorité compétente pouvait fixer des restrictions à la liberté de manifester leur appartenance ou leur croyance religieuse soit sur la base de textes particuliers, soit pour des considérations liées à l'ordre public ou au bon fonctionnement du service. »*
- Décision de V. Peillon (communiqué décembre 2013)
  « Le milieu scolaire est un cadre qui doit être particulièrement préservé. Ainsi, s'agissant des parents d'élèves qui participent à des déplacements ou des activités scolaires, ils doivent faire preuve de neutralité dans l'expression de leurs convictions, notamment religieuses. C'est ce qu'indique la circulaire du 27 mars 2012 dont l'application est mise en œuvre sur le terrain avec intelligence, en privilégiant toujours la voie du dialogue. Cette circulaire reste donc valable. »

Analyse rapide des textes proposés

Le document 1 fournit des définitions de la laïcité afin de montrer en quoi elle est au principe de notre constitution politique. Le philosophe Pena-Ruiz établit en quoi l'indivisibilité de la République et l'unité de la nation se fondent sur la laïcité. L'auteur montre la relation existant entre le principe de laïcité et les valeurs de liberté et d'égalité. Ferdinand Buisson est le directeur de l'Instruction publique au moment de l'avènement de la IIIe République. Dans la deuxième édition de son Dictionnaire de pédagogie, il resitue, au tournant du XXe siècle, la laïcité dans le long mouvement de sécularisation de l'État en montrant en quoi la neutralité laïque de l'école constitue une nouvelle étape de l'émancipation de l'État de toute tutelle confessionnelle.

Le document 2 reproduit un extrait du dernier rapport de l'observatoire de la laïcité : les exigences de notre État républicain sont rappelées ainsi que les attentes adressées à l'école publique. En explicitant ce qu'est la laïcité le document permet de rappeler l'ensemble des droits et des devoirs qui définissent la citoyenneté.

Le document 3, présente la charte de la laïcité qui doit être affichée depuis la rentrée 2013 dans tous les établissements de l'Éducation nationale. Cette charte insiste sur le travail éducatif qu'il incombe à l'école publique de réaliser : *« La Nation confie à l'École la mission de faire partager aux élèves les valeurs de la République »*.

Proposition d'exposé

Introduction

L'école publique a vocation à accueillir tous les enfants, quelles que soient leur origine sociale et leur appartenance familiale. Comme dans tous les services publics, le principe de neutralité laïque s'impose au service public d'éducation afin de respecter l'égalité entre tous les usagers. Mais l'école publique est en même temps l'école de la République et la République s'enseigne par son école, la transmission des valeurs républicaines étant au cœur de ses missions.

Le dossier, avec son document 1, fournit des définitions de la laïcité afin de montrer en quoi elle est au principe de notre constitution politique. Ensuite, avec son document 2 reproduisant un extrait du dernier rapport de l'observatoire de la laïcité, le dossier rappelle les exigences de notre État républicain et quelles sont les attentes adressées à l'école publique. Enfin, avec le document 3, reproduisant la charte de la laïcité qui doit être affichée depuis la rentrée 2013 dans tous les établissements de l'Éducation nationale, le dossier insiste aussi sur le travail qu'il incombe à l'école de réaliser. Ce dossier permet d'examiner la question suivante : **pourquoi et comment enseigner la laïcité à l'école publique ?**

Car c'est bien **la question pédagogique** qui est au cœur de la problématique induite par le dossier. Puisque « *la nation confie à l'école la mission de faire partager aux élèves les valeurs de la République* » comme l'affirme avec force la charte présentée par le document 3, il s'agit bien de réfléchir à ce que doivent être les modalités de cette transmission. Et cette question se pose d'autant plus qu'il n'est pas rare d'entendre aujourd'hui des élèves considérer que la laïcité est là pour les brimer car synonyme d'interdiction, que le principe de laïcité constitue une entrave à leur liberté. Or, il s'agit de comprendre que la laïcité est un principe qui fonde la possibilité de vivre ensemble tout en assurant à chacun que personne ne pourra empiéter sur sa liberté, tout en garantissant à chacun qu'il sera traité à égalité, en citoyen.

Dès lors, afin de surmonter cette difficulté, il convient bien de se demander d'abord, en quoi la laïcité est partie intégrante de l'école de la République, ensuite, de montrer quels sont les domaines d'enseignement qui concourent à l'acquisition des valeurs de la laïcité et enfin d'identifier et d'analyser les situations délicates rencontrées par les écoles sur cette thématique.

Plan détaillé du développement

- **1re partie : la laïcité fait partie intégrante de l'école de la République car pour former à la citoyenneté certaines conditions sont requises**
  - ***Première idée : la laïcité fonde la liberté et la finalité de l'école est de permettre à chacun de penser par lui-même***
    - **Document 1** : dans le texte 1, une première exigence de l'idéal républicain : « la liberté de conscience » qui suppose que la société civile soit affranchie de toute tutelle. Pour qu'à l'école se développe l'indépendance de la personne il est nécessaire qu'en son sein on ne soit soumis à aucune influence idéologique. Dans le texte 2, la neutralité laïque de l'école s'inscrit dans un mouvement d'indépendance de la société vis-à-vis de toute autorité spirituelle et philosophique (processus de « sécularisation »)
    - **Document 2** : « La laïcité garantit la liberté de conscience » (2-a) et l'enseignement de l'école publique est un « enseignement public neutre » (2-g).
    - **Document 3** : L'article 12 de la charte rappelle que « les enseignements sont laïques » et met en avant l'« ouverture » d'esprit, la légitimité de la « diversité des visions du monde ». L'article 6, quant à lui, insiste sur le libre arbitre et le rejet par l'école de toute pression par laquelle on tenterait d'imposer une conception, notamment l'interdiction de tout prosélytisme (notion à clarifier).
  - ***Deuxième idée : la laïcité fonde l'égalité. Cette valeur est au fondement de l'école publique car :***
    1. l'école traite chacun avec impartialité ;
    2. une des missions de l'école est de promouvoir cette égalité en formant à la citoyenneté qui se définit par des droits et des devoirs et l'égalité devant la loi.
    - **Document 1 :** dans le texte 1, une deuxième exigence de l'idéal républicain : « l'égalité de traitement de tous les citoyens » ; dans le texte 2, l'égalité devant la loi comme une caractéristique de l'État laïque.
    - **Document 2 :** la laïcité garantit à tous le droit d'expression dans le respect de la liberté d'autrui (cf. 2-b) et elle signifie que l'État et les services publics traitent à égalité chacun (2-c).
    - **Document 3 :** en refusant toute discrimination la laïcité à l'école promeut la valeur d'égalité (article 9) mais aussi, l'école publique, parce que laïque, vise l'égalité d'« accès à une culture commune » pour tous les élèves.

- ***Troisième idée : la laïcité s'enseigne à l'école publique afin de promouvoir l'idéal universaliste de la République***
  - **Document 1 :** dans le texte 1, une troisième exigence de l'idéal républicain : la nécessité de privilégier « le bien commun à tous » et de rechercher « l'intérêt général » ce qui suppose une séparation entre ce qui ressort du domaine privé et ce qui est commun à tous en tant que citoyens de la République. Le texte 2 insiste aussi sur cette « délimitation profonde » en montrant, à l'orée du XXe siècle, comment elle se traduit par le progrès de la sécularisation dans la société. À leur manière, les deux textes traitent de la question de l'unité de la société et de la réponse que constitue le principe de laïcité.
  - Avec les documents 2 et 3, c'est le rôle de l'école dans sa participation à la constitution d'une communauté nationale qui est mis en avant.
  - **Document 2** : si la puissance publique doit assurer la pédagogie et la promotion de la laïcité (1-a) c'est que l'école publique est directement impliquée dans l'institution républicaine. Étant pleinement dans l'espace public, la séparation en son sein entre sphère privée et sphère publique est essentielle. L'école constitue pour les élèves une société où on apprend à vivre ensemble.
  - **Document 3** : l'école applique les principes républicains en faisant vivre ses valeurs en même temps qu'elle enseigne les valeurs de liberté, d'égalité, de fraternité et de laïcité (article 10). La charte elle-même constitue un moyen pour le travail de réflexion et de compréhension des élèves, elle constitue un support pédagogique visant cette transmission des valeurs.

Transition. L'étude du dossier permet de répondre à la question « pourquoi enseigner la laïcité à l'école publique ? » en montrant que l'école, étant républicaine, applique ses principes et en mettant en avant son rôle essentiel dans le fonctionnement du système républicain. À présent, il convient de se demander « comment enseigne-t-elle la laïcité ? »

♦ 2e partie : Les domaines d'enseignement qui concourent à la transmission des valeurs de la laïcité

En vertu de l'article 15 de la charte (document 3) tous les enseignements de l'école publique peuvent concourir à l'acquisition des valeurs de la laïcité, pourvu que l'enseignant, soucieux de développer l'esprit critique des élèves, leur apprenne la distanciation vis-à-vis de toute connaissance pour permettre la réflexion. Plutôt que de proposer une liste de domaines d'enseignement, la réponse à la question 2 se concentrera sur deux exemples.

– ***Idée principale : l'école doit former à la citoyenneté en permettant l'acquisition de savoirs par les élèves et par l'adoption de comportements citoyens***

1er exemple

Le travail en classe suppose que des règles de vie collective soient mises en place et qu'elles soient observées. À partir du cycle 2, on peut vouloir faire réfléchir les élèves à ces règles et les leur faire construire en début d'année.

1. Dans le cadre de l'Enseignement Moral et Civique des programmes de 2015, des séquences pour les élèves du CM peuvent être élaborées en vue d'étudier la notion de démocratie.
2. Un travail s'appuyant sur l'élaboration des règles de vie de la classe et leur vote par les élèves conduira à réfléchir au mode de décision collectif que constituent le suffrage universel et la règle du vote majoritaire.
3. L'objectif est alors de dégager des qualités citoyennes et de faire acquérir des compétences intimement liées aux valeurs de la laïcité, comme le sens de l'objectivité, le souci de l'information, la capacité à arbitrer et à juger par soi-même, le respect d'autrui dans le débat, le respect de la décision majoritaire, etc.
4. Les compétences du domaine 3 du socle commun sont alors travaillées et cette étude trouve son aboutissement dans le travail d'instruction civique visant à comprendre le fonctionnement de nos institutions républicaines.

2e exemple. Toujours au cycle 3, cycle de consolidation :

1. Une séquence dans le cadre de l'histoire afin d'étudier les étapes de l'unification de la nation française, notamment l'étude du processus de sécularisation à partir de documents tels que la Déclaration des Droits de l'Homme et du Citoyen, permettrait de travailler la notion de laïcité.
2. Un travail sur les luttes liées à la question religieuse (par exemple, pour les Temps modernes, la lutte entre catholiques et protestants ou encore pour le XIXe siècle, l'installation de la démocratie et de la République avec la lutte contre le cléricalisme dont elle s'est accompagnée) viserait à montrer l'importance du principe de laïcité en France et à faire comprendre l'acuité de cette problématique aujourd'hui.

Transition. Après avoir évoqué ces quelques pistes pour enseigner la laïcité, il faut s'interroger sur les « situations délicates » rencontrées par l'école et qui renvoient à la laïcité.

♦ 3e partie : Des difficultés liées à la laïcité rencontrées par l'école

– ***Idée centrale : les problèmes liés à la question de la laïcité trouvent leur solution dans un renforcement du travail pédagogique de l'école***

1. La contestation par des élèves de l'interdiction du port de signes par lesquels se manifesterait ostensiblement une appartenance religieuse,
2. la mise à l'écart d'un élève ou d'un groupe d'élèves parce qu'ils sont stigmatisés comme « étrangers »,
3. **le refus d'un enseignement parce qu'en conflit avec une parole confessionnelle,**

sont autant d'exemples de « situations délicates » que l'école peut rencontrer et qui sont liées à la question de la laïcité.

C'est la troisième situation qui va être analysée afin d'en comprendre les causes et de proposer des pistes permettant de résoudre le problème, tant au niveau de l'enseignement en inspirant des séquences pédagogiques que du dialogue instauré par le professeur des écoles avec les élèves et leurs parents.

Le refus d'un enseignement parce qu'en conflit avec une parole confessionnelle.

Si la charte (document 3) vise expressément à éviter cette situation par son article 12 elle ne dispense pas du travail pédagogique permettant à chacun (élèves comme parents) de comprendre la raison du refus de toute contestation du droit à enseigner les points figurant au programme.

Arguments :

1. l'obligation faite au professeur, fonctionnaire de l'État, de traiter le programme et du caractère obligatoire de ce dernier (que ce soit à l'école publique ou dans un établissement sous contrat) ;

Mais au-delà de cet argument d'ordre institutionnel, il s'agirait de dissiper toute crainte en montrant que :

2. ce que transmet l'école ne peut pas rivaliser avec ce que transmet une église. Il s'agit de deux registres différents, l'enseignement de l'école repose sur des savoirs élaborés par le travail humain de la raison tandis que l'enseignement d'une église renvoie à un absolu dont l'école laïque ne s'occupe pas ;
3. la prérogative de l'instruction religieuse d'un enfant, et par là même de toute option liée à la question du divin (athéisme, agnosticisme), est exclusivement celle des familles. L'école laïque reconnaît toutes les croyances religieuses comme légitimes dès lors qu'elles relèvent des consciences individuelles ;
4. le professeur est responsable de tous les enfants que les familles confient à l'école publique. Il est de son devoir, sous peine de trahison de la confiance accordée, de protéger chacun de toute influence qui pourrait s'exercer sur lui ;

5. le professeur est garant de l'égalité de tous ses élèves devant le droit à acquérir la culture dispensée par l'école. Il s'agit là d'une responsabilité éthique vis-à-vis du futur adulte.

La pédagogie de la laïcité consisterait ici à construire la séparation
1. sur le plan philosophique, entre la foi et la raison ;
2. sur le plan institutionnel, entre les prérogatives de l'État républicain et les prérogatives des Églises ;
3. sur le plan scolaire, entre ce qui peut faire l'objet d'un enseignement public et ce qui relève des croyances et convictions personnelles.

♦ Conclusion

Paradoxalement, la neutralité laïque est un véritable engagement : affirmer la neutralité, ce n'est pas neutre car cela suppose l'affirmation de valeurs universelles (liberté de conscience, égalité des citoyens). Parce qu'elle est laïque, l'école publique offre ce terrain commun sur lequel ces valeurs peuvent être cultivées. Ainsi l'école constitue le moyen par lequel la société apprend aux futurs citoyens à vivre ensemble. Face aux difficultés que l'école peut rencontrer au quotidien, **la solution consiste à faire que l'école soit davantage encore l'école parce qu'elle fera œuvre de pédagogie**.

Questions possibles pour l'entretien
1. Savez-vous quel rôle a joué Ferdinand Buisson dans l'Instruction Publique ?
2. Quelles sont les lois Ferry ?
3. Quelles sont la législation et la réglementation concernant la neutralité laïque à l'école publique ?
4. Quel usage feriez-vous en classe avec des élèves de CM2 de la DDHC ?
5. Vous parlez dans l'exposé, à propos d'un enseignement de la notion de démocratie, du « respect de la décision majoritaire ». Comment amèneriez-vous vos élèves à ce respect ?
6. Quelle distinction faites-vous entre « instruire » et « éduquer » ?
7. Vous voulez que vos élèves (CM1 et CM2) débattent sur une question liée à la notion de laïcité. Quelle question pourriez-vous soumettre à vos élèves ? Quel dispositif mettriez-vous en place pour organiser le débat de classe ?
8. Le référentiel des compétences professionnelles de 2013 indique dans la compétence 1 « Faire partager les valeurs de la République » que les personnels de l'Éducation nationale doivent être capables d'« aider les élèves à développer leur esprit critique, à distinguer les savoirs des opinions ou des croyances, à savoir argumenter et à respecter la pensée des autres ». Quelle discipline scolaire, selon vous, peut participer significativement à cet objectif ? Pourquoi ?
9. Quelle distinction faites-vous entre les notions de « civilité » et de « citoyenneté » ?

10. Quels sont les droits qui définissent la citoyenneté ?

Si on veut en savoir plus

- *Pour une pédagogie de la laïcité à l'école* – Haut conseil à l'intégration. La Documentation française (2012), 144 pages.
  Cet ouvrage traite des questions liées à la laïcité à l'école et à son enseignement.
- *Guide républicain. L'idée républicaine aujourd'hui*. Delagrave (2004), 433 pages
  On trouvera dans cet ouvrage une liste d'articles (abécédaire), des repères chronologiques et des textes de référence, des supports pédagogiques pour la classe (une anthologie et une liste de titres d'œuvres cinématographiques).
- Un nouveau guide de la laïcité à l'école a été distribué dans tous les établissements scolaires français le 30 mai 2018. Il remplace le précédent, mis en place par Mme Vallaud-Belkacem lorsqu'elle était ministre de l'Éducation nationale.

B. Sanctions et punitions à l'école

1. Dossier produit par Laurent Kuhr

Liste des documents fournis

- Document 1 : Extrait de la circulaire du 9 juillet 2014, « Règlement type départemental des écoles maternelles et élémentaires ».
- Document 2 : Extrait de « 5 questions à… Eirick Prairat : de l'efficacité des sanctions », entretien avec Eirik Prairat, professeur en sciences de l'éducation à l'université de Nancy, accordé au site « Vousnousils, l'e-mag de l'éducation »

Questions

- Dans quel cadre doivent s'exercer les sanctions et punitions à l'école primaire ?
- À quelles conditions une sanction est-elle éducative ?
- En tant qu'enseignant, quelles sanctions vous sembleraient pertinentes ?

Document 1 : Règlement type départemental des écoles maternelles et élémentaires

2.5 Les règles de vie à l'école

Dès l'école maternelle, l'enfant s'approprie les règles du « vivre ensemble », la compréhension des attentes de l'école. Ces règles sont explicitées dans le cadre du projet de classe. L'enfant apprend progressivement le sens et les conséquences de ses comportements, ses droits et obligations, la progressivité de leur application, leur importance dans le cadre scolaire et plus largement, dans les relations sociales.

Tout doit être mis en œuvre à l'école pour créer les conditions favorables aux apprentissages et à l'épanouissement de l'enfant. Il est particulièrement important d'encourager et de valoriser les comportements les mieux adaptés à l'activité scolaire : calme, attention, soin, entraide, respect d'autrui. La valorisation des élèves, leur responsabilisation dans la vie collective sont de nature à renforcer leur sentiment d'appartenance à l'école et à installer un climat scolaire serein. À ce titre, diverses formes d'encouragement sont prévues dans le règlement intérieur de l'école, pour favoriser les comportements positifs.

À l'inverse, les comportements qui troublent l'activité scolaire, les manquements au règlement intérieur de l'école, et en particulier toute atteinte à l'intégrité physique ou morale des autres élèves ou des enseignants, donnent lieu à des réprimandes, qui sont portées immédiatement à la connaissance des représentants légaux de l'enfant. Ces réprimandes ne peuvent elles-mêmes en aucun cas porter atteinte à l'intégrité morale ou physique d'un enfant. Elles sont prévues dans le règlement intérieur de l'école. On veillera à ce qu'un élève ne soit pas privé de la totalité de la récréation à titre de punition.

Les mesures d'encouragement ou de réprimande, de nature différente en fonction de l'âge de l'élève, sont expliquées et connues de tous.

Lorsque le comportement d'un élève perturbe gravement et de façon durable le fonctionnement de la classe malgré la concertation engagée avec les responsables légaux, sa situation doit être soumise à l'examen de l'équipe éducative définie à l'article D. 321-16 du code de l'éducation. Le psychologue scolaire et le médecin de l'éducation nationale doivent être associés à l'évaluation de la situation afin de définir les mesures appropriées : aide, conseils d'orientation vers une structure de soin. Un soutien des parents peut être proposé le cas échéant, en lien avec les différents partenaires de l'école (services sociaux, éducatifs, de santé, communes etc.).

Lorsqu'un enfant a un comportement momentanément difficile, des solutions doivent être cherchées en priorité dans la classe, ou exceptionnellement et temporairement dans une ou plusieurs autres classes. En tout état de cause, l'élève ne doit à aucun moment être laissé seul sans surveillance.

Il peut être fait appel à une personne ressource désignée par l'équipe éducative, notamment en son sein, pour aider :

- l'élève à intégrer les règles du « vivre ensemble » et à rétablir une relation de confiance avec son enseignant ;
- l'enseignant à analyser les causes des difficultés et à renouer les liens avec l'élève et sa famille ;
- les parents à analyser la situation, à rechercher des solutions et à renouer des liens avec l'école.

Des modalités de prise en charge de l'élève par les enseignants des réseaux d'aide spécialisés aux élèves en difficulté (Rased), peuvent également être envisagées, conformément aux dispositions de la circulaire n° 2009-088 du 17 juillet 2009.

À l'école élémentaire, s'il apparaît que le comportement d'un élève ne s'améliore pas malgré la conciliation et la mise en œuvre des mesures décidées dans le cadre de l'équipe éducative, il peut être envisagé à titre exceptionnel que le directeur académique des services de l'éducation nationale demande au maire de procéder à la radiation de l'élève de l'école et à sa réinscription dans une autre école de la même commune.

Il s'agit là d'une mesure de protection de l'élève qui s'inscrit dans un processus éducatif favorable à son parcours de scolarisation, visant à permettre à l'élève de se réadapter rapidement au milieu scolaire et de reconstruire une relation éducative positive.

Les personnes responsables de l'enfant doivent être consultées sur le choix de la nouvelle école. La scolarisation dans une école d'une autre commune ne peut être effectuée sans l'accord des représentants légaux et des communes de résidence et d'accueil, dans les conditions prévues par les dispositions de l'article L. 212-8 du code de l'éducation.

Document 2 :
5 questions à… Eirick Prairat : de l'efficacité des sanctions

Qu'est-ce qu'une sanction éducative ?

Pour qu'une sanction soit éducative, elle doit poursuivre trois finalités. Tout d'abord une fin politique : une sanction ne doit pas chercher à entretenir un rapport d'emprise de l'adulte sur l'élève, elle doit au contraire rappeler que la loi est une instance impersonnelle. Une fin éthique également : elle doit apprendre à l'enfant, immergé dans un espace social, que ses actes ont des conséquences auxquelles il doit répondre. Enfin, un objectif psychologique : une sanction doit être un coup d'arrêt. Elle doit marquer une limite dans un phantasme de toute puissance, une dérive violente ou une attitude régressive. Une sanction éducative doit par ailleurs respecter quatre grands principes. Tout d'abord, elle s'adresse à un sujet. Elle doit donc susciter la discussion : pas de sanction appliquée qui ne soit expliquée. Ensuite, elle doit porter sur des actes et non sur la personne elle-même : on punit un vol jamais un voleur. D'autre part, elle doit prendre la forme d'une privation car son ressort n'est pas l'humiliation mais la frustration. La sanction a effectivement une fonction de rétrécissement : elle suspend les droits, réduit les possibilités. Mais elle ne doit pas générer la honte, qui est un sentiment contre-productif. Enfin, elle doit s'accompagner d'un signe, d'un geste à l'égard du groupe, ou de la victime, car elle a une dimension reconstructive.

2. Traitement possible proposé par Laurent Kuhr

Ce qu'il est important de savoir sur le sujet

- La différence entre sanction et punition peut être comprise de deux manières distinctes :
  - D'un point de vue **juridique**, la circulaire de 1991 (pour l'école primaire) et celle de juillet 2000 (pour les établissements secondaires) distinguent les **sanctions** (officielles, procédurales, notifiées aux parents, qui peuvent faire appel) et les **punitions** qui, elles, sont du domaine intérieur (elles concernent la vie de l'école, et sont de la responsabilité de l'enseignant). De ce point de vue, on dira qu'il n'y a à l'école primaire que des punitions et quasiment jamais de sanctions : le déplacement d'un enfant est rarissime. Ce n'est pas le cas dans les établissements secondaires, où les sanctions (conseil de discipline, exclusions) ne sont pas rares.
  - La distinction est tout autre si l'on se place d'un point de vue **pédagogique et philosophique**. On dira alors que la punition est souvent liée à la volonté de faire mal (le terme « punir » a la même étymologie que « peine »), de la part d'un éducateur qui cherche à retrouver sa domination sur l'enfant, après ce qu'il a vécu comme une humiliation ou un désaveu. En ce sens, la punition serait fortement liée à un affectif inapproprié, et à l'arbitraire. Elle ne viserait pas la réintégration de l'élève puni, mais sa soumission.
  - La sanction, au contraire, est une démarche qui met au centre non l'adulte mais la règle, qu'elle veut sanctuariser (« sanction » a la même étymologie que « sanctuariser »). Une règle a été bafouée, et il faut y revenir. En ce sens, la sanction est rationnelle, légale (la règle est connue d'avance, ainsi que la sanction encourue en cas de non-respect), et elle vise la réparation.
  - Il y a donc une difficulté de vocabulaire. **Au sens juridique, il n'y a que des punitions à l'école primaire, et très rarement de sanctions. Mais au sens pédagogique et philosophique, il ne devrait y avoir que des sanctions, et quasiment jamais de punitions**.
- Les sanctions et punitions sont régies par le règlement intérieur de l'école. Celui-ci est écrit selon le règlement type départemental, qui, lui-même, est encadré par la circulaire ministérielle de 2014 (dont le texte figure dans le dossier).
- Les sanctions corporelles, les humiliations sont absolument interdites. Les sanctions qui avaient lieu à l'école au XXe siècle, et dont nous avons encore image par les films ou les récits, sont absolument à oublier, et ne correspondent en rien à la pratique actuelle de l'école.
- D'autres punitions sont déconseillées selon un point de vue pédagogique. L'enseignant peut alors avoir l'impression d'être démuni face aux comportements dérangeants des élèves. Mais il faut plutôt voir ce cadre comme une chance d'inventer des modes de résolution des problèmes qui soient au service

de l'enfant. *« Nous ne savons pas sanctionner »* dit Eirick Prairat, et la sanction reste à inventer.

- La question de la sanction et celle de l'autorité sont en lien, car l'autorité est aussi possibilité de sanctionner. Certains auteurs ont distingué *« déni d'autorité », « autoritarisme »* et *« autorité éducative »* (Bruno Robbes). Un parallèle peut alors être fait entre *« absence de réaction éducative face à un manquement aux règles », « punition »* et *« sanction éducative ».*

L'enjeu des textes

La difficulté du dossier tient à la différence de nature des textes. La circulaire de 2014 rappelle le cadre légal, qui est impératif. Le texte 2 est d'inspiration philosophique. Un même souci de bienveillance envers l'enfant les anime, mais la différence des approches peut mettre en difficulté le candidat. D'autre part, aucun des textes ne donne véritablement d'exemple de sanction éducative, ce qui reste donc à déterminer.

Proposition d'exposé

Introduction et problématisation

« Nous ne savons pas sanctionner », dit Eirick Prairat. Le constat est difficile, sachant que l'enseignant, dans sa pratique quotidienne, va être régulièrement amené à sanctionner des manquements aux règles. Sanctionner, signifie, pour l'enseignant, prendre le risque de se tromper, de prendre une décision injuste ou contre-productive, de susciter l'incompréhension de l'élève ou des parents. Le risque est alors, pour l'enseignant, de participer à une forme de dégradation de la relation éducative (la punition « bête et méchante »).

Or la sanction doit être un moment éducatif, qui permet à l'élève de reprendre le chemin des apprentissages et de la vie avec les autres. En ce sens, une sanction mal pensée serait totalement anti-éducative et pourrait avoir des conséquences dommageables.

À quelles conditions alors une sanction peut-elle être intelligente et bienveillante tout en étant efficace ?

Les questions posées nous permettront d'organiser notre réflexion. Nous nous demanderons, dans un premier temps, **quel est le cadre légal dans lequel toute sanction doit s'inscrire**. Dans un deuxième temps, nous nous demanderons **à quelles conditions une sanction peut être au service de l'éducation de l'élève**. Enfin, dans un dernier moment, de manière plus concrète, nous nous demanderons **quelles sanctions peuvent être pertinentes en classe**.

Plan détaillé

1. **Dans quel cadre légal s'exerce la punition à l'école ?**

– **Idée centrale : les sanctions et punitions à l'école doivent impérativement respecter la dignité de l'élève et être non violentes.**

La circulaire de juillet 2014 donne le cadre légal des règlements type départementaux, qui régissent les modalités de vie scolaire et qui sont rédigés par chaque inspection académique. À partir du règlement type départemental, chaque école rédige alors un règlement intérieur (qui doit intégrer les obligations des élèves et les sanctions prévues), et qui est voté en conseil d'école.

La circulaire de 2014 abroge la circulaire précédente de 1991. Cette dernière, écrite deux ans après la *déclaration internationale des droits de l'enfant*, dont elle s'inspirait, interdisait avec force les châtiments corporels envers l'enfant, rappelant ses droits à l'intégrité, à l'éducation et au respect. La circulaire de 2014 est dans la continuité de celle de 1991, mais en appelant d'avantage l'école à régler les problèmes de comportement de manière inclusive et éducative selon une procédure progressive. L'école est appelée à être *« exigeante et bienveillante »* (**circulaire de rentrée 2014**).

– **Une école bienveillante**

L'école doit être accueillante et inclusive : *« Tout doit être mis en œuvre à l'école pour créer les conditions favorables aux apprentissages et à l'épanouissement de l'enfant »*.

Les règles doivent être intégrées au projet d'école et à un projet de classe.

Elles doivent être progressives : *« L'enfant apprend progressivement le sens et les conséquences de ses comportements, ses droits et obligations, la progressivité de leur application, leur importance dans le cadre scolaire et plus largement, dans les relations sociales »*.

La valorisation et l'encouragement doivent être préférés aux remarques critiques : « *Il est particulièrement important d'encourager et de valoriser les comportements les mieux adaptés à l'activité scolaire : calme, attention, soin, entraide, respect d'autrui. La valorisation des élèves, leur responsabilisation dans la vie collective sont de nature à renforcer leur sentiment d'appartenance à l'école et à installer un climat scolaire serein* ».

La sanction ne peut être uniquement négative. Il faut inventer et inscrire dans le projet d'école des valorisations de bons comportements : *« diverses formes d'encouragement sont prévues dans le règlement intérieur de l'école, pour favoriser les comportements positifs »*.

– **En cas de manquement aux règles, des réprimandes possibles, mais à certaines conditions :**

Les familles doivent être associées et informées : *« sont portées immédiatement à la connaissance des représentants légaux de l'enfant »*.

La violence est interdite : *« ces réprimandes ne peuvent elles-mêmes en aucun cas porter atteinte à l'intégrité morale ou physique d'un enfant »*. La **circulaire de 1991** rappelait, de même, que *« Tout châtiment corporel est strictement interdit »*.

L'élève ne peut pas être *« privé de la totalité de la récréation à titre de punition »*.

Elles doivent être inscrites dans le règlement de l'école (donc votées et connues), et non provenir d'une décision particulière et arbitraire : *« elles sont prévues dans le règlement intérieur de l'école », « Les mesures d'encouragement ou de réprimande, de nature différente en fonction de l'âge de l'élève, sont expliquées et connues de tous »*.

Les difficultés de comportement ne doivent pas conduire à l'exclusion, mais être inclusives : *« Lorsqu'un enfant a un comportement momentanément difficile, des solutions doivent être cherchées en priorité dans la classe, ou exceptionnellement et temporairement dans une ou plusieurs autres classes. En tout état de cause, l'élève ne doit à aucun moment être laissé seul sans surveillance »*.

- **Une procédure graduelle et progressive pour régler les problèmes de comportement répétés**

En cas de manquements répétés aux règles, un travail pédagogique et commun doit être mis en œuvre, avec l'enseignant, l'élève et en incluant les parents. Chaque partie doit être responsabilisée et engagée à sortir de postures fermées. Il faut aider « *l'élève à intégrer les règles du « vivre ensemble » et à rétablir une relation de confiance avec son enseignant, l'enseignant à analyser les causes des difficultés et à renouer les liens avec l'élève et sa famille, les parents à analyser la situation, à rechercher des solutions et à renouer des liens avec l'école »*. Un tiers médiateur (*« personne ressource »*) peut aider à trouver des solutions de dialogue et d'amélioration, au sein de l'équipe éducative et du RASED.

En cas d'échec de cette action éducative interne, peut être fait appel au psychologue et médecin de l'éducation nationale qui pourrait proposer « aide, conseils d'orientation vers une structure de soin ». Les parents doivent être non pas culpabilisés mais aidés : *« un soutien des parents peut être proposé le cas échéant, en lien avec les différents partenaires de l'école (services sociaux, éducatifs, de santé, communes etc.) »*.

En cas d'échec des procédures de médiation, et en dernier recours, la sanction *« à titre exceptionnel »* peut être la demande, par le DASEN, de radiation de l'école, et d'inscription dans une autre école de la commune. Les parents seront alors consultés. Mais ils ont un droit de s'opposer à l'inscription de leur enfant dans une école d'une autre commune. Cette sanction, exceptionnelle, et qui ne concerne que l'école élémentaire, doit elle-même être envisagée dans un processus éducatif qui vise la protection de l'enfant.

2. **Qu'est-ce qu'une sanction éducative ?**
   - **Idée centrale : afin qu'elle soit éducative, une sanction doit viser certains buts, et obéir à certaines conditions.**
     - **La difficulté d'une sanction éducative**

L'idée d'une « sanction éducative » peut poser problème. En effet :
- éduquer un enfant consiste à lui faire prendre conscience de son acte. Ce qui va se faire dans le dialogue. Si l'enfant a compris, la sanction peut paraître superflue, voire contre-productive.
- inversement, sanctionner un élève peut conduire celui-ci à agir de manière conforme dans l'unique but d'éviter les sanctions, et non par réelle prise de conscience (la « peur du gendarme »). L'idée d'une « sanction éducative » n'a donc rien d'évident.
   - **Trois finalités de la sanction (texte 2)**

*« **Une fin politique** : une sanction ne doit pas chercher à entretenir un rapport d'emprise de l'adulte sur l'élève, elle doit au contraire rappeler que la loi est une instance impersonnelle. »* **La sanction rappelle la loi.** Ce qui ne signifie pas l'arbitraire de l'enseignant. La loi est impersonnelle, elle s'applique à tous (y compris l'enseignant), et permet un vivre-ensemble cohérent. Une sanction qui viserait à asseoir la domination de l'adulte ou son « honneur » perdu ne serait donc pas éducative.

*« **Une fin éthique** [...] : elle doit apprendre à l'enfant, immergé dans un espace social, que ses actes ont des conséquences auxquelles il doit répondre ».* La sanction responsabilise l'enfant. Ses actes ont des conséquences, dont il doit rendre compte. La sanction doit donc, dans un même mouvement : faire en sorte que l'enfant assume et reconnaisse ses actes (la déresponsabilisation n'est pas éducative :« ça n'est pas moi », « je n'ai pas fait exprès », « ça n'est rien »), et, en même temps, faire en sorte que l'enfant ne s'identifie pas à son acte : lui montrer qu'il a plus de valeur que ce qu'il a fait.

*« **Un objectif psychologique** : une sanction doit être un coup d'arrêt. Elle doit marquer une limite dans un phantasme de toute puissance, une dérive violente ou une attitude régressive ».*
   - **Une sanction éducative doit par ailleurs respecter quatre grands principes (texte 2)**

« Elle s'adresse à un sujet. Elle doit donc susciter la discussion : pas de sanction appliquée qui ne soit expliquée ». La sanction est accompagnée d'une **parole explicative**. En effet, ce qui peut paraître évident pour l'adulte ne l'est pas forcément pour l'enfant : on agit peut-être différemment dans son entourage, il ne sait peut-être pas ce qui est interdit. Peut-être même n'a-t-il pas conscience de ce qu'il a fait. Cela permet aussi à l'enfant de s'expliquer, ce qui peut permettre à l'adulte d'éviter une injustice. Cependant, « discussion » ne signifie pas « négociation ».

« Elle doit porter sur des **actes** *et non sur la personne elle-même : on punit un vol jamais un voleur ».* La sanction ne doit pas enfermer l'enfant dans une image de lui-même liée à son acte. Elle doit clore l'acte, mais ouvrir sur une nouvelle attitude.

« D'autre part, elle doit prendre la forme d'une **privation** *car son ressort n'est pas l'humiliation mais la frustration. La sanction a effectivement une fonction de rétrécissement : elle suspend les droits, réduit les possibilités. Mais elle ne doit pas générer la honte, qui est un sentiment contre-productif ».* L'enfant doit avoir envie de revenir vers le groupe, et comprendre que le respect des règles autorise la participation aux activités.

« Elle doit s'accompagner d'un signe, d'un geste à l'égard du groupe, ou de la victime, car elle a une dimension reconstructive ». La sanction doit être une réparation, avec le groupe (par l'excuse, le geste de réconciliation), mais aussi avec soi-même (un nouveau départ).

La sanction constitue un moment décisif dans l'exercice de l'**autorité**. On peut distinguer, avec Daniel Favre, deux formes d'autorité : l'**« autorité-domination »**, qui vise la soumission de l'élève, et l'**« autorité-autonomisation »**, qui vise l'établissement d'un cadre de travail bénéfique pour tous, et qui permettra à l'élève de gagner en autonomie (Daniel Favre, *Cessons de démotiver les élèves*). L'exercice de la sanction est véritablement le moment où se décide le type d'autorité qui est en jeu dans notre pratique.

3. **En tant qu'enseignant, quelles sanctions vous sembleraient pertinentes ?**
   - **Idée centrale : la sanction ne doit pas être « bête et méchante », mais « intelligente et bienveillante ».**
     - **Les sanctions à éviter**
       - Les privations d'activités scolaires plaisantes (EPS) sont naturellement à éviter. On ne prive pas un enfant d'un enseignement.
       - Les « lignes » à copier ne mettent pas en jeu beaucoup d'intelligence de la situation. Elles représentent un cas typique de punition visant à « embêter » l'élève plus qu'à lui faire prendre conscience.
       - Le travail scolaire supplémentaire est à proscrire. Les devoirs et travaux qu'il aura à faire par la suite seront associés à une punition.
     - **L'attitude à privilégier**
       - Prévenir les conflits et désordres plutôt que d'y remédier. Une pédagogie adaptée, un rythme de travail, une organisation matérielle efficace, une disposition des tables pensée permettent d'éviter toute une part de bavardages et de désordres.
       - Savoir discerner. Avoir une vision bienveillante de l'enfant conduit à essayer *a priori* de comprendre. Un exercice non fait peut être le signe d'une difficulté de compréhension. Un comportement fatigant

peut être le signe d'une fatigue ou de difficultés personnelles. Un comportement agressif en classe ou dans la cour peut être le signe d'un manque d'intégration. Punir ces comportements serait non seulement injuste, mais contre-productif. La sanction ne peut donc pas « tomber » de manière automatique. L'éducateur doit veiller à parler, comprendre et expliquer. La sanction ne peut venir que dans un deuxième temps, lorsque l'élève est averti.

. Le cadre demandé ne vaut pas que pour les élèves. L'enseignant doit montrer l'exemple d'une attitude respectueuse.

. Des sanctions pertinentes au niveau de l'école. Les sanctions doivent correspondre au règlement intérieur (**texte 1**) et être appliquées de manière cohérente parmi les enseignants. Sans quoi, elles apparaîtront aux élèves comme un signe d'arbitraire et non une règle rationnelle. C'est donc en conseil d'école que la sanction doit être pensée collectivement, à l'avance, et non de manière individuelle et dans l'urgence d'une situation de crise.

. On s'attachera à faire comprendre les règles en classe avec les élèves, afin qu'ils se les approprient. Cette appropriation se fera également par un affichage.

. On s'attachera de même à engager les parents, en leur expliquant le cadre, les raisons et les punitions possibles.

. Des sanctions intelligentes. De manière générale, l'enseignant s'attachera à mettre du sens. L'élève a fait une bêtise : la sanction doit remettre de l'intelligence là où la bêtise a pris le dessus. La sanction doit être digne de l'éducateur, mais aussi rendre une dignité à l'éduqué. Le sens qu'elle doit porter sera toujours : « tu vaux mieux que cela ».

Ex.1. Un élève qui a jeté des papiers pourra ramasser les papiers de la classe.

Ex.2. Un élève agressif envers l'enseignant pourra lui expliquer par écrit son attitude.

Ex.3. Une demande d'excuse envers un camarade, accompagnée d'un engagement à ne plus recommencer, sera plus efficace qu'une punition sévère.

♦ Conclusion

Sanctionner n'est pas un but en soi, pas plus que d'obtenir la discipline en classe. L'enseignant doit toujours se rappeler, et rappeler aux élèves, que les règles, sanctions et punitions n'ont qu'un seul objectif, qui est de permettre l'établissement d'un cadre agréable et efficace de travail. Ce sont les apprentissages qui sont au cœur de l'école, et donc l'émancipation des élèves. La sanction ne vise pas la soumission d'un élève ou d'un groupe, mais leur autonomisation dans de bonnes conditions.

Questions possibles pour l'entretien

1. Que faire si un élève refuse une punition que vous lui avez donnée ?
2. Donneriez-vous des lignes à écrire à un élève ?
3. Un parent se plaint d'une punition donnée. Que faites-vous ?
4. Un élève ne fait pas son travail. Faut-il sanctionner ?
5. Un de vos collègues a donné une punition que vous n'approuvez pas. Comment réagissez-vous ?
6. Les élèves bavardent et ne vous écoutent plus. Comment réagissez-vous ?

Pour aller plus loin

- Eirick Prairat, *La sanction en éducation*, PUF, « Que sais-je ? », 2011
- Un article d'Eirick Prairat, « penser la sanction » (Revue française de pédagogie, 1999), disponible ici : http://www.persee.fr/web/revues/home/prescript/article/rfp_0556-807_1999_num_127_1_1089
- Daniel Favre, *Transformer la violence des élèves*, Dunod, 2013 et *Cessons de démotiver les élèves*, Dunod, 2010
- Une note de Bruno Robbes sur la circulaire de 1991 : http://www4.ac-nancy-metz.fr/ia54-circos/ientoul/spip.php?article 314

C. Les inégalités d'apprentissages

1. Dossier produit par Michel Ramos

Liste des documents fournis

- Document 1 : Réaliser un enseignement explicite – Extrait de : IFÉ, Centre Alain Savary, Assises de l'Éducation prioritaire 2013. Des textes de problématisation. Thème 1 : Perspectives pédagogiques et éducatives. http://centre-alain-savary.ens-lyon.fr/CAS/documents/documents-assises-ep-2013/realiser-un-enseignement-explicite
- Document 2 : L'identification des objets d'apprentissage et des enjeux cognitifs des tâches et situations – Extrait de : Bautier, É. (2006). Le rôle des pratiques des maîtres dans les difficultés scolaires des élèves. Une analyse de pratiques intégrant la dimension des difficultés socialement différenciées. *Recherche et formation n° 51,* p. 105-118. http://rechercheformation.revues.org/497
- Document 3 : Des difficultés scolaires précoces qui s'accumulent – Extrait de : Kherroubi, M., Chanteau, J.-P., Larguèze, B. (2004). Exclusion sociale, exclusion scolaire. In : *Les Travaux de l'Observatoire 2003-2004*, p. 127-165. Observatoire National de la Pauvreté et de l'Exclusion Sociale.

http://www.onpes.gouv.fr/IMG/pdf/Travaux2003-2004-1-2-2-exclusionsociale_exclusionscolaire-Kherroubi.pdf

- Document 4 : L'aide méthodologique – Extrait de : Deschaux, J. (2000), *Aider à apprendre par la remédiation : un pari pour réussir et comprendre à l'école primaire*. 5e Biennale de l'éducation et de la formation http://www.inrp.fr/biennale/5biennale/Contrib/Long/L119.htm
- Document 5 : Expliciter les démarches d'apprentissage pour que les élèves comprennent le sens des enseignements – Extrait de : MEN (2014). Refonder l'éducation prioritaire. Dossier de présentation du 16 janvier 2014. Partie « Un référentiel pour l'éducation prioritaire ». http://www.education.gouv.fr/cid76427/refonder-education-prioritaire.html

Questions

- ♦ À partir des documents fournis, pouvez-vous préciser ce que recouvrent les termes d'inégalités d'apprentissage à l'école ?
- ♦ Quels en sont les mécanismes de fabrication ?
- ♦ Quelles sont les pistes envisageables pour tenter de les réduire ?

Document 1 : Réaliser un enseignement explicite

Du côté de ceux qui s'intéressent d'abord à la cognition, on souligne la nécessité d'outiller, dès la maternelle, tous les élèves des procédures de base (chronologie, repérage dans l'espace, catégorisation, attention, compréhension de l'implicite, développement de la mémoire de travail, phonologie), en « comprenant les causes plutôt qu'en se focalisant sur les effets » des difficultés des élèves. Ces chercheurs demandent donc aux enseignants de consacrer un temps suffisant aux répétitions, aux verbalisations qui guident l'action, à l'explication collective des conditions de réussite des tâches, « parce que réussir n'est pas comprendre ».

En effet, les élèves des milieux populaires peinent fréquemment pour identifier les enjeux d'apprentissages des tâches scolaires qui leur sont proposées. Nombre d'entre eux sont enfermés dans une logique du « faire », guident leur action sur la réussite immédiate de la réalisation de la tâche au détriment de sa signification. De ce fait, ils ont donc du mal à transférer leurs connaissances dans une nouvelle tâche, ou cherchent à appliquer sans réfléchir les procédures qu'ils maîtrisent à des situations inappropriées, alors que selon certains courants de recherche la construction des savoirs scolaires implique une « activité de pensée » pour construire des concepts, abstraire les situations des contextes ou identifier des catégories de problèmes.

Document 2 : L'identification des objets d'apprentissage et des enjeux cognitifs des tâches et situations

Ainsi, dans une classe observée, l'enseignante demande aux élèves de reprendre dans le classeur un texte écrit précédemment à l'occasion d'un retour de classe verte. Sans aucun commentaire hormis l'indication « qu'on va travailler l'imparfait », elle distribue une fiche où figure le tableau photocopié et demande aux élèves de le remplir ; le temps consacré à remplir individuellement les colonnes du tableau occupe plus d'une heure et la séance se clôt par le passage au tableau de quelques élèves qui ne font aucune erreur. Cette organisation en phases successives, où le temps le plus long est consacré à la tâche individuelle sur fiche, accroît les risques d'interprétations plurielles de la visée du travail et ce faisant d'un investissement intellectuel différencié. [...] Les élèves les plus en difficulté – y compris du fait de leur lenteur d'écriture – passent la séance entière à effectuer la tâche sans lui attribuer un autre objectif que son exécution.

Document 3 : Des difficultés scolaires précoces qui s'accumulent

En prenant appui sur les évaluations nationales et les quelques recherches menées à d'autres niveaux de classe, Marie Duru-Bellat montre que les premières « traces » statistiques des inégalités sociales à l'école s'observent dès la moyenne section de maternelle et que leur caractère cumulatif apparaît nettement à partir du cours préparatoire. Les écarts s'accentuent ensuite encore au collège, et ce, dès les deux premières années : « dans la mesure où les élèves de milieu populaire abordent le collège avec un niveau plus faible, l'élitisme du collège va en lui-même creuser les inégalités sociales, sans compter les inégalités sociales attachées spécifiquement aux progressions à ce niveau[1] ». Au primaire, les difficultés persistantes se traduisent très vite en un cumul important de lacunes et une dégradation très nette des performances intervient en début de collège.

Le redoublement en début de scolarité concerne avant tout les catégories les plus défavorisées

Le redoublement, même si sa pratique est plus restreinte globalement, reste une réponse encore répandue dans les classes de primaire lorsque les élèves connaissent des difficultés importantes. Dans l'enseignement public, 7,2 % des élèves de Cp et 19,5 % de ceux de Cm2 ont un an ou plus de retard (Repères et références statistiques, 2003[2]). Les disparités sociales sont fortes. Parmi les élèves entrés au collège en 1995, 95,2 % des enfants de cadres et 97,9 % des enfants d'enseignants sont parvenus au Ce2 sans avoir redoublé ; ils ne sont que 73,8 % chez les enfants d'ouvriers non

1. Marie Duru-Bellat, *Les Inégalités sociales à l'école, op. cit.*, p. 150.
2. Ces chiffres sont à prendre avec précaution compte tenu de la grève administrative des directeurs d'école depuis 1999-2000.

qualifiés et 69,5 % chez les enfants d'inactifs. Au collège, les écarts entre groupes sociaux sont encore plus importants : 95,6 % des enfants d'enseignants entrés en 6e en 1995 sont parvenus en 4e générale trois ans plus tard (contre 91,9 % pour ceux entrés en 1989) ; pour les ouvriers non qualifiés, les pourcentages sont de 56,3 % contre 54,6 % (note d'information 00.54, décembre 2000).

Deux enquêtes régionales très récentes affinent ces résultats. La première a été conduite dans 156 écoles de l'académie de Dijon par Thierry Troncin, chercheur à l'Iredu[1]. Ses résultats confirment que les deux premières années de scolarisation élémentaire constituent un obstacle infranchissable pour un nombre important d'élèves, dont la plupart sont d'origine sociale défavorisée (ils constituent près de la moitié de la population des redoublants, alors qu'ils ne représentent qu'un tiers de l'échantillon) puisqu'ils sont 15 % à être en retard en Ce2. Ce retard a parfois commencé dès les années de maternelle (3,4 %), mais ce sont les classes de Cp (5,8 %) et de Ce1 (6,7 %) qui sont les plus redoublées, devant les classes de Ce2 (5 %) et Cm1 (4,2 %). Et si la classe de Cm2 est la moins redoublée (3,6 %), c'est seulement en raison des textes en vigueur qui limitent le retard à deux ans à la fin des deux cycles de l'école élémentaire. Le redoublement est davantage le fait des élèves en difficulté mais, toutes choses égales par ailleurs, c'est également le cas des élèves de condition sociale défavorisée. Une étude menée par le service prospective de l'académie de Versailles sur les trajectoires au collège de l'ensemble des élèves (50 513) entrés en 6e dans l'académie à la rentrée 1998 montre, pour sa part, que le niveau redoublé qui est le plus marqué socialement est la 6e ; 10,8 % de la population qui redouble la 6e appartient à la population la plus favorisée, alors que le pourcentage est de 41,9 % pour la population la plus défavorisée.

Document 4 : L'aide méthodologique

Au sujet de l'aide méthodologique, elle pourra exister dans des séquences spécifiques pour tous (la possibilité des études dirigées à l'école) visant le développement des compétences transversales en propre, très utilisées à l'école primaire, bien souvent considérées comme innées, mais faisant partie intégrante des habitus et à ce titre profondément inégalitaire si rien n'est fait pendant le temps scolaire. Ce sera au niveau des contenus un travail sur : l'attention, la mémorisation, la gestion des circonstances sociales et humaines de l'apprentissage, la compréhension des consignes, le travail à la maison, les révisions, la demande d'aide et l'aide à autrui dans la classe… avec une démarche de mises en situations réelles autour de

1. Thierry Troncin, *Le Redoublement à l'école élémentaire : une pratique enseignante persistante à la recherche de sa légitimité*, décembre 2001, sur le site Iredu.

trois questions simples : comment je m'y prends, comment les autres font ? Comment je ferai la prochaine fois ? [...]

Les apprentissages réalisés dans les champs proposés ci-dessus, feront l'objet d'une structuration à l'écrit (affiche, cahier de méthodologie...), sous la forme de : pour effectuer telle chose, je peux m'y prendre de telles façons (au pluriel, sans jugement de valeur *a priori*)... et non je dois m'y prendre de telle ou telle façon ! ! ! [...]

L'outil d'aide méthodologique réalisé, à disposition de l'élève et utilisable dans toute autre situation d'apprentissage, sera complété au niveau des possibles et des différents champs, au fil de l'année scolaire, voire d'un cycle. Bien entendu, les procédures envisageables pour un champ donné (apprendre une leçon, par exemple) pourront faire l'objet d'une évaluation de leur emploi, dans une situation précise, en établissant une corrélation entre la qualité du résultat, le temps nécessaire, l'énergie demandée, le nombre d'outils ou d'actions à effectuer... et la méthode choisie par l'élève pour y parvenir. On pensera aussi, par exemple, à l'importance des « brouillons » des élèves. De plus, bien que nécessairement après l'action pour des jeunes élèves, ce processus pourra devenir actif au cours de l'action : avec des « stop-action », bilan individuel de ce que je fais par rapport à la tâche demandée, voir anticipatoire : avant l'action, en essayant de déterminer *a priori* les procédures les mieux adaptées. Cela incarnera la fameuse maxime « une minute... je réfléchis avant de faire ! ».

Ce travail d'aide méthodologique aura bien pour objectif de rendre l'enfant apte à prendre (apprendre), en proposant des façons de s'y prendre à ceux qui n'en ont pas ou peu, en les rendant conscientes, même pour des élèves qui réussissent, mais sans prise de distance par rapport à leurs actions. On visera donc une méta-connaissance dans des domaines d'apprentissage, et une augmentation de la capacité à apprendre (par une réflexion sur les différents domaines d'apprentissage et les transferts possibles) en étant de plus en plus capable d'apprendre dans toutes les situations d'apprentissage rencontrées (et non plus souhaitées !).

Document 5 : Expliciter les démarches d'apprentissage pour que les élèves comprennent le sens des enseignements

Priorité n° 1 : Garantir l'acquisition du « Lire, écrire, parler » et enseigner plus explicitement les compétences que l'école requiert pour assurer la maîtrise du socle commun.

Expliciter les démarches d'apprentissage pour que les élèves comprennent le sens des enseignements

Les objectifs du travail proposé aux élèves sont systématiquement explicités avec eux.

Les procédures efficaces pour apprendre sont explicitées et enseignées aux élèves à tous les niveaux de la scolarité. La pédagogie est axée sur la maîtrise d'un savoir enseigné explicitement (l'élève sait avant de commencer une leçon ce qu'il a vocation à apprendre et il vérifie lui-même après la leçon qu'il a retenu ce qu'il fallait).

L'enseignement est progressif et continu ; la vérification de la compréhension de tous les élèves est régulière.

2. Traitement possible proposé par Michel Ramos

Ce qu'il est bon de savoir sur le sujet

- L'inégalité face à l'éducation n'est pas chose nouvelle. La reproduction sociale a toujours été très forte dans l'histoire de notre pays. Dès 1964, Bourdieu et Passeron publient *Les Héritiers* et mettent au jour les mécanismes par lesquels l'école favorise la réussite des enfants des couches sociales supérieures (notions de capital culturel, de connivence culturelle entre ces familles et l'école, de pédagogie invisible [Bernstein]...)
- Pour autant, l'école française va connaître au même moment et pendant les années suivantes, un processus de démocratisation et de massification (loi Berthoin, 1959 ; collège unique, 1975) qui permettra à bon nombre d'enfants issus de milieux populaires de connaître une ascension sociale réelle.
- Aujourd'hui, cet ascenseur social est en panne et les inégalités d'apprentissage sont très fortes. Les comparaisons internationales (PISA) pointent la forte hétérogénéité des résultats français. En France, l'écart de performance entre les meilleurs et les moins bons élèves est bien plus marqué qu'ailleurs. À titre d'exemple, PISA 2012 voit la France se placer au 18e rang des pays de l'OCDE, pour ses performances globales. Mais si on ne regarde que les scores des élèves issus de milieux favorisés, la France remonte à la 13e place. Et chute à la 33e si on ne compte que les performances des élèves issus des milieux les plus défavorisés.
- Face à cette injustice criante de la part d'un système éducatif qui valorise pourtant beaucoup l'égalité dans ses discours, beaucoup d'universitaires tentent de comprendre les mécanismes de fabrication des inégalités scolaires. L'équipe ESCOL, le réseau RESEIDA et d'autres ont mis en évidence :
  - L'importance des postures d'élèves et le sens donné à l'expérience scolaire. L'école peut être, pour certains élèves, un lieu où il s'agit d'être sage et de faire ce qu'on nous dit de faire pour s'acquitter de ses devoirs scolaires. Pour d'autres, en revanche, elle peut être vue comme mettant les enjeux d'apprentissages au centre. Ces élèves, du coup, interrogent systématiquement les tâches, le travail et la commande scolaire au regard des apprentissages visés.

- Le recours fréquent à des pratiques de sur-étayage de la part d'enseignants qui, animés de bonne volonté, veulent voir tous les élèves réussir et simplifient à l'extrême les tâches pour certains, quand ils ne font pas à leur place.
- Le rôle massivement néfaste du redoublement, pourtant pratiqué plus qu'ailleurs et surtout pour les élèves de milieux populaires pour lesquels il constitue au final une sorte de double peine. Quelques chiffres : en 2011, 12 % des élèves entrant en 6e ont déjà redoublé au moins une fois (22 % si on ne prend en compte que les élèves des collèges RAR). PISA 2009 place la France en tête des pays de l'OCDE pour son nombre d'élèves en retard à 15 ans : plus de 35 % ! Face à ces constats, l'année 2014-2015 aura vu le ministère de l'éducation nationale s'emparer résolument de la question avec la volonté de réduire drastiquement la pratique du redoublement à l'école. Une conférence de consensus a été mise en place sur le sujet.

♦ L'importance du développement des capacités méthodologiques et métacognitives chez les élèves de milieux populaires : en effet, beaucoup d'auteurs s'accordent sur le fait que ce qui fait particulièrement défaut aux élèves en échec, ce sont des méthodes de travail et leur conscientisation.

Analyse rapide des textes proposés

Les cinq textes proposés sont récents (2000 à 2014). Ils articulent, de manière convergente, les points de vue de la recherche et les points de vue ministériel et gouvernemental.

En effet, le **texte 5**, production du ministère de l'éducation nationale dans le cadre de la refondation de l'éducation prioritaire (2014), insiste sur la nécessaire explicitation, pour les élèves de milieux populaires, des objectifs et des procédures du travail qui leur est proposé. En d'autres termes, il s'agit de rendre conscientes pour les élèves les raisons pour lesquelles on leur propose telle tâche et les façons de s'y prendre pour en venir à bout : le « pourquoi » et le « comment » du travail scolaire.

Le « **pourquoi** » a été largement travaillé par les équipes universitaires françaises (ESCOL, par exemple) au cours de ces deux dernières décennies (**texte 1,** où l'on voit la part de la recherche en général, et de l'institut français d'éducation en particulier, dans la préparation des décisions ministérielles quant à la refondation de l'éducation prioritaire). Faire le lien entre la tâche et l'apprentissage visé apparaît, à la lueur de ces travaux, comme une des conditions de la réussite scolaire. Ce lien permet aux élèves qui ne le font pas spontanément de faire évoluer le sens qu'ils attribuent à l'expérience scolaire, d'une activité productive (faire pour faire) à une activité constructive (faire pour comprendre). Les élèves changent ainsi de posture : ils passent d'une posture assez primaire à une posture plus réflexive (processus de secondarisation). L'exemple donné par le **texte 2** permet de mieux comprendre cette différence.

Le « **comment** » renvoie à ce qu'il est convenu d'appeler métacognition. Le **texte 4** met en évidence le caractère familial (habitus) du développement de cette capacité dans le registre des compétences transversales. C'est en rendant les élèves plus conscients des avantages et intérêts comparés des multiples façons de s'y prendre face à une tâche, et en particulier de celles qu'ils utilisent déjà, qu'on leur permet de mieux apprendre. Le **texte 1** aborde également cette dimension métacognitive dans son premier paragraphe.

Le **texte 3** lie également recherche et institution gouvernementale puisque des chercheurs signent ce texte dans une publication de l'Observatoire national de la pauvreté et de l'exclusion sociale. Ce texte pose un certain nombre de constats qui justifient les réponses apportées par les quatre autres textes :

- les inégalités sociales apparaissent dès la Grande Section et augmentent ensuite tout au long de la scolarité.
- le redoublement constitue une réponse courante aux difficultés des élèves.
- à niveau égal, les élèves de milieux défavorisés redoublent quand même davantage. Sachant que les élèves qui redoublent ont des carrières scolaires plus dégradées que les élèves de même niveau qui ne redoublent pas, le redoublement fonctionne donc comme une double peine pour les élèves de milieux populaires (idée implicite dans le texte).

Proposition d'exposé

Introduction

Dans les liens qu'elle entretient avec la société, dont elle constitue une des institutions principales, l'école est à la fois le lieu de la conservation et l'instrument du progrès. Conservatrice au sens où elle a pour rôle de reproduire la culture, la morale, les codes de la société dont elle est issue et, en même temps, résolument progressiste dans la mesure où repose sur elle le développement de la société par la formation des futurs citoyens. Elle doit également contribuer à faire vivre les valeurs républicaines, et en particulier la valeur centrale d'égalité, en faisant évoluer notre société vers davantage de justice sociale par la réduction des inégalités. La politique compensatoire d'éducation prioritaire témoigne de cette volonté d'inscrire l'école au cœur de la promesse républicaine.

L'école se retrouve donc prise dans une inévitable tension entre reproduction sociale et égalité des chances, entre héritage familial et valorisation du mérite individuel. La complexité des forces en jeu en arrive même, dans un cruel renversement, à faire des acteurs de l'école les plus engagés dans une quête de justice sociale, les involontaires bras armés des Héritiers. La recherche a en effet depuis longtemps mis en évidence les mécanismes par lesquels l'école permet aux élèves issus des classes moyennes et supérieures de retrouver en son sein les codes culturels et les fonctionnements éducatifs auxquels ils sont habitués dans leur milieu familial tandis qu'à l'inverse, elle installe inconsciemment les enfants des milieux populaires dans une difficile et dommageable acculturation, source d'incompréhension de la demande enseignante et des règles tacites de fonctionnement du travail scolaire. Les enseignants seraient en effet, par leurs pratiques et à leur insu, les instruments de la reproduction sociale, voire même de son amplification, en aggravant les difficultés des élèves issus des milieux populaires.

Présentation des textes

C'est en tout cas le point de vue que permettent d'adopter les textes qui composent ce dossier, tous récents et produits soit par des chercheurs, soit dans le cadre ministériel. Malgré la pluralité des provenances (recherche, ministère de l'éducation nationale, ONPES et politique interministérielle de lutte contre la pauvreté), ces textes sont cohérents les uns avec les autres en soutenant l'idée que les inégalités sont présentes et visibles très tôt à l'école, que certaines pratiques enseignantes tendraient à les renforcer alors que d'autres peuvent permettre de mieux développer les apprentissages des enfants de milieux populaires.

Les multiples objets que ces textes convoquent vont des pratiques enseignantes aux postures d'élèves, de l'explicitation des enjeux des tâches à la métacognition, de l'éducation prioritaire à la pratique du redoublement. Ils permettent de se poser la question suivante :

Problématique

Dans quelle mesure et de quelles façons les pratiques enseignantes surdéterminent-elles les difficultés scolaires des élèves de milieux populaires ?

Annonce du plan

Le plan que nous adopterons pour tenter de répondre à cette question et mettre en évidence les différentes idées qui composent ce dossier se basera sur les questions qui nous sont posées puisqu'une première partie permettra de préciser la notion d'inégalité d'apprentissage avant d'essayer, dans un deuxième temps, de mettre en évidence leur processus de production. Une troisième partie présentera un certain nombre de pistes convergentes pour plus d'égalité à l'école.

Plan détaillé

1. Inégalités d'apprentissage : de quoi parle-t-on ?

Dis-moi ton milieu d'appartenance et je te dirai tes chances de réussite scolaire ! L'École française est particulièrement inégalitaire. Elle fonctionne comme une caisse d'enregistrement des inégalités sociales, voire parfois comme une chambre d'écho dans la mesure où elle ne se contente pas toujours de les reproduire mais peut même aller jusqu'à les amplifier :

- reproduction sociale forte depuis toujours (Bourdieu et Passeron, *Les Héritiers*, 1964) puis petite amélioration liée à la démocratisation et à la massification des années 70-80 avant de revenir avec la période actuelle et son ascenseur social bloqué à une forte reproduction sociale et donc à une situation inégalitaire et injuste ;

– résultats PISA beaucoup moins homogènes que dans d'autres pays : des élèves issus des classes supérieures plutôt meilleurs qu'ailleurs et des élèves issus des milieux populaires plutôt moins bons qu'ailleurs ;
– ces inégalités sociales apparaissent très tôt (dès la grande section, nous dit le texte 3) et s'amplifient par la suite. Une recherche récente (septembre 2013) met en évidence, aux États-Unis, un retard de 6 mois en ce qui concerne le développement du langage chez des enfants de deux ans issus de familles à bas revenus (cf. partie « Si on veut en savoir plus ») ;
– les pratiques enseignantes jouent un rôle non négligeable dans cette augmentation qui vont même jusqu'à amplifier les effets de la ségrégation existante ;
– le redoublement constitue une réponse courante aux difficultés des élèves.

Pourtant, de nombreuses tentatives politiques de lutte contre ces inégalités émaillent ces trente dernières années :

– mise en place des ZEP en 1981[1] ;
– loi d'orientation de 1989 (limitation du redoublement et mise en place des cycles) ;
– loi d'orientation de 2005 (définition d'un socle commun et mise en place de PPRE) ;
– Loi d'orientation de 2013 : *« La refondation doit conduire à une réduction de l'impact des déterminismes sociaux et de toutes les inégalités et discriminations[2]. »*
– Refondation de l'éducation prioritaire en 2014 (cf. textes 1 et 5) : *« L'inégalité face à l'éducation est la première des injustices contre lesquelles nous devons lutter. Or elle s'est accrue ces dernières années. La refondation de l'École de la République que nous avons engagée depuis plus d'un an est tout entière tournée vers l'ambition de rendre notre École plus juste. [...] L'École de la République a pour mission de donner à l'ensemble des enfants de France, quel que soit leur milieu d'origine, les mêmes possibilités de construire leur parcours scolaire, personnel et professionnel. Cette exigence de justice est au cœur de la politique d'éducation prioritaire qui a vu le jour il y a plus de trente ans. Elle vise à réduire l'effet des inégalités sociales et territoriales sur les résultats scolaires et à favoriser la réussite de tous les élèves[3]. »*

1. « La création par le Gouvernement des 11 625 nouveaux emplois dans l'Éducation nationale, création qui représente de la part des pouvoirs publics un effort considérable dans une conjoncture difficile, n'a de sens que si elle s'inscrit dans une politique de lutte contre l'inégalité sociale. Son but prioritaire est de contribuer à corriger cette inégalité par le renforcement sélectif de l'action éducative dans les zones et dans les milieux sociaux où le taux d'échec scolaire est le plus élevé. » Zones prioritaires. Circulaire n° 81-238 du 1er juillet 1981, B.O. n° 27 du 9 juillet 1981.
2. Annexe de la Loi n° 2013-595 du 8 juillet 2013 d'orientation et de programmation pour la refondation de l'école de la République.
3. MEN, Refonder l'éducation prioritaire, Dossier de présentation du jeudi 16 janvier 2014.

2. La production des inégalités à l'intérieur de l'école

Les mécanismes de fabrication des inégalités d'apprentissage et des difficultés scolaires sont pluriels et concernent des registres différents : institutionnels, didactiques, culturels.

2.1. Le redoublement : à l'origine, la difficulté à l'école n'est pas produite par l'école. Elle trouve sa source dans les déterminismes sociaux. Cependant, l'école l'accentue par le biais du redoublement et ce, de deux façons :

- en faisant redoubler les élèves présentant des difficultés d'apprentissages, majoritairement issus des milieux populaires, ce qui a des effets néfastes sur les carrières scolaires et les apprentissages de ces élèves. En effet, le redoublement, loin de constituer une réponse positive et d'améliorer les parcours scolaires tend plutôt à pénaliser les enfants concernés. De nombreuses recherches ont mis en évidence cette dimension contre-intuitive du redoublement dont on pense *a priori* qu'il favorise un nouveau départ. La plus citée est celle de Thierry Troncin (2001, texte 3). Aujourd'hui, le ministère affiche sa volonté de réduire à la portion congrue cette pratique contre-productive et a mis en place en 2014-2015 une conférence de consensus sur le sujet *(on peut ici citer quelques chiffres présentés dans la partie « Ce qu'il est bon de savoir sur le sujet »).*
- pour les élèves de milieux populaires, en faisant davantage redoubler les enfants de milieux populaires que ceux d'autres milieux, à résultats égaux (texte 3). Sachant que les élèves qui redoublent ont des carrières scolaires plus dégradées que les élèves de même niveau qui ne redoublent pas, le redoublement fonctionne donc comme une double peine, en quelque sorte *(on peut ici développer les pourcentages présents dans le texte 3).*

2.2. Les postures d'élèves : réussir n'est pas comprendre, affirme le texte 1. Or les élèves issus des couches populaires de la société se centrent couramment sur les tâches scolaires au détriment des enjeux qui justifient leur existence. Le sens attribué aux activités scolaires s'arrête à leur réalisation et interroge peu leurs visées d'apprentissage. Les objectifs d'apprentissage ne sont pas conscientisés et les élèves s'installent plus facilement dans une activité à caractère productif plutôt que constructif (faire vs. apprendre). Ils mettent en œuvre des postures d'apprentissage très scolaires, très primaires et entrent peu dans des attitudes plus réflexives, plus secondarisées.

Du coup, ne voyant pas le « dessous des cartes », mettant plutôt en œuvre des mécanismes et des algorithmes qu'une réelle « activité de pensée », ils ont du mal à transférer leurs acquisitions à de nouvelles mises en situation *(on peut ici développer l'exemple du texte 2).*

2.3. Les habitus sociaux : les effets de classe sociale installent une connivence implicite entre acteurs de l'école et classes moyennes et aisées, connivence qui s'appuie sur la maîtrise des codes de l'école par les enfants qui sont issus de ces classes-là : pratiques langagières et modalités interactives, capacités méthodologiques et prérequis, codes relationnels et règles de comportement, etc. À l'inverse, les élèves issus des classes populaires sont plus souvent victimes de malentendus sur le plan du décodage des fonctionnements et attendus de l'école.

3. Comment développer une école moins reproductrice voire moins amplificatrice des difficultés sociales ?

Il est possible d'envisager plusieurs pistes pour réduire le poids des inégalités sociales à l'école et essayer de faire en sorte que les inégalités d'apprentissage reculent :

3.1. Le « pourquoi » des apprentissages : il s'agit de rendre explicites les objectifs d'apprentissage (texte 5), d'augmenter la visibilité et la lisibilité des enjeux des tâches scolaires (texte 2). La mise en évidence des liens entre exercices, activités et autres tâches, d'un côté, et objets de savoir visés, de l'autre, doit permettre de faire évoluer les postures d'études des élèves vers davantage de réflexivité. Par exemple, en mettant plus souvent les élèves en situation d'autoévaluation (l'élève *« vérifie lui-même après la leçon qu'il a retenu ce qu'il fallait »* texte 5).

3.2. Le « comment » des apprentissages : savoir comment s'y prendre. C'est aussi par la centration sur les manières de faire, par la focalisation sur les procédures efficaces que l'on peut tenter de réduire les inégalités (« *les procédures efficaces pour apprendre sont explicitées et enseignées aux élèves à tous les niveaux de la scolarité* », texte 5). Les élèves en difficultés s'interrogent très peu sur leurs façons de faire. Le texte 4 met en évidence le caractère familial (habitus) du développement de cette capacité métacognitive. C'est en rendant les élèves plus conscients des avantages et intérêts comparés des multiples façons de s'y prendre face à une tâche, et en particulier de celles qu'ils utilisent déjà, qu'on leur permet de mieux apprendre. Le texte 1 aborde également cette dimension métacognitive dans son premier paragraphe, en évoquant les nécessaires verbalisations.

Pour cela, on peut favoriser en classe :

- Le développement, avant, pendant et après une tâche, d'habitudes d'auto questionnement sur les tâches à réaliser ainsi que les moyens d'y parvenir.
- La confrontation des procédures entre élèves afin d'aboutir par un processus d'institutionnalisation à la mise en exergue des caractéristiques des façons de faire repérées comme efficaces.

3.3. Le développement des procédures de base, dès la maternelle (cf. énumération au début du texte 1) et des compétences méthodologiques (cf. énumération au début du texte 4). Ces compétences transversales constituent en quelque sorte les conditions de réussite d'apprentissages plus disciplinaires et peuvent faire particulièrement défaut aux élèves issus de milieux populaires.

3.4. La diminution forte de la pratique du redoublement comme évoqué dans la partie 1 de notre développement.

Conclusion

Je voudrais, en guise de conclusion, revenir sur la refondation de l'éducation prioritaire. Elle marque, avec la loi de refondation, la volonté forte du ministère de l'éducation nationale de faire vivre plus d'égalité et davantage de justice sociale à l'école. Cette refondation s'appuie en particulier sur un nouveau référentiel (cf. le texte 5 qui en est issu) et sur quatorze mesures-clés réparties autour de trois axes : l'accompagnement des élèves dans leurs apprentissages, l'accompagnement et la stabilisation des équipes pédagogiques et le développement d'un cadre propice aux apprentissages. Parmi ces quatorze mesures, deux ont donné lieu à un travail concret et considérable depuis 2014. Je veux parler de la scolarisation des moins de trois ans et du dispositif « plus de maîtres que de classes ». Depuis la rentrée 2017, ce dispositif est prolongé par le dédoublement des classes de CP en REP+, avec un objectif affiché de 100 % de réussite en CP. Tout cela témoigne des moyens importants mis en jeu par le ministère pour réduire les inégalités d'apprentissage dans notre école.

Questions possibles pour l'entretien

1. Quelle différence faites-vous entre les expressions « inégalités sociales » et « inégalités d'apprentissages » ?
2. De manière générale, l'école française vous paraît-elle plutôt égalitaire ou plutôt inégalitaire ?
3. Comment comprenez-vous les notions d'habitus social et de capital culturel dans le cadre scolaire ?
4. En quoi les compétences méthodologiques sont-elles utiles à l'école ?
5. Les textes du dossier évoquent plusieurs fois le terme d'explicitation. Qu'est-ce qui est à expliciter et pourquoi ?
6. Pour vous, que signifie le terme métacognition ?
7. En quoi le redoublement est-il néfaste ?
8. Comment prendre en charge les difficultés d'élèves que les enseignants auraient souhaité faire redoubler, qu'ils auraient fait redoubler il y a quelques années, mais qu'ils ne peuvent plus faire redoubler au regard des nouvelles orientations ministérielles ?
9. Que savez-vous de l'éducation prioritaire ?
10. Que savez-vous à propos du programme PISA ?

Si on veut en savoir plus

- Rochex Jean-Yves et Crinon Jacques (dir.), *La construction des inégalités scolaires. Au cœur des pratiques et des dispositifs d'enseignement*. Rennes : Presses universitaires de Rennes, 2011.
- Bautier Élisabeth et Rayou Patrick, *Les inégalités d'apprentissage. Programmes, pratiques et malentendus scolaires*. PUF, coll. « Éducation et société », 2009.
- Barreau Jean-Michel (dir.), *Dictionnaire des inégalités scolaires*. ESF, 2007.
- Lahire Bernard, *Culture écrite et inégalités scolaires. Sociologie de l'échec scolaire à l'école primaire*. Lyon : Presses universitaires de Lyon, 1993.
- Stanford report, sept. 2013, *Language gap between rich and poor children begins in infancy*, Stanford psychologists find. http://news.stanford.edu/news/2013/september/toddler-language-gap-091213.html

III. Connaître les lois et règlements (mis à jour le 31 mai 2018)

(La hiérarchie des lois et règlements peut être consultée à cette adresse : http://legifrance.gouv.fr/Droit-francais/Guide-de-legistique/I.-Conception-des-textes/1.3.-Hierarchie-des-normes/1.3.1.-Differentes-normes)

Cette annexe, par essence incomplète, essaie de récapituler « les indispensables » parmi les textes qui régissent l'éducation nationale pour l'école primaire.

Certains d'entre eux, abrogés ou modifiés par d'autres qui leur sont postérieurs, sont néanmoins présents en ce qu'ils permettent d'éclairer historiquement le sens des textes qui leur ont succédé. Ils sont proposés dans une police réduite afin d'en faciliter le repérage.

Ordre des thématiques abordées

Les lois d'orientation
Les droits et obligations des fonctionnaires
L'organisation de l'enseignement à l'école primaire
Les rythmes scolaires
Le socle commun
Le livret scolaire et le livret personnel de compétences
La continuité école-collège
L'aide aux élèves
L'éducation prioritaire
L'ASH
La laïcité et la citoyenneté à l'école
La mixité à l'école
La maltraitance
Les parents d'élèves
Le règlement de l'école
Les sorties scolaires
La sécurité et la santé des élèves
La coopérative scolaire et l'argent à l'école
Sans oublier…

Les lois d'orientation

- Loi du 8 juillet 2013 d'orientation et de programmation pour la refondation de l'école de la République http://www.legifrance.gouv.fr/affichTexte.do;jsessionid=B92681E1F2D2E67C4DE030254095DB81.tpdjo12v_2?cidTexte=JORFTEXT000027677984&categorieLien=id
- Loi du 23 avril d'orientation et de programme pour l'avenir de l'école Bulletin officiel n° 18 du 5 mai 2005 : http://www.education.gouv.fr/bo/2005/18/MENX0400282L.htm
  - Loi du 10 juillet 1989 d'orientation sur l'éducation
  - Version initiale : http://www.legifrance.gouv.fr/affichTexte.do;jsessionid=8F2285E354D2A6D2E6C2E42501F640F8.tpdjo07v_1?cidTexte=JORFTEXT000000509314&categorieLien=id
  - Version abrogée : http://www.legifrance.gouv.fr/affichTexte.do;jsessionid=8F2285E354D2A6D2E6C2E42501F640F8.tpdjo07v_1?cidTexte=JORFTEXT000000509314&dateTexte=20050423

Les droits et obligations des fonctionnaires

- Loi n° 2016-483 du 20 avril 2016 relative à la déontologie et aux droits et obligations des fonctionnaires
  https ://www.legifrance.gouv.fr/eli/loi/2016/4/20/RDFX1314513L/jo/texte
- Loi n° 83-634 du 13 juillet 1983 portant droits et obligations des fonctionnaires. Loi dite loi Le Pors
  https ://www.legifrance.gouv.fr/affichTexte.do?cidTexte=JORFTEXT000000504704

L'organisation de l'enseignement à l'école primaire

- Lecture : construire le parcours d'un lecteur autonome (note de service)
  Bulletin officiel spécial n° 3 du 26 avril 2018 : http://www.education.gouv.fr/pid285/bulletin_officiel.html?cid_bo=128704
- Enseignement de la grammaire et du vocabulaire : un enjeu majeur pour la maîtrise de la langue française (note de service)
  Bulletin officiel spécial n° 3 du 26 avril 2018 : http://www.education.gouv.fr/pid285/bulletin_officiel.html?cid_bo=128707
- Enseignement du calcul : un enjeu majeur pour la maîtrise des principaux éléments de mathématiques à l'école primaire (note de service)
  Bulletin officiel spécial n° 3 du 26 avril 2018 : http://www.education.gouv.fr/pid285/bulletin_officiel.html?cid_bo=128731
- La résolution de problèmes à l'école élémentaire (note de service)
  Bulletin officiel spécial n° 3 du 26 avril 2018 : http://www.education.gouv.fr/pid285/bulletin_officiel.html?cid_bo=128735
- Programmes d'enseignement du cycle des apprentissages fondamentaux (cycle 2), du cycle de consolidation (cycle 3) et du cycle des approfondissements (cycle 4) : modification (arrêté)
  Bulletin officiel n° 48 du 24 décembre 2015 : http://www.education.gouv.fr/pid285/bulletin_officiel.html?cid_bo=96710
- Programmes d'enseignement du cycle des apprentissages fondamentaux (cycle 2), du cycle de consolidation (cycle 3) et du cycle des approfondissements (cycle 4) (arrêté)
  Bulletin officiel spécial n° 11 du 26 novembre 2015 : http://www.education.gouv.fr/pid285/bulletin_officiel.html?cid_bo=95184
  Annexes téléchargeables au format PDF : http://cache.media.education.gouv.fr/file/MEN_SPE_11/35/1/BO_SPE_11_26-11-2015_504351.pdf
  - Horaires et programmes d'enseignement de l'école primaire (arrêtés) *au format PDF*
    Bulletin officiel hors-série n° 3 du 19 juin 2008 : ftp ://trf.education.gouv.fr/pub/edutel/bo/2008/hs3/hs3.pdf

- Horaires d'enseignement des écoles maternelles et élémentaires (arrêté) Bulletin officiel n° 44 du 26 novembre 2015 : http://www.education.gouv.fr/pid285/bulletin_officiel.html?cid_bo=95203
  - Horaires d'enseignement. Écoles maternelles et élémentaires (arrêté) Bulletin officiel n° 6 du 25 juin 2015 : http://www.education.gouv.fr/pid25535/bulletin_officiel.html?cid_bo=90474
- Instances pédagogiques dans les écoles et les collèges : report de l'entrée en vigueur de certaines dispositions (décret)
  Bulletin officiel n° 44 du 26 novembre 2015 : http://www.education.gouv.fr/pid285/bulletin_officiel.html?cid_bo=95116
- Cycles d'enseignement à l'école primaire et au collège : Modification (décret)
  Bulletin officiel n° 35 du 24 septembre 2015 : http://www.education.gouv.fr/pid285/bulletin_officiel.html?cid_bo=92646
- Programme d'enseignement moral et civique. École élémentaire et collège (arrêté)
  Bulletin officiel n° 6 du 25 juin 2015 : http://www.education.gouv.fr/pid25535/bulletin_officiel.html?cid_bo=90158
- Programme d'enseignement de l'école maternelle (arrêté)
  Bulletin officiel spécial n° 2 du 26 mars 2015 : http://www.education.gouv.fr/pid25535/bulletin_officiel.html?cid_bo=86940
- Obligation scolaire. Circulaire interministérielle relative à la prévention de l'absentéisme scolaire
  Bulletin officiel n° 1 du 1 janvier 2015 : http://www.education.gouv.fr/pid25535/bulletin_officiel.html?cid_bo=84375
- Directeurs d'école : décharges de service (circulaire)
  Bulletin officiel n° 32 du 4 septembre 2014 : http://www.education.gouv.fr/pid25535/bulletin_officiel.html?cid_bo=81919
- Recommandations pour la mise en œuvre des programmes (circulaire)
  Bulletin officiel n° 25 du 19 juin 2014 : http://www.education.gouv.fr/pid25535/bulletin_officiel.html?cid_bo=80467
- Programmes d'enseignement : modification (arrêté) *avec les progressions au format PDF en annexe*
  Bulletin officiel n° 1 du 5 janvier 2012 : http://www.education.gouv.fr/pid25535/bulletin_officiel.html?cid_bo=58619
- Cycles d'enseignement (décret)
  Bulletin officiel n° 32 du 5 septembre 2013 : http://www.education.gouv.fr/pid25535/bulletin_officiel.html?cid_bo=73449
- Obligation scolaire. Instruction dans la famille (circulaire)
  Bulletin officiel n° 16 du 20 avril 2017 : http://www.education.gouv.fr/pid285/bulletin_officiel.html?cid_bo=115074
  - Obligation scolaire. L'instruction dans la famille (circulaire) Bulletin officiel n° 3 du 19 janvier 2012 : http://www.education.gouv.fr/pid25535/bulletin_officiel.html?cid_bo=58902

- Obligations de service des personnels enseignants du premier degré : modification du décret de 2008 (décret)
- http://legifrance.gouv.fr/affichTexte.do?cidTexte=JORFTEXT000029390985&categorieLien=id
    - Obligations de service des personnels enseignants du premier degré (décret) Bulletin officiel n° 32 du 28 août 2008 : http://www.education.gouv.fr/cid22102/menh0812394d.html
- Obligations de service (circulaire)
  Bulletin officiel n° 8 du 21 février 2013 : http://www.education.gouv.fr/pid25535/bulletin_officiel.html?cid_bo=67025
    - Obligations de service (circulaire)
      Bulletin officiel n° 25 du 24 juin 2010 : http://www.education.gouv.fr/cid52193/page.html
- Écoles maternelles et élémentaires : Organisation du temps scolaire (décret)
  Bulletin officiel n° 6 du 7 février 2013 : http://www.education.gouv.fr/pid25535/bulletin_officiel.html?cid_bo=66954

Les rythmes scolaires

- Dérogations à l'organisation de la semaine scolaire (décret)
  Bulletin officiel n° 23 du 29 juin 2017 : http://www.education.gouv.fr/pid285/bulletin_officiel.html?cid_bo=118204
- Dérogations à l'organisation de la semaine scolaire : modification (décret)
  Bulletin officiel n° 18 du 4 mai 2017 : http://www.education.gouv.fr/pid285/bulletin_officiel.html?cid_bo=115915
- Organisation du temps scolaire dans le premier degré, encadrement des activités périscolaires et nouvelles actions des groupes d'appui départementaux (circulaire)
  Bulletin officiel n° 41 du 10 novembre 2016 : http://www.education.gouv.fr/pid285/bulletin_officiel.html?cid_bo=108113
- Dérogations à l'organisation de la semaine scolaire (décret)
  Bulletin officiel n° 30 du 25 août 2016 : http://www.education.gouv.fr/pid285/bulletin_officiel.html?cid_bo=105543
- Autorisation d'expérimentations relatives à l'organisation des rythmes scolaires dans les écoles maternelles et élémentaires (décret)
  Bulletin officiel n° 19 du 8 mai 2014 : http://www.education.gouv.fr/pid25535/bulletin_officiel.html?cid_bo=79162
- Modalités de mise en œuvre des expérimentations relatives à l'organisation des rythmes scolaires dans les écoles maternelles et élémentaires prévues par le décret n° 2014-457 du 7 mai 2014 (circulaire)
  Bulletin officiel n° 19 du 8 mai 2014 : http://www.education.gouv.fr/pid25535/bulletin_officiel.html?cid_bo=79190

- Écoles maternelles et élémentaires : Organisation du temps scolaire (décret)
  Bulletin officiel n° 6 du 7 février 2013 : http://www.education.gouv.fr/pid25535/bulletin_officiel.html?cid_bo=66954
- Organisation du temps scolaire dans le premier degré et des activités pédagogiques complémentaires (circulaire)
  Bulletin officiel n° 6 du 7 février 2013 : http://www.education.gouv.fr/pid25535/bulletin_officiel.htmlcid_bo=66991
  - Organisation du temps d'enseignement scolaire et de l'aide personnalisée dans le premier degré (circulaire)
    Bulletin officiel n° 25 du 19 juin 2008 - http://www.education.gouv.fr/bo/2008/25/MENE0800496C.htm

Le socle commun

- Socle commun de connaissances, de compétences et de culture (décret)
  Bulletin officiel n° 17 du 23 avril 2015 : http://www.education.gouv.fr/pid25535/bulletin_officiel.html?cid_bo=87834
- Socle commun de connaissances et de compétences (décret)
  Bulletin officiel n° 29 du 20 juillet 2006 : http://www.education.gouv.fr/bo/2006/29/MENE0601554D.htm

Le livret scolaire et le livret personnel de compétences

- Création d'un traitement automatisé de données à caractère personnel dénommé « Livret scolaire unique numérique » (arrêté)
  Bulletin officiel n° 39 du 16 novembre 2017 : http://www.education.gouv.fr/pid285/bulletin_officiel.html?cid_bo=122165
- Contenu du livret scolaire de l'école élémentaire et du collège : modification (arrêté)
  Bulletin officiel n° 24 du 16 juin 2016 : http://www.education.gouv.fr/pid285/bulletin_officiel.html?cid_bo=102706
- Évaluation des acquis scolaires des élèves et livret scolaire, à l'école et au collège (décret)
  Bulletin officiel n° 3 du 21 janvier 2016 : http://www.education.gouv.fr/pid285/bulletin_officiel.html?cid_bo=97260
- Modèle national de la synthèse des acquis scolaires de l'élève à l'issue de la dernière année de scolarité à l'école maternelle (arrêté)
  Bulletin officiel n° 3 du 21 janvier 2016 : http://www.education.gouv.fr/pid285/bulletin_officiel.html?cid_bo=97298
- Diplôme national du brevet. Modalités d'attribution (arrêté)
  Bulletin officiel n° 3 du 21 janvier 2016 : http://www.education.gouv.fr/pid285/bulletin_officiel.html?cid_bo=97271

- Contenu du livret scolaire de l'école élémentaire et du collège (arrêté)
  Bulletin officiel n° 3 du 21 janvier 2016 : http://www.education.gouv.fr/pid285/bulletin_officiel.html?cid_bo=97270
- Livret personnel de compétences : simplification pour l'année 2012-2013 (note de service)
  Bulletin officiel n° 35 du 27 septembre 2012 : http://www.education.gouv.fr/pid25535/bulletin_officiel.html?cid_bo=61611
- Livret personnel de compétences (arrêté) *avec le livret au format PDF en annexe*
  Bulletin officiel n° 27 du 8 juillet 2010 : http://www.education.gouv.fr/cid52377/mene1015788a.html
- Mise en œuvre du livret personnel de compétences (circulaire)
  Bulletin officiel n° 27 du 8 juillet 2010 : http://www.education.gouv.fr/cid52378/mene1015809c.html
- Mise en œuvre du livret scolaire à l'école (circulaire)
  Bulletin officiel n° 45 du 27 novembre 2008 : http://www.education.gouv.fr/cid23049/mene0800916c.html
  - Livret personnel de compétences (décret)
    Bulletin officiel n° 22 du 7 juin 2007 : http://www.education.gouv.fr/bo/2007/22/MENE0754101D.htm
  - Livret personnel de compétences (arrêté)
    Bulletin officiel n° 22 du 7 juin 2007 : http://www.education.gouv.fr/bo/2007/22/MENE0754088A.htm

La continuité école-collège

- Instances pédagogiques dans les écoles et les collèges
  Bulletin officiel n° 42 du 13 novembre 2014 : http://www.education.gouv.fr/pid25535/bulletin_officiel.html?cid_bo=83321
- Conseil école-collège : Composition et modalités de fonctionnement (décret)
  Bulletin officiel n° 32 du 5 septembre 2013 : http://www.education.gouv.fr/pid25535/bulletin_officiel.html?cid_bo=73448
- Scolarité du socle commun - Continuité pédagogique (circulaire)
  Bulletin officiel n° 31 du 1er septembre 2011 : http://www.education.gouv.fr/pid25535/bulletin_officiel.html?cid_bo=57155

L'aide aux élèves

- Dispositions relatives au redoublement (décret)
  Bulletin officiel n° 8 du 22 février 2018 : http://www.education.gouv.fr/pid285/bulletin_officiel.html?cid_bo=126832
- Le plan d'accompagnement personnalisé (circulaire)
  Bulletin officiel n° 5 du 29 janvier 2015 : http://www.education.gouv.fr/pid25535/bulletin_officiel.html?cid_bo=85550

- Suivi et accompagnement pédagogique des élèves. Évaluation des acquis, accompagnement pédagogique des élèves, dispositifs d'aide et redoublement : modification (décret)
  Bulletin officiel n° 44 du 27 novembre 2014 : http://www.education.gouv.fr/pid25535/bulletin_officiel.html?cid_bo=84055
- Stages de remise à niveau à l'école élémentaire (note du ministre)
- Note du ministre du 1er fév. 2008 : http://media.education.gouv.fr/file/02_fevrier/40/5/stages_pour_CM1_CM2_23405.pdf
- Programmes personnalisés de réussite éducative (circulaire)
  Bulletin officiel n° 31 du 31 août 2006 : http://www.education.gouv.fr/bo/2006/31/MENE0601969C.htm
- Dispositifs d'aide et de soutien pour la réussite des élèves à l'école (décret)
  Bulletin officiel n° 31 du 1er septembre 2005 : http://www.education.gouv.fr/bo/2005/31/MENE0501630D.htm

L'éducation prioritaire

- Pilotage de l'éducation prioritaire (circulaire)
  Bulletin officiel n° 18 du 4 mai 2017 : http://www.education.gouv.fr/pid285/bulletin_officiel.html?cid_bo=116133
- Refondation de l'éducation prioritaire (circulaire)
  Bulletin officiel n° 23 du 5 juin 2014 : http://www.education.gouv.fr/pid25535/bulletin_officiel.html?cid_bo=80035
- Liste des écoles et des établissements scolaires publics inscrits dans le programme Rep+ à la rentrée scolaire 2015 : modification (arrêté)
  Bulletin officiel n° 18 du 4 mai 2017 : http://www.education.gouv.fr/pid285/bulletin_officiel.html?cid_bo=115872
- Liste des écoles et des établissements scolaires publics inscrits dans le programme REP+ à la rentrée scolaire 2014 (arrêté)
  Bulletin officiel n° 31 du 28 août 2014 : http://www.education.gouv.fr/pid25535/bulletin_officiel.html?cid_bo=81518
- Dispositifs « plus de maîtres que de classes » (circulaire)
  Bulletin officiel n° 3 du 15 janvier 2013 : http://www.education.gouv.fr/pid25535/bulletin_officiel.html?cid_bo=66628
- Scolarisation des enfants de moins de trois ans (circulaire)
  Bulletin officiel n° 3 du 15 janvier 2013 : http://www.education.gouv.fr/pid25535/bulletin_officiel.html?cid_bo=66627
  - Programme ECLAIR – Liste des écoles et établissements, y compris privés (arrêtés)
    Bulletin officiel n° 23 du 7 juin 2012 : http://www.education.gouv.fr/pid25535/bulletin_officiel.html?cid_bo=60314
    Bulletin officiel n° 21 du 24 mai 2012 : http://www.education.gouv.fr/pid25535/bulletin_officiel.html?cid_bo=60196
    Bulletin officiel n° 1 du 5 juin 2012 : http://www.education.gouv.fr/pid25535/bulletin_officiel.html?cid_bo=58820

- ◦ Programme ECLAIR (arrêté)
  Bulletin officiel n° 27 du 7 juillet 2011 : http://www.education.gouv.fr/cid56740/mene1100290a.html
- ◦ Programme CLAIR (rectificatif)
  Bulletin officiel n° 31 du 2 septembre 2010 : http://www.education.gouv.fr/cid52975/mene1017616z.html
- ◦ Internats d'excellence (circulaire)
  Bulletin officiel n° 29 du 22 juillet 2010 : http://www.education.gouv.fr/cid52632/mene1017641c.html
- ◦ Programme CLAIR (circulaire)
  Bulletin officiel n° 29 du 22 juillet 2010 : http://www.education.gouv.fr/cid52643/mene1017616c.html
- ◦ Plan de relance de l'éducation prioritaire (2006 : RAR et RRS)
  Bulletin officiel n° 14 du 6 avril 2006 : http://www.education.gouv.fr/bo/2006/14/MENE0600995C.htm
- ◦ Tous les autres textes concernant l'éducation prioritaire, parus au Bulletin officiel de 1981 à 2000, sont disponibles ici : http://www.inrp.fr/she/education_prioritaire/

L'ASH

- – Loi n° 2005-102 du 11 février 2005 pour l'égalité des droits et des chances, la participation et la citoyenneté des personnes handicapées
  http://www.legifrance.gouv.fr/affichTexte.do;jsessionid=FB53B1E2B287BAF0041CB76E90CC24F9.tpdjo16v_1?cidTexte=JORFTEXT000000809647&categorieLien=id
- – Quelques décrets d'application de la loi ci-dessus :
  - ◦ Décret no 2005-1587 du 19 décembre 2005 relatif à la maison départementale des personnes handicapées et modifiant le code de l'action sociale et des familles (partie réglementaire)
  - ◦ Décret no 2005-1591 du 19 décembre 2005 relatif à la prestation de compensation à domicile pour les personnes handicapées
  - ◦ Décret no 2005-1588 du 19 décembre 2005 relatif à la prestation de compensation à domicile pour les personnes handicapées et modifiant le code de l'action sociale et des familles (dispositions réglementaires) et le code de la sécurité sociale (deuxième partie : Décrets en Conseil d'Etat)
  - ◦ Décret no 2005-1590 du 19 décembre 2005 relatif au montant et aux modalités de versement des concours dus aux départements au titre de la prestation de compensation et du fonctionnement des maisons départementales des personnes handicapées et modifiant le code de l'action sociale et des familles (dispositions réglementaires)
  - ◦ Décret no 2005-1589 du 19 décembre 2005 relatif à la commission des droits et de l'autonomie des personnes handicapées et modifiant le code de l'action sociale et des familles (partie réglementaire)
- – Missions et activités des personnels chargés de l'accompagnement des élèves en situation de handicap (circulaire)
  Bulletin officiel n° 18 du 4 mai 2017 : http://www.education.gouv.fr/pid285/bulletin_officiel.html?cid_bo=115996

- Parcours de formation des élèves en situation de handicap dans les établissements scolaires (circulaire)
  Bulletin officiel n° 30 du 25 août 2016 : http://www.education.gouv.fr/pid285/bulletin_officiel.html?cid_bo=105511
- Classes des sections d'enseignement général et professionnel adapté : modification (arrêté)
  Bulletin officiel n° 1 du 7 janvier 2016 : http://www.education.gouv.fr/pid285/bulletin_officiel.html?cid_bo=97010
- Classes des sections d'enseignement général et professionnel adapté (arrêté)
  Bulletin officiel n° 40 du 29 octobre 2015 : http://www.education.gouv.fr/pid285/bulletin_officiel.html?cid_bo=94714
- Sections d'enseignement général et professionnel adapté (circulaire)
  Bulletin officiel n° 40 du 29 octobre 2015 : http://www.education.gouv.fr/pid285/bulletin_officiel.html?cid_bo=94632
- Unités localisées pour l'inclusion scolaire (Ulis), dispositifs pour la scolarisation des élèves en situation de handicap dans le premier et le second degrés (circulaire)
  Bulletin officiel n° 31 du 27 août 2015 : http://www.education.gouv.fr/pid285/bulletin_officiel.html?pid_bo=32937
- Fonctionnement des réseaux d'aides spécialisées aux élèves en difficulté (Rased) et missions des personnels qui y exercent (circulaire)
  Bulletin officiel n° 31 du 28 août 2014 : http://www.education.gouv.fr/pid25535/bulletin_officiel.html?cid_bo=81597
- Dispositifs relais. Schéma académique et pilotage : ateliers, classes et internats (circulaire)
  Bulletin officiel n° 14 du 3 avril 2014 : http://www.education.gouv.fr/pid25535/bulletin_officiel.html?cid_bo=77726
- Aide individuelle et aide mutualisée (décret)
  Bulletin officiel n° 31 du 30 août 2012 : http://www.education.gouv.fr/pid25535/bulletin_officiel.html?cid_bo=61134
- Mission d'accompagnement scolaire effectuée par des personnels employés par des associations (circulaire)
  Bulletin officiel n° 37 du 14 octobre 2010 : http://www.education.gouv.fr/cid53535/mene1022861c.html
- Continuité de l'accompagnement scolaire des élèves handicapés (circulaire)
  Bulletin officiel n° 39 du 22 octobre 2009 : http://www.education.gouv.fr/cid49300/mene0922380c.html
- Fonctions des personnels spécialisés des réseaux d'aides spécialisées aux élèves en difficulté (RASED) dans le traitement de la difficulté scolaire à l'école primaire (circulaire)
  Bulletin officiel n° 31 du 27 août 2009 : http://www.education.gouv.fr/cid42619/mene0915410c.html

- Scolarisation des élèves handicapés à l'école primaire ; actualisation de l'organisation des classes pour l'inclusion scolaire (CLIS) (circulaire)
  Bulletin officiel n° 31 du 27 août 2009 : http://www.education.gouv.fr/cid42618/mene0915406c.html
- Mise en œuvre et suivi du projet personnalisé de scolarisation (circulaire)
  Bulletin officiel n° 32 du 7 septembre 2006 : http://www.education.gouv.fr/bo/2006/32/MENE0602187C.htm
- Organisation et pilotage des dispositifs relais (circulaire)
  Bulletin officiel n° 32 du 7 septembre 2006 : http://www.education.gouv.fr/bo/2006/32/MENE0602165C.htm
- Enseignements généraux et professionnels adaptés dans le second degré (EGPA) (circulaire)
  Bulletin officiel n° 32 du 7 septembre 2006 : http://www.education.gouv.fr/bo/2006/32/MENE0602028C.htm
- Les enseignants référents et leurs secteurs d'intervention (arrêté)
  Bulletin officiel n° 32 du 7 septembre 2006 : http://www.education.gouv.fr/bo/2006/32/MENE0601976A.htm
- Parcours de formation des élèves présentant un handicap (décret)
  Bulletin officiel du n° 10 du 9 mars 2006 : http://www.education.gouv.fr/bo/2006/10/default.htm

La laïcité et la citoyenneté à l'école

- Journée anniversaire de la loi du 9 décembre 1905 concernant la séparation des Églises et de l'État (circulaire)
  Bulletin officiel n° 43 du 24 novembre 2016 : http://www.education.gouv.fr/pid285/bulletin_officiel.html?cid_bo=109423
- Journée internationale des droits de l'enfant (note de service) :
  Bulletin officiel n° 42 du 17 novembre 2016 : http://www.education.gouv.fr/pid285/bulletin_officiel.html?cid_bo=108861
- Le parcours citoyen de l'élève (circulaire)
  Bulletin officiel n° 25 du 23 juin 2016 : http://www.education.gouv.fr/pid285/bulletin_officiel.html?cid_bo=103533
- 110e anniversaire de la loi du 9 décembre 1905 concernant la séparation des Églises et de l'État (circulaire)
  Bulletin officiel n° 41 du 5 novembre 2015 : http://www.education.gouv.fr/pid285/bulletin_officiel.html?cid_bo=94749
- La République mobilisée contre le racisme et l'antisémitisme (lettre de la ministre)
  Bulletin officiel spécial n° 5 du 18 juin 2015 : http://www.education.gouv.fr/pid285/bulletin_officiel.html?cid_bo=90234

- Charte de la laïcité à l'École : valeurs et symboles de la République (circulaire)
  Bulletin officiel n° 33 du 12 septembre 2013 : http://www.education.gouv.fr/pid25535/bulletin_officiel.html?cid_bo=73659
- Affiche de la Charte téléchargeable en PDF ici : http://cache.media.education.gouv.fr/file/09_Septembre/64/0/chartelaicite_3_268640.pdf
- Port de signes ou de tenues manifestant une appartenance religieuse dans les écoles, collèges et lycées publics (circulaire)
  Bulletin officiel n° 21 du 27 mai 2004 : http://www.education.gouv.fr/bo/2004/21/MENG0401138C.htm
  - Circulaire relative au port de signes ostentatoires dans les établissements scolaires (circulaire Bayrou)
    (Bulletin officiel n° 35 du 29 septembre 1994) http://www.assemblee-nationale.fr/12/dossiers/documents-laicite/document-3.pdf

La mixité à l'école

- Mise en œuvre de la politique éducative en faveur de l'égalité entre les filles et les garçons à l'École (circulaire)
  Bulletin officiel n° 4 du 22 janvier 2015 : http://www.education.gouv.fr/pid25535/bulletin_officiel.html?cid_bo=85395
- Convention interministérielle pour l'égalité entre les filles et les garçons, les femmes et les hommes dans le système éducatif 2013-2018 (convention)
  Bulletin officiel n° 6 du 7 février 2013 : http://www.education.gouv.fr/pid25535/bulletin_officiel.html?cid_bo=67018
- Décret du 28 septembre 2012 relatif au comité interministériel aux droits des femmes et à l'égalité entre les femmes et les hommes : http://www.legifrance.gouv.fr/affichTexte.do?cidTexte=JORFTEXT000026426962&dateTexte=&categorieLien=id
- À l'école, au collège et au lycée : de la mixité à l'égalité (note)
  Bulletin officiel n° 10 du 2 novembre 2000 : www.education.gouv.fr/bo/2000/hs10/hs10.htm

La maltraitance

- Loi n° 2016-297 du 14 mars 2016 relative à la protection de l'enfant https ://www.legifrance.gouv.fr/affichTexte.do?cidTexte=JORFTEXT000032205234&dateTexte=&categorieLien=id
- Loi n° 2007-293 du 5 mars 2007 réformant la protection de l'enfance http://www.legifrance.gouv.fr/affichTexte.do?cidTexte=JORFTEXT000000823100
- Lutte contre les violences sexuelles (circulaire)
  Bulletin officiel n° 12 du 22 mars 2001 : http://www.education.gouv.fr/bo/2001/12/default.htm

– Loi n° 2000-197 du 6 mars 2000 visant à renforcer le rôle de l'école dans la prévention et la détection des faits de mauvais traitements à enfants http://legifrance.gouv.fr/affichTexte.do;jsessionid=95849BC5BBE101886357AD42944ACF07.tpdjo15v_2?cidTexte=JORFTEXT000000581430&categorieLien=id
– Instruction concernant les violences sexuelles (circulaire)
Bulletin officiel hors-série n° 5 du 4 septembre 1997
Circulaire n° 97-175 du 26 août 1997 consultable sur le site http://www.adressrlr.cndp.fr/
– Prévention des mauvais traitements à l'égard des élèves (circulaire)
Bulletin officiel n° 21 du 22 mai 1997
Circulaire no 97-119 du 15 mai 1997 consultable sur le site http://www.adressrlr.cndp.fr/
– Loi n° 89-487 du 10 juillet 1989, relative à la prévention des mauvais traitements à l'égard des mineurs et à la protection de l'enfance http://www.legifrance.gouv.fr/jopdf/common/jo_pdf.jsp?numJO=0&dateJO=19890714&numTexte=&pageDebut=08869&pageFin=

Les parents d'élèves

– Dispositif Ouvrir l'École aux parents pour la réussite des enfants au titre de l'année scolaire 2017
Bulletin officiel n° 15 du 13 avril 2017 : http://www.education.gouv.fr/pid285/bulletin_officiel.html?cid_bo=115286
– Élections aux conseils des écoles et aux conseils d'administration des établissements publics locaux d'enseignement - année scolaire 2016-2017 (note de service)
Bulletin officiel n° 27 du 7 juillet 2016 : http://www.education.gouv.fr/pid285/bulletin_officiel.html?cid_bo=104335
– Renforcer la coopération entre les parents et l'école dans les territoires (circulaire)
Bulletin officiel n° 38 du 17 octobre 2013 : http://www.education.gouv.fr/pid25535/bulletin_officiel.html?cid_bo=74338
– Information des parents (circulaire)
Bulletin officiel n° 30 du 23 août 2012 : http://www.education.gouv.fr/pid25535/bulletin_officiel.html?cid_bo=61049
– Coordination des dispositifs de soutien à la parentalité au niveau départemental (circulaire interministérielle)
– 7 février 2012 : http://www.sante.gouv.fr/fichiers/bo/2012/12-05/ste_20120005_0100_0092.pdf
– Extension du dispositif la « Mallette des parents » (circulaire)
Bulletin officiel n° 29 du 22 juillet 2010 : http://www.education.gouv.fr/cid52640/mene1000704c.html

- Décret relatif aux parents d'élèves, aux associations des parents d'élèves et aux représentants des parents d'élèves et modifiant le code de l'éducation (partie réglementaire)
  Bulletin officiel n° 31 du 31 août 2006 (encart) : http://www.education.gouv.fr/bo/2006/31/MENE0601820D.htm
- Le rôle et la place des parents à l'école (circulaire)
  Bulletin officiel n° 31 du 31 août 2006 (encart) : http://www.education.gouv.fr/bo/2006/31/MENE0602215C.htm

Le règlement de l'école

- Règlement type départemental des écoles maternelles et élémentaires publiques (circulaire)
  Bulletin officiel n° 28 du 10 juillet 2014 : http://www.education.gouv.fr/pid25535/bulletin_officiel.html?cid_bo=81107
  - Règlement départemental des écoles publiques de l'Hérault
  - http://www.ac-montpellier.fr/sections/ia34/vie-eleve/reglement-departemental/reglement-departemental5596/downloadFile/file/Reglement_type_departemental-DSDEN34-juin2013.pdf
- *Pour information, dans le second degré :*
- Application de la règle, mesures de prévention et sanctions (circulaire)
  Bulletin officiel n° 22 du 29 mai 2014 : http://www.education.gouv.fr/pid25535/bulletin_officiel.html?cid_bo=79279
  - Organisation des procédures disciplinaires dans les collèges, les lycées et les établissements régionaux d'enseignement adapté, mesures de prévention et alternatives aux sanctions (circulaire)
    Bulletin officiel spécial n° 6 du 25 août 2011 : http://www.education.gouv.fr/pid25535/bulletin_officiel.html?cid_bo=57071

Les sorties scolaires

- Agrément des intervenants extérieurs aux activités physiques et sportives (décret)
  Bulletin officiel n° 34 du 12 octobre 2017 : http://www.education.gouv.fr/pid285/bulletin_officiel.html?cid_bo=117066
- Encadrement des activités physiques et sportives (circulaire)
  Bulletin officiel n° 34 du 12 octobre 2017 : http://www.education.gouv.fr/pid285/bulletin_officiel.html?cid_bo=118162
- Transport et encadrement des élèves dans le cadre des sorties et voyages scolaires dans les premier et second degrés (circulaire)
  Bulletin officiel n° 29 du 18 juillet 2013 : http://www.education.gouv.fr/pid25535/bulletin_officiel.html?cid_bo=72758
- Séjours scolaires courts et classes de découvertes dans le premier degré (circulaire)

Bulletin officiel n° 2 du 13 janvier 2005 : http://www.education.gouv.fr/bo/2005/2/MENE0402921C.htm

- Organisation des sorties scolaires dans les écoles maternelles et élémentaires publiques (circulaire)
  Bulletin Officiel HS n° 7 du 23 septembre 1999 : www.education.gouv.fr/bo/1999/hs7/sorties.htm

La sécurité et la santé des élèves

- Instruction relative au renforcement des mesures de sécurité et de gestion de crise applicables dans les écoles et les établissements scolaires (instruction)
  Bulletin officiel n° 15 du 13 avril 2017 : http://www.education.gouv.fr/pid285/bulletin_officiel.html?cid_bo=115583
- Mise en place du parcours éducatif de santé pour tous les élèves (circulaire)
  Bulletin officiel n° 5 du 4 février 2016 : http://www.education.gouv.fr/pid285/bulletin_officiel.html?cid_bo=97990
- Plan particulier de mise en sûreté face aux risques majeurs (circulaire)
  Bulletin officiel n° 44 du 26 novembre 2015 : http://www.education.gouv.fr/pid285/bulletin_officiel.html?cid_bo=95837
- Mesures de sécurité dans les écoles et établissements scolaires après les attentats du 13 novembre 2015
  Bulletin officiel n° 44 du 26 novembre 2015 : http://www.education.gouv.fr/pid285/bulletin_officiel.html?cid_bo=95835
- Périodicité et contenu des visites médicales et de dépistage obligatoires prévues à l'article L. 541-1 du code de l'éducation (arrêté)
  Bulletin officiel n° 42 du 12 novembre 2015 : http://www.education.gouv.fr/pid285/bulletin_officiel.html?cid_bo=91594
- Politique éducative sociale et de santé en faveur des élèves (circulaire)
  Bulletin officiel n° 42 du 12 novembre 2015 : http://www.education.gouv.fr/pid285/bulletin_officiel.html?cid_bo=91598
- Surveillance des élèves dans les écoles maternelles et élémentaires publiques (circulaire)
  Bulletin officiel n° 28 du 10 juillet 2014 : http://www.education.gouv.fr/pid25535/bulletin_officiel.html?cid_bo=81106
  - Surveillance et sécurité des élèves dans les écoles maternelles et élémentaires publiques (circulaire)
  - Circulaire no 97-178 du 18 septembre 1997 : http://circulaire.legifrance.gouv.fr/pdf/2009/04/cir_1508.pdf

- Natation. Enseignement dans les premier et second degrés (circulaire)
  Bulletin officiel n° 28 du 14 juillet 2011 : http://www.education.gouv.fr/cid56824/mene1115402c.html
  - Enseignement de la natation dans les établissements scolaires du premier et du second degré
    Bulletin officiel n° 32 du 9 septembre 2004 : http://www.education.gouv.fr/bo/2004/32/MENE0401638C.htm
- Information des parents lors des accidents scolaires (circulaire)
  Bulletin officiel n° 43 du 19 novembre 2009 : http://www.education.gouv.fr/cid49596/mene0915926c.html
- Usage de l'internet dans le cadre pédagogique et protection des mineurs (circulaire)
  Bulletin officiel n° 9 du 26 février 2004 : http://www.education.gouv.fr/bo/2004/9/MENT0400337C.htm
- La photographie scolaire (circulaire)
  Bulletin officiel n° 24 du 12 juin 2003 : http://www.education.gouv.fr/bo/2003/24/MENE0301227C.htm
- La sécurité des aliments : les bons gestes (circulaire)
  Bulletin officiel n° 2 du 10 janvier 2002 : http://www.education.gouv.fr/botexte/bo020110/MENE0102836C.htm

La coopérative scolaire & l'argent à l'école

- Fournitures scolaires : Liste des fournitures individuelles pour l'année scolaire 2017-2018 (circulaire)
  Bulletin officiel n° 18 du 5 mai 2017 : http://www.education.gouv.fr/pid285/bulletin_officiel.html?cid_bo=115955
- Fournitures scolaires : Liste des fournitures individuelles pour l'année scolaire 2016-2017 (circulaire)
  Bulletin officiel n° 15 du 14 avril 2016 : http://www.education.gouv.fr/pid285/bulletin_officiel.html?cid_bo=100761
- Fournitures scolaires : liste des fournitures individuelles pour l'année scolaire 2015-2016 (circulaire)
  Bulletin officiel n° 25 du 18 juin 2015 : http://www.education.gouv.fr/pid25535/bulletin_officiel.html?cid_bo=89611
- Fournitures scolaires : développement des pratiques d'achat responsable (circulaire)
  Bulletin officiel n° 18 du 1er mai 2014 : http://www.education.gouv.fr/pid25535/bulletin_officiel.html?cid_bo=78987
- Protocole d'accord sur l'utilisation et la reproduction des livres, des œuvres musicales éditées, des publications périodiques et des œuvres des arts visuels à des fins d'illustration des activités d'enseignement et de recherche

Bulletin officiel n° 35 du 29 septembre 2016 : http://www.education.gouv.fr/pid285/bulletin_officiel.html?cid_bo=106736

- Protocole d'accord sur l'utilisation des livres, des œuvres musicales éditées, des publications périodiques et des œuvres des arts visuels à des fins d'illustration des activités d'enseignement et de recherche
  Bulletin officiel n° 1 du 1er janvier 2015 : http://www.education.gouv.fr/pid25535/bulletin_officiel.html?cid_bo=84937
- Propriété intellectuelle : Mise en œuvre du contrat du 22 décembre 2016 concernant la reproduction par reprographie d'œuvres protégées dans les établissements d'enseignement du 1er degré public et privé sous contrat (circulaire)
  Bulletin officiel n° 13 du 30 mars 2017 : http://www.education.gouv.fr/pid285/bulletin_officiel.html?pid_bo=36179
- Propriété intellectuelle : accord sur l'utilisation des œuvres cinématographiques et audiovisuelles à des fins d'illustration des activités d'enseignement et de recherche
  Bulletin officiel n° 5 du 4 février 2010 : http://www.education.gouv.fr/cid50451/menj0901120x.html
- Propriété intellectuelle : accord sur l'interprétation vivante d'œuvres musicales, l'utilisation d'enregistrements sonores d'œuvres musicales et l'utilisation de vidéo-musiques à des fins d'illustration des activités d'enseignement et de recherche
  Bulletin officiel n° 5 du 4 février 2010 : http://www.education.gouv.fr/cid50450/menj0901121x.html
- Coopérative scolaire (circulaire)
  Bulletin officiel n° 31 du 31 juillet 2008 : http://www.education.gouv.fr/bo/2008/31/MENE0800615C.htm

Sans oublier…

- Référentiel des compétences professionnelles des métiers du professorat et de l'éducation (arrêté)
  Bulletin officiel n° 30 du 25 juillet 2013 : http://www.education.gouv.fr/pid25535/bulletin_officiel.html?cid_bo=73066
- Circulaire d'orientation et de préparation de la rentrée 2013
  Bulletin officiel n° 15 du 11 avril 2013 : http://www.education.gouv.fr/pid25535/bulletin_officiel.html?cid_bo=71409
- Circulaire de préparation de la rentrée 2016
  Bulletin officiel n° 15 du 14 avril 2016 : http://www.education.gouv.fr/pid285/bulletin_officiel.html?cid_bo=100720
- Circulaire de rentrée 2017
  Bulletin officiel n° 10 du 9 mars 2017 : http://www.education.gouv.fr/pid285/bulletin_officiel.html?cid_bo=113978

- Organisation des enseignements au collège (décret)
  Bulletin officiel n° 22 du 28 mai 2015 : http://www.education.gouv.fr/pid25535/bulletin_officiel.html?cid_bo=89161
- Organisation des enseignements dans les classes de collège (arrêté)
  Bulletin officiel n° 22 du 28 mai 2015 : http://www.education.gouv.fr/pid25535/bulletin_officiel.html?cid_bo=89165
- Développement d'une politique ambitieuse en matière d'éducation artistique et culturelle, dans tous les temps de la vie des enfants et des adolescents (circulaire)
  Bulletin officiel n° 24 du 6 juillet 2017 : http://www.education.gouv.fr/pid285/bulletin_officiel.html?cid_bo=118371
- Actions éducatives. Parcours d'éducation artistique et culturelle
  Bulletin officiel n° 28 du 9 juillet 2015 : http://www.education.gouv.fr/pid25535/bulletin_officiel.html?cid_bo=91164

Table des matières

Introduction générale

Première partie : Français

Deuxième partie : Mathématiques

Troisième partie : Mise en situation professionnelle dans un domaine choisi par le candidat

Quatrième partie : Entretien à partir d'un dossier

Aubin IMPRIMEUR

Achevé d'imprimer en juillet 2018
Dépôt légal, juillet 2018 / N° d'impression 1806.0074
Imprimé en France